Christian Solmecke (Hrsg.)
Handel im Netz
De Gruyter Praxishandbuch

Handel im Netz

Rechtsfragen und rechtliche Rahmenbedingungen
des E-Commerce

Herausgegeben von
Christian Solmecke, LL.M., Rechtsanwalt, Partner, Wilde Beuger Solmecke
Rechtsanwälte, Köln

Bearbeitet von
Annika Dam, LL.M., Rechtsreferendarin, Köln; Dipl.-Finanzwirt Dr. iur. **Carsten Höink**,
Rechtsanwalt und Steuerberater, AWB Steuerberatungsgesellschaft mbH, Münster;
Sibel Kocatepe, LL.M. (Köln/Istanbul Bilgi), Rechtsassessorin, Universität Siegen,
Bonn; **Simon Köhler**, conpark GmbH, Butzbach; **Kilian Kost**, Rechtsanwalt und
Fachanwalt für gewerblichen Rechtsschutz, Wilde Beuger Solmecke Rechtsanwälte,
Köln; Dipl.-Wirtschaftsjurist **Martin Rätze**, Trusted Shops GmbH, Köln; **Christian
Solmecke**, LL.M., Rechtsanwalt, Partner, Wilde Beuger Solmecke Rechtsanwälte,
Köln; **Jakob Wahlers**, Rechtsanwalt, TecAlliance GmbH, Köln

DE GRUYTER

Zitiervorschlag: Solmecke/*Bearbeiter*, Kap. 3 Rn 25.

Hinweis:
Alle Angaben in diesem Werk sind nach bestem Wissen unter Anwendung aller gebotenen Sorgfalt erstellt worden. Trotzdem kann von dem Verlag und den Autoren keine Haftung für etwaige Fehler übernommen werden.

ISBN 978-3-11-034111-9
e-ISBN 978-3-11-034118-8

Bibliografische Information der Deutschen Nationalbibliothek
Die Deutsche Nationalbibliothek verzeichnet diese Publikation in der Deutschen Nationalbibliografie; detaillierte bibliografische Daten sind im Internet über http://dnb.d-nb.de abrufbar.

© 2014 Walter de Gruyter GmbH & Co. KG, Berlin/Boston
Einbandabbildung: miks/iStock/Thinkstock
Datenkonvertierung/Satz: Werksatz Schmidt & Schulz GmbH, Gräfenhainichen
Druck: CPI books GmbH, Leck
♾ Gedruckt auf säurefreiem Papier
Printed in Germany

www.degruyter.com

Vorwort

Der Handel im Netz boomt. Neun von zehn Internetnutzern kaufen laut einer Studie des Branchenverbands BITKOM online ein, vier davon sogar regelmäßig. Das Konsumverhalten der Verbraucher wurde dadurch nachhaltig beeinflusst.

Vor allem für Unternehmen bietet der Online-Vertrieb von Waren und Dienstleistungen vielfältige Vorteile. Es wird ein breiteres Publikum erreicht, Kosten für Verkaufsräume und -personal werden eingespart und neue Vertriebswege eröffnet. Innovative Start-Up-Unternehmen können durch den Online-Vertrieb mit relativ geringen Investitionskosten schnell auf den Markt kommen.

Bei der Entwicklung und Gestaltung eines E-Commerce-Projektes ergeben sich die unterschiedlichsten Rechtsfragen: Wie muss der Verkaufsprozess gestaltet werden? Wann und unter welchen Bedingungen gilt das Widerrufsrecht? Wie müssen Preise ausgezeichnet werden? Was muss bei Verkaufsförderungsmaßnahmen wie Newsletter-Werbung, Gutschein- und Rabattaktionen oder Gewinnspielen beachtet werden? Welche Probleme ergeben sich aus datenschutz- und steuerrechtlicher Sicht?

Die dabei betroffenen Rechtsgebiete sind das allgemeine Vertragsrecht, insbesondere das AGB- und Verbraucherschutzrecht, sowie das Urheber-, Wettbewerbs-, Datenschutz- und nicht zuletzt auch das Steuerrecht. Darüber hinaus ergeben sich rechtliche Fragestellungen in den Bereichen Social Media, Suchmaschinenoptimierung und dem Domainrecht. Kurzum: Ein E-Commerce-Projekt bedarf einer umfassenden und praxisorientierten rechtlichen Beratung.

Dieses Praxishandbuch stellt Ihr E-Commerce-Projekt auf eine sichere rechtliche Grundlage – von der Idee über die Entwicklung bis hin zum Betrieb. Es richtet sich an alle, die E-Commerce-Projekte entwickeln, gestalten oder betreiben (möchten), insbesondere an Unternehmensjuristen, Rechtsanwälte und Steuerberater, die diese Projekte beratend begleiten. Die Autoren dieses Buches sind alle auf die jeweils von ihnen bearbeiteten Gebiete spezialisiert. Muster, Praxistipps und Checklisten gewährleisten eine anschauliche und praxisgerechte Darstellung der behandelten Rechtsprobleme.

Das Werk berücksichtigt die Neuregelung des Verbraucherschutzrechts im Juni 2014. Informationen zu aktuellen Urteilen und Entwicklungen im Bereich E-Commerce-Recht erhalten Sie auch unter www.wbs-law.de.

Der Herausgeber dankt den Autoren für ihr großes Engagement bei der Erstellung dieses Buches. Für Anregungen und Kritik bin ich stets offen und dankbar. Sie erreichen mich unter:

solmecke@wbs-law.de

Köln, im Juni 2014 Christian Solmecke

Inhaltsübersicht

Abkürzungsverzeichnis —— XXVII
Literaturverzeichnis —— XXXIII
Bearbeiterverzeichnis —— XXXV

Kapitel 1
Technische Aspekte

A. Auswahl des Shopsystems —— 1
B. Ökosystem —— 21

Kapitel 2
Domainrecht – Wahl und Schutz des Shop-Namens

A. Grundlagen —— 25
B. Kennzeichenschutz für Domainnamen —— 31
C. Domainstreitigkeiten —— 39
D. Durchsetzbarkeit von Ansprüchen —— 50

Kapitel 3
Urheberrecht – Content der Website rechtssicher gestalten und effektiv schützen

A. Rechtskonforme Nutzung urheberrechtlich geschützter Inhalte —— 59
B. Schutzfähigkeit der Website insgesamt —— 71
C. Vertrieb urheberrechtlich geschützter Werke —— 75
D. Rechtsfolgen einer Urheberrechtsverletzung —— 77
E. Haftung —— 79
F. Haftung für den Vertrieb urheberrechtsverletzender Ware —— 81

Kapitel 4
Vertragsgestaltung

A. Einleitung —— 83
B. Der Vertragsschluss —— 83
C. AGB-Recht —— 108
D. Die Abwicklung des Vertrags —— 116
E. Rückabwicklung des Vertrags —— 140
F. Grenzüberschreitender Online-Handel —— 147

Kapitel 5
Verbraucherschutz im E-Commerce

A. Fernabsatzvertrag —— 149
B. Fernabsatzrechtliche Informationspflichten —— 151
C. Neues Widerrufsrecht ab Juni 2014 —— 158
D. Pflichten im elektronischen Geschäftsverkehr —— 173

Kapitel 6
Wettbewerbsrecht – rechtssichere Online-Werbung

A. Einführung in das Lauterkeitsrecht —— 181
B. Rechtliche Anforderungen an einen Online-Shop —— 193

Kapitel 7
Werbung in sozialen Netzwerken – Social Media Marketing

A. Einleitung —— 227
B. Rechtssicherer Social Media-Auftritt —— 228
C. Direktmarketing —— 234
D. Bewertungsplattformen —— 241
E. Gewinnspiele —— 243
F. Social Media Monitoring —— 252

Kapitel 8
SEO-Recht – rechtliche Aspekte des Suchmaschinenmarketings

A. SEO – Suchmaschinenoptimierung —— 258
B. SEA – Suchmaschinenwerbung —— 268
C. Preissuchmaschinen —— 273

Kapitel 9
Datenschutzrecht

A. Einführung —— 277
B. Der Umgang mit Kundendaten —— 277
C. Website-Tracking —— 287
D. Einbindung sozialer Netzwerke —— 292

E. Datenschutzerklärung —— **295**
F. Folgen von Datenschutzverstößen —— **300**
G. Die kommende EU-Datenschutzgrundverordnung —— **302**

Kapitel 10
Durchsetzung und Abwehr von Ansprüchen

A. Rechtsfolgen von Verstößen —— **305**
B. Durchsetzung von Ansprüchen sowie Reaktionsmöglichkeiten hierauf in der Praxis —— **314**

Kapitel 11
Umsatzsteuer beim Handel im Netz

A. Allgemeines —— **327**
B. Systematik des Umsatzsteuerrechts —— **328**
C. Rechtsgrundlagen —— **329**
D. Die Umsatzbesteuerung —— **330**
E. Besonderheiten bei Umsätzen im Netz —— **349**
F. Steuersatz —— **355**
G. Zusammenfassung —— **357**

Stichwortverzeichnis —— **359**

Inhaltsverzeichnis

Abkürzungsverzeichnis —— XXVII
Literaturverzeichnis —— XXXIII
Bearbeiterverzeichnis —— XXXV

Kapitel 1
Technische Aspekte

- A. Auswahl des Shopsystems —— 1
  - I. Schritt 1: Anforderungsanalyse —— 1
    1. Eine erste Bestandsaufnahme —— 2
    2. Das Sortiment —— 2
    3. Die Zielgruppe —— 4
    4. Das Geschäftsmodell —— 5
       - a) Abo-Commerce —— 6
       - b) Live-Shopping —— 7
       - c) Shopping-Clubs —— 8
       - d) Mass Customization —— 8
       - e) Curated Shopping —— 9
  - II. Schritt 2: Kosten und Budget —— 10
    1. Initiale Kosten —— 10
    2. Laufende Kosten —— 12
  - III. Schritt 3: Das Shopsystem —— 13
    1. Wichtige Funktionen —— 13
       - a) Filter —— 14
       - b) Empfehlungsfunktionen —— 14
       - c) Bewertungs- und Kommentarfunktion —— 14
       - d) Intelligente Suche —— 14
       - e) Cross-Selling —— 14
       - f) Produkt-Bundles —— 15
       - g) Multistorefähigkeit —— 15
       - h) Zahlungsarten —— 15
       - i) Versandarten —— 16
       - j) Mobile-Shopping —— 16
       - k) Kundenbindungssysteme —— 16
         - aa) Gutscheinsysteme —— 16
         - bb) Bonussystem —— 17
         - cc) Newsletter —— 17
    2. Skalierbarkeit und Performance — 17
    3. Shopsystem-Typen — 18

    a) Individualentwicklung —— 18
    b) Mietshop-Systeme —— 19
    c) Kauflösungen/Standardlösungen —— 20
    d) Open-Source-Systeme —— 21
B. Ökosystem —— 21
 I. Die passende Agentur —— 22
 II. Community —— 22
 III. Service & Support vom Hersteller —— 23

Kapitel 2
Domainrecht – Wahl und Schutz des Shop-Namens

A. Grundlagen —— 25
 I. Begriff des Domainnamens —— 25
 II. Vergabe von Domainnamen —— 27
  1. Zuständigkeit —— 27
  2. Vergabeverfahren —— 28
  3. Recherche —— 28
  4. Registrierung der Domain —— 29
  5. Domainvertrag —— 29
   a) Vertrag mit der Vergabestelle —— 30
   b) Vertrag mit dem Serviceprovider —— 30
 III. Rechtsnatur von Domainnamen —— 31
B. Kennzeichenschutz für Domainnamen —— 31
 I. Kennzeichenarten —— 31
  1. Marken —— 32
  2. Geschäftliche Bezeichnungen —— 32
   a) Unternehmenskennzeichen —— 32
   b) Werktitel —— 33
  3. Nicht-geschäftliche Kennzeichen —— 33
  4. Domainname als Kennzeichen —— 34
 II. Kennzeichenschutz —— 34
  1. Schutzfähigkeit —— 34
  2. Entstehung des Schutzes —— 35
   a) Markenschutz —— 35
   b) Schutz von geschäftlichen Bezeichnungen —— 35
   c) Namensschutz —— 36
  3. Schutzinhalt (des Markenrechts) —— 37
   a) Identitätsschutz —— 37
   b) Verwechslungsschutz —— 37
   c) Bekanntheitsschutz —— 38

C. Domainstreitigkeiten —— 39
   I. Gefahr der Verwechslung des Domainnamens —— 40
      1. Verwechslung innerhalb des geschäftlichen Verkehrs —— 40
         a) Geschütztes, älteres Kennzeichen —— 41
         b) Kennzeichenmäßige Benutzung —— 42
         c) Benutzung im geschäftlichen Verkehr —— 43
         d) Verwechslungsgefahr —— 43
      2. Verwechslung außerhalb des geschäftlichen Verkehrs —— 44
         a) Private Verwendung eines Kennzeichens als Domainname —— 44
         b) Namensrechtliche Verwendung eines Kennzeichens als Domainname —— 45
   II. Behinderung durch Blockierung von Domainnamen —— 46
      1. Domaingrabbing —— 47
      2. Gattungs- oder Sachbegriffe als Domainname —— 47
      3. Tippfehlerdomains —— 49
D. Durchsetzbarkeit von Ansprüchen —— 50
   I. Anspruchsarten —— 50
      1. Unterlassung der Benutzung —— 50
      2. Löschung der Domain —— 50
      3. Übertragung der Domain —— 51
      4. Schadensersatz —— 52
   II. Anspruchsgegner —— 53
   III. Dispute-Eintrag —— 54
   IV. Außergerichtliches Streitregelungsverfahren: UDRP —— 55
      1. Zuständigkeit —— 56
      2. Verfahrensablauf —— 56
      3. Entscheidungsgrundlagen —— 57
      4. Verfahrenskosten und -dauer —— 57
      5. Verfahrenssprache —— 57
      6. Entscheidung —— 57
      7. Fazit —— 58

Kapitel 3
Urheberrecht – Content der Website rechtssicher gestalten und effektiv schützen

A. Rechtskonforme Nutzung urheberrechtlich geschützter Inhalte —— 59
   I. Grundlagen des Urheberrechts —— 59
   II. Geschützte Elemente —— 60
      1. Produktbeschreibungen —— 60
      2. Produktfotos —— 61
      3. Videos —— 62

    4. Werbeslogans —— 63
    5. AGB/Datenschutzerklärung —— 64
  III. Urheberrechtlich relevante Handlungen —— 64
    1. Upload —— 65
    2. Download —— 65
    3. Hyperlinking —— 66
    4. Framing —— 66
  IV. Lizenzvertrag —— 67
  V. Praktische Hinweise —— 69
    1. Copyright-Vermerke und Urhebernennung —— 69
    2. Besonderheiten bei Fotos von Online-Bildagenturen —— 69
    3. Besonderheiten bei der Nutzung von Facebook und Co. —— 70
B. Schutzfähigkeit der Website insgesamt —— 71
  I. Webdesign —— 71
  II. Programmierung —— 72
  III. Datenbank(-werk) —— 72
  IV. Wettbewerbsrechtlicher Schutz —— 74
  V. Markenrechtlicher Schutz —— 74
C. Vertrieb urheberrechtlich geschützter Werke —— 75
  I. Anbieten urheberrechtlich geschützter Werke —— 75
  II. Erschöpfung des Verbreitungsrechts —— 75
  III. Vertriebslizenz —— 77
D. Rechtsfolgen einer Urheberrechtsverletzung —— 77
  I. Unterlassungsanspruch —— 77
  II. Schadensersatzanspruch —— 78
  III. Sonstige Ansprüche —— 79
E. Haftung —— 79
F. Haftung für den Vertrieb urheberrechtsverletzender Ware —— 81

Kapitel 4
Vertragsgestaltung

A. Einleitung —— 83
B. Der Vertragsschluss —— 83
  I. Der Vertrag —— 84
    1. Die Vertragsart: Kaufvertrag —— 84
    2. Gesetzliche Rahmenbedingungen des Kaufvertrags —— 84
    3. Anwendung der Regelungen zum Kaufrecht —— 85
      a) Verträge zwischen Unternehmern und Verbrauchern —— 85
      b) Verträge zwischen Unternehmern —— 86
  II. Der Vertragsschluss —— 87

1. Grundsätzliches zum Vertragsschluss —— 87
2. Besonderheiten des Vertragsschlusses im Internet —— 89
    a) Der Vertragsschlussmechanismus —— 89
    b) Willenserklärungen im Internet —— 92
        aa) Das Angebot des Käufers —— 93
        bb) Die Annahmeerklärung des Verkäufers —— 94
3. Sonderfall: Internetauktionsplattformen —— 95
    a) Internetauktion —— 96
    b) Der „Sofortkauf" —— 97
4. Sonderfall: E-Reverse Auctions —— 98

III. Die Bestandteile des Vertrags —— 99
1. Produktbeschreibung —— 99
    a) Beschreibung der Kaufsache —— 99
    b) Preisangaben —— 100
        aa) Der Produktpreis —— 100
        bb) Versandkosten —— 101
2. Die Zahlungsabwicklung —— 103
    a) Zahlungsmöglichkeiten —— 103
        aa) Die Zahlung per Rechnung —— 104
        bb) Zahlung per Vorkasse —— 104
        cc) Zahlung per Nachnahme —— 104
        dd) Zahlung per Lastschrift —— 105
        ee) Zahlung per Kreditkarte —— 105
        ff) Zahlung per Giro-Pay —— 105
        gg) Zahlung per PayPal —— 106
    b) Zahlungsbedingungen —— 107
3. Liefervereinbarungen —— 107

C. AGB-Recht —— 108
  I. Die rechtswirksame Gestaltung von AGB —— 109
    1. Eröffnung des Anwendungsbereichs der AGB-Regelungen —— 109
    2. Verwendete Klausel eine AGB —— 110
    3. Wirksamer Einbezug der AGB in den Vertrag —— 110
    4. Vorrangige Individualabrede —— 111
    5. Inhaltskontrolle —— 111
        a) Klauselverbote des § 309 BGB —— 111
        b) Klauselverbote des § 308 BGB —— 113
        c) Unangemessene Benachteiligung gem. § 307 BGB —— 113
    6. Rechtsfolge der Nichteinbeziehung oder Unwirksamkeit —— 115
  II. Die Übermittlung der AGB —— 115

D. Die Abwicklung des Vertrags —— 116
  I. Der Bestellvorgang —— 117
    1. Pflichtenkatalog des § 312i Abs. 1 S. 1 BGB —— 117

- a) Die Korrekturmöglichkeit —— 117
- b) Die Informationspflicht —— 118
- c) Die Bestellbestätigung —— 119
- d) Die Abruf- und Speichermöglichkeit der Vertragsbestimmungen —— 119
2. Die Informationspflicht nach § 312j Abs. 2 BGB —— 119
3. Die Bestellsituation —— 120
4. Folgen des Pflichtverstoßes —— 121
5. Bestätigungen per E-Mail —— 121
   - a) Bestellbestätigung —— 121
   - b) Auftragsbestätigung —— 121

II. Die Erfüllung der vertraglichen Pflichten —— 122
  1. Die Pflichten des Verkäufers —— 122
     - a) Eigentumsübertragung —— 122
     - b) Übergabe und Übereignung —— 123
       - aa) Lieferumfang —— 123
       - bb) Lieferzeit —— 124
       - cc) Verpackung —— 124
       - dd) Gefahrtragung —— 125
  2. Die Pflichten des Käufers —— 126
     - a) Kaufpreiszahlung —— 126
     - b) Abnahme —— 126

III. Gewährleistungsrechte —— 127
  1. Abgrenzung zum Widerrufsrecht —— 127
  2. Voraussetzungen des Gewährleistungsanspruchs —— 127
     - a) Wirksamer Kaufvertrag —— 127
     - b) Der Mangel —— 128
     - c) Gefahrübergang —— 129
     - d) Kein Ausschluss —— 129
  3. Die Gewährleistungsrechte im Einzelnen —— 130
     - a) Nacherfüllung —— 130
     - b) Rücktritt —— 131
     - c) Minderung —— 133
     - d) Schadensersatz —— 133
     - e) Aufwendungsersatz —— 135
  4. Verjährung —— 135
  5. Beweislast —— 135

IV. Haftung des Händlers —— 136
  1. Haftungsbeschränkungen dem Grunde nach —— 137
  2. Haftungsbeschränkungen der Höhe nach —— 138
  3. Folgen unwirksamer Haftungsbeschränkung —— 139

E. Rückabwicklung des Vertrags —— 140
    I. Lösungsrechte des Verkäufers —— 140
        1. Die Anfechtung —— 140
        2. Die Stornierung —— 141
    II. Lösungsrechte des Käufers —— 142
        1. Anfechtung —— 142
        2. Rücktritt —— 142
        3. Widerruf —— 142
        4. Kein gesetzliches Rückgaberecht mehr —— 144
    III. Die Rückabwicklung in der Praxis —— 144
        1. Die Kosten der Rücksendung —— 145
            a) Kosten nach Widerruf —— 145
            b) Kosten nach Rücktritt —— 145
        2. Die Rücksendung beschädigter oder gebrauchter Waren —— 146
            a) Widerrufsfall —— 146
            b) Rücktrittsfall —— 146
        3. Gefahrtragung bei Rücksendung —— 146
F. Grenzüberschreitender Online-Handel —— 147

Kapitel 5
Verbraucherschutz im E-Commerce

A. Fernabsatzvertrag —— 149
    I. Fernabsatzverträge —— 149
    II. Bereichsausnahmen —— 150
    III. Verbraucher vs. Unternehmer —— 150
B. Fernabsatzrechtliche Informationspflichten —— 151
    I. Wesentliche Merkmale der Ware und Dienstleistung —— 151
    II. Identität des Unternehmers —— 152
    III. Gesamtpreis und Versandkosten —— 153
    IV. Liefertermin —— 154
    V. Gewährleistungsrechte —— 155
    VI. Kundendienst, Garantien und Beschwerdeverfahren —— 155
    VII. Kosten der Zahlungsart —— 156
    VIII. Abo-Verträge und andere Dauerschuldverhältnisse —— 156
    IX. Digitale Inhalte —— 157
    X. Kundenhotlines —— 157
C. Neues Widerrufsrecht ab Juni 2014 —— 158
    I. Bestehen und Nichtbestehen —— 158
        1. Erlöschen des Widerrufsrechts bei Dienstleistungen und Downloads —— 159

2. Neue Ausnahmen vom Widerrufsrecht —— 159
   a) Nach Verbraucherspezifikation angefertigte Waren —— 159
   b) Waren, die aus Gründen der Hygiene und des Gesundheitsschutzes nicht zur Rücksendung geeignet sind —— 160
3. Belehrung über das Nichtbestehen —— 161
II. Widerrufsfrist —— 162
  1. Unterschiedlicher Fristbeginn —— 162
     a) Lieferung von Waren zu einem Zeitpunkt —— 162
     b) Lieferung mehrerer Waren zu unterschiedlichen Zeitpunkten —— 163
     c) Regelmäßige Lieferung von Waren —— 163
     d) Einheitliche Belehrung für Online-Shops —— 164
  2. Verlängerte Widerrufsfrist —— 165
III. Zeitpunkt der Informationserteilung —— 166
IV. Ausübung des Widerrufsrechts —— 166
V. Rechtsfolgen —— 167
  1. Rückgewährschuldverhältnis —— 167
  2. Hin- und Rücksendekosten —— 168
     a) Hinsendekosten —— 168
     b) Information über die Tragung der Rücksendekosten bei Paketware —— 168
     c) Information über die Tragung der Rücksendekosten bei Speditionsware —— 169
     d) Information über die Tragung der Rücksendekosten bei Mischbestellungen —— 170
     e) Unfreie Rücksendungen —— 171
  3. Wertersatz —— 171
D. Pflichten im elektronischen Geschäftsverkehr —— 173
I. Korrekturmöglichkeiten —— 173
II. Schritte zum Vertragsschluss —— 174
III. Vertragstextspeicherung —— 175
IV. Vertragssprache —— 176
V. Verhaltenskodizes —— 176
VI. Bestätigung des Bestelleingangs —— 177
VII. Speicherbarkeit der Vertragsbestimmungen —— 177
VIII. Lieferbeschränkungen und Zahlungsmittel —— 177
IX. Button-Lösung —— 178
  1. Gestaltung und Platzierung der Informationspflichten —— 178
  2. Die Button-Beschriftung —— 179

Kapitel 6
Wettbewerbsrecht – rechtssichere Online-Werbung

A. Einführung in das Lauterkeitsrecht —— 181
  I. Grundlagen —— 182
    1. Rechtssubjekte —— 182
      a) Mitbewerber und Wettbewerbsverhältnis —— 182
      b) Verbraucher —— 184
        aa) Verbraucherbegriff —— 184
        bb) Verbraucherleitbild —— 185
      c) Sonstige Marktteilnehmer —— 186
      d) Wettbewerbsverbände —— 186
    2. Geschäftliche Handlung —— 186
    3. Erheblichkeitsschwelle —— 188
  II. Rechtsquellen —— 189
    1. UWG und UGP-RL —— 189
      a) Entwicklung und Regelungsinhalt —— 189
      b) Gliederung des UWG —— 191
    2. „Blacklist" (Anhang zu § 3 UWG) —— 192
    3. Spezialgesetze und Verordnungen —— 193
B. Rechtliche Anforderungen an einen Online-Shop —— 193
  I. Angebotsdarstellung —— 194
    1. Rechtsgrundlagen – die neue VRRL —— 194
    2. Informationspflichten —— 195
    3. Das Warenangebot —— 196
      a) Wesentliche Merkmale —— 197
      b) Produktfotos —— 197
      c) Endpreise und Preiswerbungen —— 198
      d) Angebotsbefristungen —— 198
      e) Lieferbedingungen —— 198
  II. Preisangabe und Preiswerbung —— 200
    1. Anforderungen der Preisangabenverordnung —— 200
    2. Versandkosten —— 202
    3. Grundpreisangaben —— 204
    4. Sonstige Preiswerbungen —— 205
      a) Unverbindliche Preisempfehlung (UVP) —— 205
      b) Statt-Preise —— 206
      c) Ladenpreis —— 207
      d) Sonstige schlagwortartige Preis-Inbezugnahmen —— 208
  III. Der Bestellvorgang —— 208
    1. Allgemeine Pflichten —— 209

2. Besondere Pflichten gegenüber Verbrauchern inklusive Bestellbutton —— 210
3. Weitergehende Informationen —— 213
IV. Das Impressum —— 214
1. Rechtliche Anforderungen an ein Impressum —— 214
2. Musterformulierungen —— 215
3. Rechtsfolgen eines fehlerhaften Impressums —— 219
V. Häufige Abmahngründe —— 220
1. Allgemeine Geschäftsbedingungen (AGB) —— 220
   a) Gerichtsstandsvereinbarungen —— 221
   b) Einschränkung von Gewährleistungsrechten —— 221
   c) Angaben zur Versanddauer —— 221
   d) Unklare Regelung des Vertragsschlusses —— 222
2. Widerrufsbelehrung —— 222
3. Marken- & Urheberrechte —— 223
4. E-Mail-Marketing (Newsletter) —— 224
5. Sonstige Abmahngründe —— 225
   a) Jugendschutz —— 225
   b) Unzulässige Werbung —— 225

Kapitel 7
Werbung in sozialen Netzwerken – Social Media Marketing

A. Einleitung —— 227
B. Rechtssicherer Social Media-Auftritt —— 228
   I. Die Social Media-Präsenz —— 228
      1. Der Account-Name —— 228
      2. Das Impressum —— 229
      3. Datenschutz —— 230
   II. Haftung für Profilinhalte —— 231
      1. Eigene Inhalte —— 231
      2. Fremde Inhalte —— 232
      3. Linkhaftung —— 233
C. Direktmarketing —— 234
   I. Die Vorgaben des Gesetzgebers —— 234
      1. Einwilligung in den Empfang —— 234
      2. Ausnahmen zur Einwilligung —— 236
      3. Erlöschen der Einwilligung —— 237
   II. Die Vorgaben der sozialen Netzwerke —— 238
      1. Facebook —— 238
         a) Persönliche Nachricht —— 238

		b) Pinnwandnachrichten —— 238
	2.	Google+ —— 239
	3.	Twitter —— 239
		a) Persönliche Nachricht —— 240
		b) Twitter-Timeline —— 240
	III.	Spam im Social Web —— 240
D.	Bewertungsplattformen —— 241	
	I.	Bedeutung von Bewertungsplattformen für den Handel im Netz —— 241
	II.	Gekaufte Bewertungen —— 241
	III.	Gefälschte Bewertungen —— 242
E.	Gewinnspiele —— 243	
	I.	Die gesetzlichen Vorgaben —— 244
		1. Die Vorgaben aus dem Rundfunkstaatsvertrag und der Gewinnspielordnung —— 244
		2. Transparenz —— 244
		3. Zeitpunkt der Information —— 245
		4. Kopplung der Teilnahme an einen Warenkauf —— 246
		5. Keinen psychischen Kaufzwang auslösen —— 246
		6. Keine Werbung mit angeblicher Gewinnzusage —— 247
		7. Nutzung der Teilnehmerdaten für andere Zwecke —— 247
		8. Veröffentlichung der Gewinner —— 247
		9. Ausschluss des Rechtswegs —— 248
		10. Teilnahmeberechtigung —— 248
		11. Die Folgen eines unzulässigen Gewinnspiels —— 249
	II.	Vorgaben der Plattformbetreiber —— 249
		1. Facebook —— 249
		a) Besondere Anforderungen von Facebook —— 249
		aa) Gewinnspiele auf der Pinnwand —— 250
		bb) Gewinnspiele via persönlicher Nachricht —— 250
		b) Verbote von Facebook —— 250
		2. Google+ —— 251
		3. Twitter —— 251
F.	Social Media Monitoring —— 252	
	I.	Was ist Social Media Monitoring? —— 252
		1. Funktionsweise —— 252
		2. Wie kann man Social Media Monitoring betreiben? —— 252
	II.	Rechtliche Einordnung —— 253
		1. Personenbezogene Daten —— 253
		2. Einwilligung oder gesetzliche Erlaubnis —— 253
		3. Urheberrecht —— 255

Kapitel 8
SEO-Recht – rechtliche Aspekte des Suchmaschinenmarketings

A. SEO – Suchmaschinenoptimierung —— 258
- I. Grundlagen —— 258
  - 1. White Hat-SEO —— 259
  - 2. Black Hat-SEO —— 261
- II. Google-Richtlinien —— 262
- III. Nennung fremder Kennzeichen —— 263
  - 1. Meta-Tags und Hidden Content —— 263
  - 2. Sichtbarer Inhalt —— 264
  - 3. Gattungsbegriffe —— 264
- IV. Doorway-Pages und Cloaking —— 265
- V. Linkkauf —— 266
- VI. Negative SEO —— 267

B. SEA – Suchmaschinenwerbung —— 268
- I. Google Adwords —— 268
- II. Markenrechtliche Bewertung —— 269
  - 1. Rechtsprechung des EuGH —— 269
  - 2. Auslegung durch die deutschen Gerichte —— 270
    - a) BGH „Bananabay II" —— 270
    - b) BGH „MOST-Pralinen" —— 271
  - 3. Praktische Hinweise —— 271
- III. Pflichtangaben in Adwords-Anzeigen —— 272

C. Preissuchmaschinen —— 273
- I. Angabe von Preisen —— 273
- II. Angabe von Versandkosten —— 274
- III. Angabe der Lieferzeit —— 275

Kapitel 9
Datenschutzrecht

A. Einführung —— 277
B. Der Umgang mit Kundendaten —— 277
- I. Datenschutzrechtliche Grundlagen —— 278
  - 1. Der Begriff der personenbezogenen Daten —— 278
  - 2. Datenschutzrechtliche Grundsätze —— 279
    - a) Verbot mit Erlaubnisvorbehalt —— 279
    - b) Transparenz —— 280
    - c) Zweckbindung —— 280
    - d) Erforderlichkeit und Datensparsamkeit —— 281

            e) Widerruflichkeit —— 282
        II. Datenverarbeitung ohne Einwilligung des Kunden —— 282
            1. Datenverarbeitung für eigene Geschäftszwecke, § 28 BDSG —— 282
            2. Die Verwendung von Bestandsdaten bei der Bereitstellung eines Online-Shops —— 284
            3. Die Verwendung von Nutzungsdaten bei der Bereitstellung eines Online-Shops —— 285
        III. Datenverarbeitung mit Einwilligung des Kunden —— 285
            1. Schriftform und elektronische Form —— 285
            2. Freiwilligkeit der Einwilligung —— 286
            3. Eindeutige Erklärung —— 286
            4. Protokollierung und Abrufbarkeit —— 287
            5. Hinweis auf Widerrufsmöglichkeit —— 287
C. Website-Tracking —— 287
        I. Datenschutzrechtliche Grundsätze beim Website-Tracking —— 288
            1. Personenbezogene Profile —— 288
            2. Pseudonyme Profile —— 289
            3. Anonyme Profile —— 289
        II. Google Analytics datenschutzkonform einsetzen —— 290
            1. Verwendung verkürzter IP-Adressen —— 290
            2. Anpassung der Datenschutzerklärung —— 290
            3. Widerspruchsmöglichkeit —— 291
            4. Vertrag über die Auftragsdatenverarbeitung mit Google —— 291
            5. Keine Verknüpfung mit anderen Nutzerdaten —— 291
            6. Löschung von Altdaten —— 292
D. Einbindung sozialer Netzwerke —— 292
        I. Datenschutzrechtliche Probleme von Social-Plugins —— 292
        II. Der Betrieb einer eigenen Social Media-Präsenz —— 294
E. Datenschutzerklärung —— 295
        I. Pflicht zur Datenschutzerklärung —— 295
        II. Platzierung der Datenschutzerklärung —— 296
        III. Inhalt der Datenschutzerklärung —— 296
F. Folgen von Datenschutzverstößen —— 300
        I. Behördliche Bußgelder —— 301
        II. Wettbewerbsrechtliche Abmahnungen —— 301
        III. Vorgehen der Betroffenen —— 302
        IV. Reputationsschäden —— 302
G. Die kommende EU-Datenschutzgrundverordnung —— 302

Kapitel 10
Durchsetzung und Abwehr von Ansprüchen

A. Rechtsfolgen von Verstößen —— 305
    I. Unterlassungsanspruch gem. § 8 UWG —— 305
    II. Schadensersatzanspruch gem. § 9 UWG —— 307
        1. Verletzergewinn —— 308
        2. Lizenzanalogie —— 309
        3. Konkreter Schaden —— 309
    III. Ersatz von Abmahnkosten gem. § 12 UWG —— 310
    IV. Auskunftsansprüche —— 312
    V. Beseitigungsanspruch —— 313
B. Durchsetzung von Ansprüchen sowie Reaktionsmöglichkeiten hierauf in der Praxis —— 314
    I. Abmahnung —— 314
    II. Reaktionsmöglichkeiten auf eine Abmahnung —— 317
        1. Abgabe einer (modifizierten) Unterlassungserklärung —— 317
        2. Schutzschrift —— 319
    III. Einstweiliger Rechtsschutz —— 320
    IV. Reaktionsmöglichkeiten auf eine einstweilige Verfügung —— 323
        1. Widerspruch —— 323
        2. Antrag auf Durchführung des Hauptsacheverfahrens —— 324
        3. Abschlusserklärung —— 324
    V. (Hauptsache-)Klage und Reaktionsmöglichkeiten —— 325

Kapitel 11
Umsatzsteuer beim Handel im Netz

A. Allgemeines —— 327
B. Systematik des Umsatzsteuerrechts —— 328
C. Rechtsgrundlagen —— 329
D. Die Umsatzbesteuerung —— 330
    I. Unternehmereigenschaft —— 330
    II. Steuerschuldverlagerung/Reverse Charge System —— 331
    III. Abgrenzung Dienstleistungen oder Lieferungen —— 333
    IV. Elektronische Dienstleistungen —— 335
    V. Vorliegen eines Leistungsaustauschs —— 338
    VI. Sonstige Dienstleistungen —— 339
    VII. Leistungsort für Dienstleistungen —— 339
    VIII. One-Stop-Shop des § 18 Abs. 4c UStG —— 342
    IX. Kleine einzige Anlaufstelle für Mehrwertsteuer —— 343

        X. Lieferungen —— **344**
E.   Besonderheiten bei Umsätzen im Netz —— **349**
        I. Abwicklung über eine Online-Vertriebsplattform —— **349**
        II. Kauf auf Probe —— **350**
        III. Rücktrittsrecht beim Versandhandel/Umtausch —— **350**
        IV. Versandhandelsregelung —— **352**
F.   Steuersatz —— **355**
G.   Zusammenfassung —— **357**

Stichwortverzeichnis —— **359**

Abkürzungsverzeichnis

%	Prozent
€	Euro
§	Paragraph

a.E.	am Ende
a.F.	alte Fassung
ABl.	Amtsblatt
Abs.	Absatz
ADV	Auftragsdatenverarbeitung
AG	Aktiengesellschaft; Arbeitsgericht
AGB	Allgemeine Geschäftsbedingungen
AktG	Aktiengesetz
Alt.	Alternative
Anh.	Anhang
Anm.	Anmerkung
AO	Abgabenordnung
API	Application Programming Interface
ARD	Arbeitsgemeinschaft der öffentlich-rechtlichen Rundfunkanstalten der Bundesrepublik Deutschland
Art.	Artikel
AVS	Adult Verification System
Az.	Aktenzeichen

B2B	Business-to-business
B2C	Business-to-consumer
BB	Betriebsberater (Zeitschrift)
BDSG	Bundesdatenschutzgesetz
BeckRS	Beck-Rechtsprechung
Begr.	Begründung
BFH	Bundesfinanzhof
BFH/NV	Bundesfinanzhof/Nicht Veröffentlicht (Zeitschrift)
BFHE	Bundesfinanzhof Entscheidungen (Zeitschrift)
BGB	Bürgerliches Gesetzbuch
BGBl.	Bundesgesetzblatt
BGH	Bundesgerichtshof
BGHZ	Entscheidungen des Bundesgerichtshofs in Zivilsachen
BLZ	Bankleitzahl
BStBl.	Bundessteuerblatt
BT-Drucks.	Bundestags-Drucksache
BVerfG	Bundesverfassungsgericht
BVerfGE	Entscheidungen des Bundesverfassungsgerichts
bzw.	beziehungsweise

ca.	circa
CD	Compact Disc
CR	Computer und Recht (Zeitschrift)
CRM	Customer Relationship Management

ct	Cent
ct/min	Cent pro Minute
d.h.	das heißt
DAX	Deutscher Aktienindex
DB	Der Betrieb (Zeitschrift)
DENIC	Deutsches Network Information Center
DHL	Dalsey, Hillblom, Lynn
DJ	Discjockey
DNS	Domain Name System
DPMA	Deutsches Patent- und Markenamt
DRM	Digital Rights Management
DStR	Deutsches Steuerrecht (Zeitschrift)
DStRE	Deutsches Steuerrecht Entscheidungsdienst (Zeitschrift)
DuD	Datenschutz und Datensicherheit (Zeitschrift)
DVD	Digital Versatile Disc
e.K.	eingetragener Kaufmann
e.V.	eingetragener Verein
EDV	Elektronische Datenverarbeitung
EG	Europäische Gemeinschaft
EGBGB	Einführungsgesetz zum Bürgerlichen Gesetzbuch
EGL	Ergänzungslieferung
Einl.	Einleitung
ERP	Enterprise-Resource-Planning
EU	Europäische Union
EuGH	Europäischer Gerichtshof
EUSt	Einfuhrumsatzsteuer
EuZW	Europäische Zeitschrift für Wirtschaftsrecht
f./ff.	folgende
FG	Finanzgericht
g	Gramm
gem.	gemäß
GG	Grundgesetz
ggf.	gegebenenfalls
GmbH	Gesellschaft mit beschränkter Haftung
GmbHG	Gesellschaft mit beschränkter Haftung-Gesetz
GoA	Geschäftsführung ohne Auftrag
GRUR Int.	Gewerblicher Rechtsschutz und Urheberrecht Internationaler Teil (Zeitschrift)
GRUR	Gewerblicher Rechtsschutz und Urheberrecht (Zeitschrift)
GRUR-Prax	Gewerblicher Rechtsschutz und Urheberrecht. Praxis im Immaterialgüter- und Wettbewerbsrecht
GRUR-RR	Gewerblicher Rechtsschutz und Urheberrecht-Rechtsprechungs-Report
Gz.	Geschäftszeichen
HGB	Handelsgesetzbuch

Hs.	Halbsatz
HTML	Hypertext Markup Language
HWG	Heilmittelwerbegesetz
i.S.d.	im Sine der/des
i.V.m.	in Verbindung mit
ICANN	Internet Corporation for Assigned Names and Numbers
IDN	Internationalisierter Domainname
inkl.	inklusive
IP	Internetprotokoll
IStR	Internationales Steuerrecht (Zeitschrift)
Jura	Juristische Ausbildung (Zeitschrift)
JurPC Web-Dok.	Internet-Zeitschrift für Rechtsinformatik und Informationsrecht
JuSchG	Jugendschutzgesetz
K&R	Kommunikation und Recht (Zeitschrift)
KfZ	Kraftfahrzeug
KG	Kammergericht; Kommanditgesellschaft
kg	Kilogramm
l	Liter
LG	Landgericht
li. Sp.	linke Spalte
lit.	Litera
Ltd.	Limited
m. Anm.	mit Anmerkung
m. zust. Anm.	mit zustimmender Anmerkung
m.w.N.	mit weiteren Nachweisen
m²	Quadratmeter
m³	Kubikmeter
MarkenG	Markengesetz
MD	Magazindienst Verband sozialer Wettbewerb
Mio.	Million
MIR	Medien Internet und Recht (Zeitschrift)
ml	Milliliter
MMR	MultiMedia und Recht (Zeitschrift)
MMR-Aktuell	MultiMedia und Recht-Aktuell (Newsdienst)
Mrd.	Milliarde
MüKo-BGB	Münchener Kommentar zum BGB
MwSt.	Mehrwertsteuer
MwSt-DVO	Mehrwertsteuer-Durchführungsverordnung
MwStR	MehrwertSteuerrecht (Zeitschrift)
MwStSystRL	Mehrwertsteuer-Systemrichtlinie
n.F.	neue Fassung
n.v.	nicht veröffentlicht
NIC	Network Information Center

NJ	Neue Justiz (Zeitschrift)
NJOZ	Neue Juristische Online Zeitschrift
NJW	Neue Juristische Wochenschrift
NJW-RR	Neue Juristische Wochenschrift-Rechtsprechung-Report
Nr.	Nummer
NRW	Nordrhein-Westfalen
NWB	Neue Wirtschafts-Briefe (Zeitschrift)
o.ä.	oder ähnlich
o.g.	oben genannt
OLG	Oberlandesgericht
ÖstOGH	Oberste Gerichtshof Österreich
PAngV	Preisangabenverordnung
PHP	Hypertext Preprocessor
PIM	Personal Information Manager
PLZ	Postleitzahl
PR	Public Relations
QR	Quick Response
re. Sp.	rechte Spalte
red. Bearb.	redaktioneller Bearbeiter
RegE	Regierungsentwurf
RG	Reichsgericht
RGZ	Entscheidungen des Reichsgerichts in Zivilsachen
RL	Richtlinie
Rn	Randnummer
Rs.	Rechtssache
Rspr.	Rechtsprechung
RSS	Really Simple Syndication
RStV	Rundfunkstaatsvertrag
RVG	Rechtsanwaltsvergütungsgesetz
S.	Satz
s.o.	siehe oben
s.u.	siehe unten
SEA	Search Engine Advertising
SEM	Search Engine Marketing
SEO	Search Engine Optimization
SLD	Second-Level-Domain
sog.	so genannte/r
St. Rspr.	ständige Rechtsprechung
StGB	Strafgesetzbuch
TLD	Top-Level-Domain
TMG	Telemediengesetz

u.	und
u.ä.	und ähnlich
u.a.	unter anderem
UDRP	Uniform Domain-Name Dispute-Resolution Policy
UGP	Unlautere Geschäftspraktiken
UGP-RL	Richtlinie über unlautere Geschäftspraktiken
UKlaG	Unterlassungsklagegesetz
ULD	Unabhängiges Landeszentrum für Datenschutz Schleswig-Holstein
UR	Umsatzsteuer-Rundschau (Zeitschrift)
UrhG	Urheberrechtsgesetz
URL	Uniform Resource Locator
US-$	US-Dollar
UStAE	Umsatzsteuer-Anwendungserlass
UStB	Umsatz-Steuer-Berater (Zeitschrift)
UStDV	Umsatzsteuer-Durchführungsverordnung
UStG	Umsatzsteuergesetz
USt-IdNr.	Umsatzsteuer-Identifikationsnummer
usw.	und so weiter
UVP	unverbindliche Preisempfehlung
UVR	Umsatzsteuer- und Verkehrsteuer-Recht (Zeitschrift)
UWG	Gesetz gegen den unlauteren Wettbewerb
v.	von/vom
VerpackV	Verpackungsverordnung
VersR	Versicherungsrecht (Zeitschrift)
Vfg.	Verfügung
VG	Verwaltungsgericht
vgl.	vergleiche
Vorb.	Vorbemerkung
VRRL	Verbraucherrechterichtlinie
VuR	Verbraucher und Recht (Zeitschrift)
VV RVG	Vergütungsverzeichnis Rechtsanwaltsvergütungsgesetz
WIPO	World Intellectual Property Organization
WRP	Wettbewerb in Recht und Praxis (Zeitschrift)
XHTML	Extensible Hypertext Markup Language
XML	Extensible Markup Language
z.B.	zum Beispiel
ZD	Zeitschrift für Datenschutz
Ziff.	Ziffer
zit.	zitiert
ZPO	Zivilprozessordnung
ZRP	Zeitschrift für Rechtspolitik
ZSR	Zentrales Schutzschriftenregister
ZUM	Zeitschrift für Urheber- und Medienrecht
ZUM-RD	Zeitschrift für Urheber- und Medienrecht Rechtsprechungsdienst
zzgl.	zuzüglich

Literaturverzeichnis

Bamberger, Heinz Georg/Roth, Herbert, Beck'scher Online-Kommentar BGB, 3. Aufl., München 2012 (zit.: BeckOK BGB/*Bearbeiter*)
Birkenfeld, Wolfram/Wäger, Christoph, Das große Umsatzsteuer-Handbuch, 63. EGL, Köln 2013 (zit.: Birkenfeld/Wäger/*Bearbeiter*)
Bunjes, Johann, Umsatzsteuergesetz UStG, Kommentar, 11. Aufl., München 2012 (zit.: Bunjes/*Bearbeiter*)
Büscher, Wolfgang/Dittmer, Stefan/Schiwy, Peter, Gewerblicher Rechtsschutz Urheberrecht Medienrecht, 2. Aufl., Köln 2011 (zit.: Büscher/Dittmer/Schiwy/*Bearbeiter*)
Bydlinski, Peter/Lurger, Brigitta, Die Richtlinie über die Rechte der Verbraucher, Wien 2012 (zit.: Bydlinski/Lurger)
Dauner-Lieb, Barbara/Langen, Werner, Bürgerliches Gesetzbuch Band 2/1: Schuldrecht, 2. Aufl., Baden-Baden 2012 (zit.: Dauner-Lieb/Langen/*Bearbeiter*)
Dreier, Thomas/Schulze, Gernot, Urheberrechtsgesetz, 4. Aufl., München 2013 (zit.: Dreier/Schulze/*Bearbeiter*)
Ebenroth, Carsten/Boujong, Karlheinz/Joost, Detlev/Strohn, Lutz, Handelsgesetzbuch: HGB, München 2009 (zit.: Ebenroth/Boujong/Joost/Strohn/*Bearbeiter*)
Fezer, Karl-Heinz, Markenrecht, 4. Aufl., München 2009 (zit.: *Fezer*)
Föhlisch, Carsten, Das Widerrufsrecht im Onlinehandel, München 2009 (zit.: *Föhlisch*)
Gloy, Wolfgang/Loschelder, Michael/Erdmann, Willi, Handbuch des Wettbewerbsrechts, 4. Aufl., München 2010 (zit.: Gloy/Loschelder/Erdmann/*Bearbeiter*)
Gola, Peter/Schomerus, Ulrich, BDSG Bundesdatenschutzgesetz, Kommentar, 11. Aufl., München 2012 (zit.: Gola/Schomerus/*Bearbeiter*)
Harte-Bavendamm, Henning/Henning-Bodewing, Frauke, Gesetz gegen den unlauteren Wettbewerb, 3. Aufl., München 2013 (zit.: Harte-Bavendamm/Henning-Bodewing/*Bearbeiter*)
Härting, Niko, Internetrecht, 4. Aufl., Köln 2010 (zit.: *Härting*)
Hartmann, Alfred/Metzenmacher, Wilhelm, Umsatzsteuergesetz, Loseblatt, Stand 6/13, Berlin 2013 (zit.: Hartmann/Metzenmacher/*Bearbeiter*, UStG)
Hefermehl, Wolfgang/Köhler, Helmut, Wettbewerbsrecht, 32. Aufl., München 2014 *(zit.: Hefermehl/Köhler)*
Heidel, Thomas/Hüßtege, Rainer/Mansel, Heinz-Peter/Noack, Ulrich, Bürgerliches Gesetzbuch: BGB, Band 1: Allgemeiner Teil und EGBGB, 2. Aufl., Baden-Baden 2011 (zit.: Heidel/Hüßtege/Mansel/Noack/*Bearbeiter*)
Heidrich, Jörg/Forgó, Nikolaus/Feldmann, Thorsten, Heise Online-Recht, Loseblatt, Hannover, Stand: 10/2011 (zit.: Heidrich/Forgó/Feldmann/*Bearbeiter*)
Hoeren, Thomas/Sieber, Ulrich/Holznagel, Bernd, Handbuch Multimedia-Recht, 36. EGL, München 2013 (zit.: Hoeren/Sieber/Holznagel/*Bearbeiter*)
Ingerl, Reinhard/Rohnke, Christian, Markengesetz, 3. Aufl., München 2010 (zit.: Ingerl/Rohnke)
Jakob, Wolfgang, Umsatzsteuer, Lehrbuch, 4. Aufl., München 2009 (zit.: Jakob)
Jauernig, Othmar, Bürgerliches Gesetzbuch, 14. Aufl., München 2011 (zit.: Jauernig/*Bearbeiter*)
Kilian, Wolfgang/Heussen, Benno, Computerrechts-Handbuch, 32. EGL, München 2013 (zit.: Kilian/Heussen/*Bearbeiter*)
Köhler, Helmut/Bornkamm, Joachim, Gesetz gegen den unlauteren Wettbewerb, 30. Aufl., München 2012 (zit.: Köhler/Bornkamm)
Lange, Paul, Marken- und Kennzeichenrecht, 2. Aufl., München 2012 (zit.: *Lange*)
Leupold, Andreas/Glossner, Silke, Münchener Anwaltshandbuch IT-Recht, 3. Aufl., München 2013 (zit.: Leupold/Glossner/*Bearbeiter*)

Lippross, Otto-Gerd/Janzen, Hans-Georg, Umsatzsteuerrecht 2013, Stuttgart 2012 (zit.: *Lippross/* Janzen/Bearbeiter)
Loewenheim, Ulrich, Handbuch des Urheberrechts, 2. Aufl., München 2010 (zit.: Loewenheim/ *Bearbeiter*)
Müller-Broich, Jan D., Telemediengesetz, Baden-Baden 2012 (zit.: *Müller-Broich*)
Münchener Kommentar zum Bürgerlichen Gesetzbuch, Band 2, 6. Aufl., München 2012 (zit.: MüKo-BGB/*Bearbeiter*)
Oelschlägel, Kay/Scholz, Jochen, Handbuch Versandhandelsrecht, Köln 2013 (zit.: Oelschlägel/ Scholz/*Bearbeiter*)
Offerhaus, Klaus/Söhn, Hartmut/Lange, Hans-Friedrich, Umsatzsteuer Kommentar, Stand 12/2013, Heidelberg 2013 (zit.: Offerhaus/Söhn/Lange/*Bearbeiter*)
Peter, Karl/Burhoff, Arnim/Stöcker, Ernst-Erhard, Umsatzsteuer-Kommentar, 106. EGL, Herne 2013 (zit.: Peter/Burhoff/Stöcker/*Bearbeiter*)
Piper, Henning/Ohly, Ansgar/Sosnitza, Olaf, Gesetz gegen den unlauteren Wettbewerb, 5. Aufl., München 2010 (zit.: *Piper/Ohly/Sosnitza*)
Rau, Günter/Dürrwächter, Erich, Kommentar zum Umsatzsteuergesetz, 156. EGL, Köln 2013 (zit.: Rau/Dürrwächter/*Bearbeiter*)
Redeker, Helmut, IT-Recht, 5. Aufl., München 2012 (zit.: *Redeker*)
Reiß, Wolfgang/Kraeusel, Jörg/*Langer, Michael*, Kommentar zum Umsatzsteuergesetz, Loseblatt, Stand 9/2013, Bonn 2013 (zit.: Reiß/Kraeusel/Langer/*Bearbeiter*)
Schulze, Reiner/Dörner, Heinrich/Ebert, Ina/Hoeren, Thomas/Kemper, Rainer/Saenger, Ingo/ Schreiber, Klaus/Schulte-Nölke, Hans/Staudinger, Ansgar, Bürgerliches Gesetzbuch, 7. Aufl., Baden-Baden 2012 (zit.: Schulze/*Bearbeiter*)
Simitis, Spiros, Bundesdatenschutzgesetz, 7. Aufl., Baden-Baden 2011 (zit.: Simitis/*Bearbeiter*)
Sölch, Otto/Ringleb, Karl, Umsatzsteuergesetz, Kommentar, Loseblatt, 70. EGL, München 2013 (zit.: Sölch/Ringleb/*Bearbeiter*)
Solmecke, Christian/Taeger, Jürgen/Feldmann, Thorsten, Mobile Apps, Berlin 2013 (zit.: Solmecke/ Taeger/Feldmann/*Bearbeiter*)
Spindler, Gerald/Schuster, Fabian, Recht der elektronischen Medien, 2. Aufl., München 2011 (zit.: Spindler/Schuster/*Bearbeiter*)
Staudinger, Julius von, Kommentar zum Bürgerlichen Gesetzbuch, 16. Aufl., Berlin 2012 (zit.: Staudinger/*Bearbeiter*)
Teplitzky, Otto, Wettbewerbsrechtliche Ansprüche und Verfahren, 10. Aufl., Köln 2011 (zit.: *Teplitzky*)
Ulbricht, Carsten, Social Media und Recht, 2. Aufl., Freiburg 2013 (zit.: *Ulbricht*)
Vogel, Alfred/Schwarz, Bernhard, Kommentar zum Umsatzsteuergesetz, 170. EGL, Freiburg 2013 (zit.: Vogel/Schwarz/*Bearbeiter*)
Wandtke, Axel/Bullinger, Winfried, Praxiskommentar zum Urheberrecht, 3. Aufl., München 2009 (zit.: Wandtke/Bullinger/*Bearbeiter*)
Zöller, Richard, Zivilprozessordnung, 29. Aufl., Köln 2012 (zit.: Zöller/*Bearbeiter*)

Bearbeiterverzeichnis

Annika Dam, LL.M. (gewerblicher Rechtsschutz), Jg. 1987; Studium der Rechtswissenschaften an der Universität zu Köln und der Université Paris I Panthéon-Sorbonne, Schwerpunkt im Medien- und Urheberrecht, Master of Laws an der Heinrich-Heine Universität Düsseldorf, Referendariat im Bezirk des Oberlandesgerichts Köln u.a. mit Stationen in Berlin und Los Angeles, wissenschaftliche Mitarbeiterin der Medienrechtskanzlei WILDE BEUGER SOLMECKE.

Carsten Höink, Dr. iur., Jg. 1974; Rechtsanwalt, Steuerberater, Dipl.-Finanzwirt ist Geschäftsführer der auf die Beratung in den Bereichen Umsatzsteuer, Zoll und Exportkontrolle spezialisierten AWB Steuerberatungsgesellschaft mbH sowie der AWB Wolffgang & Harksen Rechtsanwaltsgesellschaft mbH mit Sitz in Münster/München. Carsten Höink widmet sich schwerpunktmäßig den Fragen des Verbrauch- und Verkehrsteuerrechts, insbesondere der Umsatzsteuer im Bereich des grenzüberschreitenden Waren- und Dienstleistungsverkehrs sowie der Umsatzsteuer bei Bank- und Finanzdienstleistungen. Er ist Mitautor im Umsatzsteuerkommentar Offerhaus/Söhn/Lange und im Einkommensteuerkommentar Kirchhof/Söhn/Mellinghaus. Zudem ist er Autor und Dozent bei diversen Seminaranbietern zu Fragen des Umsatzsteuerrechts, Gastdozent an der Bundesfinanzakademie, Brühl und Lehrbeauftragter an der Westfälischen Wilhelms-Universität zu Münster.

Sibel Kocatepe, LL.M. (Köln/Istanbul Bilgi), Rechtsassessorin, Jg. 1984; Studium der Rechtswissenschaft an der Rheinischen Friedrich-Wilhelms-Universität Bonn mit Praxissemester im Europäischen Parlament in Brüssel, Master of Law im Wirtschaftsrecht, Stipendiatin der Dr. Carl-Arthur Pastor-Stiftung, wissenschaftliche Mitarbeiterin in der Medienrechtskanzlei WILDE BEUGER SOLMECKE, Doktorandin und wissenschaftliche Mitarbeiterin am Lehrstuhl für Bürgerliches Recht und Wirtschaftsrecht, insbesondere Immaterialgüterrecht sowie Medienrecht der Universität Siegen.

Simon Köhler, Geschäftsführer der e-Commerce Agentur conpark. Er beschäftigt sich vorrangig mit den technischen Möglichkeiten und neuen Konzepten im eCommerce. Als Mitherausgeber der eCommerce Lounge veranstaltet er zudem mehrere Branchen-Events in ganz Deutschland.

Kilian Kost, Rechtsanwalt, Jg. 1980; Studium der Rechtswissenschaften an der Universität zu Köln, seit 2009 Rechtsanwalt der Medienrechtskanzlei WILDE BEUGER SOLMECKE mit Schwerpunkt im Internet-, Wettbewerbs- und Markenrecht, Fachanwalt für gewerblichen Rechtsschutz.

Martin Rätze, Jg. 1984; Studium des Deutschen und Europäischen Wirtschaftsrechts an der Universität Siegen und der National & Kapodistrian University of Athens, Griechenland. Seit 2008 Legal Counsel bei der Trusted Shops GmbH, Köln. Autor zahlreicher Fachbeiträge zum E-Commerce-Recht sowie Referent bei diversen Seminaren zu dem Thema.

Christian Solmecke, LL.M. (IT-Recht), Jg. 1973; Rechtsanwalt und Partner der Kölner Medienrechtskanzlei WILDE BEUGER SOLMECKE hat sich auf die Beratung der IT- und Internetbranche spezialisiert. Neben seiner Kanzleitätigkeit ist er Lehrbeauftragter der Fachhochschule Köln für Social Media und Recht sowie Geschäftsführer des Deutschen Instituts für Kommunikation und Recht im Internet an der Cologne Business School. Christian Solmecke betreibt seit Jahren erfolgreich eigene E-Commerce-Projekte und unterstützt Start-Ups in der Gründungsphase.

Jakob Wahlers, Rechtsanwalt, Jg. 1983; Studium der Rechtswissenschaften an der Universität zu Köln, Syndikustätigkeit in einem großen IT-Unternehmen mit den Schwerpunkten Urheber-, Marken- und IT-Recht, Fachveröffentlichungen im Datenschutzrecht, Mitautor des Buches „Recht im Social Web".

Kapitel 1
Technische Aspekte

A. Auswahl des Shopsystems

In den letzten Jahren ist der **Online-Handel in Deutschland** extrem gewachsen. Steigende Umsatzzahlen und die vielen neuen Geschäftsmodelle belegen die Attraktivität dieses Marktes. Die Konkurrenz und somit die Anforderungen an ein **modernes Shopsystem** sind allerdings ebenfalls deutlich gestiegen.

I. Schritt 1: Anforderungsanalyse

Bevor Sie mit der Auswahl eines geeigneten Shopsystems beginnen, sollten Sie sich unbedingt einen genauen Überblick über Ihre aktuellen und zukünftigen **Anforderungen und Ziele** verschaffen. Beschäftigen Sie sich dafür intensiv mit dem eigenen **Geschäftsmodell** sowie dessen internen und externen Faktoren.

Nehmen Sie sich die Zeit und planen Sie im Hinblick auf Ihre **mögliche Geschäftsentwicklung** so detailliert und so weit in die Zukunft wie möglich.

Je genauer diese Planung durchgeführt wird, umso geringer ist das Risiko, sich für ein falsches System zu entscheiden und schlimmstenfalls in eine konzeptionelle oder technische Sackgasse zu geraten.

Ein späterer **Wechsel der Plattform** ist mit hohen Kosten, hohem Zeitaufwand und meist mit unzähligen Ärgernissen verbunden. Es werden personelle und finanzielle Ressourcen gebunden, welche Ihnen bei der Weiterentwicklung und Betreuung des laufenden Geschäfts fehlen.

Die Auswahl des richtigen Shopsystems ist daher letztendlich die Basis für einen nachhaltigen Erfolg sowie den Aufbau zukunftsfähiger Prozesse.

Schon zu Beginn lässt sich jedoch sagen, dass Sie mit hoher Wahrscheinlichkeit kein System finden, welches sich vollständig mit Ihren Anforderungen decken wird.

Versuchen Sie sich daher von Anfang an klar zu machen, **welche Funktionalitäten zwingend erforderlich** sind und für welche Anforderungen ggf. Alternativen gefunden werden müssen bzw. welche Funktionen unwichtig sind und nachträglich eingebunden werden können.

Praxistipp
Versuchen Sie nicht, bei der Definition der Anforderungen zu sparen!
Sie können die Analyse zur Not in Teilbereiche gliedern und externe Hilfe von Fachexperten einholen. Entstandene Kosten zahlen sich in der Regel aus.

1. Eine erste Bestandsaufnahme

9 Der Erfolg des eigenen Online-Shops hängt maßgeblich von einem **reibungslosen Zusammenspiel** aller Prozesse und Systeme ab.

10 Für einen optimalen Start sollten Sie daher zuallererst einen Blick auf die aktuelle Geschäftssituation werfen. Prüfen Sie, ob sich die bestehenden Systeme und (Teil-)Prozesse **in einen Online-Vertrieb einbinden** lassen oder ob diese möglicherweise ersetzt bzw. erweitert werden müssen.

11 **Wichtige Fragestellungen** sind u.a.:
- Wie lassen sich bestehende Marketing-Maßnahmen (Newsletter, Kundenbindungsprogramme usw.) in den Online-Shop integrieren?
- Wo werden kundenbezogene Daten gespeichert (CRM)?
- An welcher Stelle werden Produktinformationen hinterlegt und Warenbestände gepflegt (Warenwirtschaft/PIM)?
- Welche Logistikprozesse gibt es? Müssen eventuell externe Dienstleister einbezogen werden (Fulfillment)?
- Wie sind die Finanzbuchhaltung und das Inkasso organisiert? Welche Zahlarten werden genutzt?
- Wie stellt sich die Lieferanten- und Einkaufssituation dar?

12 Eine Anpassung bzw. nachträgliche Integration bestehender Systeme kann aufwendig und teuer werden und schnell einen Großteil des Gesamtbudgets verschlingen.

13 Nicht immer ist es daher sinnvoll, an bestehenden Systemen festzuhalten, da diese, je nach Alter und Ausrichtung, wenig oder gar nicht auf die Herausforderungen des Online-Handels vorbereitet sind.

14 Doch auch mit dem Wechsel auf neue Systeme kommt man an neuen **Lizenz- und Implementierungskosten** sowie **Kosten für Beratung und Mitarbeiterschulungen** nicht vorbei. Die meisten Shopsysteme bieten allerdings bereits fertige Schnittstellen zu bekannten Drittsystemen (Warenwirtschaft, CRM, PIM usw.) an und helfen somit dabei, dass sich die Kosten schneller amortisieren.

! Praxistipp
Prüfen Sie, welcher Shop-Anbieter die größte Auswahl an passenden Schnittstellen für Ihre Drittsysteme bereitstellt. So sparen Sie zu Beginn sehr viel Zeit und Geld.

---

2. Das Sortiment

15 Das Sortiment ist der **Kern eines Online-Shops** und sollte optimal in Szene gesetzt werden können. Je nach Art der verkauften Produkte stellen sich dabei ganz unterschiedliche Herausforderungen an das Shopsystem und die dafür notwendigen Funktionen.

Verkaufen Sie beispielsweise nur **physische Güter** wie Bücher, Bekleidung oder Spielzeug, werden Sie nur wenige bis keine Probleme mit gängigen Shopsystemen haben.

Bei dem Verkauf **digitaler Güter** (E-Books, Software, Musik o.ä.) wird es hingegen etwas komplizierter und Sie müssen mit Sicherheit mit einer kleineren Auswahl passender Systeme rechnen. Die Schwierigkeit bei virtuellen Produkten sind unterschiedliche Voraussetzungen beispielsweise beim Rechtemanagement (DRM), der Generierung oder Verwaltung von Lizenzschlüsseln sowie weiteren Anpassungen, welche möglicherweise nicht im Shopsystem vorhanden sind.

Doch auch vermeintlich „einfache Produktgruppen" stellen manche Shopsysteme vor größere Probleme. Wichtige Eigenschaften wären u.a.:
- **Mehrdimensionale Varianten**
  Beispielsweise beim Verkauf von Artikeln in mehreren Größen und Farben (z.B. Mode, Möbel)
- **Bundle-Produkte**
  Produkte, welche zusammen und nur in bestimmten Kombinationen verkauft werden (z.B. Kaffeeautomat mit passenden Kapseln)
- **Produkte mit Altersbeschränkungen**
  Notwendig beispielsweise bei Medientiteln ab 18 Jahren, Alkohol oder Tabak
- **Produktkonfiguratoren**
  Nützlich bei Produkten mit hoher Komplexität oder hohem Individualisierungsgrad (z.B. T-Shirt-Druck, Zusammenstellung einer eigenen Müsli-Mischung)
- **Rechtliche Anforderungen**
  Bestimmte Produktgruppen unterliegen einer erweiterten Informationspflicht (z.B. Lebensmittel, elektronische Geräte oder Kleidung). Diese Informationen müssen sauber im Shopsystem hinterlegt und dargestellt werden können.

Die Liste lässt sich je nach Branche oder Produktgruppe beliebig erweitern. Schauen Sie sich Ihr Sortiment also genau an und prüfen Sie, welche **Eigenarten und Pflichten** Sie berücksichtigen müssen und welches Shopsystem passende Lösungsansätze bereithält.

Nachdem Sie sich einen Überblick über das bestehende Sortiment gemacht haben, sollten Sie zusätzlich einen Blick in die Zukunft wagen. Welche Produkte oder Produktgruppen könnten in Zukunft hinzukommen? Handelt es sich dabei um weitere Produkte der gleichen Art oder kommen neue Artikel mit zusätzlichen Anforderungen hinzu?

Diese Überlegungen sind wichtig, um auch Ideen für zukünftige Entwicklungen bei der Auswahl des Shopsystems zu berücksichtigen.

Praxistipp
Konzentrieren Sie sich am Anfang auf ein **Kernsortiment** und optimieren Sie zunächst dieses. Prüfen Sie, welche Produkte besonders gut vermarktet werden können oder über eine sehr gute Marge

verfügen. Für diese Produkte sollten dann optimierte Texte und Artikelbilder erstellt werden. Diese Vorgehensweise minimiert die Kosten für das Online-Marketing, verhindert Streuverluste und sorgt somit für einen besseren Ertrag.

3. Die Zielgruppe

22 Im Anschluss an die Sortimentsplanung steht die klare **Definition der Zielgruppe**. Diese ist auf der einen Seite wichtig für spätere Marketingmaßnahmen, gibt allerdings auch konkrete Vorgaben an das zukünftige Shopsystem.

23 Fragen Sie sich, wer Ihre Produkte kauft, woher die Zielgruppe kommt, über welche Eigenarten diese verfügt und welche Anforderungen von eben jener gestellt werden.

24 Je klarer die angesprochene Zielgruppe ist, desto besser und individueller lässt sich der eigene Shop auf diese zuschneiden. Was einerseits zu einer höheren **Konversionsrate** führen kann, erfordert meistens jedoch auch individuelle Funktionen und Anpassungen am Shop.

Beispiel

Die Betreiber des Online-Shops www.experteaz.de, die sich auf den Vertrieb von professionellen Aktenvernichtungsgeräten an gewerbliche Kunden spezialisiert haben, haben sich für die **Vermarktung ihrer Produkte** etwas Besonderes einfallen lassen: Während die gängigen Online-Shops ihre Produkte noch mit einfachen Abbildungen und Produktbeschreibungen vorstellen, setzt Experteaz für seine beratungsintensiven Produkte auf **Videos** und ein **interaktives Video-Beratungsgespräch**.

Der Kunde kann sich einerseits zunächst jedes einzelne Produkt in einem Video, das durch statische Bilder, die durch Kamerafahrten und Zooms sowie einer Off-Stimme aufbereitet wurden, anschauen und darüber hinaus auch in einem **virtuellen Gespräch** mit einem Produktberater Fragen stellen und sich beraten lassen. Dazu klickt er auf den Button „Video-Beratung" und wird sodann mit einem Berater verbunden, der dann in einem Gespräch den genauen Bedarf des Kunden ermittelt und ihm letztlich das für ihn optimale Geräte empfiehlt. Eine solche Vorgehensweise ist deshalb sehr sinnvoll, da der Shop über eine Vielzahl von Aktenvernichtungsgeräten verfügt und jedes Gerät technische Besonderheiten aufweist, die der Kunde nur schwer überblicken kann. Um den Kunden zu einem Kauf über das Internet zu bewegen, ist bei solchen Produkten eine **persönliche Beratung** nahezu unerlässlich.

Beispiele für **besondere Zielgruppen** sind u.a.:
- **B2B-Kunden**
  Verkaufen Sie Ihre Produkte auch oder ausschließlich an Geschäftskunden, müssen Sie neben rechtlichen Aspekten auch ganz andere Funktionen als im reinen B2C-Geschäft einplanen.
  Sie benötigen u.a. einen eigenen **Händlerlogin** mit Anzeige von **Nettopreisen** sowie ggf. eine Aufteilung in unterschiedliche Kundengruppen mit Preis- und Rabattstrukturen. Auch die Verwaltung von Mindestbestellmengen und individuellen Staffelpreisen sind übliche Anforderungen.
- **Internationale Kunden**
  Beim Verkauf an eine internationale Zielgruppe sind ebenfalls rechtliche Rahmenbedingungen zu beachten und erfordern unter Umständen andere Verhaltensweisen von der Shop-Software (etwa die „Button-Lösung" in Deutschland). Daneben muss das Shopsystem natürlich mit anderen Steuersätzen, **anderen Währungen** und **weiteren Sprachen** umgehen können.

Auch bei der Zielgruppe sollten Sie sich mit der mittelfristigen Planung auseinandersetzen. Selbst wenn Sie beispielsweise nicht an Geschäftskunden verkaufen werden, ist eine **Internationalisierung des eigenen Geschäftsmodells** möglicherweise eine lohnenswerte Wachstumsstrategie und sollte nicht an den Möglichkeiten der Shop-Software scheitern.

In allen Fällen müssen Sie jedoch prüfen, ob die geplanten Prozesse mit den Eigenarten der Zielgruppe mithalten können, ob eventuell Anpassungen vorgenommen oder Partner gefunden werden müssen.

4. Das Geschäftsmodell

Das eigene Geschäftsmodell ist die beste Möglichkeit, sich von Mitbewerbern zu unterscheiden und sich somit dem direkten Konkurrenzdruck zu entziehen.

Nachdem Sie nun Ihr Sortiment und Ihre Zielgruppe genau analysiert und kennengelernt haben, lohnt ein Blick auf die **Vorteile bestimmter Geschäftsmodelle**. Was können Sie anders machen als die Konkurrenz? Wie können Sie sich abheben und im Gedächtnis bleiben? Wie binden Sie Ihre Kunden auch in Zukunft? Und was bedeutet dies alles für die Auswahl des Shopsystems?

a) Abo-Commerce

30 Abo-Commerce-Modelle bieten sich immer dann an, wenn Kunden einen bestimmten **Artikel zu festen Zeiten erhalten** möchten. Der Vorteil für Online-Händler ist eine sehr gute Kostenplanung sowie deutlich geringere Akquisitionskosten.

31 Für den Kunden stellt die regelmäßige Lieferung eine willkommene Erleichterung dar. Zu beachten ist allerdings, dass der Kunde nicht überliefert wird und im Idealfall jederzeit die Möglichkeit haben sollte, sein Abo zu ändern oder zu pausieren (Soft-Subscription-Modell).

32 Erhält der Kunde jedoch einen hohen Rabatt oder anderweitige Vorteile, kann auch ein **klassisches Abo-Modell** mit festen Laufzeiten und ohne große Anpassbarkeit für beide Seiten von Vorteil sein.

33 Welches Modell am Ende gewählt wird, hängt stark von dem Geschäftsmodell, den Produkten und der Zielgruppe ab; ebenso, ob es sich um ein alleinstehendes Geschäftsmodell oder um eine Ergänzung des bestehenden Online-Angebots handelt.

34 Bei Letzterem gilt es zu beachten, dass Abo-Kunden ggf. weniger den Shop besuchen und somit **Cross-Selling** oder **Spontankäufe** nachlassen könnten.

35 Wichtig bei der Auswahl des Shopsystems ist eine genaue Prüfung der Anforderungen und Abo-Abläufe sowie der Abgleich mit bestehenden Prozessen. Je nach Art und Umsetzung des Abos kann es hier teilweise zu deutlich unterschiedlichen Anforderungen kommen.

Beispiel

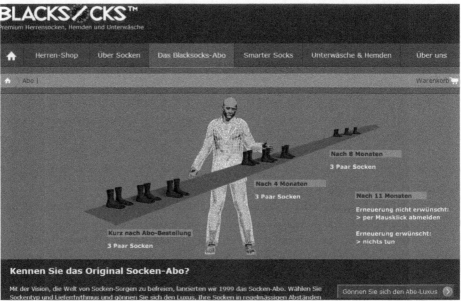

Über den Online-Shop www.blacksocks.com können Kunden ein Abo für Socken aus fair gehandelter Bio-Baumwolle erwerben. Dabei entscheidet sich der Kunde für ein Abo für die Dauer von zunächst einem Jahr und wählt dazu aus dem Socken-Shop den Socken-Typ und den Lieferrythmus. Dann erhält er beispielsweise kurz nach Eingang der **Abo-Bestellung** drei Paar der gewünschten Socken. Nach vier Monaten erhält er erneut drei Paar Socken, ebenso wieder nach weiteren vier Monaten. Im elften Monat wird der Kunde dann gefragt, ob er das Abo verlängern möchte. Möchte er, muss er nichts tun, möchte er dies nicht, kann er sich einfach mit einem Mausklick abmelden. Im eigenen Kundenkoto können zudem die persönlichen Wünsche verwaltet werden.

Ein solches Vertriebssystem bietet sich für Socken gerade deshalb so gut an, weil es sich dabei um ein typisches Produkt handelt, dass jeder Kunde braucht, in regelmäßigen Abständen erneuern muss, die Beschäftigung mit dem Erwerb aber eher als lästig empfunden wird. Kurz gesagt: Jeder möchte das Produkt zuhause haben, weil er es braucht, aber nur die Wenigsten möchten sich damit beschäftigen. Der Vorteil dieser Vorgehensweise ist, dass der Kunde mit dem Abo an Blacksocks gebunden wird und dieses Abo möglicherweise über Jahre unterhält oder auch an andere verschenkt. Ein Nachteil ist jedoch, dass der Kunde in der Regel auch nicht mehr als die von ihm abonnierte Anzahl bestellt, sodass sich dieses System nur bei solchen Produkten eignet, die ohnehin in begrenzter Zahl erworben werden und keinem Trend unterliegen, der sonst den Absatz steigern würde.

b) Live-Shopping

Durch die Einbindung einer Live-Shopping-Funktion erreichen Sie im Shop eine **höhere Dynamik** und bringen Bestandskunden dazu, sich öfters in Ihrem Shop umzusehen und zu einem **Spontankauf** verleiten zu lassen.

Durch die Darstellung einer begrenzten Laufzeit mithilfe eines Live-Countdowns sowie die visuelle Verknappung des Angebots („nur noch 10 verfügbar") erhöhen Sie zudem den **Kaufanreiz** des Kunden.

Sehr gut eignet sich die Live-Shopping-Funktion auch zum Abverkauf bestimmter Warengruppen wie Restposten oder Ware aus der ablaufenden Saison.

Live-Shopping-Funktionen werden mittlerweile von einigen Shopsystemen angeboten.

Beispiel

c) Shopping-Clubs

40 Shopping-Clubs bedienen sich einer ähnlichen Wirkung wie Live-Shopping-Systeme.

41 Auch hier wird mit einer Verknappung des Angebots und einer zeitlichen Begrenzung gearbeitet. Zusätzlich werden jedoch **unterschiedliche Zulassungsbeschränkungen** integriert und dem Kunden dadurch eine **gewisse Exklusivität** und Bevorzugung suggeriert.

42 In den meisten Fällen wird die Ware erst nach Ende einer Verkaufsaktion vom Online-Händler bestellt und im Anschluss an die Kunden ausgeliefert. Dies ermöglicht dem Händler eine gute **Kostenkontrolle**. Die Kunden wiederum nehmen die längeren Lieferzeiten aufgrund der günstigeren Preise in Kauf.

Beispiel
Die Zalando Lounge ist ein Shopping-Club nach dem **Closed-Shop-Prinzip**, welches Markenprodukte zu deutlich reduzierten Preisen anbietet – die Rede ist von bis zu 80 % Rabatt auf den Originalpreis. Um an diesen geschlossenen Verkaufsaktionen teilnehmen zu können, muss sich der Kunde anmelden, wobei Bestandskunden des offenen Zalando-Shops ohnehin einen Account haben und sich damit auch in der Lounge einloggen können. Zalando setzt hier also auf einen parallelen Vertrieb, nämlich zu normalen Preisen über den Shop und zu hoch rabattierten Preisen über die Lounge. Vorteile dieses Shopping-Club-Modells sind, dass einerseits das Segment erweitert wird und andererseits Besucherströme des Shops gezielt auf die Lounge umgeleitet werden können, was einen Vorteil gegenüber Konkurrenten darstellen kann. Die Lounge wechselt ihre knappen Angebote wöchentlich und hat dadurch einen geringeren Besucherstrom als andere Shopping-Clubs wie z.B. Brands4Friends, die täglich ihre Angebote wechseln. Das täglich wechselnde Angebot, über das die Kunden in der Regel per E-Mail informiert werden, birgt die Gefahr, aufgrund der hohen Frequenz der Informationen über aktuelle Angebote irgendwann vom Kunden in seinem E-Mail-Postfach nicht mehr wahrgenommen zu werden und auch ein Stück weit an Exklusivität zu verlieren. Hier könnte Weniger doch mehr sein, wobei es wohl darauf ankommen wird, eine gesunde Mitte zu finden.

---

d) Mass Customization

43 Dank direkter Interaktion mit dem Kunden sind im E-Commerce Dinge möglich, die im klassischen Versandhandel nicht realisierbar wären. Dazu gehört die Mass Customization, deren Begriff als Zusammensetzung von „Massenherstellung" und „Individualisierung" das Geschäftsmodell treffend beschreibt: Der Kunde kann aus einer Art **Baukastensystem** sein Produkt online konfigurieren und im Anschluss daran seine **persönliche Kreation** gleich bestellen.

44 Durch den spielerischen Umgang mit den Konfigurationsmöglichkeiten tritt bei den Kunden der Wettbewerbsvergleich in den Hintergrund. Auswahl, Qualität und ein **anregendes Shoppingerlebnis** sind hier maßgeblich für die Kaufentscheidung.

Beispiel

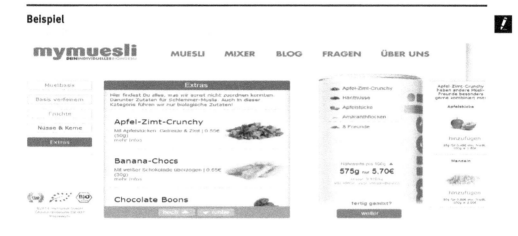

e) **Curated Shopping**

Curated Shopping kann man grob auf zwei Arten definieren: Auf der einen Seite stehen **intelligente Algorithmen**, welche auf Basis vergangener Einkäufe und gelernter Vorlieben des Nutzers, entsprechende Kaufempfehlungen ableiten. Diese Algorithmen setzen für ihre Wirksamkeit allerdings viele personenbezogenen Daten voraus. Für neue oder kleinere Shops wird es daher sehr schwierig, entsprechende Empfehlungen zu erstellen.

Ein anderer Ansatz ist die Auswahl passender Produkte auf Basis vorab festgelegter Kriterien. Nutzer werden dafür durch einen kurzen Fragebogen geleitet und geben dort Vorlieben und Daten zur eigenen Person an. Auf Basis dieser Informationen suchen geschulte **Verkaufsberater** die richtigen Produkte raus und verschicken diese direkt an den Kunden. Auf Basis möglicher Retouren lernt das System idealerweise immer weiter dazu.

Häufig wird dieses Modell mittlerweile auch im Abo-Commerce genutzt, um beispielsweise monatlich ein neues Outfit oder Beauty-Produkt zu verschicken.

Beispiel
Nach diesem System funktioniert auch der Online-Shop www.outfittery.de, welcher sich auf die Ausstattung von Herren mit Bekleidung spezialisiert hat. Nachdem sich der Kunde durch einen Fragebogen zu Stil und Maßen geklickt hat, wird er von seinem persönlichen Style-Experten an einem individuellen Termin kontaktiert. Im Anschluss daran stellt der Style-Experte dem Kunden kostenlos ein **persönliches Outfit** zusammen, welches dann zu ihm nach Hause geliefert wird. Dort kann er die Bekleidung dann in Ruhe anprobieren und die Ware, die ihm gefallen hat, behalten sowie bezahlen und anderenfalls zurückschicken.
Diese Art von Online-Shopping stellt für Herren, die sich nur ungern lange in Bekleidungshäusern aufhalten, aber dennoch beim Kauf über das Internet auf persönliche Beratung nicht verzichten möchten, die optimale Kombination aus den Vorteilen des Online-Shoppings und dem Einkauf in Bekleidungshäusern dar. Durch die professionelle Kombination von Bekleidungsstücken kann der Kunde neue

Trends ausprobieren und der Online-Händler kann gezielt den Absatz bestimmter Produkte fördern. Ein Nachteil im Vergleich zum gängigen Online-Vertrieb kann eine hohe Anzahl von **Warenrücksendungen** sein, deren Verwaltung für den Online-Händler kosten- und zeitintensiv ausfallen könnte und daher in der Preiskalkulation berücksichtigt werden sollte.

II. Schritt 2: Kosten und Budget

48 Es ist leider Realität, dass einer der häufigsten Fehler angehender Shop-Betreiber eine unrealistische oder unvollständige Einschätzung des eigenen Finanzbedarfs ist.

49 Immer wieder werden die initialen Kosten unterschätzt oder schlichtweg wichtige **Kostenfaktoren vergessen bzw. ignoriert**. Gerne werden auch die laufenden Kosten nicht umfassend genug betrachtet und versteckte Faktoren wie z.B. Retourekosten vergessen.

50 Ein weiteres Problem besteht darin, dass die Erfolge des neuen Shops überschätzt werden und somit eine zu frühe Gewinnphase angepeilt wird. In der Realität benötigen die (hoffentlich geplanten) **Marketingmaßnahmen** allerdings eine gewisse Anlaufzeit, in der sich keine nennenswerten Umsätze einstellen.

1. Initiale Kosten

51 Die ersten Monate des neuen Online-Shops verbringen Shop-Betreiber in der Regel mit konzeptionellen und organisatorischen Aufgaben. Da der Online-Shop zu dieser Zeit noch nicht für potenzielle Kunden verfügbar ist, entstehen naturgemäß **keinerlei Gewinne** zur Refinanzierung. Alle Kosten müssen daher sauber geplant sein und eventuelle Verzögerungen oder unvorhergesehene Ereignisse sollten unbedingt mit einem Puffer bedacht werden.

Es ist üblich, dass die eigenen Anforderungen und Wünsche an den Online-Shop höher sind als das verfügbare Budget. Machen Sie daher einen Schritt nach dem anderen und überlegen Sie, welche Kosten unvermeidlich sind und welche Kosten eventuell verschoben werden können. Diese Fragen erleichtern Ihnen eine bessere Priorisierung und Kostenverteilung.

Um eine tragfähige und realistische Finanzplanung erstellen zu können, sollten folgende **Kostenfaktoren** zum Start berücksichtigt werden:

- **Erstellung eines Pflichtenhefts**
  Selbst wenn Sie Kompetenzen im Bereich Online-Handel mitbringen, ist es empfehlenswert, sich durch ausgewiesene Fachexperten beraten zu lassen und so eine externe Sicht auf die Dinge zu bekommen.
  Speziell wenn Sie planen, eine Agentur mit der Umsetzung des Online-Shops zu betrauen, ist es sehr ratsam, ein klar definiertes Pflichtenheft zur Verfügung zu haben. Dies sichert Sie ab und gibt der Agentur eine **klare Handlungsanweisung**.
- **Layout und Gestaltung**
  Der Aufwand bei der Gestaltung eines Shops hängt maßgeblich vom Produktsortiment und dem Geschäftsmodell ab.
  Dabei gilt, dass ein einfaches und klares Layout am Anfang nicht schlecht sein muss. Auf der einen Seite werden dadurch Kosten gespart und auf der anderen Seite Risiken bezüglich der Konversionsrate vermieden.
- **Anschaffung und Anpassung des Shops**
  Die erstmalige Anschaffung des Shopsystems sowie die damit verbundenen Anpassungs- und Individualarbeiten machen je nach Art der gewählten Shop-Software einen **Großteil der initialen Projektkosten** aus. Kosten lassen sich oberflächlich gesehen durch die Auswahl einer Open-Source- oder Mietshop-Lösung sparen. Ohne genaue Analyse kann dies in der Zukunft aber zu hohen Kosten bei der Weiterentwicklung führen.
- **Anschaffung und Konfiguration von Drittsystemen**
  Neben der eigentlichen Anschaffung des Shops machen zusätzliche Systeme wie ERP, CRM, PIM u.ä. sowie deren Schnittstellen ebenfalls einen großen Anteil der Kosten aus. Zudem erfordern manche Systeme wie etwa die Warenwirtschaft unter Umständen weitere Investitionen in zusätzliche Hardware (z.B. Barcode-Scanner).
- **Aufbereitung bzw. Erstellung von Artikeldaten**
  Um das Sortiment bestmöglich zu präsentieren, ist es erforderlich, verkaufsstarke und **einzigartige Texte** sowie **ansprechende Fotos** zu erstellen. Auch Videomaterial oder 3D-Ansichten steigern die Verkäufe im Shop deutlich.
  Da die Aufbereitung dieser Daten sehr kostspielig ist, bietet es sich für den Anfang ggf. an, sich beim Hersteller nach passendem Multimedia-Material zu erkundigen.

- **Planung der ersten Marketingmaßnahmen**
  Es ist zu erwarten, dass Sie gerade zum Start des Online-Shops wenige Kunden haben und diese durch verschiedene Marketingmaßnahmen „hinzukaufen" müssen. Es empfiehlt sich daher, ein entsprechendes Budget für die Planung von **SEO- und SEA-Kampagnen** sowie die dafür notwendige Keyword- und Wettbewerbsanalyse vorzusehen.
- **Rechtsberatung**
  Bevor Sie mit dem Shop durchstarten können, müssen Sie sichergehen, dass der Shop der aktuellen Rechtsprechung genügt. Dies ist dank Vorzertifizierung vieler Shopsysteme bereits getan. Trotzdem sollten Sie sich, gerade bei eigenständigen Geschäftsmodellen, zusätzlich rechtlich beraten lassen.
- **Schulungen**
  Sofern mehrere Mitarbeiter an der Verwaltung und Betreuung des Shops beteiligt sind, sollten Mittel zur Schulung des Personals bereitgehalten werden. Dies ermöglicht einen reibungslosen und effizienten Ablauf der Prozesse.

2. Laufende Kosten

54 Sobald der neue Shop seinen Betrieb aufnimmt, werden laufende Kosten verursacht. Diese sind entweder regelmäßig fällig oder entstehen auf Basis eingehender Bestellungen. Auch hier gilt zu beachten, dass diese Kosten ebenfalls zum Start fällig werden und zu Beginn nicht vollständig von den erwirtschafteten Gewinnen gedeckt werden können.

55 Neben allgemeinen Kosten für Büro- und Lagermiete, Personal, Bankgebühren, Steuerberatung und ähnlichen sollten Sie sich zusätzlich folgende Bereiche als **mögliche Kostenfaktoren** ansehen:
- **Systemkosten**
  In den Bereich der Systemkosten fällt eine ggf. anfallende Miete für das Shopsystem sowie Hosting-Gebühren. Auch die regelmäßige Wartung und notwendige Updates müssen berücksichtigt werden und lassen sich gut mit entsprechenden Pflege- bzw. Supportverträgen kalkulieren.
- **Verkaufsabhängige Kosten**
  Bei jeder Bestellung fallen Kosten an. Diese können je nach Bestellung und Artikel variieren. Übliche Kosten sind beispielsweise prozentuale Gebühren für Zahlungsanbieter oder Provisionen für Mietshop-Betreiber.
- **Grundgebühren**
  Neben den verkaufsabhängigen Kosten verlangen viele Dienstleister eine zusätzliche Pauschale. Dies können u.a. Grundgebühren für die Nutzung von Paymentdienstleistern, Kosten für Gütesiegel, Mitgliedschaften oder für notwendige Software sowie die Listung auf Marktplätzen sein.

- **Regelmäßige Controlling- und Optimierungskosten**
  Um den Erfolg des Shops auch in Zukunft zu sichern, sollten Sie Ihre Zahlen regelmäßig überprüfen und Prozesse sowie das Shopsystem optimieren lassen (Conversion-Optimierung o.ä.). Diese Kosten lassen sich im Idealfall aufgrund zu erwartender Ergebnisse gut kalkulieren.
- **Marketingmaßnahmen**
  Ohne passende Marketingmaßnahmen gehen Ihnen schnell die Besucher aus. Aus diesem Grund sollten Sie unbedingt ein festes Budget für SEO (Suchmaschinenoptimierung) und SEA (Suchmaschinenmarketing) einplanen. Auch hier lassen sich die Kosten auf Basis eines guten Controllings transparent darstellen und somit besser planen.
- **Logistikkosten**
  In den Bereich der Logistikkosten fallen Gebühren für das Fulfillment, Verpackungsmaterial sowie Kosten für Porto und Versand. Auch Kosten für mögliche Retouren sollten bedacht werden.
- **Artikelpflege**
  Ein nicht zu unterschätzender Faktor ist die Pflege des eigenen Sortiments. Für neue Produkte müssen eigene Texte, Fotos und ggf. weitere Informationen aufbereitet werden. Dies ist besonders bei schnell wechselnden Sortimenten etwa im Modebereich ein erheblicher Kostentreiber.

Die Art und Menge der laufenden Kosten variiert stark je nach Produkt- und Zielgruppe sowie dem zugrunde liegenden Geschäftsmodell. Nicht alle Kosten sind jedoch von Anfang an sinnvoll oder notwendig. Schauen Sie sich daher die einzelnen Faktoren an und **priorisieren Sie** entsprechend.

III. Schritt 3: Das Shopsystem

1. Wichtige Funktionen

Neben der allgemeinen Anforderungsanalyse ist es ebenfalls wichtig, den geplanten **Funktionsumfang** genau zu definieren, zu priorisieren und mit den Fähigkeiten der vorhandenen Shopsysteme abzugleichen.

Die Grundfunktionen eines Online-Shops werden heutzutage von den meisten Shops abgedeckt. Doch zum Erfolg eines Online-Shop gehört mittlerweile mehr als nur der einfache Abverkauf von Produkten. Daher lohnt es sich, auch übliche Abläufe und Funktionen mit den eigenen Wünschen abzugleichen und ggf. abweichende Umsetzungen zu erkennen.

Demo-Versionen der Shopsysteme oder eine persönliche Beratung sollten Ihnen diesbezüglich Klarheit verschaffen.

a) Filter

60 Filter auf Basis von einzelnen Attributen wie z.B. Farben, Hersteller oder Größen gehören mittlerweile längst zum Standard und sind sehr wichtig für die Usability eines Shops. Aufwendigere Filter wie etwa Preisspannen, Kombinationen oder lernende Filter sollten allerdings genauer überprüft werden.

b) Empfehlungsfunktionen

61 Die Möglichkeit, Produkte weiterzuempfehlen, gehört mittlerweile zum Standard moderner Shopsysteme und ist ein gutes **Mittel zur Neukundengewinnung** und der Vergrößerung der eigenen Reichweite. Üblich sind Empfehlungen per E-Mail sowie Social Networks (Facebook, Twitter, Google+ o.ä.).

c) Bewertungs- und Kommentarfunktion

62 Positive Produktbewertungen schaffen Vertrauen bei den Kunden und sorgen so für eine erhöhte **Konversionsrate**. Richtig eingebunden unterstützen die Bewertungen aber auch die Darstellung der Produkte in den Suchmaschinen.

d) Intelligente Suche

63 Besonders bei umfangreichen Produktsortimenten bietet sich eine fehlertolerante Suche an. Durch intelligente und lernende Algorithmen zeigt ein solches Suchsystem beispielsweise bei Eingabe des Begriffs „weiße Hose" auch Artikel zum Thema „helle Jeans" an.

64 Eine **Suche mit integrierter Vorschlagsfunktion**, welche bereits bei Eingabe passende Ergebnisse liefert, erhöht die Konversionsrate zudem ebenfalls.

65 Entsprechende Systeme sind sehr **komplex und rechenintensiv**. Die meisten Shopsysteme bieten daher nur rudimentäre Lösungen an. Für umfangreichere Lösungen, speziell bei großen Produktmengen, bieten sich daher Schnittstellen zu externen Dienstleistern an.

e) Cross-Selling

66 Wie auch im stationären Handel ist es auch für Online-Händler äußerst attraktiv, zusätzliche Artikel im Warenkorb unterbringen zu können. Dies können ähnliche Artikel oder nützliche Ergänzungen sein.

67 In den meisten Systemen haben Sie bereits die Wahl zwischen **manuellem und automatischem Cross-Selling**. So können Sie etwa zusätzlich zum ausgewählten Pullover eine passende Jeans oder T-Shirts einblenden lassen.

68 Alternativ analysieren viele Shopsysteme auch automatisch die Kaufentscheidungen vorheriger Kunden und blenden passende Produkte ein.

f) Produkt-Bundles

In selbstdefinierten Produkt-Bundles können Sie dem Kunden aufgrund seiner Produktwahl ergänzende Produkte als attraktives Paket anbieten. So kann der Kunde seinen Einkauf ohne gezieltes Suchen erweitern. Auch wenn sich nicht jeder zum weiteren Einkauf entschließt, kann dieser Dialog die Kaufentscheidung bekräftigen und das Interesse auf zusätzliche Produkte lenken.

g) Multistorefähigkeit

Multishop-Systeme sind eine gute Möglichkeit, um Markenshops umzusetzen oder Teile des Sortiments an eine eigene Zielgruppe zu verkaufen. Auch der Verkauf in unterschiedliche Länder lässt sich mit weiteren **Sub-Shops** sehr gut realisieren.

Der Vorteil ist die Verwaltung und Pflege aller Sub-Shops über eine einzige Plattform. Die Anforderungen sind dabei jedoch so unterschiedlich wie die wenigen bestehenden Umsetzungen durch Shop-Anbieter. Prüfen Sie daher genau, welche Anforderungen Sie an ein solches System haben und ob diese durch das Shopsystem abgebildet werden können. Spätere Anpassungen können aufgrund der **Komplexität** sehr kostenintensiv werden oder sind unter Umständen nicht realisierbar.

h) Zahlungsarten

Die Auswahl der dem Kunden zur Verfügung stehenden Zahlungsmöglichkeiten sollte mit Blick auf die geplanten Zielgruppen getroffen werden. Verständlicherweise werden sich Ihre Kunden nicht mehr mit der Zahlungsweise Vorkasse oder Zahlung bei Abholung zufriedengeben.

Aus diesem Grund spielen **Schnittstellen oder Payment-Module** eine große Rolle. Der Fokus liegt hierbei natürlich auf den Themen Benutzerkomfort, Sicherheit sowie die Akzeptanz und das Vertrauen gegenüber dem Zahlungsdienstleister.

Im Idealfall sollte der Kunde zwischen einer **großen Auswahl an Zahlungsmöglichkeiten** wählen können. Folgende Zahlarten sollten dabei vorkommen:
- Überweisung/Vorkasse,
- PayPal,
- Kreditkarte,
- Zahlung per Rechnung oder in Raten.

Kreditkartenzahlungen sowie der Rechnungs- und Ratenkauf sollten dabei über externe Anbieter abgewickelt werden, um der Haftung bei Zahlungsausfällen zu entgehen.

Haben Sie vor, Produktabonnements anzubieten, so sind der Prozess im Checkout und die anschließenden wiederkehrenden Zahlungen sowie die daraus resultierende Auswahl an Payment-Anbietern zu berücksichtigen.

i) Versandarten

77 In Bezug auf die Anforderungen des Shopsystems spielen auch bei den Versandarten die Schnittstellen eine große Rolle. Für die meisten Kunden ist es wichtig, dass sie ihre Bestellung per **Tracking-ID** verfolgen können. Natürlich sollte das System die Möglichkeit einer manuellen Eingabe der Sendungsverfolgungsnummer bieten. Komfortabler und vor allem bei höheren Bestellzahlen erforderlich, um den Überblick zu behalten, ist es, die Schnittstellen der jeweiligen Versandanbieter zu nutzen. Die meisten Anbieter bieten eine solche sowohl für die Integration in das Shopsystem als auch in die Warenwirtschaft an. Diesen Aspekt sollten Sie auch bei der Wahl des oder der Versandanbieter im Auge behalten.

78 Das Shopsystem selber sollte natürlich die Erstellung von **individuellen Versandregeln**, sowie, wenn für das Sortiment erforderlich, **Zusatzservices** wie Sperrgutzuschlag oder Anschlussservice integrieren können.

j) Mobile-Shopping

79 Der Verkauf über mobile Endgeräte wie Tablets oder Smartphones, das sog. Mobile-Shopping, gilt als einer der größten **Wachstumsbereiche** im E-Commerce.

80 Um den eigenen Shop für mobile Endgeräte verfügbar zu machen, existieren unterschiedliche Möglichkeiten. Am günstigsten ist die Nutzung eines mobilen Templates, welches bereits jetzt von einigen Shopsystemen angeboten wird.

81 Etwas kostspieliger ist die Nutzung externer Dienstleister, welche neben optimierten Weblösungen auch eigene Apps anbieten. Da diese vom Kunden allerdings erst installiert werden müssen, sind sie für kleinere Shops nicht sonderlich vorteilhaft oder müssen stark in der Zielgruppe beworben werden. Eine Möglichkeit dafür sind Zusatzdienste wie Push-Mitteilungen, QR-Code-Scanner o.ä.

82 Aufgrund der hohen Kosten sind komplette Eigenentwicklungen von mobilen Apps nur für sehr große Shops mit einer Vielzahl individueller Anpassungen sinnvoll.

k) Kundenbindungssysteme

83 Um einen einmal gewonnen Kunden möglichst lange zu halten und an den eigenen Shop zu binden, bieten sich verschiedene Möglichkeiten an:

aa) Gutscheinsysteme

84 Neben den normalen Sonderangeboten sind Gutscheine die **beliebteste Kundenbindungsmaßnahme** der Online-Händler und bei den Kunden sehr beliebt.

85 Die meisten Shopsysteme bieten daher Gutscheinfunktionen an. Trotzdem sollten Sie prüfen, ob das System alle relevanten Gutscheintypen unterstützt. Darunter fallen etwa zeitlich begrenzte Gutscheine oder Gutscheine über einen bestimmten absoluten bzw. prozentualen Wert.

Auch situationsabhängige Gutscheine beispielsweise für Neukunden, Newsletter-Empfänger oder Stammkunden werden von vielen Systemen unterstützt.

bb) Bonussystem

Auch beim Bonussystem steht der Kunde im Fokus und soll für seinen Einkauf belohnt und damit an den eigenen Shop gebunden werden, aber anders als beim Gutschein wird das Bonussystem nicht von jedem System unterstützt. Es bleibt also abzuwägen, ob es sich rechnet, ein eigenes Bonussystem aufzusetzen oder ob man auf ein bekanntes, fertig nutzbares System (z.B. Payback) zurückgreift.

cc) Newsletter

Eine Newsletter-Funktion ist für die Kundenbindung unverzichtbar. Dabei gilt, dass **intelligente und personenbezogene Newsletter** den höchsten Mehrwert bringen und von den Kunden als weniger störend empfunden werden.

2. Skalierbarkeit und Performance

In der Regel sehen sich angehende Shop-Betreiber zum Beginn ihrer Geschäftstätigkeit noch nicht mit Performance-Problemen konfrontiert. Die geringe Anzahl an Besuchern und zahlenden Kunden kann von den meisten Systemen sehr gut verwaltet werden.

Etwas anders stellt es sich im späteren Verlauf oder nach einer gezielten Marketingaktion (TV-Kampagne) dar. Sobald die Anzahl der Besucher schlagartig zunimmt, gehen viele Systeme in die Knie. Die Ursache liegt dabei nicht ausschließlich am Shopsystem, sondern auch am gewählten **Hosting**.

Sind entsprechende Maßnahmen geplant oder wird im Verlauf der Geschäftstätigkeit mit einem starken Wachstum gerechnet, sollte dies unbedingt in die Auswahl des Shopsystems einbezogen werden. Einige Systeme bieten zusätzliche Funktionen und Möglichkeiten, um die **Rechenarbeit auf verschiedene Server und Datenbanken zu verteilen**.

Dient der Online-Shop der Ausweitung eines bestehenden Geschäfts mit einer hohen Anzahl an Bestandskunden, sollten diese Überlegungen auch direkt zu Beginn des Projekts geführt und ggf. direkt auf eine höhere Ausbaustufe des Shopsystems gesetzt werden (beispielsweise Enterprise-Editionen).

3. Shopsystem-Typen

93 Nachdem Sie sich nun einen sehr klaren Überblick über Ihre Anforderungen, die gewünschten Funktionen sowie das verfügbare Budget verschafft haben, ist es nun an der Zeit, das passende Shopsystem auszuwählen.

94 Wie bereits zu Beginn erwähnt, ist es sehr wahrscheinlich, dass keines der bestehenden Systeme alle gewünschten Anforderungen und Funktionen vollständig abbilden kann.

95 Wichtiger als die vollständige Übereinstimmung mit allen Anforderungen ist allerdings die Auswahl des richtigen Shopsystem-Typs sowie die dazu passende Agentur.

96 Der Markt bietet eine Vielzahl verschiedenster Konzepte an. Diese unterscheiden sich in **Ausrichtung**, **Preismodell** und den **Anpassungsmöglichkeiten** teilweise stark voneinander.

a) Individualentwicklung

97 Eigene Entwicklungen sind mit Abstand die kostenintensivste, aber auch flexibelste Lösung für zukünftige Online-Händler.

98 Ein großer Vorteil von Eigenentwicklungen ist die Ausrichtung der Software an bestehende Prozesse. Dies kann sich positiv auf die **internen Abläufe** auswirken.

99 Speziell Online-Händler mit einem einzigartigen Geschäftsmodell sehen sich schnell gezwungen, abseits bestehender Systeme nach passenden Lösungen zu suchen. Die Entwicklung eines eigenen Shopsystems kann in diesem Fall sinnvoll sein.

100 Trotzdem sollten die **hohen initialen Kosten** nicht außer Acht gelassen werden. Funktionen und Schnittstellen, welche bei fertigen Shopsystemen bereits vorhanden sind, müssen eigenständig erstellt oder eingebunden werden.

101 Auch die Pflege dieser Systeme ist aufwendiger und treibt somit die laufenden Kosten in die Höhe.

102 Sinnvoll sind Individualentwicklungen daher in der Regel nur für sehr exotische Geschäftsmodelle oder größere Online-Shops mit speziellen Prozessanforderungen und einer eigenen Entwicklungsabteilung.

Vorteile	Nachteile
– beste Abbildung vorhandener Abläufe und des eigenen Geschäftsmodells – flexible Erweiterung – keine Abhängigkeit von Drittsystemen	– Updates und Weiterentwicklungen müssen selbst vorgenommen werden – jede Funktion muss eigenständig erstellt werden – hohe Kosten

b) Mietshop-Systeme

Mietshop-Systeme, auch Cloud-, SaaS- (Software as a Service) oder On-Demand-Systeme genannt, sind sofort einsatzfähige Lösungen, welche vom jeweiligen Hersteller gehostet werden.

Durch die wegfallende Installation und Konfiguration des Systems kann meistens **direkt nach der erstmaligen Registrierung** und der Angabe firmenrelevanter Daten mit der Artikelbefüllung und somit dem Verkauf begonnen werden.

Im Gegensatz zu anderen Lösungen sparen Mietshop-Systeme dadurch sehr viel Zeit und Geld. Dieser Umstand ist besonders für Einsteiger oder kleinere Online-Shops von Vorteil, schafft auf der anderen Seite aber auch Probleme bei der Anpassung und Weiterentwicklung und erfordert eine gewisse **Kompromissbereitschaft** hinsichtlich verfügbarer Funktionen und Schnittstellen.

Ist sich der Online-Händler darüber bewusst und mit dem vorhandenen Funktionsumfang auch noch in absehbarer Zukunft zufrieden, profitiert er von der stetigen Weiterentwicklung der Software und von den regelmäßigen Anpassungen an aktuelle Entwicklungen wie beispielsweise eine veränderte Rechtsprechung oder neue Rahmenbedingungen wie etwa die Umstellung auf SEPA-Lastschrift.

Da in den meisten Fällen auch ein **automatisches Backup** aller Daten vom Hersteller durchgeführt wird, kann sich der Shop-Betreiber voll auf das eigene Geschäft konzentrieren bzw. den Shop auch als zweites Standbein oder in Teilzeit betreiben.

Mögliche Probleme treten dann auf, wenn der Online-Shop wächst oder weiter ausgebaut werden soll.

In den meisten Fällen lassen sich fehlende Funktionen entweder nur schwer oder überhaupt nicht integrieren. Auch die Einbindung nicht unterstützter Drittsysteme (Zahlungsanbieter, Logistikdienstleister o.ä.) scheitert häufig an der fehlenden Flexibilität der Lösungen.

Auch eine Internationalisierung des eigenen Geschäfts ist aufgrund seiner Komplexität in Bezug auf Rechtsprechung, unterschiedliche Steuersätze sowie Währungs- und Sprachunterschiede oftmals sehr kompliziert oder unmöglich.

An diesem Punkt macht sich die Abhängigkeit von einem Anbieter bemerkbar. Es sollte daher bereits im Vorfeld geprüft werden, welche **Exportmöglichkeiten** im Falle eines Umzugs oder einer möglichen Insolvenz des Anbieters bestehen.

Praxistipp
Prüfen Sie vorab die **Flexibilität der Mietshop-Lösungen**, um böse Überraschungen in der Zukunft zu vermeiden. Bereits heute gibt es sehr flexible Lösungen, welche auch eigene Anpassungen und Erweiterungen zulassen.

Vorteile	Nachteile
– sofort einsatzbereit – automatische Updates und Weiterentwicklung – automatische Backups – Konzentration auf das eigene Geschäft – in den meisten Fällen bereits rechtssicher – viele Funktionen bereits vorhanden – je nach Anbieter viele Schnittstellen – fachlicher Support und Schulungen – gut kalkulierbare Kosten	– oft keine oder begrenzte Anpassungsmöglichkeiten – nicht ohne Weiteres skalierbar – nicht eigenständig erweiterbar – Weitergabe sensibler Geschäftsdaten – ggf. Probleme beim Online-Marketing – hohe Abhängigkeit – komplizierter oder nur teilweise möglicher Export – laufende, ggf. mit dem Erfolg steigende Kosten

c) Kauflösungen/Standardlösungen

112 Kauf- bzw. Standardlösungen bieten einen optimalen Kompromiss zwischen der Mietlösung und der größtmöglichen Flexibilität einer Open-Source-Software.

113 Wie auch bei den Mietshop-Systemen werden viele häufige Funktionen bereits mitgeliefert und müssen nicht wie bei Open-Source-Systemen aus einzelnen Modulen oder Schnittstellen zusammengestellt werden. Dies ermöglicht einen vergleichsweise schnellen Start.

114 Der Nachteil besteht in der **geringeren Flexibilität** bezüglich individueller Funktionen und eigenständiger Erweiterungen. Im Gegensatz zu Open-Source-Systemen haben Sie keinen direkten Zugriff auf den Quellcode und somit nur einen begrenzten Anpassungsspielraum. Integration eigener Prozesse oder notwendiger Schnittstellen ist somit teilweise nur umständlich oder durch die Hersteller bzw. Partnerunternehmen möglich. In Einzelfällen sind diese auch überhaupt nicht möglich.

115 Weiterentwicklungen und Updates werden dafür in der Regel durch den Shop-Hersteller vorgenommen und relativ zeitnah den Bestandskunden zur Verfügung gestellt. Dies kann mitunter weitere Kosten verursachen.

116 Ein klarer Vorteil gegenüber Open-Source-Systemen ist jedoch der vorhandene **Support** (kostenpflichtig oder auf Basis entsprechender Verträge) sowie eine **Garantie und Gewährleistung**.

Vorteile	Nachteile
– schnell einsatzfähig – Garantie und Gewährleistung durch den Hersteller – stetige Weiterentwicklung und Updates – in den meisten Fällen bereits rechtssicher – viele Funktionen bereits vorhanden – je nach Anbieter viele Schnittstellen – fachlicher Support und Schulungen	– hohe Anschaffungskosten – nicht vollständig anpassbar – nicht flexibel erweiterbar – Updates meist kostenpflichtig

d) Open-Source-Systeme

Open-Source-Lösungen sind kostenfreie und quelloffene Shopsysteme, welche sich durch **sehr hohe Individualisierungs- und Anpassungsmöglichkeiten** auszeichnen.

Damit lassen sich die eigenen Prozesse und Abläufe im Unternehmen sehr gut und flexibel abbilden. Speziell für ausgefallene und innovative Geschäftsmodelle bieten Open-Source-Systeme daher eine gute Alternative gegenüber einer kompletten Eigenentwicklung.

Diese Flexibilität sorgt jedoch für einen **zeitaufwendigeren Start**, da die Software in den meisten Fällen erst konfiguriert und mit den notwendigen Funktionsmodulen und Schnittstellen ausgestattet werden muss.

Ein häufig genannter Vorteil ist zudem die kostenlose Erhältlichkeit der Systeme. Sie sollten allerdings genau überprüfen, ob die Kosten für Installation, Anpassungen und Erweiterungen nicht eventuell doch höher sind als bei vergleichbaren Kauflösungen.

Nachteilig können sich auch der fehlende Herstellersupport sowie fehlende Gewährleistungsansprüche auswirken.

In den meisten Fällen verfügen bekannte Open-Source-Systeme allerdings über eine **große Community** von anderen Händlern und Entwicklern. Diese Gemeinschaft kann bei den meisten Problemen aushelfen, ersetzt allerdings keinen garantierten Support. Aus diesem Grund bieten manche Systeme einen zusätzlichen, kostenpflichtigen Herstellersupport an. Alternativ kann dieser auch bei spezialisierten Agenturen gebucht werden.

Die fehlende Gewährleistung bieten Hersteller teilweise ebenfalls auf Basis kommerzieller Versionen an. Diese unterscheiden sich in der Regel nicht viel oder gar nicht von den frei verfügbaren Versionen, bieten mitunter aber noch zusätzliche Funktionen an und können somit ggf. Geld bei der Weiterentwicklung einsparen.

Vorteile	Nachteile
– kostenlos	– Installation und Konfiguration sehr aufwendig
– flexibel anpassbar durch verfügbaren Quellcode	– kein Herstellersupport
– meist große Community	– keine Garantie oder Gewährleistung
– viele fertige Module und Erweiterungen	– selbstverantwortlich für Updates und Backups

B. Ökosystem

Nachdem Sie sich für einen passenden Shopsystem-Typen entschieden haben, stehen Sie im Idealfall vor mehreren möglichen Optionen, welche sich mit Ihren Anforderungen größtenteils decken und das Geschäftsmodell auch in Zukunft gut darstellen können.

125 Um die Auswahl etwas zu vereinfachen, bietet es sich daher an, das Umfeld der ausgewählten Lösung noch etwas genauer anzusehen und bestehende Nutzer bzw. Kunden zu befragen.

126 Eine optimale Möglichkeit bieten **Herstellerforen, Händlertreffs** und natürlich **Messen und Kongresse**. Speziell der persönliche Austausch mit etablierten Händlern bringt nützliche Informationen über bekannte Probleme und Erfahrungen aus dem Arbeitsalltag. Tipps, Ticks und bestehendes Insiderwissen verhindern zudem mit etwas Glück den einen oder anderen Anfängerfehler.

127 Nutzen Sie Messen auch gezielt, um in Kontakt mit Anbietern zu treten. Dort können Sie sich in Ruhe die Systeme sowie bestehende Referenzen vorführen sowie offene Fragen direkt beantworten lassen.

128 Am Ende des Auswahlprozesses sollten Sie über ein Shopsystem verfügen, welches die **eigene Arbeitsweise sowie die eigenen Prozesse in den Vordergrund stellt** und eine optimale Balance zwischen Funktionsumfang, Zukunftssicherheit und Kosten findet.

I. Die passende Agentur

129 Sofern Sie erforderliche Anpassungen und Erweiterungen nicht durch den Hersteller oder Inhouse erledigen lassen, sollten Sie sich vorab einen Überblick über spezialisierte Agenturen verschaffen.

130 Die meisten Agenturen haben sich auf ein oder zwei Shopsysteme spezialisiert und bieten im Idealfall entsprechende **Zertifizierungen** für die eigenen Entwickler oder Berater an. Manche Agenturen verfügen zusätzlich über einen Branchenfokus und können diesen mit entsprechenden Referenzen belegen – ein klarer Vorteil, da die Agentur Ihr Geschäftsmodell versteht und so Reibungsverluste vermieden werden.

131 Da Sie mit Ihrer Agentur langfristig und partnerschaftlich zusammenarbeiten wollen, sollten Sie die Auswahl einer passenden Agentur noch vor die Auswahl des eigentlichen Shopsystems stellen.

132 Das beste Shopsystem ist wertlos, wenn es niemanden gibt, der die notwendigen Anpassungen zeitnah und zu einem vertretbaren Budget realisieren kann.

133 Achten Sie jedoch unbedingt darauf, dass es eine ausreichende Anzahl passender Agenturen gibt, um nicht in eine Abhängigkeit zu geraten und zur Not jederzeit wechseln zu können.

II. Community

134 Eine große und lebendige Community ist ein nicht zu unterschätzender Vorteil bei der Auswahl der passenden Shop-Software.

Neben einem **aktiven Austausch und schneller Hilfe** bei auftretenden Problemen bereichert eine starke Community das Ökosystem einer Shop-Software durch neue Funktionen oder die Integration von zusätzlichen Drittsystemen.

Gerade bei weitverbreiteten Systemen haben sich feste Strukturen (App Stores, Marktplätze o.ä.) etabliert, welche es Anbietern ermöglichen, Erweiterungen und Anpassungen kostenlos oder kostenpflichtig zur Verfügung zu stellen.

Der Umfang und somit die Attraktivität der jeweiligen Systeme wird so deutlich erhöht.

Als Shop-Betreiber können Sie geplante Funktionen somit schneller und kostengünstiger integrieren und sich stärker auf den Wettbewerb bzw. das Marketing konzentrieren.

III. Service & Support vom Hersteller

Je nach Typ des Shopsystems bieten Hersteller entweder kostenlosen oder kostenpflichtigen Support auf Basis optionaler bzw. verpflichtender Supportverträge an.

Achten Sie darauf, dass eine **vollständige und aktuelle Dokumentation** des Shopsystems in Ihrer Sprache existiert. In vielen Fällen werden zusätzlich Handbücher oder kurze Leitfäden mitgeliefert.

Besonders vorteilhaft sind zudem Anwenderschulungen, Videotrainings oder offizielle Veranstaltungen zum Erfahrungsaustausch.

Kapitel 2
Domainrecht – Wahl und Schutz des Shop-Namens

A. Grundlagen

Bei Eröffnung eines Online-Shops stellt sich zunächst die Frage, wie dieser denn heißen soll.[1] Die Wahl des Shop-Namens sollte keinesfalls unterschätzt werden. Mit einem treffenden, präzisen und der angestrebten Zielgruppe angepassten Shop-Namen lässt sich der zukünftige Erfolg des Shops bereits nicht unerheblich beeinflussen.

Internetnutzer haben grundsätzlich zwei Möglichkeiten, um auf Informationen im Internet zuzugreifen: Entweder sie gelangen durch die direkte Eingabe der Internetadresse in ihrem Browser auf die gewünschte Website oder sie suchen mittels einer Suchmaschine nach einem Suchstichwort und gelangen durch einen Klick auf ein in der Trefferliste aufgeführtes Ergebnis zu der gewünschten Website. Dabei entspricht der Shop-Name in aller Regel der Internetadresse, dem sog. **Domainnamen**. Zukünftige Shop-Betreiber können sich allerdings nicht einfach irgendeinen Namen aussuchen. Zum einen könnte die gewünschte Domain bereits vergeben sein und zum anderen könnte der gewünschte Name mit einem älteren **Kennzeichen**, wie z.B. einer Marke oder einem Unternehmenskennzeichen kollidieren. Der Wahl eines Shop-Namens sollte daher grundsätzlich eine umfangreiche On- und Offlinerecherche vorausgehen, um eventuellen juristischen Auseinandersetzungen von Anfang an vorzubeugen.

Im folgenden Kapitel wird auf den umfangreichen Bereich des Domainrechts eingegangen, insbesondere auf die kennzeichenrechtliche Rolle von Domainnamen und die möglichen Rechtskollisionen sowie die daraus entstehenden Ansprüche. Dabei werden die allgemeinen Regeln des Kennzeichenrechts tangiert, wie sie insbesondere im Markengesetz verankert sind. Für eine vollumfassende Darstellung des Markenrechts sei an dieser Stelle auf die allgemeine markenrechtliche Kommentarliteratur verwiesen.

I. Begriff des Domainnamens

Um im Internet eine Website aufzurufen, musste man ursprünglich eine sog. Internet-Protokoll-Nummer (**IP-Nummer**) eingeben. Diese numerische Adresse besteht aus vier Byte-Werten, die jeweils durch einen Punkt getrennt sind und Werte zwischen 0

---

[1] Ich danke meinem studentischen Mitarbeiter *Darius Torabian* für die wertvolle Unterstützung bei der Erstellung dieses Kapitels.

und 255 annehmen können.[2] Durch die IP-Nummer wird ein Rechner oder ein Server im Internet in etwa so identifiziert wie ein Haus mittels Stadt, Straßennamen und Hausnummer. Google.de hat beispielsweise die IP-Adresse 173.194.112.151. Die Suchmaschine ist nicht nur mittels Eingabe der Domain, sondern auch nach Eingabe dieser IP-Nummer im Browser erreichbar. IP-Adressen haben allerdings den schwerwiegenden Nachteil, dass sich der durchschnittliche Internetnutzer eher ungern lange Zahlen merkt. Aufgrund der geringen Akzeptanz numerischer Adressen wurden Domainnamen eingeführt.

5   **Domainnamen** sind **alphanumerische Zeichen**, d.h. neben Ziffern können auch Buchstaben des lateinischen Alphabets (ohne Unterschied zwischen Groß- und Kleinschreibung) und Bindestriche (jedoch nicht als Anfangs- oder Endzeichen) verwendet werden. Wie viele Zeichen eine Domain mindestens und maximal haben darf, ist in den Richtlinien der jeweiligen Registrierungsstelle festgelegt. Für „.de"-Domains gilt: Ein Domainname besteht mindestens aus einem und höchstens aus 63 Zeichen.[3] Im Rahmen der für „.de"-Domains am 1.3.2004 von der deutschen zuständigen Registrierungsstelle „Deutsches Network Information Center" (kurz: **DENIC**) eingeführten Internationalized Domain Names (IDN) wurde die Anzahl der zulässigen Zeichen um insgesamt 92 Zeichen erweitert. Zeitgleich wurden die IDN sowohl in der Schweiz (.ch) als auch seit dem 31.3.2004 in Österreich (.at) und Liechtenstein (.li) eingeführt. Somit ist nun bei der Bildung von Domainnamen neben der Verwendung von Umlauten auch die Verwendung von Sonderzeichen anderer Sprachen erlaubt.

6   Die Zuordnung von IP-Adressen und Domainnamen erfolgt durch das sog. Domain-Name-System (**DNS**). Durch Eingabe einer Domain in der Adresszeile des Browsers kommt es zu einer Anfrage an den DNS-Server, der wiederum die entsprechende IP-Adresse ermittelt und zurücksendet. Der eigentliche Verbindungsaufbau geschieht dann unter Verwendung der IP-Adresse. Der Nutzer selbst genießt aber den Komfort der Domainnamen. Das Domain-Name-System wird daher auch als „Telefonbuch des Web" bezeichnet.[4]

7   Jede Domain ist anhand eines bestimmten Musters aufgebaut und besteht mindestens aus **Second-Level-Domain** (SLD) und **Top-Level-Domain** (TLD). Unterhalb der Second-Level-Domain können beliebig viele Sub-Domains erstellt werden.[5] Die Domain de.wetter.yahoo.com besteht beispielsweise neben der TLD „com" und der SLD „yahoo" auch noch aus der Third-Level-Domain „wetter" und der Fourth-Level-Domain „de". Der Inhaber der Domain, in diesem Fall yahoo.com, kann die Sub-Domains für gewöhnlich selbst anhand der Speicherstruktur des Servers bestimmen.

---

2 Derzeit aktuell ist das Internet Protocol Version 4 (IP4) aus dem Jahre 1981 (RFC 791, http://tools.ietf.org/html/rfc791).
3 Siehe http://www.denic.de/domains/allgemeine-informationen/domainrichtlinien.html.
4 Hoeren/Sieber/Holznagel/*Sieber*, Teil 1 Rn 59.
5 MüKo-BGB/*Heine*, § 12 Rn 229.

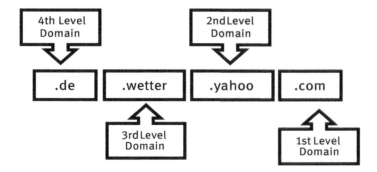

Im Rahmen der Top-Level-Domain wird zwischen **generischer** und **geografischer** 8
TLD unterschieden. Allein durch die Endung einer Domain kann man somit die gewünschte Zielgruppe direkt ansprechen. Juristisch spielt die TLD im Regelfall keinerlei Rolle. Lediglich hinsichtlich der Frage, welches nationale Recht bei einer Domain anzuwenden ist, wird der TLD eine Indizwirkung zugesprochen.[6]

Generische Domain	Geografische Domain
.com – commercial	.de – Deutschland
.org – organization	.ch – Schweiz
.int – international	.at – Österreich
.net – network	.fr – Frankreich
.info – information	.uk – Großbritannien

II. Vergabe von Domainnamen

1. Zuständigkeit

Gesetzlich verbindliche Vorschriften für die Vergabe von Domains gibt es nicht. 9
Zuständig für die weltweite Koordinierung und Verwaltung von Domainnamen ist die Non-Profit-Organisation **ICANN** (Internet Corporation for Assigned Names and Numbers) mit Sitz in Kalifornien. In jedem Land und für jede TLD kümmert sich ein sog. Network Information Center (NIC) um die Vergabe der Domains für die jeweilige TLD. Für die deutsche „.de"-TLD ist die in Frankfurt a.M. ansässige **DENIC** eG zuständig.

---

[6] Hoeren/Sieber/Holznagel/*Pichler*, Teil 25 Rn 214 f.

2. Vergabeverfahren

10   Grundsätzlich verfahren die zuständigen Registrierungsstellen nach dem **Prioritätsprinzip** „first come – first served". Das bedeutet, wer als Erster eine freie Domain registrieren möchte, bekommt diese auch. Eine Prüfung, ob die Registrierung eventuelle ältere Kennzeichenrechte Dritter verletzt, wird durch die Registrierungsstelle DENIC nicht durchgeführt.[7] Als Antragsteller muss man gegenüber der Registrierungsstelle lediglich versichern, durch die Registrierung keine Rechte Dritter zu verletzen und etwaige kennzeichenrechtliche Streitigkeiten zu regeln sowie die Registrierungsstelle von Rechtsverfolgungskosten freizustellen. Lediglich in absoluten Ausnahmefällen kommt eine Haftung der Registrierungsstelle in Betracht, sofern die Rechtsverletzung offenkundig und ohne Weiteres feststellbar ist.[8]

> **Praxistipp**
> Wichtig ist: Es gibt keine Vorstufe zur Registrierung wie beispielsweise eine Domainreservierung. Sofern man also definitiv eine bestimmte Domain besitzen möchte, sollte man diese umgehend registrieren. Nach der Registrierung ist die Domain blockiert und nur für den Inhaber verfügbar. Eine Pflicht, unter dieser Domain auch tatsächlich eine Website zu betreiben, existiert nicht.

3. Recherche

11   Idealerweise sollte man sich nicht nur auf eine Domain festlegen, sondern eine kleine Auswahl an möglichen Wunschdomains zusammenstellen. Da jede Domain nur einmal vergeben werden kann, ist es nicht selten, dass die gewünschte Domain bereits von jemand anderem registriert wurde. Am einfachsten lässt sich das prüfen, indem man versucht, die gewünschte Domain aufzurufen. Sofern sich unter der Domain bereits eine Website befindet, ist diese bereits vergeben und kann nicht mehr registriert werden. Alternativ stellt jedes Network Information Center für die verwalteten TLD eine **Whois-Abfrage** zur Verfügung.[9] Nach Eingabe der Domain in dem entsprechenden Eingabefenster kann somit unmittelbar festgestellt werden, ob die gewünschte Domain noch verfügbar ist oder ob sie bereits registriert ist und falls ja, auf wen. Die Datenbanken der Vergabestellen haben rechtlich jedoch nicht die Qualität von öffentlichen Registern. Für gewöhnlich sind die bereitgestellten Informationen korrekt, allerdings sind zwischenzeitliche Änderungen oder Fehler möglich.

12   Falls die gewünschte Domain noch frei ist, sollte man dennoch nicht vergessen, eine umfangreiche On- und Offlinerecherche zu der gewünschten Domain durchzuführen, um eventuellen zukünftigen Rechtsstreitigkeiten vorzubeugen. Denn auch wenn die Domain noch nicht registriert wurde, könnte ein Dritter den Domaininhaber

---

[7] BGH, Urt. v. 17.5.2001 – I ZR 251/99 – „ambiente.de".
[8] BGH, Urt. v. 27.10.2011 – I ZR 131/10 – „regierung-oberfranken.de".
[9] Whois-Abfrage für .de-Domains: http://www.denic.de/de/domains/whois-service/web-whois.html.

wegen Verletzung älterer Kennzeichen- oder Namensrechte in Anspruch nehmen. Es ist daher zu empfehlen, sowohl eine einfache Google-Suche nach dem gewünschten Domainnamen durchzuführen, als auch das **Handelsregister**[10] und das **Markenregister**[11] auf eventuelle Hinweise zu durchforsten. Beides lässt sich bequem online durchführen.

4. Registrierung der Domain

Sobald man sich für eine Domain entschieden hat, die Recherche mit dem Ergebnis abgeschlossen hat, dass die Wunschdomain noch nicht registriert wurde und auch keine Hinweise auf die Verletzung von Rechten Dritter ersichtlich sind, sollte zeitnah die Registrierung der Domain bei der zuständigen Registrierungsstelle der gewünschten TLD erfolgen. 13

Praxistipp
Im Idealfall sollte man nicht nur die gewünschte Domain registrieren, sondern sich neben ihr auch die Variationen mit typischen Rechtschreibfehlern und bei Mehrwortdomains die zusammengeschriebene sowie die Bindestrich-Variante sichern. Sofern man auf lange Sicht eine internationale Strategie verfolgt, empfiehlt sich neben der Registrierung unter der „.de"-TLD die Registrierung unter weiteren geografischen TLDs in den zukünftig anvisierten Ländern sowie die Registrierung der generischen TLD „.com".

Die Registrierung erfolgt im Normalfall durch einen sog. Serviceprovider, da dieser lästige Detailarbeiten übernimmt und neben der Domainregistrierung viele zusätzliche Dienste, wie die Bereitstellung von Webservern oder Mailservern aus einer Hand, anbietet. Die Registrierung selbst erfolgt entweder direkt online per Web-Interface des Anbieters, per E-Mail oder schriftlich in Form eines Formulars, welches dem Anbieter per Fax oder auf dem Postweg übermittelt wird. Eine Registrierung direkt beim zuständigen TLD-Verwalter ist zwar auch möglich, aber oft kostspieliger und für technische Laien komplizierter. 14

5. Domainvertrag

Wer eine Domain registriert, muss im Regelfall zwei Verträge abschließen: zum einen mit dem jeweiligen Serviceprovider, der sich um die Registrierung kümmert und zum anderen mit der jeweiligen Vergabestelle. Vor allem beim Abschluss des Vertrags mit dem Provider sollte man auf einige Dinge achten, um Rechtsstreitigkeiten vorzubeugen. 15

---

10 Siehe http://www.handelsregister.de/rp_web/mask.do?Typ=n.
11 Siehe http://register.dpma.de/DPMAregister/marke/uebersicht.

a) Vertrag mit der Vergabestelle

16 Neben dem Vertrag mit dem Anbieter kommt üblicherweise ein Vertrag mit der Vergabestelle zustande. Hinsichtlich der „.de"-Domains werden die Bedingungen der DENIC[12] regelmäßig Vertragsbestandteil des zwischen Kunden und Anbieter abgeschlossenen Vertrags, welche ein direktes vertragliches Verhältnis zwischen DENIC und Domaininhaber begründen. Ansprechpartner für die Domain und damit zusammenhängende Probleme bleibt aber der Provider, sodass auf die Ausgestaltung des Vertrags mit diesem besonders geachtet werden muss.

b) Vertrag mit dem Serviceprovider

17 In der Regel erfolgt die Registrierung durch einen Serviceprovider.[13] Dabei muss vor allem darauf geachtet werden, dass der Domaininhaber selbst als administrativer Ansprechpartner (sog. **Admin-C**) eingetragen wird. Nur dann ist sichergestellt, dass er von allen den Domainnamen betreffenden Änderungen Kenntnis erlangt. Sollte sich der Provider als Inhaber eintragen, drohen nach Beendigung des Vertragsverhältnisses lange Streitigkeiten über die Inhaberschaft an der Domain.

Beispiel
Der Streit um die Domain ritter.de ging bis vor den BGH. In diesem Fall hat der Provider im Kundenauftrag die Registrierung der Domain vorgenommen, jedoch nicht den Kunden, sondern sich selbst als administrativen Ansprechpartner (Admin-C) eintragen lassen. Nach Vertragsende weigerte sich der Provider, die Domain an den Kunden herauszugeben. Erst nach jahrelangem Rechtsstreit bekam der Kunde schließlich recht.[14]

---

18 Besonders bei längerfristigen Domain-Service-Verträgen sollte der Kunde darauf achten, dass der Anbieter vertraglich verpflichtet ist, die Registrierung aufrechtzuerhalten sowie etwaige Gebühren zu zahlen. Sofern der Anbieter die Zahlung der Gebühren beispielsweise an die DENIC versäumt und die Domain daraufhin verloren geht, ist der Anbieter zum Schadensersatz verpflichtet.[15] Ferner sollte der tatsächliche Termin der Registrierung vertraglich fixiert werden. Falls eine Domain aufgrund einer verzögerten Bearbeitung seitens des Anbieters bereits durch einen Dritten registriert wurde, steht dem Kunden ebenfalls ein Schadensersatzanspruch zu.[16]

---

12 Siehe http://www.denic.de/domainbedingungen.html.
13 Siehe Rn 13 f.
14 BGH, Beschl. v. 4.3.2004 – I ZR 50/03 – „ritter.de".
15 LG Frankfurt a.M., Urt. v. 30.4.2004 – 2-8 S 83/03 – „muehlhausen.com".
16 LG Görlitz, Urt. v. 31.8.2004 – 1 O 127/03 –.

III. Rechtsnatur von Domainnamen

Um eventuelle Rechtskollisionen zwischen Domainnamen und anderen Rechten wie beispielsweise Kennzeichen- oder Namensrechten juristisch zu bewerten, muss als Erstes der Domainname selbst dogmatisch eingeordnet werden. 19

Durch die Domainregistrierung bei der zuständigen Vergabestelle erwirbt der Inhaber der Internetadresse weder Eigentum an der Domain selbst, noch ein sonstiges absolutes Recht.[17] Der Vertragsschluss mit der Vergabestelle begründet lediglich ein **relativ wirkendes vertragliches Nutzungsrecht** zugunsten des Domaininhabers, welches ihm aber ebenso ausschließlich zugewiesen ist wie das Eigentum an einer Sache.[18] Die Einordnung als deliktsrechtlich geschütztes Recht erfordert hingegen eine absolute, gegenüber jedermann wirkende Rechtsposition. Damit dem Recht an einer Domain eine mit dem Patent-, Marken- oder Urheberrecht vergleichbare ausschließliche Wirkung zukommt, müsste die absolute Wirkung dieses Rechts durch das Gesetz begründet und nicht lediglich durch Parteivereinbarung geschaffen worden sein. Die Ausschließlichkeit von Domainnamen ist aufgrund der Tatsache, dass ein Domainname seitens der DENIC nur einmalig vergeben werden kann, jedoch rein technisch bedingt. Eine derartige, **rein faktische Ausschließlichkeit** begründet kein absolutes Recht.[19] 20

Der Qualifizierung des Domainnamens als vertragliches Nutzungsrecht steht es jedoch nicht entgegen, dass an dem alphanumerischen Zeichen, welches Bestandteil eines Domainnamens ist, Kennzeichenrechte erworben werden können, die dann ihrerseits absolute Rechte sind.[20] 21

B. Kennzeichenschutz für Domainnamen

Sofern das für den Domainnamen verwendete alphanumerische Zeichen nicht bereits als Kennzeichen geschützt ist, ist der Erwerb eines Kennzeichenschutzes für den verwendeten Domainnamen von erheblicher Bedeutung. 22

I. Kennzeichenarten

Marken, geschäftliche Bezeichnungen und geografische Herkunftsangaben werden nach § 1 MarkenG unter dem Oberbegriff **„Kennzeichen"** zusammengefasst. Sie bilden die drei Kategorien von Kennzeichen und sind zu unterscheiden. 23

---

17 BGH, Urt. v. 18.1.2012 – I ZR 187/10 – „gewinn.de"; BGH, Urt. v. 24.4.2008 – I ZR 159/05 – „afilias.de".
18 BVerfG, Beschl. v. 24.11.2004 – I BvR 1306/02 – „ad-acta.de".
19 BGH, Beschl. v. 5.7.2005 – VII ZB 5/05 – „Pfändung einer Internetdomain".
20 *Fezer*, Teil 1 Einl. G Rn 18, ausführlich hierzu Rn 26.

24   Grundsätzlich kann der Begriff der Kennzeichen insoweit bestimmt werden, dass Kennzeichen Namen von unternehmerischen Leistungen sind. Sie dienen der Identifizierung von Unternehmensleistungen und fördern als Unterscheidungsmittel die Abgrenzung von Unternehmen und deren Produkten gegenüber der Konkurrenz. Kennzeichenrechte schützen davor, dass Dritte das Kennzeichen ohne Zustimmung des Kennzeicheninhabers benutzen. Sie gelten als immaterieller Vermögenswert und sind somit verfassungsrechtlich nach Art. 14 GG geschützt. In der Praxis erfüllen Kennzeichenrechte häufig mehrere Funktionen gleichzeitig. So ist es denkbar, dass der Name einer Firma gleichzeitig als Marke oder Titel geschützt ist. Ebenso kann eine Marke, beispielsweise bei Zeitungstiteln, auch als Werktitel des Unternehmens auftreten.

1. Marken

25   Jedes Zeichen, welches sich grafisch darstellen lässt und dazu geeignet ist, Waren oder Dienstleistungen eines Unternehmens von denen anderer Unternehmen zu unterscheiden, kann eine Marke sein (§ 3 Abs. 1 MarkenG). Neben Wörtern bzw. Wortfolgen können auch eine Abbildung, Buchstaben, Zahlen, ein Hörzeichen, die dreidimensionale Gestaltung einschließlich der Form einer Ware oder eine Verpackung als Marke geschützt werden.[21] Das Zeichen muss aber geeignet sein, Waren oder Dienstleistungen eines Unternehmens von denjenigen anderer Unternehmen zu unterscheiden, um als Marke Schutz erlangen zu können. Voraussetzung für die Markenfähigkeit eines Zeichens ist somit die sog. abstrakte **Unterscheidungskraft**.[22]

2. Geschäftliche Bezeichnungen

26   Neben Marken können nach § 5 MarkenG auch geschäftliche Bezeichnungen geschützt sein. Hier wird zwischen **Unternehmenskennzeichen** und Werktiteln unterschieden.

a) Unternehmenskennzeichen

27   Der Name, unter dem eine **Firma** im geschäftlichen Verkehr auftritt, kann bereits ein Unternehmenskennzeichen i.S.d. § 5 Abs. 2 S. 1 MarkenG darstellen. Dies setzt jedoch voraus, dass er Kennzeichnungskraft besitzt, d.h. es muss eine Bezeichnung verwendet werden, die zur Unterscheidung des Unternehmens von anderen hinreichende Eigenart besitzt.[23] Ebenso kann die **besondere Bezeichnung eines Geschäftsbe-**

---

[21] EuGH, Urt. v. 12.2.2004 – C-218/01 – „Henkel".
[22] Ausführlich hierzu Rn 32.
[23] *Ingerl/Rohnke*, § 5 Rn 37.

triebs als Unternehmenskennzeichen geschützt sein, wenn die Bezeichnung innerhalb der beteiligten Verkehrskreise als Kennzeichen des Geschäftsbetriebs gilt (§ 5 Abs. 2 S. 2 MarkenG).

Beispiel
So kann der Zusatz „Adler-Apotheke" oder „Luxor-Hotel" geschützt sein, wenn er aufgrund der besonderen Bezeichnung lokal identifizierbar ist und auf eine wirtschaftlich-organisatorische Funktionseinheit hinweist, welche von anderen Mitbewerbern klar abgrenzbar ist.[24]

b) Werktitel

Werktitel können nach § 5 Abs. 3 MarkenG geschützt sein, sofern sie bestimmt und geeignet sind, das damit bezeichnete Werk von anderen Werken zu unterscheiden und Verwechslungen entgegenzuwirken.[25] Werktitelschutz kann u.a. durch den Namen oder die besondere Bezeichnung von Filmwerken, Tonwerken, Druckschriften, Bühnenwerken oder sonstigen vergleichbaren Werken entstehen. In Abgrenzung zu einer Marke, welche in erster Linie auf die betriebliche Herkunft von Waren oder Dienstleistungen hinweist, ist der Werktitel eher inhaltsbezogen.[26] Er dient als Individualisierungsmittel gegenüber anderen Werken.[27]

28

3. Nicht-geschäftliche Kennzeichen

Auch außerhalb des geschäftlichen Verkehrs können Kennzeichenrechte entstehen. Der **Name** einer Privatperson entfaltet als sprachliches Kennzeichen zur Unterscheidung der Person im Rechtsverkehr, im geschäftlichen Verkehr sowie im privaten Umgang bereits kennzeichenrechtlichen Schutz. Als Ausdruck der Identität und Individualität ist der Name im Rahmen des allgemeinen Persönlichkeitsrechts verfassungsrechtlich geschützt.[28] Der in § 12 BGB verankerte Namensschutz geht dabei sehr weit. Er umfasst den Vornamen und den Nachnamen.[29] Geschützt sind aber ebenfalls auch Pseudonyme, Künstlernamen und Fantasienamen, sofern sie die nötige Unterscheidungs- und Kennzeichenkraft erlangt haben.[30]

29

---

[24] *Ingerl/Rohnke*, § 5 Rn 30; BGH, Urt. v. 30.3.1995 – I ZR 60/93 – „City-Hotel".
[25] BGH, Urt. v. 15.11.1957 – I ZR 83/56 – BGHZ 26, 52, 60 – „Sherlock Holmes".
[26] BGH, Urt. v. 24.4.1997 – I ZR 44/95 – BGHZ 135, 278, 282 – „PowerPoint".
[27] BGH, Urt. v. 23.1.2003 – I ZR 171/00 – „Winnetous Rückkehr".
[28] Art. 2 Abs. 1 i.V.m. Art. 1 Abs. 1 GG, § 12 BGB.
[29] MüKo-BGB/*Säcker*, § 12 Rn 8.
[30] MüKo-BGB/*Säcker*, § 12 Rn 10 ff.

4. Domainname als Kennzeichen

30 Eine Domain selbst entfaltet durch Registrierung keinen eigenen rechtlichen Schutz im Sinne eines Ausschließlichkeitsrechts. Ein Schutz entsteht erst, wenn die alphanumerische Zeichenfolge des Domainnamens im Rahmen einer der oben aufgeführten Kennzeichenarten Schutz erlangt.[31] Das Kennzeichenrecht steht dabei als eigenständiges Recht parallel zu dem vertraglichen Rechte- und Pflichtenbündel des Domainnamens, ohne ihn zu einem absoluten Eigentumsrecht mit Ausschließlichkeitswirkung erstarken zu lassen.[32]

II. Kennzeichenschutz

31 Ein Kennzeichenschutz entsteht nicht ohne Weiteres schon durch Benutzung eines Zeichens. Zunächst muss ein Zeichen grundsätzlich schutzfähig sein. Darüber hinaus stellt jede Kennzeichenart an das Entstehen eines Kennzeichenschutzes zusätzliche weitergehende Anforderungen. Der Schutzinhalt bedarf ebenfalls einer näheren Betrachtung.

1. Schutzfähigkeit

32 Nicht jedes Zeichen kann kennzeichenrechtlichen Schutz erlangen. Es muss vielmehr geeignet sein, ein Unternehmen oder ein Produkt von anderen Unternehmen oder Produkten zu unterscheiden. Die sog. **Unterscheidungskraft** spielt daher eine große Rolle. Rein beschreibende Begriffe wie z.B. „günstig" oder generische Begriffe wie z.B. „Online-Shop" können folglich grundsätzlich keinen Kennzeichenschutz erlangen. Um eine Monopolisierung beschreibender Begriffe zu vermeiden, trägt das DPMA rein beschreibende Zeichen überhaupt nicht erst als Marke ein. Ob ein Zeichen rein beschreibend ist, hängt neben dem Zeichen selbst aber auch von den anvisierten Waren- und Dienstleistungsklassen ab, für welche die Marke Schutz genießen soll.

Beispiel
Dem Zeichen „Blackberry" stünde als rein beschreibender Begriff (Brombeere) ein absolutes Schutzhindernis entgegen, sofern es für den Vertrieb von Obst geschützt werden soll. Sofern sich der Schutz jedoch auf die Entwicklung und den Verkauf von mobilen Endgeräten beziehen soll, ist es nicht mehr rein beschreibend und somit schutzfähig.

---

31 Hoeren/Sieber/Holznagel/*Viefhues*, Teil 6.1 Rn 11.
32 Hoeren/Sieber/Holznagel/*Viefhues*, Teil 6.1 Rn 11.

2. Entstehung des Schutzes

Abhängig von der Art des Kennzeichens entsteht ein kennzeichenrechtlicher Schutz auf unterschiedliche Art und Weise.

a) Markenschutz

Für eine Marke gilt nach § 4 Abs. 1 MarkenG, dass der markenrechtliche Schutz erst nach Eintragung in das Markenregister entsteht. Zwischen der Markenanmeldung und der Eintragung in das Markenregister durch das zuständige Amt können je nach Auslastung des Amts schnell mehrere Monate vergehen. Für die Priorität des Schutzrechts ist gem. § 6 Abs. 2 MarkenG jedoch der Tag der Anmeldung entscheidend. Nach der Eintragung gilt der Schutz nicht nur zukünftig, sondern auch rückwirkend ab dem Tag der Registrierung.[33] Im Falle einer Kollision von Kennzeichenrechten untereinander wird auf den sog. **Zeitrang** abgestellt. Dabei ist zu beachten, dass der Zeitrang einer Marke lediglich vom Anmeldetag abhängt und nicht etwa von der genauen Uhrzeit des Eingangs der Anmeldung.[34]

In Ausnahmefällen kann eine Marke gem. § 4 Abs. 2 MarkenG auch ohne Registrierung rechtlichen Schutz erlangen. Voraussetzung dafür ist die einzelfallbezogene sog. **Verkehrsgeltung** der Marke. Sie muss aufgrund ihrer Bekanntheit für die am Geschäftsverkehr Beteiligten bereits durch bloße Benutzung als Herkunftshinweis fungieren.[35] Der Schutz der Marke erstreckt sich daher jedoch auch nur auf das Territorium, in dem Verkehrsgeltung besteht.

b) Schutz von geschäftlichen Bezeichnungen

Eine Firma, eine besondere Bezeichnung eines Geschäftsbetriebs oder Unternehmens oder ein Werktitel erlangen bereits durch die Aufnahme ihrer Benutzung kennzeichenrechtlichen Schutz. Dabei ist es irrelevant, ob eine Eintragung in ein Register wie beispielsweise das Handelsregister vorgenommen wurde oder ob das Zeichen bereits einen bestimmten Bekanntheitsgrad erreicht hat.[36] Grundsätzlich entsteht ein kennzeichenrechtlicher Schutz von geschäftlichen Bezeichnungen bereits durch die inländische Benutzungsaufnahme im geschäftlichen Verkehr.[37] Dabei muss das Unternehmen nicht bereits unter Benutzung des Zeichens gegenüber zukünftigen Kunden aufgetreten sein, sondern die Bezeichnung lediglich in einer Weise in Gebrauch genommen haben, die auf den Beginn einer dauernden wirtschaftlichen Betätigung

---

33 *Fezer*, Teil 1, § 6 Rn 9.
34 EuGH, Urt. v. 22.3.2012 – C-190/10 –.
35 *Ingerl/Rohnke*, § 4 Rn 11 f.
36 Hoeren/Sieber/Holznagel/*Viefhues*, Teil 6.1 Rn 33.
37 *Lange*, § 3 Rn 1691.

schließen lässt.[38] Die Ingebrauchnahme im geschäftlichen Verkehr muss sich dabei zwingend nach außen richten, rein interne Vorbereitungsmaßnahmen wie etwa die intern kommunizierte Absicht der Umbenennung begründen keine Priorität.[39]

c) Namensschutz

37 Der Namensschutz ist in § 12 BGB gesetzlich verankert. Der Schutz des bürgerlichen Namens privater Personen beginnt grundsätzlich mit der Geburt des Menschen oder bei einem sich ändernden Namen durch Eheschließung, Einbenennung oder Adoption. Bei Pseudonymen, Künstlernamen und Fantasienamen entsteht rechtlicher Schutz mit der Benutzung der unterscheidungskräftigen, eine bestimmte Person kennzeichnenden Bezeichnung.[40] Der Schutz erlischt mit dem Tod des Menschen. Angehörige können jedoch auch nach dem Tod des Namensträgers im Rahmen des postmortalen Persönlichkeitsschutzes Ansprüche wegen Verunglimpfung oder Missbrauch des Namens oder durch unbefugte Nutzung im wirtschaftlichen Wettbewerb geltend machen.[41]

38 Das Namensrecht schützt entgegen dem Wortlaut des § 12 BGB nicht nur den bürgerlichen Namen natürlicher Personen, sondern erstreckt sich grundsätzlich auf alle von der Rechtsordnung anerkannten und unter einem Gesamtnamen auftretenden Personenvereinigungen.[42] Somit können sich auch die als juristische Personen einzuordnenden Firmen, Vereine, Parteien, Städte oder Gemeinden auf das Namensrecht berufen. Ein Namensschutz entsteht jedoch nur, sofern der Name **unterscheidungskräftig** ist, d.h. er muss geeignet sein, seinen Träger von anderen Personen oder Firmen zu unterscheiden. Selbst Gebäudenamen können unter den Namensschutz fallen.[43] In Ausnahmefällen hoher Unterscheidungskraft fällt sogar ein bloßer Vorname unter den Namensschutz.

Beispiel
Die Verwendung der Domain „verona.tv" stellt gegenüber der Fernsehmoderatorin Verona Pooth eine Verletzung des Namensrechts dar, da Verona Pooth den deutschen Verbrauchern unter ihrem Namen „Verona" in Verbindung mit dem Fernsehen (TV) weithin bekannt ist und die Verbraucher andererseits bei „verona" nicht an die italienische Stadt und bei der Top-Level-Domain „tv" nicht an den Inselstaat Tuvalu denken werden.[44]

---

38 BGH, Urt. v. 2.4.1971 – I ZR 41/70 – „SWOPS".
39 BGH, Urt. v. 31.7.2008 – I ZR 21/06 – „Haus & Grund III".
40 BeckOK BGB/*Bamberger*, § 12 Rn 49 f.
41 BVerfG, Beschl. v. 22.8.2006 – 1 BvR 1168/04 – „Marlene Dietrich".
42 MüKo-BGB/*Säcker*, § 12 Rn 18 f.
43 BGH, Urt. v. 9.1.1976 – I ZR 71/74 – „Sternhaus".
44 OLG Hamburg, Beschl. v. 27.8.2002 – 3 W 78/02 – „verona.tv".

3. Schutzinhalt (des Markenrechts)

Sofern die Schutzvoraussetzungen einer Marke vorliegen, erwirbt der Inhaber an dem Kennzeichen nach §§ 14 Abs. 1 ff. MarkenG ein sog. **subjektives Ausschließlichkeitsrecht**.[45] Daraus folgt das Recht des Inhabers, das Kennzeichen selbst benutzen zu dürfen sowie die Nutzung des Kennzeichens durch Dritte durch eine Markenlizenz zu erlauben.

Gleichzeitig folgt aus einem Kennzeichenrecht das Recht des Inhabers, Dritte von der Benutzung des Kennzeichens auszuschließen. Dabei muss zwischen **Identitätsschutz**, **Verwechslungsschutz** und **Bekanntheitsschutz** unterschieden werden.

a) Identitätsschutz

Der in § 14 Abs. 2 Nr. 1 MarkenG verankerte **Identitätsschutz** untersagt es Dritten, ein mit dem Kennzeichen identisches Zeichen im geschäftlichen Verkehr ohne Zustimmung des Inhabers für Waren oder Dienstleistungen zu benutzen, die mit denjenigen identisch sind, für die das Kennzeichen Schutz genießt. Eine Verletzung setzt eine **Identität in zweifacher Hinsicht**, nämlich Markenidentität und Produktidentität (auch **„Doppelidentität"** genannt), voraus.[46] Vom Verbot umfasst sind sowohl absolut identische Zeichen als auch Zeichen, die nur so geringfügige Unterschiede gegenüber der Marke aufweisen, dass diese dem Durchschnittsverbraucher entgehen können.[47] Aufgrund der restriktiven Auslegung des Identitätsschutzes findet der Identitätsschutz hauptsächlich in Fällen der Produktpiraterie Anwendung.

b) Verwechslungsschutz

Der in § 14 Abs. 2 Nr. 2 MarkenG normierte **Verwechslungsschutz** verfolgt das Ziel, eine der wesentlichen Funktionen eines Kennzeichens, nämlich die Unterscheidungsfunktion, zu schützen. So ist es Dritten untersagt, ein Zeichen zu benutzen, wenn wegen der Identität oder Ähnlichkeit des Zeichens mit dem geschützten Kennzeichen und der Identität oder Ähnlichkeit der durch das geschützte Kennzeichen und dem kollidierenden Zeichen erfassten Waren oder Dienstleistungen für das Publikum die Gefahr von Verwechslungen besteht, einschließlich der Gefahr, dass das Zeichen mit dem geschützten Kennzeichen gedanklich in Verbindung gebracht wird. **Verwechslungsgefahr** liegt dann vor, wenn die angesprochenen Verkehrskreise glauben könnten, dass die betreffenden Waren oder Dienstleistungen aus demselben Unternehmen oder ggf. aus wirtschaftlich miteinander verbundenen Unternehmen

---

45 OLG Hamburg, Beschl. v. 27.8.2002 – 3 W 78/02 – „verona.tv".
46 *Fezer*, Teil 2, § 14 Rn 183.
47 EuGH, GRUR 2003, 422 Rn 51 ff. – „LTJ Diffusion".

stammen.[48] Beurteilt wird die Verwechslungsgefahr anhand der Ähnlichkeit der kollidierenden Kennzeichen, der Ähnlichkeit der betroffenen Waren und Dienstleistungen sowie der Kennzeichnungskraft des verletzten Zeichens.[49] Zwischen diesen Kategorien besteht eine Wechselwirkung. So müssen jüngere Marken einen umso größeren Abstand zu einer bekannten Marke halten, je unterscheidungskräftiger sie ist.[50]

c) Bekanntheitsschutz

43 Auch wenn aufgrund der Verschiedenheit der Waren oder Dienstleistungen keine Verwechslungsgefahr gegeben ist, kann nach § 14 Abs. 2 Nr. 3 MarkenG eine Markenrechtsverletzung vorliegen, sofern es sich bei dem Schutz genießenden Kennzeichen um ein im Inland **bekanntes** Kennzeichen handelt und die Benutzung des kollidierenden Zeichens die Unterscheidungskraft oder die Wertschätzung des bekannten Kennzeichens ohne rechtfertigenden Grund in unlauterer Weise ausnutzt oder beeinträchtigt. Die Bekanntheit einer Marke ist dabei jeweils im Einzelfall anhand der Bekanntheit innerhalb der von der Marke angesprochenen Verkehrskreise zu ermitteln.[51]

44 Aus der Kombination der zwei Schutzobjekte **Unterscheidungskraft** und **Wertschätzung** sowie der zwei Verletzungswirkungen **Ausnutzung** und **Beeinträchtigung** ergeben sich vier Tatbestände, die sich allerdings häufig überschneiden, sodass in der Praxis oft mehr als nur ein Tatbestand tangiert ist.

45 Unter der **Beeinträchtigung der Unterscheidungskraft**, auch „Verwässerung" genannt, versteht man die Minderung der Kennzeichnungskraft durch die Benutzung eines identischen oder ähnlichen Zeichens.[52] Sie liegt vor, wenn die Eignung der Marke, die Waren oder Dienstleistungen, für die sie eingetragen ist und benutzt wird, als vom Inhaber dieser Marke stammend zu identifizieren, geschwächt wird, weil die Benutzung der jüngeren Marke zur Auflösung der Identität der älteren Marke und ihrer Bekanntheit beim Publikum führt. Dies ist insbesondere dann der Fall, wenn die ältere Marke, die eine unmittelbare gedankliche Verbindung mit den von ihr erfassten Waren und Dienstleistungen hervorrief, dies nicht mehr zu bewirken vermag.[53]

46 Unter der **Beeinträchtigung der Wertschätzung**, auch „Rufschädigung" genannt, versteht man die Schmälerung der Anziehungskraft einer Marke, welche sich insbesondere daraus ergeben kann, dass die von Dritten angebotenen Waren oder Dienstleistungen Merkmale oder Eigenschaften aufweisen, die sich negativ auf das

---

48 EuGH, Urt. v. 29.9.1998 – C-39/97 – „Canon".
49 BGH, Urt. v. 28.8.2003 – I ZR 257/00 – „Kinder".
50 *Lange*, § 7 Rn 3036 f.
51 *Lange*, § 7 Rn 3534 ff.
52 *Fezer*, Teil 1, § 14 Rn 804.
53 *Ingerl/Rohnke*, § 14 Rn 1370 f.

Bild einer bekannten älteren Marke auswirken können.⁵⁴ Die Übertragung negativer Assoziationen auf das geschützte Zeichen kann unterschiedliche Gründe haben. So ist die Verwendung des Zeichens für qualitativ minderwertige Produkte oder für Produkte, die ihrer Art oder ihres Images nach nicht zu den unter der Marke vertriebenen Produkten passen, denkbar.

Unter der **Ausnutzung der Wertschätzung**, auch „Rufausbeutung" genannt", 47 versteht man die Kennzeichnung eigener Produkte in Anlehnung an eine bekannte Marke, um Gütevorstellungen, die der Verkehr mit den unter der Marke vertriebenen Erzeugnissen verbindet, in unlauterer Weise für sich und die eigenen Produkte auszunutzen.⁵⁵ Hier muss insbesondere darauf geachtet werden, ob die Übertragung der positiven Assoziationen auf die unter dem ähnlichen Zeichen angebotenen Produkte möglich ist. Das hängt davon ab, wie weit die Waren und Dienstleistungen der einzelnen Zeichen voneinander entfernt sind und ob das ältere Zeichen auch bei den für das jüngere Zeichen relevanten Verkehrskreisen bekannt ist.

Unter der **Ausnutzung der Unterscheidungskraft**, auch „Aufmerksamkeitsaus- 48 beutung" genannt, versteht man den Versuch, mittels Assoziation einer Kennzeichnung mit einer bekannten Marke ein besonderes Maß an Aufmerksamkeit für das neue Kennzeichen zu wecken, welches dem neuen Kennzeichen sonst nicht zuteilwürde.⁵⁶ Dies ist insbesondere dann der Fall, wenn die Aufmerksamkeit des Publikums aufgrund der Bekanntheit der älteren Marke erreicht wird und ein **Kommunikationsvorsprung** entsteht.⁵⁷

C. Domainstreitigkeiten

Im Zusammenhang mit Domainnamen sind viele unterschiedliche Rechtsverletzun- 49 gen möglich. Diese Problematik ergibt sich aus der Tatsache, dass Domainnamen seitens monopolistisch strukturierter Institutionen nach dem „first come – first served"-Prioritätsprinzip vergeben werden. Außerdem führt die Tatsache, dass Domains technisch bedingt nur einmalig vergeben werden können, zu zahlreichen kennzeichenrechtlichen Konflikten. Diese Problematik ist bei den klassischen Kennzeichenarten nicht bekannt, denn identische Marken oder geschäftliche Bezeichnungen können durchaus rechtssicher koexistieren, sofern sich die Waren und Dienstleistungen bzw. die Branchen voneinander unterscheiden. Domains jedoch können nur von einem Inhaber genutzt werden. Es ist offensichtlich, dass aufgrund dieser

---

54 EuGH, Urt. v. 18.6.2009 – C-487/07 – „L'Oréal".
55 BGH, Urt. v. 3.2.2005 – I ZR 159/02 – „Lila-Postkarte".
56 BGH, Urt. v. 27.4.2000 – I ZR 236/97 – „Davidoff".
57 OLG Hamburg, Urt. v. 20.1.2005 – 5 U 38/04 – „Ahoj-Brause".

Gegebenheit zwangsläufig Kennzeichenkonflikte entstehen, sobald mehrere Personen oder Firmen eine Website unter demselben Domainnamen betreiben wollen.

50 Die Rechtsprechung wendet mangels eines eigenen „Domaingesetzes" je nach den Umständen des Einzelfalls die Normen des Markengesetzes, des Bürgerlichen Gesetzbuchs oder des Gesetzes gegen den unlauteren Wettbewerb an. Sofern ein Kennzeichen betroffen ist, sollte zuerst versucht werden, die Kollision auf Grundlage des Markenrechts zu lösen. Falls die Kollision nicht nach den Vorschriften des Markenrechts zu lösen ist, wird nachrangig auf die Normen des UWG und BGB zurückgegriffen. Kennzeicheninhaber können gegen den Inhaber einer kennzeichenverletzenden Domain auf Grundlage der allgemeinen kennzeichenrechtlichen Ansprüche vorgehen und beispielsweise Unterlassung und Beseitigung der Rechtsverletzung verlangen.

I. Gefahr der Verwechslung des Domainnamens

51 Häufig liegt die Rechtsverletzung in der Gefahr der Verwechslung des Domainnamens mit anderen geschützten Kennzeichen. Hierbei unterscheidet man zwischen Verwechslungen innerhalb des geschäftlichen Verkehrs und Verwechslungen außerhalb des geschäftlichen Verkehrs.

1. Verwechslung innerhalb des geschäftlichen Verkehrs

52 Innerhalb des geschäftlichen Verkehrs kann ein Domainname in der Regel mit einer Marke, einer geschäftlichen Bezeichnung oder einem Werktitel eines Dritten kollidieren.

53 Markenschutz entsteht in der Regel durch Eintragung der Marke beim zuständigen Registeramt, in Ausnahmefällen auch bereits durch Benutzung.[58] Auf diesen Schutz kann sich ein Markeninhaber berufen, falls ein Dritter den Markennamen in seiner Domain wiedergibt. Unter bestimmten Voraussetzungen hat der Markeninhaber daraufhin gegen den Domaininhaber einen markenrechtlichen Unterlassungsanspruch. Ebenfalls durch das Markengesetz geschützt sind geschäftliche Bezeichnungen und Werktitel. Für diese Kennzeichenarten gelten im Allgemeinen dieselben Regeln wie für Register- und Benutzungsmarken.

---

58 Ausführlich hierzu Rn 35.

Checkliste:
Voraussetzungen einer Markenrechtsverletzung:
- geschütztes, älteres Kennzeichenrecht;
- kennzeichenmäßige Benutzung durch einen Dritten;
- Benutzung im geschäftlichen Verkehr;
- Verwechslungsgefahr.

a) Geschütztes, älteres Kennzeichen

Zuerst muss geprüft werden, ob das durch die Domain verletzte Zeichen überhaupt **kennzeichenrechtlich geschützt** ist. Diese Frage richtet sich nach den allgemeinen Regeln des Entstehens von Kennzeichenschutz.[59]

Ferner kommt es darauf an, ob das verletzte Zeichen ein **älteres Kennzeichenrecht** darstellt. Nach dem Prioritätsprinzip setzt sich grundsätzlich das nach dem Zeitrang her ältere Kennzeichen durch. Es muss daher geprüft werden, ob an dem Domainnamen ein eigenes Kennzeichenrecht entstanden ist, und falls ja, welchen Zeitrang es hat. Der Zeitrang wird dabei gem. § 6 MarkenG bestimmt.

Sofern an dem beanstandeten Domainnamen ohnehin **kein eigenes Kennzeichenrecht** zugunsten des Domaininhabers entstanden ist, setzt sich das geschützte Kennzeichen auch unabhängig von seinem Zeitrang durch, sofern die übrigen Voraussetzungen vorliegen. Das liegt daran, dass durch den Erwerb einer Domain kein absolutes, gegenüber jedermann wirkendes Recht entsteht, wohingegen an dem verletzten Kennzeichen bereits ein absolutes Recht entstanden ist. Dies gilt auch dann, wenn das verletzte Kennzeichen seinen rechtlichen Schutz erst nach erstmaliger Verwendung der beanstandeten Domain erlangt hat.

Beispiel
Bereits 1997 wurde die Domain ahd.de registriert, aber erst im September 2002 wurde der bisherige Inhalt, ein „Baustellen"-Schild, durch echte Inhalte ersetzt. Gegen die Domain ging die Firma ahd, die seit 2001 auf dem Gebiet der EDV tätig und seit Juli 2003 Markeninhaber der Marke „ahd" ist, vor. Das OLG Hamburg entschied zugunsten der Klägerin und sprach ihr den älteren Zeitrang durch Ingebrauchnahme der geschäftlichen Bezeichnung im Jahre 2001 zu. Kennzeichenrechte der Domain könnten frühestens ab September 2002 entstanden sein, sie würden nach dem Prioritätsprinzip aber ohnehin hinter dem Unternehmenskennzeichen der Firma zurücktreten.[60] Im Revisionsverfahren entschied der BGH jedoch, dass der Domaininhaber lediglich dazu verpflichtet sei, unter der Bezeichnung „ahd" keine Angebote im EDV-Bereich anzubieten. Er sei nicht verpflichtet, in die Löschung der Domain einzuwilligen.[61]

---

[59] Ausführlich hierzu Rn 32 ff.
[60] OLG Hamburg, Urt. v. 5.7.2006 – 5 U 87/05 – „ahd.de".
[61] BGH, Urt. v. 19.2.2009 – I ZR 135/06 – „ahd.de".

57 Wenn sich der Domainname von einem rechtlich geschützten Kennzeichen des Inhabers ableitet, er sich auf das Kennzeichenrecht eines Dritten berufen kann oder an dem Domainnamen selbst ein Kennzeichenrecht entstanden ist, kommt es auf den Zeitrang der sich gegenüberstehenden Rechte an.
- Ist das angeblich verletzte Kennzeichen **älter** als der Domainname bzw. das Kennzeichen, auf welches er sich bezieht, setzt sich das verletzte Kennzeichen durch.
- Ist das angeblich verletzte Kennzeichen **jünger** als der Domainname sowie das Kennzeichen, auf welches er sich bezieht, setzt sich der Domainname durch.
- Ist das angeblich verletzte Kennzeichen **älter** als der Domainname, jedoch **jünger** als das Kennzeichen, auf welches er sich bezieht, kann sich der Domaininhaber in der Regel auf die ältere Priorität des Kennzeichens berufen und sich durchsetzen. Außerdem kann der Domaininhaber mittels seines älteren Kennzeichens gegen das angeblich verletzte, jüngere Kennzeichen vorgehen.

b) Kennzeichenmäßige Benutzung

58 Der Domainname muss darüber hinaus **kennzeichenmäßig benutzt** werden. Eine rechtlich relevante Benutzung eines Domainnamens liegt erst vor, wenn die Internetseite mit einem Inhalt verknüpft und ein Bezug zu einer bestimmten Branche oder einem bestimmten Produkt hergestellt ist.[62] Unter Umständen kann der in seinem Kennzeichenrecht Verletzte aber auch schon vor Benutzung im Rahmen des vorbeugenden Rechtsschutzes gegen den Domaininhaber vorgehen, sofern eine bevorstehende kennzeichenrechtsverletzende Benutzung vermutet wird. Diese Vermutung kann z.B. auf einer Vorbereitungshandlung, wie der Anmeldung des Domainnamens als Marke, dem Angebot einer zukünftigen Nutzungsmöglichkeit gegenüber Dritten oder auf Äußerungen des Domainnamen-Inhabers beruhen.[63]

59 Eine **kennzeichenmäßige Benutzung** liegt erst vor, wenn der Verkehr darin keine bloße Adressbezeichnung, sondern einen Hinweis auf das Unternehmen oder auf die betriebliche Herkunft von Waren oder Dienstleistungen aus einem bestimmten Unternehmen sieht.[64] Eine kennzeichenmäßige Benutzung liegt beispielsweise vor, wenn die Domain in der Werbung oder auf Geschäftspapieren des Inhabers beworben wird.

60 Eine **rein beschreibende Verwendung** des geschützten Kennzeichens innerhalb des Domainnamens stellt jedoch keine Kennzeichenrechtsverletzung dar. Gleiches gilt für Kennzeichen, die innerhalb des Domainnamens in einem bezugnehmenden Zusammenhang, der beschreibenden Charakter hat, aufgehen.[65]

---

[62] BGH, Urt. v. 14.5.2009 – I ZR 231/06 – „airdsl".
[63] OLG Hamburg, Urt. v. 28.6.2005 – 5 U 141/04 – „metrosex.de".
[64] BGH, Urt. v. 19.2.2009 – I ZR 135/06 – „ahd.de".
[65] OLG Hamburg, Urt. v. 18.12.2003 – 3 U 117/03 – „awd-aussteiger.de"; OLG Hamburg, Urt. v. 6.11.2003 – 5 U 64/03 – „schufafreierkredit.de".

c) Benutzung im geschäftlichen Verkehr

Darüber hinaus muss der beanstandete Domainname im **geschäftlichen Verkehr benutzt** werden. Benutzungen im privaten Bereich können keine Markenrechtsverletzung darstellen. Ein Markeninhaber kann deswegen gegen die Verwendung seines Kennzeichens im Rahmen einer privaten Website allenfalls durch den ergänzenden Schutz durch das Namensrecht oder besonderen Tatbeständen im BGB vorgehen.[66]

Der Begriff der Benutzung im geschäftlichen Verkehr ist daher weit auszulegen und umfasst jede wirtschaftliche Betätigung, mit der in Wahrnehmung oder Förderung eigener oder fremder Geschäftsinteressen am Erwerbsleben teilgenommen wird.[67] So reicht es schon aus, wenn der Inhaber des Domainnamens gegenüber Dritten als **Werbeträger** auftritt, entgeltlich Werbung schaltet und dadurch einen finanziellen Vorteil erwirbt. Bei der Beurteilung muss jedoch immer der Einzelfall beleuchtet werden, denn Werbeanzeigen des Providers zur Vermeidung höherer Webhosting-Gebühren oder Sponsorenlinks sollen nicht ausreichen.[68]

Die Benutzung im geschäftlichen Verkehr **muss zwingend positiv festgestellt werden**. Eine bloße Vermutung genügt nicht und im Zweifel muss von einer rein privaten Nutzung ausgegangen werden.[69] Gegen lediglich registrierte, aber inhaltsleere Domains kann man daher grundsätzlich nicht markenrechtlich vorgehen. Auch die Registrierung durch eine GmbH stellt nicht automatisch die Absicht der zukünftigen geschäftlichen Nutzung dar, welche die Notwendigkeit eines vorbeugenden Rechtsschutzes begründen würde.[70]

d) Verwechslungsgefahr

Des Weiteren muss eine **Verwechslungsgefahr** zwischen dem fraglichen Domainnamen und dem geschützten Kennzeichen bestehen. Diese ist für die Fälle der **Doppelidentität**, also der Identität des Domainnamens mit dem geschützten Kennzeichen sowie der Identität der betroffenen Waren und Dienstleistungen nicht erforderlich, sofern eine Funktion des Kennzeichens, also etwa die Herkunftsfunktion, beeinträchtigt ist.[71]

Neben dem Identitätsschutz schützt das Markengesetz im Rahmen des **Verwechslungsschutzes** vor lediglich ähnlichen Zeichen bzw. lediglich ähnlichen

---

66 Ausführlich hierzu Rn 67 ff.
67 *Lange*, § 7 Rn 2841 f.
68 LG München I, Urt. v. 28.11.2007 – 1HK O 22408/06 – „saeugling.de"; LG Berlin, Urt. v. 21.3.2000 – 16 O 633/99 – „digitalebibliothek.de".
69 BGH, Urt. v. 24.4.2008 – I ZR 159/05 – „afilias.de".
70 BGH, Urt. v. 19.7.2007 – I ZR 137/04 – „Euro Telekom".
71 EuGH, Urt. v. 18.6.2009 – C-487/07 – „L'Oréal/Bellure"; siehe Rn 41 ff.

Waren und Dienstleistungen, sofern eine Verwechslungsgefahr vorliegt.[72] Beurteilt wird die Verwechslungsgefahr anhand der **Ähnlichkeit der kollidierenden Kennzeichen,** der **Ähnlichkeit der betroffenen Waren und Dienstleistungen** sowie der **Kennzeichnungskraft des verletzten Zeichens.** Zwischen diesen Faktoren besteht Wechselwirkung, d.h. ein geringerer Grad eines Faktors kann durch einen höheren Grad eines anderen Faktors ausgeglichen werden.[73] Die Frage, ob Verwechslungsgefahr vorliegt, ist nicht nur innerhalb des Domainrechts eine der schwierigsten Fragen des Markenrechts. Im Zweifel sollte Expertenrat eingeholt werden.

Beispiel
Die Zeitschrift „Eltern" ging erfolgreich gegen die Domain „eltern-online.de" vor. Das OLG Hamburg bejahte die Verwechslungsgefahr, denn der Zusatz „-online" im Domainnamen der Beklagten stehe der Verwechslungsgefahr nicht entgegen. Im Gegenteil: Wird der Begriff „online" wie in diesem Fall durch Bindestrich mit einem Werktitel eines verkehrsbekannten Presseobjekts verbunden, ist es für den Verkehr naheliegend, dass unter dieser Internetadresse das Online-Angebot der Redaktion des Presseobjekts erreicht wird.[74]

2. Verwechslung außerhalb des geschäftlichen Verkehrs

66 Auch außerhalb des geschäftlichen Verkehrs sind Verwechslungen möglich. Mangels einer Handlung im geschäftlichen Verkehr können die Regelungen des Markengesetzes jedoch nicht angewendet werden und es wird auf die Regelungen des BGB zurückgegriffen, insbesondere auf das **Namensrecht** gem. § 12 BGB.

a) Private Verwendung eines Kennzeichens als Domainname

67 Sobald ein geschütztes Kennzeichen in einem privat genutzten Domainnamen auftaucht oder die Nutzung im geschäftlichen Verkehr nicht positiv festgestellt werden kann, bleibt dem Inhaber des Kennzeichenrechts lediglich der Rückgriff auf das Namensrecht.[75] Eine Verletzung des Namensrechts durch einen Domainnamen liegt immer dann vor, wenn der Inhaber des Domainnamens den Namen unbefugt gebraucht, eine Zuordnungsverwirrung besteht und die Interessen des Namensträgers verletzt sind.[76]

68 Bereits die bloße Registrierung eines fremden Namens, auch ohne hinterlegte Inhalte, reicht bereits als rechtlich relevanter **Namensgebrauch** aus.[77] Unbefugt ist

---

72 Ausführlich hierzu Rn 42.
73 EuGH, Urt. v. 11.11.1997 – C-251/95 – „springende Raubkatze".
74 OLG Hamburg, Urt. v. 31.7.2003 – 3 U 145/02 – „eltern-online.de".
75 Ausführlich hierzu Rn 37 f.
76 MüKo-BGB/*Heine*, § 12 Rn 250.
77 MüKo-BGB/*Heine*, § 12 Rn 251.

die Registrierung bzw. Benutzung einer Domain immer dann, wenn dem Domaininhaber kein eigenes Recht an dem Namen zusteht. Anders sähe es aus, wenn sich der Domaininhaber durch die Wiedergabe seines Namens innerhalb der Domain seinerseits auf das Namensrecht beziehen könnte.[78] Zusätzlich muss eine **Zuordnungsverwirrung** bestehen. Diese ist immer dann zu bejahen, wenn ein objektiver Internetnutzer unter der betreffenden Domain nicht den Domaininhaber, sondern den Namensträger erwartet. Dabei muss die Zuordnungsverwirrung noch nicht einmal lange anhalten: Auch wenn der Nutzer unmittelbar nach dem Aufruf der Domain bemerkt, dass es sich nicht um das Internetangebot des Namensträgers handelt, liegt dennoch ein unzulässiger Namensgebrauch vor.[79] Des Weiteren muss eine **Interessenverletzung** vorliegen. Die Rechtsprechung sieht eine solche bereits in der unbefugten Registrierung eines fremden Namens aufgrund der Tatsache, dass Domainnamen nur einmalig vergeben werden können und der Namensträger folglich von der Nutzung der Domain ausgeschlossen ist.[80] Das berechtigte Interesse des Namensträgers, unter dem eigenen Namen im Internet aufzutreten, ist somit verletzt und er kann gegen den Domainnameninhaber vorgehen. Grundsätzlich kann man sich merken: Wenn der Inhaber keine eigenen Rechte an seiner Domain geltend machen kann, wird sich in der Regel das Namensrecht durchsetzen.

Beispiel
In einer der ersten Entscheidungen im Bereich des Domainrechts ging die Stadt Heidelberg gegen ein unter „heidelberg.de" geführtes Informationsportal eines Unternehmens vor. Das LG Mannheim stellte eine Verletzung des Namensrechts der Stadt Heidelberg fest und verbot es dem Unternehmen, die Bezeichnung „heidelberg.de" als Adresse im Internet zu benutzen.[81]

b) Namensrechtliche Verwendung eines Kennzeichens als Domainname

Anderes gilt, wenn der Domaininhaber seinerseits ein Namensrecht an dem Domainnamen geltend machen kann. In diesen Fällen setzt sich nach dem Prioritätsprinzip derjenige durch, der die fragliche Domain als Erster registriert hat. Ob einer der Gleichnamigen dabei das ältere Namensrecht hat, ist irrelevant. Problematisch wird es lediglich, wenn der eigene Name gleichzeitig einen **Gattungsbegriff** darstellt. Sofern es sich bei dem Namensinhaber um keine berühmte Person handelt, fehlt es regelmäßig an der erforderlichen Unterscheidungskraft.

69

---

78 Ausführlich siehe Rn 69.
79 BGH, Urt. v. 26.6.2003 – I ZR 296/00 – „maxem.de".
80 BGH, Urt. v. 22.11.2001 – I ZR 138/99 – „shell.de".
81 LG Mannheim, Urt. v. 8.3.1996 – 7 O 60/96 – „heidelberg.de".

Beispiel
Ein Herr Süß ging ohne Erfolg gegen ein Erotikportal mit der Domain „suess.de" vor. Das OLG Nürnberg führte aus, dass ein Träger eines auch als Adjektiv gebräuchlichen Familiennamens aufgrund fehlender Unterscheidungskraft keine Unterlassung der Verwendung der Domain verlangen kann.[82]

70 Eine weitere Ausnahme ist die **überragende Bekanntheit** eines Namens. Grundsätzlich gilt das Prinzip der Registrierungspriorität unabhängig davon, wer über das relativ bessere Recht an dem Namen verfügt. In seiner Rechtsprechung lässt der BGH aber eine Ausnahme von dieser Regel für den Fall zu, dass das Interesse des einen Namensrechtsinhabers an dem Domainnamen, das Interesse des anderen an ihm deutlich überwiegt.[83] Diese überragende Bekanntheit wird aber nur in absoluten Ausnahmefällen festgestellt und eine Gewichtung der Bekanntheit der beteiligten Namensträger findet in aller Regel nicht statt.

Beispiel
In letzter Instanz verlor ein Herr Shell den Kampf um die Domain „shell.de" gegen den Mineralölkonzern. Aufgrund des erheblichen Ungleichgewichts der Bekanntheit der Namensträger sei es dem weniger bekannten Domaininhaber im Rahmen des namensrechtlichen Rücksichtnahmegebots unter Gleichnamigen zuzumuten, für seine Homepage einen Domainnamen mit unterscheidenden Zusatz zu wählen.[84]

II. Behinderung durch Blockierung von Domainnamen

71 Häufig entstehen Rechtskollisionen auch ohne eine unmittelbare Verwechslungsgefahr schon alleine dadurch, dass die Nutzung einer bestimmten Domain aufgrund einer vorherigen Registrierung eines Dritten nicht möglich ist. Insbesondere in den Fällen, in denen unter dem fraglichen Domainnamen keinerlei Inhalt hinterlegt ist und somit weder eine geschäftliche Nutzung, noch eine Verwechslungsgefahr begründet werden kann, wird auf die ergänzenden Normen des Gesetzes gegen den unlauteren Wettbewerb zurückgegriffen. Hier sind vor allem drei Fallgruppen zu nennen:
- sog. **Domaingrabbing**, häufig verbunden mit der Forderung von „Lösegeld" für die Herausgabe der Domain,
- sog. **Tippfehlerdomains**, um Internetnutzer, die zu einem bestimmten Internetangebot möchten, auf das eigene Angebot umzulenken, und schließlich
- die Registrierung von **Gattungs- oder Sachbegriffen** als Domainnamen.

---

82 OLG Nürnberg, Urt. v. 12.4.2006 – 4 U 1790/05 – „suess.de".
83 MüKo-BGB/*Heine*, § 12 Rn 267.
84 BGH, Urt. v. 22.11.2001 – I ZR 138/99 – „shell.de".

1. Domaingrabbing

Unter dem englischen Begriff **Domaingrabbing** versteht man die gelegentlich missbräuchliche Registrierung eines oder mehrerer Domainnamen. Da ein Domainname nur einmalig vergeben werden kann, nutzten besonders in der Anfangszeit des Internets viele diese Tatsache aus, um eventuell zukünftig begehrte Domainnamen vorsorglich für sich selbst zu sichern. Sollte jemand später Interesse an einer Domain haben, könnte die entsprechende Domain teuer an diesen verkauft werden.

> **Beispiel**
> Der weltweit höchste Betrag für eine Domain, nämliche 35 Mio. US-$, wurde 2007 für „VacationRentals.com" bezahlt. Das Unternehmen HomeAway, welches in vielen Ländern Plattformen für Online-Ferienhausvermittlungen betreibt, bezahlte diesen Betrag laut seinem Gründer Brian Sharples aus nur einem Grund: „Damit Expedia die Domain nicht bekommt."[85]

Grundsätzlich stellt das Registrieren vieler Domains auf Vorrat mit dem Ziel, sie später gewinnbringend zu verkaufen, keine rechtlich untersagbare Handlung dar. Erst wenn nachgewiesen werden kann, dass die Registrierung ohne eigenen ernsthaften Benutzungswillen erfolgte und **in Kenntnis anderer bzw. besserer Rechte Dritter** ausschließlich dem Zweck diente, die Domain später an den Inhaber des entsprechenden Kennzeichen- oder Namensrechts zu verkaufen, liegt ein rechtlich relevantes unlauteres Verhalten vor.[86] Dennoch ist es nur in seltenen Fällen unproblematisch, gegen einen Domaingrabber gerichtlich vorzugehen. Die Beweislast für das Fehlen eines eigenen Benutzungswillens liegt nämlich beim Kläger und die Beweisführung einer solchen inneren Intention des Domaingrabbers ist in der Regel nur schwer möglich. Schwer wird es vor allem, wenn es sich bei dem Domainnamen um einen Gattungs- oder Sachbegriff handelt und daher andere sinnvolle Nutzungsmöglichkeiten seitens des Inhabers naheliegen.

2. Gattungs- oder Sachbegriffe als Domainname

Gattungs- oder Sachbegriffe sind **allgemein beschreibende Begriffe**, die zwar aufgrund der fehlenden Unterscheidungskraft keinen Kennzeichenschutz erlangen können, als Domainname (auch **generische Domain** genannt) jedoch einen hohen Wert besitzen können. Aufgrund der Suchgewohnheiten der Internetnutzer führt die Verwendung eines Gattungsbegriffs als Domainname zu hohen Kundenströmen auf das eigene Angebot, während Konkurrenten diesen Vorteil nicht nutzen können. Anfangs war es streitig, ob allgemein beschreibende Begriffe als Domainnamen zuläs-

---

[85] *Brian Sharples*, der Gründer von HomeAway erklärte im Rahmen seiner Rede auf dem Capital Demo Day 2011 den Schachzug: „*I mean we bought a website in the United States called VacationRentals.com for 35 million bucks. The only reason we bought it was so Expedia couldn't have that URL.*"
[86] BGH, Urt. 24.4.2008 – I ZR 159/05 – „afilias.de".

sig sind, oder ob sie analog zu den markenrechtlichen Voraussetzungen aufgrund fehlender Unterscheidungskraft nicht schutzfähig, sondern freihaltebedürftig sind.[87] Der Sinn und Zweck des absoluten Schutzhindernisses rein beschreibender Angaben im Markenrecht ist es, keine Ausschließlichkeitsrechte zugunsten eines Marktteilnehmers entstehen zu lassen. Ein Domaininhaber erlangt jedoch durch Registrierung einer beschreibenden Domain kein Ausschließlichkeitsrecht, auf dessen Grundlage er beispielsweise gegen Dritte vorgehen könnte, die denselben Begriff in anderem Zusammenhang verwenden. Daher ist eine analoge Anwendung dieser Vorschrift abzulehnen.[88]

75 Teilweise wurde die Auffassung vertreten, dass die Verwendung einer Gattungsbezeichnung als Domain eine wettbewerbswidrige Behinderung gem. § 4 Nr. 10 UWG darstellen würde. Der Inhaber der beschreibenden Domain würde sich das Verhalten der Kunden, die zufällig über die rein beschreibende Domain zu ihm gelangen, in unlauterer Weise zunutze machen und dadurch potenzielle Kunden seiner Wettbewerber abfangen.[89] Das Abfangen von Kunden ist jedoch nicht grundsätzlich wettbewerbswidrig, sondern nur, wenn besondere Umstände gegeben sind. Erst wenn sich ein Werbender zwischen einen Mitbewerber und dessen Kunden stellt und diesem eine Änderung des Kaufentschlusses aufdrängt, wären die besonderen Umstände gegeben.[90] Ein Inhaber einer generischen Domain nimmt jedoch gerade keinen Einfluss auf die Kunden seines Mitbewerbers, sondern sichert sich lediglich einen eigenen Vorteil. Dem Inhaber eines Bahnhofskiosks könne nur aufgrund seiner zentralen Lage schließlich auch nicht vorgeworfen werden, Kunden zum Nachteil seiner Wettbewerber zu gewinnen, welche ihren Kiosk dezentraler betreiben.[91]

76 Unter Umständen kann die Verwendung einer generischen Domain jedoch eine unzulässige Irreführung durch eine **Alleinstellungsbehauptung** gem. § 5 UWG darstellen. Diese liegt vor, wenn der Internetnutzer erwartet, das unter der generischen Domain auftretende Unternehmen sei das einzige oder führende Unternehmen seiner Branche. Die Bewertung hängt allerdings immer von den Umständen des Einzelfalls ab, insbesondere von der Aufmachung des fraglichen Internetangebots.

Beispiel
Die Inhaberin einer in Dortmund ansässigen Tauchschule ging gegen eine andere Tauchschule und deren Domain „tauchschule-dortmund.de" vor. Das OLG Hamm untersagte der beklagten Tauchschule in einer umstrittenen Entscheidung die Nutzung der aus Orts- und Branchenbezeichnung bestehenden Domain, denn der Verkehr gehe aufgrund der Domain von einer überragenden Stel-

---

87 OLG Hamburg, Urt. v. 13.6.1999 – 3 U 58/98 – „mitwohnzentrale.de"; LG Köln, Urt. v. 10.10.2000 – 33 O 286/00 –.
88 BGH, Urt. 17.5.2001 – I ZR 216/99 – „mitwohnzentrale.de".
89 LG München, Urt. v. 16.11.2000 – 7 O 5570/00 – „rechtsanwaelte.de".
90 BGH, Urt. v. 27.2.1986 – I ZR 210/83 – „Handzettelwerbung".
91 Gloy/Loschelder/Erdmann/*Schulte-Beckhausen*, § 63 Rn 22.

lung in der entsprechenden Branche aus, wodurch Spitzenstellungswerbung vorliegt. Durch die Verknüpfung mit dem Ortsnamen erscheint der Begriff „Tauchschule" auch nicht mehr als bloßer Gattungsbegriff.[92]

3. Tippfehlerdomains

Domaingrabber registrieren sich häufig auch sog. **Tippfehlerdomains**. Darunter fällt die Registrierung einer oder gar mehrerer Domainnamen, die lediglich eine Abwandlung bekannter Kennzeichen oder bekannter Domainnamen darstellen. Dabei spekulieren sie durch die zielgerichtete Anlehnung an eine fremde Bezeichnung darauf, dass sich Internetnutzer bei der Adresseingabe im Browser oder bei der Verwendung von Suchmaschinen vertippen und daraufhin auf die eigene Seite anstatt auf das gewünschte Internetangebot gelangen. Die Rechtsprechung löst derartige Domainstreitigkeiten meist durch Rückgriff auf die bestehende Verwechslungsgefahr des Kennzeichen- oder Namensrechts, hilfsweise aber auch durch das Wettbewerbsrecht.

> **Beispiel**
> Die Deutsche Fußball Liga ging gegen den Inhaber der Domain „bundesliag.de" vor. Das LG Hamburg sah bereits in der bloßen Registrierung dieser Tippfehlerdomain auch ohne Hinterlegung von Inhalten eine Namensrechtsverletzung und verurteilte den Inhaber dazu, keine Internetdomains mit der Bezeichnung „bundesliag" zu registrieren, aufrechtzuerhalten bzw. zu benutzen sowie der Löschung der Domain gegenüber der DENIC zuzustimmen.[93]

Allerdings ist die Rechtslage bei Tippfehlerdomains nicht immer so eindeutig. Vor allem, wenn es sich bei dem Domainnamen um einen **Gattungsbegriff** handelt, ist eine Markenrechtsverletzung oder Wettbewerbswidrigkeit nicht unmittelbar gegeben. Hier gilt grundsätzlich auch erst einmal das Prioritätsprinzip: Wer zuerst kommt, mahlt zuerst.

> **Beispiel**
> So konnte eine Firma, welche unter den Domains „moebel.de" und „möbel.de" tätig ist, nicht gegen die Registrierung der Domain „wwwmoebel.de" vorgehen. Das LG Hamburg begründete sein Urteil damit, dass in der Verwendung der Domain „wwwmoebel.de" kein Herkunftshinweis liege und es somit an einer kennzeichenmäßigen Benutzung fehle. Außerdem besitze ein rein beschreibender Firmenbestandteil wie „moebel.de" nur eine geringe Kennzeichnungskraft, weshalb schon eine geringe Abweichung wie „wwwmoebel.de" für einen hinreichenden Abstand zwischen den Zeichen ausreiche. Da der Klägerin durch die Verwendung einer rein beschreibenden Domain auch kein kennzeichenrechtlicher Schutz zustehe, könne sie auch keinen wettbewerbsrechtlichen Schutz in Anspruch nehmen.

---

92 OLG Hamm, Urt. v. 18.3.2003 – 4 U 14/03 – „tauchschule-dortmund.de".
93 LG Hamburg, Urt. v. 31.8.2006 – 315 O 279/06 – „bundesliag.de".

D. Durchsetzbarkeit von Ansprüchen

79 Bemerkt ein Betroffener eine Rechtsverletzung durch eine seitens eines Dritten angemeldete Domain, stellt sich ihm die Frage, welche Ansprüche sich daraus für ihn ergeben und wie er diese durchsetzen kann. Außerdem muss ein Betroffener wissen, gegen wen er den jeweiligen Anspruch richten muss, denn neben dem Inhaber der Domain kommt unter Umständen auch der Admin-C oder die für die jeweilige TLD zuständige Registrierungsstelle infrage. Auch sollte im Rahmen des Verfahrens zuerst versucht werden, eine außergerichtliche Einigung zur Durchsetzung der Ansprüche zu erzielen, bevor als Ultima Ratio nur noch die Durchsetzung im Rahmen einer gerichtlichen Auseinandersetzung bleibt. Für die von der ICANN verwalteten TLDs wird außerdem ein außergerichtliches Streitregelungsverfahren angeboten, die **„Uniform Domainname Dispute Resolution Policy"**, kurz UDRP.

I. Anspruchsarten

80 In der Regel möchte ein Betroffener die fragliche Domain am liebsten selbst besitzen und nutzen, eventuell möchte er aber auch lediglich sicherstellen, dass die fragliche Domain nicht seitens eines Dritten genutzt wird.

1. Unterlassung der Benutzung

81 Der Anspruch auf Unterlassung der Benutzung ist der wichtigste Anspruch des Domainrechts. Anspruchsgrundlage kann sowohl eine Verletzung des Marken- oder Namensrechts sein als auch eine Verletzung des Persönlichkeits- oder Wettbewerbsrechts. Er setzt als auf die Zukunft gerichteten Anspruch voraus, dass hinsichtlich der Rechtsverletzung Begehungsgefahr besteht, d.h., die ernsthafte Besorgnis besteht, in Zukunft werde gegen eine Unterlassungspflicht verstoßen. Dabei kann es sich um die Gefahr eines erstmaligen Verstoßes (**Erstbegehungsgefahr**) oder um die Gefahr eines wiederholten Verstoßes (**Wiederholungsgefahr**) handeln. Der Schutzumfang des daraus resultierenden Verbots umfasst neben der tatsächlichen Handlung auch abweichende Handlungen, soweit sie ebenfalls den Kern des Verbots realisieren.[94]

2. Löschung der Domain

82 Als Ergänzung zum Unterlassungsanspruch steht dem Inhaber des verletzten Kennzeichens ein **Anspruch auf Beseitigung des störenden Zustands** zu. Sofern die Rechtsverletzung auf einer Wettbewerbsrechtsverletzung basiert oder eine Namens-

---

94 BGH, Urt. v. 23.6.1994 – I ZR 15/92 – „Rotes Kreuz".

rechtsverletzung darstellt, entsteht die Rechtsverletzung bereits durch Registrierung des Domainnamens. Folglich kann die Störung auch nur **durch Löschung des Domainnamens** beseitigt werden. Das wird praktisch umgesetzt, indem der Domaininhaber dazu verpflichtet wird, gegenüber der Registrierungsstelle in die Löschung einzuwilligen.[95]

Anderes gilt, wenn sich der störende Zustand aus einer markenrechtlichen Verwechslungsgefahr ergibt. Die den Unterlassungsanspruch begründende Verwechslungsgefahr entsteht nämlich erst aus dem Zusammenhang zwischen Domainname und Inhalt des Internetangebots und nicht bereits durch Registrierung der Domain.[96] Somit kann von dem Inhaber lediglich verlangt werden, die Verwechslungsgefahr beispielsweise durch anderweitige Nutzung der Domain zu beseitigen. In diesem Fall wäre eine zukünftige Benutzung des Domainnamens ohne Bezug zur Branche oder den Waren und Dienstleistungen des Inhabers des geschützten Kennzeichens nicht zu beanstanden. Auch eine zukünftig private Nutzung der Domain oder das bloße Halten der Domain ohne Hinterlegung von Inhalten wäre möglich, da dadurch die Störung beseitigt wurde. Ein Löschungsanspruch besteht jedoch nur, wenn kein berechtigtes Interesse an einer Nutzungsmöglichkeit außerhalb des Schutzbereichs des verletzten Kennzeichenrechts vorgewiesen werden kann.[97]

3. Übertragung der Domain

Die Übertragung einer das eigene Kennzeichen verletzenden Domain stellt für viele Betroffene ein wünschenswertes Ziel dar. Eine rechtliche Grundlage für einen Übertragungsanspruch existiert jedoch nicht.[98] Analog zu einer Marke, die auch von mehreren Unternehmen für verschiedene Waren geschützt und ohne Kollisionen genutzt werden kann, kann auch ein Domainname zu Internetangeboten führen, die nichts mit der Branche des Inhabers des verletzten Kennzeichens zu tun haben. Neben ihm können somit auch weitere Personen ein gleichermaßen berechtigtes Interesse an dem Domainnamen haben, dabei steht aber keiner Person der Domainname mehr zu als der jeweils anderen. Hätte der Verletzte neben dem Anspruch auf Beseitigung des Störungszustands zusätzlich einen Übertragungsanspruch, würde er nach der Verletzungshandlung gar besser dastehen als vorher. Abhilfe lässt sich durch das Stellen eines sog. **Dispute-Eintrags** bei der Vergabestelle der Domain schaffen, wodurch der Kennzeichenrechtsinhaber in die Position des Inhabers der Domain nachrückt,

---

[95] Kilian/Heussen/*Koch*, Domains, Rn 524; OLG Frankfurt a.M., Urt. v. 12.9.2002 – 6 U 128/01 –.
[96] Hoeren/Sieber/Holznagel/*Viefhues*, Teil 6.1 Rn 332.
[97] BGH, Urt. v. 11.4.2002 – I ZR 317/99 – „vossius.de".
[98] BGH, Urt. v. 22.11.2001 – I ZR 138/99 – „shell.de".

sobald der vorherige Inhaber die Domain löscht bzw. aufgrund eines Löschungsanspruchs löschen muss.[99]

4. Schadensersatz

85 Neben den Ansprüchen, die sich direkt auf die Domainnutzung beziehen, ist durch die Rechtsverletzung auch das Entstehen eines Schadensersatzanspruchs nach § 14 Abs. 6 und § 15 Abs. 5 MarkenG möglich. Dafür muss dem Verletzer zum einen **Verschulden** nachgewiesen werden, d.h. der Verletzer muss **vorsätzlich** oder **fahrlässig** gehandelt haben. Es muss dem Verletzer also nachgewiesen werden, dass er für den entstandenen Schaden einzustehen hat, da dieser durch sein bewusstes Handeln bzw. sein Außerachtlassen der im Verkehr üblichen Sorgfalt entstanden ist. In der Regel liegt durch den Verstoß gegen das Kennzeichenrecht durch den Domainnamen bereits **Fahrlässigkeit** vor, denn der Verletzer hätte vor dem Rechtsverstoß nach eventuellen Kennzeichenrechten anderer recherchieren müssen. Lediglich bei rein privat genutzten Domains soll eine Recherche nicht erwartet werden, sodass ein Verschulden und somit der Schadensersatzanspruch ausscheidet.[100] Vorsätzlich handelt, wer in Kenntnis eines älteren Rechts, etwa durch eine Abmahnung, dennoch die Zeichenbenutzung aufnimmt oder fortsetzt.[101] Sollte der Schutz des verletzten Kennzeichens zum Zeitpunkt der Domainregistrierung jedoch noch nicht entstanden bzw. die Kennzeichenanmeldung noch nicht veröffentlicht worden sein, handelt der Verletzer **ohne Verschulden**. Nach der eigenen Benutzungsaufnahme gibt es keine allgemeine Überwachungspflicht hinsichtlich neu auftretender Gegenzeichen.[102]

86 Des Weiteren muss der Verletzte, um einen Schadensersatzanspruch geltend zu machen, einen konkreten Schaden beziffern können, welcher direkt auf die rechtswidrige Handlung zurückzuführen ist. Dafür hat der Inhaber des verletzten Kennzeichenrechts grundsätzlich die Wahl zwischen der **Erstattung** des ihm entstandenen **Vermögensnachteils** nach §§ 249 ff. BGB, der **Herausgabe** des unter dem Domainnamen erzielten **Gewinns** des Domainnameninhabers nach den Grundsätzen der Geschäftsführung ohne Auftrag oder der **Zahlung einer marktüblichen Lizenz**.[103]

87 In der Regel scheitert die Erstattung eines Vermögensnachteils an der **fehlenden Beweisbarkeit der Kausalität** zwischen Rechtsverletzung und Gewinnausfall. Sofern über die verletzende Domain nicht direkt Umsatz erzielt wurde, scheitert auch die Herausgabe des Verletzergewinns häufig an der praktischen Belegbarkeit. Meist ist, wenn überhaupt, nur im Rahmen der **Lizenzanalogie** eine Schadensbezifferung

---

99 Vgl. Rn 91 ff.
100 LG Freiburg, Urt. v. 28.10.2003 – 9 S 94/03 – „dilatrend.de".
101 *Ingerl/Rohnke*, vor §§ 14–19d Rn 220.
102 BGH, Urt. v. 26.2.1971 – I ZR 67/69 – „Oldtimer".
103 BGH, Urt. v. 12.1.1966 – Ib ZR 5/64 – „Meßmer-Tee II".

möglich. Sehr viel öfter wird der Schadensersatzanspruch lediglich auf die Anwaltskosten des Verletzten begrenzt sein.

II. Anspruchsgegner

Um einen Anspruch durchzusetzen, stellt sich dem Verletzten als Erstes die Frage, gegenüber wem er diesen Anspruch geltend machen muss. Der richtige Anspruchsgegner ist in aller Regel der **Inhaber der verletzenden Domain**. Mittels einer **Whois-Abfrage** bei der zuständigen Vergabestelle lässt sich dieser mit wenigen Klicks herausfinden. Problematisch ist die Durchsetzung, wenn der Inhaber im Ausland sitzt, denn viele Domainhändler wickeln ihre Geschäfte über Ltd. Gesellschaften im Ausland ab. Solange sich die Domain an ein deutsches Publikum richtet, sind zwar deutsche Gerichte zuständig, Schriftsätze müssen aber trotzdem im Ausland zugestellt werden und auch ein eventuelles Urteil muss im jeweiligen Ausland vollstreckt werden.

Denkbar ist eine Haftung seitens des **Admin-C**. Dieser muss laut DENIC-Richtlinien im Falle eines im Ausland ansässigen Inhabers seinerseits in Deutschland ansässig sein.[104] Eine Rechtsdurchsetzung wäre somit auch bei ausländischen Domaininhabern unproblematischer. Eine Haftung als Störer kommt seitens des Admin-C jedoch in Betracht, wenn ihn ausnahmsweise besondere Prüfungspflichten treffen.[105] Die Auferlegung von solchen „proaktiven" Prüfungspflichten sei einem Admin-C jedoch nur dann zuzumuten, wenn sich ihm Rechtsverletzungen aufdrängten oder diese offenkundig sind.[106] Solche gefahrerhöhenden Umstände liegen vor, wenn der im Ausland ansässige Anmelder freiwerdende Domainnamen jeweils in einem automatisierten Verfahren ermittelt und registriert und der Admin-C sich dementsprechend pauschal bereiterklärt hat, diese Funktion für eine große Zahl von Registrierungen zu übernehmen.[107] Als administrativer Kontakt der DENIC zur Abwicklung der Registrierungen und Verwaltung der Domains gegenüber DENIC nimmt der Admin-C an der Privilegierung der DENIC teil, nach der sie grundsätzlich weder unter dem Gesichtspunkt der Störerhaftung, noch als Normadressatin des kartellrechtlichen Behinderungsverbots zur Prüfung verpflichtet ist, ob der angemeldete Domainname Rechte Dritter verletzt.[108] Regelmäßig scheidet daher die Inanspruchnahme des Admin-C aus.

---

104 Ziff. VIII DENIC-Domainrichtlinien: http://www.denic.de/domainrichtlinien.html.
105 *Lange*, § 9 Rn 5482.
106 BGH, Urt. v. 9.11.2011 – I ZR 150/09 – „Basler Haar-Kosmetik".
107 BGH, Urt. v. 9.11.2011 – I ZR 150/09 – „Basler Haar-Kosmetik".
108 BGH, Urt. v. 17.5.2001 – I ZR 251/99 – „ambiente.de".

90　Eine Haftung seitens der **DENIC** wurde vom BGH bereits sehr früh abgelehnt.[109] Eine juristische Prüfung der angemeldeten Domains auf Rechtsverletzungen wäre der DENIC als Non-Profit-Organisation aufgrund des zeitlichen und personellen Aufwands nicht zumutbar. Nur wenn die DENIC auf eine offensichtliche und für jedermann erkennbare Rechtsverletzung hingewiesen wird, bestehe laut BGH eine Prüfungspflicht. Ein solcher Fall wurde für die Domain „regierung-oberfranken.de", registriert durch ein in Panama ansässiges Unternehmen, sowie fünf weitere ähnlich gebildete Domains angenommen.[110] Angesichts einer derartig offenkundigen und von einem Sachbearbeiter unschwer zu erkennenden Verletzung des Namensrechts kommt eine Störerhaftung seitens der DENIC infrage. Diese Fälle bilden jedoch eine absolute Ausnahme, in der Regel kommt ein Anspruch gegenüber DENIC nicht in Betracht.

III. Dispute-Eintrag

91　Sobald man eine Verletzung seiner Rechte durch eine .de-Domain annimmt, sollte man umgehend einen sogenannten **Dispute-Eintrag** bei der DENIC beantragen. Durch den Eintrag ist es dem Domaininhaber nicht möglich, die Domain an jemand anderen als den Antragsteller zu übertragen. Ohne einen solchen Eintrag wäre ein gegen den Domaininhaber vollstreckbares Urteil wertlos, sobald der Inhaber die Domain einfach auf jemand anderen überträgt. Neben der Hinderung der Übertragung der rechtsverletzenden Domain an einen Dritten führt ein Dispute-Eintrag auch dazu, dass die Domain automatisch auf den Antragsteller übergeht, sobald die Domain frei wird. Aufgrund der Tatsache, dass in der Regel kein Übertragungsanspruch besteht, ist ein Dispute-Eintrag daher unverzichtbar, um dennoch auf diesem Weg das Ziel der Übertragung zu erreichen.

92　Ein Dispute-Eintrag setzt voraus, dass der Antragsteller gegenüber der DENIC beispielsweise durch Vorlage einer Markenurkunde oder eines Handelsregisterauszugs oder einer Kopie des Personalausweises nachweist, dass ihm ein Recht an der Domain zukommen mag, und erklärt, dieses gegenüber dem Domaininhaber geltend zu machen. Zur Antragstellung stellt die DENIC ein Online-Formular zur Verfügung.[111] Bei der Antragstellung verlangt die DENIC eine Zusatzerklärung, welche sie von etwaigen Ansprüchen aus der Übertragungssperrung freistellt. Sofern der Inhaber der Domain aufgrund der Übertragungssperre durch den Dispute-Eintrag etwa ein gutes Kaufangebot der Domain nicht eingehen kann, haftet nicht die DENIC, sondern der Antragsteller für den entgangenen Gewinn.

109　BGH, Urt. v. 17.5.2001 – I ZR 251/99 – „ambiente.de".
110　BGH, Urt. v. 27.10.2011 – I ZR 131/10 – „regierung-oberfranken.de".
111　Siehe http://www.denic.de/domains/dispute/disputeassistent/index.html.

Ein Dispute-Eintrag ist zeitlich auf ein Jahr befristet. Nach Ablauf dieser Frist wird 93
er ohne vorherige Ankündigung automatisch aufgehoben, er kann jedoch verlängert werden. Weil Rechtsstreitigkeiten vor deutschen Gerichten nicht selten längere Zeit in Anspruch nehmen, sollte ein Verletzter den Ablauf des Dispute-Eintrags stets im Auge behalten. Um einen Dispute-Eintrag zu verlängern, muss man gegenüber der DENIC nachweisen, dass der Rechtsstreit noch nicht beendet ist.[112]

Aufgrund der relativ geringen Voraussetzungen für einen Dispute-Eintrag wird 94
dieses Werkzeug mitunter auch missbräuchlich benutzt. Domaininhaber, die sich mit einem ungerechtfertigten Dispute-Eintrag konfrontiert sehen, der sie aufgrund der Übertragungssperre massiv in ihrer Vertragsfreiheit einschränkt, können sich dagegen zur Wehr setzen. Eine Rücknahme des Eintrags wird seitens der DENIC jedoch nur vorgenommen, wenn der Antragsteller den Eintrag selbst zurücknimmt oder ein gerichtliches Urteil vorliegt. Einem Domaininhaber bleibt hinsichtlich der Rücknahme des Dispute-Eintrags bei fehlender außergerichtlicher Einigung jedoch nur der Weg über eine negative Feststellungsklage vor Gericht.

Beispiel
Die Gemeinde Welle erwirkte gegen den Inhaber der Domain „welle.de" einen Dispute-Eintrag und begründete diesen mit ihrem Namensrecht. Dagegen setzte sich der Inhaber der Domain gerichtlich mit Erfolg zur Wehr. Das LG Köln stellte fest, dass die Gemeinde keine bessere Rechtsposition gegenüber dem Kläger habe, es gälte der Prioritätsgrundsatz im Rahmen einer beschreibenden Domain. Daraus folgend sei auch die Übertragungssperre des Dispute-Eintrags rechtswidrig, sodass dem Anspruch des Domaininhabers auf Löschung des Eintrags bei der DENIC stattgegeben wurde.[113]

IV. Außergerichtliches Streitregelungsverfahren: UDRP

Um Domainstreitigkeiten unkompliziert klären zu können, bietet die **ICANN** ein 95
außergerichtliches Schiedsverfahren an, die „**Uniform Domainname Dispute Resolution Policy**" (kurz: UDRP).[114] Sofern der Rechtsverletzer seinen Sitz im Ausland hat, ist die Rechtsdurchsetzung oft mit hohen Kosten verbunden und auch die Zustellung einer Klage kann zum Problem werden. Eine rasche Konfliktlösung ist daher oft nicht möglich. Durch die standardisierte UDRP-Streitregelungsrichtlinie bekommen Inhaber eines geschützten Kennzeichens ein wertvolles Instrument zur Verfügung gestellt, um gegen rechtsverletzende Domains vorzugehen. Das Schiedsverfahren wird durch das Genfer UN-Schiedsgericht der **World Intellectual Property Organi-**

---

112 Siehe http://www.denic.de/faq-single/381/248.html.
113 LG Köln, Urt. v. 8.5.2009 – 81 O 220/08 – „welle.de".
114 Siehe http://www.icann.org/de/udrp.

sation (kurz: WIPO) durchgeführt, welches sich bereits mit über 27.000 Fällen befasst hat.[115]

1. Zuständigkeit

96 Im Rahmen der UDRP befasst sich die WIPO mit Domainstreitigkeiten einer Vielzahl generischer TLDs, darunter u.a. „.com", „.net", „.org", „.biz", „.info" sowie eine große Anzahl geografischer TLDs.[116] Die deutsche „.de"-TLD fällt jedoch nicht unter die Zuständigkeit der UDRP, die DENIC sieht generell kein Verfahren zur außergerichtlichen Streitregelung vor. Das Verfahren ist für alle generischen TLDs sowie für gewisse geografische TLDs verpflichtend.

2. Verfahrensablauf

97 Der Antragsteller, also derjenige, der sich in seinen Rechten verletzt sieht, eröffnet das Verfahren mittels eines **schriftlichen Antrags**. In diesem sollte der Antragsteller seine Rechtsauffassung zur streitigen Domain sowie alle relevanten Daten und Fakten darlegen. Sofern die Streitigkeit etwa auf einer Markenrechtsverletzung beruht, muss ein Nachweis des Markenrechts übermittelt werden. Abgesehen von dieser verfahrenseinleitenden Beschwerdeschrift, welche zwar online eingereicht,[117] aber auf dem Postweg nachgereicht werden muss, erlaubt das Verfahren in der Regel eine Kommunikation über E-Mail oder Fax. Ein Anwaltszwang besteht nicht, selbstverständlich kann aber ein fachkundiger Anwalt mit der Betreuung des Verfahrens beauftragt werden.

98 Nach Eingang der Beschwerdeschrift prüft die WIPO die formellen Voraussetzungen der Beschwerdeschrift und teilt etwaige Beanstandungen innerhalb einer Frist von fünf Tagen mit. Daraufhin leitet die WIPO die Beschwerdeschrift dem Inhaber der betreffenden Domain zu, der nun 20 Tage Zeit hat, eine Erwiderung einzureichen. Beide Parteien haben die Wahl, den Streit durch ein Dreiergremium oder einen Einzelschlichter entscheiden zu lassen. Sobald eine Partei ein Dreiergremium wünscht, wird dieses auch einberufen. Mittels der Besetzung durch internationale, unabhängige Marken- bzw. Urheberrechtsexperten wird dem Anspruch auf hohe Sachkenntnis genüge getan. Nach Ablauf der Frist bzw. nach Eingang der Erwiderung entscheidet der Schlichter bzw. das Schlichtergremium über die Angelegenheit.

---

115 Siehe http://www.wipo.int/amc/en/domains.
116 Siehe http://www.wipo.int/amc/en/domains/gtld/index.html. und http://www.wipo.int/amc/en/domains/cctld/index.html.
117 Siehe http://www.wipo.int/amc/en/domains/filing/udrp/index.html.

3. Entscheidungsgrundlagen

Ein erfolgreiches Verfahren nach der UDRP hat im Wesentlichen drei Voraussetzungen: Zum einen muss der Antragsteller ein eigenes Recht an einer Marke haben, welche mit der angegriffenen Domain **identisch oder verwechslungsfähig** ist. Zum anderen muss seitens des Beschwerdegegners das Fehlen eigener Rechte oder eines berechtigten Interesses an der Domain festgestellt werden. Als dritte Voraussetzung muss die bösgläubige Registrierung und Nutzung der Domain nachgewiesen werden. Dazu zählt beispielsweise die Registrierung zum Zweck des gewinnbringenden Verkaufs oder das Domaingrabbing, um den Rechteinhaber an der Verwendung der Domain zu hindern.[118]

4. Verfahrenskosten und -dauer

Die Kosten richten sich nach der Anzahl der streitigen Domains sowie danach, ob ein Einzelschlichter oder ein Dreiergremium gewünscht ist.[119] Für die Entscheidung von bis zu fünf Domains fallen Gebühren in Höhe von 1.500 US-$ an, bei einem Dreiergremium 4.000 US-$. Die Kosten trägt grundsätzlich der Beschwerdeführer. Falls lediglich der Beschwerdegegner die Entscheidung durch ein Dreiergremium wünscht, trägt dieser die Hälfte der Kosten, also 2.000 US-$. Eventuelle zusätzliche Rechtsanwaltskosten zahlt jede Partei selbst, auch der Gewinner des Verfahrens. Der Vorteil des Verfahrens liegt in der Schnelligkeit: Im Durchschnitt ist mit einer Entscheidung innerhalb von 45 bis 50 Tagen zu rechnen.

5. Verfahrenssprache

Die Verfahrenssprache richtet sich nach der Sprache, die in den Registrierungsbedingungen der zuständigen Vergabestelle verwendet wird. In vielen Fällen ist dies Englisch, bei einer geografischen TLD kann aber auch eine andere Sprache zur Anwendung kommen. Um Chancengleichheit zu wahren, ist in diesen Fällen auch eine zweisprachige Verfahrensführung möglich.

6. Entscheidung

Die WIPO kann zum einen zu dem Entschluss kommen, dass die streitige Domain an den Beschwerdeführer übertragen werden muss. Ebenfalls möglich ist die Entscheidung, dass die streitige Domain gelöscht werden muss. Als dritte Möglichkeit kann die WIPO den Antrag abweisen mit der Folge, dass der Antragsgegner die Domain behalten darf.

---

[118] Ausführlich hierzu Kilian/Heussen/*Koch*, Domains, Rn 572 ff.
[119] Siehe http://www.wipo.int/amc/en/domains/fees/index.html.

103 Wenn dem Antrag auf Löschung oder Übertragung stattgegeben wird, setzt die zuständige Vergabestelle dies nach einer weiteren Frist von zehn Tagen um. Während dieser Frist hat der Beschwerdegegner die Möglichkeit, die Entscheidung vor einem ordentlichen Gericht anzugreifen. Falls dies geschieht, wird die Umsetzung der Entscheidung bis zu der abschließenden gerichtlichen Entscheidung ausgesetzt.

7. Fazit

104 Die Uniform Domain Dispute Resolution Policy stellt seit dem Inkrafttreten am 1.12.1999 ein schnelles, weltweit effektives und günstiges Werkzeug zur Rechtsdurchsetzung dar. Insbesondere die übersichtlichen Verfahrenskosten und die kurze Verfahrensdauer stellen entscheidende Vorteile gegenüber der gerichtlichen Konfliktklärung dar. Angesichts der für das Jahr 2013 erstmalig rückläufigen Zahl der Beschwerden liegt die Vermutung nahe, dass das weltweite Problem des missbräuchlichen Domaingrabbings mittels der UDRP erfolgreich Einhalt geboten werden konnte.[120]

---

120 Siehe http://www.wipo.int/amc/en/domains/statistics/cases.jsp.

Kapitel 3
Urheberrecht – Content der Website rechtssicher gestalten und effektiv schützen

Eine Website lebt von ihren Inhalten. Erst durch Bilder, Texte und Layout wird ihr ein individuelles Gesicht verliehen und eine Abgrenzung von Angeboten der Mitbewerber vorgenommen. Dies gilt insbesondere für Online-Shops, da sich diese für eine effiziente Marktpositionierung deutlich von der Masse der Mitbewerber abgrenzen müssen. Dazu gehört neben einem überzeugenden Waren- bzw. Dienstleistungsangebot natürlich auch ein individuelles „Look and Feel" des Shops. Bei der **Gestaltung der Website** ist zu berücksichtigen, dass die verwendeten Inhalte – insbesondere die verwendeten Texte und Bilder – urheberrechtlich geschützt sein können. Schon aus diesem Grund spielt das Urheberrecht für jeden Online-Shop-Betreiber eine wichtige Rolle. Online-Shop-Betreiber haben darüber hinaus auch selbst ein Interesse daran, ihre **Website als Ganzes** zu schützen. Dies dient in erster Linie dazu, sich gegen unliebsame Nachahmer und andere Konkurrenten verteidigen zu können. Berührungspunkte mit dem Urheberrecht können außerdem dadurch entstehen, dass Online-Shops urheberrechtlich geschützte Waren wie z.B. Bücher, DVDs oder Computerspiele vertreiben. Hier stellt sich die Frage, inwieweit der rechtskonforme **Vertrieb** dieser Waren den Erwerb entsprechender Lizenzen voraussetzt. Schließlich stellt sich die Frage, wer für Urheberrechtsverletzungen auf der Website haften muss. Abschließend wird erläutert, welche Rechtsfolgen eine Urheberrechtsverletzung hat und wie sich das **prozessuale Vorgehen** gestaltet. 1

A. Rechtskonforme Nutzung urheberrechtlich geschützter Inhalte

Bei der Gestaltung einer Website, insbesondere eines Online-Shops, wird eine Vielzahl von Inhalten verwendet. Dabei ist für jeden verwendeten Inhalt im Vorhinein zu klären, ob möglicherweise ein **urheberrechtlicher Schutz** besteht. Ist dies der Fall, müssen für alle urheberrechtlich relevanten Nutzungen die entsprechenden Nutzungsrechte eingeholt werden. 2

I. Grundlagen des Urheberrechts

Werke der Literatur, der Wissenschaft und der Kunst sind nach § 1 UrhG unter bestimmten Voraussetzungen urheberrechtlich geschützt. Urheberrechtsschutz besteht jedoch nur dann, wenn es sich um ein Werk i.S.d. § 2 UrhG handelt. Der Katalog 3 der in § 2 Abs. 1 UrhG genannten Werkarten ist nicht abschließend.[1] Neben den dort genannten Werken, wie etwa den Sprachwerken, den Lichtbildwerken oder den Filmwerken, können auch **neuere Werkarten**, wie etwa Multimediawerke, urheberrechtlich geschützt sein.[2] Der Begriff des urheberrechtlich geschützten Werks ist demnach für neuere Entwicklungen offen.[3]

4   Der urheberrechtliche Schutz setzt nach § 2 Abs. 2 UrhG voraus, dass es sich um eine **persönliche geistige Schöpfung** des Urhebers handelt (sog. Schöpfungshöhe). Ganz einfache Gestaltungen, die keinerlei Kreativität aufweisen, sind demnach nicht geschützt. Erforderlich ist ein Mindestmaß an kreativer Gestaltung, welches auch als „**kleine Münze**" des Urheberrechts bezeichnet wird. Allerdings gilt der Grundsatz, dass schon Werke im Bereich der „kleinen Münze" geschützt sind, nicht immer. Die konkreten Anforderungen an die Schöpfungshöhe eines Werks variieren vielmehr je nach Art des Werks.[4]

5   Schutzfähig ist immer nur die konkrete Ausgestaltung eines Werks, nicht jedoch die dahinterstehende **Idee**.[5]

Beispiel
Die Idee, einen Online-Shop einzurichten, in dem Kunden ihr Müsli individuell zusammenstellen können, wäre nicht geschützt. Schutzfähig ist jedoch unter Umständen das Design der Website oder ihre einzelnen Elemente (Fotos, Texte usw.).

II. Geschützte Elemente

1. Produktbeschreibungen

6   Produktbeschreibungen können als **Sprachwerke** i.S.d. § 2 Abs. 1 Nr. 1 UrhG urheberrechtlich geschützt sein. Da im Bereich der Sprachwerke der Schutz der sog. kleinen Münze gilt, können grundsätzlich schon Texte mit einer geringen Schöpfungshöhe geschützt sein.[6] Jedoch ist zu berücksichtigen, dass es sich um Texte handelt, die einem Gebrauchszweck dienen. Der Gestaltungsfreiraum ist bei solchen Texten naturgemäß relativ begrenzt, zumal Produktbeschreibungen in der Regel auf den im Produkt angelegten Merkmalen beruhen. Bei solchen Texten ist nach der Rechtsprechung ein *„deutliches Überragen des Alltäglichen, des Handwerksmäßigen, der mechanisch-technischen Aneinanderreihung des Materials"* erforderlich, um

---

1 Dreier/Schulze/*Schulze*, § 2 Rn 3.
2 Vgl. Hoeren/Sieber/Holznagel/*Ernst*, Teil 7.1 Rn 2.
3 Vgl. Wandtke/Bullinger/*Bullinger*, § 2 UrhG Rn 4.
4 Wandtke/Bullinger/*Bullinger*, § 2 UrhG Rn 25.
5 Loewenheim/*Loewenheim*, Teil 1, Kap. 1, § 7 Rn 7.
6 Dreier/Schulze/*Schulze*, § 2 Rn 85.

Urheberrechtsschutz anzunehmen.⁷ Das bedeutet, der Gesamteindruck der konkreten Produktbeschreibung muss gegenüber bereits bestehenden Durchschnittsgestaltungen deutlich überragen. Dies ist zumindest dann anzunehmen, wenn der Text eine individuell-schöpferische Tätigkeit erkennen lässt, durch die sich das Werk aus der Masse des Alltäglichen abhebt und sich von einer lediglich handwerklichen und routinemäßigen Leistung unterscheidet.⁸

Dabei spielt die **Länge** der Produktbeschreibung eine wesentliche Rolle. Je länger eine Produktbeschreibung ist, desto eher ist sie urheberrechtlich geschützt.⁹ So wurden beispielsweise umfangreiche Beschreibungen von Schuhen, die in einem Online-Shop angeboten wurden, als schutzfähig angesehen.¹⁰ Die beschreibenden Herstellerangaben seien dort nicht lediglich handwerksmäßig in beschreibende Sätze eingebunden worden. Die Texte seien vielmehr in Wortwahl und Stil gekonnt **auf ein bestimmtes Publikum ausgerichtet** gewesen, wobei auf die Verwendung alltäglicher Umgangssprache verzichtet wurde. 7

Der Urheberrechtsschutz kann sich auch aus der **Suchmaschinenoptimierung** eines Textes ergeben.¹¹ Ein Websitetext, der die Dienstleistungen eines mobilen DJs beschrieb, war demnach schutzfähig, da er durch die gezielte Verwendung von Sprache so optimiert worden war, dass die Website bei der Eingabe von Alltagsbegriffen in einer Suchmaschine auf den vorderen Plätzen erschien.¹² 8

2. Produktfotos

Produktfotos sind grundsätzlich immer durch das Urheberrechtsgesetz geschützt. Dabei ist zwischen Lichtbildwerken und einfachen Lichtbildern zu unterscheiden. Ein **Lichtbildwerk** genießt nach § 2 Abs. 1 Nr. 5 i.V.m. Abs. 2 UrhG urheberrechtlichen Schutz. Dieser besteht jedoch nur, wenn das Foto die erforderliche Schöpfungshöhe erreicht. Das bedeutet, der Fotograf muss bei der Aufnahme des Fotos ein gewisses Maß an Individualität und Kreativität bewiesen haben. Individuelle Gestaltungselemente können z.B. in der Wahl des Bildausschnitts, des Formats oder der Perspektive¹³ eines Fotos gesehen werden. Eines besonderen Maßes an schöpferischer Gestaltung bedarf es dabei jedoch nicht.¹⁴ 9

Liegt jedoch auch ein geringes Maß an kreativer Gestaltung nicht vor, ist das Foto nicht als Lichtbildwerk, sondern als einfaches **Lichtbild** nach § 72 UrhG 10

---

7 M.w.N. BGH NJW 1992, 689, 691 „Bedienungsanleitung".
8 LG Berlin ZUM-RD 2006, 573 f.
9 LG Köln, Urt. v. 12.8.2009 – 28 O 396/09 –; LG Stuttgart ZUM-RD 2011, 649, 652.
10 LG Köln ZUM-RD 2012, 45; bestätigt durch OLG Köln ZUM-RD 2012, 35.
11 OLG Rostock GRUR-RR 2008, 1; LG Köln, Urt. v. 12.8.2009 – 28 O 396/09 –.
12 LG Köln, Urt. v. 12.8.2009 – 28 O 396/09 –.
13 Wandtke/Bullinger/*Bullinger*, § 2 UrhG Rn 117.
14 Vgl. BGH GRUR 2000, 317 „Werbefotos".

geschützt. Demnach sind auch Fotos, die ohne handwerkliches Können angefertigt wurden, nach dem Urheberrechtsgesetz geschützt. Ein Unterschied zwischen Lichtbildwerken und einfachen Lichtbildern liegt darin, dass Lichtbildwerke bis 70 Jahre nach dem Tod des Urhebers geschützt sind (§ 64 UrhG), einfache Lichtbilder dagegen nur 50 Jahre ab ihrem Erscheinungstag (§ 72 Abs. 3 UrhG). Darüber hinaus sind Lichtbildwerke gegen Motivnachstellungen geschützt, einfache Lichtbilder jedoch nicht.[15]

11   Werden Fotografen mit der Anfertigung von Produktfotos beauftragt, ist unbedingt daran zu denken, dass dem Shop-Betreiber alle erforderlichen Nutzungsrechte an den Bildern eingeräumt werden.[16] Soweit Personen auf den Fotos erkennbar abgebildet sind, müssen aufgrund des **Rechts am eigenen Bild** auch diese der Nutzung der Fotos zustimmen.

Beispiel
Ein Fotograf wird mit der Erstellung von Produktfotos für einen Online-Shop für Bekleidung beauftragt. Der Shop-Betreiber benötigt in diesem Fall sowohl die Einwilligung des Fotografen als auch die Einwilligung der abgebildeten Models.

3. Videos

12   Bei einigen Produkten oder Dienstleistungen bietet es sich an, diese dem Interessenten in einem kurzen Video zu präsentieren. Ein solches Video kann als **Filmwerk** nach § 2 Abs. 1 Nr. 5 UrhG geschützt sein, wenn es die erforderliche Schöpfungshöhe erreicht. Dies dürfte z.B. bei Imagevideos oder Werbefilmen der Fall sein. Indizien, die für eine schöpferische Gestaltung sprechen, sind eine dramaturgische durchgearbeitete Handlung,[17] eine gezielte Bildauswahl[18] oder eine spezifische klangliche oder musikalische Gestaltung.[19]

13   Videos, die die erforderliche Schöpfungshöhe nicht erreichen, sind nach § 95 UrhG als **Laufbilder** geschützt. Bei Laufbildern wird typischerweise ein vorhandenes Geschehen abgefilmt, wobei auf filmgestalterische Mittel verzichtet wird.[20]

---

15 Wandtke/Bullinger/*Bullinger*, § 72 UrhG Rn 22.
16 Hierzu unter Rn 27 ff.
17 BGH GRUR 1984, 730, 733 „Filmregisseur".
18 LG München I ZUM-RD 1998, 89 „Wochenschauen".
19 OLG Köln ZUM 2000, 320 „Mischtonmeister".
20 Wandtke/Bullinger/*Manegold*, § 95 UrhG Rn 6.

> **Beispiel**
> Ein Video, in dem ein Model auf einem Laufsteg Kleidung präsentiert, dürfte regelmäßig nur als Laufbild geschützt sein. Dies gilt jedenfalls dann, wenn sonst keine gestalterischen Mittel verwendet werden.

Der maßgebliche **Unterschied** zwischen Filmwerken und Laufbildern besteht darin, dass bei einem Filmwerk auch Schutz gegen das Schaffen eines gleichartigen Films besteht. Bei Laufbildern ist der Schutz dagegen auf die unmittelbare Übernahme der Leistung beschränkt.[21]

4. Werbeslogans

Auch Werbeslogans können grundsätzlich als Sprachwerke urheberrechtlich geschützt sein.[22] Allerdings sind Werbeslogans naturgemäß häufig sehr kurz, sodass nur ein **geringer Gestaltungsspielraum** verbleibt. Damit ein Werbeslogan die erforderliche Schöpfungshöhe erreicht, muss er sich von alltäglichen, routinemäßigen Durchschnittsgestaltungen eines Werbetexters abheben.[23] Die Gerichte neigen dazu, an die urheberrechtliche Schutzfähigkeit von Werbeslogans strenge Voraussetzungen zu stellen.

Nicht geschützt sind bloße **werbemäßige Anpreisungen** wie z.B. „Hamburg geht zu E. ..." für ein Schuhgeschäft[24] oder „JA... JACoBI" für einen Weinbrand.[25] Schutzunfähig sind auch **banale Formulierungen**, die das Können eines durchschnittlichen Werbetexters nicht überschreiten, z.B. „Hier ist DEA – hier tanken Sie auf" für eine Tankstelle,[26] „Grenzenlos + günstig: Weltweit telefonieren. Ruf doch mal an" für eine Telefonkarte,[27] „Find your own arena" für Sportbekleidung[28] oder auch „Thalia verführt zum Lesen" für eine Buchhandlung.[29]

Auch Slogans, die auf **allgemein bekannten Werbeideen** beruhen, sind nicht geschützt. Dementsprechend war das OLG Köln der Auffassung, dass der bekannte Slogan „Wollt ihr ...? < > Nein! < > Wollt ihr ...? < > Nein! < > Was wollt ihr denn? < > MA-O-AM!" nicht die erforderliche Schöpfungshöhe erreicht, da er auf dem werbetypischen Drei-Fragen-drei-Antworten-Schema beruhe.[30]

---

21 Dreier/Schulze/*Schulze*, § 95 Rn 15, 21.
22 *Wandtke/von Gerlach*, ZUM 2011, 788, 791; *Erdmann*, GRUR 1996, 550.
23 *Wandtke/von Gerlach*, ZUM 2011, 788, 791.
24 OLG Braunschweig GRUR 1955, 205.
25 OLG Stuttgart GRUR 1956, 481.
26 OLG Hamburg ZUM 2001, 240.
27 BGH ZUM-RD 2001, 322.
28 LG München I ZUM 2001, 722.
29 LG Mannheim ZUM 2010, 911.
30 Der Kläger nahm daraufhin sein Rechtsmittel zurück; vgl. http://www.urheberrecht.org/news/?id=1589&w=&p=1.

18 Die Fälle, in denen Urheberrechtsschutz für Werbeslogans angenommen wurde, sind bereits einige Jahrzehnte alt. Im Jahr 1969 entschied das OLG München, dass der Slogan „Heute bleibt die Küche kalt, wir gehen in den Wienerwald" urheberrechtlich geschützt ist.[31] Zu dem gleichen Ergebnis gelangte das OLG Düsseldorf 1964 im Hinblick auf den Slogan „Ein Himmelbett als Handgepäck" für Schlafsäcke.[32] Mittlerweile sind die Gerichte jedoch deutlich zurückhaltender und lehnen einen urheberrechtlichen Schutz von Werbeslogans regelmäßig ab.[33]

5. AGB/Datenschutzerklärung

19 Auch Allgemeine Geschäftsbedingungen und Datenschutzerklärungen können grundsätzlich als Sprachwerke urheberrechtlich geschützt sein. Geschützt sind jedoch nur solche Texte, die sich etwa durch ihre sprachliche Gestaltung oder ihres besonderen gedanklichen Konzepts von juristischen Standardformulierungen abheben.[34] Knappe und rechtlich zutreffende Formulierungen dürfen dagegen nicht monopolisiert werden.[35] Die schöpferische Gestaltung kann sich z.B. auch aus dem Aufbau und der Formulierung der einzelnen Klauseln ergeben.[36] Geschützt ist jedoch nicht der Inhalt, sondern immer nur die **konkrete Ausgestaltung** der AGB.[37]

> **Fettnapf**
> Allgemeine Geschäftsbedingungen oder Datenschutzerklärungen sollten auch unabhängig von dem urheberrechtlichen Schutz keinesfalls von einem anderen Anbieter übernommen werden. Auch auf sog. **Muster-AGB** sollte nicht zurückgegriffen werden. AGB und Datenschutzerklärung sollten vielmehr individuell auf den jeweiligen Shop zugeschnitten werden, da ansonsten das Risiko besteht, dass einzelne Klauseln unwirksam sind. Außerdem drohen bei der Übernahme fremder AGB – selbst bei fehlendem Urheberrechtsschutz – wettbewerbsrechtliche Konsequenzen.

III. Urheberrechtlich relevante Handlungen

20 Das Urheberrecht greift immer dann ein, wenn die Nutzung urheberrechtlich geschützter Werke in **Ausschließlichkeitsrechte des Urhebers** eingreift. Die wirtschaftlich relevanten Rechte des Urhebers sind in den §§ 15 ff. UrhG geregelt (sog. Verwertungs-

---

[31] OLG München, Urt. v. 10.1.1969 – 6 U 1778/68 –.
[32] OLG Düsseldorf, Urt. v. 28.2.1964 – 2 U 76/63 –.
[33] Vgl. zum marken- und wettbewerbsrechtlichen Schutz von Werbeslogans: Erdmann, GRUR 1996, 550.
[34] OLG Köln K&R 2009, 488.
[35] OLG Köln K&R 2009, 488.
[36] LG München I GRUR 1991, 50 „Geschäftsbedingungen".
[37] Spindler/Schuster/*Wiebe*, § 2 UrhG Rn 18.

rechte). Wenn durch die Nutzung eines Werks in ein Verwertungsrecht eingegriffen wird, muss ein Nutzungsrecht eingeholt werden, d.h. der Urheber muss der Nutzung des Werks zustimmen. Ob in ein Verwertungsrecht eingegriffen wird und welche Verwertungsrechte jeweils betroffen sind, richtet sich nach der konkreten Art der Nutzung.

1. Upload

Das Hochladen urheberrechtlich geschützter Inhalte greift in zwei Verwertungsrechte des Urhebers ein. Zunächst muss der Inhalt auf einen Server geladen werden. Dies stellt eine **Vervielfältigung** i.S.d. § 16 Abs. 1 UrhG dar.[38]

Wird der Inhalt anschließend im Internet öffentlich zugänglich gemacht, liegt ein Eingriff in das Recht der **öffentlichen Zugänglichmachung** nach § 19a UrhG vor. Öffentliche Zugänglichmachung meint, dass das Werk zum interaktiven Abruf bereitgestellt wird, sodass jedes Mitglied der Öffentlichkeit die Möglichkeit hat, zu einem von ihm gewählten Zeitpunkt von einem beliebigen Ort auf das Werk zuzugreifen.[39] Ob das Werk auch tatsächlich abgerufen wird, ist irrelevant. Bereits das Bereitstellen stellt eine öffentliche Zugänglichmachung dar.[40]

21

22

Beispiel
Das Hochladen und Einbinden eines Produktfotos in einen Online-Shop greift sowohl in das Vervielfältigungsrecht als auch in das Recht der öffentlichen Zugänglichmachung des Fotografen ein.

2. Download

Der Download eines urheberrechtlich geschützten Werks stellt eine Vervielfältigung i.S.d. § 16 UrhG dar. Das **Vervielfältigungsrecht** ist das Recht, Vervielfältigungsstücke des Werks herzustellen, gleichviel ob vorübergehend oder dauerhaft, in welchem Verfahren und in welcher Zahl. Der Begriff der Vervielfältigung ist weit auszulegen. Erfasst wird jede körperliche Festlegung, die geeignet ist, ein Werk auf irgendeine Weise den menschlichen Sinnen unmittelbar oder mittelbar zugänglich zu machen.[41] Ob die Vervielfältigung mittels eines analogen oder digitalen Verfahrens stattfindet, ist dabei unerheblich.[42] Auch Downloads fallen daher unter den Begriff der Verviel-

23

---

38 Wandtke/Bullinger/*Heerma*, § 16 UrhG Rn 14.
39 Dreier/Schulze/*Dreier*, § 19a Rn 8.
40 Wandtke/Bullinger/*Bullinger*, § 19a UrhG Rn 10.
41 Wandtke/Bullinger/*Heerma*, § 16 UrhG Rn 2; Dreier/Schulze/*Schulze*, § 16 Rn 6.
42 Dreier/Schulze/*Schulze*, § 16 Rn 7.

fältigung. Entscheidend ist, dass eine körperliche Fixierung stattfindet, z.B. auf einer Festplatte oder im Arbeitsspeicher eines Computers.[43]

3. Hyperlinking

24 Durch das Setzen eines **Hyperlinks** werden die Verwertungsrechte des Urhebers nicht berührt.[44] Das Vervielfältigungsrecht ist nicht betroffen, da die Verlinkung lediglich einen elektronischen Verweis darstellt, bei dem keine Kopie des Werks vorgenommen wird. Auch eine öffentliche Zugänglichmachung scheidet aus, da nicht der Linksetzer, sondern der Inhaber der verlinkten Seite das Werk zum Abruf bereithält.[45] Dies gilt sowohl für Links auf eine fremde Startseite als auch für sog. **Deep-Links**, die auf Unterseiten verweisen.[46] Die Einholung von Nutzungsrechten für die Verlinkung von Inhalten fremder Seiten ist somit nicht erforderlich.

4. Framing

25 Beim sog. Framing werden fremde Inhalte, z.B. Videos oder Fotos, durch einen elektronischen Verweis so auf einer Internetseite eingebunden, dass sie dort direkt dargestellt und abgerufen werden können. Der fremde Inhalt wird dabei in einer Art Rahmen („Frame") direkt auf der eigenen Seite abgebildet, bleibt jedoch auf dem fremden Server gespeichert. Somit wird der verlinkte fremde Inhalt unmittelbarer Bestandteil der eigenen Website. Der Nutzer muss also – anders als bei einem herkömmlichen Link – die Seite nicht erst verlassen, sondern kann den verlinkten Inhalt an der Stelle abrufen, an welcher der **„Embedded-Link"** gesetzt wurde.[47] Insbesondere YouTube-Videos werden häufig auf diese Art und Weise in Websites eingebunden. Problematisch ist, ob das Einbinden eines urheberrechtlich geschützten Inhalts mittels Framing ebenfalls unter das Recht der öffentlichen Zugänglichmachung zu subsumieren ist. Dies wird unterschiedlich beurteilt.[48]

26 Der BGH hat die Frage, ob durch „Framing" die Rechte des Urhebers verletzt werden, in einem dort anhängigen Verfahren nicht eindeutig beantwortet. Er hielt einen Eingriff in die Rechte des Urhebers jedoch für möglich[49] und legte dem **EuGH**

---

43 Dreier/Schulze/*Schulze*, § 16 Rn 6 f.
44 Grundlegend: BGH MMR 2003, 719 „Paperboy".
45 Hoeren/Sieber/Holznagel/*Ernst*, Teil 7.1 Rn 62.
46 BGH MMR 2003, 719, 722 „Paperboy".
47 Vgl. zur technischen Funktionsweise des „Framing" im Detail: *Ullrich*, ZUM 2010, 853, 854.
48 Gegen die Annahme einer öffentlichen Zugänglichmachung: *Sievers*, GRUR-Prax 2012, 229; OLG Köln ZUM-RD 2012, 396; dafür: OLG Düsseldorf ZUM 2012, 327; LG München I MMR 2007, 260; *Ullrich*, ZUM 2010, 853, 861; *Reinemann/Remmertz*, ZUM 2012, 216, 223.
49 Vgl. Äußerung des Vorsitzenden in der mündlichen Verhandlung v. 18.4.2013, MMR-Aktuell 2013, 345180.

diese Frage zur Vorabentscheidung vor.[50] Der EuGH muss nun klären, ob der Urheber beim „Framing" in seinem ausschließlichen Recht der öffentlichen Wiedergabe[51] verletzt wird.

Praxistipp
Bei unklarer Rechtslage sollten sich Websiteinhaber sicherheitshalber die jeweils erforderlichen Rechte einräumen lassen. Werden auf der Website also urheberrechtlich geschützte Inhalte mittels „Framing" genutzt, sollte der Websiteinhaber das Recht haben, diese Inhalte i.S.d. § 19a UrhG öffentlich zugänglich zu machen.

IV. Lizenzvertrag

Wird ein urheberrechtlich geschützter Inhalt in urheberrechtlich relevanter Art und Weise genutzt, muss der Urheber dieser Nutzung zustimmen, d.h. er muss dem Werknutzer ein **Nutzungsrecht** i.S.d. §§ 31 ff. UrhG einräumen. Diese Nutzungsrechte werden im allgemeinen Sprachgebrauch auch als Lizenzen bezeichnet. Sie gestatten die wirtschaftliche Nutzung des Werks. Das Urheberrecht als solches ist jedoch nicht übertragbar (§ 29 Abs. 1 S. 1 UrhG). 27

Die Modalitäten der Lizenz können zwischen den Parteien im Rahmen der gesetzlichen Möglichkeiten frei vereinbart werden. So können Nutzungsrechte entweder als ausschließliche (exklusive) oder als einfache Rechte eingeräumt werden. Bei der **ausschließlichen** Nutzungsrechtseinräumung hat der Lizenznehmer gem. § 31 Abs. 3 S. 1 UrhG das Recht, das Werk auf die ihm erlaubte Art und Weise unter Ausschluss weiterer Personen zu nutzen. Der Urheber kann sich selbst aber die eigene Nutzung des Werks vorbehalten (§ 31 Abs. 3 S. 2 UrhG). Darüber hinaus kann der ausschließliche Lizenznehmer mit Zustimmung des Urhebers Dritten sog. Unterlizenzen[52] einzuräumen (§ 31 Abs. 3 S. 1, 3 i.V.m. § 35 Abs. 1 S. 1 UrhG). Wird dem Werknutzer ein **einfaches Nutzungsrecht** i.S.d. § 31 Abs. 2 UrhG eingeräumt, ist er nicht alleine, sondern neben anderen Personen zur Nutzung des Werks berechtigt. 28

Nutzungsrechte können räumlich, zeitlich oder inhaltlich **beschränkt** werden (§ 31 Abs. 1 S. 2 UrhG). So ist es beispielsweise möglich, das Nutzungsrecht auf bestimmte Nutzungsarten zu beschränken.[53] Wird der Umfang der Rechteeinräumung nicht ausdrücklich vertraglich geregelt, bestimmt sich die Reichweite der Rechteeinräumung nach dem von beiden Parteien zugrunde gelegten **Vertragszweck** (Zweckübertragungslehre nach § 31 Abs. 5 UrhG). 29

---

50 BGH GRUR 2013, 818 „Die Realität".
51 Art. 3 Abs. 1 der RL 2001/29/EG (Info-RL).
52 Vgl. Wandtke/Bullinger/*Wandtke/Grunert*, § 31 UrhG Rn 35.
53 Vgl zur begrifflichen Differenzierung zwischen Verwertungsrechten, Nutzungsrechten und Nutzungsarten: Loewenheim/*Nordemann*, Teil 1, Kap. 1, § 24 Rn 3 ff.

> **Praxistipp**
> Um nicht den Vertragszweck über die Reichweite der eingeräumten Nutzungsrechte entscheiden zu lassen, sollten die Parteien **detaillierte vertragliche Regelungen** zum Umfang der Nutzungsrechte treffen und diese schriftlich fixieren.

30 Eine gesonderte Rechteeinräumung ist natürlich auch dann erforderlich, wenn der Shop-Betreiber eine **Werbe- oder Webagentur** mit der Gestaltung urheberrechtlich geschützter Inhalte wie etwa Logos, Texten oder Bildern beauftragt. Auch in diesem Fall sollte ausdrücklich geregelt werden, in welchem Umfang die erstellten Inhalte von dem Auftraggeber genutzt werden dürfen. Hierbei sollte die beabsichtigte Nutzung zunächst abstrakt bezeichnet und sodann durch Beispiele konkretisiert werden.[54] Meist hat der Shop-Betreiber auch ein Interesse daran, dass die Agentur die gestalteten Inhalte nur an den Auftraggeber lizenziert, sodass die Einräumung eines ausschließlichen Nutzungsrechts sinnvoll ist.[55]

31 Damit der Shop-Betreiber die von der Agentur erstellten Inhalte langfristig effektiv nutzen kann, sollte er sich darüber hinaus das **Bearbeitungsrecht** i.S.d. § 23 UrhG einräumen lassen.[56] So kann sichergestellt werden, dass der Shop-Betreiber die Inhalte bei notwendigen Anpassungen der Website, z.B. einem Redesign, in bearbeiteter Form weiterverwenden kann.

32 Der Shop-Betreiber hat regelmäßig ein Interesse daran, dass der Urheber auf sein nach § 13 UrhG bestehendes Recht auf **Namensnennung** verzichtet. Allerdings ist das Namensnennungsrecht als Urheberpersönlichkeitsrecht im Kern unverzichtbar.[57] An eine vertragliche Einschränkung dieses Rechts werden daher strenge Anforderungen gestellt.[58] Ein Verzicht auf Namensnennung in AGB ist an den Maßstäben der §§ 305 ff. BGB zu messen.[59] Der Urheber kann jedoch darin einwilligen, dass sein Werk in konkret bestimmten Fällen genutzt wird, ohne dass sein Name genannt wird.[60] Die Agentur sollte daher vertraglich dazu verpflichtet werden, darauf hinzuwirken, dass die Urheber – soweit gesetzlich zulässig – auf ihr Namensnennungsrecht verzichten.[61]

---

54 Vgl. Klauselmuster bei Oelschlägel/Scholz/*Scholz*, Kap. 10./C. Rn 334.
55 *Redeker*, Rn 1118.
56 Oelschlägel/Scholz/*Scholz*, Kap. 10./C. Rn 333.
57 Dreier/Schulze/*Schulze*, § 13 Rn 24.
58 OLG Hamm ZUM-RD 2008, 8.
59 Vgl. dazu Hoeren/Sieber/Holznagel/*Hoeren/Decker*, Teil 7.2 Rn 115 ff.
60 Wandtke/Bullinger/*Bullinger*, § 13 UrhG Rn 21.
61 Vgl. Klauselmuster bei Oelschlägel/Scholz/*Scholz*, Kap. 10./C. Rn 334.

Dam

V. Praktische Hinweise

1. Copyright-Vermerke und Urhebernennung

Das Urheberrecht entsteht automatisch durch die Schöpfung des Werks, ohne dass hierbei die Erfüllung bestimmter Formalien oder eine Registrierung erforderlich wäre.[62] Copyright-Hinweise wie „© alle Rechte vorbehalten" oder „alle Inhalte dieser Seite sind urheberrechtlich geschützt" haben daher **keine schutzbegründende Wirkung**. Die Anbringung eines Copyright-Hinweises kann sogar eine wettbewerbswidrige Irreführung darstellen, wenn der Verwender des Copyright-Zeichens nicht der tatsächliche Urheber des Werks ist.[63]

Copyright-Hinweise können jedoch in bestimmten Fällen nach § 10 UrhG den **Nachweis der Aktivlegitimation** erleichtern. Nach § 10 Abs. 1 UrhG wird vermutet, dass derjenige, der auf dem Vervielfältigungsstück eines erschienenen Werks oder auf dem Original eines Werks der bildenden Künste in der üblichen Weise als Urheber bezeichnet ist, auch tatsächlich Urheber des betreffenden Werks ist. § 10 Abs. 1 UrhG gilt jedoch nur für körperliche Vervielfältigungsstücke,[64] sodass diese Norm bei einer Online-Nutzung urheberrechtlich geschützter Inhalte kaum praktische Bedeutung hat. Nach § 10 Abs. 3 UrhG kann sich bei der Geltendmachung von Unterlassungsansprüchen und im Rahmen des einstweiligen Rechtsschutzes auch der Inhaber ausschließlicher Nutzungsrechte auf die Vermutung des § 10 Abs. 1 UrhG berufen. Auch hier ist jedoch die Anbringung eines Vermerks auf einem körperlichen Werk erforderlich,[65] sodass die Vermutungswirkung allenfalls bei Katalogen oder sonstigen körperlichen Werbeunterlagen des Shop-Betreibers praktische Bedeutung erlangt. Im Bereich der Online-Nutzung urheberrechtlich geschützter Werke findet § 10 UrhG somit keine Anwendung.

2. Besonderheiten bei Fotos von Online-Bildagenturen

Wer in seinem Online-Shop Fotos nutzen möchte, kann auch auf das Angebot sog. Stockfoto-Anbieter zurückgreifen. Diese Bildagenturen bieten Lizenzen für eine Vielzahl von Fotos, Grafiken und Bildern an. Shop-Betreiber sollten sich dabei nicht von Aussagen wie „lizenzfrei" oder „urheberrechtsfrei" dazu verleiten lassen, Fotos ungeprüft in beliebiger Art und Weise zu verwenden. Es muss vielmehr immer geprüft werden, ob die **Lizenzbedingungen** zu der beabsichtigten Art der Nutzung passen. Dabei ist insbesondere darauf zu achten, dass die Lizenz eine Nutzung zu kommerziellen Zwecken erlaubt. Darüber hinaus sollte darauf geachtet werden, wie und

---

62 Dreier/Schulze/*Schulze*, § 2 Rn 245.
63 OLG Düsseldorf ZUM-RD 2008, 594.
64 Wandtke/Bullinger/*Thum*, § 10 UrhG Rn 19.
65 Dreier/Schulze/*Schulze*, § 10 Rn 60.

wo der Urhebervermerk anzubringen ist. So muss bei manchen Lizenzen zusätzlich zum Urheber die Bildagentur genannt werden. Auch der Ort, an dem dieser Vermerk eingefügt werden muss, ist meist in den Lizenzbedingungen vorgegeben. Teilweise verlangen die Agenturen einen Hinweis direkt unter dem Bild oder in unmittelbarem Zusammenhang. Andere erlauben eine Urhebernennung am Seitenende oder sogar im Impressum. Wichtig ist auch die Frage, ob Bearbeitungen des Bilds zulässig sind. Teilweise sind Bearbeitungen nur in eingeschränktem Maße erlaubt, wie etwa zur Änderung des Bildausschnitts, zur Vergrößerung oder Verkleinerung. Eine Unterlizenzierung ist in vielen Fällen ausgeschlossen, da regelmäßig nur einfache Nutzungsrechte vergeben werden.[66]

36 Vor dem Erwerb einer Lizenz von einer Bildagentur sollten daher insbesondere diese Aspekte berücksichtigt werden:

Checkliste für Stockfoto-Lizenzen
- kommerzielle Nutzung,
- Urhebervermerk sowie dessen Platzierung,
- Bearbeitungsrecht,
- Unterlizenzierung.

3. Besonderheiten bei der Nutzung von Facebook und Co.

37 Wer urheberrechtlich geschützte Inhalte in sozialen Netzwerken verwendet, muss über die hierzu erforderlichen Rechte verfügen. Durch das Hochladen eines urheberrechtlich geschützten Inhalts werden der Plattform nämlich unter Umständen **sehr weitreichende Nutzungsrechte** eingeräumt.[67]

Beispiel
Ziff. 2.1. der Facebook-AGB:

> „(...) Du gibst uns eine nicht-exklusive, übertragbare, unterlizenzierbare, gebührenfreie, weltweite Lizenz zur Nutzung jeglicher IP-Inhalte, die du auf oder im Zusammenhang mit Facebook postest. (...)"[68]

38 Ist der Verwender nicht selbst Urheber, sondern hat er den Inhalt von einem Dritten, wie etwa einer Bildagentur, erworben, stellt diese Rechteeinräumung eine Unterlizenzierung dar. Ob diese Unterlizenzierung zulässig ist, bestimmt sich nach den Regelungen im Lizenzvertrag mit der Bildagentur. Da das Recht zur Unterlizenzierung

---

66 Loewenheim/*Nordemann*, § 73 Rn 27.
67 Vgl. zur Wirksamkeit so weitreichender Lizenzen: *Solmecke/Dam*, MMR 2012, 71.
68 Abrufbar unter https://www.facebook.com/legal/terms.

jedoch bei Lizenzen von Bildagenturen häufig ausgeschlossen wird, ist eine Nutzung dieser Bilder in sozialen Netzwerken meist nicht zulässig.

B. Schutzfähigkeit der Website insgesamt

Neben dem Schutz einzelner Elemente einer Website kommt auch ein Schutz der Website insgesamt in Betracht. Hierbei ist aus urheberrechtlicher Sicht zunächst zwischen der optischen Gestaltung der Benutzeroberfläche und dem der Website zugrundeliegenden Programmcode zu differenzieren.[69] Möglich ist auch ein Schutz als Datenbank bzw. Datenbankwerk. Ergänzend zum urheberrechtlichen Schutz kommt ein wettbewerbsrechtlicher Schutz gegen Nachahmungen der Website in Betracht. 39

I. Webdesign

Die Gestaltung einer Website kann ein nach § 2 UrhG schutzfähiges Werk darstellen, wenn diese die erforderliche Schöpfungshöhe erreicht.[70] Da die optische Gestaltung zumindest bei Websites, die einem Gebrauchszweck dienen, überwiegend als **Werk der angewandten Kunst** i.S.d. § 2 Abs. 1 Nr. 4 UrhG eingeordnet wird,[71] sind an die Schöpfungshöhe erhöhte Anforderungen zu stellen.[72] Erforderlich ist ein deutliches Überragen der Durchschnittsgestaltung,[73] sodass von einer künstlerischen Leistung des Webdesigners auszugehen ist.[74] Soweit das Layout jedoch nur aus üblichen Gestaltungsmitteln wie etwa Frames, Tabellen und einfachen Logos besteht, scheidet eine Schutzfähigkeit aus.[75] Da Online-Shops in aller Regel aus allgemein gebräuchlichen Gestaltungselementen bestehen, die darüber regelmäßig keinen besonderen ästhetischen Gehalt aufweisen, ist das Webdesign eines Online-Shops in Gestalt der Benutzeroberfläche regelmäßig nicht urheberrechtlich geschützt. 40

---

[69] Hoeren/Sieber/Holznagel/*Ernst*, Teil 7.1 Rn 22.
[70] OLG Düsseldorf MMR 1999, 729; OLG Frankfurt a.M. MMR 2005, 705; OLG München MMR 2005, 267; Hoeren/Sieber/Holznagel/*Ernst*, Teil 7.1 Rn 22.
[71] Vgl. OLG Hamburg, MMR 2012, 832; Ott, ZUM 2004, 357, 358.
[72] Oelschlägel/Scholz/*Scholz*, Kap. 10./C. Rn 311; *Schack*, MMR 2001, 9, 10; OLG Hamburg MMR 2012, 832, 833.
[73] M.w.N. Dreier/Schulze/*Schulze*, § 2 Rn 160.
[74] Vgl. OLG Hamburg MMR 2012, 832, 834: „*Zur Erfüllung der Schutzuntergrenze müsste die Webseite eine persönlich geistige Schöpfung von individueller Prägung darstellen, deren ästhetischer Gehalt einen solchen Grad erreicht hat, dass nach Auffassung der für Kunst empfänglichen und mit Kunstanschauungen einigermaßen vertrauten Kreise von einer ‚künstlerischen' Leistung gesprochen werden kann.*"
[75] *Schack*, MMR 2001, 9, 11.

II. Programmierung

41 Die Programmierung einer Website kann nur in Ausnahmefällen Schutz als **Computerprogramm** nach §§ 69a ff. UrhG erlangen.[76] Ein Computerprogramm liegt nur dann vor, wenn das Programm eine Folge von Befehlen enthält, die zur Kontrolle bzw. Steuerung des Programmablaufs benutzt werden.[77]

42 Keine Computerprogramme sind daher Websites, die auf **HTML** basieren.[78] Der HTML-Code dient lediglich dazu, Texte und Grafiken auf der Website sichtbar zu machen und zu formatieren, sodass es an einer eigenen geistigen Schöpfung i.S.d. § 69a Abs. 3 UrhG[79] sowie an der erforderlichen Datenverarbeitung durch den Code fehlt.[80] Gleiches gilt für verwandte Formate wie XHTML oder XML.[81]

43 Enthält der Code jedoch beispielsweise **Java-Applets** oder **PHP**, kommt ein Schutz nach § 69a UrhG in Betracht, da in diesen Fällen ablauffähige Steuerbefehle vorliegen.[82]

III. Datenbank(-werk)

44 Websites basieren häufig auf Datenbeständen, die nach § 4 Abs. 2 UrhG als Datenbankwerk oder nach den §§ 87a ff. UrhG als Datenbank geschützt sein können. Ein **Datenbankwerk** liegt vor, wenn eine individuell-schöpferische Auswahl oder Anordnung des Datenmaterials festgestellt werden kann.[83] Dies ist bei einer Website jedoch nicht schon dann der Fall, wenn dort verschiedene Multimediaelemente miteinander kombiniert werden.[84] Erforderlich ist vielmehr, dass die Elemente voneinander unabhängig sind, sodass solche Gestaltungen ausgenommen sind, die *„von vornherein für ein Ganzes geschaffen sind, inhaltliche Wechselbeziehungen aufweisen und so in ihrer Verschmelzung eine einheitliche Aussage bilden".*[85] Spielraum für schöpferische Leistungen besteht vor allem bei der Gestaltung von Zugangs- und Abfragesystemen.[86] Abfragesysteme, die allgemein üblich oder durch Zweckmäßigkeitsgründe vorgege-

---

[76] Wandtke/Bullinger/*Bullinger*, § 69a UrhG Rn 18.
[77] Vgl. Spindler/Schuster/*Wiebe*, § 69a UrhG Rn 5; OLG Rostock GRUR-RR 2008, 1.
[78] OLG Frankfurt a.M. MMR 2005, 705; OLG Düsseldorf MMR 1999, 729; Spindler/Schuster/*Wiebe*, § 69a UrhG Rn 5; *Schack*, MMR 2001, 9, 13.
[79] Vgl. OLG Rostock, GRUR-RR 2008, 1.
[80] Wandtke/Bullinger/*Bullinger*, § 69a UrhG Rn 3, 18.
[81] Spindler/Schuster/*Wiebe*, § 69a UrhG Rn 5.
[82] Wandtke/Bullinger/*Bullinger*, § 69a UrhG Rn 18; Spindler/Schuster/*Wiebe*, § 69a UrhG Rn 5.
[83] Leupold/Glossner/*Wiebe*, Teil 3 Rn 161.
[84] *Schack*, MMR 2001, 9, 11.
[85] Leupold/Glossner/*Wiebe*, Teil 3 Rn 156 f.
[86] Vgl. OLG Düsseldorf MMR 1999, 729, 731.

ben sind, scheiden jedoch aus dem Schutzbereich des § 4 Abs. 2 UrhG aus.[87] Da die Abfragesysteme bei Online-Shops in der Regel durch sachliche Zwänge, z.B. durch die Sortierung nach bestimmten Produkteigenschaften, vorgegeben sind, wird es meist an einer schöpferischen Leistung fehlen.

Dennoch bleibt Raum für einen Schutz als **Datenbank** nach §§ 87a ff. UrhG. Im Gegensatz zum Datenbankwerk setzt das Vorliegen einer Datenbank keine schöpferische Leistung voraus, da es sich nicht um ein Urheber-, sondern um ein Leistungsschutzrecht handelt.[88] Eine Datenbank i.S.d. § 87a Abs. 1 UrhG ist eine Sammlung von Werken, Daten oder anderen unabhängigen Elementen, die systematisch oder methodisch angeordnet und einzeln mithilfe elektronischer Mittel oder auf andere Weise zugänglich sind, wobei die Beschaffung, Überprüfung oder Darstellung eine nach Art oder Umfang wesentliche Investition erfordert haben muss. Die Rechtsprechung hat beispielsweise die Zusammenstellung von Fahrzeugdaten in einer Internet-Automobilbörse als Datenbank qualifiziert.[89] Wenn die Website Linksammlungen enthält, können auch diese als Datenbank geschützt sein.[90]

Entscheidend dürfte in den meisten Fällen das Erfordernis einer **wesentlichen Investition** des Datenbankherstellers sein. Hierzu zählen die Kosten für die Beschaffung des Datenbankinhalts, für die Datenaufbereitung und die Bereitstellung und Überprüfung, wobei sowohl die aufgewendeten finanziellen und technischen Mittel als auch die aufgewendete Arbeitskraft berücksichtigt wird.[91] Die bloße Ansammlung von Links wird dabei wohl nur in Ausnahmefällen eine wesentliche Investition voraussetzen.[92]

Zu berücksichtigen ist außerdem, dass sich das Ausschließlichkeitsrecht des Datenbankherstellers nach § 87b Abs. 1 UrhG nur auf wesentliche Teile der Datenbank beschränkt. Wesentlich ist der Anteil der Nutzung dann, wenn er in seiner Bedeutung eher der Datenbank in ihrer Struktur und Gesamtheit nahekommt und sich weniger als Nutzung einer Anzahl von Elementen darstellt.[93] Das bedeutet im Umkehrschluss, dass der Datenbankhersteller die Nutzung unwesentlicher Teile der Datenbank nicht untersagen kann.

---

[87] OLG Frankfurt a.M. GRUR-RR 2005, 299, 301.
[88] Vgl. Wandtke/Bullinger/*Marquardt*, § 87a UrhG Rn 16.
[89] BGH GRUR 2011, 1018, 1020.
[90] Loewenheim/*Koch*, Teil 2 Kap. 2 § 78 Rn 7; OLG München I MMR 2002, 58.
[91] Leupold/Glossner/*Wiebe*, Teil 3 Rn 166.
[92] *Schack*, MMR 2001, 9, 12.
[93] Vgl. OLG Frankfurt a.M. GRUR-RR 2005, 299, 301 – im Streitfall verneinend.

IV. Wettbewerbsrechtlicher Schutz

48 Soweit ein urheberrechtlicher Schutz der Website nicht besteht, kann gegen Nachahmungen durch Mitbewerber auch mithilfe des sog. **ergänzenden wettbewerbsrechtlichen Leistungsschutzes** vorgegangen werden. Nach § 4 Nr. 9 UWG sind Nachahmungen von Waren oder Dienstleistungen eines Mitbewerbers sind u.a. dann unlauter, wenn dadurch eine vermeidbare Täuschung der Abnehmer über die betriebliche Herkunft herbeigeführt wird[94] oder die Wertschätzung der nachgeahmten Waren oder Dienstleistungen unangemessen ausnutzt oder beeinträchtigt wird.[95]

49 Allerdings ist zu berücksichtigen, dass dies nur für solche Waren und Dienstleistungen gilt, die eine **wettbewerbliche Eigenart** aufweisen. Wettbewerbliche Eigenart wird dann angenommen, wenn die konkrete Ausgestaltung oder bestimmte Merkmale eines Erzeugnisses geeignet sind, die angesprochenen Verkehrskreise auf die betriebliche Herkunft oder die Besonderheiten des Erzeugnisses hinzuweisen.[96] Merkmale, die allgemein üblich sind oder von Mitbewerbern in gleicher oder ähnlicher Form oder Funktion verwendet werden, haben für den Verkehr deshalb keine Hinweiswirkung.[97]

50 Einer Internetseite kann grundsätzlich wettbewerbliche Eigenart zukommen.[98] Diese kann sich z.B. aus einer besonders auffallenden, sehr prägnanten Art der Darstellung oder einer ungewöhnlichen farblichen Gestaltung ergeben.[99] Erforderlich ist zudem, dass die Ware bzw. Dienstleistung innerhalb der angesprochenen Verkehrskreise eine solche Bekanntheit erreicht hat, dass sich durch den Vertrieb von Nachahmungen in relevantem Umfang die Gefahr einer Herkunftstäuschung ergeben kann.[100] Die Website muss somit zum Zeitpunkt der Markteinführung[101] der Nachahmung bereits eine gewisse Bekanntheit auf dem Markt genießen.

V. Markenrechtlicher Schutz

51 Der **Domainname** eines Online-Shops kann als Marke geschützt werden. Allein durch Registrierung und Benutzung einer Domain entsteht jedoch noch kein Kennzeichenrecht, sondern erst dann, wenn der Domainname z.B. als Marke oder Geschäftsbe-

---

[94] Vgl. § 4 Nr. 9a UWG.
[95] Vgl. § 4 Nr. 9b UWG.
[96] St. Rspr., vgl. BGH GRUR 2007, 339 Rn 26; BGH GRUR 2006, 79 Rn 21; BGH GRUR 2002, 629, 631; BGH GRUR 2002, 275, 276.
[97] *Piper/Ohly/Sosnitza*, § 4 Rn 9.32.
[98] Hoeren/Sieber/Holznagel/*Wolff*, Teil 11 A. Rn 38.
[99] LG Köln MMR 2008, 64, 66.
[100] BGH GRUR 2007, 984 Rn 34; LG Köln MMR 2009, 640, 641.
[101] Vgl. BGH GRUR 2009, 79 Rn 35; BGH GRUR 2007, 339 Rn 39; LG Köln MMR 2009, 640, 641.

zeichnung geschützt ist.[102] Insofern sollten Shop-Betreiber zum Schutz gegen Nachahmer auch darüber nachdenken, den Domainnamen als Marke anzumelden. Bei der Wahl des Domainnamens ist jedoch zu berücksichtigen, dass schon die Benutzung einer Domain die Kennzeichenrechte eines Dritten (z.B. eines Markeninhabers) verletzen kann.[103] Es sollte daher vor Registrierung einer Domain geprüft werden, ob Kennzeichenrechte Dritter der Benutzung entgegenstehen.

C. Vertrieb urheberrechtlich geschützter Werke

Urheberrechtliche Fragen stellen sich auch dann, wenn Online-Shops urheberrechtlich geschützte Waren vertreiben. Hier stellt sich insbesondere die Frage, ob der Vertrieb dieser Waren die Zustimmung des Urhebers voraussetzt. 52

I. Anbieten urheberrechtlich geschützter Werke

Dabei ist zunächst zwischen dem Vertrieb körperlicher Waren wie z.B. Bücher, DVDs oder CDs und dem Vertrieb von Waren in digitaler Form, z.B. zum Download, zu unterscheiden. Das Anbieten **körperlicher Waren**, die urheberrechtlich geschützt sind, stellt eine Verbreitung i.S.d. § 17 Abs. 1 UrhG dar, die grundsätzlich dem Urheber vorbehalten ist.[104] Dabei kommt es nicht darauf an, dass die Verbreitung gewerbsmäßig erfolgt, sodass schon das Anbieten eines einzelnen Werkexemplars das Verbreitungsrecht des Urhebers berührt.[105] Bei urheberrechtlich geschützten Werken, die in **unkörperlicher Form** vertrieben werden, ist dagegen nicht das Verbreitungsrecht, sondern das Recht der öffentlichen Zugänglichmachung i.S.d. § 19a UrhG betroffen. Diese Unterscheidung ist wichtig, da nur beim Vertrieb von körperlichen Werken eine Erschöpfung des Verbreitungsrechts eintreten kann. 53

II. Erschöpfung des Verbreitungsrechts

Die Verbreitung urheberrechtlich geschützter körperlicher Werke setzt nicht in jedem Fall die Zustimmung des Urhebers voraus. Wird nämlich ein Original oder ein Vervielfältigungsstück eines Werks mit Zustimmung des zur Verbreitung Berechtigten im Gebiet der EU oder eines anderen Vertragsstaats des Abkommens über den Europä- 54

---

102 Hoeren/Sieber/Holznagel/*Viefhues*, Teil 6 Rn 11.
103 Vgl. hierzu eingehend Kap. 2.
104 Dreier/Schulze/*Schulze*, § 17 Rn 5.
105 Wandtke/Bullinger/*Heerma*, § 17 UrhG Rn 4.

ischen Wirtschaftsraum im Wege der Veräußerung in Verkehr gebracht, so ist die Weiterverbreitung mit Ausnahme der Vermietung zulässig (§ 17 Abs. 2 UrhG). Man spricht in diesem Fall von einer „Erschöpfung" des Verbreitungsrechts. Die Erschöpfung hat zur Folge, dass Online-Händler diese Werke auch **ohne Zustimmung des Urhebers** bzw. Rechteinhabers öffentlich Anbieten und Vertreiben dürfen. Sinn und Zweck der Erschöpfung des Verbreitungsrechts ist es, die Verkehrsfähigkeit von Waren sicherzustellen.[106]

55 Gegenstand der Erschöpfungswirkung ist das konkrete in Verkehr gebrachte körperliche Werkexemplar.[107] Die Erschöpfung bezieht sich jedoch nur auf das Verbreitungsrecht und nicht auch auf andere, dem Urheber zustehende Rechte, wie etwa das Vervielfältigungsrecht.[108] Zulässig ist jedoch die Nutzung von Abbildungen des Werks, die im Rahmen üblicher Maßnahmen zur **Bewerbung des Produkts** erfolgt.[109] So darf beispielsweise das CD-Cover einer online vertriebenen CD ohne Einwilligung des Urhebers im Rahmen des Internetangebots abgebildet und somit vervielfältigt und öffentlich zugänglich gemacht werden.[110] Zulässig ist auch die Abbildung eines urheberrechtlich geschützten Parfumflakons in einem Verkaufsprospekt zum Zwecke der Bewerbung des Produkts.[111] Dagegen geht z.B. die Vergrößerung von Fotos eines Bildbandes zum Zwecke der Nutzung als Schaufensterdekoration über den Rahmen üblicher Werbemaßnahmen hinaus und ist somit nur mit Zustimmung des Urhebers zulässig.[112] Online-Händler sollten daher darauf achten, das Werk nur so darzustellen, wie es zur Bewerbung des Produkts allgemein üblich ist. Danach dürfte zumindest die Abbildung des Buch-, CD- oder DVD-Covers im Rahmen der Produktdarstellung zulässig sein. Die Abbildung oder Wiedergabe des Werkinhalts, z.B. durch Lese- oder Hörproben, dürfte jedoch über den Rahmen üblicher Werbemaßnahmen hinausgehen und somit nicht mehr dem Erschöpfungsgrundsatz unterfallen.

56 Rechte an Werken, die in **digitaler Form** vertrieben werden, wie etwa E-Books oder MP3s, unterliegen nicht dem Erschöpfungsgrundsatz.[113] Grund dafür ist, dass beim digitalen Vertrieb von Waren, z.B. durch das Anbieten eines Werks zum Download oder im Wege des Streamings, nicht das Verbreitungsrecht, sondern das Recht der öffentlichen Zugänglichmachung nach § 19a UrhG Anwendung findet. Daher ist

---

106 Vgl. BGH GRUR 2001, 51, 53 „Parfumflakon".
107 BGH GRUR 1993, 34, 36 „Bedienungsanleitung"; BGH GRUR 1991, 449, 453 „Betriebssystem"; BGH GRUR 1986, 742 „Videofilmvorführung".
108 Dreier/Schulze/*Schulze*, § 17 Rn 30; Wandtke/Bullinger/Heerma, § 17 UrhG Rn 19; Loewenheim/*Loewenheim*, Teil 1, Kap. 1, 5. Abschnitt, § 20 Rn 41; BGH GRUR 2001, 51, 53 „Parfumflakon".
109 Vgl. BGH GRUR 2001, 51, 53 „Parfumflakon".
110 LG München I ZUM 2009, 681, 685 (nicht rechtskräftig).
111 BGH GRUR 2001, 51 „Parfumflakon".
112 OLG Düsseldorf ZUM-RD 2008, 524.
113 Oelschlägel/Scholz/*Scholz*, Kap. 10./C. Rn 343; Loewenheim/*Loewenheim*, Teil 1, Kap. 1, 5. Abschnitt, § 20 Rn 34.

beispielsweise eine AGB-Klausel, die den Weiterverkauf von online vertriebenen Hörbüchern untersagt, wirksam.[114] Online-Händler, die Werke in digitaler Form vertreiben wollen, benötigen somit die Einwilligung des Urhebers.

III. Vertriebslizenz

Online-Händler, die körperliche Waren vertreiben, an denen das Verbreitungsrecht des Urhebers erschöpft ist, benötigen keine Vertriebslizenz. Dennoch werden in Händlerverträgen teilweise trotzdem die **Vertriebsmodalitäten** zu Klarstellungszwecken geregelt. Besonders häufig wird dabei geregelt, wie der Händler das Produkt bewerben darf. Die Unsicherheit, ob eine bestimmte Werbemaßnahme noch vom Erschöpfungsgrundsatz erfasst ist, kann dadurch beseitigt werden.[115]   57

Dagegen ist bei Werken, die in digitaler Form vertrieben werden, nicht die Einräumung des Verbreitungsrechts i.S.d. § 17 UrhG, sondern die Einräumung des **Rechts zur öffentlichen Zugänglichmachung** nach § 19a UrhG erforderlich.   58

D. Rechtsfolgen einer Urheberrechtsverletzung

Werden urheberrechtlich geschützte Inhalte ohne Einwilligung des Urhebers genutzt, liegt eine Urheberrechtsverletzung vor. Die Rechtsfolgen einer Urheberrechtsverletzung richten sich nach den §§ 97 ff. UrhG.   59

I. Unterlassungsanspruch

Der in der Praxis wichtigste Anspruch des Urhebers ist der Unterlassungsanspruch nach § 97 Abs. 1 UrhG. Danach kann derjenige, der ein Urheberrecht oder ein nach dem Urheberrechtsgesetz geschütztes verwandtes Schutzrecht widerrechtlich verletzt, von dem Urheber auf **Unterlassung** in Anspruch genommen werden, wenn Wiederholungsgefahr besteht. In dem Fall, dass es bereits zu einer Rechtsverletzung gekommen ist, wird die Wiederholungsgefahr vermutet.[116] Wurde dagegen noch keine Rechtsverletzung begangen, aber es liegen konkrete Anhaltspunkte für eine bevorstehende Rechtsverletzung vor, kann der Urheber auch einen sog. vorbeugenden Unterlassungsanspruch geltend machen (§ 97 Abs. 1 S. 2 UrhG).   60

---

114 OLG Stuttgart GRUR-Prax 2012, 143 m. Anm. *Hansen*.
115 Oelschlägel/Scholz/*Scholz*, Kap. 10./C. Rn 345.
116 Wandtke/Bullinger/*v. Wolff*, § 97 UrhG Rn 36.

61 Soweit die Rechtsverletzung eine fortwährende Störung bewirkt, normiert § 97 Abs. 1 S. 1 UrhG zusätzlich einen **Beseitigungsanspruch**. Der Verletzer ist also nicht nur verpflichtet, die Rechtsverletzung in Zukunft zu unterlassen, sondern er muss auch die bestehende Rechtsverletzung beseitigen. Sowohl der Beseitigungs- als auch der Unterlassungsanspruch sind verschuldensunabhängig.[117]

> **Beispiel**
> Ein Shop-Betreiber, der ohne Einwilligung des Fotografen ein Produktfoto in seinem Shop verwendet, ist verpflichtet, dieses Foto zu löschen (Beseitigung) und hat dafür zu sorgen, dass das Foto in Zukunft nicht mehr auf der Website abrufbar ist (Unterlassung).

II. Schadensersatzanspruch

62 Wenn dem Urheber aufgrund der unbefugten Nutzung seines Werks ein Schaden entstanden ist, kann er gegen den Verletzer einen Schadensersatzanspruch geltend machen. Im Gegensatz zum Unterlassungs- und Beseitigungsanspruch ist der in § 97 Abs. 2 UrhG normierte Schadensersatzanspruch allerdings **verschuldensabhängig**, d.h. der Verletzer muss vorsätzlich oder fahrlässig gehandelt haben. Dabei wird hinsichtlich des Verschuldens grundsätzlich ein strenger Maßstab angelegt.[118]

> **Praxistipp**
> Zur Ermittlung der Schadenshöhe kann auf drei verschiedene Berechnungsmethoden zurückgegriffen werden:[119]
> – Der Urheber wird so gestellt, wie er stehen würde, wenn die Urheberrechtsverletzung nicht eingetreten wäre; d.h. sein konkreter Schaden wird ersetzt (**Naturalrestitution** nach § 249 Abs. 1 BGB).
> – Der Urheber verlangt den vom Verletzer **erzielten Gewinn** heraus (§ 97 Abs. 2 S. 2 UrhG).
> – Die Urheber bekommt eine angemessene fiktive Lizenzgebühr, die vernünftige Parteien bei Abschluss eines Lizenzvertrags in Kenntnis der wahren Rechtslage und der Umstände des konkreten Einzelfalls vereinbart hätten (§ 97 Abs. 2 S. 3 UrhG, **sog. Lizenzanalogie**).

63 Dem Urheber steht hinsichtlich der Berechnungsmethode ein **Wahlrecht** zu.[120] In der Praxis wird die Schadenshöhe regelmäßig anhand der Lizenzanalogie bemessen, da die anderen beiden Varianten in der Regel eine schwierigere Beweislage mit sich bringen.

---

117 Wandtke/Bullinger/*v. Wolff*, § 97 UrhG Rn 1.
118 Vgl. zur Haftung bei fremden Inhalten Rn 66 ff.
119 Vgl. zur Vertiefung: Dreier/Schulze/*Dreier*, § 97 Rn 58 ff.
120 Wandtke/Bullinger/*v. Wolff*, § 97 UrhG Rn 59; Dreier/Schulze/*Dreier*, § 97 Rn 58.

Dam

III. Sonstige Ansprüche

Neben dem Unterlassungs- und Beseitigungsanspruch und dem Schadensersatzanspruch stehen dem Urheber im Falle einer Urheberrechtsverletzung weitere Ansprüche zur Verteidigung seiner Rechtsposition zu. Er kann nach § 98 UrhG einen Anspruch auf **Vernichtung, Rückruf oder Überlassung** rechtswidrig hergestellter, verbreiteter oder zur Verbreitung bestimmter Vervielfältigungsstücke geltend machen. Nach § 101 Abs. 1 UrhG kann der Urheber von Verletzern, die in gewerblichem Ausmaß gehandelt haben, **Auskunft** über die Herkunft und den Vertriebsweg der rechtsverletzenden Vervielfältigungsstücke verlangen.

E. Haftung

Liegt eine Urheberrechtsverletzung vor, stellt sich die Frage, welche Ansprüche der Urheber gegen wen geltend machen kann. Dies richtet sich in erster Linie danach, ob es sich bei dem urheberrechtsverletzenden Inhalt um einen eigenen Inhalt des Shop-Betreibers oder um den Inhalt eines Dritten handelt. Nach § 7 Abs. 1 TMG sind Diensteanbieter für eigene Informationen, die sie zur Nutzung bereithalten, nach den allgemeinen Gesetzen verantwortlich, d.h. sie können sich grundsätzlich nicht auf eine Haftungsprivilegierung berufen. Diese Diensteanbieter werden als „**Content-Provider**" bezeichnet.[121] Bei der Beurteilung, ob es sich um eine eigene Information handelt, kommt es nicht darauf an, ob die Information auf einem eigenen oder einem fremden Server gespeichert ist, sondern darauf, von wem die Information stammt.[122]

Beispiel
Das Angebot des Nutzers eines Online-Auktionshauses ist für den Betreiber dieses Auktionshauses eine fremde Information, obwohl diese auf seinen eigenen Servern gespeichert ist.

Handelt es sich um eine fremde Information, findet § 10 TMG Anwendung. Dies hat zur Folge, dass Diensteanbieter, die fremde Informationen für einen Nutzer speichern (sog. **Host-Provider**), sich ggf. auf eine Haftungsprivilegierung berufen können.

Beispiel
Klassischer Fall des § 10 TMG ist sog. User-generated-content, also Inhalte, die von den Nutzern erstellt werden, beispielsweise in sozialen Netzwerken oder Foren. Hierunter würden auch Produktbewertungen fallen, die von Nutzern verfasst und in einem Online-Shop veröffentlicht werden.

---

121 Hoeren/Sieber/Holznagel/*Hoeren*, Teil 18.2 Rn 66.
122 Spindler/Schuster/*Hoffmann*, § 7 TMG Rn 14.

67 Rechtsfolge des § 10 TMG ist, dass der Diensteanbieter für rechtsverletzende Inhalte nicht haftet, wenn er von diesen entweder keine Kenntnis hatte oder er unverzüglich tätig geworden ist, um die Information zu löschen oder den Zugang zu ihr zu sperren. Diese **Haftungsprivilegierung** gilt jedoch nach ständiger Rechtsprechung nur für Schadensersatzansprüche sowie für die strafrechtliche Verantwortlichkeit, nicht jedoch für zivilrechtliche Unterlassungsansprüche (wie z.B. § 97 Abs. 1 UrhG).[123]

68 Im Bereich der Unterlassungsansprüche hat die Rechtsprechung die **Störerhaftung** entwickelt. Danach haftet ein Host-Provider für die Rechtsverletzungen Dritter als Störer, wenn er in irgendeiner Weise willentlich und adäquat kausal zu der Rechtsverletzung beigetragen hat.[124] Um die Störerhaftung jedoch nicht über Gebühr auf Dritte zu erstrecken, setzt die Haftung die Verletzung von Prüfungspflichten voraus, deren Umfang sich danach bestimmt, inwieweit dem Betroffenen nach den Umständen eine Prüfung zuzumuten ist.[125] Der Diensteanbieter ist nicht verpflichtet, aktiv nach Rechtsverletzungen zu suchen (§ 7 Abs. 2 S. 1 TMG). Daraus wird geschlossen, dass die Störerhaftung in der Regel erst nach Kenntnis der Rechtsverletzung eintreten kann.[126] Aus diesem Grund hat sich in der Praxis das aus dem US-amerikanischen Recht stammende „Notice-and-Takedown-Verfahren" etabliert, bei dem der Host-Provider zunächst über die Rechtsverletzung in Kenntnis gesetzt wird.[127] Entfernt er den rechtsverletzenden Inhalt daraufhin nicht unverzüglich, kann der Verletzte einen Unterlassungsanspruch geltend machen.

69 Selbst wenn es sich originär nicht um eine eigene Information handelte, kann das Verhalten des Diensteanbieters nach Auffassung der Rechtsprechung dazu führen, dass er sich eine fremde Information **„zu eigen macht"**.[128] Dies hat zur Folge, dass diese Information wie eine eigene Information des Diensteanbieters behandelt wird, sodass sich die Haftung gem. § 7 Abs. 1 TMG nach den allgemeinen Grundsätzen richtet. Nach Ansicht des BGH ist hierfür erforderlich, dass der Diensteanbieter sich mit der fremden Äußerung so identifiziert, dass sie als seine eigene erscheint.[129] So macht sich beispielsweise der Betreiber einer Internetplattform für Kochrezepte urheberrechtsverletzende Inhalte, die von Dritten dort eingestellt wurden, zu eigen,

---

123 BGH MMR 2004, 668 „Internetversteigerung I"; BGH MMR 2007, 507 „Internetversteigerung II"; BGH MMR 2008, 531 „Internetversteigerung III".
124 Vgl. BGH GRUR 2002, 618 „Meißner Dekor"; BGH MMR 2004, 668 „Internetversteigerung I"; BGH MMR 2007, 507, 510 „Internetversteigerung II".
125 M.w.N. BGH MMR 2007, 507, 510 „Internetversteigerung II"; BGH MMR 2004, 529, 531 „Schöner Wetten".
126 Vgl. Hoeren/Sieber/Holznagel/*Hoeren*, Teil 18.2 Rn 28; so auch LG Hamburg MMR 2012, 404 m. Anm. *Leupold*; LG Berlin, Urt. v. 5.4.2012 – 27 O 455/11 –.
127 Vgl. zum „Notice-and-Takedown"-Verfahren nach US-Recht: *Holznagel*, GRUR Int. 2007, 971.
128 Zu den dogmatischen Bedenken dieser Rechtskonstruktion: Hoeren/Sieber/Holznagel/*Sieber/Höfinger*, Teil 18.2 Rn 39 ff.
129 BGH MMR 2009, 752, 753.

wenn er die Inhalte vor der Freischaltung kontrolliert und sich umfangreiche Nutzungsrechte einräumen lässt.[130]

F. Haftung für den Vertrieb urheberrechtsverletzender Ware

Das Anbieten urheberrechtsverletzender körperlicher Waren greift in das dem Urheber vorbehaltene Verbreitungsrecht nach § 17 Abs. 1 UrhG ein.[131] Bietet ein Online-Händler also eine rechtswidrig hergestellte oder nicht lizenzierte Kopie eines Werks zum Kauf an, würde er grundsätzlich eine Urheberrechtsverletzung begehen. 70

Unter Berücksichtigung der verfassungsrechtlich geschützten **Medienfreiheit** hat die Rechtsprechung die Haftung des Händlers für urheberrechtsverletzende Inhalte in Büchern jedoch eingeschränkt.[132] Danach scheidet eine täterschaftliche Haftung eines Online-Buchhändlers für urheberrechtsverletzende Fotografien in einem von ihm vertriebenen Buch aus, wenn er keine Kenntnis von der konkreten Rechtsverletzung hat und auch keine Umstände vorliegen, aufgrund derer sich eine Verletzung aufdrängt.[133] Er haftet darüber hinaus auch nicht als Störer, wenn er keine Prüfungspflichten verletzt hat. Grund für diese Privilegierung ist, dass Händler als technische Verbreiter von Medieninhalten faktisch nicht in der Lage sind, Urheberrechtsverletzungen zu erkennen und ihnen eine inhaltliche Kontrolle auch nicht zumutbar ist.[134] 71

Diese Haftungsprivilegierung gilt nach neuerer Rechtsprechung auch für urheberrechtsverletzende Inhalte in **E-Books**.[135] Es erscheint darüber hinaus aus verfassungsrechtlichen Gründen geboten, nicht nur Buchhändler, sondern auch andere „Medienhändler" (z.B. von DVDs, CDs usw.) in den Genuss des Haftungsprivilegs kommen zu lassen.[136] Hiervon scheint grundsätzlich auch das LG Hamburg auszugehen, gelangt im Streitfall aber dennoch zu einer Haftung für den Vertrieb einer unlizenzierten Konzert-DVD mit der Begründung, dass die fehlende Lizenzierung offensichtlich war.[137] 72

---

130 BGH GRUR 2010, 616 „marions-kochbuch.de".
131 Vgl. oben Rn 53.
132 Vgl. LG Berlin GRUR-RR 2009, 216 „Buchhändlerhaftung"; LG Hamburg GRUR-RR 2011, 249, 250 „Online-Buchhändler"; hierzu ausführlich: *Verweyen/Puhlmann/Zimmer*, GRUR-RR 2013, 372 ff.
133 LG Hamburg GRUR-RR 2011, 249, 250 „Online-Buchhändler".
134 LG Hamburg GRUR-RR 2011, 249 „Online-Buchhändler": *„Bei der Vielzahl der angebotenen Bücher ist der Buchhändler heute im Regelfall nur noch ein technischer Verbreiter, der mit dem Inhalt der Bücher nichts mehr zu tun hat. Das gilt insbesondere für den Onlinebuchhändler, der die Bücher nur noch ins Internetschaufenster einstellt."*
135 OLG München, Urt. v. 24.10.2013 – 29 U 885/13 – n.v.
136 *Verweyen/Puhlmann/Zimmer*, GRUR-RR 2013, 372, 378.
137 LG Hamburg ZUM-RD 2011, 700.

73 Umstritten ist dagegen, ob eine Haftungsprivilegierung auch bei dem Vertrieb von Waren mit **persönlichkeitsrechtsverletzenden Inhalten** bestehen kann. Nach Auffassung des LG Hamburg bleibt für ein „Buchhändlerprivileg" kein Raum, wenn ein Online-Händler einen Kalender mit Fotos eines britischen Popstars vertreibt und dadurch sein Recht am eigenen Bild verletzt.[138] Dagegen überträgt das LG Düsseldorf die Grundsätze zur Privilegierung der Verbreiter von Medienerzeugnissen und verneint die Haftung eines Online-Buchverlags für eine Verletzung des Rechts am eigenen Bild.[139]

---

[138] LG Hamburg, Urt. v. 11.10.2013 – 310 O 111/13 – „Robbie Williams-Kalender".
[139] LG Düsseldorf, Urt. v. 18.3.2009 – 12 O 5/09 –.

Dam

Kapitel 4
Vertragsgestaltung

A. Einleitung

Die Gestaltung eines Vertrags umfasst verschiedene, jede für sich sehr bedeutende Etappen.[1] Im folgenden Kapitel soll dem Online-Händler ein Leitfaden an die Hand gegeben werden, der es ihm ermöglicht, die Besonderheiten und Fallstricke der Vertragsgestaltung beim Online-Handel zu verstehen.

Denn oftmals beginnt das Problem der Vertragsgestaltung schon vor Vertragsschluss mit der Frage, zu welchem Zeitpunkt der Vertrag im Internet überhaupt geschlossen wird. Darüber hinaus muss schon im Vorfeld geklärt werden, ob die Gestaltung Allgemeiner Geschäftsbedingungen (**AGB**) für den Händler sinnvoll ist und wie diese ggf. wirksam in den Kaufvertrag einbezogen werden können. Daneben entstehen auch nach Vertragsschluss neue Problemkreise, die zur Vermeidung von Störungen des Vertragsverhältnisses nicht unterschätzt werden sollten: Aspekte der **Gefahrtragung** erlangen ebenso an Bedeutung wie das **Gewährleistungsrecht** des Käufers bei Lieferung einer mangelhaften Ware.

Neben dem gängigen Online-Handel in Form des Online-Shops sind Besonderheiten hinsichtlich spezieller Ausgestaltungsformen des sog. Fernabsatzgeschäftes wie die **Internetauktionsplattform** oder **Reverse Auctions** zu beachten, da diese als Vertriebskanäle einen besonderen Stellenwert im Online-Handel einnehmen und vielfach anderen Regelungen folgen als der Handel über den Online-Shop.

Zuletzt soll auch ein Einblick in den zunehmend an Bedeutung gewinnenden Bereich des **grenzüberschreitenden Online-Handels gegeben werden.** Denn in einer globalisierten Welt mit den unzähligen Möglichkeiten des World Wide Web nimmt auch die Nachfrage an ausländischen Online-Shops vermehrt zu. Daher soll aufgezeigt werden, vor welche Herausforderungen dies die Händler und Käufer stellt und wie diese bewältigt werden können.

B. Der Vertragsschluss

Bevor der Handel im Netz beginnt, sollte klar sein, was für ein Vertrag geschlossen wird, auf welche Art und Weise dies erfolgt und welche Konsequenzen dies mit sich zieht. Denn nur auf diese Weise ist ein rechtssicherer Handel im Netz möglich, der vor späteren Problemen mit dem Käufer schützt. Gerade im Internet erscheint der

---

[1] Ich danke meiner wissenschaftlichen Mitarbeiterin Ass. iur. *Sibel Kocatepe*, LL.M. (Köln/Istanbul) für ihre wertvolle Unterstützung bei der Verfassung dieses Beitrags.

Verkaufsprozess oft undurchsichtig und rechtlich für beide Parteien nur schwer zu durchblicken. Im Folgenden sollen daher einzelne wichtige Aspekte des Vertragsschlusses näher untersucht und verständlich gemacht werden.

I. Der Vertrag

1. Die Vertragsart: Kaufvertrag

6 Bei den gängigen Online-Shops handelt es sich um Plattformen, auf denen Online-Händler den Kaufinteressenten ihre Ware zum Kauf anbieten. Folglich handelt es sich bei der Vertragsart um einen Kaufvertrag i.S.d. § 433 BGB.

7 Bei einem Kaufvertrag verpflichtet sich der Verkäufer einer Sache zur **Übergabe** und **Eigentumsverschaffung** frei von Sach- und Rechtsmängeln, § 433 Abs. 1 BGB. Der Käufer wiederum verpflichtet sich zur **Zahlung** des vereinbarten Kaufpreises und zur **Abnahme**, § 433 Abs. 2 BGB.

2. Gesetzliche Rahmenbedingungen des Kaufvertrags

8 Die Parteien eines Kaufvertrags sind bekanntermaßen der Verkäufer und der Käufer. Damit diese auch rechtswirksam einen Vertrag abschließen können, müssen auf beiden Seiten verschiedene Voraussetzungen erfüllt sein:

9 Zunächst einmal muss die **Geschäftsfähigkeit** der Parteien gegeben sein. Was genau unter Geschäftsfähigkeit zu verstehen ist, hat der Gesetzgeber nicht legaldefiniert. Nach allgemeiner Ansicht versteht man darunter jedoch die Fähigkeit, sich selbst durch rechtsgeschäftliche Handlungen wirksam zu binden.[2]

10 Der Gesetzgeber hat mit § 104 BGB klar definiert, wer **geschäftsunfähig** ist: nämlich solche Personen, die das siebente Lebensjahr noch nicht vollendet haben und solche, die sich in einem der Natur nach nicht vorübergehenden, die freie Willensbildung ausschließenden Zustand krankhafter Störung der Geistestätigkeit befinden. Mit diesem Personenkreis ist ein Vertragsschluss ausgeschlossen.

11 Neben den Geschäftsunfähigen kennt der Gesetzgeber auch die sog. **beschränkte Geschäftsfähigkeit**, § 106 BGB. Dabei handelt es sich um Personen, die noch minderjährig sind, aber das siebente Lebensjahr schon vollendet haben. Der Vertragsschluss mit diesen Personen ist nur wirksam, wenn die gesetzlichen Vertreter eingewilligt haben, § 107 BGB. Anderenfalls ist der Vertrag zunächst **schwebend unwirksam** und hängt gem. § 108 Abs. 1 BGB von der nachträglichen **Genehmigung** der gesetzlichen Vertreter ab.[3]

---

[2] MüKo-BGB/*Schmitt*, § 104 BGB Rn 1.
[3] Heidel/Hüßtege/Mansel/Noack/*Baldus*, § 106 Rn 3.

Solmecke

Daneben muss es sich um ein **rechtlich und tatsächlich mögliches Geschäft** 12
handeln, das zudem von den Parteien auch **freiwillig**, also ohne den Einfluss von
Zwang und Drohung zustande gekommen ist.

3. Anwendung der Regelungen zum Kaufrecht

Nachdem ein Kaufvertrag zwischen den Parteien geschlossen wurde, entscheidet der 13
Kundenkreis des Online-Händlers, der aufgrund seiner gewerblichen oder selbststän-
digen Tätigkeit stets Unternehmer i.S.d. § 14 BGB ist, welche Regelungen des BGB nun
Anwendung auf den Kaufvertrag finden.

Zu unterscheiden ist dabei zwischen Verbrauchern und Unternehmern auf Käu- 14
ferseite. **Verbraucher** i.S.d. § 13 BGB ist jede natürliche Person, die ein Rechtsgeschäft zu einem Zwecke abschließt, der weder ihrer gewerblichen noch ihrer selbstständigen Tätigkeit zugerechnet werden kann. **Unternehmer** i.S.d. § 14 Abs. 1 BGB ist
eine natürliche oder juristische Person oder eine rechtsfähige Personengesellschaft,
die bei Abschluss eines Rechtsgeschäfts in Ausübung ihrer gewerblichen oder selbstständigen beruflichen Tätigkeit handelt.

So entscheidet also die Eigenschaft des Kunden als Unternehmer oder Verbrau- 15
cher darüber, ob es sich um einen Vertrag zwischen einem Unternehmer und einem
Verbraucher oder unter Unternehmern handelt. Angesichts zahlreicher **Verbraucherschutzvorschriften** hat dieser Umstand bedeutende Auswirkungen auf den Vertrieb über das Internet.

Praxistipp

Da der Kundenkreis letztlich über die Anwendbarkeit der gesetzlichen Normierungen entscheidet,
ist es empfehlenswert, die Kundenkreise Verbraucher und Unternehmer klar zu trennen und **separate Online-Shops** zu gestalten. Auf diese Weise kann der Händler bei Geschäften mit Verbrauchern
sicherstellen, dass er den zahlreichen Verbraucherschutzvorschriften nachkommt und im Rahmen der
Geschäfte mit Unternehmern von einer einfacheren und teilweise vorteilhafteren Gestaltung der Vertragsbestimmungen profitiert.

---

a) Verträge zwischen Unternehmern und Verbrauchern

Ist die Kaufmotivation der Kunden privater Natur, dann handelt es sich um Ver- 16
braucher, die mit dem Online-Händler als Unternehmer ein sog. **Business-to-
Consumer(B2C)-Geschäft** abschließen.[4]

Handelt es sich bei dem Geschäft zudem um einen Kaufvertrag über eine beweg- 17
liche Sache, wird dies als **Verbrauchsgüterkauf** bezeichnet mit der Folge, dass
zusätzlich zu den allgemeinen Regelungen des Kaufrechts auch die speziellen Nor-

---

4 MüKo-BGB/*Lorenz*, § 474 a.F. Rn 18.

mierungen der §§ 474 ff. BGB zum Schutz der Verbraucher Anwendung finden.[5] Dies gilt gem. § 474 Abs. 2 S. 2 BGB nur dann nicht, wenn es sich um eine gebrauchte Sache handelt, die in einer öffentlichen Versteigerung verkauft wird, an der der Verbraucher persönlich teilnehmen kann.

18 Der Sinn der zusätzlichen Regelungen zum Verbrauchsgüterauf ist der Verbraucherschutz. Als in der Regel gegenüber dem Unternehmer aufgrund der Unerfahrenheit und wirtschaftlich schwächeren Position benachteiligte Vertragspartei genießt der Verbraucher im deutschen Recht besonderen Schutz, der sich in den Regelungen der §§ 474 ff. BGB widerspiegelt.[6] Welche Schutzmechanismen der Gesetzgeber vorgesehen hat, wird in den einzelnen Abschnitten an der jeweiligen Stelle zusätzlich erläutert, um auf diese Weise eine Gegenüberstellung zu Verträgen unter Unternehmern zu erleichtern.

b) Verträge zwischen Unternehmern

19 Sofern die Produkte ausschließlich Gewerbetreibenden und Selbstständigen, die in gewerblicher Absicht handeln, angeboten werden sollen, finden mangels Schutzbedürftigkeit der Käufer gegenüber den Verkäufern nur die allgemeinen Regelungen des Kaufrechts Anwendung. Das sog. **Business-to-Business(B2B)-Geschäft**[7] hat für die Parteien verschiedene **Vorteile**, die an dieser Stelle nur kurz aufgezeigt werden sollen.

20 Einerseits entfallen umfangreiche Informationspflichten, die dem Verkäufer bei Geschäften mit dem Verbraucher über das Internet auferlegt werden. Andererseits muss dem gewerbsmäßig handelnden Käufer nicht das gesetzliche Widerrufsrecht der §§ 312g, 355 BGB eingeräumt werden. Die größere vertragliche Gestaltungsmöglichkeit, die sich aufgrund mangelnder gesetzlicher Restriktionen besonders in den Regelungen der §§ 308, 309 BGB zum AGB-Recht niederschlägt, erleichtert den Online-Handel für Unternehmer ebenso wie die Möglichkeit, Gewährleistungsrechte gegenüber dem Vertragspartner einzuschränken oder gar ganz auszuschließen, was bei einem Geschäft mit Verbrauchern durch die §§ 305 ff. BGB verhindert wird.

! **Praxistipp**
Eine Beschränkung auf den Kundenkreis Unternehmer ist klar zu kennzeichnen und der Vertrieb an Verbraucher auszuschließen. Darüber hinaus hat der Online-Händler zu prüfen, ob es sich bei dem Käufer tatsächlich um einen Unternehmer i.S.d. § 14 BGB handelt. Denn findet der Vertrieb auch unbeabsichtigt an einen Verbraucher statt, liegt ein Verstoß des Online-Händlers gegen zahlreiche Verbraucherschutzvorschriften vor, es sei denn, der Käufer täuscht dem Verkäufer einen gewerb-

---

5 Staudinger/*Beckmann*, N. Kauf, Rn 203.
6 Schulze/*Saenger*, § 474 a.F. Rn 1.
7 MüKo-BGB/*Lorenz*, § 474 a.F. Rn 18.

lichen Verwendungszweck der Kaufsache vor.[8] Dabei reicht ein einfacher, leicht zu übersehender Hinweis auf der Seite des Shops nach Ansicht des OLG Hamm nicht aus, vielmehr müsste dieser klar erkennbar und transparent sein.[9]

II. Der Vertragsschluss

Während des Bestellvorgangs muss sich der Käufer durch zahlreiche Seiten im Online-Shop klicken, was häufig besonders dann als unübersichtlich und irreführend empfunden wird, wenn es um die Frage geht, in welchem Moment denn nun der Vertrag bei einem Fernabsatzgeschäft geschlossen wird. Denn dieser Moment ist nicht nur für den Käufer besonders relevant, da dies für ihn zur Abnahme- und Kaufpreiszahlungspflicht führt, sondern auch für den Verkäufer, der dann ebenfalls an die Bestellung gebunden ist und die Lieferung einleiten muss. Aus diesem Grund muss der Verkäufer bei der Gestaltung seines Online-Shops im Voraus entscheiden, auf welche Art und Weise der Vertrag geschlossen werden soll. 21

1. Grundsätzliches zum Vertragsschluss

Ein Kaufvertrag kommt grundsätzlich – wie jeder andere Vertrag im bürgerlichen Recht – durch die **Abgabe zweier übereinstimmender Willenserklärungen** zustande, **Angebot und Annahme** gem. §§ 147 ff. BGB. Bei diesem zweiseitigen Rechtsgeschäft erklären die Parteien einen sich inhaltlich deckenden Willen, wonach eine bestimmte Regelung gelten solle.[10] Einfacher ausgedrückt liegt die Situation vor, dass eine Partei einen Vorschlag macht und die andere Partei ihre Zustimmung dazu erklärt. Darüber hinaus müssen die Parteien mit der Abgabe der Willenserklärungen auch deren rechtliche Verbindlichkeit wollen. 22

Wesentliches Merkmal der Vertragsgestaltung ist somit die **Einigung** der Parteien zum Zeitpunkt des Vertragsschlusses. Diese Einigkeit muss sich auf die sog. essentialia negotii erstrecken. Dabei handelt es sich um die je nach Vertragstyp variablen **wesentlichen Merkmale** eines Vertrags, über die Einigkeit herrschen muss.[11] Bei Kaufverträgen bestehen diese Mindestangaben in **Kaufgegenstand und Kaufpreis**. 23

Ist einmal nicht ganz klar, was die eine oder die andere Partei mit ihrer Erklärung ausdrücken wollte, ist der tatsächliche Wille des Erklärenden gem. §§ 133, 157 BGB durch **Auslegung** zu ermitteln.[12] 24

---

8 BGH, Urt. v. 25.1.2005 – VI ZR 112/04 – NJW 2005, 1044.
9 OLG Hamm, Urt. v. 28.2.2008 – 4 U 196/07 –.
10 Staudinger/*Bork*, Vorb. §§ 145–156 Rn 37.
11 Staudinger/*Bork*, Vorb. §§ 145–156 Rn 37.
12 Heidel/Hüßtege/Mansel/Noack/*Looschelders*, § 133 Rn 1.

25 Die Willenserklärung muss sodann von dem Erklärenden abgegeben werden. Eine **Abgabe** liegt vor, wenn der Erklärende die Erklärung nicht nur abgefasst, sondern sie auch an den Empfangsberechtigten abgesandt hat, indem er die Erklärung derart in den Rechtsverkehr gebracht hat, dass er mit ihrem Zugang beim Empfangsberechtigten rechnen konnte.[13] Dies kann auf zwei Arten erfolgen: **ausdrücklich** oder durch **schlüssiges Verhalten**. Die ausdrückliche Erklärung erfolgt entweder auf mündlichem, schriftlichem oder elektronischem Wege. Unter die Erklärung durch schlüssiges Verhalten fällt beispielsweise das kommentarlose Legen der Ware auf das Kassierband im Supermarkt, da auf diese Weise der Kassierer sofort versteht, dass der Kunde die Ware kaufen möchte. Ein Kaufvertrag durch schlüssiges Verhalten spielt zwar im Alltag eine große Rolle, jedoch nur dort, wo ein direkter Kontakt zwischen den Parteien oder dessen Vertretern oder Gehilfen besteht. Dies ist beispielsweise im Online-Handel nicht der Fall: Hier bedarf es daher aus Gründen der Rechtssicherheit **ausdrücklicher Willenserklärungen in elektronischer Form**, auf dessen Details bei den Besonderheiten des Vertragsschlusses im Internet näher eingegangen werden soll.

26 Da es sich bei dem zum Kaufvertragsschluss führenden Angebot und der Annahme um empfangsbedürftige Willenserklärungen handelt, müssen diese nach der Abgabe der jeweils anderen Partei auch zugehen. **Zugang** bedeutet dabei, dass die Erklärung so in den Herrschaftsbereich des Adressaten gelangt ist, dass davon ausgegangen werden kann, dass dieser nach gewöhnlichem Verlauf Kenntnis von der Erklärung erhält.[14] Auf eine tatsächliche Kenntnisnahme kommt es hingegen nicht an. Wann dieser Zeitpunkt nun eintritt, hängt davon ab, ob die Parteien bei Abgabe der Erklärungen beide anwesend sind oder nicht. Zunächst ist festzuhalten, dass **Anwesenheit** hier nicht körperliche Anwesenheit meint. Auch fernmündlicher Kontakt über Telefon oder Internet ist ausreichend, da allein entscheidend ist, dass die Zeitpunkte von Abgabe und Zugang der Willenserklärung zeitlich nahezu zusammenfallen.

27 Sind Erklärender und Erklärungsempfänger also beide anwesend, so gilt die Erklärung nach der nach allgemeiner Ansicht vertretenen sog. **eingeschränkten Vernehmungstheorie** dann als zugegangen, wenn der Erklärende sie verständlich abgegeben hat und er keine Zweifel daran hat, dass sein Gegenüber ihn auch richtig verstanden hat.[15] Wenn dieser ihn dennoch nicht richtig verstanden hat, so fällt dies in die Risikosphäre des Erklärungsempfängers, da der Erklärende alles in seiner Macht stehende getan hat, um rechtssichere Umstände zu schaffen.

28 Da der Fall der nicht anwesenden Parteien deutlich konfliktträchtiger ist, hat der Gesetzgeber mit § 130 Abs. 1 S. 1 BGB normiert, dass eine Willenserklärung unter Abwesenden dann als zugegangen gilt, wenn sie ihm zugeht, also so in den Herrschaftsbereich des Adressaten gelangt ist, dass davon ausgegangen werden kann,

---

13 Heidel/Hüßtege/Mansel/Noack/*Faust*, § 130 Rn 5.
14 MüKo-BGB/*Einsele*, § 130 Rn 27.
15 MüKo-BGB/*Einsele*, § 130 Rn 27.

dass dieser nach gewöhnlichem Verlauf Kenntnis von der Erklärung erhält.[16] Wann nach gewöhnlichem Verlauf eine Kenntnisnahme zu erwarten ist, ist nicht immer einfach zu beurteilen.

> **Beispiel**
> Schickt ein Käufer einem Händler eine E-Mail abends um 23 Uhr, so erfolgt der Zugang nicht mehr um 23 Uhr, sondern erst am nächsten Tag um die Uhrzeit, zu der der Händler für gewöhnlich seine E-Mails kontrolliert. Dies ist für die Einhaltung von Fristen besonders relevant.

Hat schließlich die eine Partei eine Willenserklärung in Form eines Angebots abgegeben, die der anderen Partei auch zugegangen ist, so muss die andere Vertragspartei die **Annahme** erklären, § 147 BGB. Auch die Annahme stellt eine Willenserklärung dar, die abgegeben werden und der anderen Partei auch zugegangen sein muss. Dabei bestimmt § 147 BGB die Annahmefrist, wonach eine Annahme bei Anwesenden nur sofort erfolgen kann, § 147 Abs. 1 S. 1 BGB, und bei Abwesenden innerhalb der Zeit erfolgen muss, in der der Antragende die Antwort unter regelmäßigen Umständen erwarten darf, § 147 Abs. 2 BGB. 29

Liegen nun ein Angebot sowie eine Annahme vor und stimmen die Parteien in ihrem Willen, die Kaufsache zu veräußern bzw. zu erwerben, in allen wesentlichen Details überein, dann liegt ein wirksamer Vertragsschluss vor. 30

2. Besonderheiten des Vertragsschlusses im Internet

Der Vertragsschlussmechanismus von Angebot und Annahme klingt zwar recht einfach, wenn wir es mit zwei körperlich anwesenden Parteien zu tun haben, bereitet rechtlich jedoch dann Schwierigkeiten, wenn der Vertrag über das Internet abgeschlossen werden soll. Welche Besonderheiten es dabei zu kennen und zu beachten gilt, soll im Folgenden erläutert werden. 31

> **Fettnapf**
> Klarheit über den Vertragsschlussmechanismus zu haben, ist nicht nur für den Verkäufer von Interesse, sondern muss von ihm bei Geschäften mit Verbrauchern diesen auch mitgeteilt werden, da es sich dabei um eine Informationspflicht i.S.d. § 312i Abs. 1 Nr. 2 BGB i.V.m. Art. 246c Nr. 1 EGBGB handelt.

a) Der Vertragsschlussmechanismus

In einer Vielzahl von Fällen gestaltet sich die Vertragsanbahnung durch ein Aufrufen des Online-Shops in der Praxis auf Initiative des Käufers: Dieser schaut sich die 32

---

16 MüKo-BGB/*Einsele*, § 130 Rn 17.

dort präsentierten Produkte an und legt die für ihn interessanten Waren zum späteren Erwerb in seinen virtuellen Warenkorb. Nach Abschluss des Auswahlvorgangs bestätigt der Käufer die Liste, gibt seine persönlichen Daten an und nimmt dann den verbindlichen Kauf vor, indem er auf Buttons wie „Kaufen" oder „Bestellen" klickt. Im Anschluss daran erhält der Käufer meist per E-Mail eine automatische Bestellbestätigung und kurze Zeit darauf eine weitere E-Mail mit den Angaben zu Rechnung und Versand – so der tatsächliche Vorgang, wie ihn wohl jeder schon einmal vorgenommen hat.

33 Doch was in der Praxis so einfach ist, ist rechtlich durchaus diskutabel. Denn es stellt sich die Frage, wer nun nach dem bereits erläuterten Vertragsschlussmodell hier die Angebots- und wer die Annahmeerklärung abgegeben hat – der Käufer oder der Verkäufer? Dabei gibt es verschiedene, im Folgenden darzustellende Möglichkeiten:

34 Zunächst könnte man in dem **Einstellen der Ware** des Verkäufers in den Online-Shop ein **verbindliches Angebot** sehen, das der Käufer dann durch die Durchführung des Bestellvorgangs verbindlich annimmt.[17] Ein Vertragsschluss läge dann vor und würde die bereits erläuterten Verpflichtungen der Parteien nach sich ziehen: Kaufpreiszahlung sowie Übergabe und Übereignung nach § 433 BGB. Voraussetzung dafür ist jedoch, dass der Käufer von einem verbindlichen Angebot des Verkäufers ausgehen kann. Erforderlich ist dafür, dass die Willenserklärung den Willen, sich rechtlich zu binden (sog. **Rechtsbindungswille**), enthält.

Beispiel
Von einem Rechtsbindungswillen kann der Käufer dann ausgehen, wenn es sich um Produkte wie eine downloadbare Software handelt, die beliebig oft verkauft werden kann oder es bei begrenzt vorhandenen Waren Anhaltspunkte dafür gibt, dass es zu einem automatischen Abgleich von Website und Warenlager des Online-Händlers kommt. Dieser könnte beispielsweise in der Angabe der verbleibenden Stückzahl des Produkts gesehen werden. Denn in den Fällen ist davon auszugehen, dass der Händler Interesse an jedem möglichen Vertragsschluss hat, da er ihn auch erfüllen kann.

35 Doch ist dieses einfache Modell des Vertragsschlusses **auch im Interesse beider Parteien**? Für den Käufer ist die Rolle des Anbietenden oder Annehmenden insofern relevant, als er bei der Rolle des Annehmenden die letzte Handlung vornimmt, die zum Vertragsschluss führt, dieser also nur von ihm abhängig ist. Hat er die Rolle des Anbietenden, muss noch der Verkäufer zustimmen – im Zweifel kommt der Kauf nicht zustande.

36 Die viel weitreichenderen rechtlichen Konsequenzen hat das Vertragsschlussmodell für den Verkäufer. Denn dieser muss nach dem soeben dargestellten Prinzip die Verträge mit allen denen erfüllen, die auf „Bestellen" oder „Kaufen" geklickt

---

[17] Für vertiefte Hinweise zum Vertragsschluss im Internet siehe auch Hoeren/Sieber/Holznagel/*Kitz*, Teil 13.1, Rn 80 ff.

Solmecke

haben. Dies ist auch das entscheidende Kriterium, wonach es sinnvoll ist, dem Verkäufer das Letztentscheidungsrecht zu geben. So kann er vor Absenden der Annahmeerklärung noch einmal die tatsächlichen Daten wie beispielsweise den Preis mit dem Angebotspreis abgleichen, seinen Warenbestand überprüfen oder Bonitätsprüfungen durchführen.

Praxistipp
Diese Art des Vertragsschlusses ist besonders dann sinnvoll, wenn von einer Ware nur eine geringe Anzahl vorhanden ist, es sich um Einzelstücke handelt oder besonders wertvolle Verkaufsgegenstände angeboten werden. Weniger Relevanz hat ein solches Vorgehen beispielsweise beim Verkauf von Softwarelizenzen im Niedrigpreissektor. Denn hier kann das Produkt von beliebig vielen Personen in beliebiger Anzahl erworben werden. Das Problem der Nichterfüllung des Vertrags kann daher so nicht entstehen.

Darüber hinaus wird auf diese Weise verhindert, dass der Verkäufer sich schadensersatzpflichtig macht, wenn er mehr Kaufverträge geschlossen hat, als erfüllen kann. 37

Beispiel
Stellt der Verkäufer ein häufig nachgefragtes Produkt, von dem er zehn Stück vorrätig hat, in seinen Online-Shop und wird dieses Angebot beispielsweise über Nacht zwölf Mal bestellt, so wurden auch zwölf Kaufverträge geschlossen, wenn man das Einstellen der Ware als verbindliches Angebot des Verkäufers hält. Hinsichtlich der zwei Kaufverträge, deren Erfüllung dem Verkäufer dann nicht möglich ist, hat er sich damit wegen Nichterfüllung schadensersatzpflichtig gemacht.

Dieser Aspekt macht den Verkäufer besonders schutzwürdig, weshalb die Rechtsprechung im gängigen Fall des Online-Handels nicht von einem verbindlichen Angebot, sondern einer **sog. invitatio ad offerendum** ausgeht.[18] Danach stellt das Einstellen und Freischalten eines Angebots in den Online-Shop – ähnlich wie das Ausstellen der Ware in einem realen Verkaufsraum oder in einem Versandhandelskatalog – **eine Aufforderung zur Abgabe eines Angebotes** an eine unbestimmte Vielzahl von Kaufinteressenten dar. Die potenziellen Käufer geben dann mit Durchführung des Bestellvorgangs einen Antrag zum Vertragsschluss i.S.d. § 145 BGB ab. Dieses Angebot muss dann vom Verkäufer noch angenommen werden, damit ein verbindlicher Vertragsschluss vorliegt. 38

Auch wenn der Verkäufer sein Produkt mit Schriftzügen wie „Angebot des Tages", „Heute im Angebot" oder auch „Sonderangebot" versieht, so stellt dies kein zum Vertragsschluss führendes Angebot im Sinne einer Willenserklärung nach § 145 BGB dar, sondern lediglich eine Werbemaßnahme. 39

Etwas anderes gilt nur dann, wenn der Online-Shop so gestaltet ist, dass erkennbar ist, dass es sich um eine Ware handelt, die nur in **begrenzter Stückzahl** vor- 40

---

18 LG Darmstadt, Urt. v. 11.4.2008 – 17 O 419/07 –.

handen ist und die Seite technisch so aufgebaut ist, dass eine Bestellung nach Erreichen der maximalen Stückzahl nicht mehr möglich ist. Denn dann ist der Verkäufer hinsichtlich seiner Vorratshaltung nicht mehr schutzwürdig, weshalb die Rechtsprechung das Freischalten der Angebotsseite als Angebot des Verkäufers qualifiziert. Demnach ist der Kaufvertrag mit der Bestellung als Annahme abgeschlossen und bedarf keiner weiteren Bestätigung des Verkäufers mehr.

> **Fettnapf**
> Auch beim Online-Händler Amazon sind die Angabe der vorhandenen Stückzahl und die Reduzierung dieser Zahl nach jeder Bestellung bis hin zur Angabe „Derzeit nicht verfügbar" beim vollständigen Abverkauf des Warenstocks gängige Praxis. Doch wer glaubt, dass es sich deshalb um ein verbindliches Angebot handelt, der irrt. Ein Blick in § 2 der Verkaufsbedingungen von Amazon zeigt, dass es sich darin den Vertragsschluss vorbehält.[19] Damit handelt es sich im Fall von Amazon auch nach Ansicht des LG Berlin doch nur um eine unverbindliche invitatio ad offerendum. Danach kommt der Vertrag auch in diesem Fall erst mit Annahme des Angebots durch Amazon zustande, was durch die Versendung einer den Vertragsschluss bestätigenden E-Mail erfolge.[20]

---

41 Nachdem nun klar ist, wer die antragende und wer die annehmende Partei ist, gilt es nun zu untersuchen, wie die Einigung der Parteien im Detail technisch und zeitlich erfolgt.

b) Willenserklärungen im Internet

42 Die Einigung erfolgt auch im Internet über Willenserklärungen der Parteien. Eine grundlegende Änderung erfahren die Regelungen zur Willenserklärung im Internet nicht. Wohl aber müssen in Anbetracht technischer Elemente einige Modifikationen vorgenommen werden.

43 Eine Willenserklärung setzt auch im Internet die Erklärung der Parteien eines auf die unmittelbare Herbeiführung einer Rechtsfolge gerichteten Willens voraus. Ob dies in der Praxis letztlich per E-Mail, in einem Chat oder per Mausklick erfolgt, ist für die Wirksamkeit der Willenserklärung irrelevant.

44 Besonders relevant ist jedoch, dass diese Erklärung tatsächlich abgeben wird und auch zugeht. Wie die **Abgabe und der Zugang von Willenserklärungen im Internet** technisch erfolgen, soll im Folgenden näher dargestellt werden.[21]

45 Die **Abgabe** erfolgt beispielsweise bei elektronischen Dokumenten, die fernmündlich übertragen werden, wenn der Erklärende den letzten Schritt getan hat, um die Erklärung elektronisch auf den Weg zu bringen. Dies stellt sich bei **E-Mails** bei-

---

19 Die Verkaufsbedingungen sind einsehbar unter http://www.amazon.de/gp/help/customer/display.html?nodeId=505048#Verkaufsbedingungen.
20 LG Berlin, Urt. v. 24.5.2007 – 16 O 149/07 –.
21 Für vertiefte Hinweise siehe auch *Redeker*, Rn 861.

spielsweise so dar, dass von einer Abgabe auszugehen ist, wenn der Erklärende auf den „Senden"-Button geklickt hat.

Für einen wirksamen Vertragsschluss muss auch ein **Zugang** dieser Willenserklärung beim Erklärungsempfänger sichergestellt werden. Wie bereits erläutert, ist hier die An- bzw. Anwesenheit der Parteien entscheidendes Kriterium zur Beurteilung des Zugangsmoments. Im Internet handelt es sich regelmäßig um einen **Zugang unter Abwesenden**, da selten ein direkter kommunikativer Kontakt zwischen den beiden Parteien entsteht. Soweit dieser doch einmal besteht, ist von einem Zugang dann auszugehen, wenn die Willenserklärung die Schnittstelle zum Rechner des Erklärungsempfängers überschreitet. 46

In den übrigen, häufiger anzutreffenden Fällen der Abwesenheit besteht Uneinigkeit darüber, wann ein Eintritt in den Machtbereich gegeben ist. Beim **E-Mail-Verkehr** gelangt die Willenserklärung in den Machtbereich des Empfängers, wenn sie auf dem E-Mail-Account des Empfängers eingeht, da ab diesem Zeitpunkt der Abruf durch den Empfänger möglich und vorgesehen ist. Hinsichtlich der Frage, wann mit der Kenntnisnahme einer E-Mail zu rechnen ist, ist entscheidend, wie oft der durchschnittliche Empfänger üblicherweise sein elektronisches Postfach kontrolliert. Zur Beantwortung dieser Frage wird zwischen geschäftlicher und privater Nutzung differenziert. Während von einem Abruf in regelmäßigen und kurzen Abständen ausgegangen wird und daher von einem Zugang ausgegangen werden kann, wenn die Nachricht im Postfach des Empfängers beim Internetprovider zu den gewöhnlichen Geschäftszeiten eingeht, muss bei privaten Nutzern von der Notwendigkeit einer Einzelfallentscheidung ausgegangen werden. 47

Nachdem geklärt wurde, wie Willenserklärungen im Internet abgegeben werden und zugehen, stellt sich nun die Frage, wie im Detail im Online-Shop verbindliche Angebots- und Annahmeerklärungen erfolgen. 48

aa) Das Angebot des Käufers

In einem Online-Shop gilt das Angebot dann als abgegeben, wenn der Käufer nach dem Ausfüllen der Bestellmaske im letzten Schritt auf den **„Kaufen"-Button** klickt. Denn in diesem Moment hat der Erklärende die Erklärung nicht nur abgefasst, sondern sie auch an den Empfangsberechtigten abgesandt, indem er die Erklärung derart in den Rechtsverkehr gebracht hat, dass er mit ihrem Zugang beim Verkäufer als Empfangsberechtigten rechnen konnte. 49

Fettnapf !
Das Legen der Produkte in den virtuellen Warenkorb allein stellt noch nicht die Abgabe eines Angebots dar, da dieser jederzeit vom Käufer wieder verändert bzw. ganz gelöscht werden kann.

---

bb) Die Annahmeerklärung des Verkäufers

50 Deutlich schwieriger gestaltet sich die Frage, in welchem Moment das Angebot des Käufers auch durch den Käufer angenommen wird – bereits mit der Bestellbestätigung per E-Mail oder erst mit elektronischer Zusendung einer Versandbestätigung oder doch erst mit der Auslieferung der Ware?[22] Diese Frage kann so pauschal nicht beantwortet werden und ist im Einzelfall zu beurteilen.

51 Wie in vielen Fällen entscheiden wenige Worte über die Verbindlichkeit der Kommunikation. Aus diesem Grund sollen im Folgenden einige in der Praxis sehr häufig verwendete E-Mail-Nachrichten von Online-Händlern an ihre Kunden genauer auf ihre juristischen Konsequenzen hin untersucht werden.

Beispiel

„Vielen Dank für Ihre Bestellung, die wir erhalten haben."

52 Diese Formulierung stellt noch keine verbindliche Annahmeerklärung dar, da es sich erkennbar um eine automatisch generierte und für alle Bestellungen auf dem Online-Shop programmierte Nachricht handelt, die allein vermitteln soll, dass der Bestellvorgang technisch einwandfrei abgelaufen ist und das Angebot des Käufers den Verkäufer erreicht hat. Ein Rechtsbindungswille lässt sich dabei jedoch eindeutig nicht erkennen, weshalb auch kein Vertrag zustande kommt. Eine solche einfache Bestellbestätigung kann allen Online-Händlern empfohlen werden, wenn diese nur den Empfang der Bestellung bestätigen, sich aber nicht binden möchten.

Beispiel

„Vielen Dank für Ihre Bestellung, die wir erhalten haben. Wir werden diese in Kürze durch einen unserer Mitarbeiter überprüfen lassen und nach dessen Freigabe zum Versand vorbereiten. In diesem Fall erhalten Sie eine separate Versandbestätigung."

53 Diese Formulierung zeigt klar, dass der Verkäufer zunächst nur den Eingang der Bestellung bestätigen möchte und sich die Annahme aber noch bis zur Überprüfung und Freigabe vorbehält. Erst wenn diese positiv erfolgt ist, erhält der Käufer eine Versandbestätigung, die dann als verbindliche Annahmeerklärung zu qualifizieren ist. Bis dahin fehlt es jedoch an einer verbindlichen Annahme und damit auch an einem Kaufvertrag.

---

22 BGH, Urt. v. 26.1.2005 – VIII ZR 79/04 – WRP 2005, 503, 505; *Dethloff*, Jura 2003, 730, 732; *Mankowski*, EWiR 2003, 961; *Schneider*, K&R 2001, 344, 345; *Fritsche*, NJ 2002, 169, 171 f.

> **Beispiel**
>
> „Wie bedanken uns für Ihre Bestellung, die nun unter der Kundennummer 12345XYZ zum Versand vorbereitet wird, und wünschen Ihnen viel Freude mit der Sie in Kürze erreichenden Lieferung."

Anders als bisher stellt eine solche Formulierung ganz klar die Bestätigung der Bestellung und nicht nur dessen Empfang dar, da hier dem Kunden suggeriert wird, dass die Ware vorrätig ist, der Verkäufer das Angebot annehmen möchte und daher alles Erforderliche für die Auslieferung in die Wege leitet. Eine solche Formulierung ist erst im zweiten Schritt, also nach tatsächlicher Prüfung der Bestellung, empfehlenswert.

> **Beispiel**
>
> „Vielen Dank für Ihre Bestellung, die wir erhalten haben. Zur Abwicklung der Bestellung überweisen Sie bitte den unten ausgewiesenen Rechnungsbetrag auf die ebenfalls unten ausgewiesene Bankverbindung."

Auch dieses Beispiel lässt einen Rechtsbindungswillen erkennen, da die Aufforderung zur Bezahlung als Gegenleistung zur Lieferung auf einen Annahmewillen des Verkäufers schließen lässt. Daher sollte auch diese Formulierung nur dann gewählt werden, wenn auch tatsächlich eine Auslieferung erfolgen soll. Anderenfalls gilt der Vertrag nämlich trotzdem als geschlossen.

> **Beispiel**
>
> Nach der Versendung der einfachen Bestellbestätigung wird die Ware ohne weitere Kommunikation an den Besteller ausgeliefert.

Die Versendung der Bestellung stellt eine Annahme des Vertragsangebots durch schlüssiges Verhalten dar und führt ebenfalls zum Vertragsschluss. Zu dieser Vorgehensweise ist nur dann zu raten, wenn keinerlei Überprüfungen mehr nötig sind. Der Nachteil ist jedoch, dass manche Kunden bereits nach Erhalt der Versandbestätigung von ihrem Widerrufsrecht Gebrauch machen, was dem Händler dann ggf. den nicht mehr notwendigen Versand mit den dabei anfallenden Kosten ersparen kann. Bei dieser Variante bietet sich dem Käufer eine solche Möglichkeit jedoch nicht.

3. Sonderfall: Internetauktionsplattformen

Internetauktionsplattformen wie eBay haben im Rahmen des Online-Vertriebs mittlerweile einen hohen Stellenwert und tragen zu einem beträchtlichen Absatz der Unternehmer bei. In ihrer rechtlichen Ausgestaltung unterscheiden sie sich jedoch von den gängigen Online-Shops. Worin nun genau diese Unterschiede liegen und welche Konsequenzen das für die Beteiligten hat, soll im Folgenden erklärt werden.

58 Zunächst einmal ist festzuhalten, dass hier – anders als bei der bisher erläuterten Konstellation des Vertragsschlusses – drei statt bisher zwei Personen an dem Geschäft beteiligt sind. Hinzu kommt nämlich der **Plattformbetreiber**, der zum Verkäufer personenverschieden ist. Dieser stellt seine Internetseite als Verkaufsplattform einer Vielzahl von Verkäufern zur Verfügung und nimmt maßgeblich beispielsweise durch seine AGB Einfluss auf das Zustandekommen und die Abwicklung des Geschäfts.

59 Darüber hinaus besteht ein wesentlicher Unterschied in dem Zustandekommen des Vertrags. Hierbei muss jedoch zwischen den Möglichkeiten des **Ersteigerns** und des sog. **Sofortkaufs** unterschieden werden.

a) Internetauktion

60 Während bei den üblichen Online-Shops das Einstellen der Ware mangels Rechtsbindungswillen des Verkäufers nur eine **Aufforderung zur Abgabe eines Angebots** (sog. invitatio ad offerendum) des Verkäufers an den Käufer darstellen soll, liegen in den Fällen der Internetauktionsplattformen durchaus bindende Willenserklärungen der Parteien vor. Diese fallen nicht unter die Regelung des § 156 BGB zur Versteigerung, sondern unter das bereits bekannte System von Angebot und Annahme nach §§ 145 ff. BGB.[23]

61 Im Falle der Internetauktionsplattform eBay hat der BGH[24] entschieden, dass der Erklärungsinhalt der Willenserklärungen der Parteien gem. §§ 133, 157 BGB im Einklang mit den Bestimmungen über den Vertragsschluss in § 7 der AGB von eBay, denen die Parteien vor der Teilnahme an der Internetauktion zugestimmt hatten, gestanden habe. Danach sei ein Zuschlag i.S.d. § 156 BGB in diesen AGB nicht vorgesehen und sei auch von eBay nicht erteilt worden. Der Grund dafür liege darin, dass es auch einer den Zuschlag begründenden Willenserklärung durch einen Auktionator fehle sowie die Online-Auktion zudem durch Ablauf der Auktionszeit und nicht durch den Zuschlag des Auktionators erfolge.[25]

62 Im Detail erfolgt der Vertragsschluss dann durch die verbindliche **antizipierte Annahme des Höchstgebots** eines Käufers durch den Verkäufer.[26] Dabei stellt das Einstellen und Freischalten der Ware eine verbindliche Willenserklärung an eine noch unbestimmte Person (ad incertam personam) dar mit dem verbindlichen Inhalt, das Gebot der Person anzunehmen, die das höchste wirksame Gebot abgegeben hat, wobei die Person als solche nicht von Interesse für die Motivation zum Vertragsschluss ist. Entscheidend ist allein die Höhe des Gebots und dieses Kriterium ist für die Nutzer der Plattform auch erkennbar, weshalb eine solche Art des Vertragsschlusses auch den Bestimmtheitserfordernissen gerecht wird.

---

23 Spindler/Schuster/*Spindler/Anton*, § 156 BGB Rn 4.
24 BGH, Urt. v. 3.11.2004 – VIII ZR 375/03 –.
25 BGH, Urt. v. 3.11.2004 – VIII ZR 375/03 –.
26 *Ulrici*, NJW 2001, 1112, 1113.

Gemein haben die beiden Vertragsschlussmechanismen jedoch, dass wieder der Käufer das Angebot abgibt und der Verkäufer die Annahme erklärt. Ein wesentlicher Unterschied besteht nur in der Reihenfolge: Bei Internetauktionsplattformen gibt der Verkäufer die Annahmeerklärung schon antizipiert, also schon vor dem Angebot des Käufers, ab. Damit ist der Kaufvertrag bereits auch schon vor Ablauf der Auktionszeit geschlossen, wenn es sich bereits um das Höchstgebot handelte. Aus Gründen der Rechtssicherheit sind die einmal abgegebenen Erklärungen verbindlich und nicht widerruflich.

Fettnapf
Der geschlossene Vertrag ist auch dann wirksam, wenn zwischen dem Höchstgebot und dem Wert der Ware ein krasses Missverhältnis besteht. Dies allein fällt weder unter den Sittenwidrigkeits- oder Wuchertatbestand des § 138 Abs. 1 BGB, noch verstößt es gegen Treu und Glauben gem. § 242 BGB. Das Geschäft bleibt darüber hinaus auch dann wirksam, wenn der Verkäufer den erhofften Kaufpreis nicht erzielt, da dieser Umstand als unbeachtlicher Motivirrtum nicht zur Anfechtung berechtigt.[27]

b) Der „Sofortkauf"

Von den Auktionen zu trennen ist die Möglichkeit des „Sofortkaufs", die ebenfalls häufig bei Anbietern von Auktionsplattformen zu finden ist.[28] Diese Vertriebsmöglichkeit wird aber von der Rechtsprechung anders als das gängige Angebot in Online-Shops dann nicht als invitatio ad offerendum, sondern als **verbindliches Verkaufsangebot** eingeordnet, wenn anhand des technischen Aufbaus der Website erkennbar ist, dass nur eine begrenzte Menge des jeweils angebotenen Produkts vorliegt, eine weitere Bestellung des Produkts nach Erreichen der maximalen verfügbaren Stückzahl aufgrund gezielter technischer Programmierung tatsächlich nicht möglich ist und der Käufer das Produkt sofort beispielsweise mittels PayPal, Kreditkarte oder Lastschriftverfahren bezahlen kann. In diesen Fällen ist der Verkäufer hinsichtlich seiner Vorratshaltung nicht mehr schutzwürdig, weshalb die Rechtsprechung das Freischalten der Angebotsseite als Angebot und die Betätigung des „Sofortkauf"-Buttons als Annahme durch den Käufer qualifiziert. Demnach ist der Kaufvertrag mit der Bestellung abgeschlossen und bedarf keiner weiteren Bestätigung des Verkäufers mehr.

Praxistipp
Das Vorliegen einer begrenzten Menge ist beispielsweise daran erkennbar, dass das Produkt mit der Angabe der noch vorrätigen Stückzahl versehen wird, die sich automatisch nach einer Bestellung verringert. Von dieser technischen Möglichkeit sollte jedoch der Händler keinen Gebrauch machen, der sich den Vertragsschluss aufgrund der bereits erläuterten Risiken vorbehalten möchte.

---

27 OLG Köln, Urt. v. 8.12.2006 – 18 U 10906 –.
28 Für vertiefte Hinweise siehe auch Heidel/Hüßtege/Mansel/Noack/*Kremer*, § 156 Rn 9.

4. Sonderfall: E-Reverse Auctions

65 Unter den sog. E-Reverse Auctions versteht man **umgekehrte Onlineauktionen**, bei denen die Versteigerung eines begrenzt vorrätigen Produkts mit einem Ausrufpreis beginnt, welcher dann in bestimmten Zeitabschnitten um einen festgelegten Preis gesenkt wird.²⁹ Wer als Erster bereit ist, den Preis zu bezahlen und auf „Bieten" klickt, erhält auch den Zuschlag. Es erhält also der den Zuschlag, der bereit ist, die Ware zum geringsten Grad der Reduzierung zu kaufen. Wer bei diesem Prinzip zu lange auf eine noch weitere Reduzierung wartet, läuft Gefahr, leer auszugehen.

Beispiel
Auf einer Internetplattform stellt der Verkäufer V einen nur einmal vorhandenen Tonkrug zum Verkauf. Als Startpreis gibt er dabei 100 € an. Im Abstand von einer Stunde verringert sich der Preis des Kruges um je 10 €. Die Interessenten X, Y, Z verfolgen diese Preissenkungen und in dem Moment, in dem der Preis auf 60 € fällt, klickt Z als Erster auf „Bieten" und erhält den Zuschlag.

66 Neben der Versteigerung von Waren wird das System der umgekehrten Versteigerung auch häufig im **Dienstleistungsbereich** als Vergabeverfahren genutzt. Das System ist dabei jedoch etwas anders. Besonders bekannt ist die für Handwerker initiierte Plattform myhammer, bei der zunächst ein Auftraggeber das Maximalgebot für einen Auftrag angibt, welchen die an dem Auftrag interessierten Handwerker unterbieten müssen. Den Zuschlag erhält der Dienstleister, der bei Ablauf der Auktionszeit das niedrigste Angebot angegeben hat. Nach § 12.1 der AGB für die Nutzung des Internetdiensts myhammer³⁰ kommt der Vertrag unter zwei Möglichkeiten zustande: Sofortvergabe oder automatische Vergabe.

67 Bei der **Sofortvergabe** stellt die Erklärung des Auftraggebers eine unverbindliche Aufforderung zur Abgabe eines Angebots dar. Gibt der Handwerker dann ein Angebot ab, kann der Auftraggeber dieses sofort annehmen, womit ein Vertragsschluss vorläge.

68 Bei der **automatischen Vergabe** kommt der Vertrag jedoch nicht sofort zustande. Denn um den Besonderheiten des Auftragsmarkts gerecht zu werden, wird dem Auftragnehmer nur ein vorläufiger Zuschlag erteilt. Dies bedeutet, dass der Auftraggeber sich innerhalb von 14 Tagen nach Ende der Auktion für einen anderen Bieter entscheiden kann. Tut er dies nicht, kommt der Vertrag mit ihm und dem Niedrigstbietenden zustande.

Beispiel
Der Bauunternehmer B möchte einen Auftrag für die Deckung des Dachs an einem Gebäude vergeben. Diesen Auftrag stellt er mit allen relevanten Auftragsdetails auf der Internetplattform myhammer ein. Als Maximalgebot gibt er 25.000 € an, da dies der Maximalbetrag ist, den er bereit ist, an den Auf-

---

29 Heidel/Hüßtege/Mansel/Noack/*Kremer*, § 156 Rn 10.
30 Siehe http://a.myhcdn.net/live/structure/agb_080829.pdf.

tragnehmer zu zahlen. Die diesen Auftrag sehenden Dachdecker X, Y und Z unterbieten dieses Gebot mehrfach um je 1.000 €. Im Moment des Endes der Auktionszeit hat Y mit 21.500 € das niedrigste Gebot abgegeben und erhält den vorläufigen Zuschlag. Da X nach Erkundigungen über die Arbeitsqualität und die Zuverlässigkeit des Y sich mit dem Bieter zufrieden zeigt, lässt er die 14-Tages-Frist verstreichen, womit der Werkvertrag automatisch zustande kommt.

III. Die Bestandteile des Vertrags

Um von einem wirksamen Abschluss eines Kaufvertrags ausgehen zu können, ist es erforderlich, dass sich die Parteien über alle wesentlichen Punkte des Geschäfts geeinigt haben, sog. **essentialia negotii**.[31] Diese bestehen bei einem Kaufvertrag in der **Einigung über den Kaufgegenstand und dessen Preis**, die Modalitäten der **Übergabe und Übereignung der Kaufsache** und denen zur **Zahlung des Kaufpreises**. 69

Um sicherzustellen, dass eine Einigung über den Vertragsgegenstand erfolgt ist, ist eine ausführliche und richtige Produktbeschreibung unerlässlich. Für die Klärung der Aspekte der Übergabe und Übereignung der Kaufsache ist die Vereinbarung der Lieferbedingungen maßgeblich, für die Zahlung des Kaufpreises die Absprache zur Zahlungsabwicklung. Wie diese im Einzelnen aussehen und was sie beinhalten müssen, wird im Folgenden näher dargestellt. 70

1. Produktbeschreibung

Wer einen einerseits rechtssicheren und andererseits kundenfreundlichen Online-Shop auf die Beine stellen möchte, sollte auf eine Sache besonderen Wert legen: die Gestaltung des Warenangebots. Denn hieran sind hohe Anforderungen geknüpft. 71

a) Beschreibung der Kaufsache

Zunächst einmal sollte eine ausführliche Produktbeschreibung die Ware vollständig und korrekt darstellen, § 312d Abs. 1 BGB i.V.m. Art. 246a § 1 Abs. 1 S. 1 Nr. 1 EGBGB. In diesem Rahmen ist ein individueller Text zu verfassen, der die wesentlichen Merkmale des Produkts wie Hersteller, Typ, Qualität, Mängel, Zustand, Verwendungszweck, Maße, Gewicht, Material, Farbe etc. widergibt. Dieser Produkttext sollte dann, mit Bildern des Produkts gepaart, dem Kunden eine möglichst genaue Vorstellung von der Ware vermitteln, um diesem eine geeignete Entscheidungsgrundlage beim Kauf zu bieten. 72

---

31 Staudinger/*Bork*, Vorb. §§ 145–156 BGB Rn 37.

Solmecke

> **Fettnapf**
> Bei der Verwendung von Abbildungen ist an die Wahrung des Urheberrechts zu denken – Abbildungen des Herstellers oder von Dritten dürfen nicht ohne Weiteres benutzt werden.[32] Darüber hinaus sollten sie möglichst originalgetreu sein und Merkmale wie Farbe sowie Zustand des Produkts realistisch widerspiegeln.

73 Handelt es sich um gebrauchte oder fehlerhafte Waren, so ist darauf zu achten, dass diese dementsprechend kenntlich zu machen sind, um eine Irreführung der Kunden zu vermeiden.

> **Praxistipp**
> Bezeichnungen wie „B-Ware" oder „2. Wahl" sind gängige Bezeichnungen, die kenntlich machen, dass es sich zwar um Neuware handelt, diese aber bereits Schäden wie beispielsweise Lagerschäden oder Produktionsfehler beinhaltet und aus diesem Grund zu einem vergünstigten Preis angeboten wird. Wer mit solchen gängigen Bezeichnungen arbeitet, sorgt für mehr Transparenz und verhindert Missverständnisse. Die Begrifflichkeiten müssen jedoch auch richtig verwandt werden!

74 Um sicherzugehen, dass die Produktbeschreibung alle wesentlichen Aspekte umfasst, ist eine Orientierung an folgender Checkliste ratsam:

> **Checkliste**
> - Produktabbildung,
> - Produktbezeichnung inkl. Hersteller- und Typenbezeichnung,
> - wichtige technische Daten des Produkts,
> - Qualitätsmerkmale,
> - Fehler an der Ware.

b) Preisangaben

75 Von ebenfalls hoher Bedeutung sind die Angaben des Verkäufers zum Preis des Produkts, über die der Käufer vor Abschluss des Bestellvorgangs informiert werden sollte. Was so einfach klingt, führt in der Praxis immer wieder zu Problemen. Aus diesem Grund hat der Gesetzgeber mit der Preisangabenverordnung (PAngV) ein Regelwerk geschaffen, das Einheitlichkeit bei der Preisdarstellung erreichen und die Verbraucher vor Irreführungen schützen soll.

aa) Der Produktpreis

76 Von besonderer Relevanz ist dabei § 1 Abs. 1 PAngV, wonach ein Unternehmer, der Waren an Endverbraucher verkauft, stets die **Endpreise**, also inklusive Mehrwert-

---

32 Siehe auch Kap. 3 Urheberrecht.

steuer und sonstiger Preisbestandteile, und die Verkaufs- oder Leistungseinheit und die Gütebezeichnung anzugeben hat. Im Falle des Online-Handels als Fernabsatzgeschäft sind diese Angaben gem. § 1 Abs. 2 PAngV zusätzlich mit dem Hinweis zu versehen, dass die für Waren oder Leistungen geforderten Preise die **Umsatzsteuer und sonstige Preisbestandteile** wie Nachnahmegebühren, Zölle oder weitere Steuern enthalten und ob zusätzlich **Liefer- und Versandkosten** anfallen.

Handelt es sich bei den angebotenen Produkten um solche, deren Preis beispielsweise nach Gewicht, Volumen, Länge oder Fläche berechnet wird, so sieht der Gesetzgeber in § 2 Abs. 1 PAngV vor, dass der Verkäufer in unmittelbarer Nähe des Endpreises den **Grundpreis einschließlich der Umsatzsteuer und sonstiger Preisbestandteile** anzugeben hat, es sei denn, der Endpreis ist mit dem Grundpreis identisch. 77

Die Regelungen der Preisabgabenverordnung gelten jedoch nur in den Fällen der Verbraucherverträge, § 1 Abs. 1 S. 1 PAngV. Ist der Online-Handel auf Rechtsgeschäfte zwischen Unternehmern beschränkt, so kann der Händler auch nur die **Listen- oder Netto-Preise** angeben, da dann aufgrund der Gleichordnung der Vertragspartner von einem äquivalenten Kenntnisstand ausgegangen wird, der eine besondere Schutzwürdigkeit einer Partei entbehrlich macht. 78

bb) Versandkosten

Grundsätzlich müssen die Parteien sich auch darüber einig sein, dass die beim Online-Handel für die Versendung des Kaufgegenstands anfallenden Versandgebühren dem Käufer in Rechnung gestellt werden. Zum Schutz des Verbrauchers verpflichtet der Gesetzgeber den Händler gem. § 1 Abs. 2 Nr. 1 PAngV dazu, dem Verbraucher mitzuteilen, ob Liefer- und Versandkosten anfallen. Eine solche Pflicht ergibt sich darüber hinaus auch aus § 312 e BGB und hat bei Nichteinhaltung zur Folge, dass der Unternehmer diese Kosten auch dann nicht verlangen kann, wenn sie ihm tatsächlich entstanden sind. 79

Versandkosten umfassen grundsätzlich die **Kosten der Versendung sowie die Kosten der Verpackung,** wobei die Mehrwertsteuer bereits enthalten ist und nicht gesondert ausgewiesen werden muss. 80

Damit tatsächlich von einer Einigung über die Versandkosten ausgegangen werden kann, müssen die Versandkosten noch **vor Einleitung des Bestellvorgangs** und nicht erst im Warenkorb notwendig aufgerufen werden, da anderenfalls ein Verstoß gegen das Transparenzgebot vorliegt. Daher ist zu empfehlen, die Versandkosten direkt neben das Produktangebot zu platzieren. 81

Beispiel
„15,00 € (inkl. MwSt., zzgl. 4,90 € Versand)"

82 Bietet der Händler verschiedene Artikel mit uneinheitlichen Versandgebühren oder eine Lieferung ins Ausland an, so ist die **Verlinkung** des Begriffes Versand mit einer Seite zu den Versandinformationen empfehlenswert.

> **Beispiel**
> 15,00 € (inkl. MwSt., zzgl. Versand)

83 Liefert der Händler auch ins **Ausland**, so muss der Käufer klar darüber in Kenntnis gesetzt werden, welche Versandkosten auf ihn zukommen.[33]

> **Fettnapf**
> Auch der Hinweis „Versandkosten ins Ausland auf Anfrage" ist nicht zulässig, da er gegen § 1 Abs. 2 PAngV verstößt. Danach müssen die Versandkosten für jedes einzelne Land, in welches eine Lieferung möglich sein soll, konkret angegeben werden oder zumindest anhand von Preistabellen für jeden Artikel bestimmbar sein.[34]

84 Fehlt es an einer Einigung über die Versandkosten, so sind diese vom Verkäufer zu tragen. Um dies zu verhindern, bietet sich die Darstellung anhand einer **Versandkostentabelle** an.

> **Beispiel**
>
> | | |
> |---|---|
> | „Lieferungen innerhalb Deutschlands | 6,90 € |
> | Lieferungen innerhalb der Europäischen Union | 15,90 € |
> | Lieferungen in die Schweiz | 17,40 € |
> | Lieferungen in die USA | 25,50 € |
> | Lieferung in andere Länder (die Länder sollten an dieser Stelle alphabetisch sortiert aufgezählt werden) | 29,70 €" |

85 Hängen die Versandkosten von dem **Versandgewicht** des Produkts ab, so kann auch hier auf eine Versandkostentabelle zurückgegriffen werden. Dann ist jedoch zu beachten, dass der Käufer über das Versandgewicht beispielsweise im Rahmen der Produktbeschreibung informiert wird, da anderenfalls die Versandkosten für ihn nicht bestimmbar sind.

> **Beispiel**
>
> | | |
> |---|---|
> | „Pakete bis 5 kg | 5,00 € |
> | Pakete über 5 kg bis 10 kg | 10,00 € |
> | Pakete über 10 kg bis 30 kg | 20,00 € |
> | Pakete über 30 kg | 30,00 €" |

---

33 Schlömer/Dittrich, BB 2007, 2129, 2135.
34 LG Bochum, Urt. v. 10.2.2009 – I-12 O 12/09 –.

Eine **Staffelung anhand des Warenwerts** ist ebenso denkbar wie eine speziell auf bestimmte **Warengruppen** ausgerichtete Versandkostentabelle.

Beispiel

„Bei einem Warenwert bis 5 € 2,95 €
Bei einem Warenwert ab 5 € kostenfreie Lieferung
Beim Kauf von ausschließlich E-Books kostenfreie Lieferung"

Darüber hinaus steht es dem Verkäufer frei, die **Ware versichert oder unversichert** zu versenden und die Mehrkosten durch den versicherten Versand ebenfalls dem Käufer in Rechnung zu stellen.

Fettnapf
Der Verkäufer sollte jedoch bei einem Verbrauchergeschäft einen Hinweis dazu, ob ein versicherter oder unversicherter Versand erfolgt, unerwähnt lassen, da anderenfalls beim Käufer der Eindruck entstehen könnte, dass er die Versandgefahr trage und ihm die Wahl des versicherten Versands Vorteile bringe. Dies ist jedoch nicht richtig, da der Verkäufer nach den Regelungen der §§ 474 Abs. 5 S. 2, 446 BGB die Versandgefahr trägt und er daher zu entscheiden hat, welche Versandart er bevorzugt. Ein solcher Hinweis ist darüber hinaus auch durch Mitbewerber abmahnfähig.[35]

2. Die Zahlungsabwicklung
a) Zahlungsmöglichkeiten
Ein für den Online-Händler besonders wichtiger Aspekt ist der der Bezahlung der Artikel. Dabei gibt es verschiedene Möglichkeiten, die sich im Laufe der Zeit verändert haben.[36] Während früher nur klassische Zahlmethoden wie Zahlung per Rechnung oder Nachnahme genutzt werden konnten, spielen heute moderne Bezahlmöglichkeiten wie Kreditkarten, Giro-Pay oder PayPal eine große Rolle im Online-Handel. Welche Vor- und Nachteile die heutzutage gängigen Systeme für die jeweiligen Vertragspartner haben, soll im Folgenden näher untersucht werden.

Praxistipp
Je mehr Zahlungsmöglichkeiten dem Kunden zur Verfügung stehen, desto einfacher fällt es ihm, die für ihn angenehmste Variante auszusuchen. Der Aspekt der Zahlungsmöglichkeiten trägt also auch einen wesentlichen Teil zur Kundenzufriedenheit dar.

35 LG Frankfurt a.M., Urt. v. 8.11.2012 – 2-03 O 205/12 – MMR 2013, 107.
36 Einen Überblick über Informationen zu Zahlungsmöglichkeiten gibt auch Hoeren/Sieber/Holznagel/*Fröhlisch*, Teil 13.4 Rn 142.

aa) Die Zahlung per Rechnung

89 Eine althergebrachte Variante ist die Zahlung per Rechnung, bei der der **Verkäufer** durch die Zusendung der Ware in **Vorleistung** tritt und dem Käufer die Möglichkeit gibt, die Ware innerhalb einer Frist zu bezahlen. Da bei dieser Möglichkeit der Käufer die Ware vor der Zahlung in Empfang nehmen und begutachten kann, ist diese Variante gerade für den Käufer sehr vorteilhaft. Sollte es zu einer Rücksendung im Rahmen des Widerrufsrechts des Verbrauchers kommen, ist dann auch kein Rücktransfer des Verkaufspreises erforderlich, was auch für den Verkäufer die Rückabwicklung vereinfacht. Einen nicht zu vernachlässigenden Nachteil hat diese Variante für den Verkäufer, der darin besteht, dass dieser das **Zahlungsausfallrisiko** vollständig trägt.

> **Praxistipp**
> Möchte der Online-Händler diese Zahlungsoption in seinem Online-Shop anbieten, ist eine vorherige Bonitätsprüfung des Kunden empfehlenswert. Denn sollte diese negativ ausfallen, kann der Kunde auf die Möglichkeit der Nachnahme oder Vorkasse verwiesen werden.

bb) Zahlung per Vorkasse

90 Für den Online-Händler besonders vorteilhaft ist die Variante der Zahlung per Vorkasse, da diesmal der **Käufer in Vorleistung** treten muss. Dieser bezahlt zunächst die Ware per Überweisung, welche dann erst versandt wird, wenn die Zahlung beim Verkäufer eingeht. Diese ebenfalls klassische Zahlungsmethode hat für den Verkäufer den Vorteil, dass das **Risiko des Forderungsausfalls ausgeschlossen** wird. Bei Käufern ist diese Variante jedoch aus zweierlei Aspekten nicht besonders beliebt. Zum einen fürchten Kunden das Risiko, die bezahlte Ware nicht oder nicht vereinbarungsgemäß zu erhalten, zum anderen wird im Falle des Widerrufs die Einleitung des Rücktransfers des bezahlten Gelds und das Warten auf die Gutschrift gerade bei höheren Beträgen als eher abschreckend empfunden.

> **Fettnapf**
> Der Studie „Erfolgsfaktor Payment"[37] zufolge brechen 80 % der Kaufinteressenten beim Online-Handel den Kauf ab, wenn als Zahlungsmöglichkeit nur Vorkasse möglich ist. Durch das Angebot der Zahlweise per Lastschriftverfahren, Kreditkarte und Rechnung lasse sich diese Abbruchquote deutlich verringern. Welchen Beliebtheitsgrad die Zahlung per Vorkasse beim Kunden hat, ist damit eindeutig.

cc) Zahlung per Nachnahme

91 Eine weitere klassische Zahlmöglichkeit ist die der Zahlung per Nachnahme, bei der der Verkäufer die Ware nach der Bestellung versendet und der **Käufer an der Haustür**

---

[37] Nachzulesen unter http://www.ecommerce-leitfaden.de/erfolgsfaktor-payment.html.

bezahlt, indem er den Kaufpreis dem Auslieferer übergibt. Bei dieser Variante werden die Nachteile für die Vertragsparteien relativ gering gehalten. Während der Verkäufer nur das Risiko trägt, dass der Käufer bei den Zustellungsversuchen nicht zu Hause ist und sich dadurch die Abwicklung zeitlich in die Länge zieht, hat der Käufer in der Regel den Nachteil, dass er eine **Nachnahmegebühr** tragen muss, die zusätzlich zu den Versandkosten anfällt und daher oft abschreckend wirkt. Die Inrechnungstellung dieser zusätzlichen Gebühr ist gem. § 312e BGB auch nur dann zulässig, wenn der Verkäufer den Verbraucher zuvor darüber informiert hat, § 312e BGB.

dd) Zahlung per Lastschrift

Eine bei Käufer und Verkäufer sehr beliebte Zahlungsmöglichkeit ist die der Zahlung per Lastschrift, die aufgrund der einfachen und standardisierten Handhabung **für beide Vertragsparteien attraktiv** ist. Der Käufer übermittelt dem Verkäufer seine Bankdaten und erteilt diesem eine **Einzugsermächtigung** in Höhe des Rechnungsbetrags. Der Verkäufer versendet dann die Ware, sobald der Betrag eingezogen werden konnte. Nachteilig für diesen ist jedoch die Tatsache, dass der Käufer (anders als bei einer Überweisung) die Möglichkeit hat, den eingezogenen Betrag bis zu sechs Wochen per Rücklastschrift zurückzuholen, die Ware aber schon längst erhalten hat – ein Missbrauchsrisiko ist dieser Variante demnach stets immanent. Der Verkäufer trägt also auch hier das Zahlungsausfallrisiko und zudem noch die Kosten der Rücklastschrift, die je nach Bankinstitut relativ hoch ausfallen können. Für den Käufer hingegen handelt es sich um eine sehr praktische Variante, da er sich nicht um den Geldtransfer kümmern muss.

92

ee) Zahlung per Kreditkarte

Ähnlich wie das Lastschriftverfahren funktioniert die Zahlung per Kreditkarte: Der Käufer übermittelt dem Verkäufer seine Kreditkartendaten, welcher dann den Rechnungsbetrag bei dem angegebenen Kreditinstitut einziehen kann und im Anschluss daran die Ware versendet. Diese Variante ist besonders dann attraktiv, wenn es sich um einen **grenzüberschreitenden Online-Handel** handelt, da Kreditkarten in der Regel **weltweite Akzeptanz** haben. Ein Nachteil sind jedoch für den Verkäufer die anfallenden **Transaktionskosten.**

93

ff) Zahlung per Giro-Pay

Zu den modernen Bezahlsystemen gehört das Bezahlsystem Giro-Pay,[38] das jedoch nicht von jeder Hausbank angeboten wird. Bisher nehmen an diesem System zahl-

94

---

[38] Informationen zur Funktionsweise von Giro-Pay sind abrufbar über http://www.giropay.de/fuer-kaeufer/so-funktioniert-giropay.html.

reiche Sparkassen, Postbanken sowie Volks- und Raiffeisenbanken teil. Ein eigens für Online-Kunden errichtetes Bezahlsystem für das Internet ermöglicht es dem Käufer bei Wahl der Bezahlweise Giro-Pay, automatisch auf die Seiten seines Kreditinstituts geleitet zu werden, wo sich dann eine bereits **ausgefüllte Überweisungsvorlage** befindet. Dem Kunden wird also die Übertragung der Bankdaten des Verkäufers erspart, er muss lediglich seine für das Online-Banking erforderliche Geheim- und Transaktionsnummer eingeben, um den Zahlungsvorgang abzuschließen. Nach erfolgter Zahlung erhält der Käufer eine Bezahlbestätigung und der Verkäufer eine Nachricht mit einer **Bezahlgarantie der Hausbank** des Käufers. Dann kann er die Ware versenden.

95 Der Vorteil für den Käufer ist neben dem Entfallen der Übertragung der Daten auf das Überweisungsformular auch, dass eine Anmeldung bei Giro-Pay nicht erforderlich ist, die Transaktion für ihn kostenlos ist und die Ware schneller ausgeliefert werden kann.

gg) Zahlung per PayPal

96 Ein relativ neues System wurde vor einigen Jahren für die Internetauktionsplattform eBay geschaffen und sollte die **Nachteile der klassischen Bezahlsysteme minimieren:** PayPal. Was als Bezahlsystem für eBay begann, wird inzwischen auch sonst für Bezahlungen im Internet genutzt.[39]

97 Voraussetzung für die Nutzung ist, dass beide Vertragsparteien ein Konto auf der Seite www.paypal.com eröffnen und dort ihre persönlichen Daten sowie ihre Bankverbindung hinterlegen. Nach dem getätigten Kauf wählt der Käufer die Bezahlung per PayPal aus, loggt sich auf der PayPal-Seite ein und gibt die E-Mail-Adresse des Verkäufers sowie den Betrag ein. Das Geld wird in Sekundenschnelle wie eine E-Mail an den Verkäufer verschickt, der dann eine Benachrichtigung bekommt. Hat der Käufer nicht bereits im Voraus beispielsweise mittels einer Kreditkarte Geld auf sein PayPal-Konto transferiert, so zieht PayPal den zu zahlenden Betrag vom Bankkonto des Käufers ein oder er zahlt per Giro-Pay. Der Verkäufer kann den erhaltenen Betrag abzüglich einer Transaktionsgebühr entweder auf seinem PayPal-Konto belassen, beispielsweise um damit selbst Zahlungen zu tätigen, oder es sich auf sein Bankkonto überweisen lassen.

98 Diese Methode hat für den Käufer die Vorteile, dass einerseits die **Bankdaten** der beteiligten Personen **geheim** bleiben, die Zahlung schneller erfolgt und dadurch beim Kauf auf Vorkasse die Lieferung auch schneller erfolgt als bei einer Überweisung. Darüber hinaus genießt der Käufer einen von PayPal garantierten sog. **Käufer-**

---

[39] Informationen zum Bezahlsystem PayPal sind abrufbar über https://www.paypal.com/de/webapps/mpp/kaufen.

schutz, wonach PayPal den Kaufpreis zurückerstattet, wenn der Verkäufer die Ware nicht liefert.

Für Online-Händler sind solche Systeme deshalb von Nutzen, da sie häufig auch mehrere Zahlungsmöglichkeiten aus einer Hand anbieten und daher ein geringerer Integrationsaufwand besteht.

b) Zahlungsbedingungen

Neben den Möglichkeiten der Zahlweise muss der Online-Händler auch die Bedingungen der Zahlung festlegen. Dabei sind verschiedene Aspekte zu berücksichtigen.

Zunächst einmal sollte der Käufer darüber in Kenntnis gesetzt werden, wann der zu zahlende Betrag **fällig** ist. Dies ist besonders wichtig, wenn eine Zahlungsanweisung durch den Käufer zu erfolgen hat. Erfolgt ein Einzug durch den Verkäufer, ist es kundenfreundlich, diesem mitzuteilen, wann dieser voraussichtlich erfolgt.

Beispiel
„Der Rechnungsbetrag in Höhe von 23,40 € wird voraussichtlich am 13.2.2014 per Lastschrift von Ihrem Konto (Konto-Nr.: 12345678, BLZ: 98765432) eingezogen."

Sollte die Zurverfügungstellung einer der bereits im Rahmen der Zahlungsmöglichkeiten genannten Bezahlsysteme bei ihrer Nutzung eine **Gebühr** für den Käufer erzeugen, so sollten diese extra ausgewiesen werden und im Endpreis sichtbar sein.

Sollte umgekehrt für die Wahl eines bestimmten Zahlungsmittels oder bei der Zahlung bis zu einem bestimmten Termin ein Preisnachlass gewährt werden, sog. **Skonto**, so ist auch dieser genau zu bestimmen. Dabei sind auch eine Kombination und eine Staffelung möglich.

Beispiel
„Rechnung zahlbar per Lastschrift innerhalb von zehn Tagen mit 4 % Skonto oder ab 11. bis 30. Tag mit 2,25 % Skonto oder ab 31. bis 60. Tag netto."

Der Käufer kann dann selbst entscheiden, ob er diese Möglichkeit in Anspruch nimmt oder doch das Zahlungsziel voll ausnutzt.

3. Liefervereinbarungen

Um eine reibungslose Auslieferung der Ware sicherstellen zu können, ist im Voraus bereits an einige Punkte zu denken. Zum einen sollte die Lieferanschrift detailliert und korrekt in einem eigens dafür konzipierten Feld vom Käufer eingetragen werden.

> **Praxistipp**
> Es ist zu beachten, dass in manchen Fällen die Rechnungsadresse nicht mit der Lieferadresse übereinstimmt, weshalb sich die Programmierung eines extra Feldes, in der der Kunde eine ggf. abweichende Lieferadresse eintragen kann, anbietet.

106 Daneben sollten auf beiden Seiten **Ansprechpartner** mit Kontaktadressen benannt werden, zu denen im Falle von Lieferschwierigkeiten oder Lieferverzögerungen Kontakt aufgenommen werden kann.

107 Darüber hinaus sollte der Käufer über die ungefähre **Dauer** der Lieferung informiert werden, also die Zeit von Bestellvorgang über Bereitstellung für den Versand bis hin zur Auslieferung an den Kunden.

> **Fettnapf**
> Bei der Benennung von Lieferzeiten sollte klar herausgestellt werden, dass es sich dabei um bloße Zielvorgaben handelt, die der Verkäufer zwar versucht einzuhalten, dafür aber keine Gewähr bietet. Anderenfalls könnte der Käufer den Verkäufer bei Verzögerungen auf Schadensersatz in Anspruch nehmen. Zur klaren Regelung dessen bieten sich beispielsweise die AGB an.
> Dabei muss die Lieferzeit jedoch auf das Produkt abgestimmt werden und sollte nicht generell mit *„voraussichtliche Versanddauer"* oder *„Versanddauer in der Regel"* überschrieben werden, da dies gegen § 308 Nr. 1 Hs. 1 Alt. 2 BGB verstößt, weil der Käufer keine Kenntnis darüber hat, von welchen Faktoren die tatsächliche Dauer nun abhängt.[40]

108 Gibt es Lieferbeschränkungen, so müssen diese dem Käufer spätestens bei Beginn des Bestellvorgangs klar und deutlich angegeben werden, § 312j Abs. 1 BGB.

109 Sieht der Verkäufer **Mindestbestellmengen** vor, ab deren Erreichung er erst eine Lieferung vornimmt, so ist dies ebenfalls im Angebot kenntlich zu machen.

C. AGB-Recht

110 Im Rahmen des Online-Handels spielt ein Aspekt eine besonders wichtige Rolle: die rechtswirksame Gestaltung von Allgemeinen Geschäftsbedingungen (AGB). Denn nicht selten erweist sich das, was der Händler mit seinen AGB einmal für alle Kunden geregelt zu haben glaubt, als rechtlicher Stolperstein bei Differenzen mit den Käufern oder Mitbewerbern. Doch neben den Käufern können auch Wettbewerber dem Händler einen Strick aus unwirksamen AGB drehen und ihn nach dem UWG abmahnen.

> **Fettnapf**
> Insbesondere Regelungen zu Preisen, Gewährleistungsrechten, Lieferzeiten, zur Rücksendung von Waren oder zur Haftung sowie zu Gutschriften oder Strafporto sind besonders sorgfältig zu prüfen, da

---

40 OLG Hamm, Urt. v. 12.1.2012 – 4 U 107/11 – NJOZ 2013, 545.

es bei diesen Aspekten schnell zu einer unangemessenen Benachteiligung der Verbraucher kommen kann, was die Unwirksamkeit der Klausel zur Folge hätte.

Zwar besteht für den Händler anders als bei den Informationspflichten keine Pflicht zur Verwendung von AGB, dies kann jedoch bei einer hohen Anzahl von gleichartigen Geschäften sinnvoll sein. Denn die wirksame Verwendung von AGB hat Vorteile wie die Vertragsvereinheitlichung oder die Risikobeschränkung.

Fettnapf
Auch wenn es verlockend scheint: Online-Händler sollten in keinem Fall ungeprüft AGB von anderen Online-Shops übernehmen. Denn die Gestaltung der AGB ist ebenso schwierig wie fehlerträchtig. Schlimmstenfalls ist darin sogar eine Urheberrechtsverletzung zu sehen.

Damit die Gestaltung rechtswirksam gelingt, soll das folgende Kapitel einen Überblick über die Grundprinzipien des AGB-Rechts geben und beispielhaft veranschaulichen, welche Klauseln bereits durch Gerichte für unwirksam befunden wurden.

I. Die rechtswirksame Gestaltung von AGB

Bei der Überprüfung von AGB geht der Jurist nach einem eindeutigen Schema der §§ 305 ff. BGB vor, das im Folgenden näher erläutert werden soll.

1. Eröffnung des Anwendungsbereichs der AGB-Regelungen

Bei der Frage, ob die Regelungen der §§ 305 ff. BGB zur Kontrolle der Klauseln angewandt werden dürfen, richtet sich dies nach § 310 BGB. Eine **uneingeschränkte Anwendung** der Regelungen der §§ 305 ff. BGB ist nur dort zulässig, wo es sich bei dem Verwender i.S.d. § 305 Abs. 1 S.1 BGB um einen Unternehmer und bei der anderen Partei um einen Verbraucher handelt, § 310 Abs. 1, 3 Nr. 1 BGB. Eine **beschränkte Anwendbarkeit** ist dort vorgesehen, wo ein Geschäft unter Unternehmern vorliegt. Dann finden u.a. die Normierungen zum Hinweis auf die AGB gem. § 305 Abs. 2 BGB ebenso keine Anwendung wie die Klauselkontrolle nach § 308 BGB und § 309 BGB.

Praxistipp
An dieser Stelle wird erneut deutlich, dass es dem Online-Händler zu empfehlen ist, seinen Kundenkreis auf entweder Unternehmer oder Verbraucher innerhalb einer Plattform zu beschränken. Anderenfalls muss er unterschiedliche AGB verwenden und sicherstellen, immer der entsprechenden Vertragspartei die für sie entsprechenden AGB mitzuteilen.

2. Verwendete Klausel eine AGB

115 Ist der Anwendungsbereich eröffnet, so ist zu klären, ob es sich bei der von den Parteien verwendeten Klausel überhaupt um eine AGB handelt. Was genau eine AGB ist, zeigt ein Blick ins Gesetz: Nach § 305 Abs. 1 S. 1 BGB sind AGB

> „alle für eine Vielzahl von Verträgen vorformulierte Vertragsbedingungen, die eine Vertragspartei (Verwender) der anderen Vertragspartei bei Abschluss eines Vertrages stellt."

116 Im Fall des Online-Handels stellt also der **Händler als Verwender** eine Vielzahl von Bedingungen, die er beim Abschluss eines jeden über seinen Online-Shop geschlossenen Kaufvertrags als geltend sicherstellen möchte. Wurden die Bedingungen hingegen nicht **einseitig** gestellt, sondern mit dem Käufer ausgehandelt, liegt gem. § 305 Abs. 1 S. 3 BGB keine AGB vor, da es dann an der erforderlichen Einseitigkeit fehlt.[41]

117 Ob eine Klausel nun eine AGB darstellt oder nicht, muss im Einzelfall entschieden werden.

Beispiel
Der BGH[42] entschied, dass die häufig verwendeten Klauseln „Änderungen und Irrtümer vorbehalten" sowie „Abbildungen ähnlich" keine AGB i.S.d. § 305 Abs. 1 BGB darstelle, sondern lediglich eine unverbindliche und bis zum Vertragsschluss änderbare Katalogangabe.

3. Wirksamer Einbezug der AGB in den Vertrag

118 Liegt nun eine AGB i.S.d. § 305 Abs. 1 S. 1 BGB vor, so stellt sich als Nächstes die Frage, ob diese auch wirksam in den Vertrag einbezogen wurde.

119 Voraussetzung dafür ist gem. § 305 Abs. 1 BGB, dass die Käufer ausdrücklich auf die AGB hingewiesen werden und die Möglichkeit haben, diese zur **Kenntnis** zu nehmen sowie § 305 Abs. 2 BGB mit deren Geltung **einverstanden** sind.

Praxistipp
Um das Erfordernis des Hinweises, der Einsichtsmöglichkeit und des Einverständnisses sicherzustellen, wird in der Praxis vielfach die Möglichkeit gewählt, sich das Vorliegen dieser Voraussetzungen durch ein Anklicken eines Kästchens vor Abschluss des Bestellvorgangs durch den Käufer bestätigen zu lassen.

---

41 Jauernig/*Stadler*, § 305 Rn 6.
42 BGH, Urt. v. 4.2.2009 – VIII ZR 32/08 –.

Darüber hinaus werden Klauseln in den AGB auch dann nicht zum Vertragsbestand- 120
teil, wenn es sich um eine sog. **überraschende Klausel** handelt, § 305c Abs. 1 BGB.
Davon ist auszugehen, wenn es sich um Vereinbarungen handelt,

> *„die nach den Umständen, insbesondere nach dem äußeren Erscheinungsbild des Vertrages, so ungewöhnlich sind, dass der Vertragspartner des Verwenders mit ihnen nicht zu rechnen braucht."*

Damit kommt es entscheidend auf ein **Überrumpelungsempfinden** beim Käufer 121
an.[43] Ist die Klausel unklar formuliert und bestehen Zweifel an dem Vorliegen der
überraschenden Klausel, so geht dies gem. § 305c Abs. 2 BGB zulasten des Verkäufers.

Beispiel
Klauseln zu Preisangaben, die nur in den kleingedruckten AGB enthalten sind, werden gem. § 305c BGB nicht Vertragsbestandteil, da es sich um eine sog. überraschende Klausel handelt. Eine Zahlungspflicht des Käufers besteht in diesem Fall nicht.[44]

4. Vorrangige Individualabrede
Haben die Parteien individuell etwas von den AGB Abweichendes vereinbart, so hat 122
diese Individualabrede aufgrund der Privatautonomie der Parteien Vorrang vor der
AGB, § 305b BGB.[45]

5. Inhaltskontrolle
Wurden die AGB wirksam in den Vertrag einbezogen, so muss die streitgegenständ- 123
liche Klausel noch der **Inhaltskontrolle** der §§ 307 ff. BGB unterzogen werden, um
eine Entscheidung über ihre Wirksamkeit treffen zu können. Im Rahmen der Inhaltskontrolle wird untersucht, ob die Klausel gegen die gesetzlich normierten **Klauselverbote** des § 308 BGB oder § 309 BGB verstößt oder eine **unangemessene Benachteiligung** des Vertragspartners gem. § 307 Abs. 1, 2 BGB darstellt.

a) Klauselverbote des § 309 BGB
Bei der Durchführung der Inhaltskontrolle ist zunächst zu überprüfen, ob die Verein- 124
barung gegen die Klauselverbote ohne Wertungsmöglichkeit des § 309 BGB verstößt.
Danach ist auch in den Fällen, in denen eine Abweichung von den gesetzlichen Vor-

---

43 MüKo-BGB/*Müller-Glöge*, § 611 Rn 61."
44 AG München, Urt. v. 9.4.2008 – 262 C 33810/07 –.
45 Für nähere Hinweise siehe auch MüKo-BGB/*Basedow*, § 305b Rn 1 ff.

schriften zulässig ist, die Vereinbarung unwirksam, wenn ein in § 309 BGB abschließend geregelter Fall einschlägig ist.

125 Im Fall des Online-Handels sind vor allem die Regelungen relevant, die die Vertragsstrafen und den Haftungsausschluss hinsichtlich der Gewährleistungsrechte des Käufers betreffen.

126 Laut § 309 Nr. 6 BGB ist eine Bestimmung, durch die der Käufer u.a. im Falle seiner Nichtabnahme oder verspäteten Abnahme der bestellten Ware oder der verzögerten Kaufpreiszahlung zu einer **Vertragsstrafe** verpflichtet wird, unwirksam.

> **Beispiel**
> Das **AG Waiblingen**[46] entschied im Fall einer Vertragsstrafe für „Spaßbieter" bei eBay, dass nach dem Willen des Gesetzgebers eine weitreichende Folge, wie sie ein Vertragsstrafeversprechen darstellt, gerade nicht in AGB vereinbart werden soll. Dem Vertragspartner müsse deutlich zum Bewusstsein gebracht werden, dass er eine über die ohnehin bestehende vertragliche Bindung hinausgehende zusätzliche Verpflichtung übernimmt. Dazu seien eine deutliche Hervorhebung oder ein besonderer Hinweis auf die AGB nötig. Erfolge dieser nicht, sei darin ein Verstoß gegen § 309 Nr. 6 BGB zu sehen, was die Unwirksamkeit der Klausel zur Folge habe.

127 Ein in der Praxis sehr häufig streitgegenständliches Klauselverbot ist das zur **Beschränkung** oder zum **Ausschluss der Gewährleistungsrechte** nach § 309 Nr. 8 b) BGB. Dabei ist eine Klausel unwirksam, mit der
- die Haftung des Online-Händlers für Mängel an der Neuware ganz oder teilweise ausgeschlossen werden soll (§ 309 Nr. 8 b) aa) BGB),
- die Gewährleistungsansprüche ganz oder teilweise auf den Nacherfüllungsanspruch begrenzt werden sollen (§ 309 Nr. 8 b) bb) BGB),
- die Kosten der Nacherfüllung auf den Käufer abgewälzt werden sollen (§ 309 Nr. 8 b) cc) BGB),
- die Vornahme der Nacherfüllung von der Kaufpreiszahlung abhängig gemacht werden soll (§ 309 Nr. 8 b) dd) BGB),
- eine Ausschlussfrist für die Mängelanzeige vereinbart werden soll, die kürzer ist als die Verjährungsfrist (§ 309 Nr. 8 b) ee) BGB) oder
- die gesetzliche Verjährungsfrist von zwei Jahren ab Übergabe der Sache verkürzt werden soll (§ 309 Nr. 8 b) aa) BGB).

> **Fettnapf**
> Die Beschränkung bzw. der Ausschluss des Gewährleistungsrechts benachteiligt nicht nur den Käufer, sondern auch Konkurrenten. Denn nach Ansicht des LG Bochums[47] ist die Verwendung solcher unwirksamen AGB geeignet, den Wettbewerb zum Nachteil der Mitbewerber und der Verbraucher nicht nur unerheblich zu beeinträchtigen. Durch die AGB können die Kunden des Beklagten davon abgehalten werden, berechtigte Ansprüche geltend zu machen. Dies führe dazu, dass die potenzielle

---

46 AG Waiblingen, Urt. v. 12.11.2008 – 9 C 1000/08 –.
47 LG Bochum, Urt. v. 22.3.2006 – 13 O 128/05 –.

Abschreckwirkung auf Kunden, ihre berechtigten Ansprüche geltend zu machen, einen Wettbewerbsvorteil für den Beklagten bedeute, da er in seiner Kalkulation niedrigere Kosten für berechtigte Reklamationen berücksichtigen müsse. Dies wirke sich im Umkehrschluss zum Nachteil der Mitbewerber aus.

Auch die **Pauschalierung von Schadensersatz** auf vom Verkäufer festgesetzte Beträge ist gem. § 309 Nr. 5 BGB nicht zulässig. 128

Beispiel
Unter eine Pauschalierung des Schadensersatzes fällt beispielsweise die Beschränkung der Haftung des Verkäufers auf die Höhe des Kaufpreises.

b) Klauselverbote des § 308 BGB

Liegt kein Fall des § 309 BGB vor, so ist die Inhaltskontrolle durch Prüfung eines Klauselverbots mit Wertungsmöglichkeit nach § 308 BGB fortzuführen. Danach sind AGB insbesondere unwirksam, wenn einer der in § 308 BGB abschließend genannten Fälle vorliegt. 129

Im Rahmen des Online-Handels ist eine unangemessen **hohe Annahme- und Leistungspflicht** zugunsten des Online-Händlers als Verwender ein häufiger Fall für eine Unwirksamkeit nach § 308 Nr. 1 BGB. 130

Praxistipp
Unter den Fall des § 308 Nr. 1 BGB fällt auch die Nichtangabe von Versand- und Lieferzeiten. Der Händler hat die Ware innerhalb der im Geschäftsbetrieb und Postbetrieb üblichen Zeit auszuliefern und den Käufer über die Dauer zu informieren.

Darüber hinaus ist auch ein **Rücktrittsvorbehalt des Händlers ohne sachlichen Grund** nach § 308 Nr. 3 BGB ebenso unwirksam wie eine Klausel, nach der der Verwender nach erfolgtem Rücktritt einen **unangemessen hohen Aufwendungsersatz oder Nutzungsersatz** für den Gebrauch der Sache verlangen kann, § 308 Nr. 8 BGB. 131

c) Unangemessene Benachteiligung gem. § 307 BGB

Liegt kein Klauselverbot nach § 309 BGB oder § 308 BGB vor, so ist zu prüfen, ob die Vereinbarung den Käufer entgegen den Grundsätzen von Treu und Glauben unangemessen benachteiligt, § 307 Abs. 1 S. 1 BGB. 132

Nach § 307 Abs. 1 S. 2 BGB kann sich eine solche unangemessene Benachteiligung aus einer nicht klar und verständlich formulierten Vereinbarung ergeben. 133

Beispiel
Im Rahmen der Darstellung der AGB ist es z.B. unzulässig, die AGB in einem zu kleinen Scrollkasten aufzuführen, da dies gegen das Verständlichkeits- und Klarheitsgebot des § 307 Abs. 1 S. 2 BGB verstößt.[48]

134 Darüber hinaus liegt auch dann eine unangemessene Benachteiligung vor, wenn eine Bestimmung mit **wesentlichen Grundgedanken der gesetzlichen Regelung**, von der abgewichen wird, nicht zu vereinbaren ist, § 307 Abs. 2 Nr. 1 BGB, oder wesentliche Rechte oder Pflichten, die sich aus der Natur des Vertrags ergeben, so einschränkt, dass die Erreichung des Vertragszwecks gefährdet ist, § 307 Abs. 2 Nr. 2 BGB.

135 Von besonderer Relevanz ist die Benachteiligung aufgrund der Abweichung von gesetzlichen Regelungen.

Beispiel
Eine Regelung, nach der die Wahl der Gewährleistungsart, also beispielsweise Nachbesserung oder Nachlieferung, dem Verkäufer obliegt, stellt eine Abweichung von § 437 BGB dar, der ausdrücklich dem Käufer das Wahlrecht einräumt. Dies zu ändern, ist mit dem Willen des Gesetzgebers nicht vereinbar und stellt damit eine unangemessene Benachteiligung i.S.d. § 307 Abs. 2 Nr. 1 BGB dar.

136 Darüber hinaus ist eine **Abweichung von Verbraucherschutzvorschriften** ein häufiger Fall der Unwirksamkeit nach § 307 Abs. 2 Nr. 1 BGB. Denn gerade an dieser Stelle hat der Gesetzgeber bewusst Schutzvorschriften für Verbraucher geschaffen, die nicht durch AGB unterlaufen werden sollen. Dies stellt der Gesetzgeber auch in § 475 BGB klar, in welchem er festlegt, welche Normierungen zugunsten des Verbrauchers nicht abdingbar sind.

Beispiel
Eine AGB, nach der der Verbraucher die Gefahr des zufälligen Untergangs der Ware nach Übergabe des Verkäufers an das Transportunternehmen trägt, entspricht der Regelung des § 447 Abs. 1 BGB. Diese Normierung soll jedoch gem. § 474 Abs. 4 BGB auf Verbraucherverträge nur dann Anwendung finden, wenn der Käufer das Transportunternehmen beauftragt hat und der Unternehmer dieses nicht zuvor benannt hat. Da dies jedoch im Alltag des Online-Handels, in dem der Käufer in der Regel am Transport der Ware nicht beteiligt ist, bleibt es bei der Grundregel des § 446 BGB, wonach der Gefahrübergang mit der Übergabe an den Käufer erfolgt. Damit widerspricht eine anderslautende AGB der ausdrücklichen Regelung des § 474 Abs. 4 BGB und stellt damit eine unangemessene Benachteiligung i.S.d. § 307 Abs. 2 Nr. 1 BGB dar.

---

48 OLG Frankfurt a.M., Beschl. v. 14.5.2007 – 3/8 O 25/07 –.

6. Rechtsfolge der Nichteinbeziehung oder Unwirksamkeit

Stellt sich nach der Durchführung der Inhaltskontrolle heraus, dass die AGB nicht einbezogen wurde, ein Fall eines Klauselverbots nach §§ 308, 309 BGB vorliegt oder die Regelung eine unangemessene Benachteiligung i.S.d. § 307 BGB darstellt, so ist zwar die betreffende Klausel unwirksam, der **restliche Vertrag bleibt** aber gem. § 306 Abs. 1 BGB **wirksam**. Dies dient dem Schutz des Käufers, der anderenfalls bei einem für ihn günstigen Vertrag schlechter stehen würde.

Die unwirksame Regelung im Vertrag wird dann durch die **gesetzlichen Normierungen ersetzt**, § 306 Abs. 2 BGB, es sei denn, das Festhalten am Vertrag würde für eine der Parteien eine **unzumutbare Härte** darstellen, § 306 Abs. 3 BGB.

Eine Reduzierung der unwirksamen Klausel auf das gerade noch zulässige Maß, sog. **geltungserhaltende Reduktion**, ist nicht zulässig, da anderenfalls der Verkäufer immer überzogene AGB verwenden könnte, schließlich würde er im schlimmsten Fall ohnehin nur auf seine Pflicht reduziert werden.[49] Dies entspricht jedoch nicht den Interessen des Käufers und würde Missbrauch begünstigen. Das Risiko, das aus der Anwendung unwirksamer AGB resultiert, muss der Verkäufer allein tragen.

Beispiel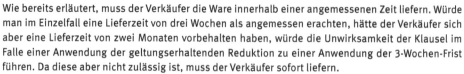
Wie bereits erläutert, muss der Verkäufer die Ware innerhalb einer angemessenen Zeit liefern. Würde man im Einzelfall eine Lieferzeit von drei Wochen als angemessen erachten, hätte der Verkäufer sich aber eine Lieferzeit von zwei Monaten vorbehalten haben, würde die Unwirksamkeit der Klausel im Falle einer Anwendung der geltungserhaltenden Reduktion zu einer Anwendung der 3-Wochen-Frist führen. Da diese aber nicht zulässig ist, muss der Verkäufer sofort liefern.

Darüber hinaus sind unwirksame AGB in der Regel auch **abmahnfähig**, da diese Handlung geeignet ist, das wirtschaftliche Verhalten des Durchschnittsverbrauchers wesentlich zu beeinflussen.[50] Denn durch die Lektüre der unwirksamen AGB kann der Käufer von der **Geltendmachung seiner Rechte abgehalten** werden. Dieses **geringere Reklamationsrisiko** des Verkäufers kann Einfluss auf seine Preisgestaltung haben und stellt damit einen Vorteil dar.[51] Dies reicht bereits für eine **wettbewerbsrechtliche Relevanz** i.S.d. § 4 UWG aus.[52]

II. Die Übermittlung der AGB

Speziell im Falle des Online-Handels als eine besondere Vertriebsform müssen grundsätzlich die AGB dem Verbraucher gem. § 312i Abs. 1 Nr. 4 BGB zusammen mit

---

49 MüKo-BGB/*Busche*, § 157 Rn 36.
50 *Köhler*, NJW 2008, 177, 181.
51 LG Leipzig, Beschl. v. 7.12.2010 – 02HK O 3582/10 –.
52 *Hefermehl/Köhler*, § 4 UWG Rn 11.156 f.

den Vertragsbestimmungen so zugehen, dass dieser sie bei Vertragsschluss abrufen und in wiedergabefähiger Form speichern kann. Was genau darunter zu verstehen ist, verrät ein Blick in den mit der Novellierung des Verbraucherwiderrufsrechts neu gefassten § 126b BGB, wonach die Erklärung auf einem dauerhaften Datenträger so abgegeben werden muss, dass sie für den Empfänger lesbar ist und die Person des Erklärenden genannt ist. Dabei versteht der Gesetzgeber unter einem dauerhaften Datenträger jedes Medium, das es dem Empfänger ermöglicht, eine auf dem Datenträger befindliche an ihn gerichtete Erklärung so aufzubewahren oder zu speichern, dass sie ihm während eines für ihren Zweck angemessenen Zeitraums zugänglich ist und geeignet ist, die Erklärung unverändert wiederzugeben. Zeitlich hat dies gem. § 312f Abs. 2 BGB innerhalb einer angemessenen Frist nach Vertragsschluss zu erfolgen, spätestens jedoch mit Lieferung der Ware.

> **Praxistipp**
> Viele Online-Händler nutzen die Möglichkeit, dem Käufer die AGB gemeinsam mit der Bestellbestätigung per E-Mail zuzuschicken.

142 Die Übersendung muss dabei zeitlich so erfolgen, dass der Verbraucher noch ausreichend Zeit hat, zu entscheiden, ob er an dem Vertrag festhält oder nicht.[53] Ob die AGB auch tatsächlich dem Käufer zugegangen sind oder nicht, ist eine Tatsache, für die der Verkäufer die **Beweislast** trägt.

> **Praxistipp**
> Dem Online-Händler ist aus Gründen der Rechtssicherheit zu empfehlen, ein technisches Protokoll darüber anzufertigen, dass der Besteller die AGB zur Kenntnis genommen hat. Denkbar und beliebt ist es dabei, gleich mit der Zusendung der AGB per E-Mail auch eine elektronische Empfangsbestätigung zu generieren.

143 Übermittelt der Händler grundsätzlich keine AGB an seine Kunden, so kann er von Mitbewerbern ebenso **abgemahnt** werden wie der, der unwirksame AGB versendet.

D. Die Abwicklung des Vertrags

144 Nachdem nun die theoretischen Aspekte des Vertragsschlusses im Internet näher beleuchtet wurden, ist im folgenden Kapitel ein Blick auf die Besonderheiten der praktischen Abwicklung der Vertragsmodalitäten zu werfen.

---

53 OLG Hamburg, Urt. v. 23.12.2004 – 5 U 17/04 – MMR 2005, 318.

I. Der Bestellvorgang

Auch im Rahmen des Bestellvorgangs gelten Regelungen, mit denen der Käufer aufgrund der Besonderheiten des Internethandels vor übereilten Entscheidungen geschützt werden soll.[54] Dazu hat der Gesetzgeber dem Online-Händler Verpflichtungen auferlegt, die auch dazu dienen, den Vertragsschluss im Internet transparenter und so für den Käufer vertrauenswürdiger zu machen.[55]

1. Pflichtenkatalog des § 312i Abs. 1 S. 1 BGB

Die in § 312i Abs. 1 S. 1 BGB nicht abschließend geregelten Pflichten treffen den Händler, der Waren oder Dienstleistungen im elektronischen Geschäftsverkehr absetzt. Mit Ausnahme der Pflicht zur Übermittlung der Vertragsbedingungen und der AGB ist der Unternehmer zur Einhaltung dieses Katalogs dann nicht verpflichtet, wenn er zwar einen Online-Shop betreibt, die Bestellung jedoch persönlich oder per Telefon angenommen hat oder im Rahmen eines B2B-Geschäfts etwas anderes vereinbart hat, § 312i Abs. 2 BGB.

Fettnapf
Bei dieser Normierung handelt es sich nicht um eine reine Verbraucherschutzvorschrift. Voraussetzung ist allein, dass der Verkäufer ein Unternehmer i.S.d. § 14 BGB ist, der Käufer muss jedoch kein Verbraucher sein. Dies ist schon daran erkennbar, dass der Gesetzgeber bewusst nur vom „Kunden" spricht und nicht vom „Verbraucher", wie er es in den Verbraucherschutzvorschriften tut. Demnach gelten die Pflichten des § 312i Abs. 1 S. 1 BGB auch in einem B2B-Verhältnis.[56]

Welche Pflichten dies sind und wie er diesen Rechnung tragen kann, soll im Folgenden erläutert werden.

a) Die Korrekturmöglichkeit

Zunächst einmal zielt der Gesetzgeber mit § 312i Abs. 1 S. 1 Nr. 1 BGB darauf ab, sicherzustellen, dass der Käufer im Rahmen des Bestellvorgangs die Möglichkeit hat, fehlerhafte Eingaben zu erkennen und zu korrigieren. Zu diesem Zweck hat der Händler ihm

---

54 *Fritsche*, NJ 2002, 169; *Boente/Riehm*, Jura 2002, 222, 223.
55 OLG Hamburg, Beschl. v. 20.11.2002 – 5 W 80/02 – NJW-RR 2003, 985; *Boente/Riehm*, Jura 2002, 222, 225.
56 *Schmittmann*, K&R 2009, 529, 533 nimmt insofern noch Bezug auf § 312 g BGB a.F., nunmehr § 312h BGB.

> *„angemessene, wirksame und zugängliche technische Mittel zur Verfügung zu stellen, mit deren Hilfe der Kunde Eingabefehler vor Abgabe seiner Bestellung erkennen und berichtigen kann."*[57]

149 Diese Möglichkeit muss vom durchschnittlichen Kunden ohne Weiteres ergriffen werden können und darf nicht von besonderen Fertigkeiten und Kenntnissen abhängen.

> **Praxistipp**
> Zur Umsetzung dieser Pflicht eignet sich die Nutzung einer Bestätigungsanzeige, in welcher die Bestellung des Kunden noch einmal zusammengefasst wird und er über den Button „Bearbeiten" am Kopf oder Fuß der Anzeige wieder zu einer überarbeitungsfähigen Version seiner Eingaben gelangt.[58]

b) Die Informationspflicht

150 Als zweite Pflicht des § 312i Abs. 1 S. 1 BGB normierte der Gesetzgeber die Informationspflicht. Danach hat der Online-Händler seinem Kunden *„die in Artikel 246c des Einführungsgesetzes zum Bürgerlichen Gesetzbuche bestimmten Informationen rechtzeitig vor Abgabe von dessen Bestellung klar und verständlich mitzuteilen"*, § 312i Abs. 1 S. 1 Nr. 2 BGB. In Art. 246c EGBGB heißt es:

> *„Bei Verträgen im elektronischen Geschäftsverkehr muss der Unternehmer den Kunden unterrichten*
>
> 1. *über die einzelnen technischen Schritte, die zu einem Vertragsschluss führen,*
> 2. *darüber, ob der Vertragstext nach dem Vertragsschluss von dem Unternehmer gespeichert wird und ob er dem Kunden zugänglich ist,*
> 3. *darüber, wie er mit den gemäß § 312i Absatz 1 Satz 1 Nummer 1 des Bürgerlichen Gesetzbuchs zur Verfügung gestellten technischen Mitteln Eingabefehler vor Abgabe der Vertragserklärung erkennen und berichtigen kann,*
> 4. *über die für den Vertragsschluss zur Verfügung stehenden Sprachen und*
> 5. *über sämtliche einschlägigen Verhaltenskodizes, denen sich der Unternehmer unterwirft, sowie über die Möglichkeit eines elektronischen Zugangs zu diesen Regelwerken."*

151 Was dies im Detail bedeutet und wie es umzusetzen ist, ist dem Abschnitt zu den Informationspflichten[59] zu entnehmen.

---

57 Für eine ausführliche Darstellung dazu siehe *Klimke*, CR 2005, 582.
58 *Grigoleit*, NJW 2002, 1151, 1157; *Boente/Riehm*, Jura 2002, 222, 227.
59 Siehe Kap. 5 Rn 6 ff.

c) Die Bestellbestätigung

Nach Beendigung des Bestellvorgangs muss der Online-Händler dem Kunden den Zugang seiner Bestellung unverzüglich auf elektronischem Wege bestätigen, § 312i Abs. 1 S. 1 Nr. 3 BGB. Dies dient dazu, dass der Kunde sichergehen kann, dass seine Bestellung auch beim Händler angekommen ist.

Wie eine solche Bestellbestätigung aussehen kann und welche Konsequenzen für den Vertragsschluss eine ungenaue Formulierung haben kann, wurde bereits im Rahmen des Vertragsschlusses eingehend erörtert.

d) Die Abruf- und Speichermöglichkeit der Vertragsbestimmungen

Darüber hinaus verpflichtet der Gesetzgeber den Unternehmer mit § 312i Abs. 1 S. 1 Nr. 4 BGB, dem Kunden

> „die Möglichkeit zu verschaffen, die Vertragsbestimmungen einschließlich der Allgemeinen Geschäftsbedingungen bei Vertragsschluss abzurufen und in wiedergabefähiger Form zu speichern."

Damit bezweckt der Gesetzgeber, dass der Kunde auch im virtuellen Geschäftsverkehr jederzeit die Möglichkeit hat, Einblick in die für ihn geltenden Vertragsbestimmungen und AGB zu nehmen.

Fettnapf
Wie sich aus dem Umkehrschluss aus § 312i Abs. 2 S. 2 BGB entnehmen lässt, kann diese Pflicht auch bei beiderseitigem Einverständnis der Parteien nicht durch eine anderweitige vertragliche Vereinbarung abbedungen werden, da es sich insoweit um zwingendes Recht handelt. Anders ist dies jedoch hinsichtlich der Pflichten nach § 312i Abs. 1 S. 1 Nr. 1–3 und Abs. 2 BGB zu sehen, soweit es sich um Verträge unter Unternehmern handelt.

---

2. Die Informationspflicht nach § 312j Abs. 2 BGB

Darüber hinaus müssen dem Verbraucher durch den Online-Händler gewisse, in Art. 246a § 1 Abs. 1 S. 1 Nr. 1, 4, 5, 11 und 12 EGBGB normierte Informationen **unmittelbar vor Abschluss der Bestellung klar und verständlich in hervorgehobener Weise** zur Verfügung gestellt werden, § 312j Abs. 2 BGB. Damit normiert der Gesetzgeber eine weitere Informationspflicht für den Online-Händler, die von ihm jedoch nur dann zu beachten ist, wenn sein Kunde ein Verbraucher ist.

157 Welche Informationen dem Verbraucher im Einzelnen mitzuteilen sind und vor welche Probleme die Umsetzung dessen die Online-Händler stellt, ist dem Abschnitt zu den Informationspflichten[60] zu entnehmen.[61]

3. Die Bestellsituation

158 Handelt es sich um einen über das Internet abgeschlossenen Kaufvertrag zwischen einem Unternehmer und einem Verbraucher, so hat der Gesetzgeber auch hinsichtlich der konkreten Bestellsituation klare Vorstellungen.

159 Zunächst einmal soll der Kunde beim Online-Handel genau darüber informiert werden, welche einzelnen **technischen Schritte zum Vertragsschluss** führen und wie der **Vertrag zustande kommt**, § 312i Abs. 1 S. 1 Nr. 2 BGB i.V.m. Art. 246c Nr. 1 EGBGB.

> **Praxistipp**
> Die Übermittlung dieser Informationen kann separat oder gemeinsam erfolgen – wichtig ist nur, dass sie auch tatsächlich erfolgt. Sollte eine separate Übermittlung bevorzugt werden, so können die zum Vertragsschluss führenden technischen Schritte in einer Bestell-Schritt-Info zusammengefasst werden und die Modalitäten des Vertragsschlusses in den AGB geregelt werden.

160 Befindet sich der Kunde dann im Bestellformular, so hat der Online-Händler die Bestellsituation gem. § 312j Abs. 3 BGB so zu gestalten, dass

> *„der Verbraucher mit seiner Bestellung* **ausdrücklich bestätigt, dass er sich zu einer Zahlung verpflichtet.** *Erfolgt die Bestellung über eine Schaltfläche, ist die Pflicht des Unternehmers aus Satz 1 nur erfüllt, wenn diese Schaltfläche gut lesbar und mit* **nichts anderem** *als den Wörtern ‚zahlungspflichtig bestellen' oder mit einer entsprechenden eindeutigen Formulierung beschriftet ist."*

161 Damit fordert der Gesetzgeber zum Schutz des Verbrauchers eine klare Erklärung, die sich gerade auf den Umstand der Zahlungspflichtigkeit bezieht. Möchte der Online-Händler sich dazu einer Schaltfläche, eines sog. Buttons, bedienen, so sieht der Gesetzgeber seit dem Jahre 2012 mit § 312j Abs. 3 S. 2 BGB klar vor, dass dieser Button einzig und allein mit „zahlungspflichtig bestellen" oder ähnlichen Formulierungen wie „kostenpflichtig bestellen", „kaufen" oder „zahlungspflichtig Vertrag schließen" versehen werden darf.[62] Dies ist auch als die sog. **Button-Lösung** bekannt.[63] Im Vordergrund steht also der Umstand, dass der Button ebenfalls einen Hinweis auf die Zahlungspflicht enthält.

---

[60] Siehe Kap. 5 Rn 6 ff.
[61] Einen Überblick über die Problematik gibt auch *Bergt*, NJW 2012, 3541 ff.
[62] Palandt/*Grüneberg*, § 312g a.F. Rn 14.
[63] *Roth*, VuR 2012, 477.

> **Praxistipp**
> Da es derzeit noch an Rechtsprechung zur Zulässigkeit der Begrifflichkeiten fehlt, ist es zu empfehlen, die im Gesetz genannte Variante **„zahlungspflichtig bestellen"** zu wählen, um auf der sicheren Seite zu sein.

Darüber hinaus sollte die Schaltfläche **gut lesbar** in **ausreichender Schriftgröße** und mit **farblichem Kontrast** gestaltet werden. Auch dürfen grafische Elemente nicht vom Text ablenken.[64] Anderenfalls wird dem Erfordernis des § 312j Abs. 3 BGB nicht Genüge getan.

4. Folgen des Pflichtverstoßes

Hält sich der Online-Händler nicht an den Pflichtenkatalog des § 312i Abs. 1 S. 1 BGB oder an die Informationspflicht des § 312j Abs. 2 BGB, so führt dies **nicht zur Unwirksamkeit des Vertrags**. Der Kunde kann jedoch wegen der Verletzung einer vorvertraglichen Pflicht **Schadensersatz** nach § 311 Abs. 2 i.V.m. § 280 BGB oder die **Erfüllung dieser Pflichten** verlangen, soweit dies noch sinnvoll ist.[65]

Hat der Händler sich nicht an die Button-Anforderungen des § 312j Abs. 3 BGB gehalten, so liegt gem. § 312j Abs. 4 BGB **kein Vertragsschluss** i.S.d. § 433 BGB vor, der den Kunden zur Kaufpreiszahlung nach § 433 Abs. 2 BGB verpflichtet.[66]

Im Verhältnis zu Mitbewerbern kann jede der Pflichtverletzungen jedoch wettbewerbsrechtliche Bedeutung haben und zur Abmahnung führen.[67]

5. Bestätigungen per E-Mail
a) Bestellbestätigung

Ist die Bestellung des Kunden beim Händler eingegangen, so hat der Kunde gem. § 312i Abs. 1 Nr. 3 BGB darüber eine unverbindliche Bestellbestätigung zu erhalten, um sichergehen zu können, dass sein Auftrag den Händler auch erreicht hat. Wie eine solche Bestellbestätigung aussehen kann, wurde bereits im Rahmen des Vertragsschlusses[68] eingehend erörtert.

b) Auftragsbestätigung

Nimmt der Händler das Kaufangebot des Kunden an, so hat er dies mittels einer Auftragsbestätigung verbindlich zu erklären. Auch der Aspekt der Formulierung der Auf-

---

64 Palandt/*Grüneberg*, § 312g a.F. Rn 18.
65 BGH, Urt. v. 3.4.2008 – III ZR 190/07 – WRP 2008, 958, 961; *D. Ulmer*, CR 2002, 208, 210.
66 Palandt/*Grüneberg*, § 312g a.F. Rn 14.
67 Palandt/*Grüneberg*, § 312g a.F. Rn 18.
68 Siehe Rn 21 ff.

tragsbestätigung wurde gemeinsam mit der Bestellbestätigung bereits im Rahmen des Vertragsschlusses[69] dargelegt, worauf an dieser Stelle verwiesen wird.

168 Gemeinsam mit der Auftragsbestätigung **per E-Mail** sollte der Händler dem Kunden neben den AGB und den Pflichtinformationen im Fernabsatzgeschäft auch die Widerrufsbelehrung zukommen lassen, um eine Verlängerung der Widerrufsfrist zu vermeiden.

II. Die Erfüllung der vertraglichen Pflichten

169 Der im Internet geschlossene Vertrag verpflichtet die Parteien zur Erfüllung ihrer Leistungspflichten. Diese bestehen gem. § 433 Abs. 1 BGB für den Verkäufer in der Übergabe und Übereignung der Sache frei von Sach- und Rechtsmängeln i.S.d. §§ 434, 435 BGB. Der Käufer wiederum schuldet gem. § 433 Abs. 2 die Zahlung des Kaufpreises an den Verkäufer und die Abnahme der Kaufsache. Was dies im Einzelnen bedeutet, soll kurz dargestellt werden.

1. Die Pflichten des Verkäufers

170 Der Verkäufer hat die Sache dem Käufer zu übergeben und ihm das Eigentum daran zu verschaffen, § 433 Abs. 1 BGB.

a) Eigentumsübertragung

171 Da im Online-Handel nur bewegliche Sachen verkauft werden, richtet sich die Eigentumsübertragung nach § 929 BGB. Danach ist zur Eigentumsübertragung erforderlich, dass „*der Eigentümer die Sache dem Erwerber übergibt und beide darüber einig sind, dass das Eigentum übergehen soll*", § 929 S. 1 BGB.

172 Zu einer solchen Einigung ist nur der Verkäufer berechtigt, der im Zeitpunkt der Übergabe der **wahre Eigentümer** der Sache und in seiner **Verfügungsbefugnis unbeschränkt** ist.[70] Handelt es sich bei dem Verkäufer jedoch nicht um den Eigentümer, so ist ein Eigentumserwerb vom Nichteigentümer nur dann möglich, wenn[71]
– der Nichteigentümer gesetzlich zur Veräußerung berechtigt ist;
– der Eigentümer zustimmt;
– der Käufer den Verkäufer gutgläubig für den Eigentümer hält, da der Besitz der Kaufsache den Schein der Eigentümerstellung begründet;
– der Käufer den Verkäufer für rechtsgeschäftlich verfügungsermächtigt hält und eine gesetzliche Vorschrift dies vorsieht.

---

69 Siehe Rn 21 ff.
70 Palandt/*Bassenge*, § 929 Rn 7.
71 Palandt/*Bassenge*, Vorb. § 929 Rn 3 ff.

> **Praxistipp**
> In den Fällen, in denen der Online-Händler mit der Warenlieferung in Vorleistung tritt, sollte die Einigung über den Eigentumsübergang unter der Bedingung der vollständigen Kaufpreiszahlung stehen, sog. **Eigentumsvorbehalt** i.S.d. § 449 BGB.[72] Dann vollzieht sich der Eigentumswechsel ohne Weiteres erst mit Eintritt der Bedingung, was im Falle einer Nichtleistung des Käufers eine Rückforderung der Ware erleichtert und einen Weiterverkauf durch den Käufer an Dritte erschwert.

b) Übergabe und Übereignung

173 Die **Übergabe** kennzeichnet sich dadurch, dass der Verkäufer grundsätzlich keinen Besitz mehr an der Sache behalten darf, stattdessen aber der Käufer den Besitz erlangt. Denn die Übergabe soll in Vollziehung des Eigentumswechsels erfolgen.[73] Im Falle des Online-Handels erfolgt diese Übergabe mittels eines Zustellungsunternehmens wie der Deutschen Post oder einem Zustellungsunternehmen und die **Übereignung** durch das Transportunternehmen als Erklärungsboten.[74]

174 Die Lieferung durch ein Transportunternehmen spielt damit eine entscheidende Rolle in der Erfüllung der Verkäuferpflichten. Aus diesem Grund sind ein paar Aspekte besonders zu beachten.

aa) Lieferumfang

175 Neben der Ware als solche muss der Händler auch alle von ihm in der Produktbeschreibung aufgeführten **Zubehörteile** mitliefern. Dabei kann es sich um Dinge wie Kabel, Ladegeräte, Aufbewahrungshüllen oder dergleichen handeln. Denn der Inhalt der Produktbeschreibung ist Vertragsbestandteil.

176 Darüber hinaus sollte bei technischen Produkten eine **Bedienungsanleitung** in der jeweiligen Landessprache mitgeliefert werden, da von diesen oftmals bei falscher Bedienung Gefahren für die Gesundheit bzw. Sicherheit des Verbrauchers ausgehen können, die dann der Händler zu vertreten hat.

177 Hat der Händler zusätzlich eine Garantie für sein Produkt übernommen, so ist auch die **Garantieerklärung** in Textform beizulegen.

178 Soweit der Gesetzgeber dies zulässt, kann der Händler auch **rechtliche Informationen** wie die Vertragsbestimmungen, AGB oder Widerrufsbelehrung der Ware beifügen.

179 Auch eine **Rechnung** sollte in der Lieferung enthalten sein. Dies ist besonders dann auch im Interesse des Händlers, wenn er mit der Lieferung in Vorleistung getreten ist.

---

[72] Jauernig/*Berger*, § 449 Rn 1.
[73] Palandt/*Bassenge*, § 929 Rn 13.
[74] Palandt/*Bassenge*, § 929 Rn 23.

bb) Lieferzeit

180 Gemäß § 312d Abs. 1 BGB i.V.m. Art. 246a § 1 Abs. 1 S. 1 Nr. 7 EGBGB hat der Unternehmer dem Käufer schon vor Vertragsschluss den Termin zu bestimmen, bis zu dem er sich zur Lieferung der Ware verpflichtet. Die Dauer sollte dabei innerhalb einer dem durchschnittlichen Geschäfts- und Postbetrieb **angemessenen Zeit** erfolgen. Was als angemessen zu bezeichnen ist, muss im Einzelfall entschieden werden und hängt primär davon ab, ob es sich um eine bereits produzierte oder um eine noch herzustellende Ware handelt, der Händler die Ware vorrätig hat oder bei Vertragsschluss bereits auf längere Lieferzeiten hingewiesen hat sowie ob die Ware ins Inland oder ins Ausland versendet werden muss.

> **Praxistipp**
> Damit der sich der Käufer stets über den Stand seiner Bestellung informieren kann, bietet es sich an, ihm Zugang zu einem **Lieferstatus** zu verschaffen. Dieser kann bis zur Auslieferung von Mitarbeitern des Shops geführt werden. Danach bieten Transportunternehmen oftmals einen eigenen Sendungsverlauf an, anhand dessen der Kunde mithilfe der Sendungsnummer die Bestellung verfolgen kann. Auf diese Weise muss der Käufer auch nicht Kontakt zum Händler aufnehmen, um zu wissen, wie weit der Bestellvorgang nun fortgeschritten ist.

cc) Verpackung

181 Wie bei vielen anderen Aspekten auch ist bei Geschäften zwischen Online-Händlern und Verbrauchern auch die Verpackung der Produkte mit rechtlichen Anforderungen verbunden, die sich im Wesentlichen der **Verpackungsverordnung** (VerpackV) entnehmen lassen.

182 Der Gesetzgeber bezweckt mit diesen Regelungen, die Auswirkungen von Abfällen aus Verpackungen auf die Umwelt zu vermeiden oder zu verringern und der Wiederverwendung von Verpackungen, der stofflichen Verwertung sowie den anderen Formen der Verwertung Vorrang vor der Beseitigung von Verpackungsabfällen einzuräumen, § 1 Abs. 1 VerpackV.

183 Um dies sicherzustellen, muss sich der Online-Händler, der Verpackungen erstmalig in den Verkehr bringt, bei einem **dualen System registrieren** lassen, § 6 Abs. 1 VerpackV, da auch er als sog. Vertreiber gem. § 3 Abs. 9 VerpackV zum Kreis der Pflichtigen gehört. Danach ist jeder

> „Vertreiber im Sinne dieser Verordnung, wer Verpackungen, Packstoffe oder Erzeugnisse, aus denen unmittelbar Verpackungen hergestellt werden, oder Waren in Verpackungen, gleichgültig auf welcher Handelsstufe, in Verkehr bringt. Vertreiber im Sinne dieser Verordnung ist auch der **Versandhandel**."

Allein der private Verkäufer unterliegt nicht den Bestimmungen der Verpackungsverordnung.

Diese Registrierungspflicht entfällt für den Online-Händler nur dann, wenn er 184 bereits **lizenziertes Verpackungsmaterial** verwendet, da dann die Entsorgung gewährleistet wird.

> **Fettnapf**
> Wer lizenziertes Verpackungsmaterial verwenden möchte, muss beachten, dass restlos alle Materialien registriert sein müssen, d.h. auch Füllmaterial wie Luftpolsterfolien oder Chips. Im Zweifelsfall trägt der Online-Händler die Beweislast dafür, dass er tatsächlich ausschließlich lizenziertes Material verwendet hat.

Der Verstoß gegen die VerpackV stellt einerseits gem. § 15 VerpackV eine **Ordnungs-** 185 **widrigkeit** dar, deren Konsequenz ein Bußgeld sein kann und andererseits ein wettbewerbswidriges Verhalten, dem eine Abmahnung von Konkurrenten folgen kann.

dd) Gefahrtragung

Ein ebenfalls nicht zu vernachlässigender rechtlicher Aspekt in Zusammenhang mit 186 der Lieferung der Ware stellt die Frage nach der Verantwortlichkeit für Verschlechterungen während des Transports dar. Denn nicht selten passiert es, dass der Händler die Sache zwar ordnungsgemäß verpackt und auf den Weg bringt, die Ware beim Kunden aber beschädigt ankommt. Welche Vertragspartei für eine solche Verschlechterung der Sache verantwortlich ist, hängt entscheidend von dem Zeitpunkt der **Verschlechterung** oder des **Untergangs** der Kaufsache ab, dem sog. Gefahrübergang.

Grundsätzlich normierte der Gesetzgeber mit § 446 BGB, dass die Gefahr der Ver- 187 schlechterung oder des Untergangs mit der **persönlichen Übergabe** der Sache durch den Verkäufer an den Käufer auf Letzteren übergeht. In Fällen, in denen eine persönliche **Übergabe durch eine Transportperson** ersetzt wird, soll diese Gefahr gem. § 447 Abs. 1 BGB auf den Käufer übergehen, sobald der Verkäufer die Sache dem Spediteur, dem Frachtführer oder der sonst zur Ausführung der Versendung bestimmten Person oder Anstalt ausgeliefert hat.

> **Fettnapf**
> Sollte die Ware einmal unterwegs beschädigt werden oder ganz verloren gehen, so kann sich der Händler nicht per se auf die Normierung des § 447 Abs. 1 BGB berufen, denn er trägt die Beweislast dafür, dass er die Ware überhaupt einem Transporteur übergeben hat und diese auch in einem ordnungsgemäßen Zustand war.

Diese grundsätzliche Regelung gilt zum Schutz der **Verbraucher** jedoch gem. § 474 188 Abs. 4 BGB nur dann nicht, wenn der Käufer das Transportunternehmen selbst beauftragt hat und ihm dieses auch nicht zuvor vom Händler benannt wurde. Da dies in der Praxis sehr selten der Fall ist, bleibt es in einer Vielzahl von Fällen bei der Grundregel des § 446 BGB. Demnach ist der Online-Händler bis zur ordnungsgemäßen Übergabe des Produkts durch die Transportperson an den Verbraucher für dessen Unversehrtheit verantwortlich. Kommt die Ware beschädigt oder überhaupt nicht an, so erlischt die Kaufpreiszahlungspflicht des Käufers, § 326 Abs. 1 S. 1 Hs. 1 BGB.

> **Praxistipp**
> Handelt es sich bei dem Kundenstamm des Online-Händlers um Verbraucher, ist die Inanspruchnahme eines versicherten Versands zu empfehlen.

189 Wer nun denkt, er könne die Transportgefahr im Rahmen von beispielsweise AGB vertraglich auf den Kunden abwälzen, der irrt, da dies rechtlich unzulässig ist. Denn die Verbraucherschutzvorschriften sind generell nicht abdingbar.

2. Die Pflichten des Käufers

190 Die Pflicht des Käufers besteht gem. § 433 Abs. 2 BGB in der Zahlung des Kaufpreises an den Verkäufer und der Abnahme der Kaufsache.

a) Kaufpreiszahlung

191 Der Kaufpreis muss in **Geld** gezahlt werden, da anderenfalls ein Tausch i.S.d. § 480 BGB vorläge.[75] Die Höhe des zu entrichtenden Kaufpreises und der Fälligkeitszeitpunkt sowie die Frage nach den Zahlungsmöglichkeiten richten sich nach den individuellen Parteivereinbarungen bzw. den Vereinbarungen zum Zahlungsverkehr.

192 Kommt der Käufer seiner Zahlungspflicht nicht nach, so gerät er unter den Voraussetzungen des § 286 BGB in **Verzug** und muss dem Verkäufer den ihm dadurch entstandenen Schaden ersetzen.

b) Abnahme

193 Darüber hinaus ist der Käufer auch zur Abnahme, also zur **Übernahme des Besitzes** an der Sache, verpflichtet.[76] Kommt er dieser Pflicht nicht nach, indem er beispielsweise das Paket nicht annimmt oder zurückweist, obwohl die Sache ihm so angeboten wurde, wie sie zu bewirken ist, so gerät er in **Annahmeverzug** gem. § 293 ff. BGB. Dies hat zur Folge, dass der Käufer weiterhin zur Abnahme verpflichtet bleibt, in der Zwischenzeit eingetretene Schäden an der Sache vom Verkäufer jedoch nur bei Vorsatz und grober Fahrlässigkeit vertreten werden müssen, § 300 Abs. 1 BGB.

---

[75] Staudinger/*Beckmann*, § 433 Rn 75.
[76] Staudinger/*Beckmann*, § 433 Rn 215.

III. Gewährleistungsrechte

Kommt es nach dem Kauf zu Problemen, so hat der Online-Händler einige rechtliche Aspekte zu beachten. Denn Schäden am Produkt können nicht nur beim Transport passieren. Vielmehr ist der weitaus häufigere Fall der, dass die Ware bereits bei der Übergabe an das Transportunternehmen Mängel aufweist, ohne dass der Händler davon Kenntnis hat. Liegt ein Mangel vor, dann löst dies verschiedene Gewährleistungsrechte des Kunden aus. Sie umfassen das Recht, eine Reparatur des Mangels zu verlangen oder aber bei dessen Unmöglichkeit bzw. wiederholtem Fehlschlag vom Kaufvertrag zurückzutreten. Darüber hinaus kann der Käufer auch den Kaufpreis mindern oder Schadensersatz bzw. Aufwendungsersatz verlangen.

Doch das Gewährleistungsrecht wird nicht bei jeder Abweichung des Produktzustands von der Vorstellung des Kunden ausgelöst. Was der Unterschied des Gewährleistungsrechts zum Widerrufsrecht des Kunden ist, wann ein Mangel im rechtlichen Sinne vorliegt und welche Rechte der Kunde unter welchen Voraussetzungen geltend machen kann, soll im Folgenden erläutert werden.

1. Abgrenzung zum Widerrufsrecht

Zunächst einmal muss klargestellt werden, dass das Widerrufsrecht nach §§ 312g, 355 BGB und das Gewährleistungsrecht nach § 437 BGB völlig **eigenständige Rechte** darstellen, die unter unterschiedlichen Voraussetzungen Anwendung finden.

Die **Gewährleistungsrechte** stehen dem Kunden unabhängig vom Widerrufsrecht für den Fall zu, dass die **Ware mangelhaft** ist. Das **Widerrufsrecht** hingegen ist ein Recht, das der Gesetzgeber dem Verbraucher aufgrund der Besonderheiten des Internethandels als Fernabsatzgeschäft zur Verfügung stellt. Sein Widerrufsrecht kann der Käufer **ohne Angabe von Gründen** innerhalb der Frist geltend machen. Während das Gewährleistungsrecht darauf abzielt, einen Ausgleich für die Lieferung mangelhafter Waren zu bieten, bezweckt das Widerrufsrecht bei Fernabsatzverträgen den Ausgleich dazu, dass der Kunde die Ware nicht real wahrnehmen kann, sondern auf Bildern und Bildbeschreibungen im Internet angewiesen ist – es reicht also ein bloßes Nichtgefallen, um den Vertragsschluss zu widerrufen.

2. Voraussetzungen des Gewährleistungsanspruchs
a) Wirksamer Kaufvertrag

Grundvoraussetzung eines Gewährleistungsanspruchs ist der Umstand, dass zwischen den Parteien ein wirksamer Kaufvertrag gem. § 433 BGB geschlossen wurde.[77]

---

[77] Wann dies der Fall ist, wurde bereits eingangs im Rahmen des Vertragsschlusses eingehend erörtert.

b) Der Mangel

199 Die gesetzlichen Gewährleistungsrechte des § 437 BGB stehen dem Kunden nach Abschluss des Kaufvertrags zur Verfügung, wenn es sich bei dem Produkt um eine Sache handelt, die bereits bei Gefahrübergang mangelhaft war. Was der Gesetzgeber unter einem Mangel versteht, hat er in den §§ 434, 435 BGB normiert. Danach unterscheidet er zwischen Sachmängeln und Rechtsmängeln.

200 Einen **Sachmangel** definiert der Gesetzgeber in § 434 Abs. 1 BGB als eine **Abweichung der Ist-Beschaffenheit von der Soll-Beschaffenheit**. Das bedeutet, dass die Sache nicht die vereinbarte Beschaffenheit aufweist und wenn keine Beschaffenheit vereinbart wurde, sie sich nicht für die nach dem Vertrag vorausgesetzte Verwendung oder die gewöhnliche Verwendung eignet oder eine Beschaffenheit aufweist, die bei Sachen der gleichen Art nicht üblich ist und die der Käufer nach der Art der Sache nicht erwarten kann.

201 Ferner wird auch eine vom Verkäufer oder dessen Gehilfen durchgeführte **unsachgemäße Montage** oder die Herausgabe einer **mangelhaften Montageanleitung**, in dessen Folge die Montage fehlerhaft erfolgt, als Sachmangel angesehen, § 434 Abs. 2 BGB.

202 Auch wer eine andere als die vereinbarte Sache liefert, sog. **Aliud-Lieferung**, hat die Leistung nur mangelhaft erbracht, § 434 Abs. 3 BGB.

 Beispiel
Der Käufer bestellt einen Schrank aus Birkenholz, erhält aber einen aus Buchenholz.

---

203 Darüber hinaus lösen auch **Rechtsmängel** Gewährleistungsrechte des Käufers aus. Nach § 435 BGB ist eine Sache frei von Rechtsmängeln,

> „wenn Dritte in Bezug auf die Sache keine oder nur die im Kaufvertrag übernommenen Rechte gegen den Käufer geltend machen können."

204 Im Bereich des Online-Handels ist dabei der Verkauf von **Diebesgut** besonders relevant. Denn der Käufer von Diebesgut kann an der Ware auch bei Unkenntnis des Diebstahls **kein Eigentum erwerben**, § 935 Abs. 1 S. 1 BGB. Damit hat der tatsächliche Eigentümer stets einen Herausgabeanspruch gegen den Käufer gem. § 985 BGB. Dies zeigt, dass Dritte Rechte gegen den Käufer geltend machen können, die nicht vereinbart wurden.

205 Darüber hinaus spielt im Online-Handel in Bezug auf Rechtsmängel neben dem Verkauf von urheberrechtsverletzenden CDs und DVDs auch die **Markenpiraterie** eine große Rolle. Auch in diesen Fällen muss der Käufer mit Abmahnungen oder Schadensersatzforderungen der betroffenen Unternehmen rechnen und ist damit auch hier mit Rechten Dritter konfrontiert.

c) Gefahrübergang

Der Mangel muss auch bei Gefahrübergang vorgelegen haben. Laut § 446 BGB bedeutet dies, dass der Mangel bei Übergabe der Sache an den Käufer vorhanden war. Wurde die Sache an einen **Unternehmer** versendet, ist der Zeitpunkt der **Übergabe durch den Verkäufer an den Spediteur**, Frachtführer oder eine sonst zur Ausführung der Versendung bestimmte Person oder Anstalt entscheidend, § 447 BGB. 206

Erfolgt die Auslieferung an einen **Verbraucher**, bleibt es aufgrund der Verbraucherschutzvorschriften bei dem Zeitpunkt der **Übergabe der Sache durch den Transporteur an den Verbraucher**, § 474 Abs. 4 BGB. 207

d) Kein Ausschluss

Darüber hinaus darf der Gewährleistungsanspruch auch nicht ausgeschlossen sein. 208

Ein solcher Ausschluss auf **vertraglicher Basis** führt dazu, dass die Geltendmachung von Gewährleistungsansprüchen gänzlich oder unter bestimmten Voraussetzungen nicht mehr möglich ist. Der Käufer, der also später einen Mangel feststellt, kann sich in den vertraglich geregelten Fällen nicht auf seine gesetzlichen Gewährleistungsrechte berufen. 209

Anders sieht dies hingegen bei **Verbrauchsgüterkäufen** aus. Denn auch hier interveniert der Gesetzgeber zugunsten des Verbrauchers und verbietet mit § 475 Abs. 1 S. 1 BGB eine Abweichung der gesetzlichen Normierungen zum Gewährleistungsrecht zulasten des Verbrauchers. Sollten dennoch solche Klauseln im Vertrag aufgenommen werden, so sind diese unwirksam und es bleibt bei den gesetzlichen Ansprüchen, § 475 Abs. 1 S. 2 BGB. 210

Nach § 444 BGB kann sich der Verkäufer nicht auf einen vertraglichen Haftungsausschluss berufen, wenn er den **Mangel arglistig verschwiegen** oder eine **Garantie für die Beschaffenheit** übernommen hat. 211

Möchte ein Verkäufer die Gewährleistungsrechte im Rahmen von AGB zu seinen Gunsten modifizieren, so hat er die **Klauselverbote** des § 309 Nr. 8 b) BGB zu beachten, wonach u.a. ein Ausschluss oder eine Beschränkung der Rechte ebenso unwirksam ist wie die Beschränkung auf das Nacherfüllungsrecht. 212

Daneben ist auch ein **gesetzlicher Ausschluss** der Gewährleistungsrechte möglich. Einen solchen stellt § 442 Abs. 1 BGB dar, der die Geltendmachung der Ansprüche ausschließt, wenn der Käufer den Mangel bei Vertragsschluss kennt oder infolge grober Fahrlässigkeit nicht kennt, es sei denn, der Verkäufer hat den Mangel arglistig verschwiegen oder eine Garantie für die Beschaffenheit der Sache übernommen. 213

Darüber hinaus kommt ein Ausschluss bei einem Geschäft unter **Kaufleuten** nach § 377 Abs. 1 HGB in Betracht. Danach hat der Käufer bei Empfang der Ware die Pflicht, diese **unverzüglich**, soweit dies nach ordnungsgemäßem Geschäftsgang tunlich ist, **zu untersuchen** und ggf. eine **Mängelanzeige** beim Verkäufer vorzunehmen. Ande- 214 renfalls gilt die Ware als genehmigt, § 377 Abs. 2 HGB. Eine Ausnahme davon ist nur dort vorgesehen, wo der Verkäufer den Mangel arglistig verschwiegen hat.

3. Die Gewährleistungsrechte im Einzelnen
a) Nacherfüllung

215 Vorrangig hat der Käufer gem. §§ 437 Nr. 1, 439 BGB ein Recht auf Nacherfüllung. Dies bedeutet, dass er die Wahl zwischen der Reparatur des Gegenstands (**Nachbesserung**) oder der Lieferung des mangelfreien Produkts (**Nachlieferung**) innerhalb einer **angemessenen Frist** hat.

216 Dieses Wahlrecht des Käufers reduziert sich auf den Anspruch auf Nachbesserung, wenn die gewünschte Nachlieferung für den Verkäufer nur mit unverhältnismäßig hohen Kosten möglich ist, § 439 Abs. 3 BGB. Die **Unverhältnismäßigkeit** richtet sich dabei insbesondere nach dem Wert der Sache in mangelfreiem Zustand, der Bedeutung des Mangels und der Frage, ob auf die andere Art der Nacherfüllung ohne erhebliche Nachteile für den Käufer zurückgegriffen werden könnte, § 439 Abs. 3 S. 2 BGB.

217 Das Gesetz gewährt dem Verkäufer **zwei Nachbesserungsversuche**. Schlagen diese beide fehl, kann der Käufer vom Kaufvertrag zurücktreten, § 440 S. 2 BGB.

218 Die Aufwendungen für die Nacherfüllung, wozu insbesondere **Transport-, Wege-, Arbeits- und Materialkosten** gehören, trägt der Verkäufer gem. § 439 Abs. 2 BGB in vollem Umfang. Dies umfasst nach der neuen Rechtsprechung des EuGH[78] in Fällen von Verbrauchsgüterkäufen auch die **Ausbaukosten und Wiedereinbaukosten**, wenn es sich um eine **verwendungsbedingt einzubauende Sache** wie eine Spülmaschine oder Bodenfliesen handelt. Dass diese Kosten im Einzelfall den Verkaufspreis bei Weitem übersteigen können, liegt nahe. Jedoch lassen es Verbraucherschutzgesichtspunkte nach Ansicht des EuGH nicht zu, dass sich in den Fällen, in denen ohnehin nur die Neulieferung möglich ist, der Verkäufer noch auf eine unzumutbare Belastung aufgrund der hohen Kosten und damit auf sein Leistungsverweigerungsrecht aus § 439 Abs. 3 BGB beruft. Die mögliche Nacherfüllung ist eine Pflicht des Verkäufers und hat für den Verbraucher vollkommen **unentgeltlich** zu bleiben. Diese Unentgeltlichkeit ist ein wesentliches Statut des europäischen Verbraucherschutzes und ergibt sich aus Art. 3 der Verbrauchsgüterkauf-Richtlinie.[79]

219 Erfolgt eine Nachlieferung der ursprünglich mangelhaften Sache, dann kann der Händler grundsätzlich nach § 439 Abs. 4 BGB vom Käufer neben der Rückgewähr auch

---

[78] EuGH, Urt. v. 16.6.2011 – C-65/09 –, – C-87/09 – NJW 2011, 2269 ff. „Bodenfliesen und Spülmaschine".
[79] RL 1999/44/EG des Europäischen Parlaments und des Rates zu bestimmten Aspekten des Verbrauchsgüterkaufs und der Garantien für Verbrauchsgüter v. 25.5.1999; ABl. EG Nr. L 171 v. 7.7.1999 S. 12.

Wertersatz für die Nutzung der mangelhaften Sache verlangen; nicht so jedoch, wenn es sich um einen Verbrauchsgüterkauf handelt. Der EuGH entschied im sog. **Quelle-Urteil,**[80] dass aus Verbraucherschutzgesichtspunkten § 439 Abs. 4 BGB nicht mit Art. 3 Abs. 2–4 der Verbrauchsgüterkaufrichtlinie[81] vereinbar sei und eine solche Wertersatzforderung daher unzulässig sei.

Beispiel
Im Jahre 2002 lieferte das Versandhandelsunternehmen Quelle einer deutschen Verbraucherin ein Herd-Set, welches sich Anfang 2004 als irreparabel mangelhaft erwies. Daher lieferte Quelle ihr einen neuen Herd, beanspruchte aber für die knapp zweijährige Nutzung des alten Herds die Zahlung von 69,97 € als Ersatz für die Vorteile, die sie aus der Nutzung des ursprünglich gelieferten Geräts gezogen hatte. Die Verbraucherin verweigerte eine solche Zahlung zu Recht.[82]

b) Rücktritt
Ein weiteres Gewährleistungsrecht des Käufers stellt das Rücktrittsrecht dar. Neben einem möglicherweise vertraglich vereinbarten Rücktrittsrecht hat der Käufer unter den Voraussetzungen der §§ 437 Nr. 2 Alt. 1, 434 BGB auch ein gesetzliches Rücktrittsrecht. 220

Voraussetzung für die wirksame Geltendmachung eines Rücktrittsrechts ist u.a. gem. §§ 437 Nr. 2 Alt. 1, 323 Abs. 1 BGB das **erfolglose Verstreichen einer angemessenen Frist zur Nacherfüllung,** mit welcher der Verkäufer eindeutig zur Leistung einer bestimmten Pflicht aufgefordert wurde. 221

Von diesem Erfordernis der Nachfrist kann nur unter den in § 323 Abs. 2 BGB abschließend aufgezählten Ausnahmefällen abgewichen werden. Den wohl bedeutendsten Ausnahmefall stellt § 323 Abs. 2 Nr. 1 BGB dar, wonach eine **Fristsetzung entbehrlich** ist, wenn der Schuldner die **Leistung ernsthaft und endgültig verweigert.** Dabei sind an das Vorliegen einer endgültigen Erfüllungsverweigerung strenge Anforderungen zu stellen. Nicht jede Ablehnung kann als eine Verweigerung gewertet werden, vielmehr muss es sich um das letzte Wort des Verkäufers in dieser Sache handeln. 222

Darüber hinaus ist nach § 326 Abs. 5 BGB eine Fristsetzung auch dann nicht nötig, wenn die Nacherfüllung nicht möglich ist, da der Verkäufer der Aufforderung dann ohnehin nicht nachkommen kann. 223

Eine weitere Voraussetzung der wirksamen Geltendmachung des Rücktrittsrechts ist ein **Nichtvorliegen von Ausschlussgründen.** Als solche kommen ein 224

---
80 EuGH, Urt. v. 17.4.2008 – C-404/06 – NJW 2008, 1433 „Quelle".
81 RL 1999/44/EG des Europäischen Parlaments und des Rates zu bestimmten Aspekten des Verbrauchsgüterkaufs und der Garantien für Verbrauchsgüter v. 25.5.1999; ABl. EG Nr. L 171 v. 7.7.1999 S. 12.
82 EuGH, Urt. v. 17.4.2008 – C-404/06 – NJW 2008, 1433 „Quelle".

Ausschluss nach § 323 Abs. 5 S. 2 BGB bei **Unerheblichkeit des Mangels** und ein solcher nach § 323 Abs. 6 BGB bei einer **Verantwortlichkeit des Käufers** für den Mangel oder einem Eintritt des Mangels während des **Annahmeverzugs** des Käufers in Betracht.

225 Liegen also neben den allgemeinen Voraussetzungen des Gewährleistungsrechts auch die des Rücktritts vor und hat der Käufer seine **Rücktrittserklärung** auch gem. § 349 BGB abgegeben, so verwandelt sich das aus dem Kaufvertrag resultierende Schuldverhältnis zwischen den Parteien gem. § 346 Abs. 1 BGB in ein sog. **Rückgewährschuldverhältnis**.[83] Das bedeutet, dass die Parteien die empfangenen Leistungen zurückzugewähren und die gezogenen Nutzungen herauszugeben haben. Dies bedeutet konkret, dass der Verkäufer den gezahlten Kaufpreis an den Käufer erstatten und der Käufer die erhaltene Ware in einem ordnungsgemäßen Zustand an den Verkäufer zurückgeben muss. Ist dies dem Käufer gar nicht oder nur in einem beschädigten Zustand, der über die allgemein üblichen Gebrauchsspuren hinausgeht, möglich, hat er gem. § 346 Abs. 2 BGB **Wertersatz** zu leisten. Diese Pflicht kann jedoch in den in § 346 Abs. 3 BGB abschließend genannten Fällen entfallen.

226 Anders als beim Nacherfüllungsrecht ist der zurücktretende Käufer im Rahmen des Rücktrittsrechts auch dann zum **Nutzungsersatz** gem. § 346 Abs. 1 BGB verpflichtet, wenn es sich um einen Verbraucher handelt. Diese Entscheidung des BGH[84] widerspricht auch nicht der im Rahmen der Nacherfüllung angesprochenen Quelle-Entscheidung des EuGH,[85] da sich der EuGH nur auf das Nacherfüllungsrecht bezieht, an dessen Geltendmachung der Verbraucher nicht durch die Zahlung von Nutzungsersatz gehindert werden soll.

227 Wer sich jedoch gänzlich vom Vertrag lösen möchte, der bleibt vor diesen Ansprüchen des Verkäufers nicht verschont, da er schließlich auch den vollen Kaufpreis nebst Zinsen zurückerhält. Anderenfalls hätte die Mangelhaftigkeit der Sache für den Käufer den Vorteil, dass er im Optimalfall die Sache knapp zwei Jahre kostenlos nutzen konnte, was nicht in Einklang mit dem Schutz des Verkäufers gebracht werden kann. Dies entspricht auch dem Erwägungsgrund 15 der Verbrauchsgüterkaufrichtlinie, der eine Berücksichtigung der Benutzung der vertragswidrigen Ware bei einer Vertragsauflösung ausdrücklich gestattet.[86]

---

83 Dauner-Lieb/Langen/*Ring*, § 357 a.F. Rn 10.
84 BGH, Urt. v. 16.9.2009 – VIII ZR 243/08 –.
85 EuGH, Urt. v. 17.4.2008 – C-404/06 – NJW 2008, 1433 „Quelle".
86 Erwägungsgründe zur RL 1999/44/EG des Europäischen Parlaments und des Rates vom 25.5.1999 zu bestimmten Aspekten des Verbrauchsgüterkaufs und der Garantien für Verbrauchsgüter, ABl. Nr. L 171 v. 7.7.1999 S. 12–16.

c) Minderung

Als drittes Gewährleistungsrecht gestattet der Gesetzgeber dem Käufer einer mangelhaften Sache **statt eines Rücktrittsrechts**[87] auch ein Minderungsrecht nach §§ 437 Nr. 2 Alt. 2, 441, 434 BGB. Anders als beim Rücktritt bleibt bei der Minderung der geschlossene Kaufvertrag bestehen, es wird jedoch der Kaufpreis in dem Verhältnis **herabgesetzt**, wie sich der objektive Wert der mangelhaften Kaufsache zum objektiven Wert der Kaufsache ohne Mangel und zum Kaufpreis verhält (**Preis-Leistungs-Verhältnis**), § 441 Abs. 3 S. 1 BGB.[88]

228

Fettnapf
Die bei der Minderung vorgenommene Inverhältnissetzung kann positive oder negative Auswirkungen haben, je nachdem, ob der Käufer die Ware günstiger oder teurer als der übliche Marktpreis erworben hat. Je nach Ausgangslage kann die Geltendmachung eines Schadensersatzanspruchs dann für den Käufer sinnvoller sein: Hat der Käufer ein schlechtes Geschäft gemacht, wird ihm eher zur Minderung zu raten sein, bei einem guten Geschäft hingegen zur Geltendmachung von Schadensersatz.

Die Geltendmachung dieses Rechts ist grundsätzlich immer dann sinnvoll, wenn der Käufer die mangelhafte Sache behalten will, da sie beispielsweise voll funktionsfähig ist, aber optische Mängel aufweist, aufgrund derer der Käufer nicht zur Zahlung des vollen Kaufpreises bereit ist.

229

Bei der Geltendmachung des Minderungsrechts ist insbesondere zu beachten, dass dieses nur **unter den Voraussetzungen des Rücktritts**[89] möglich ist und zudem der Käufer eine **Minderungserklärung** gem. § 441 Abs. 1 BGB gegenüber dem Verkäufer abzugeben hat.

230

Ein Wechsel von Minderung zu Rücktritt wegen ein und desselben Mangels ist nicht möglich, da die Rechte sich gegenseitig ausschließen.[90]

231

d) Schadensersatz

Als ein weiteres Gewährleistungsrecht stellt der Gesetzgeber dem Käufer einen Anspruch auf Schadensersatz gem. § 437 Nr. 3 Alt. 1 BGB zur Verfügung, der der Kompensation eines jeden materiellen Nachteils dient, den der Käufer aufgrund der Pflichtverletzung des Verkäufers erleiden musste.

232

Dabei ist zwischen einem Schadensersatzanspruch statt der Leistung und einem solchen neben der Leistung zu differenzieren. Anders als beim Schadensersatz statt der Leistung behält der Käufer beim Schadensersatz neben der Leistung die Ware und möchte nur den ihm entstandenen Schaden ersetzt haben. Beim Schadensersatz statt

233

---

87 Dauner-Lieb/Langen/*Büdenbender*, § 441 Rn 28.
88 Schulze/*Saenger*, § 441 Rn 4.
89 Schulze/*Saenger*, § 441 Rn 2.
90 Dies bestätigte zuletzt erneut KG Berlin, Urt. v. 29.10.2009 – 1 U 41/08 –.

der Leistung hat der Käufer kein Interesse am Erhalt der Ware und verlangt nur den Ersatz des ihm entstandenen Schadens.

234 Einen Anspruch auf **Schadensersatz statt der Leistung** kann der Käufer geltend machen, wenn seine Gewährleistungsrechte gar nicht erfüllt werden, § 437 Nr. 3 Alt. 1 BGB i.V.m. §§ 280 Abs. 1, 3, 281 Abs. 1 S. 1 BGB, oder der Verkäufer die Nacherfüllung wegen unverhältnismäßig hoher Kosten ganz verweigert, also von seinem Leistungsverweigerungsrecht aus § 439 Abs. 3 BGB Gebrauch macht. Die in diesen Fällen nach § 280 Abs. 1 BGB erforderliche verschuldete Pflichtverletzung des Verkäufers kann in der Lieferung einer mangelhaften Sache oder in der nicht rechtmäßigen Nacherfüllung gesehen werden.

235 Darüber hinaus muss der Käufer dem Verkäufer gem. § 281 Abs. 1 S. 1 BGB eine **angemessene Frist zur Nacherfüllung** gesetzt haben, die erfolglos verstrichen ist. Das Erfordernis der Fristsetzung ist nur dann entbehrlich, wenn der Schuldner die Leistung ernsthaft und endgültig verweigert oder wenn besondere Umstände vorliegen, die unter Abwägung der beiderseitigen Interessen die sofortige Geltendmachung des Schadensersatzanspruchs rechtfertigen, § 281 Abs. 2 BGB.

236 Kann der Verkäufer die Nacherfüllung von Anfang an nicht erbringen, sog. **anfängliche Unmöglichkeit**, weil es sich beispielsweise um ein irreparabel beschädigtes Einzelstück handelt, so berechtigt dies gem. § 437 Nr. 3, 311a Abs. 2 BGB ebenso zum Schadensersatz statt der Leistung wie eine **nachträgliche Unmöglichkeit** der Nacherfüllung beispielsweise aufgrund einer Zerstörung der Kaufsache nach §§ 437 Nr. 3, 280 Abs. 1, 3, 283, 275 BGB. Eine Fristsetzung ist in den Fällen der Unmöglichkeit nicht nötig, da gerade der Umstand, dass die Leistung unmöglich geworden ist, zum Schadensersatz führt.

237 Darüber hinaus kann der Käufer auf Basis von §§ 437 Nr. 3, 280 Abs. 1, 2, 286 BGB auch einen Anspruch auf **Schadensersatz neben der Leistung** geltend machen, wenn der Käufer beispielsweise die Nacherfüllung nicht rechtzeitig vornimmt, sich also unter Umständen zu viel Zeit mit der Reparatur der Sache lässt und dadurch beim Käufer ein Schaden entsteht, sog. **Verzögerungsschaden.** Die dabei nach § 280 Abs. 1 BGB erforderliche Pflichtverletzung liegt dann in der Nichtvornahme der Nachbesserung, die eine Sekundärpflicht des Verkäufers darstellt, und dessen Vertretenmüssen gem. § 280 Abs. 1 S. 2 BGB auch an dieser Stelle widerlegbar vermutet wird. Darüber hinaus ist zu beachten, dass ein Verzögerungsschaden gem. § 286 Abs. 1 S. 1 BGB nur dann wirksam geltend gemacht werden kann, wenn zuvor eine **Mahnung** erfolgt ist, der es nur unter den in § 286 Abs. 2 BGB genannten Gründen nicht bedarf.

❗ Praxistipp
Um als Online-Händler eine Inanspruchnahme wegen eines Verzugsschadens zu verhindern, sollten Gewährleistungsrechte wie die Nacherfüllung in einer dem Geschäftsbetrieb angemessenen Dauer erledigt werden. Sollte es einmal länger dauern, empfiehlt es sich, mit dem Kunden Kontakt aufzunehmen und das weitere Vorgehen zu besprechen, damit dieser sich auf die Verzögerung einstellen

kann. Denn unabhängig davon, ob der Händler für die Verzögerung verantwortlich ist oder etwa der Hersteller: Der Händler ist als Vertragspartei des Käufers zur rechtzeitigen Leistung verpflichtet.

e) Aufwendungsersatz

In einem **Exklusivitätsverhältnis** zum Schadensersatzanspruch steht der Aufwendungsersatzanspruch. Diesen kann der Käufer gem. §§ 437 Nr. 3, Alt. 2, 284 BGB geltend machen, wenn er ein **freiwilliges Vermögensopfer** erbracht hat, da er auf die Mangelfreiheit der Sache vertraut hat und sich die Aufwendung durch den Mangel als **nutzlos** erwiesen hat oder wegen des Mangels **mehrfach angefallen** ist.[91]

Beispiel
Der Käufer einer einzigartigen antiken Vase hat sich in seinem Wohnzimmer eine Säule bauen lassen, auf die er die von ihm erworbene Vase positionieren wollte, um sie auf diese Weise bestmöglich auszustellen. Dadurch sind dem Käufer Kosten in Höhe von 1.350 € entstanden. Nach der Lieferung stellt der Käufer fest, dass es sich um eine Fälschung handelt und tritt vom Kaufvertrag zurück, da dem Verkäufer die Lieferung des Originals persönlich nicht möglich ist. Die Kosten für den Bau der Säule haben sich für den Käufer als nutzlos erwiesen und sind nunmehr ersatzfähig.

4. Verjährung

Auch wenn die bereits erläuterten Voraussetzungen des entsprechenden Gewährleistungsrechts vorliegen, so kann der Anspruch nicht auf unbestimmte Zeit geltend gemacht werden. Vielmehr sieht der Gesetzgeber in den §§ 438 Abs. 4, Abs. 1 Nr. 3, 218 Abs. 1 BGB die Geltendmachung des Gewährleistungsanspruchs innerhalb von zwei Jahren ab „Ablieferung der Sache" gem. § 438 Abs. 2 Alt. 2 BGB vor. Ist diese Zeit überschritten, so kann der Verkäufer die Einrede der Verjährung geltend machen, die dann zur Hemmung des Anspruchs führt.

5. Beweislast

Grundsätzlich trägt in einem Zivilprozess immer der Kläger die Beweislast für die Tatsachen, die seinen Anspruch begründen, der Beklagte für die Tatsachen, die den Anspruch untergehen lassen oder hemmen. In diesem Fall bedeutet dies, dass der Käufer, der seine Gewährleistungsansprüche im Klagewege geltend machen will, das Vorliegen der oben genannten Voraussetzungen beweisen muss, insbesondere also die Mangelhaftigkeit der Sache bei Übergabe.

Dass diese Beweisführung nicht immer einfach ist und mit viel Aufwand verbunden sein kann, weiß auch der Gesetzgeber und hat daher auch diesen Aspekt in die

---

91 MüKo-BGB/*Ernst*, § 284 Rn 1.

Verbraucherschutzvorschriften aufgenommen. Mit § 476 BGB kehrte er die allgemeinen Beweislastregeln hinsichtlich des Gefahrübergangs zugunsten des Verbrauchers um. Danach wird ein **Vorliegen des Mangels bei Gefahrübergang vermutet, wenn dieser innerhalb von sechs Monaten nach dem Kauf auftritt.** Es handelt sich dabei um eine gesetzliche Vermutung, die gem. § 292 ZPO vom Verkäufer widerlegt werden kann, wenn er beweisen kann, dass der Mangel nicht schon bei Übergabe der Ware vorhanden war.

Fettnapf
Diese gesetzliche Vermutung bezieht sich jedoch nur auf den Zeitpunkt der Mangelhaftigkeit, nicht hingegen auf den Mangel selbst. Dafür trägt der Käufer auch als Verbraucher weiterhin die Beweislast.

242 Im Falle der Geltendmachung eines Schadensersatzanspruchs ist das für den Verkäufer relevanteste Beweisproblem das seines Verschuldens. Denn gem. § 280 Abs. 1 S. 2 BGB wird das Verschulden des Verkäufers vom Gesetz widerlegbar vermutet. Unter dem Verschulden versteht man das Vertretenmüssen des Verkäufers aufgrund von Vorsatz oder Fahrlässigkeit, § 276 BGB. Demnach trifft den Verkäufer die Darlegungs- und Beweislast für sein mangelndes Verschulden, d.h. er muss darlegen und nachweisen, dass ihn in Bezug auf die Verursachung des Mangels und den daraus resultierenden Schaden kein Verschulden trifft.

Fettnapf
Auf ein Verschulden des Verkäufers kommt es dann nicht mehr an, wenn der Verkäufer für die Beschaffenheit der Kaufsache eine Beschaffenheitsgarantie oder ein Beschaffungsrisiko übernommen hat. In diesen Fällen ist dann eine Widerlegung der gesetzlichen Vermutungsregel nicht möglich.

IV. Haftung des Händlers

243 Der Verkäufer kann nicht nur wegen Mängeln in Anspruch genommen werden, sondern auch dann, wenn in Zusammenhang mit dem Vertragsschluss **Schäden an den Rechtsgütern des Käufers** entstehen, weil der Händler eine vertragliche Pflicht nicht erfüllt oder eine unerlaubte Handlung begangen hat. Grundsätzlich haftet der Schädiger dem Geschädigten in Höhe und Umfang unbeschränkt, sofern vertraglich nichts anderes bestimmt wurde. Um die Risiken, die sich aus der unbegrenzten Haftung ergeben, zu limitieren und sich vor wirtschaftlich verheerenden **Haftungsketten** zu schützen, sollte der Online-Händler seine Haftung vertraglich im Rahmen des gesetzlich Möglichen einschränken.

Praxistipp
Die Notwendigkeit einer Haftungsbeschränkung oder eines gänzlichen Haftungsausschlusses kann der Händler gegenüber seinem Kunden damit begründen, dass die Kalkulation des Verkaufspreises nur auf Grundlage einer Risikoabschätzung erfolgen kann. Ist das Risiko für den Händler nicht abschätzbar, so muss er die Preise erhöhen, um sich finanziell für den Haftungsfall abzusichern.

Zu unterscheiden ist grundsätzlich zunächst zwischen einer **Haftungsbeschränkung dem Grunde nach** und einer **Haftungsbeschränkung der Höhe nach**. Wie diese Beschränkungen erfolgen und inwieweit diese zulässig sind, wird im Folgenden erläutert. 244

1. Haftungsbeschränkungen dem Grunde nach
Schränkt man die Haftung dem Grunde nach ein, so hat dies zur Folge, dass bestimmte Umstände erst gar nicht zu einem Haftungsfall führen. Dies kann durch individualvertragliche Regelungen erfolgen, aber auch durch Klauseln in AGB. 245

Eine **individualvertragliche Vereinbarung** macht dort Sinn, wo es um den Ausschluss ganz konkreter, genau dieses eine Produkt betreffender Modalitäten geht. Die Haftungsbegrenzung im Individualvertrag hat viele Gestaltungsmöglichkeiten. Eine **Grenze** ist jedoch dort zu ziehen, wo Gegenstand des Haftungsausschlusses das vorsätzliche oder arglistige Handeln ist sowie bei der sittenwidrigen Ausnutzung einer Vormachtstellung. 246

In der Praxis nutzen Online-Händler häufig ihre **AGB** zur Regelung von Haftungsbeschränkungen. Zulässig sind solche Haftungsbeschränkungen nur dann, wenn sie nicht gegen die §§ 305 ff. BGB verstoßen. Denn in diesen Vorschriften normiert der Gesetzgeber u.a. die Fälle, in denen ein **Haftungsausschluss unzulässig** ist. 247

Wie bereits im Rahmen des AGB-Rechts[92] erläutert, ist insbesondere die Haftung des Verkäufers für Mängelansprüche des Käufers nicht abdingbar, § 309 Nr. 8 b) BGB. Abdingbar ist zwar das Minderungsrecht des Käufers, ob dies jedoch ökonomisch im Interesse des Verkäufers ist, ist eher fraglich. 248

Eine Haftungsbegrenzung ist darüber hinaus gem. **§ 309 Nr. 7 a) BGB** dann unwirksam, wenn durch die Vereinbarung die Haftung auf jene Schäden begrenzt werden soll, die auf einer eigenen **fahrlässigen Pflichtverletzung** des Verwenders der AGB oder einer vorsätzlichen oder fahrlässigen Pflichtverletzung eines gesetzlichen Vertreters oder einer Person, derer er sich zur Erfüllung seiner vertragsgemäßen Pflichten bedient, beruht und die eine **Verletzung von Leben, Körper oder Gesundheit** einer anderen Person zur Folge hat. 249

Daneben sind ein Ausschluss oder eine Begrenzung auch dort unwirksam, wo **vorsätzliches oder grob fahrlässiges Handeln**, das zu Schäden an **Leib, Leben** 250

---

92 Siehe Rn 110 ff.

oder Gesundheit einer Person führt, gem. § 309 Nr. 7 b) BGB nicht zur Haftung des Verkäufers führen soll.

251 Auch ein **genereller Ausschluss** von Schadensersatzansprüchen ist nicht rechtmäßig.

> **Praxistipp**
> Zu beachten ist jedoch, dass die zuvor erläuterten Klauselverbote des § 309 BGB nur Anwendung auf solche Verträge finden, in denen der Vertragspartner des Online-Händlers ein Verbraucher ist, § 310 Abs. 1 BGB. Das bedeutet, dass Haftungsbeschränkungen gegenüber Unternehmern aufgrund einer Gleichordnung der Vertragsparteien und einer damit einhergehenden geringeren Schutzwürdigkeit des Käufers nicht diesen strengen Maßstäben unterzogen werden. Hier hat der Händler einen größeren Gestaltungsspielraum. Er muss jedoch damit rechnen, dass zu strenge Haftungsbeschränkungen von den Kunden nicht immer angenommen werden.

252 Darüber hinaus ergibt sich aus der Rechtsprechung des BGH, dass ein sonst zulässiger Ausschluss der Haftung für leicht fahrlässiges Handeln dort nicht rechtmäßig ist, wo es sich um die Erfüllung sog. **Kardinalpflichten** handelt.[93] Denn der Ausschluss von Kardinalpflichten stellt eine unangemessene Benachteiligung des Käufers gem. § 307 Abs. 2 BGB dar und ist daher unwirksam. Als Kardinalpflichten werden all die wesentlichen Pflichten der Parteien eines Vertrags bezeichnet, die erfüllt werden müssen, um das vereinbarte Vertragsziel zu erreichen, wozu auch Nebenpflichten gehören können. Im Falle des Kaufvertrags stellt die Freiheit von Sach- und Rechtsmängeln der Kaufsache eine Kardinalpflicht dar.

> **Fettnapf**
> Wer sich nicht sicher ist, was in seinem Fall zu den Kardinalpflichten gehört und daher diesen Begriff wörtlich in seine AGB aufnimmt, verstößt nach Ansicht des BGH gegen das Transparenzgebot des § 307 Abs. 1 S. 2 BGB, da dem durchschnittlichen Kunden als juristischen Laien nicht klar ist, welche Pflichten darunter fallen.[94]

2. Haftungsbeschränkungen der Höhe nach

253 Beschränkt man die Haftung **individualvertraglich** für bestimmte Fälle der Höhe nach, so wird ein bestimmter Umstand zwar als haftungsauslösend anerkannt, die Höhe der Haftungssumme wird aber auf einen vertraglich zu bestimmenden Betrag begrenzt.

254 Dabei kann einerseits die Haftung auf einen von den Parteien zu bestimmenden maximalen Betrag oder auf einen Prozentsatz des Verkaufspreises festgelegt werden.

---

93 BGH, Urt. v. 23.2.1984 – VII ZR 274/82 – NJW 1985, 3016.
94 BGH, Urt. v. 20.7.2005 – VIII ZR 121/04 – NJW-RR 2005, 1496.

Klauselmuster
„Der Verkäufer haftet nur für unmittelbare Sach- und Vermögensschäden bis zu einem Betrag von ... € je Schadensereignis. Treten mehrere Schäden auf, haftet der Verkäufer bis zu einem maximalen Gesamtbetrag von ... €."
„Der Verkäufer haftet nur für unmittelbare Sach- und Vermögensschäden bis zu einem Betrag von ... % des Verkaufspreises je Schadensereignis."

Bedient sich der Online-Händler zur Regelung der Haftungsbeschränkung der Höhe nach seiner **AGB**, so darf die Klausel – sofern es sich um ein Geschäft mit einem Verbraucher handelt – nicht gegen das bereits im Rahmen der Haftungsbegrenzung der Höhe nach erläuterte Klauselverbot des § 309 Nr. 7 BGB verstoßen. In allen anderen Fällen darf die Haftungsbegrenzung in den AGB nur in einem solchen Maß erfolgen, wie sie den möglichen Schaden auch umfassen würde,[95] weshalb die Reduzierung auf den Kaufpreis nicht zulässig ist. Aufgrund dessen läuft der Sinn der Haftungsbegrenzung in der Praxis faktisch leer.

Wer jedoch seine persönliche Haftung weiter eingrenzen möchte, sollte eine **Berufshaftpflichtversicherung** abschließen.

Praxistipp
Das Vorhandensein einer Berufshaftpflichtversicherung sollte aber dennoch nicht zu einem Absehen von der Haftungsbegrenzung verleiten, da auch Versicherungen nur bis zu einer bestimmten Deckungssumme für entstandene Schäden einstehen.

3. Folgen unwirksamer Haftungsbeschränkung

Hat der Verkäufer eine Haftungsbeschränkung in seinen AGB normiert, die gegen die Regelungen der §§ 305 ff. BGB verstößt, so ist diese Vereinbarung gem. § 306 Abs. 1 BGB **unwirksam**.

Die unwirksame Regelung im Vertrag wird dann durch die gesetzlichen Normierungen ersetzt, § 306 Abs. 2 BGB, es sei denn, das Festhalten am Vertrag würde für eine der Parteien eine unzumutbare Härte darstellen, § 306 Abs. 3 BGB.

Eine Reduzierung der unwirksamen Haftungsbegrenzung auf das gerade noch zulässige Maß, sog. **geltungserhaltende Reduktion**[96] **der Haftungsklausel**, ist nicht zulässig, da anderenfalls der Verkäufer immer überzogene AGB verwenden könnte, um so die Käufer von der Geltendmachung ihrer Ansprüche abzuhalten. Dies hätte auch keine negativen Konsequenzen für ihn, da die Haftung im schlimmsten Fall ohnehin auf seine gesetzliche Pflicht reduziert werden würde. Das Risiko, das aus der Anwendung unwirksamer AGB resultiert, muss der Verkäufer allein tragen.

---

[95] BGH, Urt. v. 27.9.2000 – VIII ZR 155/99 – NJW 2001, 292; BGH, Urt. v. 19.1.1984 – VII ZR 220/82 –.
[96] MüKo-BGB/*Busche*, § 157 Rn 36.

Dies bedeutet in diesem Fall eine Haftung des Verkäufers in den gesetzlich normierten Fällen in **unbegrenzter Höhe**.

Praxistipp
Angesichts der hohen Haftungsrisiken, die sich aus nicht vorhandenen oder unwirksamen Haftungsbegrenzungen ergeben, ist die Formulierung von Haftungsklauseln durch einen spezialisierten Rechtsanwalt zu empfehlen.

E. Rückabwicklung des Vertrags

260 Ein einmal geschlossener Vertrag muss nicht unbedingt immer bestehen bleiben. Gründe dafür gibt es neben dem einfachen Nichtgefallen der Ware aufseiten des Käufers zahlreiche. Aber auch der Verkäufer kann unter bestimmten Voraussetzungen eine Lösung vom Vertrag erreichen.

261 Welche rechtlichen Möglichkeiten die Parteien dabei haben und wie dann die Rückabwicklung zu erfolgen hat, soll im folgenden Abschnitt näher erläutert werden.

I. Lösungsrechte des Verkäufers

1. Die Anfechtung

262 Auch wenn der Verkäufer grundsätzlich ein Interesse am Bestand des Vertrags hat, so gibt es nach der Bestellung Situationen, in denen der Verkäufer den Vertragsschluss am liebsten „ungeschehen" machen würde.

263 Ein Beispiel dafür ist die falsche Preisauszeichnung des Produkts aufgrund eines Tippfehlers oder eines technisch bedingten Übermittlungsfehlers.

Beispiel
Der Händler hat die wertvolle Armbanduhr im Wert von 1.990 € lediglich mit 1.099 € ausgezeichnet, da ihm bei der Eingabe ein Zahlendreher unterlaufen ist.

264 Liegt eine **irrtümliche Preisangabe** vor, so muss der Händler sich an dem geschlossenen Vertrag nicht festhalten und damit das Produkt nicht zum geringeren Preis verkaufen. Vielmehr hat er nach höchstrichterlicher Rechtsprechung ein aus § 119 Abs. 1, Alt. 2 BGB resultierendes **Anfechtungsrecht** aufgrund eines **Erklärungsirrtums,** da davon ausgegangen werden kann, dass er bei Kenntnis der Sachlage und bei verständiger Würdigung des Falls das Angebot des Käufers zum Abschluss des Kaufvertrags nicht durch das Versenden der Annahmeerklärung angenommen hätte.[97]

---

[97] BGH, Urt. v. 26.1.2005 – VIII ZR 79/04 –.

Um dieses Recht geltend zu machen, muss der Händler die Anfechtung gem. § 121 Abs. 1 BGB **unverzüglich**, d.h. ohne schuldhaftes Zögern, **gegenüber dem Käufer klar und deutlich erklären**. Die Bezeichnung „Anfechtung" ist dabei nicht erforderlich, aber ratsam. 265

Fettnapf
Keinesfalls sollte im Rahmen einer Anfechtung von einer „Stornierung" gesprochen werden. Denn anders als zur Anfechtung als gesetzliches Recht ist der Verkäufer zu einer Stornierung nur dann berechtigt, wenn die Parteien vertraglich ein solches Recht des Verkäufers vereinbart haben. Liegt eine solche Erklärung nicht vor, so bleibt der Händler aufgrund der falschen Erklärung zur Lieferung verpflichtet.

Die Folge der Anfechtung ist, dass der Vertrag so behandelt wird, als wäre er nie geschlossen worden, der **Vertrag erlischt rückwirkend**. 266

Diese Regelungen gelten auch im Falle von **Internetauktionen**. Hingegen hat der Händler dort nicht das Recht, den Vertrag anzufechten, wenn er den gewünschten Verkaufserlös nicht erzielt hat und ursprünglich dachte, er würde mehr erzielen, da dieser Irrtum unbeachtlich ist. 267

2. Die Stornierung

Wie bereits erläutert, ist eine Stornierung des Vertrags nicht ohne Weiteres möglich. Der geschlossene Kaufvertrag verpflichtet die Parteien zur Erfüllung, es sei denn, dem Verkäufer steht ein Stornierungsrecht zu. 268

Der Gesetzgeber kennt dabei nur den Fall des Rücktritts, zu welchem der Verkäufer nur dann berechtigt ist, wenn ihm die Lieferung der Sache unmöglich geworden ist. Darüber hinaus kann eine Stornierung nur auf Basis einer vertraglichen Vereinbarung erfolgen. 269

Praxistipp
Ist der Händler von der Lieferung des Herstellers abhängig, so sollte er sich die Stornierung für die Fälle, in denen der Hersteller ihn wegen beispielsweise eigener Produktionsschwierigkeiten nicht beliefert, vertraglich vorbehalten.

Hat er sich ein solches Recht nicht eingeräumt, kann er dennoch dem Käufer eine Stornierung anbieten. Hat dieser auch kein Interesse an langen Wartezeiten, so kann der Kaufvertrag durch die Erklärung beider Parteien **aufgehoben** werden. 270

II. Lösungsrechte des Käufers

271 Dem Kunden stehen mehr Lösungsrechte zur Verfügung als dem Händler, wenn es sich um einen Verbraucher handelt.

1. Anfechtung

272 Auch aufseiten des Käufers kann es Situationen geben, die ihn zur Anfechtung berechtigen. Dazu gehört eine fehlerhafte Dateneingabe oder Datenübermittlung. So kann sich der Käufer bei Eingabe der zu bestellenden Stückzahl der Kaufsache vertippen.

Beispiel
Der Käufer möchte eine Uhr bestellen, gibt aber in das Feld „Anzahl" die Zahl 11 statt 1 ein.

273 In einem solchen Fall kann der Käufer sich ebenfalls auf einen Erklärungsirrtum berufen und unter denselben Voraussetzungen wie der Verkäufer den Vertrag zum Erlöschen bringen. Wurde die Ware jedoch bereits ausgeliefert, so kann dem Verkäufer durch die unter Umständen erhöhten Versandkosten ein **Schaden** entstanden sein, den der Käufer ihm dann gem. § 122 Abs. 1 BGB zu ersetzen hat.

274 Darüber hinaus hat der Käufer auch dann ein Anfechtungsrecht gem. § 123 Abs. 1 BGB, wenn er auf Basis einer **falschen Produktbezeichnung oder Produktbeschreibung** getäuscht und so zum Vertragsschluss geleitet wurde. Diese Anfechtung muss dann **binnen eines Jahres** ab Kenntniserlangung von der Täuschung gegenüber dem Verkäufer erfolgen, § 124 Abs. 1 BGB

2. Rücktritt

275 Ein Rücktrittsrecht hat der Käufer nur dann, wenn ihm das Gesetz ein solches einräumt oder die Parteien ein solches vereinbart haben. Da die zweite Alternative nahezu keine Anwendung in der Praxis des Online-Handels findet, sind in der Regel nur die gesetzlichen Rücktrittsrechte beachtlich. Von entscheidender Bedeutung ist dabei das Rücktrittsrecht gem. § 437 Nr. 2 BGB im Falle der **Lieferung einer mangelhaften Sache**. Diesbezüglich wird auf den Abschnitt zu Gewährleistungsrechten verwiesen.[98]

3. Widerruf

276 Ein in der Praxis sehr häufig Anwendung findendes Lösungsrecht ist aufseiten des Käufers das Widerrufsrecht. Dieses wurde kürzlich zur Umsetzung der Verbraucher-

---

[98] Siehe Rn 195 ff.

richtlinie 2011/83/EU[99] in das nationale Recht reformiert, um so eine Vereinheitlichung innerhalb der EU zu erreichen und den grenzüberschreitenden Vertrieb zu erleichtern.

An dieser Stelle soll nur ein kurzer Überblick über das Widerrufsrecht gegeben werden, hinsichtlich vertiefter Hinweise wird auf das Kapitel 5 zum Widerrufsrecht verwiesen.

Um den Besonderheiten des Fernabsatzgeschäfts Rechnung zu tragen, räumt der Gesetzgeber dem Verbraucher in § 312g Abs. 1 BGB ein Widerrufsrecht nach § 355 BGB ein. Danach ist der Kunde ebenso wie der Händler an seine zum Vertragsschluss führende Erklärung dann **nicht mehr gebunden**, wenn der Kunde sie fristgerecht widerrufen hat, § 355 Abs. 1 S. 1 BGB.

Diese **Frist** beträgt seit der Novelle des Widerrufsrechts gem. § 355 Abs. 2 S. 1 BGB einheitlich innerhalb der EU **14 Tage**.

Der **Fristbeginn** erfolgt gem. § 355 Abs. 2 S. 2 BGB grundsätzlich mit Vertragsschluss, jedoch gem. §§ 355, 356 Abs. 3 i.V.m. Art. 246a § 1 Abs. 2 S. 1 Nr. 1 EGBGB nicht bevor der Kunde über sein Widerrufsrecht belehrt worden ist und das Muster-Widerrufsformular erhalten hat oder der Verkäufer nicht seinen übrigen Informationspflichten nachgekommen ist, §§ 355, 356 Abs. 3 BGB i.V.m. Art. 246b § 2 Abs. 1 EGBGB.

Während vor der Novellierung die Ausübung des Widerrufsrechts auch durch Rücksendung der Ware konkludent erfolgen konnte, muss der Widerruf nun gegenüber dem Händler **ausdrücklich erklärt** werden, § 355 Abs. 1 S. 3 BGB. Dafür muss der Händler dem Käufer gem. § 355 Abs. 3 BGB i.V.m. Art. 246a § 1 Abs. 2 S. 1 Nr. 1 EGBGB ein Muster-**Widerrufsformular** gemäß Anlage 2 des Art. 246a § 1 Abs. 2 EGBGB zur Verfügung stellen, das der Verbraucher dann nur noch ausfüllen und dem Händler zuschicken muss.

Fettnapf
Eine Abweichung von der Muster-Widerrufsbelehrung sollten Online-Händler nur dann vornehmen, wenn dies rechtlich abgesichert ist. Denn eine falsche Widerrufsbelehrung kann einen Wettbewerbsverstoß darstellen und dadurch zu Abmahnungen führen.

Eine weitere Erleichterung gilt nun hinsichtlich der Form der Erklärung: Während vor der Reform noch die Textform gesetzlich vorgesehen war, sieht der neu gefasste § 355 Abs. 1 BGB eine solche Form nicht mehr vor. Damit sind künftig auch Widerrufserklärungen über das Telefon möglich.

---

[99] RL 2011/83/EU des Europäischen Parlaments und des Rates über die Rechte der Verbraucher, zur Abänderung der RL 93/13/EWG des Rates und der RL 1999/44/EG des Europäischen Parlaments und des Rates sowie zur Aufhebung der RL 85/577/EWG des Rates und der RL 97/7/EG des Europäischen Parlaments und des Rates v. 25.10.2011, ABl. EG Nr. L 304/64 v. 22.11.2011.

> **Praxistipp**
> Bei dem Widerruf per Telefon sollten Verbraucher aber die erschwerte Beweismöglichkeit nicht außer Acht lassen und sich zur Sicherheit eine Bestätigung vom Händler zukommen lassen, die erkennen lässt, dass dieser Kenntnis von dem Widerruf genommen hat.

Für Online-Händler hat der telefonische Widerruf zumindest den Vorteil, dass sie keine Abmahnungen mehr wegen der Angabe von Telefonnummern in Widerrufsbelehrungen fürchten müssen.

4. Kein gesetzliches Rückgaberecht mehr

283 Neben dem Widerrufsrecht räumte der Gesetzgeber dem Verbraucher nach der bis zum **13.6.2014** geltenden Rechtslage neben dem Widerrufsrecht auch **ein Rückgaberecht** ein. Dieses wurde jedoch mit der Novellierung des Widerrufsrechts im Rahmen der Umsetzung der Verbraucherrichtlinie 2011/83/EU abgeschafft.

III. Die Rückabwicklung in der Praxis

284 Nachdem nun erläutert wurde, in welchen Fällen sich die Vertragsparteien von dem von ihnen geschlossenen Kaufvertrag lösen können, ist nun ein Blick auf die Frage zu werfen, wie die Rückabwicklung erfolgt, wenn die Parteien bereits Leistungen ausgetauscht haben, also die Ware geliefert und der Kaufpreis bezahlt wurde.

285 Grundsätzlich sieht der Gesetzgeber in § 357 Abs. 1 BGB vor, dass die empfangenen Leistungen im Falle des Widerrufs von den Parteien spätestens nach 14 Tagen zurückzugewähren sind. Diese Frist beginnt gem. § 355 Abs. 3 S. 2 BGB für den Unternehmer mit Zugang der Widerrufserklärung und für den Verbraucher mit dessen Abgabe.

286 Bei der Rückzahlung des Kaufpreises hat der Unternehmer zu beachten, dass er grundsätzlich dasselbe Zahlungsmittel verwenden muss, das der Verbraucher bei der Zahlung verwendet hat, § 357 Abs. 3 S. 1 BGB. Dies gilt nur dann nicht, wenn die Parteien ausdrücklich etwas anderes vereinbart haben oder dem Verbraucher dadurch Kosten entstehen würden, § 357 Abs. 3 S. 2 BGB. Zu einer Verweigerung der Rückzahlung ist der Unternehmer bis zum Rückerhalt der Ware oder der Erbringung eines Nachweises über die Rücksendung gem. § 357 Abs. 4 BGB nach neuem Recht berechtigt.

287 Während sich die Rückzahlung des Kaufpreises in der Praxis noch recht einfach gestaltet, sind mit der Rücksendung der Ware weitaus mehr Probleme verbunden, die im folgenden Abschnitt behandelt werden sollen.

1. Die Kosten der Rücksendung
Die Rücksendung der Ware hat durch den Käufer zu erfolgen. Doch wer trägt die Kosten dafür? Die Antwort auf diese Frage richtet sich nach der rechtlichen Basis der Rücksendung.

a) Kosten nach Widerruf
Erfolgt die Rücksendung in Ausübung des Widerrufsrechts durch den Verbraucher, so hat der **Verbraucher** grundsätzlich die **Kosten der Rücksendung** zu tragen, § 357 Abs. 6 S. 1 BGB.

Eine Ausnahme von dieser Kostentragungspflicht lässt der Gesetzgeber gem. § 357 Abs. 6 S. 2 BGB nur dann zu, wenn sich der Unternehmer mit der Kostentragung einverstanden erklärt hat oder den Verbraucher nicht von seiner Kostentragungspflicht informiert hat.

Damit ist die noch bis zum Inkrafttreten der Novelle des Widerrufsrechts am 13.6.2014 geltende sog. **40 €-Klausel** nun **hinfällig**, womit es zur **Abwälzung der Rücksendekosten auf den Verbraucher nun keiner vertraglichen Vereinbarung** mehr bedarf. Voraussetzung ist allein, dass der Händler den Verbraucher über seine Kostentragungspflicht im Widerrufsfalle informiert hat.

Praxistipp
Aus Aspekten des Kundenservice kann der Händler aber dennoch die Kosten der Rücksendung übernehmen.

Zur Übernahme der **Kosten der Hinsendung** ist der Händler jedoch weiterhin auch nach europäischem Recht verpflichtet, § 357 Abs. 2 S. 1 BGB.[100] Hat der Verbraucher diese schon bezahlt, so sind sie ihm gem. § 357 Abs. 2 S. 1 BGB zurückzugewähren. Dazu gehören jedoch keine Zuschläge wie solche für den Expressversand oder die Nachnahmegebühr, für die der Verbraucher sich trotz einer vom Unternehmer angebotenen günstigeren Standardlieferung entschieden hat. Diese Kosten hat der Verbraucher anders als vor der Novelle nun selbst zu tragen, § 357 Abs. 2 S. 2 BGB.

b) Kosten nach Rücktritt
Ist der Käufer wegen eines Sachmangels vom Vertrag zurückgetreten, so stellen die Kosten der Rücksendung einen Schaden dar, den der Händler durch die Lieferung einer mangelhaften Sache zu vertreten hat. Die Rück- und auch die Hinsendekosten sind demnach im Rahmen des **Schadensersatzes** gegenüber dem Händler ersatzfähig.

---

100 EuGH, Urt. v. 15.4.2010 – C-511/08 – MMR 2010, 396 ff. „Heine".

2. Die Rücksendung beschädigter oder gebrauchter Waren

294 Wie mit der Rücksendung von beschädigten oder gebrauchten Waren zu verfahren ist, richtet sich nach dem ausgeübten Lösungsrecht.

a) Widerrufsfall

295 Macht der Verbraucher von seinem Widerrufsrecht Gebrauch, sendet dem Händler aber eine gebrauchte oder beschädigte Sache zurück, die dieser aufgrund dessen nicht weiterverkaufen kann, so ist der Verbraucher ihm zum **Wertersatz** gem. § 357 Abs. 7 verpflichtet, „wenn der Wertverlust auf einen Umgang mit den Waren zurückzuführen ist, der zur Prüfung der Beschaffenheit, der Eigenschaften und der Funktionsweise der Waren nicht notwendig war und der Unternehmer den Verbraucher nach Art. 246a § 1 Abs. 2 S. 1 Nr. 1 EGBGB über sein Widerrufsrecht unterrichtet hat."

296 Ein Wertersatz ist damit nur dann vorgesehen, wenn eine **Nutzung über den Testbetrieb hinaus** erfolgt. Sinn dieser Regelung ist, dass der Online-Käufer anders als im Geschäft kein Vorführmodell hat, das er testen kann, und dieser Nachteil durch eine fehlende Wertersatzpflicht beim Testbetrieb ausgeglichen werden soll.

b) Rücktrittsfall

297 Ist der Käufer wegen eines Mangels an der Kaufsache vom Vertrag zurückgetreten und sendet dem Händler die bis dahin gebrauchte Sache zurück, so ist er diesem gem. § 346 Abs. 2 Nr. 3 BGB nicht zum **Wertersatz** für die Verschlechterung verpflichtet, wenn diese auf der **bestimmungsgemäßen Ingebrauchnahme** beruht. Damit ist ein Wertersatzanspruch des Händlers nur dort möglich, wo der Käufer die Sache verarbeitet oder umgestaltet hat, § 346 Abs. 2 Nr. 2 BGB.

3. Gefahrtragung bei Rücksendung

298 Ebenso wie bei der Hinsendung besteht auch bei der Rücksendung das Risiko von Transportschäden und des gänzlichen Verlusts der Ware.

299 Im Falle des Widerrufs trägt auch bei der Rücksendung der Ware der Händler die Gefahr des zufälligen Untergangs oder der Verschlechterung der Ware, § 355 Abs. 3 S. 4 BGB.

> **Praxistipp**
> Um das Transportrisiko auch bei der Rücksendung zu minimieren, empfiehlt sich die Beilage von Retouren-Scheinen oder Freeway-Marken, mit denen ein versicherter Versand durch den Käufer erfolgen kann. Eine verpflichtende Rücksendung über einen bestimmten Logistikdienstleister kann dem Kunden jedoch nicht vorgeschrieben werden.

F. Grenzüberschreitender Online-Handel

In einer globalisierten Welt gehört der grenzüberschreitende Vertrieb mittlerweile zum Alltag des Internethandels. Was so einfach erscheint, ist rechtlich jedoch in manchen Fällen kompliziert. Denn während der Nutzung des grenzenlosen Internets wird schnell vergessen, dass die Rechtssysteme sehr wohl ihre Grenzen haben. Der Händler hat daher zu untersuchen, ob sein Vertragswerk auch auf Verträge mit Auslandsbezug anwendbar bleibt. Anderenfalls können einzelne AGB-Klauseln ihre Gültigkeit verlieren und somit sogar zum Nachteil des Verwenders werden. Da das internationale Recht sehr komplex ist, soll der folgende Abschnitt nur einige wichtige Punkte anschneiden, die für Online-Händler besonders wichtig sind. 300

Bei grenzüberschreitendem Handel ist zunächst zwischen dem Handel mit Käufern in **EU-Ländern und Nicht-EU-Ländern** zu unterscheiden. Denn während innerhalb der EU Harmonisierungsbestrebungen zur stetigen Angleichung der Rechtssysteme und damit zur Vereinfachung des Handels führen, sieht sich der Händler beim Rechtsverkehr mit Käufern aus Nicht-EU-Ländern immer wieder mit anderen Rechtsordnungen konfrontiert, was bei der Wahl der Absatzmärkte ebenso wenig unbeachtet bleiben sollte wie die Untersuchung der wirtschaftlichen Marktchancen. 301

Entscheidet sich der Händler dann für einen Verkauf im Ausland, so ist eine **Anpassung des gesamten Handels auf die ausländischen Gegebenheiten** vorzunehmen. Dazu gehört neben einer selbstverständlich in der Landessprache oder auf Englisch gestalteten Shop-Seite auch die Verfügbarkeit von **AGB in der jeweiligen Landessprache**. 302

Auch muss der Händler in den AGB eine Klausel über das anzuwendende Recht und den Gerichtsstand hinzufügen. Denn da sich aus dem Internationalen Privatrecht bei Streitigkeiten häufig unterschiedliche Lösungen ergeben, sollten sich die Parteien darüber einigen, welches nationale Recht auf den Vertrag Anwendung findet, sog. **Rechtswahl**. Welches Recht dabei für den Online-Händler vorteilhafter ist, muss im Einzelfall durch Gegenüberstellung der Rechtsordnungen geklärt werden – denn dies muss nicht immer das eigene nationale Recht sein. Hier ist eine Rechtsberatung unerlässlich. 303

Neben der Rechtswahl ist auch die **Gerichtsstandswahl** erheblich. Dabei ist zu bedenken, dass es auf eine Vollstreckbarkeit des erstrittenen Urteils ankommt. Da deutsche Urteile aber nicht weltweit vollstreckbar sind, sondern von zwischenstaatlichen Abkommen abhängen, ist auch hier eine Einzelfallentscheidung notwendig. 304

Ein weiterer wesentlicher Aspekt, der beim Verkauf ins Ausland beachtet werden sollte, ist die richtige **Auswahl der Zahlungsmöglichkeiten**. So ist als Zahlungsmethode insbesondere die Zahlung per Vorkasse, Kreditkarte oder über einen Treuhandservice wie PayPal sinnvoll. 305

Solmecke

> **Fettnapf**
> Der Verkauf auf Rechnung ins Ausland ist dagegen in der Regel nicht die beste Alternative. Denn neben erheblich längeren Zahlungszielen von 60 Tagen oder 90 Tagen ist auch der Einzug nicht beglichener Kaufpreisforderungen besonders in Nicht-EU-Staaten sehr schwierig und kostenaufwendig.

306 Darüber hinaus sind Angaben hinsichtlich der **Versandkosten** für eine Auslandslieferung notwendig.[101] Hinsichtlich der **Lieferzeiten** sollte sich der Händler zuvor bei seinem Transportunternehmen erkundigen, um dem Käufer so realistische Angaben bezüglich der Lieferzeit machen zu können.

307 Innerhalb der EU fallen für die Ein- oder Ausfuhr von Waren keine **Zölle** an. Jedoch sollte man sich beim Versand in Drittländer zuvor erkundigen, ob auf die vertriebenen Produkte Zollgebühren erhoben werden.

308 Eine weitere Besonderheit sollte im **Impressum** beachtet werden: Um eine Erreichbarkeit für den Kunden aus dem Ausland zu gewährleisten, müssen die Telefon- und Faxnummern mit der eigenen Ländervorwahl versehen werden. Sollte der Handel in Ländern mit erheblichen Zeitunterschieden vorgenommen werden wie beispielsweise in Amerika, Asien oder Australien, so sollte angegeben werden, wann man nach der Zeit des Absatzlands erreichbar ist.

> **Praxistipp**
> Der Handel mit Kunden im Ausland ist rechtlich und praktisch ein nicht zu unterschätzendes Unterfangen. Aus diesem Grunde ist gerade hier die Beiziehung eines Rechtsanwalts sehr zu empfehlen. Zwar generiert dies erst einmal Kosten, macht sich bei einem danach folgenden reibungslosen Vertrieb jedoch mehr als bezahlt.

---

[101] Wie bereits im Rahmen der Versandkosten dargelegt, ist dabei eine Versandkostentabelle ausreichend. Versandkosten, Rn 80 ff.

Kapitel 5
Verbraucherschutz im E-Commerce

Mit dem Gesetz zur Umsetzung der **Verbraucherrechterichtlinie** und zur Änderung des Gesetzes zur Regelung der Wohnungsvermittlung[1] vom 20.9.2013 wurden die Vorschriften der Richtlinie über die Rechte der Verbraucher[2] (im Folgenden: VRRL) in deutsches Recht umgesetzt. Sein Inkrafttreten am 13.6.2014 hat zahlreiche Änderungen für den Online-Handel zur Folge. Im folgenden Kapitel sollen die Informationspflichten für Online-Händler sowie das Widerrufsrecht näher dargestellt werden, wobei besonderes Augenmerk auf die Neuerungen gelegt werden soll. Außer Betracht bleiben die Informationspflichten bei Fernabsatzverträgen über Finanzdienstleistungen.

A. Fernabsatzvertrag

I. Fernabsatzverträge

Verträge zwischen einem Verbraucher und einem Unternehmer im E-Commerce stellen **Fernabsatzverträge im elektronischen Geschäftsverkehr** dar. Fernabsatzverträge sind gem. § 312c Abs. 1 BGB Verträge zwischen einem Verbraucher und einem Unternehmer oder einer in dessen Auftrag handelnden Person, bei dem für die Vertragsverhandlungen und den Vertragsschluss ausschließlich Fernkommunikationsmittel verwendet werden, es sei denn, der Vertragsschluss erfolgt nicht im Rahmen eines für den Fernabsatz organisierten Vertriebssystems. Durch diese neue Definition sind nun Vertragssituationen nicht mehr als Fernabsatzverträge einzustufen, bei denen sich der Verbraucher vor dem Vertragsschluss über ein Fernkommunikationsmittel persönlich im Ladengeschäft des Unternehmers hat beraten lassen.[3] Nunmehr soll es nach Erwägungsgrund 20 der VRRL zur Qualifizierung eines Geschäfts als Fernabsatzvertrag auf den jeweiligen Besuch im Ladengeschäft ankommen. So sollen die fernabsatzrechtlichen Vorschriften in den Fällen Anwendung finden, in denen der Verbraucher in den Geschäftsräumen des Unternehmers lediglich Informationen über die Ware erhält, die Vertragsverhandlungen und der Vertragsschluss jedoch mittels Fernkommunikationsmittel erfolgen. Hier widerspricht der Erwägungsgrund allerdings dem klaren Wortlaut der VRRL.[4] Dagegen findet Fernabsatzrecht keine Anwendung, wenn in den Geschäftsräumen ausführlich über den Vertrag verhandelt wird

---

[1] BGBl. I 2013 S. 3642.
[2] RL 2011/83/EU v. 25.10.2011, ABl. EG L 304 S. 64.
[3] Vgl. AG Frankfurt a.M., Urt. v. 6.6.2011 – 31 C 2577/10 (17) – K&R 2011, 747 = MMR 2011, 804.
[4] *Föhlisch/Dyakova*, MMR 2013, 3, 3.

und letztlich nur der Vertragsschluss über ein Fernkommunikationsmittel erfolgt. In der Praxis führt dies zu Abgrenzungsschwierigkeiten, da zwischen Information und Verhandlungen kaum unterschieden werden kann.[5] Kein Fernabsatzvertrag liegt auch dann vor, wenn der Verbraucher zwar eine verbindliche Bestellung über einen Online-Shop abgibt, der Unternehmer den Vertrag aber erst im Rahmen der persönlichen Abholung der Ware vor Ort annimmt. In diesen Fällen ist der Verbraucher allerdings schutzwürdig, da er die Ware nicht vorab begutachten konnte.[6]

II. Bereichsausnahmen

3   Von der Anwendbarkeit der fernabsatzrechtlichen Vorschriften gibt es allerdings zahlreiche Ausnahmen. Schon die VRRL nennt in Art. 3 Abs. 3 zahlreiche Bereiche, für die die Bestimmungen der VRRL nicht gelten sollen. Den Mitgliedstaaten steht es allerdings im Rahmen der Umsetzung frei, die verbraucherschützenden Vorschriften auch auf diese Bereiche auszudehnen. Im deutschen Recht finden sich die Bereichsausnahmen in § 312 BGB. Auf eine Darstellung der Ausnahmen im Detail soll hier verzichtet werden.[7]

III. Verbraucher vs. Unternehmer

4   Die Vorschriften über Fernabsatzverträge finden nur Anwendung, wenn es sich bei den beteiligten Vertragsparteien um einen **Verbraucher** und einen **Unternehmer** handelt. Verbraucher ist nach dem neuen § 13 BGB jede natürliche Person, die ein Rechtsgeschäft zu Zwecken abschließt, die überwiegend weder ihrer gewerblichen noch ihrer selbstständigen beruflichen Tätigkeit zugerechnet werden können. Der nun eingeführte Verbraucherbegriff geht über die Definition in Art. 2 Nr. 1 VRRL hinaus. § 13 BGB erfasst im Gegensatz zur Richtlinie auch Verträge, die ein Verbraucher zu einem nicht selbstständigen beruflichen Zweck abschließt, wie z.B. den Kauf von Arbeitskleidung. Dies ist aber unschädlich, da es den Mitgliedstaaten im Rahmen der Umsetzung der Richtlinie trotz grundsätzlicher **Vollharmonisierung** frei steht, den Verbraucherschutz auf außerhalb der von der Richtlinie erfassten Bereiche zu erweitern.[8] Auch bei Verträgen über sog. Dual-Use-Produkte, also Produkte, die sowohl gewerblich als auch privat genutzt werden, kann der Kunde Verbraucher sein.

---

5 MüKo-BGB/*Wendehorst*, § 312b Rn 55.
6 *Föhlisch/Dyakova*, MMR 2013, 3, 3.
7 Ausführlich *Föhlisch/Dyakova*, MMR 2013, 3, 4.
8 *Purnhagen*, ZRP 2012, 36, 36.

Der gewerbliche Zweck des Vertragsschlusses darf bei solchen Verträgen allerdings den privaten Zweck nicht überwiegen.

In der Praxis ist die Charakterisierung eines Bestellers als Verbraucher oder Unternehmer oft schwierig. Die Rechtsprechung[9] hat hierfür **Beurteilungskriterien** herausgearbeitet. Bestellt eine natürliche Person in einem Online-Shop, so ist grundsätzlich davon auszugehen, dass diese als Verbraucher tätig wird. Nur wenn bei der Bestellung eindeutige Umstände zweifelsfrei darauf hinweisen, dass der Besteller nicht als Verbraucher gehandelt hat, kann der Händler davon ausgehen, dass hier ein Unternehmer seine Bestellung abgibt. Nur in diesen Fällen liegt die Beweislast beim Besteller, dass er doch als Verbraucher tätig wurde. Solche Umstände liegen z.B. vor, wenn der Besteller die Zahlung mit einer Firmenkreditkarte veranlasst. Nicht ausreichend ist die Angabe einer Firmenadresse als Lieferanschrift, da es durchaus üblich ist, dass sich Arbeitnehmer private Bestellungen ins Büro liefern lassen.

B. Fernabsatzrechtliche Informationspflichten

I. Wesentliche Merkmale der Ware und Dienstleistung

Nach § 312d Abs. 1 BGB i.V.m. Art. 246a § 1 Abs. 1 Nr. 1 EGBGB ist der Unternehmer verpflichtet, dem Verbraucher Informationen über „wesentliche Merkmale der Ware oder Dienstleistung" in klarer und verständlicher Weise zur Verfügung zu stellen. Mit dem Begriff der **wesentlichen Merkmale** sind vorrangig solche gemeint, ohne deren Kenntnis der Durchschnittsverbraucher, der sich einen gewissen Marktüberblick verschafft hat, den Vertrag nicht schließen würde.[10] Zieht man die Aufzählung aus § 5 Abs. 1 Nr. 1 UWG heran, die aus Art. 6 Abs. 1 lit. b der Richtlinie über unlautere Geschäftspraktiken übernommen wurde, zählen zu den wesentlichen Merkmalen die
- Verfügbarkeit,
- Vorteile/Risiken,
- Ausführung,
- Zusammensetzung,
- Zubehör,
- Kundendienst und Beschwerdeverfahren,
- Verfahren und Zeitpunkt der Herstellung oder Erbringung,
- Lieferung,
- Zwecktauglichkeit,
- Verwendung,
- Menge,

---

9 BGH, Urt. v. 30.9.2009 – VIII ZR 7/09 – NJW 2009, 3780 = MMR 2010, 92 m. Anm. *Föhlisch*.
10 MüKo-BGB/*Wendehorst*, § 312c Rn 22.

- Beschaffenheit,
- geografische oder kommerzielle Herkunft oder
- die von der Verwendung zu erwartenden Ergebnisse oder die Ergebnisse und wesentlichen Merkmale von Tests oder Untersuchungen, denen das Produkt unterzogen wurde.

Das Vorenthalten dieser Informationen wäre nach § 5a Abs. 3 Nr. 1 UWG als **Irreführung durch Unterlassen** wettbewerbswidrig.

7   Werden im Online-Shop **Produktbilder** eingesetzt, so kommt es zu einer Beschaffenheitsvereinbarung über die auf dem Bild dargestellten Bestandteile.[11] Weicht die angebotene von der abgebildeten Ware ab, so muss auf diesen Umstand deutlich hingewiesen werden. Ein Hinweis im Fließtext ist nicht ausreichend.[12] Der Hinweis muss vielmehr unmittelbar am Produktbild erteilt werden.

II. Identität des Unternehmers

8   Jeder Online-Händler muss den Verbraucher über seine Identität aufklären. Das folgt sowohl aus § 312d Abs. 1 BGB i.V.m. Art. 246a § 1 Abs. 1 Nr. 2 EGBGB sowie aus § 5 Abs. 1 TMG als auch aus § 5a Abs. 3 Nr. 2 UWG. Ist der Unternehmer nicht im **Handelsregister** eingetragen, muss er zwingend mit seinem vollständigen Vor- und Zunamen auftreten und darf seine Identität nicht durch Fantasiezusätze verschleiern. Unternehmen, die im Handelsregister eingetragen sind, müssen zu ihrer Firma zwingend den **Rechtsformzusatz** (also GmbH, e.K., AG o.ä.) nennen.[13] Außerdem muss die Anschrift, an der der Unternehmer niedergelassen ist, genannt werden. Alle Angaben zur Identität des Unternehmers müssen stets aktuell sein.[14]

9   Ins deutsche Recht neu aufgenommen wurde die Pflicht zur Nennung einer **Telefonnummer**. Diese Pflicht aus Art. 246a § 1 Abs. 1 Nr. 2 EGBGB findet jedoch keine Grundlage im europäischen Recht. Maßgeblich für die Informationspflichten bei Fernabsatzverträgen ist Art. 6 VRRL. Eine Pflicht zur Angabe der Telefonnummer befindet sich nur in Art. 5 VRRL, der allerdings auf Fernabsatzverträge nach seinem eindeutigen Wortlaut keine Anwendung findet. Das Fehlen der Telefonnummer im Impressum ist daher keine zwingend unlautere Geschäftspraktik, sofern der Unternehmer z.B. eine **E-Mail-Adresse** angibt, da sowohl die VRRL als auch die Richtlinie über unlautere Geschäftspraktiken eine Vollharmonisierung bewirken und die Mitgliedstaaten von den Vorgaben dieser Richtlinien grundsätzlich nicht abweichen

---

[11] BGH, Urt. v. 12.1.2011 – VIII ZR 346/09 – K&R 2011, 188 = NJW-RR 2011, 462.
[12] *Buchmann*, K&R 2011, 551, 555.
[13] BGH, Urt. v. 18.4.2013 – I ZR 180/12 – GRUR 2013, 1169 = MD 2013, 9008.
[14] LG Leipzig, Urt. v. 15.12.2009 – 01HK O 3939/09 – n.v.

dürfen. Nach Art. 6 Abs. 1 lit. c VRRL sind ggf. eine Telefonnummer, eine E-Mail-Adresse und Faxnummer zu nennen, damit der Verbraucher schnell Kontakt zum Unternehmer aufnehmen und effizient mit ihm kommunizieren kann. Nicht effizient wäre die Angabe eines teuren **Premium-Dienstes**.[15] Was allerdings unter „gegebenenfalls" zu verstehen ist, wird in der Gesetzesbegründung nicht näher ausgeführt.[16] Die Angabe einer E-Mail-Adresse ist bereits nach § 5 Abs. 1 Nr. 3 TMG Pflicht, sodass für Verträge im E-Commerce die Bedeutung des Worts „gegebenenfalls" keine Rolle spielt. Hinsichtlich der Faxnummer ist festzustellen, dass diese nur genannt werden muss, sofern der Unternehmer über einen Faxanschluss verfügt.

Nach Art. 246a § 1 Abs. 1 Nr. 3 EGBGB ist noch der Unternehmer inklusive Anschrift 10 anzugeben, an den sich ein Verbraucher bei Beschwerden wenden kann, sofern diese Anschrift von der eigentlichen Unternehmensanschrift abweicht.

III. Gesamtpreis und Versandkosten

Nach Art. 246a § 1 Abs. 1 Nr. 4 EGBGB muss der Unternehmer den Verbraucher über 11 den Gesamtpreis der Ware einschließlich aller Steuern sowie anfallende Fracht-, Liefer- und Versandkosten informieren. Können diese Kosten vernünftigerweise nicht im Voraus berechnet werden, genügt der Hinweis auf die Tatsache, dass solche Kosten anfallen können. Hinsichtlich der Angabe über den Gesamtpreis der Ware gibt es keine Änderungen zum alten Recht. Lediglich das Wort „Endpreis" wird durch das Wort „Gesamtpreis" ausgetauscht.

Wie bisher sind also die Versandkosten in ihrer konkreten Höhe spätestens auf 12 der **Bestellseite** anzugeben. Im Rahmen der Produktseiten ist noch eine Verlinkung auf eine **Versandkostenübersicht** ausreichend.[17] Fraglich ist, welchen Anwendungsbereich die gesetzliche Erleichterung haben soll, wenn Versandkosten „vernünftigerweise" nicht im Voraus berechnet werden können. Durch Verträge mit Versanddienstleistern und Speditionen kennt der Unternehmer seine Kostenstruktur. Spätestens, wenn der Verbraucher im Rahmen des Bestellprozesses seine Adressdaten eingegeben hat, muss es auch möglich sein, die konkreten Versandkosten zu berechnen und darzustellen. Es wird daher keinen Anwendungsbereich für diese Ausnahme geben, denn wenn es bisher möglich war, Versandkosten exakt der Höhe nach im Voraus zu nennen, ist kein Grund ersichtlich, weswegen dies durch die Umsetzung der VRRL nicht mehr möglich sein soll.

---

15 LG Frankfurt a.M., Urt. v. 2.10.2013 – 2-03 O 445/12 – n.v.; Spindler/Schuster/*Micklitz/Schirmbacher*, § 5 TMG Rn 47.
16 *Föhlisch/Dyakova*, MMR 2013, 3, 7.
17 BGH, Urt. v. 16.7.2009 – I ZR 50/07 – MD 2010, 267 = MIR 2010, Dok. 017 = JurPC Web-Dok. 41/2010 = GRUR 2010, 248 = K&R 2010, 189 = MMR 2010, 237 = NJW-RR 2010, 915.

13 Online-Händler müssen also weiterhin den bekannten Hinweis „inkl. MwSt. zzgl. Versandkosten" verwenden, wobei das Wort Versandkosten mit einer entsprechenden Übersicht verlinkt ist und beim Aufruf des virtuellen Warenkorbs immer die exakte Höhe der Versandkosten angezeigt wird.[18] Informiert der Unternehmer den Verbraucher nicht gemäß dieser Vorgaben über die Versandkosten, kann er diese vom Verbraucher nach § 312e BGB nicht verlangen.

IV. Liefertermin

14 § 312d Abs. 1 S. 1 BGB i.V.m. Art. 246a § 1 Abs. 1 Nr. 7 EGBGB verpflichtet den Unternehmer zur Angabe eines **Termins**, bis zu dem der Unternehmer die Ware liefern oder die Dienstleistung erbringen muss. Der Begriff des Termins ist nach europarechtlicher Auslegung aber nicht als konkretes **Datum**, sondern wie bisher als Angabe eines **Zeitraums** zu verstehen.[19] In der vom Europäischen Parlament zunächst verabschiedeten Fassung hieß es „the date, by which the trader undertakes to deliver the goods".[20] Dies wurde allerdings in den weiteren Beratungen zwischen Rat und Parlament geändert in „the time, by which the trader...", wie es in der verkündeten Fassung heißt. In der deutschen Übersetzung wurde diese Änderung aber nicht übernommen, was offensichtlich ein Redaktionsversehen ist.

15 Der Verbraucher soll durch die Information über die **Lieferzeit** in die Lage versetzt werden, zu wissen, wann die Ware bei ihm eintrifft. Hierfür ist die Angabe eines Datums nicht zwingend erforderlich. Auch die Nennung eines Zeitraums ist hierfür ausreichend. Der Beginn der angegebenen Lieferfrist darf nicht von einem Ereignis abhängig sein, das im Bereich des Unternehmers liegt.[21] Hierzu gehört auch die Annahmeerklärung. Der Verbraucher wird die Angabe der Lieferfrist als Zeitraum zwischen Bestellung und Lieferung verstehen. Bei der Berechnung der Lieferzeit muss der Unternehmer also eine eventuell vorhandene Annahmefrist mit einberechnen und eine entsprechend längere Lieferfrist angeben.

 Beispiel
„Lieferzeit ca. 3 bis 5 Tage"

---

[18] BGH, Urt. v. 16.7.2009 – I ZR 50/07 – MD 2010, 267 = MIR 2010, Dok. 017 = JurPC Web-Dok. 41/2010 = GRUR 2010, 248 = K&R 2010, 189 = MMR 2010, 237 = NJW-RR 2010, 915.
[19] *Buchmann*, K&R 2013, 535, 537.
[20] Art. 5 Abs. 1 lit. d der European Parliament legislativ resolution on the proposal for a directive of the European Parliament and of the Council on consumer rights (P7_TA(2011)0116).
[21] LG Frankfurt a.M., Urt. v. 3.7.2008 – 2/31 O 128/07 – MMR 2008, 857 (Leitsatz); MüKo-BGB/*Wurmnest*, § 308 Rn 22.

Außerdem muss über weitere **Lieferbedingungen** informiert werden, wozu auch das 16
mit dem Transport beauftragte Unternehmen zählt. Dazu zählen aber auch die angebotenen Lieferarten wie Express- oder Speditionslieferung.²²

Beispiel
„Sie können im Bestellprozess zwischen DHL und UPS als Transportdienstleister wählen."

V. Gewährleistungsrechte

Neu eingeführt wurde in Art. 246a § 1 Abs. 1 Nr. 8 EGBGB die Pflicht, über das Bestehen 17
eines **gesetzlichen Mängelhaftungsrechts** für Waren zu informieren. Aus Art. 6
Abs. 1 lit. l VRRL wird klar, dass damit ausschließlich die gesetzlichen Gewährleistungsrechte gemeint sind. Nach altem Recht musste ein Unternehmer den Verbraucher im Fernabsatz nicht explizit auf die Geltung der gesetzlichen Gewährleistungsvorschriften hinweisen.²³ Weiterhin nicht informiert werden muss über Fristen oder Ausübung dieser Rechte. Die Informationspflicht ist durch folgenden Hinweis erfüllt:

Beispiel
„Für die über unseren Online-Shop verkauften Waren bestehen die gesetzlichen Gewährleistungsrechte."

VI. Kundendienst, Garantien und Beschwerdeverfahren

Sofern der Unternehmer einen Kundendienst, Kundendienstleistungen oder Garantien 18
anbietet, so ist nach § 312d Abs. 1 S. 1 BGB i.V.m. Art. 246a § 1 Abs. 1 Nr. 9 EGBGB
sowohl auf diesen Umstand als auch auf deren Bedingungen hinzuweisen. Die Verpflichtung gilt unabhängig davon, ob der Händler selbst oder ein Dritter Anbieter
dieser Dienste bzw. Garantien ist. Nach altem Recht mussten die Garantiebedingungen nur dann ausführlich genannt werden, sofern es sich bei der Warenpräsentation
im Fernabsatz um das verbindliche Angebot des Händlers handelte und nicht um
eine bloße **invitatio ad offerendum**.²⁴ Nun müssen alle Online-Händler, unabhän-

---

22 Hoeren/Sieber/Holznagel/*Föhlisch*, Teil 13.4, Rn 158a.
23 BGH, Urt. v. 4.10.2007 – I ZR 22/05 – NJW 2008, 1595 = K&R 2008, 372 = GRUR 2008, 532 = CR 2008, 446 m. Anm. *Schirmbacher* = MMR 2008, 461 = MD 2008, 631.
24 BGH, Urt. v. 5.12.2012 – I ZR 146/11 – GRUR 2013, 851 = MD 2013, 571 = MMR 2013, 589 = K&R 2013, 584; BGH, Urt. v. 5.12.2012 – I ZR 88/11 – K&R 2013, 487 = CR 2013, 530 = GRUR-RR 2013, 408 = MMR 2013, 586; OLG Hamm, Urt. v. 14.2.2013 – 4 U 182/12 – MMR 2013, 375 m. Anm. *Dehißelles*; BGH, Urt. 14.4.2011 – I ZR 133/09 – MMR 2011, 451 = GRUR 2011, 638 = GRUR-Prax 2011, 276 = WRP 2011, 866 = K&R 2011, 501 = MD 2011, 591 = CR 2011, 525 = NJW 2011, 2653.

gig von der Vertragsschlusssituation Informationen über die **Garantiebedingungen** zur Verfügung stellen, sofern Garantien angeboten werden. Im Garantiefall bestehen diese eingeräumten Rechte neben den gesetzlichen Gewährleistungsrechten, über deren Bestehen der Unternehmer ebenfalls Informationen zur Verfügung stellen muss, § 443 Abs. 1 BGB.

19   Aus § 312d Abs. 1 S. 1 BGB i.V.m. Art. 246a § 1 Abs. 1 Nr. 7 und 16 EGBGB stammt die Pflicht, ggf. über das Verfahren des Unternehmers zum Umgang mit Beschwerden sowie über ein außergerichtliches Beschwerde- und Rechtsbehelfsverfahren, dem der Unternehmer unterworfen ist, und dessen Zugangsvoraussetzungen zu informieren.

VII. Kosten der Zahlungsart

20 Kosten der Zahlungsart dürfen dem Verbraucher schon nach geltendem Recht nur auferlegt werden, wenn für ihn die Möglichkeit der Auswahl mindestens einer **kostenlosen gängigen Zahlungsart** besteht.[25] Dies wurde in § 312a Abs. 4 Nr. 1 BGB ausdrücklich ins Gesetz aufgenommen. Gängig und zumutbar dürften Zahlungsarten wie Vorkasse, Kreditkarte, Lastschrift oder Sofortzahlungsmöglichkeiten sein.

21   Außerdem ist die Auferlegung von **Zahlartgebühren** nach § 312a Abs. 4 Nr. 2 BGB unzulässig, sofern das vereinbarte Entgelt über die Kosten hinausgeht, die dem Unternehmer durch die Nutzung des Zahlungsmittels entstehen. Hierbei sind sowohl die Kosten der einzelnen Transaktion zu berücksichtigen als auch anteilig die Grundgebühr, die der Händler durch den Einsatz der jeweiligen Zahlungsart tragen muss.

VIII. Abo-Verträge und andere Dauerschuldverhältnisse

22 Spezielle Informationspflichten treffen die Anbieter von Abonnement-Verträgen. Diese müssen gem. Art. 246a § 1 Abs. 1 Nr. 5 EGBGB den Gesamtpreis angeben. Damit ist der Preis gemeint, der pro Abrechnungszeitraum anfällt. Wenn für diesen Gesamtpreis Festbeträge in Rechnung gestellt werden, müssen auch die monatlichen Gesamtkosten genannt werden. Sofern die Gesamtkosten nicht vernünftigerweise im Voraus angegeben werden können, genügt die Art der Preisberechnung. Bei Abonnement-Verträgen ist es aber kaum denkbar, dass die Preise nicht im Voraus berechnet werden können.

23   Laut Art. 246a § 1 Abs. 1 Nr. 11 EGBGB muss bei **Dauerschuldverhältnissen** – wozu auch Abonnement-Verträge zählen – über die Laufzeit des Vertrags sowie die Bedingungen der **Kündigung** informiert werden. Diese Pflicht ist nicht neu und wird meist in AGB erfüllt. Auch angegeben werden muss nach Art. 246a § 1 Abs. 1 Nr. 12

---

25 BGH, Urt. v. 20.5.2010 – Xa ZR 68/09 – NJW 2010, 2719.

EGBGB ggf. die Mindestdauer der Verpflichtungen, die der Verbraucher eingeht. Davon erfasst sind z.B. Verträge mit einer Mindestlaufzeit wie z.B. kostenpflichtige Mitgliedschaften.

IX. Digitale Inhalte

Mit Art. 246a § 1 Abs. 1 Nr. 14 und 15 EGBGB werden neue Informationspflichten beim Verkauf digitaler Inhalte eingeführt. Digitale Inhalte sind gem. Art. 2 Nr. 11 VRRL Daten, die in digitaler Form hergestellt und bereitgestellt werden. Dazu zählen nach Erwägungsgrund 19 Computerprogramme, Anwendungen (Apps), Spiele, Musik, Videos oder Texte, also auch E-Books. Beim Verkauf dieser Inhalte muss der Unternehmer ggf. Informationen über die **Funktionsweise** sowie **anwendbarer technischer Schutzmaßnahmen** für diese Inhalte zur Verfügung stellen. Bei Computerprogrammen sind dies eine klare Benutzeranleitung sowie Informationen über Möglichkeiten zur Datensicherung. 24

Daneben müssen auch Angaben zur Beschränkung der **Interoperabilität** und der **Kompatibilität** mit Hard- und Software gemacht werden, sofern diese dem Unternehmer bekannt sind. Dazu zählen beispielsweise die Informationen über notwendige Betriebssysteme und Hardware-Voraussetzungen oder Anforderungen an den Browser. 25

X. Kundenhotlines

Werden für den Vertragsschluss Fernkommunikationsmittel genutzt, für deren Einsatz dem Verbraucher Kosten berechnet werden, die über die Kosten für die bloße Nutzung dieses Fernkommunikationsmittels hinausgehen, so ist der Verbraucher über diese Kosten gem. § 312d Abs. 1 BGB i.V.m. Art. 246a § 1 Abs. 1 Nr. 6 EGBGB zu informieren. Infrage kommen hier **Service- oder Premium-Dienste**.[26] 26

Nach § 312a Abs. 5 BGB sind Vereinbarungen unwirksam, durch die ein Verbraucher verpflichtet wird, ein Entgelt zu zahlen, das über den Grundtarif hinausgeht, wenn der Unternehmer dem Verbraucher eine Telefonnummer zur Verfügung stellt, die dieser für Fragen zu einem geschlossenen Vertrag anrufen kann. § 312a Abs. 5 BGB stellt also zunächst darauf ab, dass der Unternehmer eine Rufnummer für diese Zwecke eingerichtet hat. Entscheidet er sich dafür, sollen ihm Anrufe über diese Nummer keine zusätzlichen Einnahmen verschaffen.[27] Anrufe bei einer solchen Telefonnummer dürfen nur nach den ortsüblichen Festnetztarifen berechnet werden. 27

---

[26] Palandt/*Grüneberg*, Art. 246 § 1 EGBGB Rn 11.
[27] *Müller*, MMR 2013, 76, 79.

Damit sollen kostenpflichtige Mehrwertdienste für Fragen zu bestehenden Verträgen abgeschafft werden. Das bedeutet also, dass der Unternehmer den Verbraucher für Nachfragen zu einem Vertrag, zur Geltendmachung von Gewährleistungsansprüchen oder anderer Rechte nicht mehr auf kostenpflichtige Hotlines verweisen darf. Für selbstständige Auskunfts-Dienste bleibt es aber weiterhin möglich, teure Telefonnummern wie Service-Dienste oder Premium-Dienste anzubieten.[28] Auf den Einsatz derartiger Nummern im Impressum sollte verzichtet werden, da hiermit nicht die Pflichten aus § 5 Abs. 1 Nr. 2 TMG erfüllt werden.[29]

28 Bietet der Unternehmer solche Nummern weiterhin beispielsweise als **Bestell-Hotline** an, hat der Unternehmer eine Hinweispflicht darauf, dass diese Nummer nicht zur Beantwortung von Fragen aus einem bestehenden Vertrag zur Verfügung steht. In diesem Fall könnte man entweder eine zweite Nummer im Impressum angeben oder aber auf Informationen an anderer Stelle im Shop verweisen. Außerdem muss – je nach gewählter Nummer – der Hinweis auf die anfallenden Kosten gem. § 66a TKG genannt werden. Es muss auch auf die im Preis enthaltene Umsatzsteuer hingewiesen werden.[30] Bei einer 0180-5-Nummer könnte der Hinweis also wie folgt lauten:

> **Beispiel**
> „14 ct/min inkl. MwSt. aus dem deutschen Festnetz, Mobilfunkhöchstpreis: 42 ct/min inkl. MwSt. Bitte beachten Sie, dass diese Nummer nicht für Fragen zu bestehenden Verträgen zur Verfügung steht. Nutzen Sie dafür bitte die Kontaktmöglichkeiten, die Sie in den AGB unter dem Punkt ‚Kundendienst' finden."

C. Neues Widerrufsrecht ab Juni 2014

I. Bestehen und Nichtbestehen

29 Grundsätzlich steht jedem Verbraucher bei Verträgen, die über das Internet geschlossen werden, ein Widerrufsrecht zu. Das bedeutet, dass er seine Willenserklärung innerhalb von 14 Tagen widerrufen kann und dadurch nicht mehr an den Vertrag gebunden ist. Von diesem Grundsatz gibt es aber zahlreiche Ausnahmen. Außerdem kann das Widerrufsrecht auch durch bestimmte Handlungen erlöschen.

---

28 *Müller*, MMR 2013, 76, 78.
29 LG Frankfurt a.M., Urt. v. 2.10.2013 – 2-03 O 445/12 – n.v.; Spindler/Schuster/*Micklitz/Schirmbacher*, § 5 TMG Rn 47.
30 LG München I, Beschl. v. 12.7.2013 – 17 HK O 15420/13 – n.v.

1. Erlöschen des Widerrufsrechts bei Dienstleistungen und Downloads

Nach § 356 Abs. 4 BGB erlischt das Widerrufsrecht bei einem Vertrag zur Erbringung von **Dienstleistungen**, wenn der Unternehmer die Dienstleistung vollständig erbracht hat und mit der Ausführung dieser Dienstleistung erst begonnen hat, nachdem der Verbraucher dazu seine ausdrückliche **Zustimmung** erteilt und gleichzeitig seine **Kenntnis** davon bestätigt hat, dass er sein Widerrufsrecht bei vollständiger Vertragserfüllung durch den Unternehmer verliert. Nicht mehr notwendig ist also die beiderseitige vollständige Erfüllung des Vertrags. Dies soll den Unternehmer vor missbräuchlichen Widerrufen des Verbrauchers schützen.[31] Der Verbraucher wiederrum ist hinreichend durch die Zustimmungspflicht sowie durch die Button-Lösung geschützt.

Ähnlich geregelt ist das Erlöschen des **Widerrufsrechts bei digitalen Inhalten**, die nicht auf körperlichen Datenträgern geliefert werden, § 356 Abs. 5 BGB. Demnach erlischt das Widerrufsrecht in diesen Fällen, nachdem der Verbraucher ausdrücklich zugestimmt hat, dass der Unternehmer mit der Ausführung des Vertrags vor Ablauf der Widerrufsfrist beginnt, und seine Kenntnis davon bestätigt hat, dass er durch seine Zustimmung mit Beginn der Ausführung des Vertrags sein Widerrufsrecht verliert.

2. Neue Ausnahmen vom Widerrufsrecht
a) Nach Verbraucherspezifikation angefertigte Waren

In § 312g Abs. 2 BGB werden die Ausnahmen vom Widerrufsrecht aufgeführt. Nach Nr. 1 sind Waren, die nicht vorgefertigt sind und für deren Herstellung eine **individuelle Auswahl** oder Bestimmung durch den Verbraucher maßgeblich ist oder die eindeutig auf die persönlichen Bedürfnisse des Verbrauchers zugeschnitten sind, vom Widerrufsrecht ausgenommen. Erwägungsgrund 49 VRRL nennt hierfür beispielhaft nach Maß gefertigte Vorhänge.

Ob unter diese Ausnahme auch weiterhin Waren fallen, die aus **Standardbauteilen** zusammengesetzt sind, lässt sich weder dem Wortlaut der Umsetzung noch der Richtlinie und deren Erwägungsgründen entnehmen.[32] Ob die „Build-to-Order"-Rechtsprechung des BGH[33] weiterhin auch auf die neu formulierte Ausnahme anwendbar bleibt, ist fraglich.[34] Dafür spricht, dass die Ausnahme auf eine „**individuelle Auswahl**" abstellt und daher nicht jede Ware, bei der irgendeine Auswahl möglich ist, unter die Ausnahme fällt. Die BGH-Rechtsprechung kann daher weiterhin zur Auslegung des Begriffs „individuell" herangezogen werden, da bereits

---

[31] *Föhlisch/Dyakova*, MMR 2013, 71, 71.
[32] *Föhlisch/Dyakova*, MMR 2013, 71, 72.
[33] BGH, Urt. v. 19.3.2003 – VIII ZR 295/01 – MMR 2003, 463.
[34] Bejahend: *Brönneke/Fezer*, S. 2, abrufbar unter http://www.verbraucherportal-bw.de/servlet/PB/show/2931698/VK-Stellungnahme%20Verbraucherrechterichtlinie%20Umsetzung%20Brnneke_Fezer%2005.11.

nach altem Recht die Ausnahme nur einschlägig war, wenn die Ware aufgrund der Angaben des Verbrauchers so individualisiert wurde, dass diese für den Unternehmer im Falle ihrer Rücknahme deshalb (wirtschaftlich) wertlos ist, weil er sie aufgrund der Individualisierung nur noch mit erheblichen Schwierigkeiten oder Preisnachlässen absetzen kann.[35]

b) Waren, die aus Gründen der Hygiene und des Gesundheitsschutzes nicht zur Rücksendung geeignet sind

34 Bisher waren alle Waren, die aufgrund ihrer Beschaffenheit nicht zur Rücksendung geeignet waren, vom Widerrufsrecht ausgeschlossen. Dies wurde in § 312g Abs. 2 Nr. 3 BGB dahingehend eingeschränkt, dass nur noch Waren, die aus Gründen der Hygiene und des Gesundheitsschutzes nicht zur Rücksendung geeignet sind, vom Widerrufsrecht ausgeschlossen sind, wenn ihre **Versiegelung** nach der Lieferung entfernt wurde. Diese Ausnahme ist ähnlich unklar wie die alte Formulierung.[36] Unklar bleibt, wann Gründe der **Hygiene** oder des **Gesundheitsschutzes** vorliegen.[37] Die Ausnahmen vom Widerrufsrecht sollen grundsätzlich nur greifen, wenn ein Widerrufsrecht in Anbetracht der Beschaffenheit bestimmter Waren oder Dienstleistungen unzweckmäßig sein kann.[38] Ein Beispiel hierfür findet sich in den Erwägungsgründen nicht. Wie schon im alten Recht darf diese Ausnahme nicht als Auffangtatbestand für alle denkbaren Artikel gelten. In jedem Fall als **Hygieneartikel** anzusehen sind Artikel, die mit Körperflüssigkeiten in Kontakt kommen, wie z.B. Piercings, Erotikspielzeug,[39] Verhütungsmittel etc.[40] Nicht ausreichend zur Qualifizierung als Hygieneartikel ist ein bloßer **unmittelbarer Hautkontakt**, wie er bei beispielsweise bei Bekleidung gegeben ist.[41] Würde man davon ausgehen, dass der bloße Hautkontakt ausreicht, wäre die komplette Bekleidungsbranche vom Widerrufsrecht ausgenommen, sofern sie ihre Produkte versiegelt versenden und der Verbraucher die Versiegelung entfernen würde. Dies würde aber dem Ziel, ein umfassendes Widerrufsrecht im Fernabsatz zu schaffen, zuwiderlaufen.

35 Bisher wurde nicht auf die bloße Eigenschaft als Hygieneartikel abgestellt, sondern auf die Benutzung der Ware.[42] Die abstrakte Möglichkeit der Nutzung reichte bisher nicht.[43] Nach dem klaren Wortlaut des Gesetzes kommt es aber auf die Benut-

---

35 BGH, Urt. v. 19.3.2003 – VIII ZR 295/01 – MMR 2003, 463.
36 Ausführlich *Becker/Föhlisch*, NJW 2008, 3751.
37 *Föhlisch*, S. 158.
38 Erwägungsgrund 49 VRRL.
39 A.A. OLG Koblenz, Urt. v. 9.2.2011 – 9 W 680/10 – MMR 2011, 377 = VuR 2011, 315.
40 *Föhlisch*, S. 158.
41 Im Ergebnis auch *Föhlisch*, S. 158.
42 *Becker/Föhlisch*, NJW 2007, 3377, 3379.
43 *Föhlisch*, S. 159.

zung nicht mehr an. Vielmehr muss die Ware nur als Hygieneprodukt klassifiziert werden, um im Falle einer versiegelten Lieferung unter diesen Ausschlusstatbestand zu fallen. Dem Gesetzgeber reicht also nach neuem Recht die **abstrakte Nutzungsmöglichkeit** aus. Daher muss die Gefahr, dass eine Beeinträchtigung der Hygiene oder des Gesundheitsschutzes bei derartigen Produkten eintritt, sehr hoch sein, was bei Bekleidungsartikeln, Handtüchern oder Bettwäsche nicht der Fall ist. Werden diese stark genutzt, steht dem Unternehmer ein Wertersatzanspruch zu, er ist also nicht schutzlos.[44] Klar ausgenommen sind daher medizinische Produkte wie Spritzen, Verbandsmaterial, Einweghandschuhe oder Kontaktlinsen. Nicht unter diese Ausnahme fallen dagegen Produkte, die ohne Weiteres auch nach einer eventuellen Benutzung wieder gereinigt werden und so unproblematisch ohne Abschläge weiterverkauft werden können, wie z.B. Essbesteck oder Geschirr. Ebenfalls nicht unter diese Ausnahme fallen Produkte, die auch in einem Ladengeschäft problemlos anprobiert werden können, wie beispielsweise Unterwäsche oder Badebekleidung.

Zusätzliche Voraussetzung dieser Ausnahme ist, dass die Produkte versiegelt geliefert wurden und diese Versiegelung nach der Lieferung entfernt wurde. Die Problematik der versiegelten Ware spielte schon nach altem Recht bei der Ausnahme von Datenträgern eine Rolle. Nicht ausreichend ist eine „Versiegelung" lediglich mittels Klebestreifen.[45] Auch eine **Cellophan-Hülle** ohne weitere Hinweise auf das Entfallen des Widerrufsrechts bei Entfernung dergleichen soll keine ausreichende Versiegelung darstellen.[46] Dies folge auch daraus, dass der Gesetzgeber bewusst den Begriff „Versiegelung" gewählt habe und nicht von der bloßen **Verpackung** sprach.[47] Händler, die Waren aus o.g. Produktgruppen versenden, sollten die Verpackung entsprechend mit einem Hinweis auf den Verlust des Widerrufsrechts im Falle der Öffnung kennzeichnen.

36

3. Belehrung über das Nichtbestehen

Wie bisher auch schon muss der Unternehmer den Verbraucher über das ihm zustehende Widerrufsrecht informieren.[48] Nicht im Detail musste er aber bisher darüber aufklären, dass dem Verbraucher ein Widerrufsrecht nicht zusteht.[49] Nach Art. 246a § 1 Abs. 3 BGB muss der Unternehmer den Verbraucher nach neuem Recht aber explizit darüber informieren, dass der Verbraucher seine Vertragserklärung nicht widerrufen kann, wenn ein Widerrufsrecht nach § 312g Abs. 2 BGB entweder nicht

37

---

44 Zum Wertersatz siehe unten Rn 63 ff.
45 LG Dortmund, Urt. v. 26.10.2006 – 16 O 55/06 – BeckRS 2007, 03338.
46 OLG Hamm, Urt. v. 30.3.2010 – 4 U 212/09 = MMR 2010, 684 m. krit. Anm. *Föhlisch* = K&R 2010, 411 m. Anm. *Dehißelles*.
47 *Dehißelles*, K&R 2010, 413; Buchmann, K&R 2010, 533, 537.
48 Zur historischen Entwicklung siehe *Föhlisch*, S. 9 ff.
49 BGH, Urt. v. 9.12.2009 – VIII ZR 219/08 – K&R 2010, 181 m. Anm. *Buchmann* = MMR 2010, 166 m. Anm. *Föhlisch* = MD 2010, 364 = NJW 2010, 989 = CR 2010, 388.

besteht oder erlischt. Hier ist also auf die **individuelle Vertragserklärung** des Verbrauchers abzustellen, ein pauschaler Hinweis auf die gesetzlichen Ausnahmen ist somit nicht mehr ausreichend. Das Subsumtionsrisiko liegt demnach beim Unternehmer. Dies ist auch sachgerecht, da er sich täglich mit seinen Waren beschäftigt und sich auch entsprechend rechtlich beraten lässt. Letztlich müsste er beim Eingang eines Widerrufs ohnehin prüfen, ob für die betreffende Ware das Recht besteht oder nicht.

II. Widerrufsfrist

1. Unterschiedlicher Fristbeginn

38 Bisher war es für den Beginn der Widerrufsfrist notwendig, dass der Verbraucher die Ware, die fernabsatzrechtlichen Informationen sowie die Widerrufsbelehrung in Textform und alle Informationen im elektronischen Geschäftsverkehr erhalten hat.[50] Nach neuem Recht ist für den Beginn der Widerrufsfrist nur noch der Zeitpunkt der **Lieferung der Ware** maßgeblich. Zwar heißt es in § 356 Abs. 3 S. 1 BGB, die Widerrufsfrist beginne nicht, bevor der Unternehmer den Verbraucher über das Widerrufsrecht informiert hat. Dies ist aber nur eine sprachliche Ungenauigkeit im Vergleich zu Art. 10 Abs. 1 VRRL, nach welchem bei fehlender Belehrung über das Widerrufsrecht die Frist zwölf Monate nach Ablauf der ursprünglichen 14-Tages-Frist abläuft.

a) Lieferung von Waren zu einem Zeitpunkt

39 Wie bisher auch beginnt gem. § 356 Abs. 2 Nr. 1 lit. a BGB die Frist bei der Lieferung einer einzelnen Ware mit dem Eingang dieser Ware beim Verbraucher oder bei einem von ihm benannten Dritten, der nicht der Zusteller ist. Damit wird die bisherige Problematik der sog. **Nachbarschaftszustellung**[51] auch gesetzlich geregelt. Fraglich ist aber, ob der Dritte vom Verbraucher gegenüber dem Unternehmer schon bei der Bestellung benannt werden muss oder ob eine Vollmachterteilung zum Empfang der Ware gegenüber diesem Dritten ausreichend ist. Für die zweite Alternative sprechen praktische Gründe, da der Verbraucher zum Zeitpunkt der Bestellung noch nicht wissen kann, ob er zum Zeitpunkt der Lieferung die Sendung entgegennehmen können wird. Dagegen spricht jedoch der Wortlaut, da sowohl der europäische als auch der deutsche Gesetzgeber nicht mit dem Terminus „bevollmächtigt", sondern ausdrücklich mit „benannt" arbeiten. Dafür spricht auch, dass der Unternehmer wissen muss, an wen konkret eine **Ersatzzustellung** im Falle der Abwesenheit des

---

50 Ausführlich Hoeren/Sieber/Holznagel/*Föhlisch*, Teil 13.4, Rn 220 ff.
51 Vgl. OLG Düsseldorf, Urt. v. 14.3.2007 – I-18 U 163/06 – VersR 2008, 1377; OLG Köln, Urt. v. 2.3.2011 – 6 U 165/10 – WRP 2011, 1492 (Leitsätze) = JurPC Web-Dok. 102/2011; AG Winsen, Urt. v. 28.6.2012 – 22 C 1812/11 – BB 2012, 2190 = CR 2012, 685 = K&R 2012, 699 = NJW-RR 2013, 252.

Verbrauchers erfolgen soll, die Erfüllung bewirkt und maßgeblich für den Beginn der Widerrufsfrist ist. Auch soll der Zusteller z.B. in einem Hochhaus in der Großstadt nicht erst alle Parteien des Hauses nach einer möglichen Vollmacht befragen müssen, um den korrekten Dritten zu finden. Hierfür ist es notwendig, dass der Unternehmer den Dritten bereits bei Absendung der Ware kennt, damit er den Zusteller entsprechend anweisen kann. Praktisch wäre es in diesem Fall, wenn der Unternehmer einen entsprechenden **Empfangsberechtigten** bereits im Bestellprozess abfragt. Denkbar wäre auch, dass der Verbraucher den Dritten gegenüber beim Zusteller benennt. So bieten manche Zustellunternehmen die Möglichkeit an, einen sog. **Wunschnachbarn** zu benennen.[52] Dies genügt ebenfalls den Anforderungen einer „Benennung". Die Hinterlegung beim Versender oder in sog. Packstationen ist auch weiterhin nicht ausreichend für den Fristbeginn, da der Verbraucher zu diesem Zeitpunkt noch keine Möglichkeit hat, die Ware zu untersuchen.[53]

b) Lieferung mehrerer Waren zu unterschiedlichen Zeitpunkten

Sofern der Verbraucher im Rahmen einer einheitlichen Bestellung mehrere Waren geordert hat, diese aber getrennt geliefert werden, beginnt gem. § 356 Abs. 2 Nr. 1 lit. b BGB die Widerrufsfrist erst mit **Eingang der letzten Teillieferung** beim Verbraucher oder einem von ihm benannten Dritten. Gleiches gilt gem. § 356 Abs. 2 Nr. 1 lit. c BGB, wenn eine bestellte Ware in mehreren Teillieferungen oder Stücken geliefert wird. Dann beginnt die Frist ebenfalls erst mit Eingang der letzten Teillieferung oder des letzten Stücks. Der Gesetzgeber geht hinsichtlich des Fristbeginns nach § 356 Abs. 2 Nr. 1 lit. b BGB davon aus, dass diese Fristregelung nur Anwendung findet, wenn zwischen den bestellten Waren ein **innerer Zusammenhang** besteht. Besteht dieser nicht, soll die Widerrufsfrist für jeden der bestellten und getrennt gelieferten Artikel gesondert zu laufen beginnen.[54] Folgt man dieser Ansicht, müsste dem Verbraucher im Rahmen der Belehrung dieser Umstand auch erklärt werden, da er beim Lesen des entsprechenden Gestaltungshinweises nicht erkennen kann, dass für jede Ware ein unterschiedlicher Fristbeginn gelten soll.

c) Regelmäßige Lieferung von Waren

Nach § 356 Abs. 2 Nr. 1 lit. d BGB beginnt die Widerrufsfrist bei einem Vertrag über die regelmäßige Lieferung von Waren über einen festgelegten Zeitraum mit Eingang der ersten Ware. Hiervon erfasst sind sowohl Verträge über die regelmäßige Lieferung gleichartiger als auch ungleichartiger Waren über einen längeren Zeitraum. Die Rege-

---

52 Beispielhaft bei der DHL: http://www.dhl.de/de/paket/pakete-empfangen/wunschnachbar.html.
53 Föhlisch, S. 189 m.w.N.
54 BT-Drucks. 17/12637, S. 61, re. Sp.

lung über die regelmäßige Lieferung gleichartiger Waren entspricht der bisherigen.⁵⁵ Es wurde vertreten, dass in diesen Fällen der **Abonnement-Vertrag** nicht als einheitlicher Vertrag gesehen werden sollte, sodass für jede Einzellieferung ein eigenes Widerrufsrecht bestand.⁵⁶ Die Neuregelung ist vorzugswürdig. Der Verbraucher muss nicht die Möglichkeit haben, jede Teillieferung gesondert prüfen zu dürfen. Vielmehr soll ihm durch das Widerrufsrecht die Möglichkeit gegeben werden, sich bewusst zu machen, ob er wirklich über längere Zeit an ein Abonnement gebunden sein möchte. Hierfür ist es ausreichend, die erste Lieferung als die maßgebliche für den Fristbeginn anzusehen. Danach kann sich der Verbraucher noch immer entscheiden, ob er weiter an das Abonnement gebunden sein will.

d) Einheitliche Belehrung für Online-Shops

42 Über die eben dargestellten unterschiedlichen Fristbeginne ist im Rahmen der Widerrufsbelehrung zu informieren. Anlage 1 zu Art. 246a § 1 Abs. 2 S. 2 EGBGB sieht in Gestaltungshinweis 1 a bis e für die verschiedenen Varianten entsprechende Texte vor.

Beispiel
„Die Widerrufsfrist beträgt 14 Tage ab dem Tag,
– *an dem Sie oder ein von Ihnen benannter Dritter, der nicht der Beförderer ist, die Waren in Besitz genommen haben bzw. hat."*
oder
– *an dem Sie oder ein von Ihnen benannter Dritter, der nicht der Beförderer ist, die letzte Ware in Besitz genommen haben bzw. hat."*
oder
– *an dem Sie oder ein von Ihnen benannter Dritter, der nicht Beförderer ist, die letzte Teilsendung oder das letzte Stück in Besitz genommen haben bzw. hat."*
oder
– *an dem Sie oder ein von Ihnen benannter Dritter, der nicht der Beförderer ist, die erste Ware in Besitz genommen haben bzw. hat."*

---

43 Nicht vorgesehen ist es allerdings, diese verschiedenen Varianten miteinander zu kombinieren. Bestellt ein Verbraucher im Rahmen einer einheitlichen Bestellung ein einzelnes Buch und zusätzlich ein mehrbändiges Lexikon, bei dem über eine längere Zeit jeden Monat ein neuer Band bei ihm eintrifft, kann die Informationspflicht nicht korrekt unter Verwendung des gesetzlichen Belehrungsmusters erfüllt werden. Gerade in diesem Beispiel wäre eine (nicht vorgesehene) Kombination der verschiedenen Optionen nicht transparent darstellbar.

---

55 Hoeren/Sieber/Holznagel/*Föhlisch*, Teil 13.4, Rn 220 ff.
56 MüKo-BGB/*Wendehorst*, § 312d Rn 81.

Ebenfalls problematisch ist die Belehrung im Falle der Bestellung mehrerer Waren 44
durch den Verbraucher, da der Unternehmer zum Zeitpunkt der Bestellung noch nicht
weiß, ob er die Bestellung in einem Paket verschicken kann. Wählt er Variante b) und
es stellt sich nach der Bestellung heraus, dass die Ware in mehreren **Teillieferungen**
versendet werden muss, müsste der Unternehmer warten, bis er alle Lieferpositionen zusammen hat und diese gemeinsam absenden. Dadurch entstehen aber längere
Lieferzeiten für den Verbraucher. Bei besonders umfangreichen Bestellungen, die es
nötig machen, dass die Lieferung auf mehrere Pakete aufgeteilt werden muss, hat der
Unternehmer gar keine Kontrolle über die Auswahl der richtigen Frist-Alternative, da
er nicht wissen kann, ob der Zusteller auch sämtliche Pakete gleichzeitig ausliefern
wird oder nicht. Der Verbraucher muss aber bereits im Online-Shop vor Abgabe seiner
Vertragserklärung über den korrekten Fristbeginn informiert werden.

Der Unternehmer darf nach dem Willen des Gesetzgebers das Muster nicht ver- 45
ändern und hat dieses entsprechend der Gestaltungshinweise auszufüllen.[57] Er darf
also auch diese Fristbelehrungen nicht kombinieren. Der Gesetzgeber ging offenbar davon aus, dass bei jeder Bestellung die Belehrung individuell formuliert wird.
Das entspricht allerdings nicht der Praxis. Völlig unmöglich wird eine einheitliche
Belehrung, wenn der Verbraucher im Rahmen einer Bestellung z.B. ein Buch, ein
mehrbändiges Lexikon und ein Zeitschriften-Abo kauft. Das Muster ist hinsichtlich
der unterschiedlichen Belehrungen über den Fristbeginn für die Praxis nur schwer
verwendbar.

2. Verlängerte Widerrufsfrist

In Deutschland galt bereits bisher grundsätzlich eine Widerrufsfrist von 14 Tagen. 46
Diese 14-tägige Frist gilt nach Art. 9 Abs. 2 lit. b VRRL nun in allen Mitgliedstaaten.
In Deutschland findet sich die Regelung in § 355 Abs. 2 S. 1 BGB. Bisher existierten
verschiedene verlängerte Fristen von einem Monat, sechs Monaten und einer unendlichen Frist, sofern verschiedene Informationspflichten nicht erfüllt wurden.[58] Diese
unterschiedlichen **Fristverlängerungen** wurden aus dem Gesetz gestrichen. Vielmehr existiert nur noch eine mögliche Verlängerung. Nach § 356 Abs. 3 S. 1 BGB beginnt
die Frist nicht, bevor der Unternehmer den Verbraucher über die Bedingungen, die
Fristen und das Verfahren über die Ausübung sowie das Muster-Widerrufsformular
informiert hat. Allerdings erlischt das Recht gem. § 356 Abs. 3 S. 2 BGB spätestens
zwölf Monate und 14 Tage nach der maßgeblichen Warenlieferung. Der Unternehmer
kann jedoch eine **ordnungsgemäße Belehrung** nachholen. In diesem Fall beginnt
die 14-tägige Frist ab dem Zeitpunkt, in dem der Verbraucher die Belehrung erhalten
hat.[59] Der Wegfall der verlängerten Fristen wurde teilweise als „erhebliche Verschlech-

---

[57] BT-Drucks. 17/12637, S. 75, li. Sp.
[58] Ausführlich Hoeren/Sieber/Holznagel/*Föhlisch*, Teil 13.4, Rn 226 ff.
[59] Vgl. Art. 10 Abs. 2 VRRL.

terung zulasten der Verbraucher"[60] angesehen. Die Möglichkeit der Verlängerung auf zwölf Monate und 14 Tage stellt einen ausgewogenen Interessensausgleich dar. Im Sinne des Rechtsfriedens müssen beide Vertragsparteien nach einem bestimmten Zeitpunkt Klarheit darüber haben, ob ein Vertrag endgültige Bestandskraft hat. Der Verbraucherschutz wird durch die Neuregelung nicht ausgehöhlt. Die gewählte Frist von über einem Jahr ist ausreichend.

III. Zeitpunkt der Informationserteilung

47 Art. 246a § 1 Abs. 2 EBBGB verpflichtet Online-Händler, den Verbraucher über die Bedingungen, die Fristen und das Verfahren für die Ausübung des Widerrufsrechts zu informieren. Die formalen Anforderungen an die Informationserteilung finden sich in Art. 246a § 4 EGBGB. In dessen Abs. 1 wird festgelegt, dass der Unternehmer die Informationen „**vor Abgabe von dessen Vertragserklärung** in klarer und verständlicher Weise" zur Verfügung stellen muss. Dies muss gem. Art. 246a § 4 Abs. 3 EGBGB in einer dem benutzten Fernkommunikationsmittel angepassten Weise geschehen. Zur Erfüllung seiner **vorvertraglichen Informationspflichten** über das Widerrufsrecht kann der Unternehmer die Musterbelehrung in Textform an den Verbraucher übermitteln. Diese Möglichkeit bestand schon im alten Recht. Allerdings ist es bei Bestellungen im Online-Shop nicht möglich, einem bestimmten Verbraucher bereits vor Abgabe von dessen Vertragserklärung die Belehrung in Textform zuzusenden.

48 Darüber hinaus müssen alle Informationen, die sich aus Art. 246a EGBGB ergeben, gem. § 312f Abs. 2 BGB auf einem dauerhaften Datenträger an den Verbraucher übermittelt werden. Es bleibt also weiterhin bei der **Zweistufigkeit** (Notwendigkeit der Vorabbelehrung und anschließende Belehrung auf einem dauerhaften Datenträger) der Informationserteilung.[61]

IV. Ausübung des Widerrufsrechts

49 Musste der Verbraucher bisher seinen Widerruf in Textform erklären, ist in §§ 355 ff. BGB keine verbindliche Form mehr vorgeschrieben. Der Verbraucher kann seinen Widerruf also auch telefonisch erklären.[62] Aus dieser Erklärung muss gem. § 355

---

60 *Brönneke/Fezer*, S. 2, abrufbar unter http://www.verbraucherportal-bw.de/servlet/PB/show/2931698/VK-Stellungnahme%20Verbraucherrechterichtlinie%20Umsetzung%20Brnneke_Fezer%2005.11.
61 *Föhlisch/Hoffmann*, NJW 2009, 1175, 1176.
62 *Föhlisch/Dyakova*, MMR 2013, 71, 74.

Abs. 1 S. 3 BGB der **Entschluss des Verbrauchers** zum Widerruf eindeutig hervorgehen. Bereits nach altem Recht wurde die Auffassung vertreten, dass lediglich die Mitteilung des Verbrauchers, er habe „eine Rücksendung", nicht zur wirksamen Ausübung des Widerrufsrechts geeignet war.[63] Nach geltendem Recht würde eine solche Erklärung auf keinen Fall mehr ausreichen. Das Wort „Widerruf" muss aber auch weiterhin nicht in der Erklärung verwendet werden.

Weiter bedeutet dies, dass die bloße **Rücksendung der Ware** ohne weitere Erklä- 50 rungen künftig nicht mehr als Ausübung des Widerrufsrechts ausreichend ist.[64] Auch die bisherige Möglichkeit der Ausübung durch **Annahmeverweigerung** einer Lieferung mit Veranlassung der Rücksendung durch den Zusteller[65] ist nicht mehr möglich.[66] Denkbar ist aber noch die Annahmeverweigerung mit anschließender Absendung einer E-Mail, in der die eindeutige Widerrufserklärung enthalten ist.[67]

Aufgrund der bisherigen Unterschiede in Art und Weise der Ausübung des Wider- 51 rufsrechts in den Mitgliedstaaten erhält der Verbraucher für seinen Widerruf in Anlage 2 zum EGBGB ein **Muster-Widerrufsformular** zur Verfügung gestellt, über das ihn der Unternehmer gem. § 312d Abs. 1 S. 1 BGB i.V.m. Art. 246a § 1 Abs. 2 S. 1 Nr. 1 EGBGB vor Abgabe der Bestellung zu informieren hat.[68] Der Unternehmer kann dem Verbraucher auch ermöglichen, dieses Formular oder eine andere eindeutige Widerrufserklärung auf der Website des Unternehmers auszufüllen und abzuschicken. In diesem Fall muss dem Verbraucher nach § 356 Abs. 1 S. 2 BGB der Zugang des Widerrufs unverzüglich auf einem dauerhaften Datenträger – also z.B. per Mail – bestätigt werden.

V. Rechtsfolgen

1. Rückgewährschuldverhältnis

Nach § 355 Abs. 3 BGB sind im Falle des Widerrufs die empfangenen Leistungen 52 unverzüglich zurückzugewähren. Diese Rückgewähr muss gem. § 357 Abs. 1 BGB spätestens nach 14 Tagen nach Widerruf erfolgen, wobei die Frist für den Unternehmer mit dem Zugang, für den Verbraucher mit der Abgabe der Widerrufserklärung beginnt. Für sämtliche zu erstattende Zahlungen durch den Unternehmer muss er nach § 357 Abs. 3 BGB dasselbe **Zahlungsmittel** verwenden, das der Verbraucher bei seiner Zahlung verwendet hat, es sei denn, die Parteien haben etwas anderes vereinbart und dem Verbraucher entstehen dadurch keine Kosten.

---

63 AG Schopfheim, Urt. v. 19.3.2008 – 2 C 14/08 – MMR 2008, 427 = MIR 2008, Dok. 202 = JurPC Web-Dok. 50/2009.
64 *Föhlisch/Dyakova*, MMR 2013, 71, 74.
65 Vgl. zum alten Recht AG Bautzen, Urt. v. 10.5.2008 – 22 C 0083/07 – n.v.
66 *Föhlisch/Dyakova*, MMR 2013, 71, 74.
67 Vgl. Erwägungsgrund 44 VRRL.
68 Erwägungsgrund 44 VRRL.

53 Handelte es sich bei dem Vertrag um einen **Verbrauchsgüterkauf**, steht dem Unternehmer nach § 357 Abs. 4 BGB ein **Zurückbehaltungsrecht** zu. Er kann die Rückzahlung verweigern, bis er die Waren zurückerhalten oder der Verbraucher den Nachweis erbracht hat, dass er die Waren abgesandt hat. Dies gilt nicht, wenn der Unternehmer angeboten hat, die Waren abzuholen. Im Falle des Angebots der Abholung der Waren durch den Unternehmer ist der Verbraucher gem. § 357 Abs. 5 BGB nicht mehr verpflichtet, diese zurückzusenden. Gemäß § 355 Abs. 3 S. 3 BGB trägt der Unternehmer wie schon nach altem Recht die Gefahr der Rücksendung.

2. Hin- und Rücksendekosten
a) Hinsendekosten

54 Im Falle der Ausübung des Widerrufsrechts muss der Unternehmer dem Verbraucher die **Kosten der Hinsendung** erstatten. In Deutschland fehlte es bislang zwar an einer ausdrücklichen gesetzlichen Regelung. Spätestens seit der Heine-Entscheidung des EuGH[69] ist diese Verpflichtung aber geklärt. Jetzt findet sich eine entsprechende Regelung in § 357 Abs. 2 S. 1 BGB. Danach sind die Kosten der Lieferung vom Unternehmer zu erstatten. Dies gilt nach S. 2 nicht, soweit dem Verbraucher zusätzliche Kosten entstanden sind, weil er sich für eine andere Art der Lieferung als die vom Unternehmer angebotene günstigste **Standardlieferung** entschieden hat. Hat der Verbraucher also z.B. eine Nachnahmelieferung gewählt, muss der Unternehmer nur die Kosten einer Standardlieferung erstatten. Die durch die Wahl der „Nachnahme" entstandenen **Zusatzkosten** muss der Unternehmer anders als bisher nicht erstatten.[70] Bietet der Unternehmer standardmäßig eine kostenlose Lieferung an, muss er dem Verbraucher gar keine Kosten erstatten. Nicht abschließend geklärt ist weiterhin die Frage nach der Erstattung der Hinsendekosten im Falle eines Teilwiderrufs.[71]

b) Information über die Tragung der Rücksendekosten bei Paketware

55 Nach § 357 Abs. 6 BGB trägt der Verbraucher jetzt die unmittelbaren Kosten der Rücksendung, sofern er vom Unternehmer hierüber unterrichtet wurde. Die bloße Unterrichtung im Rahmen der Widerrufsbelehrung ist ausreichend. Eine wie bisher von der Rechtsprechung verlangte zusätzliche Vereinbarung ist nicht notwendig.[72] Der Unter-

---

69 EuGH, Urt. v. 15.4.2010 – C-511/08 – CR 2010, 378 = NJW 2010, 1941 = EuZW 2010, 432 m. zust. Anm. *Bauerschmidt/Harnos* = MMR 2010, 396 = K&R 2010, 394 m. zust. Anm. *Ultsch*.
70 Noch zum alten Recht AG Berlin-Köpenick, Urt. v. 25.8.2010 – 6 C 369/09 – MMR 2010, 753 = MIR 2010, Dok. 161 = JurPC Web-Dok. 191/2010.
71 Ausführlich *Buchmann*, K&R 2010, 458, 460.
72 OLG Hamburg, Beschl. v. 17.2.2010 – 5 W 10/10 – MMR 2010, 320 = MD 721; OLG Hamm, Urt. v. 2.3.2010 – 4 U 180/09 – MMR 2010, 330; OLG Hamm, Urt. v. 2.3.2010 – 4 U 174/09 – NJW-RR 2010, 1193; OLG Hamm, Urt. v. 30.3.2010 – 4 U 212/09 – K&R 2010, 411 m. Anm. *Dehißelles* = MMR 2010, 684

nehmer kann sich aber bereit erklären, die Kosten der Rücksendung zu übernehmen. Die Regelung, dass der Verbraucher die Kosten der Rücksendung zu tragen hat, war schon unter Geltung der Fernabsatzrichtlinie ein ausgewogener Risikoausgleich bei Verträgen im Fernabsatz.[73] Mit dem **Wegfall der 40-€-Klausel**, die sowohl Verbraucher als auch Unternehmer nur verwirrt hat, gibt es zum einen eine klare und transparente Regelung und zum anderen wird dem Unternehmer damit mehr wirtschaftliche Freiheit eingeräumt. So kann er sich z.B. nach Erhalt einer Rücksendung noch immer dazu entscheiden, die Kosten der Rücksendung dem Verbraucher zu erstatten.

Die Musterwiderrufsbelehrung hält für die korrekte Belehrung über die **Tragung der Rücksendekosten** auch den passenden Gestaltungshinweis 5 b bereit. Diese Variante ist allerdings nur zu wählen, wenn es sich bei der Ware um paketversandfähige Ware handelt.

56

Beispiel
„Sie tragen die unmittelbaren Kosten der Rücksendung der Waren."

c) Information über die Tragung der Rücksendekosten bei Speditionsware

Im Falle von nicht paketversandfähiger Ware, also z.B. bei Speditionsware, besteht ebenfalls die Möglichkeit, dass der Verbraucher die Kosten der Rücksendung tragen muss. Die entsprechende Belehrungspflicht ist aber ungleich schwerer. Hier reicht es nicht, darauf hinzuweisen, dass der Verbraucher die Kosten der Rücksendungen zu tragen hat. Nach § 357 Abs. 6 BGB i.V.m. Art. 246a § 1 Abs. 2 S. 1 Nr. 2 EGBGB muss der Unternehmer über die Kosten der Rücksendung der Waren informieren, die aufgrund ihrer Beschaffenheit nicht auf dem normalen Postweg zurückgesendet werden können. Es müssen also **die konkreten Rückversandkosten** genannt werden. Da der Verbraucher die Waren selbst zurückschicken muss, wenn ihm nicht angeboten wird, diese abzuholen, kann der Verbraucher auch die Spedition frei wählen. Daher stellt sich die Frage, woher der Unternehmer die Kosten der Rücksendung wissen soll. Innerhalb der Musterwiderrufsbelehrung ist in Gestaltungshinweis 5 b ein entsprechender Belehrungssatz vorgesehen.

57

Beispiel
„Sie tragen die unmittelbaren Kosten der Rücksendung der Waren in Höhe von ... € [Betrag einfügen]."

---

m. Anm. *Föhlisch*; OLG Koblenz, Beschl. v. 8.3.2010 – 9 U 1283/09 – MMR 2010, 330 = K&R 2010, 353; OLG Stuttgart, Urt. v. 10.12.2009 – 2 U 51/09 – MMR 2010, 284; OLG Brandenburg, Urt. v. 22.2.2011 – 6 U 80/10 – K&R 2011, 267 = MMR 2011, 313; OLG Frankfurt a.M., Urt. v. 10.5.2011 – 6 U 8/10 – n.v.; a.A. OLG München, Beschl. v. 7.2.2012 – 29 W 212/12 – MMR 2012, 370.
73 EuGH, Urt. v. 15.4.2010 – C-511/08 – CR 2010, 378 = NJW 2010, 1941 = EuZW 2010, 432 m. zust. Anm. *Bauerschmidt/Harnos* = MMR 2010, 396 = K&R 2010, 394 m. zust. Anm. *Ultsch*.

58 Alternativ zu diesem Text sieht die Musterbelehrung einen weiteren Text für den Fall vor, dass die Kosten der Rücksendung vernünftigerweise nicht im Voraus berechnet werden können. In diesen Fällen lautet der einzufügende Satz:

> **Beispiel**
> „Sie tragen die unmittelbaren Kosten der Rücksendung der Waren. Die Kosten werden auf höchstens etwa ... € [Betrag einfügen] geschätzt."

59 Die Grundlage für diese Erleichterung zur Schätzung der Rücksendekosten bei nicht paketversandfähiger Ware findet sich lediglich in Erwägungsgrund 36 der Richtlinie. Die Gesetzesbegründung folgt dem Erwägungsgrund und führt als Beispiel für die Verwendung dieser Alternative Rücksendungen an, bei denen der Verbraucher den Spediteur selbst beauftragt.[74] Nach Art. 246a § 1 Abs. 2 S. 1 Nr. 2 EGBGB muss der Unternehmer allerdings über die Kosten der Rücksendung informieren. Dies tut er aber mit der Wahl der zweiten Alternative nicht genau, da hier nicht über die Kosten informiert, sondern lediglich eine Schätzung abgegeben wird. Die tatsächlichen Kosten können jedoch wesentlich höher ausfallen. Offen bleibt bei der Wahl dieser Alternative, welche Kosten der Verbraucher im Widerrufsfall tatsächlich zu tragen hat. Mit dem ersten Satz werden ihm sämtliche unmittelbaren Kosten der Rücksendung auferlegt. Der zweite Satz soll leidglich eine **Größenordnung** beziffern, mit der der Verbraucher rechnen muss, falls er sein Widerrufsrecht ausübt. Dies ist aber nach dem Wortlaut des Gesetzes nicht ausreichend, damit der Verbraucher die Kosten trägt. Da dieser Satz in der Musterbelehrung aber privilegiert ist, müsste dies doch ausreichen. Geht man hiervon aus, müssen die vom Verbraucher zu tragenden **Rücksendekosten** aber auf die vom Unternehmer vorgenommene Schätzung begrenzt sein. Fallen die Kosten höher aus, sind diese Mehrkosten vom Unternehmer zu tragen; fallen sie niedriger aus, muss der Verbraucher auch nur den geringeren Betrag zahlen. Das ist interessensgerecht. Will sich der Unternehmer einer solchen Erleichterung bedienen, muss er auch das entsprechende Risiko tragen, anderenfalls könnte er dem Verbraucher anbieten, Speditionsware wieder abzuholen und für diesen Fall die Kosten der konkreten Höhe nach angeben.

d) Information über die Tragung der Rücksendekosten bei Mischbestellungen

60 Problematisch – wenn nicht sogar unmöglich – wird künftig die korrekte Belehrung über die Tragung der Rücksendekosten bei Bestellungen, die sowohl Speditionsware als auch Paketware enthalten. Will der Unternehmer dem Verbraucher in diesem Fall die Kosten der Rücksendung auferlegen, so müsste er innerhalb der Belehrung eine Trennung hinsichtlich der Rücksendekosten vornehmen. Alternativ könnte er nur ein-

---

74 BT-Drucks. 17/12637, S. 75, li. Sp.

heitlich erklären, dass er die Kosten der Rücksendung trage. Er hätte bei Verwendung des Musters aber keine Möglichkeit, die Kosten hinsichtlich der **Paketware** selbst zu tragen und die der **Speditionsware** dem Verbraucher aufzuerlegen. Er könnte dieses Problem dadurch lösen, dass er seine Bestellsituation so anpasst, dass im Rahmen einer Bestellung immer nur entweder Paketwaren oder Speditionswaren verkauft werden. In diesem Fall müsste der Unternehmer dann zwei Belehrungen vorhalten, eine für die Paketware und eine für die Speditionsware. Diese Alternative ist aber nur mit unverhältnismäßigen Kosten zu realisieren.

Auch hier zeigt sich, dass das Muster für die Praxis untauglich ist. Die rechtssichere Möglichkeit würde hier bedeuten, dass sich der Unternehmer in diesen Fällen immer bereit erklärt, die Kosten der Rücksendung zu tragen. Damit nimmt das gesetzlich vorgesehene Muster dem Unternehmer aber die im Gesetz vorgesehene Möglichkeit, diese Kosten dem Verbraucher aufzuerlegen. 61

e) Unfreie Rücksendungen

Unfreie Rücksendungen waren nach altem Recht ein großes wirtschaftliches Problem. Da der Unternehmer früher grundsätzlich die Kosten der Rücksendung zu tragen hatte, konnte der Verbraucher nicht dazu verpflichtet werden, diese Kosten für den Unternehmer zu verauslagen. Ein solches Konstrukt hätte den wesentlichen **Grundgedanken des deutschen Schuldrechts** widersprochen, sofern der Unternehmer die Kosten der Rücksendung tragen musste.[75] Nach neuem Recht können dem Verbraucher die Mehrkosten im Falle einer unfreien Rücksendung vom Erstattungsbetrag abgezogen werden, sofern der Verbraucher darüber informiert wurde, dass er die Kosten der Rücksendung zu tragen hat. In diesem Fall muss er sämtliche Kosten tragen, also auch die Mehrkosten, die durch die unfreie Rücksendung entstehen. 62

3. Wertersatz

Nach § 357 Abs. 7 BGB muss der Verbraucher nur noch Wertersatz für einen Wertverlust der Ware leisten, wenn der Wertverlust auf einen Umgang mit den Waren zurückzuführen ist, der zur Prüfung der Beschaffenheit, der Eigenschaften und der Funktionsweise der Waren nicht notwendig war. Außerdem muss der Verbraucher über sein Widerrufsrecht gem. Art. 246a § 1 Abs. 2 S. 1 Nr. 1 EGBGB unterrichtet werden, damit dem Unternehmer ein Anspruch auf Wertersatz zusteht. Der bisherige Anspruch des Händlers auf Nutzungswertersatz wurde gestrichen. 63

Es besteht keine explizite Pflicht mehr, über diese Rechtsfolge aufzuklären. Gegenstand der Informationspflicht aus Art. 246a § 1 Abs. 2 S. 1 Nr. 1 EGBGB sind 64

---

75 OLG Hamburg, Beschl. v. 14.2.2007 – 5 W 15/07 – MD 2007, 540 = MIR 2007, Dok. 150 = WRP 2007, 674 = CR 2007, 455 = MMR 2007, 530 = GRUR-RR 2007, 289.

lediglich die Bedingungen, die Fristen und das Verfahren für die Ausübung des Widerrufsrechts. Die Worte **„und die Rechtsfolgen"** sind im Vergleich zum alten Recht nicht mehr vorhanden. Für eine gewollte Rechtsänderung spricht auch, dass in Art. 246b § 1 Abs. 1 Nr. 12 EGBGB eine Belehrungspflicht über die Rechtsfolgen beim Widerruf von Fernabsatzverträgen über Finanzdienstleistungen noch immer Bestandteil der Informationspflichten ist. Weiter spricht für eine gewollte Änderung, dass bei Verträgen über die Erbringung von Dienstleistungen oder über die nicht in einem bestimmten Volumen oder in einer bestimmten Menge vereinbarte Lieferung von Fernwärme, Wasser, Gas und Strom noch immer eine explizite Belehrungspflicht über die Rechtsfolgen des Widerrufs in Art. 246a § 1 Abs. 2 Nr. 3 EGBGB vorgesehen ist. Dies folgt aus Art. 14 Abs. 4 i.V.m. Art. 6 Abs. 1 lit. h und j VRRL. Dagegen kennt der für Warenlieferungen einschlägige Art. 14 Abs. 2 i.V.m. Art. 6 Abs. 1 lit. h VRRL eine Pflicht zur Belehrung über die Rechtsfolgen im Falle des Widerrufs nicht. Unklar ist aber, weshalb ein entsprechender Hinweis auf die Wertersatzpflicht des Verbrauchers bei Fernabsatzverträgen in der **Musterbelehrung** enthalten ist. Dass der Richtliniengeber die Rechtsfolgen als „Bedingungen" versteht, ist nicht vorstellbar.[76] Unter einer Bedingung wird ein ungewisses zukünftiges Ereignis verstanden, von dem das Bestehen dieses Rechts abhängt, namentlich die fristgerechte Ausübung des Widerrufsrechts. Rechtsfolgen der Ausübung können nicht gleichzeitig ihre Bedingung sein. Verwendet der Unternehmer das Belehrungsmuster, muss er auch über die Wertersatzpflicht des Kunden informieren. Verwendet er hingegen eine selbst formulierte Belehrung, kann der Hinweis entfallen.

65   Inhaltlich wird nur noch einheitlich von Wertersatz für einen **Wertverlust der Ware** gesprochen. Der bisher im Gesetz vorhandene Verweis auf das allgemeine Rücktrittsrecht ist entfallen. Damit hat der Unternehmer keinen Anspruch auf Herausgabe oder Wertersatz für gezogene Nutzungen. Dies macht auch § 361 Abs. 1 BGB deutlich, nach dem der Unternehmer gegen den Verbraucher keine weiteren Ansprüche als die in Buch 2, Abschnitt 3, Titel 5, Untertitel 2 genannten hat. Die allgemeinen Vorschriften zum Rücktritt stehen allerdings in Untertitel 1 und finden somit keine Anwendung mehr im Falle des Widerrufs. Maßgeblich ist jetzt allein ein eingetretener Wertverlust. Das kann für den Händler zu dem nicht befriedigenden Ergebnis führen, dass der Verbraucher eine Ware während der Widerrufsfrist nutzt, der Unternehmer aber für die in dieser Zeit gezogenen Nutzungen keinen Wertersatz erhält. Dies ist vor allem dann von Relevanz, wenn die Ware selbst durch die bloße Nutzung keinen Wertverlust erleidet.

66   Der Verbraucher darf im Fernabsatz gekaufte Waren prüfen und ausprobieren. Die bisherige Rechtsprechung[77] kann somit weiterhin als Anhaltspunkt für das **Prü-**

---

[76] So aber *Bydlinski/Lurger*, S. 68; *Schmidt/Brönneke*, VuR 2013, 448, 451.
[77] BGH, Urt. v. 3.11.2010 – VIII ZR 337/09 – MIR 2010, Dok. 163 = NJW 2011, 56 m. Anm. *Föhlisch* = K&R 2011, 38 m. Anm. *Buchmann* = MMR 2011, 24 m. Anm. *Föhlisch* = CR 2011, 33 = VuR 2011, 313 (red.

fungsrecht des Verbrauchers herangezogen werden. Der Verbraucher darf Waren also auf ihre **Funktionsweise und Eigenschaften** prüfen. Ist dies nur durch einen Auf- oder Einbau oder eine Inbetriebnahme möglich, so darf der Verbraucher auch dieses. Auch die durch den Aufbau eines Möbels entstandene Verschlechterung muss der Unternehmer hinnehmen und kann hierfür keinen **Wertersatz** verlangen.[78] Dass der Vergleich mit dem Ladengeschäft noch nie ein passender war,[79] zeigt sich daran, dass der Gesetzgeber diesen Vergleich nun aus der Musterwiderrufsbelehrung gestrichen hat. Für Verbraucher wie Händler war dieser Hinweis stets irreführend, da schon immer unklar war, welche Art **Ladengeschäft** gemeint sein soll. Dies hätte für jede einzelne Ware gesondert ermittelt werden müssen.[80] Das Abstellen auf die Prüfung der Eigenschaften und Funktionsweise ist verständlicher. Widerruft der Verbraucher einen Vertrag über die Lieferung von nicht auf einem körperlichen Datenträger befindlichen digitalen Inhalt (z.B. über Downloads), so muss er gem. § 357 Abs. 7 BGB keinen Wertersatz leisten.

D. Pflichten im elektronischen Geschäftsverkehr

I. Korrekturmöglichkeiten

Die Pflicht zur Bereitstellung technischer Mittel zum Erkennen und Korrigieren von **Eingabefehlern** vor Abgabe der Bestellung findet sich nach neuem Recht in § 312i Abs. 1 Nr. 1 BGB. Inhaltlich findet keine Änderung der Rechtslage statt: Auf der Bestellseite muss dem Kunden die Möglichkeit gegeben werden, Eingabefehler zu erkennen und zu berichtigen. Im Online-Handel üblich sind „Ändern"-Schaltflächen auf der letzten Bestellseite. Bei einem Klick darauf springt man zum entsprechenden Eingabefeld und kann fehlerhafte Eingaben korrigieren. Über die Korrekturmöglichkeiten muss der Unternehmer den Verbraucher gem. Art. 246c Nr. 3 EGBGB unterrichten.

67

Bearb. *Ott*); AG Berlin-Lichtenberg, Urt. v. 24.10.2012 – 21 C 30/12 – MMR 2013, 99 m. Anm. *Boden* = NJOZ 2013, 1180; AG Köln, Urt. v. 4.4.2012 – 119 C 462/11 – n.v.; AG Cottbus, Urt. v. 10.2.2011 – 41 C 461/10 – BeckRS 2011, 05617.
78 BGH, Urt. v. 3.11.2010 – VIII ZR 337/09 – MIR 2010, Dok. 163 = NJW 2011, 56 m. Anm. *Föhlisch* = K&R 2011, 38 m. Anm. *Buchmann* = MMR 2011, 24 m. Anm. *Föhlisch* = CR 2011, 33 = VuR 2011, 313 (red. Bearb. *Ott*); AG Berlin-Lichtenberg, Urt. v. 24.10.2012 – 21 C 30/12 – MMR 2013, 99 m. Anm. *Boden* = NJOZ 2013, 1180; AG Köln, Urt. v. 4.4.2012 – 119 C 462/11 – n.v.; AG Cottbus, Urt. v. 10.2.2011 – 41 C 461/10 – BeckRS 2011, 05617.
79 BGH, Urt. v. 3.11.2010 – VIII ZR 337/09 – MIR 2010, Dok. 163 = NJW 2011, 56 m. Anm. *Föhlisch* = K&R 2011, 38 m. Anm. *Buchmann* = MMR 2011, 24 m. Anm. *Föhlisch* = CR 2011, 33 = VuR 2011, 313 (red. Bearb. *Ott*); AG Berlin-Lichtenberg, Urt. v. 24.10.2012 – 21 C 30/12 – MMR 2013, 99 m. Anm. *Boden* = NJOZ 2013, 1180; AG Köln, Urt. v. 4.4.2012 – 119 C 462/11 – n.v.; AG Cottbus, Urt. v. 10.2.2011 – 41 C 461/10 – BeckRS 2011, 05617.
80 Hoeren/Sieber/Holznagel/*Föhlisch*, Teil 13.4, Rn 320.

Nicht ausreichend ist dabei der Hinweis „Überprüfen Sie Ihre eingegebenen Daten" auf der letzten Bestellseite, da es insoweit an einem Hinweis fehlt, mit welchen technischen Mitteln der Verbraucher Eingabefehler korrigieren kann.[81]

II. Schritte zum Vertragsschluss

68 Nach § 312i Abs. 1 Nr. 1 BGB i.V.m. Art. 246c Nr. 1 EGBGB sind dem Kunden die einzelnen technischen Schritte zum Vertragsschluss mitzuteilen. Damit sind allerdings nicht die einzelnen Schritte im Sinne moderner Computertechnik gemeint, sondern vielmehr die Schritte, die eine rechtliche Wirkung haben.[82] Das bedeutet, es muss dem Kunden in einem Informationstext verdeutlicht werden, mit Bestätigung welcher Schaltfläche er ein **verbindliches Angebot** abgibt. Außerdem muss er darüber informiert werden, mit welcher Handlung der Unternehmer dieses Angebot annimmt.[83] Bei der Formulierung dieses Textes kommt es insbesondere auf den vorgesehenen **Vertragsschluss im Online-Shop** sowie auf die angebotenen Zahlungsarten an. Der Vertragsschluss in einem Online-Shop kann auf verschiedene Weisen gestaltet werden. Es bietet sich für den Unternehmer an, dass der Kunde mit seiner Bestellung ein Angebot abgibt – der Shop also nur eine **invitatio ad offerendum** darstellt. Dieses Angebot nimmt der Händler dann per Versand einer **Vertragsannahme-Mail** an. Dies unterscheidet einen Online-Shop von einem Angebot bei eBay. Dort ist bereits das eingestellte Angebot verbindlich, welches der Kunde durch Gebotsabgabe bzw. Sofort-Kauf annimmt.[84] Bisher fand sich eine entsprechende Pflicht auch in Art. 246 § 1 Abs. 1 Nr. 4 a.E. EGBGB a.F. Diese fernabsatzrechtliche Informationspflicht über das **Zustandekommen des Vertrags** wurde zwar gestrichen, da für Online-Händler aber auch die Informationspflichten im elektronischen Geschäftsverkehr einschlägig sind, ergibt sich hier inhaltlich keine Änderung.[85]

69 Die erste Vertragsschlussvariante kann allerdings nur bei den klassischen Zahlungsarten angewendet werden. Werden dem Kunden auch Zahlungsarten angeboten, die eine Zahlung noch im Bestellprozess oder in unmittelbarem Anschluss an diesen abverlangen, kommt der Vertrag spätestens mit Absendung der Zahlung durch den Verbraucher zustande. In diesen Fällen ist eine Prüfung des Angebots durch den Händler und separate Annahme nicht mehr möglich. Denn der Verbraucher kann die Aufforderung zur Absendung einer Zahlung nur so verstehen, dass dadurch der Vertrag geschlossen und auch der Händler zur Leistung verpflichtet ist.

---

81 Hoeren/Sieber/Holznagel/*Föhlisch*, Teil 13.4, Rn 168 m.w.N.
82 MüKo-BGB/*Wendehorst*, § 312g Rn 78.
83 MüKo-BGB/*Wendehorst*, § 312g Rn 78; Palandt/*Weidenkaff*, Art. 246 § 3 EGBGB Rn 2.
84 Hoeren/Sieber/Holznagel/*Föhlisch*, Teil 13.4, Rn 169b m.w.N.
85 *Härting*, Rn 973; Palandt/*Grüneberg*, § 312g Rn 4.

Eine Zahlung vor Vertragsschluss würde einem wesentlichen Grundgedanken des deutschen Schuldrechts widersprechen.[86] Dem folgend kann ein Vertrag nicht erst mit Lieferung der Ware zustande kommen, wenn die Zahlungsart „Vorkasse" angeboten wird.

Innerhalb der Information über die Schritte zum Vertragsschluss muss der Unternehmer auch darüber informieren, innerhalb welchen Zeitraums er die Annahme des Vertrags erklärt. Anderenfalls läge ein Verstoß gegen § 308 Nr. 1 BGB vor.[87] Eine solche Frist darf nicht zu lang sein. Die Rechtsprechung akzeptiert im Online-Handel derzeit eine **Maximalfrist von fünf Tagen**.[88] Diese ist aber angesichts der Abläufe im elektronischen Geschäftsverkehr als zu lang anzusehen. Dem Verbraucher ist nicht zuzumuten, nach seiner Bestellung ganze fünf Tage auf eine Mitteilung zu warten, ob der Unternehmer überhaupt einen Vertrag eingehen möchte. Maximal zwei Tage erscheinen sachgerecht und angemessen.[89] Anders als z.B. im Katalogversand darf der Online-Händler nur Waren im Online-Shop präsentieren, die er garantiert liefern kann, sodass eine **Prüfung der Verfügbarkeit** der Ware von vornherein wegfällt.[90] Einzig eine Bonitätsprüfung des Bestellers würde eine längere Frist rechtfertigen, soweit diese überhaupt zulässig ist. Da aber auch die Bonitätsprüfungen mittlerweile automatisiert innerhalb sehr kurzer Zeit, zum Teil in Echtzeit, durchgeführt werden, ist auch in diesen Fällen eine Annahmefrist von zwei Tagen völlig ausreichend.

70

Beispiel
„Vertragsschluss
Die Produktdarstellungen im Online-Shop dienen zur Abgabe eines Kaufangebots. Mit Anklicken des Buttons „kostenpflichtig bestellen" geben Sie ein verbindliches Kaufangebot ab.
Wir können Ihre Bestellung durch Versand einer separaten Auftragsbestätigung per E-Mail innerhalb von zwei Tagen annehmen. Die Bestätigung des Zugangs der Bestellung erfolgt durch automatisierte E-Mail unmittelbar nach dem Absenden der Bestellung und stellt noch keine Vertragsannahme dar."

III. Vertragstextspeicherung

Nach § 312i Abs. 1 Nr. 2 i.V.m. Art. 246c Nr. 2 EGBGB muss der Unternehmer darüber informieren, ob der Vertragstext nach dem Vertragsschluss vom Unternehmer gespei-

71

---

86 OLG Frankfurt a.M., Beschl. v. 29.8.2012 – 6 W 84/12 – MMR 2012, 809 = CR 2013, 48.
87 LG Leipzig, Urt. v. 4.2.2010 – 08 O 1799/09 – MMR 2010, 751 m. Anm. *Wiese* = VuR 2011, 157 (red. Bearb. *Stillner*).
88 LG Hamburg, Urt. v. 10.4.2013 – 315 O 422/12 – n.v.
89 So noch: LG Hamburg, Beschl. v. 29.10.2012 – 315 O 422/12 – MMR 2013, 506.
90 LG Hamburg, Urt. v. 12.5.2009 – 312 O 74/09 – MD 2010, 127 = JurPC Web-Dok. 248/2009 = MIR 2009, Dok. 236 = MMR 2010, 32 = GRUR-RR 2010, 258 = NJOZ 2010, 932.

chert wird und ob er dem Kunden zugänglich ist. Eine fernabsatzrechtliche Pflicht, den Vertragstext zu speichern und/oder zugänglich zu machen, gibt es nicht.[91] Kann der Kunde seine vergangenen Bestellungen in einem Kundenlogin im Shop noch aufrufen, werden dort häufig nur die Waren und Preise gespeichert. Zum Vertragstext gehören allerdings auch immer die zum Zeitpunkt der Bestellung gültigen AGB. Bei zur Verfügungstellung einer solchen Funktion wäre es also fehlerhaft, darüber zu informieren, dass der Vertragstext auch nach der Bestellung noch zugänglich sei.

Beispiel
„Wir speichern den Vertragstext und senden Ihnen alle Bestelldaten und die AGB auch in der Bestellbestätigungsmail mit. Bitte speichern Sie diese ab, da der Vertragstext nach Abgabe der Bestellung für Sie nicht mehr über unser System zugänglich ist."

IV. Vertragssprache

72 Über die für den Vertragsschluss zur Verfügung stehenden Vertragssprachen ist der Kunde gem. Art. 246c Nr. 4 EGBGB zu informieren. Dabei ist es nicht ausreichend, wenn im Shop lediglich jeweils ein Button mit der deutschen und englischen Flagge zu finden ist, durch deren Anklicken die Sprache im Shop umgestellt wird. Dadurch wird nicht ausreichend deutlich, ob nur die Werbung im Shop oder aber auch der Vertrag einschließlich der AGB, Bestellbestätigung und anderer wichtiger Informationen ebenfalls in der durch das Anklicken eingestellten Sprache erfolgen.[92] Es muss also – sofern derartige **Länderflaggen** verwendet werden – noch zusätzlich in einem Informationstext über die zur Verfügung stehenden Vertragssprachen informiert werden. Eine Pflicht, mehrere Vertragssprachen anzubieten, besteht allerdings nicht. Sofern Verträge nur in einer Sprache geschlossen werden können, besteht nach überwiegender Meinung keine Pflicht, über die Vertragssprachen noch einmal separat aufzuklären.[93]

V. Verhaltenskodizes

73 Schließlich muss der Unternehmer gem. Art. 246c Nr. 5 EGBGB darüber informieren, welchen einschlägigen Verhaltenskodizes er sich unterworfen hat. Außerdem muss er die Möglichkeit des elektronischen Zugangs zu diesen schaffen. Einschlägig im Sinne dieser Norm sind Verhaltenskodizes aber nur dann, wenn sie einen Bezug zu dem angestrebten Vertrag mit dem Kunden haben. Dies ist der Fall, wenn der Kunde

---

91 Hoeren/Sieber/Holznagel/*Föhlisch*, Teil 13.4, Rn 172.
92 OLG Hamm, Urt. v. 26.5.2011 – I-4 U 35/11 – MMR 2011, 586.
93 Hoeren/Sieber/Holznagel/*Föhlisch*, Teil 13.4, Rn 114 m.w.N.

ein Interesse an der Einhaltung hat.[94] Das umfasst beispielsweise Verhaltenskodizes zur Einhaltung besonders strenger – über das Gesetz hinausgehender – verbraucherschützender Regelwerke. Mit Erfüllung dieser Pflicht ist gleichzeitig die fernabsatzrechtliche Informationspflicht über bestehende Verhaltenskodizes nach Art. 246a § 1 Abs. 1 Nr. 10 EGBGB erfüllt.

VI. Bestätigung des Bestelleingangs

Der Unternehmer hat den Eingang der Bestellung des Kunden gem. § 312i Abs. 1 Nr. 3 BGB unverzüglich auf elektronischem Wege zu bestätigen. Inhaltlich hat es hier keine Änderungen zur bisherigen Rechtslage gegeben. Gemeint ist hier die **Bestellbestätigungsmail**, mit der dem Kunden lediglich erklärt wird, dass die Bestellung beim Unternehmer eingegangen ist. Diese kann – muss aber nicht – auch gleichzeitig die Annahmeerklärung des Unternehmers enthalten.[95]

74

VII. Speicherbarkeit der Vertragsbestimmungen

Laut § 312i Abs. 1 Nr. 4 BGB muss der Unternehmer dem Kunden die Möglichkeit verschaffen, die Vertragsbestimmungen einschließlich der AGB abzurufen und zu speichern. Zu den Vertragsbestimmungen zählen hierbei die Vereinbarungen über Leistung und Gegenleistung sowie Nebenabreden.[96] Dazu gehören beispielsweise das ausgewählte Transportunternehmen und die gewählte Zahlungsart.

75

VIII. Lieferbeschränkungen und Zahlungsmittel

In § 312j Abs. 1 BGB wird eine neue Pflicht für Verträge im elektronischen Geschäftsverkehr eingefügt, die allerdings nur gegenüber Verbrauchern erfüllt werden muss. Danach hat der Unternehmer spätestens bei Beginn des Bestellvorgangs klar und deutlich anzugeben, ob **Lieferbeschränkungen** bestehen und welche **Zahlungsmittel** akzeptiert werden. Es genügt die abstrakte Angabe, welche Zahlungsmittel grundsätzlich angeboten werden, auch wenn z.B. wegen mangelnder Kreditwürdigkeit die Zahlungsart „auf Rechnung" bei einem bestimmten Kunden nicht angeboten wird.[97] Diese Angabe kann im Warenkorb erfolgen, da hier die zeitliche Vorgabe „**spätes-**

76

---

[94] MüKo-BGB/*Wendehorst*, § 312g Rn 90.
[95] MüKo-BGB/*Wendehorst*, § 312g Rn 95.
[96] MüKo-BGB/*Wendehorst*, § 312g Rn 100.
[97] BT-Drucks. 17/12637, S. 58, re. Sp.

tens bei Beginn des Bestellvorgangs" eingehalten wird.⁹⁸ Lieferbeschränkungen ergeben sich in der Regel bereits auch aus der Versandkostenübersicht.

 Beispiel
„Wir liefern nur innerhalb der EU.
Sie können in unserem Online-Shop per Vorkasse, Nachnahme und Kreditkarte zahlen."

IX. Button-Lösung

77 Mit dem „Gesetz zur Änderung des Bürgerlichen Gesetzbuches zum besseren Schutz der Verbraucherinnen und Verbraucher vor Kostenfallen im elektronischen Geschäftsverkehr und zur Änderung des Wohnungseigentumsgesetzes"⁹⁹ sind Unternehmer seit 1.8.2012 dazu verpflichtet, bestimmte Informationen auf der letzten Bestellseite in hervorgehobener Weise unmittelbar vor dem Bestellbutton noch einmal klar und deutlich darzustellen. Außerdem macht dieses Gesetz klare Vorgaben an die Beschriftung des Buttons.

1. Gestaltung und Platzierung der Informationspflichten

78 Nach § 312j Abs. 2 BGB i.V.m. Art. 246a § 1 Abs. 1 Nr. 1, 4, 5, 11 und 12 EGBGB sind dem Verbraucher im elektronischen Geschäftsverkehr Informationen über die wesentlichen Merkmale der Ware oder Dienstleistung, der Gesamtpreis und alle Versandkosten sowie bei Dauerschuldverhältnissen die Laufzeit des Vertrags einschließlich Kündigungsbedingungen und auch ggf. die Mindestdauer der Verpflichtung klar und verständlich in hervorgehobener Weise unmittelbar, bevor der Verbraucher seine Bestellung abgibt, zur Verfügung zu stellen. Inhaltlich sind die Informationspflichten oben beschrieben.¹⁰⁰ Es wird vertreten, dass die Informationen über die wesentlichen Merkmale der Waren oder Dienstleistungen auf der Bestellseite in reduzierter Form dargestellt werden können.¹⁰¹ Dies ist sachgerecht. Der Verbraucher erhält die ausführlichen Informationen auf der Produktdetailseite.

79 Besondere Bedeutung kommt den formalen Anforderungen an die Informationspflichten zu. Die Informationen dürfen nicht mit anderen Informationen vermischt werden und müssen sich von den übrigen Angaben auf der Website abgrenzen.¹⁰² Außerdem dürfen sich innerhalb dieser Informationen keine anderweitigen Ele-

---

98 BGH, Urt. v. 16.7.2009 – I ZR 50/07 – MD 2010, 267 = MIR 2010, Dok. 017 = JurPC Web-Dok. 41/2010 = GRUR 2010, 248 = K&R 2010, 189 = MMR 2010, 237 = NJW-RR 2010, 915.
99 BGBl. I 2013 S. 3642.
100 Vgl. Rn 6 ff.
101 *Buchmann*, K&R 2012, 549, 550; Hoeren/Sieber/Holznagel/*Föhlisch*, Teil 13.4, Rn 171a.
102 *Roth*, VuR 2012, 477, 480.

mente befinden. Die Informationen müssen sprachlich so klar gefasst sein, dass sie ein **Durchschnittsverbraucher** ohne Weiteres verstehen kann.[103] Darüber hinaus müssen die genannten Pflichtinformationen in hervorgehobener Weise dargestellt sein. Mit diesem Merkmal wird noch einmal betont, dass sich die Informationen von den übrigen Angaben der Website absetzen müssen. Allerdings wird damit auch klargestellt, dass diese Absetzung sehr deutlich erfolgen muss.[104] Hierfür können die zu erteilenden Informationen mittels farbiger Hinterlegung oder Umrandung vom sonstigen Inhalt der Website abgegrenzt werden. Wichtig dabei ist, dass keine Farben oder Gestaltungsmittel verwendet werden, mit denen bereits andere Elemente gekennzeichnet werden.[105] So wäre z.B. eine rote Hinterlegung nicht ausreichend, wenn die Website grundsätzlich in Rottönen gestaltet ist. Eine Farbe, die sich davon deutlich hervorheben würde, wäre z.B. gelb.

Die Informationspflichten müssen dem Verbraucher unmittelbar, bevor er seine Bestellung abgibt, erteilt werden – in einem Online-Shop also unmittelbar vor dem Bestell-Button. **Die Unmittelbarkeit** ist sowohl zeitlich wie auch räumlich zu verstehen.[106] Damit steht zunächst fest, dass Informationen, die unterhalb des Bestellbuttons stehen, diese Voraussetzung nicht erfüllen.[107] Außerdem dürfen sich zwischen den Pflichtinformationen keine trennenden Elemente befinden. Solche trennenden Elemente sind auch die Hinweise auf die geltenden AGB, die Widerrufsbelehrung oder Hinweise zur gewählten Zahlungsart oder Liefer- und Rechnungsadresse.[108] Diese Hinweise sollten am besten oberhalb der hervorgehobenen Pflichtinformationen aufgeführt werden.[109] In zeitlicher Hinsicht bedeutet die Unmittelbarkeit, dass die Informationen auf derselben Seite zur Verfügung gestellt werden wie der **Bestell-Button**. Informationen, die auf vorhergehenden Seiten im Laufe des Bestellprozesses genannt sind, erfüllen diese Verpflichtung nicht.[110]

80

2. Die Button-Beschriftung

In § 312j Abs. 3 BGB hat der Gesetzgeber strenge Vorgaben zur Beschriftung des Bestell-Buttons gemacht. Hintergrund für diese gesetzliche Regelung waren sog. **Abofallen**. Dabei wurden Verbraucher durch unklare Beschriftungen wie „Anmelden" darüber

81

---

103 *Roth*, VuR 2012, 477, 481.
104 *Roth*, VuR 2012, 477, 481.
105 BT-Drucks. 17/7745, S. 11, li. Sp.
106 BT-Drucks. 17/7745, S. 10, re. Sp.
107 LG Berlin, Urt. v. 17.7.2013 – 97 O 5/13 –; *Rätze*, VuR 2013, 474, 475.
108 *Buchmann*, K&R 2012, 549, 550.
109 Weitere Erläuterungen inklusive einer Musterbestellseite bei *Rätze*: http://www.shopbetreiber-blog.de/wp-content/uploads/sites/2/2012/06/120612_Muster-Bestellseite.pdf.
110 BT-Drucks. 17/7745, S. 10, re. Sp.; LG Berlin, Urt. v. 17.7.2013 – 97 O 5/13 – VuR 2013, 474 (red. Bearb. *Rätze*).

getäuscht, dass das Absenden eines Formulars tatsächlich eine Entgeltpflicht auslöst.[111] § 312j Abs. 3 BGB findet aber nicht nur auf sog. Abofallen Anwendung, sondern auf nahezu alle Verträge im elektronischen Geschäftsverkehr zwischen einem Verbraucher und einem Unternehmer, der eine entgeltliche Leistung des Unternehmers zum Gegenstand hat.[112]

82 Die **Beschriftung des Bestellbuttons** muss so gewählt sein, dass der Verbraucher mit seiner Bestellung eindeutig und unmissverständlich darüber informiert wird, dass er mit seiner Bestellung zu einer Zahlung verpflichtet wird.[113] Diese Voraussetzung ist erfüllt, wenn der Button mit nichts anderem als den Worten „**zahlungspflichtig bestellen**" oder einer entsprechend eindeutigen Formulierung beschriftet ist, § 312j Abs. 3 S. 2 BGB. Wird statt der genau vorgegebenen Formulierung eine entsprechend eindeutige verwendet, muss diese den Worten „zahlungspflichtig bestellen" mindestens ebenbürtig zu sein.[114] Nicht ausreichend sind Beschriftungen wie z.B. „Bestellen", „Bestellung abgeben" oder „weiter". Zulässig nach der Gesetzesbegründung sollen dagegen die Worte „kaufen", „kostenpflichtig bestellen", „zahlungspflichtigen Vertrag schließen" sein.[115] Auch wenn eine dieser noch zulässigen Formulierungen gewählt wird, dürfen **keine weiteren Zusätze** auf dem Button stehen, da längere Texte von vornherein unzulässig sind, da sie die **Eindeutigkeit** beeinträchtigen.[116] Bietet der Unternehmer ein Dauerschuldverhältnis an, bei dem eine erste Periode noch kostenlos ist, diese aber ohne weiteres Zutun des Verbrauchers in eine kostenpflichtige Periode übergeht, so muss der Bestell-Button ebenfalls auf die Zahlungspflicht des Verbrauchers eindeutig hinweisen.[117] Entspricht die Button-Beschriftung nicht den gesetzlichen Vorgaben, kommt gem. § 312j Abs. 4 BGB ein Vertrag nicht zustande.

---

[111] BT-Drucks. 17/7745, S. 1.
[112] LG Berlin, Urt. v. 17.7.2013 – 97 O 5/13 – VuR 2013, 474 (red. Bearb. *Rätze*).
[113] BT-Drucks. 17/7745, S. 11, re. Sp.
[114] BT-Drucks. 17/7745, S. 12, li. Sp.
[115] BT-Drucks. 17/7745, S. 12, li. Sp.
[116] LG Berlin, Urt. v. 17.7.2013 – 97 O 5/13 – VuR 2013, 474 (red. Bearb. *Rätze*); Staudinger/*Thüsing*, § 312g Rn 68.
[117] LG München I, Beschl. v. 11.6.2013 – 33 O 12678/13 – VuR 2013, 393 = JurPC Web-Dok. 165/2013.

Kapitel 6
Wettbewerbsrecht – rechtssichere Online-Werbung

Das **Wettbewerbsrecht** stellt eine juristische Spezialmaterie dar. Diese hat in den letzten Jahren mitunter große Auswirkungen auf den geschäftlichen Alltag von Online-Shops gehabt. Meldungen von „Abmahnwellen", die durch die E-Commerce-Gemeinde geschwappt sind, und immer wieder neue Umsetzungsfristen für gesetzliche Neuerungen haben dazu geführt, dass es für einen Online-Händler heutzutage unumgänglich geworden ist, sich neben den betriebswirtschaftlichen auch mit den juristischen Feinheiten eines Handelns im Netz vertraut zu machen. Soweit von „Rechtsverstößen", „Abmahnungen" oder „Unterlassungserklärungen" im Zusammenhang mit Online-Shops die Rede ist, liegt der Ursprung in den meisten Fällen im Wettbewerbsrecht. Vor diesem Hintergrund soll die nachfolgende Darstellung sowohl einen allgemeinen Überblick über die Grundlagen und Systematik des Wettbewerbsrechts geben, als auch hieran anschließend konkrete und häufig wiederkehrende wettbewerbsrechtliche Verstöße aus der Welt des E-Commerce nähergehend beleuchtet werden.

A. Einführung in das Lauterkeitsrecht

Der Sinn und Zweck des auch als **Lauterkeitsrecht** bezeichneten Wettbewerbsrechts wird in § 1 des Gesetzes gegen den unlauteren Wettbewerb (**UWG**) dahingehend definiert, dass es dem Schutz der **Mitbewerber**, der Verbraucherinnen und **Verbraucher** sowie der sonstigen **Marktteilnehmer** vor unlauteren **geschäftlichen Handlungen** dienen soll. Zugleich sollen jedoch auch die Interessen der Allgemeinheit an einem unverfälschten Wettbewerb gewahrt werden. Das Wettbewerbsrecht bestimmt also die Spielregeln, nach denen am Markt gewirtschaftet und nach eigenen Vorteilen gestrebt werden soll. Wird gegen diese Regeln verstoßen, ist es in erster Linie den hierdurch beeinträchtigten Mitbewerbern überlassen, dies mit **Abmahnungen**, im Wege des **einstweiligen Rechtsschutzes** oder auf dem **Klageweg** zu rügen und zu verfolgen.

Jedoch hat wohl längst nicht jede Beanstandung eines **Wettbewerbsverstoßes** allein die Lauterkeit des Wettbewerbs vor Augen. Vielmehr dient die Verfolgung diesbezüglicher Ansprüche häufig zumindest auch unternehmenstaktischen Interessen. So haben insbesondere wohl die leichte Aufspürbarkeit von Verstößen im Internet und die im Zusammenhang mit dem Angebot von Waren und Dienstleistungen im **Fernabsatz** einzuhaltenden **Informationspflichten** in den letzten Jahren dazu geführt, dass wettbewerbsrechtliche Abmahnungen inzwischen zum Geschäftsalltag gehören. Viele gute Geschäftsideen von in rechtlichen Dingen häufig unerfahrenen Start-Ups sowie kleineren Shop-Betreibern mögen so bereits im Keim vom jeweiligen

„Platzhirsch" erstickt worden sein. Gleichwohl bestehen selbst für den Fall, dass eine **Abmahnung** rechtmäßig erfolgt, verschiedene rechtliche **Reaktionsmöglichkeiten**.

4   Im Folgenden wird zunächst ein Überblick über die **Systematik** und die **allgemeinen Grundlagen** des Wettbewerbsrechts gegeben. Hieran anschließend sollen einige typische wettbewerbsrechtliche Problemkreise aus der E-Commerce-Praxis beleuchtet werden. Ausführungen und Erläuterungen zu den Rechtsfolgen von Verstößen sowie die Durchsetzung bzw. Abwehr **wettbewerbsrechtlicher Ansprüche** finden sich in Kap. 11.

I. Grundlagen

5   In der Folge soll zum Verständnis des lauterkeitsrechtlichen Systems zunächst eine Übersicht über die **Grundlagen** dieses Rechtsgebiets gegeben werden, das als Spezialmaterie auch vielen Juristen eher unbekannt ist.

1. Rechtssubjekte

6   Das Wettbewerbsrecht ist in seiner Anwendbarkeit auf einen engen Kreis von **Rechtssubjekten** beschränkt. Zwar dienen die Vorschriften des Wettbewerbsrechts nicht nur als „Spielregeln" der am Markt selbst agierenden Unternehmen und Personen, sondern sind darüber hinaus insbesondere auch dazu bestimmt, die Interessen der Allgemeinheit an einem fairen und gesunden Wettbewerb zu wahren. Gleichwohl sind Privatpersonen weder **aktiv-**, noch **passivlegitimiert**, können also weder wettbewerbsrechtliche Ansprüche geltend machen, noch solchen ausgesetzt sein.

a) Mitbewerber und Wettbewerbsverhältnis

7   Laut der Legaldefinition in § 2 Abs. 1 Nr. 3 UWG ist **Mitbewerber** *„jeder Unternehmer, der mit einem oder mehreren Unternehmern als Anbieter oder Nachfrager von Waren oder Dienstleistungen in einem konkreten Wettbewerbsverhältnis steht"*. Es kommt daher entscheidend auf das Vorliegen eines **„konkreten Wettbewerbsverhältnisses"** an. Ein solches ist nach der Rechtsprechung gegeben, wenn zwei Unternehmen versuchen, *„gleichartige Waren oder Dienstleistungen innerhalb desselben Abnehmerkreises abzusetzen mit der Folge, dass das konkret beanstandete Wettbewerbsverhalten des einen Wettbewerbers den anderen beeinträchtigen, das heißt im Absatz behindern oder stören kann"* **(Substitutionswettbewerb)**.[1] Die angebotenen Waren müssen aus

---

[1] St. Rspr., vgl. BGH, Urt. v. 3.5.2007 – I ZR 19/05 – GRUR 2007, 978 „Rechtsberatung durch Haftpflichtversicherer"; BGH, Urt. v. 13.7.2006 – I ZR 241/03 – GRUR 2006, 1042 „Kontaktanzeigen"; BGH, Urt. v. 6.12.2001 – I ZR 214/99 – NJW 2002, 2880 „WISO"; BGH, Urt. v. 21.2.2002 – I ZR 281/99 – NJW 2002, 2642 „Vanity-Nummer".

Sicht der angesprochenen Verkehrskreise austauschbar sein, etwa wenn sich Konkurrenzangebote gegenüberstehen und für den Werbeadressaten Kaufalternativen darstellen. Verneint wurde ein konkretes Wettbewerbsverhältnis daher zwischen einem Anbieter von Damen- und Kinderbekleidung und einem Anbieter von Herrenunterwäsche und Herrenbademode.[2] Darüber hinaus besteht ein konkretes Wettbewerbsverhältnis auch, wenn ein Unternehmer einen anderen mit einer konkreten geschäftlichen Handlung im Absatz behindert, ohne dabei auf demselben relevanten Markt tätig zu sein (**Behinderungswettbewerb**).[3]

Das Vorliegen eines konkreten Wettbewerbsverhältnisses zwischen zwei Unternehmen kann grundsätzlich nicht abstrakt beurteilt werden. Vielmehr ist auf die jeweilige konkrete geschäftliche Handlung abzustellen.[4] Dabei sind im Interesse eines wirksamen **lauterkeitsrechtlichen Individualschutzes** an das Bestehen eines konkreten Wettbewerbsverhältnisses keine hohen Anforderungen zu stellen.[5] Insbesondere ist **keine Branchengleichheit** der beteiligten Unternehmen erforderlich, es genügt, wenn die Parteien nur durch die beanstandete Handlung in Wettbewerb getreten sind. So tritt z.B. ein Kaffeehersteller, der damit wirbt, seinen Kaffee könne man „getrost statt Blumen verschenken" in Wettbewerb mit Blumenhändlern.[6] Weitere Beispiele: Zwischen einem werbefinanzierten TV-Sender und einem Unternehmen, das Werbeblocker produziert und vertreibt, besteht ein konkretes Wettbewerbsverhältnis, da eine geringere Zahl an Werbezuschauern die Attraktivität der Werbesendeplätze mindert und daher deren Absatz behindern kann.[7] Ebenso sind ein Fernsehsender und ein Anbieter eines Internet-Videorecorders zur Aufzeichnung von Fernsehsendungen Mitbewerber.[8]

8

Die beteiligten Unternehmen können auch auf **unterschiedlichen Wirtschaftsstufen** tätig sein (Hersteller, Großhändler oder Handwerker). Maßgeblich ist, dass sie sich zumindest mittelbar an den **gleichen Abnehmerkreis** wenden.[9] Auch **potenzielle Mitbewerber**, die ihren Geschäftsbetrieb noch nicht aufgenommen haben, sind von der Definition umfasst. Es muss allerdings die konkrete Wahrscheinlichkeit eines Marktzutritts bestehen,[10] etwa wenn bereits konkrete Vorbereitungen getroffen wurden.[11] Ein konkretes Wettbewerbsverhältnis kann schließlich auch im **Nachfrage-**

9

---

2 OLG Braunschweig, Urt. v. 27.1.2010 – 2 U 225/09 – MMR 2010, 252.
3 *Köhler/Bornkamm*, § 2 Rn 102.
4 OLG Düsseldorf, Urt. v. 8.2.2011 – I-20 U 116/10 – GRUR-RR 2011, 474 „wissenschaftlicher Ghostwriter".
5 BGH, Urt. v. 29.11.1984 – I ZR 158/82 – BGHZ 93, 96 „DIMPLE".
6 BGH, Urt. v. 12.1.1972 – I ZR 60/70 – GRUR 1972, 553 „Statt Blumen Onko-Kaffee".
7 BGH, Urt. v. 24.6.2004 – I ZR 26/02 – NJW 2004, 3032 „Werbeblocker".
8 BGH, Urt. v. 22.4.2009 – I ZR 216/06 – NJW 2009, 3511 „Internet-Videorecorder".
9 KG Berlin, Urt. v. 30.3.2009 – 24 U 145/08 – GRUR-RR 2010, 22.
10 OLG Braunschweig, Urt. v. 27.1.2010 – 2 U 225/09 – MMR 2010, 252.
11 KG Berlin, Urt. v. 30.6.2006 – 5 U 127/05 – GRUR 2007, 254.

wettbewerb bestehen, wenn z.B. zwei Unternehmen bei denselben Anbietern Interesse an gleichartigen Waren oder Dienstleistungen haben, wie z.B. Domainnamen.[12]

> **Praxistipp**
> Gerade bei Online-Angeboten, die lediglich nebenberuflich betrieben werden, stellt die Frage nach der **Mitbewerbereigenschaft** häufig bereits den Kern eines Rechtsstreits dar. So kommt es beispielsweise nicht selten zur Abmahnung von offiziell privaten eBay-Angeboten, die nach Ansicht eines Konkurrenten aufgrund des Umfangs des Warenangebots, der Anzahl der Verkäufe und/oder sonstiger Umstände nicht mehr dem bloß privaten Bereich zuzurechnen sind. Ab wann ein Angebot als geschäftlich anzusehen ist, ist gesetzlich nicht klar definiert. Entsprechend findet sich zu dieser Frage eine umfassende Rechtsprechung, die Anhaltspunkte hierzu vorgibt, wenngleich die Übergänge zwischen privatem und geschäftlichem Handeln stets fließend sind und aufgrund der speziellen Umstände des Einzelfalls betrachtet werden müssen.
> Beim Vorliegen folgender Kriterien wurde in der Vergangenheit von den Gerichten ein geschäftliches Handeln angenommen:
> - 39 Geschäfte über eBay innerhalb eines Zeitraums von ca. fünf Monaten;[13]
> - über 50 eBay-Auktionen in einem Monat, eigene AGB und Powerseller-Status;[14]
> - 91 Artikel aus wenigen unterschiedlichen Produktbereichen in zwei Monaten, zum Teil für Dritte;[15]
>
> Weitere Kriterien für ein geschäftliches Handeln sind:
> - das Kaufen von Artikeln in der Absicht, sie wieder zu verkaufen;
> - der regelmäßige Verkauf großer Artikelmengen;
> - der Verkauf gleichartiger Waren (vor allem Neuware) über einen längeren Zeitraum;
> - der häufige Verkauf von Artikeln, die nicht für den eigenen Gebrauch erworben wurden;
> - Unterhalten eines eBay-Shops sowie Powerseller-Status; Tätigkeit als eBay-Verkaufsagent;
> - hohe Zahl von Bewertungen in Relation zum Zeitraum.

b) Verbraucher
aa) Verbraucherbegriff

10 Verbraucher gehören zu den **Schutzsubjekten** des Lauterkeitsrechts und werden dabei als schutzbedürftiger als sonstige Marktteilnehmer betrachtet.[16] Geschützt ist insbesondere ihre **Entscheidungsfreiheit** vor unangemessener, unlauterer Beeinflussung durch Unternehmer.[17] Der **Verbraucherbegriff** wird in § 13 BGB definiert, auf den auch § 2 Abs. 2 UWG verweist. Demnach ist Verbraucher „*jede natürliche Person, die ein Rechtsgeschäft zu einem Zwecke abschließt, der weder ihrer gewerblichen noch ihrer selbstständigen beruflichen Tätigkeit zugerechnet werden kann.*" Da es im Wettbewerbsrecht aber häufig nicht um bereits abgeschlossene Rechtsgeschäfte, sondern

---

12 BGH, Urt. v. 19.2.2009 – I ZR 135/06 – GRUR 2009, 685.
13 LG Berlin, Urt. v. 9.11.2001 – 103 O 149/01 –.
14 OLG Frankfurt a.M., Urt. v. 27.7.2004 – 6 W 54/04 –.
15 BGH, Urt. v. 4.12.2008 – I ZR 3/06 – „Ohrclips".
16 *Köhler/Bornkamm*, § 2 Rn 133.
17 *Piper/Ohly/Sosnitza*, § 2 Rn 93.

vielmehr um deren Anbahnung und Durchführung geht, ist der Verbraucherbegriff entsprechend dem Schutzzweck des Lauterkeitsrechts auszudehnen. Demnach ist Verbraucher jede natürliche Person, die zu privaten Zwecken handelt.[18]

Nur **natürliche Personen** können Verbraucher sein, nicht juristische Personen. Es kommt jedoch nicht auf die sonstige Tätigkeit der Person an, sondern rein auf den Zweck des Handelns im konkreten Fall. So ist auch ein Unternehmer Verbraucher, wenn er Geschäfte zur privaten Bedarfsdeckung tätigt.

11

bb) Verbraucherleitbild

Von wesentlicher Bedeutung für das Wettbewerbsrecht ist das für die Schutzhöhe des Verbraucherschutzes maßgebliche **Verbraucherleitbild**. Dieses beschreibt, wie schutzbedürftig Verbraucher grundsätzlich anzusehen sind. Anhand dieser Maßstäbe kann beurteilt werden, welchen Eindruck eine **verbraucherbezogene Handlung** beim Empfängerkreis macht.

12

Das durch die Rechtsprechung geprägte Verbraucherleitbild hat sich in der Vergangenheit stark verändert. Der BGH ging im Wettbewerbsrecht lange Zeit von einem **„flüchtigen"** und **„unkritischen" Verbraucher** aus, der leicht in die Irre zu führen war.[19] Der EuGH stellte seit den 1990er-Jahren dagegen auf das Leitbild eines *„durchschnittlich informierten, aufmerksamen und verständigen* Durchschnittsverbrauchers" ab.[20] Daran knüpfte der BGH im Folgenden an und vertritt nunmehr das Leitbild eines *„situationsadäquat durchschnittlich aufmerksamen, informierten und verständigen"* Verbrauchers.[21]

13

Dies bedeutet aber auch, dass der **Grad an Aufmerksamkeit**, von dem ausgegangen wird, situationsabhängig ist. Je nachdem, um welche Art Produkt es in der Werbung geht, ist der Mensch unterschiedlich aufmerksam. Bei hochwertigen Waren wird der Verbraucher den Werbeaussagen bei Interesse mehr Aufmerksamkeit schenken und sie vor einer **Kaufentscheidung** sorgfältiger prüfen als bei geringwertigen Gütern des täglichen Bedarfs.[22] Entsprechend sind dort höhere Anforderungen für eine **Irreführung** anzunehmen als bei Letzteren.

14

Ebenfalls ist danach zu unterscheiden, welche **Zielgruppe** mit der Wettbewerbsmaßnahme erreicht werden soll. Bei Werbung, die sich an ein Fachpublikum richtet,

15

---

[18] *Piper/Ohly/Sosnitza*, § 2 Rn 85 f.
[19] Vgl. BGH, Urt. v. 23.1.1959 – I ZR 14/58 – GRUR 1959, 365 „Englisch-Lavendel"; BGH, Urt. v. 29.4.1982 – I ZR 111/80 – GRUR 1982, 564 „Elsässer Nudeln".
[20] EuGH, Urt. v. 16.7.1998 – C-210/96 – NJW 1998, 3183 „Gut Springenheide"; EuGH, Urt. v. 25.10.2001 – C-112/99 – NJW 2002, 425; EuGH, Urt. v. 8.4.2003 – C-44/01 – GRUR 2003, 533.
[21] BGH, Urt. v. 24.10.2002 – I ZR 100/00 – GRUR 2003, 361 „Sparvorwahl"; BGH, Urt. v. 18.10.2001 – I ZR 193/99 – NJW 2002, 1718 „Elternbriefe".
[22] Vgl. BGH, Urt. v. 17.3.2011 – I ZR 170/08 – GRUR 2011, 1050 „Ford-Vertragspartner"; BGH, Urt. v. 20.10.1999 – I ZR 167/97 – GRUR 2000, 619 „Orient-Teppichmuster".

ist auf einen anderen Durchschnittsverbraucher abzustellen, als wenn die breite Öffentlichkeit adressiert ist.[23] Besonders hohe Anforderungen gelten bei **Kindern und Jugendlichen**, sofern sich die Werbung gezielt an diese richtet.[24] Die oben genannten Grundsätze gelten indessen nicht nur für den klassischen Verbraucher, sondern auch, wenn sich die Wettbewerbsmaßnahme an einen Unternehmer richtet. Auch hier ist auf einen durchschnittlichen Adressaten abzustellen.[25] Der EuGH spricht insofern von einer *„durchschnittlich informierten, aufmerksamen und verständigen Person".*[26]

c) Sonstige Marktteilnehmer

16 Nach der Definition in § 2 Abs. 1 Nr. 2 UWG sind **Marktteilnehmer** *„neben Mitbewerbern und Verbrauchern alle Personen, die als Anbieter oder Nachfrager von Waren oder Dienstleistungen tätig sind".* Dazu gehören vor allem **Unternehmer**, die im konkreten Fall nicht Mitbewerber sind, aber z.B. auch juristische Personen, Verbände und Arbeitnehmer. Auch diese sollen vor unlauteren Wettbewerbshandlungen geschützt werden.

d) Wettbewerbsverbände

17 Eine Sonderstellung nehmen sog. **qualifizierte Einrichtungen** (§ 8 Abs. 3 Nr. 3 UWG) sowie **Wettbewerbsverbände** (§ 8 Abs. 3 Nr. 2 UWG) ein, zu deren bekanntesten Vertreterin die Zentrale zur Bekämpfung unlauteren Wettbewerbs e.V. gehört. Diese sind per Gesetz **verbandsklagebefugt**, d.h. sie können im eigenen Namen Wettbewerbsverstöße verfolgen. Dies geschieht vor dem Hintergrund, dass es nicht nur den Marktteilnehmern selbst überlassen bleiben soll, die Interessen der Allgemeinheit an einem lauteren Wettbewerb wahrzunehmen und zu schützen.

! Praxistipp
Bei Zweifeln an der erforderlichen **Aktivlegitimierung** einer Einrichtung oder auch eines Verbands empfiehlt sich eine Einsichtnahme in die gem. § 4 UKlaG zu führende **Liste qualifizierter Einrichtungen** i.S.d. UWG, in die jedoch auch zahlreiche Verbände eingetragen sind, unter www.bva2.bund.de.

---

2. Geschäftliche Handlung

18 Die **geschäftliche Handlung** ist der zentrale Begriff des Lauterkeitsrechts. In § 2 Abs. 1 Nr. UWG ist die geschäftliche Handlung wie folgt legaldefiniert:

---

23 Vgl. auch § 3 Abs. 2 S. 2 UWG.
24 BGH, Urt. v. 6.4.2006 – I ZR 125/03 – NJW 2006, 2479 „Werbung für Klingeltöne".
25 *Köhler/Bornkamm*, § 5 Rn 1.59a.
26 EuGH, Urt. v. 25.10.2001 – C-112/99 – GRUR 2002, 354, bei einer Werbung, die sich an einen Fachhändler richtete.

"Im Sinne dieses Gesetzes bedeutet (...) ‚geschäftliche Handlung' jedes Verhalten einer Person zugunsten des eigenen oder eines fremden Unternehmens vor, bei oder nach einem Geschäftsabschluss, das mit der Förderung des Absatzes oder des Bezugs von Waren oder Dienstleistungen oder mit dem Abschluss oder der Durchführung eines Vertrags über Waren oder Dienstleistungen objektiv zusammenhängt; als Waren gelten auch Grundstücke, als Dienstleistungen auch Rechte und Verpflichtungen."

Voraussetzung ist zunächst also das Verhalten einer Person. Darunter fällt **aktives Tun** ebenso wie ein **Unterlassen**. Letzteres ist aber nur umfasst, wenn eine Erfolgsabwendungspflicht besteht, die sich aus Gesetz, Vertrag oder vorangegangenem gefährdenden Verhalten ergeben kann.[27] Die handelnde Person kann sowohl eine natürliche als auch eine juristische Person sein. Auch Personengesellschaften und die öffentliche Hand sind umfasst.

Die Handlung muss des Weiteren zugunsten des eigenen oder eines fremden Unternehmens erfolgen, also einen **Unternehmensbezug** haben. Ein Unternehmen wird definiert als eine auf eine gewisse Dauer angelegte, selbstständige wirtschaftliche Betätigung, die darauf gerichtet ist, Waren oder Dienstleistungen gegen Entgelt zu vertreiben.[28] Auf die Rechtsform des Handelnden kommt es dabei nicht an. Auch genügt bereits eine unternehmerische Tätigkeit in sehr geringem Umfang aus. Der Geschäftsbetrieb muss noch nicht aufgenommen worden sein, auch **konkrete Vorbereitungshandlungen** sind erfasst. Wird jedoch zu rein privaten Zwecken gehandelt, so scheidet eine geschäftliche Handlung generell aus, selbst wenn der Handelnde eigentlich Unternehmer ist, aber im konkreten Fall als Privatmann agiert.

Als weitere Voraussetzung muss die Handlung mit der Förderung des Absatzes oder Bezugs von (nicht nur körperlichen) Waren oder Dienstleistungen objektiv zusammenhängen. Insofern wird ein **Marktbezug** verlangt, der vorliegt, wenn die Handlung ihrer Art nach geeignet ist, auf die Marktteilnehmer einzuwirken und damit das **Marktgeschehen** zu beeinflussen.[29] Ein objektiver Zusammenhang zwischen Handlung und Absatzförderung besteht nur, wenn gerade bezweckt ist, den Verbraucher in seiner Entscheidung hinsichtlich eines Produkts zu beeinflussen.[30] Bejaht wird er so etwa bei Imagewerbung und Sponsoring, nicht dagegen, wenn die Handlung vorrangig die Information der Öffentlichkeit bezwecken soll oder künstlerischen oder karitativen Zielen dient.[31] Bei der Beurteilung ist immer auf die

---

[27] BGH, Urt. v. 6.4.2000 – I ZR 67/98 – GRUR 2001, 82 „Neu in Bielefeld I"; *Köhler/Bornkamm*, § 2 Rn 12.
[28] *Köhler/Bornkamm*, § 2 Rn 21; Palandt/*Ellenberger*, § 14 Rn 2; BGH, Urt. v. 29.3.2006 – VIII ZR 173/05 – NJW 2006, 2250.
[29] *Köhler/Bornkamm*, § 2 Rn 35.
[30] *Köhler/Bornkamm*, § 2 Rn 45.
[31] Vgl. Beispiele bei *Köhler/Bornkamm*, § 2 Rn 50 f.

gesamten Umstände des Einzelfalls abzustellen, um zu ermitteln, welches Motiv im Vordergrund steht. Bei Handlungen gegenüber Mitbewerbern ist ein unmittelbarer objektiver Zusammenhang vor allem gegeben, wenn diese gezielt behindert werden.[32]

22 Umfasst sind schließlich alle geschäftlichen Handlungen vor, während und nach dem **Geschäftsabschluss**, also dem Abschluss eines Vertrags über Waren und Dienstleistungen. Somit wird auch das Verhalten gegenüber bereits bestehenden Vertragspartnern geregelt.

3. Erheblichkeitsschwelle

23 Unlautere geschäftliche Handlungen sind nur dann unzulässig, wenn sie auch dazu geeignet sind, die Interessen von Mitbewerbern, Verbrauchern oder sonstigen Marktteilnehmern **spürbar** zu beeinträchtigen, vgl. § 3 Abs. 1 UWG. Durch diese **Bagatellklausel** sollen solche unlauteren Wettbewerbshandlungen ungeahndet bleiben, die ohnehin keine Auswirkungen auf die anderen Marktteilnehmer haben.[33] Dabei kommt es nicht darauf an, dass die Maßnahme den gesamten Markt spürbar beeinträchtigen kann, sondern nur, ob einzelne Marktteilnehmer davon betroffen sind.[34] Eine konkrete spürbare Beeinträchtigung ist nicht erforderlich, die bloße (nicht rein theoretische) Eignung reicht bereits aus. Hieran sind keine hohen Anforderungen zu stellen.

24 Geschützt sind primär die **wirtschaftlichen Interessen** von Mitbewerbern, Verbrauchern und sonstigen Marktteilnehmern. Bei Mitbewerbern handelt es sich dabei vor allem um deren eigene **Marktchancen**. Kann eine geschäftliche Handlung diese auch nur in geringem Ausmaß mindern, so ist sie spürbar.[35] Bei Verbrauchern können mittelbar auch andere Interessen geschützt sein, wie z.B. die Privatsphäre in § 7 UWG. Eine unlautere geschäftliche Handlung gegenüber Verbrauchern ist spürbar, wenn sie zumindest geeignet ist, diese z.B. durch falsche Informationen zu einer geschäftlichen Entscheidung zu bewegen, die sie sonst nicht getroffen hätten.[36]

25 Kriterien zur Beurteilung der **Spürbarkeit** sind z.B. die Intensität des Eingriffs,[37] die Anzahl der beeinträchtigten Marktteilnehmer (wobei ein Fall schon genügen

---

[32] Vgl. § 4 Nr. 10 UWG; BGH, Urt. v. 5.2.2009 – I ZR 119/06 – GRUR 2009, 876 „Änderung der Voreinstellung II".
[33] *Köhler/Bornkamm*, § 3 Rn 114.
[34] *Köhler/Bornkamm*, § 3 Rn 113.
[35] *Köhler/Bornkamm*, § 3 Rn 119.
[36] Vgl. § 3 Abs. 2 S. 1 UWG; BGH, Urt. v. 18.3.2010 – I ZR 16/08 – GRUR 2010, 1110 „Versandkosten bei Froogle II".
[37] Vgl. KG Berlin, Urt. v. 22.2.2012 – 5 U 51/11 – GRUR-Prax 2012, 356.

kann, s.o.) oder die Größe des erzielten Wettbewerbsvorteils,[38] nicht dagegen eine Wiederholungs- oder Nachahmungsgefahr.[39]

II. Rechtsquellen

Das Wettbewerbsrecht besteht nicht aus einer einzigen, umfassenden **Kodifikation**, sondern speist sich aus vielen Gesetzen und Verordnungen. Zudem haben in den letzten Jahren europarechtliche Vorgaben stark an Bedeutung hinzugewonnen. So wird die primäre nationale Rechtsquelle des Wettbewerbsrechts, das Gesetz gegen den unlauteren Wettbewerb **(UWG)** „überlagert" von der EU-Richtlinie über unlautere Geschäftspraktiken **(UGP)** und ist entsprechend richtlinienkonform auszulegen. Darüber hinaus sollen hier einige der wichtigsten **Nebengesetze** erwähnt werden.

26

1. UWG und UGP-RL
a) Entwicklung und Regelungsinhalt

Wichtigste nationale Rechtsquelle des Lauterkeitsrechts ist das Gesetz gegen den unlauteren Wettbewerb **(UWG)**. Sein Ziel ist es, die Lauterkeit des Wettbewerbs vor unlauteren Wettbewerbsmethoden zu schützen.[40] Dabei dient es sowohl dem Schutz der Interessen von Mitbewerbern, Verbrauchern und sonstiger Marktteilnehmer als auch der Institution Wettbewerb an sich, vgl. § 1 UWG.

27

Das UWG war lange Zeit – mit geringfügigen Änderungen – in der Fassung von 1909 gültig.[41] Schon damals war in § 1 UWG a.F. eine Generalklausel enthalten, die solche Handlungen im geschäftlichen Verkehr sanktionierte, die gegen die **guten Sitten** verstießen. Die Auslegung und Konkretisierung dieser **Generalklausel**, die zur zentralen Vorschrift des Lauterkeitsrechts wurde, erfolgte nach und nach durch die Rechtsprechung. So wurden über die Jahre Fallgruppen entwickelt, nach denen ein Verhalten als lauter oder unlauter zu bewerten war. Nachdem das UWG zunächst nur zum Schutz von Mitbewerbern gedacht war, wurde der Schutzzweck im Laufe der 20er und 30er Jahre des letzten Jahrhunderts auch auf die Interessen der Verbraucher und der Allgemeinheit ausgedehnt.[42]

28

Während der folgenden Jahrzehnte wurden regelmäßig kleinere Änderungen am UWG vorgenommen. Eine grundlegende Reform erfolgte jedoch erst im Jahr 2004. Ziel

29

---

38 *Piper/Ohly/Sosnitza*, § 3 Rn 54.
39 *Köhler/Bornkamm*, § 3 Rn 123; *Piper/Ohly/Sosnitza*, § 3 Rn 55.
40 *Köhler/Bornkamm*, Einl. Rn 6.11.
41 Vgl. zur Entwicklung des Lauterkeitsrechts *Köhler/Bornkamm*, Einl. Rn 2.1 ff.
42 Vgl. RG, Urt. v. 24.1.1928 – II 272/27 – RGZ 120, 47, 49; RG, Urt. v. 29.4.1930 – II 355/29 – RGZ 128, 330, 343.

der Reform war eine **europarechtskonforme Modernisierung** und erhebliche Liberalisierung des Wettbewerbsrechts.[43] Das alte UWG stellte sich im internationalen Vergleich als zu strikt dar und sollte den Maßstäben anderer Länder angepasst werden. Unter anderem wurden die Einschränkungen für Sonderverkäufe (z.B. Sommer- und Winterschlussverkauf) gestrichen. Auch wurden die **Verbraucher** nun erstmals explizit in das Gesetz aufgenommen. Dabei wurde insbesondere in § 5 UWG 2004 das vom EuGH entwickelte[44] und vom BGH übernommene[45] geänderte **Verbraucherleitbild** zugrunde gelegt, das von einem durchschnittlich informierten und verständigen Verbraucher ausgeht.[46] Die Generalklausel des § 1 UWG 1909 wurde durch eine neue in § 3 UWG 2004 ersetzt. Nunmehr war nicht mehr von einem Verstoß gegen die guten Sitten die Rede, sondern von **„unlauteren Wettbewerbshandlungen"**. Inhaltlich ergab sich dadurch jedoch kein Unterschied. Die Generalklausel beschränkte sich allerdings auf Fälle, in denen eine nicht unerhebliche Beeinträchtigung vorlag, und bezog sich somit nicht auf Bagatellverstöße. In den §§ 4–7 UWG 2004 wurden zur Konkretisierung der Generalklausel auf Basis der von der Rechtsprechung entwickelten Fallgruppen einige Beispielstatbestände kodifiziert.

30   Bereits wenig später, im Jahr 2008, war jedoch eine erneute Änderung des UWG erforderlich. Hintergrund war die Richtlinie 2005/29/EG über unlautere Geschäftspraktiken vom 11.5.2005 **(UGP-RL)**, die es in nationales Recht umzusetzen galt. Diese sah in ihrem Anwendungsbereich eine vollständige Rechtsangleichung **(Vollharmonisierung)** aller Mitgliedstaaten vor,[47] sodass der Bundesgesetzgeber gezwungen war, entsprechende Anpassungen vorzunehmen. Obwohl die Reform von 2004 bereits als eine Angleichung an den europäischen Standard gedacht war, führte die große Menge an Abweichungen in der Richtlinie erneut zu erheblichen Änderungen am UWG, die am 30.12.2008 in Kraft traten.

31   Zweck der Richtlinie ist es gem. Art. 1, durch Angleichung der Rechts- und Verwaltungsvorschriften der Mitgliedstaaten über unlautere Geschäftspraktiken, die die wirtschaftlichen Interessen der Verbraucher beeinträchtigen, zu einem reibungslosen **Funktionieren des Binnenmarkts** und zum Erreichen eines hohen **Verbraucherschutzniveaus** beizutragen. Sie regelt daher lediglich das Verhältnis zwischen Unternehmer und Verbraucher (B2C), nicht dagegen – wie das UWG – auch die Beziehung zwischen Unternehmer und Unternehmer (B2B). Geschützt sind jedoch nur wirtschaftliche, nicht sonstige Interessen des Verbrauchers.[48]

---

43 Vgl. BT-Drucks. 15/1487, S. 12.
44 EUGH, Urt. v. 16.7.1998 – C-210/96 – NJW 1998, 3183 „Gut Springenheide".
45 BGH, Urt. v. 20.10.1999 – I ZR 167/97 – GRUR 2000, 619 „Orient-Teppichmuster"; Urt. v. 17.5.2001 – I ZR 216/99 – NJW 2001, 3262 „Mitwohnzentrale.de".
46 S.o. Rn 12 ff.
47 Vgl. RL 2005/29/EG v. 11.5.2005, Art. 1.
48 *Köhler/Bornkamm*, Einl. Rn 3.57; RL 2005/29/EG v. 11.5.2005, Erwägungsgrund 8.

Die Generalklausel des § 3 UWG erfuhr auf Grundlage der Richtlinie erhebliche 32
Änderungen. Anders als das UWG, das sich nur auf das Verhalten im Wettbewerb
bezog, gilt die UGP-RL für unlautere Geschäftspraktiken zwischen Unternehmen und
Verbrauchern vor, während und nach Abschluss eines auf ein Produkt bezogenen
Handelsgeschäfts.[49] Insofern war eine Änderung des Kernbegriffs der **„Wettbewerbshandlung"** erforderlich, der durch das Merkmal der **„geschäftlichen Handlung"** ersetzt wurde. Auch die **Bagatellklausel** wurde modifiziert: Statt einer „nicht
nur unerheblichen" wird nun eine „spürbare" Beeinträchtigung verlangt. § 3 Abs. 3
UWG verweist auf die aufgrund der UGP-RL im Anhang zum UWG neu eingefügte
„schwarze Liste" von geschäftlichen Handlungen, die weitere Verbotstatbestände
enthält.[50]

Die Vorschriften des UWG sind stets **richtlinienkonform** auszulegen und anzu- 33
wenden.[51] Da die UGP-RL auf eine Vollharmonisierung hinausläuft, darf das nationale Recht nichts verbieten, was nach der Richtlinie erlaubt ist, und umgekehrt. Bei
der Auslegung von UWG-Normen im Anwendungsbereich der Richtlinie sind daher
immer deren Wortlaut und Ziele zu berücksichtigen und im Zweifel als Korrektiv der
nationalen Vorschrift heranzuziehen.

b) Gliederung des UWG

Das UWG beginnt mit der Nennung des **Gesetzeszwecks** in § 1. Danach dient das 34
Gesetz dem Schutz der Mitbewerber, der Verbraucher und der sonstigen Marktteilnehmer vor unlauteren geschäftlichen Handlungen sowie dem Schutz des allgemeinen Interesses an einem unverfälschten Wettbewerb.

Im Anschluss daran folgen in § 2 die **Definitionen der wesentlichen Begriffe** 35
des Gesetzes.[52] § 3 enthält die **lauterkeitsrechtliche Generalklausel**, während
in den §§ 4–7 **Beispielsfälle** sowie sonstige unlautere geschäftliche Handlungen
genannt werden, wie irreführende geschäftliche Handlungen (§ 5) sowie verglei-
chende (§ 6) und belästigende Werbung (§ 7). Das 2. Kapitel mit den §§ 8–11 enthält
die **Rechtsfolgen** und möglichen **Ansprüche** bei Vorliegen einer unzulässigen Handlung nach den §§ 3–7. Obwohl Verbraucher ausdrücklich vom Schutzzweck des Gesetzes erfasst sind, stehen ihnen bei Verstößen keinerlei Ansprüche nach dem UWG zu.
Wer anspruchsberechtigt ist, bestimmt sich nach § 8 Abs. 3 UWG. Dies sind vor allem
die Mitbewerber.

---

49 Vgl. RL 2005/29/EG v. 11.5.2005, Art. 5.
50 Siehe dazu Rn 36 ff.
51 EuGH, Urt. v. 4.7.2006 – C-212/04 – NJW 2006, 2465 „Adeneler"; BGH, Urt. v. 26.11.2008 – VIII ZR 200/05-1 – NJW 2009, 427.
52 Vgl. hierzu oben Rn 5 ff.

2. „Blacklist" (Anhang zu § 3 UWG)

36 Zur Umsetzung von Art. 5 Abs. 5 UGP-RL in Verbindung mit dem Anhang I der UGP-RL wurde bei der UWG-Reform 2008 § 3 Abs. 3 neu eingefügt, der auf die im Anhang befindliche **„Schwarze Liste"** an geschäftlichen Handlungen verweist. Eine Handlung, die einen dieser Tatbestände erfüllt, ist stets unzulässig, ohne dass es auf eine Überschreitung der **Erheblichkeitsschwelle** des § 3 Abs. 1 ankommt. Allerdings gilt das nur für geschäftliche Handlungen, die sich unmittelbar an Verbraucher richten. Dies stellt eine Ausnahme von dem sonst geltenden Grundsatz der einheitlichen Anwendung des UWG auf Mitbewerber, Verbraucher und sonstige Marktteilnehmer dar, die sich dadurch rechtfertigt, dass die Regelung aus Gründen des Verbraucherschutzes besonders streng ausgefallen ist, der kaufmännische Verkehr aber mit derart starren Regeln nicht belastet werden soll.[53] Auch sind die Tatbestände der „Schwarzen Liste" so eng und kasuistisch gefasst, dass sie nicht als verallgemeinerungsfähige Beispielstatbestände anzusehen und keineswegs analog anwendbar auf vergleichbare Sachverhalte sind.[54]

37 Die in der „Schwarzen Liste" genannten Handlungen sind stets unzulässig, es handelt sich somit um **per se-Verbote**.[55] Ob die Handlung Auswirkungen auf die geschäftliche Entscheidung des Verbrauchers, also eine „geschäftliche Relevanz", hat, ist nicht zu prüfen. Bedeutsam wird die Vorschrift somit vor allem dann, wenn ein unlauteres Verhalten die **Erheblichkeitsschwelle** des § 3 Abs. 1 und 2 nicht überschreitet. Zwar muss im Einzelfall noch anhand der konkreten Umstände geprüft werden, ob einer der Tatbestände erfüllt ist. Wird dies jedoch bejaht, wird unwiderleglich vermutet, dass die Handlung geeignet ist, das Verbraucherverhalten zu beeinflussen.[56]

38 Die Tatbestände der „Schwarzen Liste" enthalten **irreführende und aggressive Geschäftspraktiken**. Irreführend ist z.B. gem. Nr. 7 die objektiv unwahre Aussage, eine Ware oder Dienstleistung sei allgemein oder zu bestimmten Bedingungen nur für einen **sehr begrenzten Zeitraum verfügbar**, um den Verbraucher zu einer sofortigen Kaufentscheidung zu verleiten, ohne dass dieser Zeit und Gelegenheit hat, sich aufgrund von Informationen zu entscheiden. Der Tatbestand von Nr. 13 ist erfüllt, wenn für eine Ware oder Dienstleistung geworben wird, die einer solchen eines Mitbewerbers ähnlich ist, und dies in der Absicht geschieht, über die **betriebliche Herkunft** der Ware oder Dienstleistung zu täuschen. Verboten sind beispielsweise ebenfalls **unwahre Gewinnversprechen** (Nr. 17) und das Angebot einer Ware als „gratis", wenn hierfür gleichwohl Kosten zu tragen sind (Nr. 21). Zu den aggressiven Geschäftspraktiken gehören u.a. gem. Nr. 28 die in eine Werbung einbezogene **unmittelbare**

---

53 Begründung zum Regierungsentwurf zur UWG-Novelle 2008, BT-Drucks. 16/10145, S. 22 re. Sp.
54 OLG Köln, Urt. v. 23.2.2011 – I-6 U 159/10 – GRUR-RR 2011, 275 „‚Testsieger'-Werbung".
55 Begründung zum Regierungsentwurf zur UWG-Novelle 2008, BT-Drucks. 16/10145, S. 30 re. Sp.
56 *Köhler/Bornkamm*, Anh. zu § 3 Abs. 3 Rn 0.4.

Aufforderung an Kinder, selbst die beworbene Ware zu erwerben oder die beworbene Dienstleistung in Anspruch zu nehmen oder ihre Eltern oder andere Erwachsene dazu zu veranlassen, sowie gem. Nr. 29 die Aufforderung zur Bezahlung nicht bestellter Waren oder Dienstleistungen.

3. Spezialgesetze und Verordnungen

Neben dem UWG als zentrale Rechtsquelle des Wettbewerbsrechts sind lauterkeitsrechtliche Regelungen in vielen weiteren **Verordnungen** und **Spezialgesetzen** zu finden. Oftmals handelt es sich hierbei um entlegene Spezialgebiete, sodass eine umfassende Darstellung an dieser Stelle ausbleiben muss. Lediglich exemplarisch sollen daher hier einige häufiger wiederkehrende Problemkreise benannt werden, die auch im Zusammenhang mit **Online-Shops** vorstellbar sind:

So beinhaltet beispielsweise das **Heilmittelwerbegesetz** (HWG) eine Vielzahl von Regularien für das **Gesundheitswesen**, die auch das Bewerben von Arzt- oder sonstigen Gesundheitsdienstleistungen betreffen. So bestimmt beispielsweise § 4 Abs. 3 HWG, dass bei einer Bewerbung von Arzneimitteln außerhalb der Fachkreise der wohl allseits bekannte Text „Zu Risiken und Nebenwirkungen lesen Sie die Packungsbeilage und fragen Sie Ihren Arzt oder Apotheker" in deutlicher Abgrenzung von der Werbeaussage angebracht sein muss.

Ebenfalls großer Bedeutung kommt der **Preisangabenverordnung** (PAngV) zu, die zumindest mittelbar auch dazu bestimmt ist, das **Marktverhalten** zu regulieren und damit über die Generalklausel des § 4 Nr. 11 UWG Einfluss in das allgemeine Wettbewerbsrecht findet und die dort aufgezeigten Rechtsfolgen auszulösen vermag. Die PAngV befasst sich insbesondere mit dem Inhalt und der Darstellung von **End- und Grundpreisen**.

Letztlich beinhalten auch bereits das Bürgerliche Gesetzbuch (BGB) sowie das **Telemediengesetz** (TMG) eine Vielzahl von Informationspflichten, die es insbesondere im Handel mit Privatpersonen, also im Bereich „Business-to-Consumer" **(B2C)** zu beachten gilt und deren Verletzung oder Missachtung über das Wettbewerbsrecht geltend gemacht werden kann.

B. Rechtliche Anforderungen an einen Online-Shop

Im Folgenden soll eine Übersicht über verschiedene rechtliche Vorgaben gegeben werden, die beim Betrieb eines Online-Shops zu beachten sind. Verstöße gegen diese Regelungen stellen in aller Regel einen **Wettbewerbsverstoß** dar und führen entsprechend zu Abmahnungen oder sind Gegenstand von gerichtlichen Auseinandersetzungen. Angesichts der Vielzahl von rechtlichen Vorgaben bei gleichzeitig immer wieder neuen Geschäftskonzepten kann die nachstehende Aufstellung keinen Anspruch auf Vollständigkeit oder Abgeschlossenheit erheben. Vielmehr sollen typischerweise und regelmäßig zu beachtende juristische Problemfelder dargestellt und die Praxis weiter für verschiedene Aspekte beim Online-Handel sensibilisiert werden.

I. Angebotsdarstellung

43 Der **Darstellung des Warenangebots** sowie der Organisation des sich hieran anschließenden **Bestellvorgangs** kommen im Rahmen eines Online-Shops, insbesondere bei selbst betriebenen Internetauftritten, in rechtlicher Hinsicht ein großes Fehler- und damit Abmahnpotenzial zu. Der Shop-Betreiber ist aufgrund verschiedener gesetzlicher Vorgaben dazu verpflichtet, eine Vielzahl von Informationen im Rahmen der Kaufabwicklung vorzuhalten.

1. Rechtsgrundlagen – die neue VRRL

44 Die wesentlichen Bestimmungen zur Gestaltung der Angebotsdarstellung sowie des Bestellvorgangs sind dem BGB sowie dem hierzu erlassenen Einführungsgesetz (EGBGB) zu entnehmen. Die im August 2012 verabschiedete sog. **Button-Lösung** findet sich beispielsweise in der Vorschrift des § 312g BGB.

45 Grundlegende Änderungen werden sich aufgrund der am 22.11.2011 verkündeten EU-Richtlinie über Rechte der Verbraucher (**Verbraucherrechterichtlinie** – VRRL)[57] ergeben. Mit der VRRL werden die Richtlinien über Haustürgeschäfte und Fernabsatzgeschäfte zusammengeführt und überarbeitet. Ziel der Richtlinie ist es, durch eine Angleichung des Rechts der Mitgliedstaaten zu einem ordnungsgemäßen Funktionieren des Binnenmarkts und zu einem hohen Verbraucherschutzniveau beizutragen. Die Richtlinie geht vom Grundsatz der Vollharmonisierung aus, d.h. die rechtlichen Vorgaben werden in jedem Mitgliedstaat der EU gleichermaßen umgesetzt. Die einzelnen Mitgliedstaaten erhalten jedoch durch Öffnungsklauseln in verschiedenen Bereichen die Möglichkeit, ein höheres Verbraucherschutzniveau vorzusehen. Die Umsetzung der Richtlinie in deutsches Recht erfolgt mit dem Gesetz zur Umsetzung der Verbraucherrechterichtlinie und zur Änderung des Gesetzes zur Regelung der Wohnungsvermittlung.[58] Der Deutsche Bundestag hat das Gesetz am 14.6.2013 verabschiedet. Nachdem der Bundesrat keine Einwände gegen den Gesetzesbeschluss erhoben hatte, ist das Gesetz am 27.9.2013 im Bundesgesetzblatt verkündet worden. Die neuen Vorschriften treten damit nun am 13.6.2014 in Kraft.[59]

---

[57] RL 2011/83/EU v. 25.10.2011 über die Rechte der Verbraucher.
[58] Gesetz v. 20.9.2013, BGBl. I 2013 Nr. 58 S. 3642 v. 27.9.2013.
[59] Siehe http://www.bmj.de/DE/Buerger/verbraucher/Verbraucherrechterichtlinie/verbraucherschutzrichtlinie_node.html.

2. Informationspflichten

Im Rahmen der Umsetzung der vorstehend erwähnten VRRL in nationales Recht wurde die Vorschrift des Art. 246a EGBGB neu ins Gesetz eingeführt. Nach Art. 246a § 1 EGBGB haben Online-Händler ab dem 13.6.2014 demnach einen Katalog von 16 Vorgaben zu beachten, um ihren **Informationspflichten** gegenüber den Kunden nachzukommen. Zusammengefasst muss hiernach über Folgendes informiert werden:

Checkliste
- Beschreibung der wesentlichen Eigenschaften der Waren bzw. Dienstleistungen;
- Identität und Kontaktdaten des Unternehmers;
- Identität und Adresse des Unternehmers, sofern ein Anbieter in dessen Auftrag handelt;
- Gesamtpreis der Waren oder Dienstleistungen sowie ggf. alle zusätzlichen Fracht-, Liefer- oder Versandkosten;
- im Falle eines unbefristeten Vertrags oder eines Abonnement-Vertrags den Gesamtpreis des Angebots;
- Kosten für den Einsatz der für den Vertragsabschluss genutzten Fernkommunikationstechnik (z.B. Kunden-Hotlines etc.);
- Zahlungs-, Liefer- und Leistungsbedingungen, inklusive Liefertermin und ggf. das Verfahren des Unternehmers für den Umgang mit Beschwerden;
- Bestehen eines gesetzlichen Mängelhaftungsrechts für die Waren;
- Bestehen und die Bedingungen von Kundendienst, Kundendienstleistungen und Garantien;
- ggf. bestehende einschlägige Verhaltenskodizes gemäß der EU-Richtlinie über unlautere Geschäftspraktiken;
- Laufzeit des Vertrags oder die Bedingungen der Kündigung unbefristeter Verträge oder sich automatisch verlängernder Verträge;
- ggf. Mindestdauer der Verpflichtungen, die der Verbraucher mit dem Vertrag eingeht;
- ggf. Informationen zur Stellung einer Kaution oder die Leistung anderer finanzieller Sicherheiten;
- ggf. Funktionsweise digitaler Inhalte;
- ggf. Kompatibilität digitaler Inhalte mit Hard- und Software;
- ggf. Möglichkeit des Zugangs zu einem außergerichtlichen Beschwerde- und Rechtsbehelfsverfahren.

Nach Art. 246a § 2 EGBGB muss der Shop-Betreiber den Kunden zudem über das diesem nach §§ 312g, 355 BGB (n.F.) zustehende **Widerrufsrecht** belehren.

Interessanterweise trägt der Gesetzgeber dem Umstand, dass die Darstellungsweise im Rahmen vieler Internetverkaufsportale, wie eBay und Amazon, häufig begrenzt ist, in Art. 246a § 3 EGBGB dadurch Rechnung, dass nun eine **Ausnahmeregelung** für diese Fälle gelten soll:

*„Soll ein Fernabsatzvertrag mittels eines Fernkommunikationsmittels geschlossen werden, das **nur begrenzten Raum oder begrenzte Zeit** für die dem Verbraucher zu erteilenden Informationen bietet, ist der Unternehmer verpflichtet, dem Verbraucher mittels dieses Fernkommunikationsmittels **zumindest** folgende Informationen zur Verfügung zu stellen:*

1. die wesentlichen Eigenschaften der Waren oder Dienstleistungen,
2. die Identität des Unternehmers,
3. den Gesamtpreis oder in den Fällen, in denen der Preis auf Grund der Beschaffenheit der Waren oder Dienstleistungen vernünftigerweise nicht im Voraus berechnet werden kann, die Art der Preisberechnung,
4. gegebenenfalls das Bestehen eines Widerrufsrechts,
5. gegebenenfalls die Vertragslaufzeit und die Bedingungen für die Kündigung eines Dauerschuldverhältnisses.

*Die **weiteren Angaben** nach § 1 hat der Unternehmer dem Verbraucher **in geeigneter Weise** unter Beachtung von § 4 Absatz 3 zugänglich zu machen."*[60]

49 In welchen Fällen zulässigerweise von einem „nur begrenzten Raum oder begrenzter Zeit" für die Informationserteilung auszugehen ist und der vorstehende Ausnahmetatbestand entsprechend greift, bleibt sowohl im Gesetz als auch in der Gesetzesbegründung unklar. Entsprechend werden wohl die Gerichte in Zukunft entscheiden müssen, wann die verkürzten Informationen genügen und wann nicht. Hinsichtlich des Zugänglichmachens der weiteren Angaben enthält die Gesetzesbegründung hingegen folgende Information:

„Die weiteren Angaben kann der Unternehmer dem Verbraucher in geeigneter Weise nach Maßgabe des § 4 Absatz 3 zugänglich machen, indem er ihn an eine andere Informationsquelle verweist, beispielsweise durch Angabe einer gebührenfreien Telefonnummer oder eines Hypertext-Links zu einer Webseite des Unternehmers, auf der die einschlägigen Informationen unmittelbar abrufbar und leicht zugänglich sind."[61]

50 Letztere vorgenannte Variante, bei der die Informationen auf einer eigenen Website zur Verfügung gestellt werden, erscheint hierbei die wohl sicherste und zugleich einfachste Umsetzungsmöglichkeit. Angaben zur **Verortung** der vorstehend aufgelisteten Informationen finden sich unter Rn 51 ff. sowie Rn 88 ff.

3. Das Warenangebot

51 Anders als im stationären Handel ist es dem Kunden bei einem Online-Kauf nicht möglich, die Ware in Augenschein zu nehmen. Aus diesem Grund werden an das Warenangebot im Rahmen eines Online-Shops spezielle Anforderungen gestellt.

---

60 Art. 246a § 3 EGBGB, Hervorhebungen durch den Autor.
61 Gesetzentwurf der Bundesregierung, BT-Drucks. 17/12637, S. 75.

Checkliste
- Wesentliche Merkmale der Ware oder Dienstleistung;
- Rechte an Produktfotos;
- korrekte Preisdarstellung inklusive Hinweis auf Umsatzsteuer;
- Angabe etwaiger Zusatzkosten;
- Grundpreisangabe;
- Versandkosten;
- Gültigkeitsdauer bei Befristung;
- Lieferinformationen (Verfügbarkeit und Lieferzeit).

a) Wesentliche Merkmale

Zunächst sind alle **wesentlichen Merkmale** der angebotenen Ware oder Dienstleistung darzustellen. Wesentlich ist hierbei alles, was für eine Kaufentscheidung des Kunden von Relevanz ist. Dass hierbei stets wahre und zutreffende Angaben vom Händler zu machen sind, sollte sich von selbst verstehen. Entsprechend sind eventuell vorhandene Einschränkungen, Fehler oder Abnutzungen der Ware klar und deutlich aufzuführen. Die Beschreibung der Merkmale und Eigenschaften der Ware darf zudem nicht irreführend sein, sondern muss die Ware sachlich beschreiben. Die Vorschrift des § 5 Abs. 1 Nr. 1 UWG bestimmt das Vorliegen einer **Irreführung** wie folgt:

52

> „Eine geschäftliche Handlung ist irreführend, wenn sie unwahre Angaben enthält oder sonstige zur Täuschung geeignete Angaben über folgende Umstände enthält:
> 1. die wesentlichen Merkmale der Ware oder Dienstleistung wie Verfügbarkeit, Art, Ausführung, Vorteile, Risiken, Zusammensetzung, Zubehör, Verfahren oder Zeitpunkt der Herstellung, Lieferung oder Erbringung, Zwecktauglichkeit, Verwendungsmöglichkeit, Menge, Beschaffenheit, Kundendienst und Beschwerdeverfahren, geographische oder betriebliche Herkunft, von der Verwendung zu erwartende Ergebnisse oder die Ergebnisse oder wesentlichen Bestandteile von Tests der Waren oder Dienstleistungen; (...)"

Irreführende Handlungen können insbesondere von Konkurrenten abgemahnt werden.

53

b) Produktfotos

Den regelmäßig in Online-Shops verwendeten **Produktfotos** kommt ebenfalls eine „angebotsbeschreibende" Wirkung zu. So können Abweichungen zwischen dem abgebildeten und dem dann tatsächlich versendeten Produkt zur Gewährleistung in

54

Form von Nacherfüllungsansprüchen des Kunden gem. § 439 Abs. 1 BGB führen.[62] Bei der Wahl des Produktfotos müssen zwingend die Rechte Dritter an derartigen Fotos beachtet werden. So stellt es stets eine Urheberrechtsverletzung dar, wenn ein Produktfoto ohne Zustimmung des Urhebers einfach einer Bildersuche im Internet oder der Produktseite des Herstellers entnommen und dann im eigenen Shop zur Artikelbeschreibung verwendet wird. Hierin ist ein unzulässiges öffentliches Zugänglichmachen nach § 19a UrhG zu sehen. Viele Online-Händler und Hersteller kontrollieren regelmäßig die Verwendung ihrer häufig aufwendig hergestellten Produktfotos und lassen die Verletzung ihrer Urheberrechte kostenpflichtig abmahnen.

c) Endpreise und Preiswerbungen

55 Im Zusammenhang mit der Darstellung des Warenangebots sind zudem **Preise, Versandkosten** sowie **Grundpreise** anzugeben. Hierbei sind wiederum zahlreiche rechtliche Vorgaben zu beachten, die unter der nachfolgenden Rn 61 ff. im Detail dargestellt werden. Gleiches gilt für besondere **Preiswerbungen** wie z.B. **Preisgegenüberstellungen**.

d) Angebotsbefristungen

56 Bei Angeboten, die hinsichtlich ihrer Verfügbarkeit oder des hierfür angesetzten Preises befristet sind, muss auf die **Gültigkeitsdauer** deutlich hingewiesen werden. An die hierbei angegebenen festen zeitlichen Grenzen muss sich der Online-Händler festhalten lassen. Die Zeit darf also weder unter-, noch überschritten werden. Eine typische Formulierung für eine beschränkte Gültigkeitsdauer lautet z.B. „Angebot gültig bis 31.12.2014".

e) Lieferbedingungen

57 Nach der VRRL müssen Online-Shop-Betreiber insbesondere auch über Liefer- und Leistungsbedingungen, inklusive des Liefertermins informieren.[63] Dies umfasst sowohl eine etwaige Begrenzung des **Liefergebiets** (z.B. „Lieferungen nur innerhalb Deutschlands") sowie Angaben zur (voraussichtlichen) **Lieferzeit**.

58 Insbesondere Angaben zu Letzterer sollten aufgrund der hiermit verbundenen Abmahngefahr so genau wie möglich gehalten werden. Sollte die betroffene Ware demnach nicht sofort (innerhalb von 2–5 Tagen) lieferbar sein, muss deutlich über eine entsprechend längere Lieferzeit informiert werden. Hierbei ist zu beachten, dass angegebene Lieferzeiten verbindlich einzuhalten sind, Überschreitungen der kom-

---

[62] BGH, Urt. v. 12.1.2011 – VIII ZR 346/09 –.
[63] Vgl. Art. 246a § 1 Abs. 1 Nr. 4 EGBGB n.F.

munizierten Lieferzeiten können als wettbewerbswidrig eingestuft werden.[64] So hat der BGH bereits entschieden, dass der Durchschnittsverbraucher im Internet in der Regel erwarten kann, dass die in einem Online-Shop beworbene Ware unverzüglich versendet wird, sofern nicht eine unmissverständliche Information über eine abweichende Lieferfrist erfolgt.[65] Wird im Internetauftritt nicht deutlich auf die Verzögerung bei der Lieferung hingewiesen, handelt der Händler irreführend und kann durch einen Wettbewerber oder eine Wettbewerbszentrale abgemahnt werden. So hat der BGH in der vorstehenden Entscheidung wie folgt geurteilt:[66]

> *„Nach § 5 Abs. 5 Satz 1 UWG ist es irreführend, für eine Ware zu werben, die unter Berücksichtigung der Art der Ware sowie der Gestaltung und Verbreitung der Werbung nicht in angemessener Menge zur Befriedigung der zu erwartenden Nachfrage zur Verfügung steht. (...)*
> *Der Verkehr erwartet bei Angeboten im Internet, die anders als Angebote in einem Versandhauskatalog ständig aktualisiert werden können, mangels anders lautender Angaben die* **sofortige Verfügbarkeit** *der beworbenen Ware. Die Rücksichtnahme auf diese Erwartung des Verkehrs belastet den Unternehmer, der einen Versandhandel betreibt und sein Warenangebot im Internet bewirbt, nicht in unzumutbarer Weise."*

Gleichzeitig hat der BGH jedoch auch klargestellt, dass der Hinweis auf eine spätere Lieferung nicht unmittelbar neben einer **Angebotsübersicht** enthalten sein muss. Es muss für den Verbraucher jedoch zumindest ein Link vorhanden sein, den er mit dem Angebot in Verbindung bringt und unter dem dann die erforderliche Information zur abweichenden Lieferzeit vorgehalten wird. Dies könnte z.B. eine nähere Beschreibung des Produkts sein.[67] Ein Hinweis auf die fehlende Lieferfähigkeit eines Artikels im Rahmen von AGB wird hingegen als nicht ausreichend erachtet und kann daher abgemahnt werden.[68]

Problematisch kann die Angabe einer ungefähren Lieferzeit sein. Grundsätzlich ist dies zwar zulässig und aufgrund der Abhängigkeit von Transportunternehmen oftmals auch gar nicht anders für den Händler möglich. Allerdings kommt es hierbei auf die jeweilige Formulierung im Einzelfall an. So hat das OLG Bremen die Versandangabe **„voraussichtliche Versanddauer 1–3 Werktage"** als Verstoß gegen § 308 Abs. 1 BGB und damit als Wettbewerbsverstoß eingestuft.[69] Mit dieser Formulie-

---

64 LG Hamburg, Urt. v. 12.5.2009 – 312 O 74/09 –.
65 BGH, Urt. v. 7.4.2005 – I ZR 314/02 – „Internet-Versandhandel".
66 BGH, Urt. v. 7.4.2005 – I ZR 314/02 – „Internet-Versandhandel"; Hervorhebungen durch den Autor.
67 BGH, Urt. v. 7.4.2005 – I ZR 314/02 – „Internet-Versandhandel".
68 LG Koblenz, Urt. v. 7.2.2006 – 4 HK O 165/05 –.
69 OLG Bremen, Urt. v. 5.10.2012 – 2 U 49/12 –; hierzu krit. *Solmecke/Kost*, MMR 1/2013, 36 ff.

rung behielte sich der Händler nach Ansicht des OLG Bremen eine nicht hinreichend bestimmte Frist für die Erbringung der Leistung vor. Ebenso entschied das gleiche Gericht auch bereits 2009 hinsichtlich der ähnlichen Formulierung **„in der Regel 1-2 Tage bei DHL-Versand."**[70] In beiden Fällen stellte das OLG Bremen jedoch zugleich (wenig überzeugend) klar, dass die Angabe einer **„ca.-Lieferzeit"** zulässig sei.[71]

> **Praxistipp**
> Mögliche **Formulierungen** bei einem beschränkten Warenvorrat oder einer eingeschränkten Warenverfügbarkeit sind:
> - „Derzeit nicht verfügbar, Lieferzeit ab 3 Wochen."
> - „Solange der Vorrat reicht."
> - „Restposten! Lediglich begrenzte Anzahl."
> - „Sofort versandfertig: Lieferzeit 2–5 Tage."
> - „Lieferzeit 7–10 Tage."
> - „Lieferzeit bis zu 10 Tage."
> - „Noch 2 von 10 verfügbar."
> - „Einzelstück."
>
> Die Formulierungen sind entweder beim Produkt selbst oder auf einer Produktdetailseite, auf die mittels eines aussagekräftigen Links (z.B. „Lieferbedingungen") im Zusammenhang mit der Produktdarstellung hingewiesen wird, vorzuhalten.

II. Preisangabe und Preiswerbung

61 Ein besonderes Augenmerk muss bei der Angebotsdarstellung auf die Angabe von Preisen sowie die Preiswerbung gelegt werden.

1. Anforderungen der Preisangabenverordnung

62 Für das Werben von Waren oder Dienstleistungen mit Preisen stellt die Preisangabenverordnung eine Vielzahl von Vorgaben auf, die selbstverständlich auch im Rahmen eines Online-Shops zu beachten sind. Hierbei gilt grundsätzlich: Wer nur wirbt, muss keine Preise angeben – wer jedoch mit Preisen wirbt, muss diese vollständig angeben.[72] § 1 Abs. 1 S. 1 PAngV bestimmt insoweit:

> „Wer Letztverbrauchern gewerbs- oder geschäftsmäßig oder regelmäßig in sonstiger Weise Waren oder Leistungen anbietet oder als Anbieter von Waren oder Leistungen gegenüber Letztverbrauchern unter Angabe von Preisen wirbt, hat die Preise

---

70 OLG Bremen, Beschl. v. 8.9.2009 – 2 W 55/09 –.
71 OLG Bremen, Beschl. v. 8.9.2009 – 2 W 55/09 –.
72 OLG Stuttgart, Urt. v. 17.1.2008 – 2 U 17/01 –.

anzugeben, die einschließlich der Umsatzsteuer und sonstigen Preisbestandteile zu zahlen sind (Endpreise)."

Dem Kunden sind demnach bei einer Preiswerbung stets alle Bestandteile, aus denen sich der Preis zusammensetzt, vollständig aufzuzeigen. Das Werben mit **Nettopreisen**, die die anfallende Umsatzsteuer unberücksichtigt lassen, ist demnach verboten.

Gegenüber (privaten) Käufern sind im Rahmen eines Online-Shops darüber hinaus im Rahmen der Preiswerbung gem. § 1 Abs. 2 S. 1 Nr. 1 u. 2 PAngV anzugeben

> *„1. dass die für Waren oder Leistungen geforderten Preise die Umsatzsteuer und sonstige Preisbestandteile enthalten und*
> *2. ob zusätzlich Liefer- und Versandkosten anfallen."*

Dem vorstehenden Erfordernis kann regelmäßig dadurch genüge getan werden, dass in unmittelbarer Nähe zu den angegebenen **Endpreisen** der Zusatz **„inkl. MwSt., zzgl. Versandkosten"** angebracht wird. Diese Angaben müssen jedoch deutlich wahrnehmbar sein und dürfen nicht – was häufig zu beobachten ist – im Rahmen von AGB verborgen werden. Zulässig ist hingegen das Anbringen eines „*"-Vermerks im Zusammenhang mit den angegebenen Preisen, durch den die geforderten Pflichtangaben leicht erkennbar, deutlich lesbar und gut wahrnehmbar vorgehalten werden. Allerdings ist nicht erforderlich, dass die nach der PAngV anzugebenden Hinweise auf den Enthalt der Umsatzsteuer sowie die zusätzlich anfallenden Versandkosten auf der gleichen Unterseite vorgehalten werden, auf der die Waren (inklusive Endpreis) beworben werden. So vertritt der BGH die Auffassung, dass es dem Internetnutzer bekannt sei, dass im Versandhandel weitere Kosten anfallen und er auch davon ausgehe, dass der Preis die Umsatzsteuer enthalte. Für die Pflichtangaben reiche es demgemäß aus, wenn die verlangten Informationen *„alsbald sowie leicht erkennbar und gut wahrnehmbar auf einer gesonderten Seite angegeben würden, die der Internetnutzer bei näherer Befassung mit dem Angebot noch vor Einleitung des Bestellvorgangs aufrufen müsse."*[73] Vor diesem Hintergrund wird man im Rahmen eines Online-Shops fordern müssen, dass der Kunde mit den gem. § 1 Abs. 2 PAngV vorzuhaltenden Preisinformationen im Rahmen des Bestellvorgangs zwingend in Berührung gekommen sein muss, bevor die Ware in den virtuellen Warenkorb überführt worden ist.

Praxistipp
Umsatzsteuerhinweis bei Kleinunternehmern
Problematisch ist der nach § 1 Abs. 2 PAngV vorzuhaltende Hinweis auf die enthaltene Umsatzsteuer bei Kleinunternehmern i.S.d. § 19 UStG. Hiernach sind sog. Kleinunternehmer von der Umsatzsteuer befreit, müssen diese also nicht gesondert berechnen und auch nicht an das Finanzamt abführen. Bei

---

73 BGH, Urt. v. 4.10.2007 – I ZR 143/04 – „Versandkosten".

der Preisdarstellung wäre die Angabe „inkl. MwSt." demnach unwahr und damit gem. § 5 Abs. 1 UWG irreführend. Auch wenn die entsprechende Anforderung der PAngV eigentlich keine Ausnahmeregelung vorsieht, wird man Kleinunternehmern nur dazu raten können, auf die eigentlich verpflichtende Angabe „inkl. MwSt." zu verzichten. Stattdessen kann in unmittelbarer Nähe zu den Preisen oder ggf. mittels „*"-Vermerk folgender Hinweis vorgehalten werden:
„Alle angegebenen Preise sind Endpreise zzgl. Liefer- und Versandkosten. Als Kleinunternehmer gem. § 19 UStG sind wir von der Umsatzsteuer befreit und weisen diese daher auch nicht gesondert aus."

66 Die seit August 2012 geltende Vorschrift des § 312g BGB bringt es zudem mit sich, dass der Betreiber eines Online-Shops am Ende des Bestellvorgangs im Rahmen einer Bestellzusammenfassung noch einmal **sämtliche Preisbestandteile**, inklusive sämtlicher hierin enthaltener Steuern sowie Liefer- und Versandkosten angeben muss.[74]

67 Im Zusammenhang mit **Preissuchmaschinen** ist zu beachten, dass es als wettbewerbswidrig angesehen wird, sofern der dort angezeigte Verkaufspreis vom späteren tatsächlichen Preis im verlinkten Online-Shop abweicht. Dies gilt bereits bei kurzen zeitlichen Abweichungen von wenigen Stunden Dauer. Der Online-Shop-Betreiber haftet insoweit als Täter, sofern er dem Betreiber der Preissuchmaschine seine Preise mitgeteilt hat.[75]

68 Unvollständige oder fehlerhafte Angaben von Endpreisen und/oder der Fracht-, Liefer- und Zustellkosten stellen gem. § 5a Abs. 2, Abs. 3 Nr. 3 UWG einen Wettbewerbsverstoß dar. Die §§ 1, 2 PAngV sind zudem marktverhaltensregelnde Normen i.S.d. § 4 Nr. 11 UWG und können somit auch insoweit wettbewerbsrechtlich verfolgt werden.[76]

2. Versandkosten

69 Wie vorstehend dargestellt, ist bei den beworbenen Endpreisen gem. § 1 Abs. 2 S. 1 Nr. 2 PAngV anzugeben, ob zusätzlich Versandkosten anfallen. Gesetzlich ist hingegen weiter nicht eindeutig geregelt, wann und in welcher Form über die Höhe der anfallenden Versandkosten zu informieren ist.

70 Nach der oben bereits zitierten Versandkostenentscheidung des BGH[77] dürfte es jedenfalls ausreichend sein, die Höhe der Versandkosten mittels eines klaren und unmissverständlichen „*"-Vermerks in unmittelbarer Nähe zum Endpreis, der z.B. ans Seitenende führt, anzugeben. Eine vor dieser BGH-Entscheidung z.B. vom OLG Hamburg[78] vertretene Ansicht, wonach nur eine vollständige Angabe in unmittelbarer Nähe zum Endpreis ausreichend sei, ist danach nicht mehr haltbar.

---

74 Verweis auf entsprechende Stelle im Rahmen dieses Kapitels.
75 BGH, Urt. v. 18.3.2010 – I ZR 16/08 – GRUR 2010, 1110 „Versandkosten bei Froogle II".
76 OLG Hamm, Urt. v. 9.2.2012 – I-4 U 70/11 –.
77 BGH, Urt. v. 4.10.2007 – I ZR 143/04 – Versandkosten; siehe Rn 65.
78 OLG Hamburg, Urt. v. 23.12.2004 – 5 U 17/04 –.

Kost

Nach wie vor ist jedoch nicht höchstrichterlich geklärt, ob ein entsprechender 71
Link „Versandkosten", der auf eine an anderer Stelle bzw. einer weiteren Unterseite vorgehaltene **Versandkostentabelle** verweist, ausreichend ist. Die sicherste Variante ist demnach also entweder die unmittelbare Angabe oder der Hinweis mittels „*"-Vermerk. Gute Argumente dürften allerdings dafür sprechen, dass auch die direkte Verlinkung einer übersichtlichen Versandkostentabelle ausreichend ist, um den Anforderungen der PAngV zu genügen. Der Link sollte dabei so ausgestaltet sein, dass die Versandkostentabelle ohne weiteres Scrollen für den Kunden erreichbar ist. Das „Verstecken" von Versandkosten in AGB, auf die mittels Link dann ohne zusätzliche Ankerfunktion verwiesen wird, ist hingegen unzureichend und damit abmahngefährdet.

Die Angabe der Versandkosten selbst sollte übersichtlich, aussagekräftig und 72
inhaltlich korrekt sein. Richtet sich der Internetauftritt und damit das Warenangebot zudem nicht nur an Kunden in Deutschland, sind zudem **Auslandsversandkosten** vor Abgabe der Bestellung aufzuführen. Ab wann ein derartiger Auslandsbezug anzunehmen ist, der die Angabe von Auslandsversandkosten mit sich bringt, ist derzeit in der Rechtsprechung noch umstritten. So erkannte das KG Berlin in dem Fehlen von Auslandsversandkosten trotz der gleichzeitigen Werbung mit „Versand nach Europa" durch einen nicht „marktstarken" Elektronikhändler unter einer deutschsprachigen .de-Domain lediglich einen nicht abmahnfähigen Bagatellverstoß.[79] Zu dem gleichen Ergebnis kamen das OLG Frankfurt a.M. sowie das LG Lübeck bei der Beurteilung eines marktunbedeutenden deutschen Online-Händlers.[80] Als Kriterien führte das LG Lübeck hierbei an, dass sich das streitgegenständliche eBay-Angebot überwiegend an Inländer richte, in deutscher Sprache gehalten sei und ein Auslandsversand einen Ausnahmefall darstelle.[81] Dieser Ansicht hat das OLG Hamm in einem vergleichbaren Fall eine klare Abfuhr erteilt.[82] Nach Ansicht des OLG Hamm lag in der fehlenden Angabe von Auslandsversandkosten ein Verstoß gegen § 1 Abs. 1 u. 2 S. 2 PAngV vor, der nicht als Bagatelle einzustufen war.

Vor dem Hintergrund dieses Meinungsstreits und in Ermangelung gefestigter 73
Rechtsprechung des BGH sollten Online-Händler, welche den Kunden die Lieferung ins Ausland anbieten, auch weiterhin die Auslandsversandkosten stets konkret ausweisen. Dies gilt umso mehr, als die Vorschrift des § 5a Abs. 3 Nr. 3 UWG unmissverständlich fordert, dass bei der Angabe eines Endpreises „alle zusätzlichen Fracht-, Liefer- und Zustellkosten" anzugeben sind und bei der Verletzung dieser Norm die Bagatellklausel des § 3 UWG keine Anwendung findet.

---

79 KG Berlin, Beschl. v. 13.4.2010 – 5 W 62/10 –.
80 OLG Frankfurt a.M., Beschl. v. 27.7.2011 – 6 W 55/11 – ; LG Lübeck, Urt. v. 22.4.2008 – 11 O 9/08 –.
81 LG Lübeck, Urt. v. 22.4.2008 – 11 O 9/08 –.
82 OLG Hamm, Urt. v. 1.2.2011 – 4 U 196/10 –.

74 Im Rahmen der Versandkostenangaben sollte zudem jegliche Bezugnahme auf bzw. Differenzierung nach einem **versicherten und unversicherten Versand** vermieden werden. So kann in der Klausel „versicherter Versand" bereits eine Irreführung über die nicht abdingbare Regelung des § 474 Abs. 2 BGB, wonach bei einem Verkauf von einem Unternehmer an einen Verbraucher der Verkäufer stets das **Transportrisiko** trägt, gesehen werden.[83] Das OLG Hamm sah eine Irreführung von Privatpersonen in einem Hinweis, wonach der Versand immer versichert erfolge, wenn nicht zugleich klargestellt werde, dass dem Käufer hierdurch in der Regel kein Vorteil erwächst.[84] Online-Händlern kann insofern nur geraten werden, lediglich die jeweilige **Versandbezeichnung** anzugeben, ohne konkret auf eine eventuell für den Versand bestehende Versicherung einzugehen. Von einer solchen würde aufgrund der Regelung des bereits vorstehend zitierten § 474 Abs. 2 BGB ohnehin nur der Verkäufer, nicht aber der Käufer profitieren.

75 Die Höhe der anfallenden Versandkosten muss im Übrigen auch bereits bei einer Angebotsdarstellung im Rahmen von Preissuchmaschinen im Internet mit angegeben werden.[85]

3. Grundpreisangaben

76 In § 2 PAngV ist die des Weiteren im Zusammenhang mit der Preiswerbung stets zu beachtenden Angabe von Grundpreisen gesetzlich geregelt. Hiernach muss im Handel mit Endverbrauchern nicht nur der Endpreis, sondern auch der umgerechnete **Preis je Mengeneinheit** (Grundpreis) in unmittelbarer Nähe des Endpreises angegeben werden, wenn Waren nach Gewicht, Volumen, Länge oder Fläche angeboten werden, vgl. § 2 Abs. 1 PAngV. Die Mengeneinheit ist jeweils 1 kg, 1 l, 1 m^3, 1 m oder 1 m^2. Bei Waren, die üblicherweise in Mengen bis zu 250 g oder 250 ml angeboten werden, kann der Grundpreis auch auf 100 g bzw. 100 ml bezogen werden. Wird lose Ware nach Gewicht oder nach Volumen angeboten, so ist als Mengeneinheit die allgemeine Verkehrsauffassung maßgebend, in der Regel also 1 kg, 100 g, 1 l oder 100 ml, vgl. § 2 Abs. 3 PAngV.

77 Problematisch kann im Einzelfall die Einhaltung des Erfordernisses einer Anbringung des Grundpreises in „unmittelbarer Nähe des Endpreises" sein. So sehen insbesondere Internetverkaufsplattformen häufig keine entsprechende Eingabemöglichkeit vor. Die Rechtsprechung hat im Zusammenhang mit eBay-Angeboten jedoch klargestellt, dass die Angabe von Grundpreisen bereits in der Angebotsübersicht

---

[83] LG Stuttgart, Beschl. v. 26.6.2008 – 35 O 66/08 –.
[84] OLG Hamm, Urt. v. 22.11.2011 – I-4 U 98/11 –.
[85] BGH, Urt. v. 16.7.2009 – I ZR 140/07 – „Versandkosten bei Froogle"; BGH, Urt. v. 18.3.2010 – I ZR 16/08 – GRUR 2010, 1110 „Versandkosten bei Froogle II".

mitgeteilt werden muss.⁸⁶ Insbesondere hat auch bereits der BGH entschieden, dass der Grundpreis bei Internetangeboten so anzugeben ist, dass Preis und Grundpreis auf einen Blick wahrgenommen werden können.⁸⁷ Zumindest bei eBay hat man das grundsätzliche Problem erkannt. Dort ist es seit Oktober 2012 wenigstens in bestimmten Kategorien möglich, neben dem Verkaufspreis auch einen Grundpreis anzeigen zu lassen.⁸⁸ Insbesondere die häufig verkürzende Darstellung von Angeboten auf mobilen Endgeräten oder über entsprechende Apps bleibt jedoch in diesem Zusammenhang problematisch und birgt eine nicht unerhebliche rechtliche Gefahr.

4. Sonstige Preiswerbungen

Neben der im Rahmen der Preisangabenverordnung geregelten Darstellung von End- und Grundpreisen sind im Onlinehandel eine Vielzahl von schlagwortartigen Preiswerbungen denkbar, mit denen Online-Händler an ihre Kunden herantreten. Formulierungen wie die „unverbindliche Preisempfehlung" haben sich hierbei bereits im allgemeinen Sprachgebrauch etabliert, während andere Preisdarstellungen zwar weit verbreitet sind, jedoch von der Rechtsprechung mitunter skeptisch, wenn nicht gar als wettbewerbsverletzend beurteilt werden. Nachstehend soll daher eine Übersicht über die Rechtmäßigkeit verschiedener Preiswerbungen gegeben werden.

78

a) Unverbindliche Preisempfehlung (UVP)

Die inzwischen wohl allseits bekannte Inbezugnahme der seitens des Herstellers herausgegebenen unverbindlichen Preisempfehlung im Zusammenhang mit dem eigenen (niedrigeren) Preisangebot wurde noch vor einigen Jahren als irreführend i.S.d. § 5 UWG angesehen und entsprechend als Wettbewerbsverstoß geahndet.⁸⁹ Schlagwortartige Formulierungen wie „empfohlener Verkaufspreis", „empfohlener Verkaufspreis des Herstellers" oder „UVP" waren demnach wettbewerbswidrig und wurden entsprechend abgemahnt. Im Jahr 2006 hat indes der BGH insoweit für Klarheit gesorgt, als er die Entscheidungen der Vorinstanzen aufgehoben hat und die Werbung mit der UVP für wettbewerbskonform und damit rechtmäßig erklärt hat.⁹⁰

79

Bei der Verwendung einer entsprechenden Werbung muss natürlich gewährleistet sein, dass der in Bezug genommene Verkaufspreis tatsächlich existiert, es sich also nicht um einen reinen **Fantasiepreis** handelt. Zudem wird gefordert, dass die

80

---

86 OLG Hamburg, Urt. v. 10.10.2012 – 5 U 274/11 –; andere Ansicht: LG Hof, Urt. v. 26.1.2007 – 24 O 12/07 –.
87 BGH, Urt. v. 26.2.2009 – I ZR 163/06 – „Dr. Clauder's Hufpflege".
88 Siehe http://sellerupdate.ebay.de/autumn2012/unit-prices.
89 Vgl. OLG Köln, Urt. v. 28.11.2003 – 6 U 71/03 –.
90 BGH, Urt. v. 7.12.2006 – I ZR 271/03 – „UVP".

UVP auf einer ernsthaft betriebenen Kalkulation des Herstellers beruht und nicht willkürlich festgesetzt wurde. Zu guter Letzt muss die UVP auch aktuell sein – zeitlich weit zurückliegenden Preisempfehlungen kommt insbesondere bei Waren, die einem schnellen Preisverfall unterlegen sind, keine belastbare Aussagekraft mehr zu, wodurch der Kaufanreiz, den ein deutlich niedriger, der UVP gegenübergestellter Kaufpreis auch vor dem Hintergrund der vorzitierten BGH-Rechtsprechung nach wie vor irreführend sein kann.

b) Statt-Preise

81 Ebenfalls weit verbreitet im Rahmen von Online-Shops sind „Statt"-Preise. Hierbei wird der aktuellen Preiswerbung eine ältere Preisangabe gegenübergestellt, häufig auch mittels eines durchgestrichenen Preises:

Beispiel
Statt 9,99 € nur 5,99 €

82 Eine derartige Preiswerbung ist problematisch, wenn die Angabe als mehrdeutig angesehen werden kann. Dies gilt insbesondere, wenn aus dem weiteren Zusammenhang der Werbung nicht klar hervorgeht, worauf sich der in Bezug genommene durchgestrichene Preis überhaupt bezieht. So kann es sich ohne nähere Erläuterung sowohl um einen ehemaligen Verkäuferpreis, eine UVP des Herstellers oder einen marküblichen Preis handeln. So hat dann auch der BGH bereits 2005 entschieden: *„Die Bezugnahme auf einen „statt"-Preis ist irreführend, wenn in der Werbeanzeige nicht klargestellt wird, um was für einen Preis es sich bei dem ‚statt'-Preis handelt."*[91] Angesichts dieser höchstrichterlichen Rechtsprechung ist es stets ratsam, zumindest durch einen per „*"-Vermerk im Zusammenhang mit dem „Statt"-Preis vorgehaltenen klarstellenden Hinweis über den näheren Hintergrund der Werbung aufzuklären.

83 Angesichts des Verbreitungsgrads derartiger Preiswerbungen sowie des sich stetig wandelnden Verbraucherleitbilds kommen indes auch Stimmen auf, die zu einer weniger einschränkenden Beurteilung kommen. So hat das OLG Hamm 2010 im Zusammenhang mit einer „Statt"-Preis-Werbung wie folgt geurteilt:

„Durchgestrichene und damit ungültig gemachte Eigenpreise sind dem Verkehr nicht nur aus der Werbung bekannt, sondern auch von Preisschildern her bestens vertraut. Das Durchstreichen steht Gedanken an Preise anderer Herkunft und Bedeutung geradezu entgegen, denn andere Preise macht der Gewerbetreibende nicht ungültig, sondern bezieht sich vielmehr auf ihre Geltung, damit der von ihm

---

91 BGH, Urt. v. 4.5.2005 – I ZR 127/02 – „‚statt'-Preis".

geforderte Preis im Vergleich als günstig erscheint. Der Umstand, dass in der durchgestrichenen Angabe des Streitfalls vor dem Betrag noch das Wort ‚Statt' erscheint, beeinträchtigt die Klarheit der Aussage nicht. Vielmehr erschöpft sich im gegebenen Zusammenhang die Bedeutung des Wortes in einer Bekräftigung der Aussage, dass es anstelle des durch den Strich für ungültig erklärten Preises einen anderen jetzt geltenden Verkaufspreis gibt."[92]

Die Kommentarliteratur stellt zudem auf das (mutmaßlich) gewandelte Verständnis des durchschnittlich informierten, situationsadäquat aufmerksamen und verständigen Durchschnittsverbrauchers ab, der „Statt"-Preise inzwischen stets als frühere Preise des Verkäufers verstehe, während sich für die herstellerseits ausgesprochene Preisempfehlung der Zusatz „UVP" als feste Usance eingebürgert habe.[93] Aus Sicht eines Händlers, dessen vordergründiges Ziel es nicht sein dürfte, Rechtsgeschichte zu schreiben, sollten angesichts der nach wie vor gültigen BGH-Rechtsprechung die dort aufgestellten Kriterien weiterhin beachtet werden.

Im Übrigen ist stets das aus § 4 Nr. 4 UWG im Zusammenhang mit Preisdarstellungen abzuleitende **Transparenzgebot** sowie das Verbot irreführender unwahrer Angaben aus § 5 Abs. 1 UWG zu beachten. Hieraus folgt, dass eine Werbung mit Preisnachlässen unzulässig sein kann, wenn sie unzutreffende Aussagen über Höhe, Dauer, Ausmaß und/oder Gründe der Preisnachlassgewährung enthält. Um etwaigen Missverständnissen vorzubeugen, empfiehlt es sich auch insoweit, zusätzliche klarstellende Angaben in die Preiswerbung mit aufzunehmen und diese nicht nur verkürzt in den Raum zu stellen.

c) Ladenpreis

Die Gegenüberstellung eines (in der Regel höheren) „Ladenpreises" zur Verdeutlichung des attraktiven eigenen Preises ist ebenfalls rechtlich nicht unproblematisch. So haben Gerichte bereits eine Irreführung bejaht, wenn nicht zugleich im Angebot klargestellt wird, ob es sich hierbei um den in der Branche durchschnittlich im Laden verlangten Preis, einen allgemeinen Marktpreis, einen vom Hersteller empfohlenen Preis oder aber den früher vom Werbenden selbst in seinem Laden geforderten Preis handelt.[94] Die Werbung mit einem „Ladenpreis" sei hiernach zudem dazu geeignet, bei einem nicht unerheblichen Teil der umworbenen Verkehrskreise irrige Vorstellungen über das Angebot hervorzurufen und so die zu treffende Kaufentscheidung in wettbewerbsrechtlich relevanter Weise zu beeinflussen.

---

92 OLG Hamm, Urt. v. 29.6.2010 – 1–20 U 28/10 –.
93 *Köhler/Bornkamm*, § 5 Rn 7.132.
94 LG Berlin, Urt. v. 20.8.2007 – 52 O 110/07 –.

d) Sonstige schlagwortartige Preis-Inbezugnahmen

87 Über die vorstehende Darstellung hinaus sind zahlreiche weitere schlagwortartige Inbezugnahmen von gängigen oder auch weniger üblichen Preisen verbreitet. So finden sich in Online-Shops neben „Großhandels-", „Listen-", „Katalog-" bis hin zu „Einkaufspreisen" viele verschiedene Preisarten, deren Darstellung im Einzelnen den Rahmen sprengen würde. Gemein ist sämtlichen dieser Preisdarstellungen, dass es sich um **keine Fantasiepreise** handeln darf und der Preisvorteil für den Käufer stets überprüfbar bleiben muss. Vorsicht ist dabei in jedem Fall vor klar definierten Begrifflichkeiten geboten, von deren Bedeutung nicht eigenmächtig abgewichen werden darf. Im Zweifel sollte daher vor der Schaltung einer konkreten Werbung stets juristischer Rat eingeholt werden.

III. Der Bestellvorgang

88 Der eigentliche Bestellvorgang im Rahmen eines typischen Online-Shops beginnt mit dem Auswählen der Ware aus dem Produktangebot des Händlers. Hiernach wird die Ware meist in einen virtuellen Warenkorb überführt, der die jeweils ausgewählten Waren zusammenfasst. In der Folge werden regelmäßig persönliche Angaben zum Käufer, zur Zahlungsabwicklung sowie Lieferanschrift abzufragen sein. Letzter Schritt im Rahmen des Bestellvorgangs stellt eine Bestellseite dar, die den Kauf noch einmal in sämtlichen relevanten Einzelheiten zusammenfasst. Insbesondere müssen hierbei eine Produktübersicht, die vom Käufer zu zahlenden Entgelte sowie weitergehende gesetzliche Informationen vorgehalten werden. In aller Regel wird die Bestellseite durch einen Bestellbutton abgeschlossen, durch den der Käufer die Bestellung verbindlich absendet.

89 Im Rahmen der **Bestellseite** gilt es, zahlreiche rechtliche Vorgaben zu beachten:

Checkliste
- Liste der wesentlichen Merkmale der Ware oder Dienstleistung (Produktübersicht);
- Gesamtpreis inklusive sämtlicher Preisbestandteile und Steuern;
- Bei Abo-Verträgen: Gesamtpreis pro Abrechnungszeitraum bzw. monatliche Gesamtkosten;
- Information über etwaige Liefer- und Versandkosten, inklusive ggf. weiterer Steuern;
- Information über etwaige Vertragslaufzeit, inklusive etwaiger Kündigungsmöglichkeiten;
- Information über etwaige Mindestvertragslaufzeit;
- Korrekturmöglichkeit;
- unverzügliche elektronische Bestellbestätigung;
- Hinweis auf Widerrufsrecht;
- Einbezug von AGB in speicherbarer Form;
- Hinweis auf etwaige Lieferbeschränkungen;
- Zahlungsmöglichkeiten;
- Bestellbutton, inklusive erklärender Beschriftung;
- Informationen nach Art. 246c EGBGB.

Mit dem Inkrafttreten der Umsetzungsvorschriften zur europäischen Verbraucher- 90
rechtrichtlinie (VRRL) am 13.6.2014 gelten weitreichende Änderungen für die Darstellung der Bestellübersichtsseite. Der bereits im Jahr 2012 im Rahmen der sog. Button-Lösung neu eingeführte § 312g BGB wird nunmehr aus Gründen der Übersichtlichkeit (so die offizielle Gesetzesbegründung)[95] auf zwei Paragrafen verteilt. § 312h enthält dabei die Pflichten im elektronischen Geschäftsverkehr, die der Unternehmer unabhängig vom Vorliegen eines Verbrauchervertrags, also auch im Verhältnis zweier Unternehmer untereinander („B2B"), zu erfüllen hat. § 312i BGB enthält die Pflichten im elektronischen Geschäftsverkehr des bisherigen § 312g BGB, die der Unternehmer zusätzlich zu § 312h BGB bei Verbraucherverträgen, also bei Geschäften mit Privaten, zu erfüllen hat. Zusätzlich eingefügt worden ist jedoch die Regelung in Abs. 1.

1. Allgemeine Pflichten

Die Vorschrift des § 312h BGB bestimmt zunächst **allgemeine Pflichten**, die unab- 91
hängig von der Einordnung des Geschäfts als **Privatkauf** stets einzuhalten sind.
Hierzu im Einzelnen:

> *„§ 312h BGB*
> *Allgemeine Pflichten im elektronischen Geschäftsverkehr*
> *(1) Bedient sich ein Unternehmer zum Zwecke des Abschlusses eines Vertrags über die Lieferung von Waren oder über die Erbringung von Dienstleistungen der Telemedien (Vertrag im elektronischen Geschäftsverkehr), hat er dem Kunden*
> 1. *angemessene, wirksame und zugängliche technische Mittel zur Verfügung zu stellen, mit deren Hilfe der Kunde Eingabefehler vor Abgabe seiner Bestellung erkennen und berichtigen kann,*
> 2. *die in Artikel 246c des Einführungsgesetzes zum Bürgerlichen Gesetzbuche bestimmten Informationen rechtzeitig vor Abgabe von dessen Bestellung klar und verständlich mitzuteilen,*
> 3. *den Zugang von dessen Bestellung unverzüglich auf elektronischem Wege zu bestätigen und*
> 4. *die Möglichkeit zu verschaffen, die Vertragsbestimmungen einschließlich der Allgemeinen Geschäftsbedingungen bei Vertragsschluss abzurufen und in wiedergabefähiger Form zu speichern."*

Der Händler hat dem Kunden hiernach „angemessene, wirksame und zugängliche 92
technische Mittel zur Verfügung zu stellen", um etwaige **Korrekturen** bei der Bestellung vorzunehmen. Es bietet sich hierbei an, wie bisher auch schon, spätestens auf der Bestellseite bei den einzelnen im Bestellvorgang gesammelten Informationen

---

[95] BT-Drucks. 17/12637, S. 58.

des Kunden, Korrekturmöglichkeiten vorzuhalten. Eingabefenster, Formulare u.ä. müssen so gestaltet sein, dass der Kunde den Text während der Eingabe in vollem bzw. ausreichendem Umfang lesen kann und dass ein Blättern zwischen dem Eingabefenster und der Leistungsbeschreibung möglich ist.[96]

93 Des Weiteren ist dem Kunden gem. § 312h Abs. 1 Nr. 3 BGB der **Zugang seiner Bestellung** unverzüglich auf elektronischem Wege, also z.B. per **Autoresponder-Mail**, zu bestätigen. In Anlehnung an die Vorschrift des § 121 Abs. 1 BGB wird unter „unverzüglich" ein Handeln „ohne schuldhaftes Zögern" verstanden.[97] Da heute mittlerweile nahezu jedes E-Mail-Programm einen Autoresponder zur Verfügung stellt, bedeutet dies de facto, dass eine sofortige Bestätigung nach Zugang geschuldet ist.[98]

94 Nach § 312h Abs. 1 Nr. 4 BGB ist dem Kunden bei Vertragsschluss die Möglichkeit zu verschaffen, **Vertragsbestimmungen** inklusive etwaig verwendeter **AGB** einzusehen und zu **speichern**. Was hierbei neben AGB als Vertragsbestimmung anzusehen ist (Beschaffenheitsvereinbarungen etc.), muss im jeweiligen Einzelfall nach §§ 133, 157 BGB ermittelt werden.[99] Neben der bloßen Möglichkeit zum Abruf muss dem Kunden eine angemessene und wirksame Möglichkeit eingeräumt werden, die Daten auf die Festplatte seines Computers oder einen anderen dauerhaften Datenträger herunterzuladen. Der Unternehmer kommt seiner Verpflichtung hierbei wohl auch nach, wenn er dem Kunden den Vertragstext in einer E-Mail zuschickt.[100]

2. Besondere Pflichten gegenüber Verbrauchern inklusive Bestellbutton

95 In § 312i BGB n.F. werden für den **Verkauf an Privatpersonen** („B2C") weitergehende Anforderungen formuliert. Diese betreffen vor allem die eigentliche **Darstellung der Bestellseite**. So bestimmt § 312i Abs. 2 i.V.m. Art. 246a Abs. 1 S. 1 Nr. 1, 4, 5, 11 und 12 EGBGB, dass folgende Informationen „*unmittelbar bevor der Verbraucher seine Bestellung abgibt, klar und verständlich in* **hervorgehobener Weise** *zur Verfügung"* gestellt werden:
- die wesentlichen Merkmale der Ware oder Dienstleistung (Produktübersicht);
- Gesamtpreis der Waren oder Dienstleistungen, inklusive sämtlicher Preisbestandteile und Steuern;
- Information über etwaige Liefer- und Versandkosten, inklusive ggf. weiterer Steuern;
- Bei Abo-Verträgen: Gesamtpreis pro Abrechnungszeitraum bzw. monatliche Gesamtkosten;

---

[96] MüKo-BGB/*Wendehorst*, § 312 Rn 99.
[97] MüKo-BGB/*Wendehorst*, § 312 Rn 99.
[98] Hoeren/Sieber/Holznagel/*Föhlisch*, 13.4 Rn 186.
[99] MüKo-BGB/*Wendehorst*, § 312 Rn 101.
[100] MüKo-BGB/*Wendehorst*, § 312 Rn 107.

- Information über etwaige Vertragslaufzeit, inklusive etwaiger Kündigungsmöglichkeiten;
- Information über etwaige Mindestvertragslaufzeit.

Der Anforderung nach einer **hervorgehobenen Darstellungsweise** kann z.B. dadurch genügt werden, dass die Produktinformationen farblich hinterlegt oder zumindest umrandet werden. Nach wie vor nicht eindeutig entschieden ist, in welchem Umfang die **wesentlichen Merkmale** der Ware oder Dienstleistung angegeben werden müssen. In jedem Fall empfehlenswert erscheint in diesem Zusammenhang das Platzieren eines Links zur Produktdetailansicht bzw. zum ursprünglichen Angebot, sofern dort weitere Informationen über das Produkt eingeholt werden können. Daneben müssen jedoch stets auch weitere Produktmerkmale, wie z.B. Produktname, Größe, Farbe, Ausführung, Modell etc., unmittelbar in der Bestellzusammenfassung vorgehalten werden. 96

Die Produktübersicht wird durch den **Bestellbutton** abgeschlossen. Um der Anforderung des § 312i Abs. 2 BGB gerecht zu werden, wonach die vorgenannten Informationen unmittelbar **vor Abgabe** der Bestellung vorzuhalten sind, dürfen zwischen den wesentlichen Produktmerkmalen und dem Bestellbutton keine weitergehenden Angaben vorgehalten werden. Dies gilt insbesondere für Links auf **AGB** oder die **Widerrufsbelehrung**. Diese sind zwingend vor den wesentlichen Produktmerkmalen zu platzieren. Erst recht gelten Pflichtangaben, die erst nach dem Bestellbutton vorgehalten werden, in diesem Zusammenhang als verspätet und damit wettbewerbswidrig.¹⁰¹ 97

Die Anforderungen an den sog. Bestellbutton ergeben sich aus § 312i Abs. 3 BGB n.F. (§ 312g Abs. 3 BGB a.F.). Hiernach hat 98

„der Unternehmer (...) die Bestellsituation bei einem Vertrag nach Absatz 2 so zu gestalten, dass der Verbraucher mit seiner Bestellung ausdrücklich bestätigt, dass er sich zu einer Zahlung verpflichtet. Erfolgt die Bestellung über eine Schaltfläche, ist die Pflicht des Unternehmers aus Satz 1 nur erfüllt, wenn diese Schaltfläche gut lesbar mit nichts anderem als den Wörtern ‚zahlungspflichtig bestellen' oder mit einer entsprechenden eindeutigen Formulierung beschriftet ist."

In der Gesetzesbegründung zur Vorgängernorm des § 312g BGB (a.F.) wird klargestellt, dass auch Formulierungen wie **„kostenpflichtig bestellen"**, **„kaufen"**, **„jetzt kaufen"** oder **„zahlungspflichtigen Vertrag schließen"** ausreichen, um auf die Kostenpflichtigkeit einer Fortsetzung des Bestellvorgangs hinzuweisen.¹⁰² Hinge- 99

---

101 LG Berlin, Urt. v. 17.7.2013 – 97 O 5/13 –.
102 BT-Drucks. 17/7745, S. 12.

gen darf der Button nicht etwa bloße Beschriftungen wie **„Anmeldung"**, **„weiter"**, **„bestellen"** oder **„Bestellung abgeben"** tragen.[103]

100 Folgendes **Muster einer Bestellseite** kann zur Orientierung beim Verkauf von Waren herangezogen werden. Sofern der Vertrag eine fortlaufende Leistung oder ein Abonnement zum Gegenstand hat, sind die weiteren unter Rn 95 genannten Informationen zusätzlich anzugeben.

Muster

Die AGB habe ich zur Kenntnis genommen und erkläre mich hiermit einverstanden.

Die Widerrufsbelehrung habe ich zur Kenntnis genommen.

Lieferadresse	bearbeiten	**Rechnungsadresse**	bearbeiten
Emil Empfänger		Zacharias Zahlemann	
Lieferweg		Rechnungsstraße	
12345 Lieferstadt		67890 Rechnungsdorf	

Zahlungsart	bearbeiten
Bankeinzug	

Artikel bearbeiten	**Anzahl**	**Einzelpreis**	**Preis**
Bay Ran XY 1234 Modellname Rahmen: Gold Größe 45/14 **Bild einfügen** Produktdetails	1	149,00 €	149,00 €
Smartphone Universe Modellname 8,9 cm (3,5 Zoll) Display Android 2.2, 5 Megapixel Kamera Schwarz **Bild einfügen** Produktdetails	2	149,00 €	298,00 €

Gesamtpreis der Waren		447,00 €
zzgl. Versand		14,50 €
zzgl. Kosten Zahlungsart		00,00 €
inkl. MwSt. 19 %		84,93 €
zu zahlender Gesamtpreis		**461,50 €**
		Kaufen

---

[103] BT-Drucks. 17/7745, S. 12.

Kost

3. Weitergehende Informationen

Nach § 312h Abs. 1 Nr. 2 BGB n.F. müssen dem Kunden schließlich auch sämtliche der in Art. 246c EGBGB n.F. aufgezeigten Informationen „rechtzeitig vor Abgabe von dessen Bestellung klar und verständlich" mitgeteilt werden. Die Vorschrift des Art. 246c EGBGB lautet dabei wie folgt:

101

> *„Bei Verträgen im elektronischen Geschäftsverkehr muss der Unternehmer den Kunden unterrichten*
> 1. *über die einzelnen technischen Schritte, die zu einem Vertragsschluss führen,*
> 2. *darüber, ob der Vertragstext nach dem Vertragsschluss von dem Unternehmer gespeichert wird und ob er dem Kunden zugänglich ist,*
> 3. *darüber, wie er mit den gemäß § 312h Absatz 1 Satz 1 Nummer 1 des Bürgerlichen Gesetzbuchs zur Verfügung gestellten technischen Mitteln Eingabefehler vor Abgabe der Vertragserklärung erkennen und berichtigen kann,*
> 4. *über die für den Vertragsschluss zur Verfügung stehenden Sprachen und*
> 5. *über sämtliche einschlägigen Verhaltenskodizes, denen sich der Unternehmer unterwirft, sowie über die Möglichkeit eines elektronischen Zugangs zu diesen Regelwerken."*

Den vorstehenden Anforderungen wird ein Händler am besten und einfachsten dadurch gerecht, dass er die geforderten Informationen im Rahmen von **AGB** bereitstellt. Bei der konkreten Ausgestaltung von AGB kommt es selbstverständlich immer auf den konkreten Einzelfall an. Das nachfolgende **Muster** kann daher lediglich eine allgemeine Orientierung bieten, im Zweifel sollte immer auch eine individuelle Rechtsberatung eingeholt werden:

102

Vertragsmuster
„1. Vertragsschluss
Der Kunde kann aus dem Sortiment des Anbieters Produkte auswählen und diese über den Button „in den Warenkorb legen" in einem sog. Warenkorb sammeln. Über den Button „zahlungspflichtig bestellen" gibt er einen verbindlichen Antrag zum Kauf der im Warenkorb befindlichen Waren ab.
Vor Abschicken der Bestellung kann der Kunde die Daten jederzeit ändern und einsehen. Änderungen können hierbei über die Schaltfläche „ändern" im Rahmen der Bestellübersicht am Ende des Bestellvorgangs eingegeben und für den Bestellvorgang gespeichert werden.
Der Anbieter schickt daraufhin dem Kunden eine automatische Empfangsbestätigung per E-Mail zu, in welcher die Bestellung des Kunden nochmals aufgeführt wird und die der Kunde über die Funktion „Drucken" ausdrucken kann. Die automatische Empfangsbestätigung dokumentiert lediglich, dass die Bestellung des Kunden beim Anbieter eingegangen ist und stellt keine Annahme des Antrags dar. Der Vertrag kommt erst durch die Abgabe der Annahmeerklärung durch den Anbieter zustande, die mit einer gesonderten E-Mail versandt wird. Ist das gewünschte Produkt nicht mehr vorrätig, wird der Anbieter die Annahme verweigern. Ein Vertrag ist dann nicht zustande gekommen.

2. Speicherung des Vertragstexts
Der Anbieter hält diese AGB und die weiteren Vertragsbestimmungen mit den Daten der Bestellung des Kunden im Bestellprozess zum Abruf bereit. Der Kunde kann diese Informationen dort einfach archivieren, indem er die AGB herunterlädt und die im Bestellablauf im Internetshop zusammengefassten Daten mithilfe der Funktionen seines Browsers speichert.

3. Vertragssprache
Die Vertragssprache ist Deutsch.

4. Verhaltenskodex
Der Anbieter hat sich freiwillig dem GKV- Verhaltenskodex (Code of Conduct) für die Kunststoff verarbeitende Industrie unterworfen. Der Inhalt dieses Verhaltenskodex ist abrufbar unter http://www.gkv.de/assets/files/Compliance-Initiative/coc-final_05102011.pdf."

IV. Das Impressum

103 Der Betreiber eines Online-Shops wie auch der Anbieter im Rahmen einer Online-Plattform wie Amazon oder eBay ist gem. § 5 TMG dazu verpflichtet, eine sog. **Anbieterkennzeichnung**, in der Regel „Impressum" genannt, vorzuhalten.

1. Rechtliche Anforderungen an ein Impressum

104 Die nach § 5 TMG anzugebenden Informationen müssen durch den sog. Diensteanbieter „leicht **erkennbar**, unmittelbar **erreichbar** und ständig **verfügbar**" bereitgestellt werden. Um diesen Erfordernissen gerecht zu werden, sind an die grundsätzliche Abrufbarkeit eines Impressums folgende Anforderungen entwickelt worden:
- Das Impressum muss in **maximal zwei Klicks** von der Startseite eines Internetauftritts aus erreicht werden können, ein Vorhalten auf der Startseite ist hingegen nicht zwingend erforderlich.[104]
- Als Bezeichnung sind jedenfalls die Formulierungen „Impressum" sowie auch „Kontakt" rechtssicher.[105]
- Nicht ausreichend ist demgegenüber die Verwendung der Bezeichnung „backstage" zur Kennzeichnung eines Impressums.[106]
- Es ist ebenfalls nicht ausreichend, wenn das Impressum im Rahmen von AGB platziert wird, da an dieser Stelle nicht mit einer derartigen Information gerechnet wird.[107]

---

[104] BGH, Urt. v. 20.7.2006 – I ZR 228/03 – „Anbieterkennzeichnung im Internet".
[105] BGH, Urt. v. 20.7.2006 – I ZR 228/03 – „Anbieterkennzeichnung im Internet"; OLG München, Urt. v. 11.9.2003 – 29 U 2681/03 –.
[106] OLG Hamburg, Beschl. v. 20.11.2002 – 5 W 80/02 –.
[107] LG Stuttgart, Urt. v. 11.3.2003 – 20 O 12/03 –.

Welche der in § 5 TMG aufgeführten Informationen im Rahmen eines Impressums 105
jeweils aufgeführt werden müssen, bestimmt sich primär anhand der Rechtsform
des Seitenbetreibers. Stets ist jedoch der Name des Unternehmens bzw. des Einzelunternehmers, eine Anschrift (kein Postfach!), eine E-Mail-Adresse sowie eine weitere
Angabe, die *„eine schnelle elektronische Kontaktaufnahme und unmittelbare Kommunikation"* (§ 5 Abs. 1 Nr. 2 TMG) ermöglicht, vorzuhalten. Die Angabe einer vertretungsberechtigten Person (z.B. Geschäftsführer bei einer GmbH) wird zwar in § 5 Abs. 1 Nr. 1
TMG verlangt, findet jedoch keine Entsprechung in der dieser Vorschrift zugrunde
liegenden europäischen Richtlinie (Art. 5 Abs. 1 lit. a u. b RL 2000/31/EG v. 8.6.2000).
Vor diesem Hintergrund hat z.B. das KG Berlin entschieden, dass eine fehlende
Nennung eines Vertretungsberechtigten im Impressum keinen Wettbewerbsverstoß
darstelle.[108] Da es insoweit jedoch bisher noch keine gesicherte höchstrichterliche
Rechtsprechung gibt, empfiehlt es sich zur Vermeidung von rechtlichen Problemen
nach wie vor, eine vertretungsberechtigte Person im Impressum anzugeben.

2. Musterformulierungen

Nachstehend finden sich für die in Deutschland gängigsten Rechtsformen **Muster-** 106
formulierungen für ein vollständiges Impressum. Die Angaben müssen entsprechend ergänzt werden.

Klauselmuster Einzelunternehmer
„Name des Shops
Inh.: Vor- und Zuname
Straße/Hausnummer
PLZ/Stadt
Telefon:[109]
Telefax:[110]
E-Mail:
Gewerberegister: Stadt X Nr. 123[111]
Umsatzsteuer-Identifikationsnummer:[112]*"*

---

[108] KG Berlin, Beschl. v. 21.9.2012 – 5 W 204/12 –.
[109] Bei der Verwendung von Sonder- oder Mobilfunkrufnummern sollte auf die hiermit möglicherweise einhergehenden erhöhten Gebühren hingewiesen werden.
[110] Sofern vorhanden.
[111] Sofern vorhanden.
[112] Sofern vorhanden.

Klauselmuster Eingetragener Kaufmann
„Name des Shops e.K.
Inh.: Vor- und Zuname
Straße/Hausnummer
PLZ/Stadt
Telefon:[113]
Telefax:[114]
E-Mail:
Handelsregister: Amtsgericht XY, HRA 12345
Umsatzsteuer-Identifikationsnummer:[115]"

 Klauselmuster Gesellschaft bürgerlichen Rechts (GbR)
„Name der Gesellschaft GbR
Straße/Hausnummer
PLZ/Stadt
Vertretungsberechtigte Gesellschafter: Vor- und Zuname[116]
Telefon:[117]
Telefax:[118]
E-Mail:
Gewerberegister: Stadt X Nr. 123
Umsatzsteuer-Identifikationsnummer:[119]"

Klauselmuster Offene Handelsgesellschaft (OHG)
„Name der Gesellschaft OHG
Straße/Hausnummer
PLZ/Stadt
Vertretungsberechtigte Gesellschafter: Vor- und Zuname[120]
Telefon:[121]

---

113 Bei der Verwendung von Sonder- oder Mobilfunkrufnummern sollte auf die hiermit möglicherweise einhergehenden erhöhten Gebühren hingewiesen werden.
114 Sofern vorhanden.
115 Sofern vorhanden.
116 Der Vor- und Zuname mindestens eines zur Vertretung berechtigten Gesellschafters muss genannt werden; sollte im Vertrag nicht die Vertretung auf einen alleinigen Gesellschafter übertragen sein, müssen alle Gesellschafter genannt werden.
117 Bei der Verwendung von Sonder- oder Mobilfunkrufnummern sollte auf die hiermit möglicherweise einhergehenden erhöhten Gebühren hingewiesen werden.
118 Sofern vorhanden.
119 Sofern vorhanden.
120 Der Vor- und Zuname mindestens eines zur Vertretung berechtigten Gesellschafters muss genannt werden; sollte im Vertrag nicht die Vertretung auf einen alleinigen Gesellschafter übertragen sein, müssen alle Gesellschafter genannt werden.
121 Bei der Verwendung von Sonder- oder Mobilfunkrufnummern sollte auf die hiermit möglicherweise einhergehenden erhöhten Gebühren hingewiesen werden.

Kost

Telefax:[122]
E-Mail:
Handelsregister: Amtsgericht XY, HRA 12345
Umsatzsteuer-Identifikationsnummer:[123] "

Klauselmuster Kommanditgesellschaft (KG)
„*Name der Gesellschaft KG*
Straße/Hausnummer
PLZ/Stadt
Geschäftsführender Gesellschafter: Vor- und Zuname (persönlich haftend)[124]
Telefon:[125]
Telefax:[126]
E-Mail:
Handelsregister: Amtsgericht XY, HRA 12345
Umsatzsteuer-Identifikationsnummer:[127] "

Klauselmuster GmbH & Co. KG
„*Name der Gesellschaft GmbH & Co. KG*
Straße/Hausnummer
PLZ/Stadt
Telefon:[128]
Telefax:[129]
E-Mail:
Handelsregister: Amtsgericht XY, HRA 12345
Umsatzsteuer-Identifikationsnummer:[130]

Vertreten durch die geschäftsführende Gesellschafterin:[131]
Name der Verwaltungsgesellschaft GmbH

---

122 Sofern vorhanden.
123 Sofern vorhanden.
124 Der Vor- und Zuname mindestens eines zur Vertretung berechtigten Gesellschafters (Komplementär) muss genannt werden.
125 Bei der Verwendung von Sonder- oder Mobilfunkrufnummern sollte auf die hiermit möglicherweise einhergehenden erhöhten Gebühren hingewiesen werden.
126 Sofern vorhanden.
127 Sofern vorhanden.
128 Bei der Verwendung von Sonder- oder Mobilfunkrufnummern sollte auf die hiermit möglicherweise einhergehenden erhöhten Gebühren hingewiesen werden.
129 Sofern vorhanden.
130 Sofern vorhanden.
131 Der Unterschied zu einer „normalen" KG besteht darin, dass die persönlich haftende Komplementärin eine GmbH ist. Bezüglich dieser sind weitere Angaben zur Geschäftsführung sowie zum Handelsregister notwendig.

Geschäftsführer: Vor- und Zuname[132]
Handelsregister: Amtsgericht XY, HRA 12345"

 Klauselmuster Gesellschaft mit beschränkter Haftung (GmbH)
„Name der Gesellschaft GmbH[133]
Straße/Hausnummer
PLZ/Stadt
Geschäftsführer: Vor- und Zuname[134]
Telefon:[135]
Telefax:[136]
E-Mail:
Handelsregister: Amtsgericht XY, HRA 12345
Umsatzsteuer-Identifikationsnummer:[137]*"*

 Klauselmuster Unternehmergesellschaft (UG)
„Name der Gesellschaft Unternehmergesellschaft (haftungsbeschränkt)[138]
Straße/Hausnummer
PLZ/Stadt
Geschäftsführer: Vor- und Zuname[139]
Telefon:[140]
Telefax:[141]
E-Mail:
Handelsregister: Amtsgericht XY, HRA 12345
Umsatzsteuer-Identifikationsnummer:[142]*"*

---

132 Die Vor- und Zunamen sämtlicher zur Vertretung der GmbH berechtigten Geschäftsführer müssen genannt werden.
133 Die Nennung des Rechtsformzusatzes ist zwingend (vgl. § 4 GmbHG); möglich ist auch „Gesellschaft mbH".
134 Die Vor- und Zunamen sämtlicher zur Vertretung der GmbH berechtigten Geschäftsführer müssen genannt werden.
135 Bei der Verwendung von Sonder- oder Mobilfunkrufnummern sollte auf die hiermit möglicherweise einhergehenden erhöhten Gebühren hingewiesen werden.
136 Sofern vorhanden.
137 Sofern vorhanden.
138 Die Nennung des Rechtsformzusatzes ist zwingend (vgl. § 5a Abs. 1 GmbHG); möglich ist auch „UG (haftungsbeschränkt)".
139 Die Vor- und Zunamen sämtlicher zur Vertretung der GmbH berechtigten Geschäftsführer müssen genannt werden.
140 Bei der Verwendung von Sonder- oder Mobilfunkrufnummern sollte auf die hiermit möglicherweise einhergehenden erhöhten Gebühren hingewiesen werden.
141 Sofern vorhanden.
142 Sofern vorhanden.

Kost

Klauselmuster Limited (Ltd.)
„Name der Gesellschaft Limited[143]
Straße/Hausnummer United Kingdom
PLZ/Stadt
Director: Vor- und Zuname[144]
Telefon:[145]
Telefax:[146]
E-Mail:
Registriert in England und Wales
Company-No.:
Umsatzsteuer-Identifikationsnummer:[147]"

Klauselmuster Aktiengesellschaft (AG)
„Name der Gesellschaft Aktiengesellschaft[148]
Straße/Hausnummer
PLZ/Stadt
Vertretungsberechtigter Vorstand: Vor- und Zuname[149]
Vorsitzender des Aufsichtsrates: Vor- und Zuname
Telefon:[150]
Telefax:[151]
E-Mail:
Handelsregister: Amtsgericht XY, HRA 12345
Umsatzsteuer-Identifikationsnummer:[152]"

3. Rechtsfolgen eines fehlerhaften Impressums

Sowohl Fehler bei der Einbindung des Impressums (siehe Rn 104) als auch inhaltliche Verstöße (siehe Rn 105 ff.) stellen eine Verletzung von § 5 TMG dar. Die Vorschrift des § 5 TMG ist zumindest auch dazu bestimmt, das Marktverhalten zu regeln.[153] Entspre-

---

[143] Die Nennung des Rechtsformzusatzes ist zwingend; möglich ist auch „Ltd.".
[144] Die Vor- und Zunamen sämtlicher zur Vertretung der Limited berechtigten Directors müssen genannt werden.
[145] Bei der Verwendung von Sonder- oder Mobilfunkrufnummern sollte auf die hiermit möglicherweise einhergehenden erhöhten Gebühren hingewiesen werden.
[146] Sofern vorhanden.
[147] Sofern vorhanden.
[148] Die Nennung des Rechtsformzusatzes ist zwingend (vgl. § 4 AktG); möglich ist auch „AG".
[149] Der Vor- und Zuname der Vorstände ist zu nennen, wobei der Vorsitzende durch einen entsprechenden Zusatz kenntlich gemacht werden sollte.
[150] Bei der Verwendung von Sonder- oder Mobilfunkrufnummern sollte auf die hiermit möglicherweise einhergehenden erhöhten Gebühren hingewiesen werden.
[151] Sofern vorhanden.
[152] Sofern vorhanden.
[153] *Köhler/Bornkamm*, § 4 Rn 11.169 m.w.N.

chend können Verletzungen dieser Vorschrift zur Begründung eines **Wettbewerbsverstoßes** nach §§ 3, 4 Nr. 11 UWG führen. Voraussetzung hierfür ist jedoch stets eine spürbare Beeinträchtigung i.S.d. § 3 Abs. 1 UWG, womit bloße **Bagatellverstöße** ausgeschlossen sind.

108 Zugleich handelt es sich bei den nach § 5 TMG vorzuhaltenden Angaben aber auch um „wesentliche Informationen" i.S.d. § 5a Abs. 2 UWG. Hiernach handelt unlauter,

> „wer die Entscheidungsfähigkeit von Verbrauchern im Sinne des § 3 Absatz 2 dadurch beeinflusst, dass er eine Information vorenthält, die im konkreten Fall unter Berücksichtigung aller Umstände einschließlich der Beschränkungen des Kommunikationsmittels wesentlich ist."

109 Verstöße gegen die Vorschrift des § 5a UWG müssen nicht spürbar i.S.d. § 3 Abs. 1 UWG sein, können also nicht mit Verweis darauf, dass es sich lediglich um eine Bagatelle handele, die den Verkehr nicht beeinflusse, abgelehnt werden.[154] Entsprechend führt selbst das Weglassen einer Umsatzsteuer-Identnummer im Impressum, die den Verkehr (auch nach Ansicht der Gerichte!) fast denklogisch nicht spürbar beeinträchtigen kann, konsequent zur Begründung eines Wettbewerbsverstoßes. Die Gerichte sind insoweit an die Vorgabe des europäischen Gesetzgebers gebunden, wonach es sich nun einmal bei sämtlichen Impressumsangaben um wesentliche Informationen handelt, die nicht untereinander nach „spürbar" und „weniger spürbar" gewichtet werden können.[155]

V. Häufige Abmahngründe

110 Die meisten Rechtsverstöße im Rahmen eines Online-Shops können zum Gegenstand einer **Abmahnung** gemacht werden, die ein Mitbewerber oder Wettbewerbsverband geltend macht. Die nachstehende Darstellung gibt eine Übersicht über aktuelle Abmahngründe sowie „Abmahndauerbrenner" aus der Praxis.

1. Allgemeine Geschäftsbedingungen (AGB)

111 Bei der Verwendung von AGB ist besondere Vorsicht geboten. Auf keinen Fall sollten diese ungeprüft aus anderen Online-Shops übernommen werden. In der Rechtsprechung findet sich eine Vielzahl von Fällen, in denen AGB-Verstöße als abmahnfähige

---

[154] KG Berlin, Urt. v. 6.12.2011 – 5 U 144/10 –.
[155] OLG Hamm, Urt. v. 2.4.2009 – 4 U 213/08 –.

Wettbewerbsverletzung angesehen wurden.[156] Folgende **AGB-Klauseln** sind hierbei insbesondere kritisch und sollten vermieden werden:

a) Gerichtsstandsvereinbarungen

> *„Gerichtsstand für sämtliche Streitigkeiten aus der Geschäftsbeziehung ist der Sitz des Verkäufers."*

Nach § 38 ZPO kann eine derartige **Gerichtsstandsvereinbarung** jedoch nur getroffen werden, wenn beide Parteien – Käufer und Verkäufer – *„Kaufleute, juristische Personen des öffentlichen Rechts oder öffentlich-rechtliche Sondervermögen sind"* (§ 8 Abs. 1 ZPO) oder aber *„mindestens eine der Vertragsparteien keinen allgemeinen Gerichtsstand im Inland hat"* (§ 38 Abs. 2 ZPO). Gerichtsstandsvereinbarungen mit Privatpersonen sind daher stets unwirksam und stellen zugleich einen Wettbewerbsverstoß dar.[157]

112

b) Einschränkung von Gewährleistungsrechten

> *„Offensichtliche Mängel an der gelieferten Ware sind dem Verkäufer innerhalb einer Frist von sieben Tagen nach Erhalt der Ware schriftlich mitzuteilen."*
> *„Der Kunde hat die Ware unverzüglich nach Erhalt auf etwaige Mängel zu untersuchen. Spätere Mängelanzeigen werden nicht akzeptiert."*
> *„Es gilt eine Rügefrist von zwei Wochen."*

Privatpersonen stehen gem. §§ 433 ff. BGB im Kaufrecht **Gewährleistungsrechte** zu, die er (bei Neuware) innerhalb einer Frist von zwei Jahren ausüben darf. Hierbei handelt es sich gem. § 475 BGB um zwingendes Recht, von dem nicht abgewichen werden kann. Entsprechend anderslautende Vereinbarungen, wie die vorstehend dargestellten, sind unwirksam und zugleich abmahnfähig.[158]

113

c) Angaben zur Versanddauer

> *„Voraussichtliche Versanddauer 1–3 Werktage."*

---

[156] Zur grundsätzlichen Abmahnfähigkeit von AGB: BGH, Urt. v. 31.3.2010 – I ZR 34/08 – „Gewährleistungsausschluss im Internet".
[157] So z.B. LG Offenburg, Urt. v. 2.7.2012 – 5 O 31/12 KfH –.
[158] So z.B. OLG Hamm, Urt. v. 24.5.2012 – I-4 U 48/12 –.

114 Das OLG Bremen hat eine solche Angabe für unzulässig erklärt.[159] Grund hierfür sei, so das OLG, dass der Anbietende keine **hinreichend bestimmte Frist** für die Erbringung der Leistung vorsehe. Das OLG Bremen begründete dies folgendermaßen:

> „Damit werden, was die Vorschrift verhindern soll, die dem Kunden im Falle einer Fristüberschreitung zustehenden Rechte, vor allem die aus §§ 281, 323 und 280 Abs. 2 i. V. m. § 286 BGB ausgehöhlt. Der Verstoß gegen das Bestimmtheitsgebot erschwert es dem Kunden insbesondere, das Fristende selbst zu erkennen oder zu errechnen."

d) Unklare Regelung des Vertragsschlusses

> „Der Vertrag mit uns kommt zustande, wenn wir das Angebot des Kunden innerhalb von fünf Tagen schriftlich oder in Textform annehmen oder die bestellte Ware übersenden. Für den Fall der vereinbarten Zahlungsart Vorkasse erklären wir bereits jetzt und an dieser Stelle die Annahme des Vertragsangebots des Kunden zu dem Zeitpunkt, in dem der Kunde Vorkasse leistet, wenn die Zahlung innerhalb von zehn Tagen nach Absendung der Bestellung erfolgt."

115 Dem OLG Frankfurt a.M. fehlte bei dieser Regelung eine klare, verständliche Regelung für den **Zeitpunkt der Annahmeerklärung** des Händlers, was wiederum wettbewerbswidrig sei.[160]

2. Widerrufsbelehrung

116 Fehlerhafte Widerrufsbelehrungen führen insbesondere dann zu abmahnfähigen Verstößen, wenn von den gesetzlichen Mustern abgewichen wird oder die Ausübung des Widerrufsrechts an weitere, gesetzlich so nicht vorgesehene Voraussetzungen geknüpft wird:

> „Rücksendung nach Widerruf nur in Originalverpackung"

117 Das Fehlen der **Originalverpackung** kann zwar zur Minderung der Kaufpreisrückerstattung im Rahmen des Wertersatzes führen, darf aber nach ständiger Rechtsprechung nicht Bedingung für die Ausübung des Widerrufsrechts sein. Eine entsprechende Klausel ist unwirksam und wettbewerbswidrig.[161] Wohl darf aber um eine

---

159 OLG Bremen, Urt. v. 5.10.2012 – 2 U 49/12 –.
160 OLG Frankfurt a.M., Beschl. v. 29.8.2012 – 6 W 84/12 –.
161 OLG Frankfurt a.M., Urt. v. 10.11.2005 – 1 U 127/05 –.

Rücksendung in Originalverpackung gebeten werden, sofern hinreichend deutlich gemacht wird, dass es sich hierbei um keine Wirksamkeitsvoraussetzung für den Widerruf als solches handelt.[162]

„Unfreie Rücksendungen werden nicht angenommen"

Wenn der Kunde die **Rücksendekosten,** wie in den meisten Fällen, nicht tragen muss, kann er auch nicht verpflichtet werden, das Porto zu verauslagen. Daher müssen auch unfreie Rücksendungen angenommen werden, wenn nicht ein Retouren-Aufkleber der Ware beigelegt wird. Anderslautende Klauseln – wie die vorstehende – sind daher abmahnfähig.[163] 118

„Etwaige offensichtliche Mängel sind unverzüglich nach Übergabe des Kaufgegenstands dem Anbieter gegenüber schriftlich anzuzeigen. Ein Widerruf ist hiernach nicht mehr möglich."

Jeglicher Versuch, die gesetzlichen **Widerrufsfristen,** die mindestens 14 Tage betragen, einzuschränken, ist unzulässig und damit abmahnfähig.[164] 119

3. Marken- & Urheberrechte

Immer wieder kommt es im Rahmen von Online-Shops auch zur Abmahnung wegen Verletzung von Marken- und/oder Urheberrechten. Ob und wie fern eine Verletzung von derartigen Schutzrechten vorliegt, kann nur im jeweiligen Einzelfall beantwortet werden. 120

Ein Markenrechtsverstoß liegt beispielsweise vor, wenn CERAN®-Feld Reiniger angeboten wird, dieser aber tatsächlich nicht vom Inhaber der Marke „Ceran", der Firma Schott AG, hergestellt oder lizenziert wurde. 121

Ebenso kommt es häufig vor, dass Online-Shop-Betreiber unbefugt fremde, z.B. über die Google-Bildersuche gefundene Produktfotos zur Beschreibung der eigenen Waren verwenden. Sofern hierzu keine Berechtigung aufseiten des Online-Shop-Betreibers besteht, kann der Urheber die Verwendung seiner Fotos kostenpflichtig abmahnen lassen. 122

---

162 LG Hamburg, Urt. v. 6.1.2011 – 327 O 779/10 –.
163 OLG Hamburg, Beschl. v. 24.1.2008 – 3 W 7/08 –.
164 LG Karlsruhe, Urt. v. 19.10.2009 – 10 O 356/09 –.

4. E-Mail-Marketing (Newsletter)

123 Ein von Online-Shop-Betreibern häufig genutztes Werbemittel ist das E-Mail-Marketing, in dem ehemaligen oder potenziellen Kunden Produkt- oder Unternehmensinformationen per E-Mail, z.B. als **Newsletter**, zugesandt werden. Hierbei ist in jedem Fall die Vorschrift des § 7 Abs. 2 Nr. 3 UWG zu beachten, wonach *„bei Werbung unter Verwendung einer automatischen Anrufmaschine, eines Faxgerätes oder elektronischer Post, ohne dass eine vorherige ausdrückliche Einwilligung des Adressaten vorliegt"*, stets eine unzumutbare Belästigung anzunehmen ist. Etwas anderes gilt gem. § 7 Abs. 3 UWG nur, wenn

> *„1. ein Unternehmer im Zusammenhang mit dem Verkauf einer Ware oder Dienstleistung von dem Kunden dessen elektronische Postadresse erhalten hat,*
> *2. der Unternehmer die Adresse zur Direktwerbung für eigene ähnliche Waren oder Dienstleistungen verwendet,*
> *3. der Kunde der Verwendung nicht widersprochen hat und*
> *4. der Kunde bei Erhebung der Adresse und bei jeder Verwendung klar und deutlich darauf hingewiesen wird, dass er der Verwendung jederzeit widersprechen kann, ohne dass hierfür andere als die Übermittlungskosten nach den Basistarifen entstehen."*

124 Sämtliche der vorstehenden Voraussetzungen, unter denen eine E-Mail-Werbung gegenüber bestehenden Kunden zulässig ist, gelten kumulativ, müssen also gemeinsam vorliegen.

125 In allen anderen Fällen bedarf es einer **ausdrücklichen Einwilligung des Adressaten** in den Erhalt von Werbe-E-Mails. Hierbei ist es unerheblich, ob der Versand an eine Privatperson oder einen Unternehmer erfolgt.[165] In der Rechtsprechung hat sich die Ansicht gefestigt, wonach nur die sog. Double-Opt-In-Methode (unvorausgefüllte Anmeldung für einen Newsletter zuzüglich nachfolgender ausdrücklicher Bestätigung per Check-Mail) im rechtlichen Sinne dazu geeignet sei, das Einverständnis des Empfängers beweisbar einzuholen.[166] Etwas anderes hat hingegen zuletzt das OLG München entschieden, wonach es sich bei der Bestätigungs-Mail selbst um (unaufgeforderte) Werbung handele und diese somit einen abmahnfähigen Verstoß darstelle.[167]

126 Die Frage nach dem Einwilligungserfordernis stellt sich insbesondere bei Weiterempfehlungsfunktionen, sog. **Tell-a-Friend**-Werbungen. Hierunter ist eine auf der Website integrierte Weiterempfehlungsoption zu verstehen, mittels derer es Nutzern ermöglicht wird, unter Angabe der eigenen E-Mail-Adresse zusätzlich die E-Mail einer

---

[165] BGH, Urt. v. 11.3.2004 – I ZR 81/01 –.
[166] BGH, Urt. v. 10.2.2011 – I ZR 164/09 –; AG Hamburg, Urt. v. 11.10.2006 – 6 C 404/06 –.
[167] OLG München, Urt. v. 27.9.2012 – 29 U 1682/12 –.

bekannten Person einzutragen. Dies löst in der Folge einen Prozess aus, in dem an die dem Website-Betreiber bisher unbekannte E-Mail-Adresse eine automatisch generierte Mail mit in der Regel werbenden Inhalten direkt von dessen Server aus versandt wird, die den Empfänger auf das spezielle Angebot aufmerksam machen soll.

Nach Ansicht des BGH handelt es sich hierbei in aller Regel um eine unzulässige Werbung.[168] Das Zusenden der **Empfehlungs-E-Mails** durch die Beklagte stellt nach Ansicht des höchsten deutschen Zivilgerichts einen rechtswidrigen Eingriff in den eingerichteten und ausgeübten Gewerbebetrieb des E-Mail-Adressaten dar. Das Versenden von E-Mails mit unerbetener Werbung, die der Empfänger jeweils einzeln sichten muss und bei denen ein Widerspruch erforderlich ist, um eine weitere Zusendung zu unterbinden, führe zu einer nicht unerheblichen Belästigung. Bei der Einordnung der Empfehlungs-Mail als Werbung komme es nicht darauf an, dass diese letztlich auf dem Willen eines Dritten beruht. Entscheidend sei vielmehr allein das Ziel, das der Anbieter mit dem Zurverfügungstellen der Empfehlungsfunktion erreichen will. Da eine solche Funktion erfahrungsgemäß den Zweck hat, Dritte auf den Anbieter und die von ihm angebotenen Leistungen aufmerksam zu machen, enthalten die auf diese Weise versandten Empfehlungs-E-Mails Werbung. Aufgrund der fehlenden Einwilligung des Adressaten stellt sich die Werbung damit als rechtswidrig dar.[169]

5. Sonstige Abmahngründe
a) Jugendschutz
Häufig treten im Zusammenhang mit dem Vertrieb von Unterhaltungsmedien wie Computerspielen oder DVDs abmahnfähige Probleme mit dem Jugendschutz auf. So stellt das Anbieten indizierter Trägermedien (z.B. „Quake 4", „Total Overdose") ohne ausreichendes **Altersverifikationssystem** (AVS) – die Eingabe einer Personalausweis- oder Reisepassnummer reicht nicht aus – gem. § 15 Nr. 6 JuSchG i.V.m. §§ 3, 4 UWG einen Wettbewerbsverstoß dar.[170]

b) Unzulässige Werbung
Die Werbung mit unwahren, veralteten oder **nicht auffindbaren Testergebnissen** ist gem. §§ 3, 5 UWG als wettbewerbswidrig einzustufen.[171] Bei Testergebnissen müssen auch Jahr und Monat der **Testveröffentlichung** angegeben werden.

Das Werben mit der „**Echtheit**" einer Ware kann ebenfalls als wettbewerbswidrig eingestuft werden. Insofern handelt es sich nämlich um eine **Selbstverständlichkeit**,

---
168 BGH, Urt. v. 12.9.2013 – I ZR 208/12 – „Empfehlungs-E-Mail".
169 BGH, Urt. v. 12.9.2013 – I ZR 208/12 – „Empfehlungs-E-Mail".
170 BGH, Urt. v. 18.10.2007 – I ZR 102/05 – „ueber18.de".
171 OLG Hamm, Urt. v. 15.2.2007 – 4 U 165/06 –.

durch die dem Verkehr kein besonderer Vorteil erwächst.[172] Etwas anderes wurde hingegen unlängst für das Bewerben von Textilien bei eBay mit der Angabe „**100 % Original**" entschieden: Mit einer solchen Echtheitsgarantie will sich der Händler nach Ansicht des OLG Hamm von Anbietern von Imitaten und Fälschungen, die es gerade auf dem Markt des Textilhandels häufig gibt, abgrenzen.[173]

131 Wirbt ein Online-Shop-Betreiber mit **versichertem bzw. unversichertem Versand**, wobei für den versicherten Versand höhere Kosten ausgewiesen sind, kann dies ebenfalls als unzulässige Werbung i.S.d. § 5 UWG gewertet werden.[174] Der Käufer geht hierbei nach Ansicht des LG Frankfurt a.M. davon aus, dass der versicherte Versand, für den er einen höheren Betrag zu zahlen hat, ihm einen Vorteil im Gegensatz zum unversicherten Versand brächte. Dies ist tatsächlich nicht gegeben. Der Unternehmer hat gem. §§ 474, 447 BGB allein das Versandrisiko zu tragen. Im Falle des versicherten Versands erhält der Verbraucher nicht mehr Leistung als beim unversicherten Versand.

132 Lange Zeit war umstritten, inwiefern das bloße **Werben mit einer „Garantie"** bereits einen Wettbewerbsverstoß darstellt, sofern nicht zugleich die in §§ 477 Abs. 1 S. 1, 443 BGB aufgeführten weitergehenden Anforderungen an eine **Garantieerklärung** eingehalten werden. Mit Urteil vom 14.4.2011 hat der BGH dann jedoch entschieden, dass die näheren Angaben, die bei einer Garantieerklärung im Rahmen eines Verbrauchsgüterkaufs enthalten sein müssen, nicht schon in der bloßen Werbung mit einer Garantie aufgeführt sein müssen.[175]

---

172 LG Frankfurt a.M., Urt. v. 8.11.2012 – 2-03 O 205/12 –.
173 OLG Hamm, Beschl. v. 20.12.2010 – 4 W 121/19 –.
174 LG Frankfurt a.M., Urt. v. 8.11.2012 – 2-03 O 205/12 –.
175 BGH, Urt. v. 14.4.2011 – I ZR 133/09 –.

Kapitel 7
Werbung in sozialen Netzwerken – Social Media Marketing

A. Einleitung

Längst dienen die sozialen Netzwerke nicht mehr nur dem privaten Vergnügen.[1] Mit etwa 1 Mrd. Nutzern weltweit und ca. 25 Mio. Nutzern in Deutschland haben soziale Plattformen wie Facebook eine Reichweite erlangt, die auch für Unternehmen interessant ist.[2] Nach einer Studie des BITKOM e.V.[3] waren im vergangenen Jahr bereits 47 % der deutschen Unternehmen in den sozialen Netzwerken aktiv. Bei weiteren 15 % war eine künftige Nutzung fest in Planung. Social Media dient den Unternehmen dabei hauptsächlich als **Marketingwerkzeug** oder für die **Öffentlichkeitsarbeit**. 1

Neben der reinen Marketingaktivität werden die sozialen Netzwerke immer mehr als **Servicekanal** genutzt. Die Unternehmen suchen auf diesem Weg den direkten Kontakt zu ihren Kunden, um die Kundenzufriedenheit und Kundenbindung zu steigern bzw. zu festigen. Auf diese Weise ist es möglich, dem Kunden so schnell wie nie zuvor den gewünschten oder erforderlichen Service zu bieten. Mit Social Media Monitoring kann ein Unternehmen wertvolle Informationen über die Wünsche, die Zufriedenheit und die Entscheidungsprozesse der anvisierten Zielgruppe sammeln. Auch der Erfolg von Werbeaktionen kann mit diesem Werkzeug überprüft werden. 2

Um die Vorzüge der sozialen Netzwerke nutzen zu können, muss ein Unternehmensprofil angelegt werden. An ein **gewerblich genutztes Social Media-Profil** werden jedoch rechtliche Anforderungen gestellt, die über die Nutzungsbedingungen der Netzwerke hinausgehen. So hat ein Unternehmen bei der Profilgestaltung und bei späteren Werbeaktionen das Wettbewerbsrecht und das Datenschutzrecht zu beachten. Zudem müssen haftungsrechtliche Fragestellungen hinsichtlich der Profilinhalte bedacht werden. Dieses Kapitel gibt eine Anleitung, wie die rechtlichen Stolperfallen – von der Profilgestaltung bis zur Durchführung von Werbeaktionen – umgangen werden können. 3

---

[1] Ich danke meinem wissenschaftlichen Mitarbeiter *Nico Czajkowski* für seine wertvolle Unterstützung bei der Erstellung dieses Beitrags.
[2] Nahezu alle DAX 30-Unternehmen sind mit einer eigenen Präsenz in sozialen Netzwerken vertreten.
[3] Siehe http://www.bitkom.org/de/publikationen/38338_72124.aspx.

B. Rechtssicherer Social Media-Auftritt

4 Die Präsenz eines Unternehmens in einem sozialen Netzwerk unterscheidet sich deutlich von der eines privaten Nutzers. Ein Unternehmen muss nicht bloß die jeweiligen Nutzungsbedingungen des sozialen Netzwerks anerkennen und einhalten. Auch gesetzliche Vorschriften z.B. aus dem Wettbewerbsrecht wirken in die sozialen Netzwerke hinein. Während Fehler im Impressum eine Abmahnung durch einen Konkurrenten nach sich ziehen können, besteht bei Verstößen gegen die Nutzungsbedingungen der Seiteninhaber die Gefahr, dass der eigene Account gelöscht wird. Außerdem können sich durch das Betreiben eines gewerblich genutzten Social Media-Profils besondere Haftungssituationen ergeben.

I. Die Social Media-Präsenz

1. Der Account-Name

5 Hinsichtlich der Namensgebung sollten Unternehmen darauf bedacht sein, den Namen zu verwenden, der auch im geschäftlichen Verkehr genutzt wird. Nur so kann der maximale **Wiedererkennungswert** erreicht werden. Aufgrund der zahlreichen Unternehmen, die mittlerweile in den sozialen Netzwerken präsent sind, kann es dabei vorkommen, dass bereits ein Unternehmensprofil mit dem gewünschten Namen existiert. Während es nach dem Handelsrecht hinsichtlich der Zulässigkeit einer Unternehmensgründung mit einer bereits existenten Firma verschiedene Voraussetzungen gibt, unter denen die Neugründung mit demselben Namen zulässig wäre,[4] kann ein Unternehmensname in einem sozialen Netzwerk nur einmal vergeben werden. In den sozialen Netzwerken gilt das sog. **first come – first served**-Prinzip.[5] Nach diesem Prinzip kann derjenige den Namen nutzen, der als Erster ein Profil mit diesem Namen erstellt hat. Verwendet oder blockiert eine Dritter einen Namen, nur um dessen Verwendung zu verhindern oder um aus der Freigabe des Namens einen wirtschaftlichen Vorteil zu ziehen, spricht man von **Account Grabbing**.[6] Dagegen kann der berechtigte Namensträger mit Ansprüchen aus dem namensrechtlichen Schutz nach § 12 BGB, dem Markenrecht § 14 MarkenG und dem Wettbewerbsrecht § 4 Nr. 10 bzw. § 5 UWG vorgehen.[7] Ist es nicht möglich, den Inhaber des blockierten Accounts ausfindig zu machen, besteht außerdem die Möglichkeit, den Plattformbetreiber von der Verletzung in Kenntnis zu setzen und eine Löschung des Accounts zu verlangen.[8]

---

4 Ebenroth/Boujong/Joost/Strohn/*Zimmer*, § 30 Rn 3.
5 Hoeren/Sieber/Holznagel/*Solmecke*, Teil 21.1 Rn 9.
6 Hoeren/Sieber/Holznagel/*Solmecke*, Teil 21.1 Rn 10.
7 Hoeren/Sieber/Holznagel/*Solmecke*, Teil 21.1 Rn 11–13.
8 *Ulbricht*, S. 15.

2. Das Impressum

Die Profilseite in einem sozialen Netzwerk ist nach § 5 TMG impressumspflichtig, wenn sie als eigener Dienst qualifiziert werden kann. Ein eigener Dienst ist dann anzunehmen, wenn die **Profilseite** eine ausreichend kommunikationsbezogene **Eigenständigkeit** aufweist.[9] Eine solche Eigenständigkeit wird einem **gewerblich genutzten Profil** aufgrund der vielfältigen Einwirkungs- und Gestaltungsmöglichkeiten des Nutzers zugeschrieben.[10] Das Impressum muss dabei an der richtigen Stelle im Profil verortet sein. So ist es etwa bei Facebook erforderlich, dass sich das Impressum oder ein Link zu diesem hinter dem Reiter **Kontakt** bzw. **Impressum** befindet.[11] Das Bereithalten des Impressums oder eines Links zu diesem unter einem allgemeinen Info-Reiter ist nach dem OLG Düsseldorf nicht ausreichend, da die Bezeichnung „Info" einem durchschnittlichen Nutzer nicht hinreichend verdeutlichte, dass über diesen Reiter Anbieterinformationen abgerufen werden können.[12] Auch wenn sich die Rechtsprechung nur auf Facebook bezieht, ist davon auszugehen, dass dies auch für andere Plattformen gilt.

Die Impressumspflicht ist selbst dann zu beachten, wenn für das Unternehmen geworben wird, ohne dass es davon Kenntnis hat. So hat das LG Freiburg die Haftung des Unternehmens für ein nicht vorhandenes Impressum in einem Fall bejaht, in dem ein Mitarbeiter in seinem privaten Facebook-Profil Werbung für eine neue Aktion seines Arbeitgebers gemacht hat.[13]

Praxistipp
Um derartige Probleme vor der Entstehung ausschließen zu können, ist es empfehlenswert, eine verbindliche Social Media Guideline für die Arbeitnehmer zu erstellen. In dieser Richtlinie sollte kommuniziert werden, welches Verhalten gegenüber dem Unternehmen in den sozialen Netzwerken zulässig ist und was unterlassen werden sollte.

Auch für **abonnierbare Profile** kann eine Impressumspflicht nach § 5 Abs. 1 TMG bestehen, wenn diese gewerblich genutzt werden. Für **nicht gewerblich genutzte abonnierbare Profile** kann sich eine Impressumspflicht aus § 55 RStV ergeben.[14] Da die Impressumspflicht für abonnierbare Dienste noch keine richterliche Einschätzung erfahren hat, ist es ratsam, für diese ein Impressum vorzuhalten, um die Gefahr

---

9 *Rockstroh*, MMR 2013, 627, 628.
10 *Rockstroh*, MMR 2013, 627, 629; LG Aschaffenburg, Urt. v. 19.8.2011 – 2 HK O 54/11 – MMR 2012, 38; OLG Düsseldorf, Urt. v. 13.8.2013 – I-20 U 75/13 –; LG Frankfurt a.M., Beschl. v. 19.10.2011 – 3-08 O 136/11 –.
11 OLG Düsseldorf, Urt. v. 13.8.2013 – I-20 U 75/13 –.
12 OLG Düsseldorf, Urt. v. 13.8.2013 – I-20 U 75/13 –.
13 LG Freiburg, Urt. v. 4.11.2013 – 12 O 83/13 –.
14 Siehe http://netzrecht.org/impressumspflicht-fuer-private-abonnierbare-nutzerprofile-bei-facebook.

potenzieller Abmahnungen auszuschließen. Wie ein **rechtssicheres Impressum** aussehen kann, wird im sechsten Kapitel dieses Buches erläutert.

3. Datenschutz

9   Da ein Profilinhaber bei einer gewerblichen Nutzung des Profils als **Diensteanbieter** zu qualifizieren ist,[15] trifft ihn die Pflicht, nach datenschutzrechtlichen Vorgaben mit den erhaltenen Nutzerdaten der Besucher seiner Seite umzugehen.[16] Über eine Profilseite erhobene Daten sind etwa Zeit und Ort der Erstellung eines **Pinnwandeintrags** in Verbindung mit dem **Namen des Nutzers**. **Personenbezogene Daten** können aber auch durch die Veranstaltung eines **Gewinnspiels**, durch die Bereitstellung eines **Newsletters** oder einer **Applikation** erlangt werden. Sofern die Nutzerdaten durch eine dieser genannten Möglichkeiten erhoben werden, muss der Seitenbetreiber eine eigene **Datenschutzerklärung** für die Nutzer bereithalten. Hinsichtlich dieser Daten trifft den Profilinhaber als Diensteanbieter nach § 13 TMG die Pflicht, den Nutzer zu Beginn der Nutzung über Art, Umfang und Zweck der Erhebung und Verwendung der personenbezogenen Daten in verständlicher Form zu **informieren**.[17] Es ist weiter erforderlich, dass der Nutzer in die Erhebung und Verwendung seiner Daten einwilligt. Diese **Einwilligung** kann unter den Voraussetzungen des § 13 Abs. 1 TMG elektronisch erfolgen, wenn der Dienstanbieter sicherstellt, dass

- der Nutzer seine Einwilligung bewusst und eindeutig erteilt hat,
- die Einwilligung protokolliert wird,
- der Nutzer den Inhalt der Einwilligung jederzeit abrufen kann und
- der Nutzer die Einwilligung jederzeit mit Wirkung für die Zukunft widerrufen kann.

10 Die technikoffene Gestaltung des § 13 Abs. 2 TMG lässt es für die Einwilligungshandlung ausreichen, wenn etwa ein Häkchen in einer **Checkbox** gesetzt wird, um die Einwilligung auszudrücken.[18] Der Diensteanbieter ist dazu verpflichtet, dem Nutzer Auskunft über die zu seiner Person gespeicherten Daten zu erteilen. Nach § 13 Abs. 7 S. 1 TMG richtet sich der **Auskunftsumfang** nach § 34 BDSG.[19] Auf Wunsch des Nutzers ist der Diensteanbieter zur Löschung der von ihm erhobenen Daten verpflichtet.[20]

---

[15] *Rockstroh*, MMR 2013, 627, 629.
[16] *Braun*, NJ 2013, 104, 107.
[17] *Braun*, NJ 2013, 104, 107.
[18] Spindler/Schuster/*Spindler/Nink*, 12. Teil, § 13 TMG Rn 6.
[19] Spindler/Schuster/*Spindler/Nink*, 12. Teil, § 13 TMG Rn 16.
[20] *Braun*, NJ 2013, 104, 107.

II. Haftung für Profilinhalte

Grundsätzlich kann den Diensteanbieter eine Haftung für die auf seinem Profil ver- 11
öffentlichten Inhalte treffen. Für die **selbst erstellten Inhalte** ergibt sich die Haftung
aus § 7 Abs. 1 TMG. Auf einem öffentlich zugänglichen Profil findet sich jedoch regelmäßig eine große Fülle an Inhalten und Informationen, die nicht nur von dem Profilinhaber, sondern auch von Besuchern der Seite stammen. Für die Frage nach der Haftung des Seiteninhabers ist grundsätzlich zwischen eigenen und fremden Inhalten zu differenzieren. Darüber hinaus ist darauf zu achten, ob ein fremder Inhalt eventuell zu einem eigenen Inhalt geworden ist. Eine Haftung des Seitenbetreibers kann sich außerdem auch bei Hyperlinks ergeben.

1. Eigene Inhalte

Nach § 7 Abs. 1 TMG haften **Diensteanbieter** für ihre eigenen Inhalte nach den all- 12
gemeinen Gesetzen. Ein Diensteanbieter ist nach § 2 Nr. 1 TMG jede natürliche oder juristische Person, die eigene oder fremde **Telemedien** zur Nutzung bereithält oder den Zugang zu ihnen vermittelt. Nach der aktuellen Rechtsprechung ist davon auszugehen, dass ein **Social Media-Profil ein eigenständiges Telemedium** in einem sozialen Netzwerk darstellt.[21] Der Betreiber eines Social Media-Accounts ist danach als Diensteanbieter zu qualifizieren.

Für die Frage, ob eine eigene Information vorliegt, ist auf die Herkunft dieser 13
Information abzustellen.[22] Der Nutzer eines sozialen Netzwerks haftet für sämtliche Beiträge und Kommentare, die er selbst erstellt hat und die folglich seine eigenen sind. Dabei ist es unerheblich, ob diese auf der eigenen oder auf einer fremden Pinnwand veröffentlicht werden.[23]

Den Seitenbetreiber kann darüber hinaus auch die Haftung für Beiträge treffen, 14
die nicht originär von ihm stammen. Nach Auffassung der Rechtsprechung kommt eine Haftung für den Beitrag eines Dritten dann infrage, wenn sich der Seitenbetreiber den Beitrag **zu eigen gemacht** hat. Der BGH nimmt ein Zu-eigen-machen an, wenn der Seiteninhaber sich mit der fremden Äußerung so identifiziert, dass diese als seine eigene erscheint.[24] Von dieser Haftung kann sich der Seitenbetreiber befreien, in dem er einen fremden Inhalt auf seiner Seite mit ausreichender Deutlichkeit als fremd kennzeichnet.[25]

---

21 LG Aschaffenburg MMR 2012, 38; LG Frankfurt a.M., Beschl. v. 19.10.2011 – 3-08 O 136/11 –.
22 Spindler/Schuster/*Hoffmann*, 12. Teil, § 7 TMG Rn 14.
23 Spindler/Schuster/*Hoffmann*, 12. Teil, § 7 TMG Rn 14.
24 BGH MMR 2009, 752, 753.
25 BGH, Urt. v. 27.3.2012 – VI ZR 144/11 –.

Beispiel
In seiner Chefkoch-Entscheidung hat der BGH ein Zu-eigen-machen von urheberrechtsverletzenden Inhalten durch einen Plattformbetreiber angenommen, der Kochrezepte von Dritten auf seiner Plattform veröffentlicht hat, nachdem er die Inhalte vor der Freischaltung kontrolliert hat und sich hinsichtlich der Beiträge umfangreiche Nutzungsrechte einräumen ließ.[26]

2. Fremde Inhalte

15 Liegt eine Rechtsverletzung auf einer Profilseite vor, kann der Verletzte sowohl gegen den **unmittelbaren Rechtsverletzer** wie auch gegen den **Seitenbetreiber** vorgehen. Eine Pflicht, zuerst gegen den Rechtsverletzer vorzugehen, besteht dabei nicht. Von dem Seitenbetreiber kann der Verletzte die Beseitigung und künftige Unterlassung der Störung verlangen. Soweit es um Unterlassungsansprüche geht, kann sich der Plattformbetreiber nach ständiger BGH-Rechtsprechung dabei nicht auf die Haftungsprivilegierung des § 10 TMG berufen.[27] Um die sog. **Störerhaftung** des Seitenbetreibers nicht ausufern zu lassen, kommt diese nur dann infrage, wenn er seine **Prüfungspflichten** verletzt hat. Der Umfang dieser Prüfungspflichten bestimmt sich danach, in wieweit dem Betroffenen nach den Umständen eine Prüfung zuzumuten ist.[28] Nach § 7 Abs. 2 S. 1 TMG besteht jedoch keine Pflicht des Diensteanbieters, auf eigene Initiative nach Rechtsverletzungen auf seiner Seite zu suchen. Daraus wird von einigen Gerichten gefolgert, dass die Störerhaftung **erst nach Kenntnis der Rechtsverletzung** eintreten kann.[29]

Beispiel
Das LG Stuttgart hat (Urt. v. 20.7.2012, Az. 17 O 303/12) die Haftung des Betreibers einer Facebook-Fanseite (Unternehmensseite) für einen Rechtsverstoß durch einen Nutzer bestätigt. Der Nutzer hatte ein urheberrechtlich geschütztes Bild auf die Fanseite des Betreibers hochgeladen. Die Haftung des Seiteninhabers wurde jedoch noch nicht direkt durch den Upload begründet. Dadurch, dass der Urheberrechtsinhaber den Seiteninhaber zur Löschung des Bilds aufforderte, hat der Seiteninhaber Kenntnis von der Rechtsverletzung erlangt. Ab diesem Moment trifft den Seiteninhaber eine Haftung für die Rechtsverletzung. Die Haftung wäre bereits früher entstanden, wenn der Account-Inhaber den rechtsverletzenden Beitrag kommentiert hätte. In diesem Fall wäre von einer Kenntnis auszugehen.

---

26 BGH GRUR 2010, 616 „chefkoch.de".
27 BGH MMR 2004, 668 „Internetversteigerung I"; BGH MMR 2007, 507 „Internetversteigerung II"; BGH MMR 2008, 531 „Internetversteigerung III".
28 M.w.N. BGH MMR 2007, 507, 510 „Internetversteigerung II"; BGH MMR 2004, 529, 531 „Schöner Wetten".
29 LG Hamburg, Urt. v. 20.4.2012 – 310 O 461/10 –; LG Berlin, Urt. v. 5.4.2012 – 27 O 455/11 –.

3. Linkhaftung

Durch das Setzen eines **Hyperlinks**, der zu einem urheberrechtlich geschützten Inhalt führt, werden grundsätzlich keine Urheberrechte verletzt, da weder eine Vervielfältigung, noch eine öffentliche Zugänglichmachung vorgenommen wird.[30] Eine Haftung für den **Inhalt der verlinkten Seite** kommt dann in Betracht, wenn sich der Account-Inhaber den Inhalt **zu eigen macht**.[31] Ein Zu-eigen-machen liegt etwa dann vor, wenn ein geposteter Hyperlink mit dem Kommentar „sehr interessant" versehen wird.[32] Durch die Abgabe eines positiven Kommentars entsteht danach die Haftung wie für einen eigenen Inhalt. Eine **Störerhaftung** kommt für die Linksetzenden dann infrage, wenn der Rechtsverstoß offensichtlich ist.[33]

Besonders problematisch ist die Frage, ab wann der Seitenbetreiber für ein auf seiner Seite eingebettetes **urheberrechtsverletzendes Video** haftet. Diese Frage ist sowohl aus einer urheberrechtlichen Perspektive als auch aus der Perspektive der Linkhaftung zu betrachten. Ob durch das Einbinden eines urheberrechtswidrigen Videos mittels eines Frames eine urheberrechtlich relevante Handlung vorgenommen wird, ist umstritten. Entscheidend dabei ist, ob man die Einbindung des Videos als **öffentliche Zugänglichmachung** nach § 19a UrhG sieht. Zum Teil wird angenommen, dass hinsichtlich dieser Frage auf die Sicht eines Seitenbesuchers abzustellen sei. Kann dieser nicht erkennen, dass das Video nicht von dem Seitenbetreiber selbst stammt, soll eine öffentliche Zugänglichmachung nach § 19a UrhG vorliegen.[34] Zum Teil wird das Einbetten aber nicht anders beurteilt als das Setzen eines Hyperlinks. Dies hat dann die Folge, dass keine öffentliche Zugänglichmachung gegeben ist.[35] Nach beiden Ansichten wäre die Einbindung eines Videos dann keine urheberrechtlich relevante Handlung, wenn dem Besucher der Seite mitgeteilt wird, dass es sich bei dem eingebundenen Video um ein Fremdes handelt. So müsste dem Betrachter eines in Facebook eingebundenen YouTube-Videos klar sein, dass es sich um ein fremdes Video handelt, wenn im Frame das YouTube-Logo zu sehen ist.

Betrachtet man dieses Problem aus der Perspektive der Linkhaftung, kommt eine Haftung des Seitenbetreibers in Betracht, wenn das Video z.B. bei YouTube **ohne die Einwilligung** des Rechteinhabers eingestellt wurde. Der Seiteninhaber kommt dann als **Störer** in Betracht. Bezüglich der **Störerhaftung** kommt es wiederrum auf die **Kenntnis** der Rechtswidrigkeit des fremden Inhalts an. Ist die Rechtswidrigkeit des Videos nicht offensichtlich, kann die Störerhaftung erst nach einem Hinweis des Rechteinhabers entstehen.

---

30 BGH MMR 2003, 719 „Paperboy".
31 BGH MMR 2008, 400 „ueber18.de"; LG Karlsruhe MMR 2009, 418, 419; Spindler/Schuster/*Mann*/*Smid*, 7. Teil, Rn 71.
32 LG Frankfurt a.M., Urt. v. 20.4.2010 – 3-08 O 46/10 –.
33 *Ott*, GRUR Int. 2007, 14, 15; *Volkmann*, GRUR 2005, 200, 205.
34 LG München I, Urt. v. 10.1.2007 – 21 O 20028/05 –; MMR 2007, 260.
35 Wandtke/*Bullinger*, § 19a UrhG Rn 29.

C. Direktmarketing

19 Werbung ist für ein Unternehmen immer dann besonders wertvoll, wenn damit die gewünschte Zielgruppe erreicht wird. Über die altbekannten Werbekanäle wie TV, Radio oder Zeitung war es zwar stets möglich, eine breite Masse zu erreichen, jedoch war diese Masse nicht immer auch die Zielgruppe. Dies hat sich grundlegend geändert. Das Internet erlaubt es dem Werbenden, die genaue Zielgruppe anzusprechen. Die sozialen Netzwerke haben sich dabei als wahre Goldgrube entpuppt, da die Nutzer darin nicht nur ihre Interessen angeben, sondern auch noch direkt und persönlich erreichbar sind. Abgesehen von der Möglichkeit, zielgerichtet werben zu können, ist Werbung im Internet für das Unternehmen billiger und lässt sich schneller verbreiten als über die klassischen Werbekanäle.

I. Die Vorgaben des Gesetzgebers

1. Einwilligung in den Empfang

20 Die Zustellung einer Werbenachricht ist dann zulässig und nicht als unzumutbare Belästigung zu qualifizieren, wenn hinsichtlich des Empfangs eine **Einwilligung des Empfängers** vorliegt.[36] Der Begriff der Einwilligung orientiert sich ebenfalls an der Datenschutzrichtlinie 2002/58/EG, genauer gesagt an Art. 2 S. 2 lit. f dieser Richtlinie, welcher wiederrum auf Art. 2 lit. h der Richtlinie 95/46/EG verweist. Danach ist eine Einwilligung jede Willensbekundung, die ohne Zwang für den konkreten Fall und in Kenntnis der Sachlage erfolgt und mit der die betroffene Person akzeptiert, dass personenbezogene Daten, die sie betreffen, verarbeitet werden.[37] An diese Einwilligung werden durch die genannte Richtlinie besondere Anforderungen gestellt: So muss sich die Einwilligung des Empfängers **auf den konkreten Fall** beziehen. Konkret ist eine Einwilligung aber nicht erst dann, wenn Sie sich lediglich auf eine bestimmte Werbenachricht bezieht. Für die Konkretheit der Einwilligung genügt es, dass aus ihr hervorgeht, welche Unternehmen dem Empfänger Werbung zusenden dürfen.[38] Eine **Generaleinwilligung** in den Empfang von Werbung, z.B. durch die Angabe der E-Mail-Adresse, ist dagegen nicht ausreichend.[39] Weil § 7 Abs. 2 Nr. 3 UWG eine **vorherige, ausdrückliche Einwilligung** fordert, ist eine **konkludente Einwilligung** ebenfalls nicht ausreichend.[40] Auch eine **mutmaßliche Einwilligung** in den Erhalt von Werbung genügt den Anforderungen des UWG nicht.[41]

---

36 *Köhler/Bornkamm*, § 7 Rn 185.
37 RL 95/46/EG des Europäischen Parlaments und des Rates.
38 *Köhler/Bornkamm*, § 7 Rn 186.
39 LG Berlin, Urt. v. 9.12.2011 – 15 O 343/11 WRP 2012, 610 Rn 21.
40 *Piper/Ohly/Sosnitza*, § 7 Rn 66.
41 Harte-Bavendamm/Henning-Bodewing/*Schöler*, § 7 Rn 304.

> **Beispiel**
> Wenn ein Verbraucher seine E-Mail-Adresse in einem öffentlichen Verzeichnis oder auf seinem Briefkopf angibt, so ist darin keine Einwilligung gegenüber jedermann in die Zusendung von Werbung zu sehen. Gleiches gilt für sonstige Marktteilnehmer.[42]
> Durch Bekanntgabe der Telefaxnummer oder der E-Mail-Adresse in einem öffentlichen Verzeichnis oder auf der Homepage liegt keine ausdrückliche Einwilligung in deren Nutzung durch gewerbliche Anbieter von Waren oder Dienstleistungen zu Werbezwecken vor.[43]

Neben dem Erfordernis der Konkretheit muss die Einwilligung **ohne Zwang** und **in Kenntnis der Sachlage** erteilt worden sein. Ohne Zwang ist eine Einwilligung dann erteilt, wenn der Einwilligende den Einwilligungsentschluss frei und ohne Fremdbestimmung fassen konnte.[44] Kenntnis über die Sachlage liegt vor, wenn bei Abgabe der Einwilligung bekannt war, worauf sich diese bezieht.[45] Die richtlinienkonforme Auslegung des § 7 Abs. 2 Nr. 3 UWG erfordert weiterhin, dass die Einwilligung in den Empfang stets **vor dem Beginn der Werbeaktivitäten** erteilt wird.[46] Außer der bereits angesprochenen Ausdrücklichkeit der Einwilligung wird an diese kein bestimmtes Formerfordernis gestellt.[47] Der Werbende sollte jedoch bedenken, dass ihm im Streitfall die **Beweislast** hinsichtlich des tatsächlich erteilten Einverständnisses in den Empfang der Werbung zufällt.[48]

> **Praxistipp**
> Aufgrund der Beweislast ist es empfehlenswert, Einwilligungen stets in Textform einzuholen. So können diese im Streitfall zu Beweiszwecken vorgelegt werden.

Praxistauglich und rechtlich anerkannt ist das sog. **Double-Opt-In-Verfahren**. Dabei erhält der Beworbene eine ihm nach seiner vorherigen Aufforderung zugesandte E-Mail mit einem Bestätigungslink, welcher angeklickt werden muss, um auf diese Weise in den Empfang von Werbenachrichten einzuwilligen. In der Zusendung dieser E-Mail liegt noch keine unzumutbare Belästigung für den Empfänger.[49] Entschließt sich der Empfänger dazu, auf den künftigen Werbeempfang zu verzichten, muss er lediglich davon absehen, den Bestätigungslink anzuklicken und braucht ansonsten nichts weiter zu tun. Das E-Mail-Bestätigungsverfahren kann natürlich nicht ausschließen, dass eine andere Person anstelle des eigentlichen Empfängers in den

---

42 Vgl. BGH GRUR 2008, 925 Rn 22 „FC Troschenreuth".
43 LG Leipzig WRP 2007, 1018, 1019; LG Ulm WRP 2009, 1016, 1017 ff.
44 *Köhler/Bornkamm*, § 7 Rn 188.
45 *Köhler/Bornkamm*, § 7 Rn 188.
46 Harte-Bavendamm/Henning-Bodewig/*Schöler*, § 7 Rn 301.
47 Hoeren/Sieber/Holznagel/*Wolff*, Teil 11 Rn 56.
48 BGH, Urt. v. 11.3.2004 – I ZR 81/01 – GRUR 2004, 517, 519 „E-Mail-Werbung".
49 AG München, Urt. v. 16.11.2006 – 161 C 29330/06 – MMR 2007, 473.

Empfang eingewilligt hat. Die Darlegungslast, dass ein Dritter den Bestätigungslink ohne die Genehmigung des Empfängers angeklickt hat, trägt allerdings nicht der Werbende, sondern der Empfänger der Werbung.⁵⁰

Praxistipp
Wenn über persönliche Nachrichten oder E-Mail Werbebotschaften versendet werden, sollte der Werbende das Double-Opt-In-Verfahren nutzen. Nur dadurch ist es nach der aktuellen Rechtsprechung möglich, rechtssicher eine Einwilligung für den Empfang von Werbung zu erlangen.

2. Ausnahmen zur Einwilligung

23 Zu den strengen Einwilligungserfordernissen gibt es jedoch auch Ausnahmen. Wann eine solche Ausnahme vorliegt, bestimmt das Gesetz gegen unlauteren Wettbewerb in § 7 Abs. 3. Diese Vorschrift **privilegiert die Werbung** unter Einsatz elektronischer Post und ist mithin auch auf persönliche Nachrichten in sozialen Netzwerken anwendbar. Nach § 7 Abs. 3 UWG ist es zulässig, wenn ein Unternehmer einem Kunden innerhalb von bestehenden Geschäftsbeziehungen Werbung über Waren und Dienstleistungen **ähnlich** derer, die beim Unternehmer gekauft wurden, zukommen lässt.⁵¹ Für das Eingreifen des Ausnahmetatbestands müssen die in § 7 Abs. 3 UWG genannten Voraussetzungen kumulativ vorliegen.⁵² Danach ist es zunächst erforderlich, dass der Werbende die Adressinformationen des Beworbenen im **Zusammenhang mit dem Verkauf** von Waren oder Dienstleistungen vom Kunden selbst erlangt hat.⁵³ Dies ist dann der Fall, wenn ein Kunde eine Ware bei einem Online-Versandhaus bestellt und seine E-Mail-Adresse bei dem Kauf angibt. Weiter darf die E-Mail-Adresse nur für Werbung verwendet werden, in der dem ursprünglichen Vertragsgegenstand ähnliche Waren oder Dienstleistungen beworben werden. Die Werbung muss sich also auf eigene ähnliche Waren oder Dienstleistungen beziehen. Ähnlich sind sich Waren dann, wenn sie ihrer Funktion nach **miteinander austauschbar** wären.

Beispiel
So darf ein Online-Versandhändler einen Kunden, der eine Jogging-Pulsuhr bestellt hat, Werbung über neue und bessere Pulsuhren zukommen lassen. Einem Kunden, der italienischen Weißwein bestellt hat, darf der Händler Werbung für deutschen Weißwein zusenden.

---

50 BGH, Urt. v. 10.2.2011 – I ZR 164/09 – MMR 2011, 662, 664.
51 Büscher/Dittmer/Shiwy/*Mehler*, § 7 UWG Rn 137.
52 *Piper/Ohly/Sosnitza*, § 7 Rn 73.
53 *Piper/Ohly/Sosnitza*, § 7 Rn 73.

Der Begriff der Ähnlichkeit i.S.d. § 7 Abs. 3 UWG erfasst aber auch **Ersatz- oder Zube-** 24
hörteile der Ursprungsprodukte.[54] Die Weitergabe der E-Mail-Adresse an andere Unternehmen oder die Werbung für nicht ähnliche Produkte ist nicht gestattet.[55] Der weiteren Verwendung seiner E-Mail-Adresse für ähnliche Werbung darf der Kunde außerdem nicht widersprochen haben. Dieser Widerspruch ist nicht formbedürftig und kann sowohl schriftlich, mündlich und sogar konkludent erfolgen.[56] Als letzte Voraussetzung verlangt § 7 Abs. 3 UWG, dass der Beworbene auf die Möglichkeit des Widerspruchs hingewiesen wird. Dieser Hinweis muss sowohl bei der Erlangung der Empfängerinformationen als auch später bei jeder einzelnen Werbenachricht übermittelt werden.[57]

3. Erlöschen der Einwilligung

Der Empfänger kann dem Werbeempfang grundsätzlich jederzeit widersprechen und 25
damit seine **Einwilligung widerrufen**. Auf das Recht des Widerspruchs muss der Empfänger von dem Werbenden umfangreich hingewiesen werden. So ist es erforderlich, dass der Empfänger vor dem Erhalt der ersten Werbung und danach bei jeder weiteren Werbebotschaft auf die Möglichkeit des Widerspruchs aufmerksam gemacht wird.[58] Der Hinweis muss **klar** und **unmissverständlich** erfolgen.[59] Unklar wäre z.B. ein Hinweis im Kleingedruckten. Die Formulierung des Hinweises muss derart gestaltet sein, dass sie unmissverständlich auf das Recht des Widerspruchs aufmerksam macht. Zu der geforderten Klarheit gehört auch, dass dem Empfänger die **Kontaktdaten** des Werbenden, an die er seinen Widerspruch zu richten hat, mitgeteilt werden. Weiterhin darf die Ausübung des Widerspruchs nicht mit Kosten verbunden sein, die über das gewöhnlich entstehende Entgelt der vom Benutzer gewählten Kommunikationsart hinausgehen.

Neben der Möglichkeit, dem Empfang von Werbung zu widersprechen, kann eine 26
Einwilligung auch durch **Zeitablauf** erlöschen. Von einem Zeitablauf ist auszugehen, wenn zwischen der Abgabe des Einverständnisses und der ersten Werbemitteilung mehrere Monate liegen. In einem solchen Fall ist davon auszugehen, dass die erforderliche Konkretheit der Einwilligung in die Werbung fehlt.[60] Ab wann eine Einwilligung durch Zeitablauf ihre Wirksamkeit verliert, muss jeweils an dem mit der Einwilligung verfolgten Zweck festgemacht werden.[61]

---

54 Büscher/Dittmer/Shiwy/*Mehler*, § 7 UWG Rn 140.
55 Büscher/Dittmer/Shiwy/*Mehler*, § 7 UWG Rn 140.
56 Büscher/Dittmer/Shiwy/*Mehler*, § 7 UWG Rn 141; *Piper/Ohly/Sosnitza*, § 7 Rn 73.
57 Büscher/Dittmer/Shiwy/*Mehler*, § 7 UWG Rn 140.
58 Büscher/Dittmer/Shiwy/*Mehler*, § 7 UWG Rn 142.
59 *Brömmelmeyer*, GRUR 2006, 286, 289.
60 LG Berlin, Urt. v. 9.12.2011 – 15 O 343/11 – WRP 2012, 610 Rn 21.
61 *Köhler/Bornkamm*, § 7 Rn 186.

II. Die Vorgaben der sozialen Netzwerke

27 Wie bereits erläutert, müssen auch die jeweiligen Nutzungsbedingungen der einzelnen Plattformen berücksichtigt werden. Zwar liegt in einer Nichteinhaltung der Nutzungsbedingungen kein Gesetzesverstoß und es wird außerdem keine Abmahngefahr geschaffen. Jedoch haben die Plattformbetreiber stets die Möglichkeit, Unternehmen von der Plattform auszuschließen, wenn diese wiederholt gegen die Nutzungsbedingungen verstoßen.

1. Facebook

28 Facebook bietet den Nutzern **verschiedene Kommunikationswege** an. So ist einerseits die individuelle Kommunikation über persönliche Nachrichten möglich. Andererseits kann aber auch über die Pinnwand kommuniziert werden. Bei letztgenannter Möglichkeit können je nach Privatsphäre-Einstellung der Beteiligten auch andere Nutzer den Beitrag lesen.

a) Persönliche Nachricht

29 Da eine persönliche Nachricht in einem sozialen Netzwerk unter den Begriff der **elektronischen Post** subsumiert wird, findet das Einwilligungserfordernis von § 7 Abs. 3 UWG für die kommerzielle Kommunikation Anwendung. Eine besondere Relevanz für die Praxis hat dies jedoch nicht. Dem Betreiber einer Facebook-Fanpage (Unternehmensseite) ist es technisch nicht möglich, einem privaten Nutzer aus eigener Initiative eine Nachricht zu senden. Um mittels persönlicher Nachrichten kommunizieren zu können, muss das Unternehmen zuerst von dem privaten Nutzer angeschrieben werden. Da ein Nutzer mit seiner Nachricht an ein Unternehmen meist eine Auskunft begehrt, liegt eine Einwilligung in den Erhalt der Antwort vor. Diese darf dann, je nach Anfrage, eine gewünschte Produktbeschreibung oder ein konkretes Angebot beinhalten. Hier sollte der Unternehmer jedoch darauf achten, dass er sich auf die Beantwortung der Anfrage beschränkt. Darüber hinausgehende Werbenachrichten wie z.B. aktuelle Sonderangebote des Unternehmers darf die Antwort nicht enthalten, sofern dies nicht ausdrücklich gewünscht war. Die Kommunikation zwischen Geschäftspartnern ist über die persönlichen Nachrichten problemlos möglich.

b) Pinnwandnachrichten

30 Auch die Kommunikation auf der Pinnwand ist für einen Unternehmer bei Facebook eingeschränkt. An der Pinnwand eines privaten Facebook-Nutzers kann ein Unternehmen keine Nachricht hinterlassen. Auf der Pinnwand eines anderen Unternehmens darf eine Nachricht hinterlassen werden, sofern der Betreiber der Seite darin eingewilligt hat.

Praxistipp
Betreiber einer Facebook-Fanseite (Unternehmensprofil) sollten versuchen, ihre Seiten attraktiv zu gestalten. Alle Facebook-Nutzer, die den „Gefällt mir"-Button auf der Unternehmensseite anklicken, werden die Neuigkeiten, die auf der unternehmenseigenen Pinnwand veröffentlicht werden, in ihrem Nachrichtenstrom sehen. So können potenzielle Kunden erreicht werden, ohne dass eine Einwilligung erforderlich ist. Eine Möglichkeit, möglichst viele „Gefällt mir"-Klicks zu bekommen, wäre z.B. die Verbindung mit der Teilnahme an einem Gewinnspiel.[62]

2. Google+

Bei Google+ können nur die Empfänger eines Beitrags eingegrenzt werden. So wird ein Beitrag z.B. nur einem bestimmten Empfänger angezeigt oder aber an alle Mitglieder eines bestimmten Kommunikationskreises gesendet. Möglich ist es auch, einen Beitrag für die Öffentlichkeit zu erstellen.

Praxistipp
Wird bei der Empfängerauswahl „öffentlich" eingestellt, kann mit dem Beitrag die maximale Weiterverbreitung erzielt werden. Auch sollte darauf geachtet werden, dass die Funktionen „Kommentar" und „Weiterleiten" nicht blockiert werden. Wenn es den ursprünglichen Empfängern gestattet ist, den Beitrag weiterzuleiten, kann dieser Beitrag noch mehr Google+-Nutzer erreichen.

Der Stream bei Google+ ist das Äquivalent zur persönlichen Startseite auf Facebook. Alles, was auf der eigenen Profilseite mit dem Empfänger „öffentlich" gepostet wird, kann von den Nutzern gesehen werden, die das Unternehmen zu einem sog. Kreis hinzugefügt haben. Das Hinzugefügt-werden zu einem Kreis ist in etwa vergleichbar mit dem Anklicken des „Gefällt mir"-Buttons bei Facebook. Daher gilt ebenso wie bei Facebook folgendes Prinzip: Je mehr Google+-Nutzer die Unternehmensseite einem Kreis hinzugefügt haben, desto mehr Nutzer werden über den Stream erreicht.

3. Twitter

Twitter bietet im Vergleich zu Facebook und Google+ naturgemäß weniger Möglichkeiten. Das liegt daran, dass Twitter ein sog. Microbloggingdienst ist, der seinen Nutzern eine Grenze von maximal 140 Zeichen pro Beitrag setzt. Auch bei Twitter ist es möglich, sowohl eine Nachricht über die Timeline für alle Follower sichtbar zu veröffentlichen, wie auch eine private Nachricht an einen bestimmten Nutzer zu senden.

---

[62] Bei einem Gewinnspiel sollten unbedingt die in diesem Kapitel erläuterten Gewinnspielregeln beachtet werden.

Solmecke

a) Persönliche Nachricht

34 Ein Unternehmen, das bei Twitter aktiv ist, kann einen ihm folgenden Nutzer mit einer persönlichen Nachricht anschreiben. Jedoch ist dabei die Einwilligung des Werbeempfängers erforderlich. Aus dem Umstand, dass der Beworbene den Tweets des Werbenden folgt, ergibt sich grundsätzlich keine Einwilligung in den Empfang von Werbung über eine private Nachricht.

b) Twitter-Timeline

35 Alles, was getwittert wird, landet in der Timeline der Follower. Auf diese Weise kann ein Unternehmen mit seinen getwitterten Neuigkeiten auch die interessierten Follower erreichen. Tweets dürfen jedoch kein Spam enthalten. Wann ein Tweet als Spam zu qualifizieren ist, hält Twitter bewusst offen. In den Nutzungsbedingungen werden einige Merkmale aufgezählt, bei deren Vorliegen von Spam ausgegangen wird. So wird ein Tweet beispielsweise als Spam eingestuft, wenn eine große Zahl an Nutzern, die in keinem Zusammenhang stehen, in Listen zusammengefasst wird, um deren Aufmerksamkeit auf einen Account, eine Dienstleistung oder einen Link zu lenken oder wenn wiederholt falsche oder irreführende Inhalte getwittert werden, um die Aufmerksamkeit auf einen Account, eine Dienstleistung oder einen Link zu lenken.

36 Durch die Kennzeichnung mit dem „@" vor dem Nutzernamen landet die Nachricht in der Timeline des Angesprochenen. Eine entsprechend versendete Werbebotschaft erfordert, gleich einer persönlichen Nachricht, eine Einwilligung des Empfängers.

III. Spam im Social Web

37 Empfänger von Spam haben z.B. bei Facebook die Möglichkeit, eine Nachricht sofort als Spam zu markieren und diese zu melden. Als Spam werden Nachrichten oder Pinnwandeinträge bezeichnet, die ihren kommerziellen Inhalt zu verheimlichen versuchen und darüber hinaus nicht vom Empfänger gewünscht sind.[63] Sollte ein Unternehmen vermehrt wegen der Versendung von Spam aufgefallen bzw. gemeldet worden sein, kann dies eine Verwarnung oder sogar die Löschung des Unternehmensprofils zur Folge haben. Daneben besteht die Gefahr einer (kostenpflichtigen) Abmahnung. Dies ist jedenfalls bei Spam-E-Mails der Fall und ist auch auf Spam-Nachrichten in sozialen Netzwerken zu übertragen. Die Definition des Begriffs „Spam" wird von den Netzwerken weit gefasst und offengehalten, um auf die stetig wechselnden Gegeben-

---

[63] *Müller-Broich*, § 6 Rn 1.

heiten und Neuerungen adäquat und schnell reagieren zu können, ohne die Nutzungsbedingungen erweitern zu müssen.[64]

Praxistipp
Spam-Nachrichten sollten vermieden werden. Dem Versenden von Nachrichten und mithin auch der Gefahr der Spam-Versendung kann geschickt aus dem Weg gegangen werden. Wenn man eine „Fan-Gemeinde" im sozialen Netzwerk gewinnt bzw. möglichst viele Follower für sich begeistert, werden für all jene die Einträge und Neuigkeiten des Unternehmensprofils sichtbar, ohne dass aktiv Nutzer angeschrieben werden müssen.

D. Bewertungsplattformen

I. Bedeutung von Bewertungsplattformen für den Handel im Netz

Bewertungsplattformen haben eine enorme Bedeutung erlangt. Dies offenbart eine repräsentative Studie, nach deren Ergebnis 51 % der Internetnutzer auf Bewertungsportale zurückgreifen.[65] Diese Entwicklung verwundert nicht, wenn man die Einfachheit der Bewertungsabgabe und des Auffindens der gesuchten Bewertungen betrachtet. Ziel der Bewertungsportale ist es, unabhängige und ehrliche Bewertungen von Verbrauchern anzubieten. Für Unternehmen sind die Bewertungsportale aufgrund ihrer Reichweite und Beliebtheit dann wertvoll, wenn positiv über sie berichtet wird.

II. Gekaufte Bewertungen

Bewertungsportale sollen Verbrauchen die Möglichkeit geben, **objektive Bewertungen** über Produkte und Dienstleistungen zu erhalten. Diese Objektivität geht aber verloren, wenn der Bewertende nicht nur seiner Überzeugung folgt, sondern seine Motivation deshalb besteht, weil er eine Entlohnung für die Bewertung erhält. Eine derart motivierte Bewertung ist dazu geeignet, andere Verbraucher über die wirkliche Qualität von Waren und Dienstleistungen zu täuschen und kann daher **irreführend** i.S.d. § 5 UWG wirken. Zur Vermeidung solcher Irreführungen dürfen Bewertungen daher grundsätzlich nicht erkauft sein.[66] Eine bezahlte Bewertung ist ausnahmsweise nur dann zulässig, wenn in der Bewertung selbst auf die Entlohnung ausdrücklich hingewiesen wird.[67] Nach einem Urteil des OLG Hamm liegt eine erkaufte, irrefüh-

---

64 Vgl. die Nutzungsbedingungen von Twitter: https://support.twitter.com/articles/87137-die-twitter-regeln#.
65 Siehe http://www.bitkom.org/de/presse/8477_76564.aspx.
66 *Köhler/Bornkamm*, § 5 Rn 2.164.
67 OLG Hamburg, Urt. v. 1.6.1978 – 3 U 13/78 – GRUR 1979, 246, 248 „100-Gramm-Gläser".

rende Handlung i.S.v. § 5 Abs. 1 S. 1, 2 Nr. 1 UWG schon dann vor, wenn dem Bewertenden für die Bewertung rückwirkend ein Preisnachlass in Höhe von 10 % bzw. unter bestimmten Voraussetzungen ein Preisnachlass in Höhe von 25 % auf den gezahlten Kaufpreis versprochen wird.[68] Die Verantwortung für die erkaufte Bewertung trägt das bewertete Unternehmen. Wer mit Empfehlungen und Bewertungen wirbt, macht damit die Angaben des Dritten zu seinen eigenen und muss dafür wettbewerbsrechtlich in vollem Umfang haften.[69]

40 Anders verhält es sich, wenn ein **Prominenter** eine Bewertung in der Öffentlichkeit abgibt. Bei einer solchen Person werden die Verbraucher in aller Regel wissen, dass für die Werbeleistung ein Entgelt vereinbart wurde, sodass kein dementsprechender Hinweis erforderlich ist.[70]

41 Eine Aufforderung zur Abgabe einer Bewertung **ohne das Versprechen einer Ent- oder Belohnung** ist wettbewerbsrechtlich unbedenklich.[71]

III. Gefälschte Bewertungen

42 Um das Erreichen einer absatzfördernden Position in einem Bewertungsportal nicht dem Zufall zu überlassen, werden teilweise PR-Agenturen damit beauftragt, fingierte positive Bewertungen für ein Unternehmen abzugeben.[72] Es wird geschätzt, dass **etwa jede dritte Bewertung** im Internet gefälscht ist.[73] Die Abgabe solcher Fake-Bewertungen nennt man **Astroturfing**.[74] Darin liegt aufgrund der Verschleierung der enthaltenen Werbebotschaft eine **unlautere geschäftliche Handlung** i.S.d. § 4 Nr. 3 UWG.[75] Unter einer geschäftlichen Handlung ist eine Handlung zu verstehen, die auf den Absatz von Waren oder Dienstleistungen gerichtet ist. Der werbende Charakter einer solchen Handlung gilt dann als verschleiert, wenn ein durchschnittlich informierter, aufmerksamer und verständiger Verbraucher die Werbemaßnahme nicht als solche erkennt.[76]

---

68 OLG Hamm, Urt. v. 23.11.2010 – I-4 U 136/10 –.
69 *Köhler/Bornkamm*, § 5 Rn 2.163.
70 *Köhler/Bornkamm*, § 5 Rn 2.164.
71 *Köhler/Bornkamm*, § 5 Rn 2.164; *Semler*, WRP 1979, 524, 526.
72 *Lichtnecker*, GRUR 2013, 135, 139.
73 Siehe http://www.sueddeutsche.de/wirtschaft/onlineshop-bewertungen-falsche-fuenf-sterne-1.1760792.
74 Leupold/Glossner/*Glossner*, Teil 2 Rn 496.
75 Leupold/Glossner/*Glossner*, Teil 2 Rn 497.
76 Büscher/Dittmer/Schiwy/*Lehmler*, § 4 UWG Rn 9.

> **Beispiel**
> Das LG Hamburg (Urt. v. 24.4.2012, Az.: 312 O 715/11) hat eine einstweilige Verfügung gegen den Versicherer ARAG wegen eines Blogbeitrags in seinem Urteil bestätigt. In diesem Fall hatte ein Mitarbeiter der ARAG einen sehr positiven Erfahrungsbericht über die ARAG erstellt. Dabei hat er nicht kenntlich gemacht, dass er selbst bei dem Versicherer angestellt ist. Nach der Auffassung des LG Hamburg widerspricht es jeder Lebenswahrscheinlichkeit, dass ein Angestellter von seinem Arbeitsplatz aus einen massiv positiven Bericht über seinen Arbeitgeber erstellt und sich dabei ausschließlich privat äußert.[77]

Es ist nicht erforderlich, dass die geschäftliche Handlung von dem Unternehmen ausgeht oder von diesem in Auftrag gegeben wurde. Ein Beseitigungs- und **Unterlassungsanspruch gegen das Unternehmen** aus § 8 UWG kann auch dann entstehen, wenn ein Mitarbeiter des Unternehmens in seiner Freizeit für das Unternehmen tätig wird.[78] Nach Ansicht des LG Freiburg verlässt ein Arbeitnehmer in dem Moment, in dem er im Rahmen seiner Kompetenzen **für das Unternehmen tätig** wird, seinen privaten Bereich und handelt für das Unternehmen.

E. Gewinnspiele

So einfach die Gewinnspielregeln für die Teilnehmer oft sind, so vielschichtig sind die Regeln, die der Gewinnspielveranstalter zu befolgen hat. Zuallererst ist zwischen einem **Gewinnspiel** und einem **Glücksspiel** zu unterscheiden. Ein Glücksspiel liegt nach § 3 Abs. 1 des Glücksspielstaatsvertrags dann vor, wenn ein erheblicher entgeltlicher Einsatz geleistet werden muss, um an dem Spiel teilnehmen zu können und die Zufallsbezogenheit des Spiels im Vordergrund steht.

Ein Gewinnspiel liegt hingegen dann vor, wenn ein Teilnehmer weder erheblichen Einsatz zu leisten hat, noch eine andere eigene Leistung erbringen muss.[79] **Erheblich ist ein Einsatz**, wenn dieser mehr als 0,50 € beträgt.[80] Bei einem **Preisausschreiben** kommt es hingegen wiederum auf die Fähigkeiten und Kenntnisse des Teilnehmers an.[81] Aus rechtlicher Perspektive ist eine Differenzierung nur zwischen dem Glücksspiel einerseits und dem Gewinnspiel und Preisausschreiben andererseits vorzunehmen, da die öffentliche Glücksspielveranstaltung einer staatlichen **Lizenz** bedarf und Gewinnspiel sowie Preisausschreiben lizenzfrei veranstaltet werden können. Wird ein Glücksspiel ohne die erforderliche Konzession veranstaltet, macht

---

[77] LG Hamburg, Urt. v. 24.4.2012 – 312 O 715/11 –.
[78] LG Freiburg, Urt. v. 4.11.2013 – 12 O 83/13 –.
[79] Büscher/Dittmer/Schiwy/*Lehmler*, § 4 UWG Rn 6; Heidrich/Forgó/Feldmann/*Jaschinski*, Kap. IV, Rn 88.
[80] Spindler/Schuster/*Holznagel/Jahn*, § 8a RStV Rn 11; vgl. auch § 8a RStV.
[81] Heidrich/Forgó/Feldmann/*Jaschinski*, Kap. IV, Rn 3.

sich der Veranstalter nach § 284 StGB strafbar und verstößt gegen § 1 UWG. Da ein Glücksspiel aufgrund dieser Gegebenheiten für den Marketingeinsatz in den sozialen Netzwerken uninteressant ist, befassen wir uns im Folgenden mit den gesetzlichen Regelungen für Gewinnspiele. Danach werden die einzelnen Gewinnspielregelungen der sozialen Netzwerke beleuchtet.

I. Die gesetzlichen Vorgaben

1. Die Vorgaben aus dem Rundfunkstaatsvertrag und der Gewinnspielordnung

46 Der Rundfunkstaatsvertrag (RStV) regelt in § 8a die Veranstaltung von Gewinnspielen im Rundfunk. Diese Regelung gilt über § 58 RStV auch für Gewinnspiele in Telemedien.[82] Die **Profilseiten** der sozialen Netzwerke sind als **Telemedien** zu qualifizieren.[83] Somit gilt § 8a RStV auch für die Profile der sozialen Netzwerke. Nach § 8a RStV sind Gewinnspiele in Telemedien grundsätzlich erlaubt, sofern sie nicht irreführend sind und dem Teilnehmer nicht schaden. Was dies im Einzelnen bedeutet, wird weiter unten ausführlich erläutert. Durch den Rundfunkstaatsvertrag wird den Ländern gestattet, eine eigene **Gewinnspielsatzung** zu erlassen, nach welcher die Umsetzung der Ziele des § 8a und die Ahndung von Verstößen umgesetzt werden sollen.[84] Die Gewinnspielsatzungen enthalten Regelungen zum Jugendschutz, Regelungen über den Ausschluss einzelner Spieler von der Teilnahme, zur Transparenz, zur Irreführung, zum Nutzerschutz, zum Spielablauf sowie zu Informationspflichten.[85]

2. Transparenz

47 Nach § 4 Nr. 5 UWG und § 6 Abs. 1 Nr. 4 TMG muss ein Gewinnspiel mit einem **werbenden Charakter** bestimmten Transparenzanforderungen genügen. Ein werbender Charakter besteht dann, wenn das Gewinnspiel unmittelbar oder mittelbar dem Ziel dient, den Absatz von Waren oder Dienstleistungen zu steigern.[86] Sogar die bloße **Ankündigung** eines Gewinnspiels in einem Werbebanner kann bereits den Anforderungen eines Gewinnspiels unterliegen. So wurde der Prospekt eines Möbelhauses,

---

[82] *Lober/Neumüller*, MMR 2010, 295, 296.
[83] Spindler/Schuster/*Micklitz/Schirmbacher*, 12. Teil, § 5 TMG Rn 13a.
[84] Heidrich/Forgó/Feldmann/*Jaschinski*, Kap. IV, Rn 109.
[85] Die Gewinnspielsatzung des Landes NRW kann eingesehen werden unter: http://www.lfm-nrw.de/fileadmin/lfm-nrw/Medienrecht/gewinnspielsatzung.pdf. Die Gewinnspielsatzung ist für alle Bundesländer gleichlautend.
[86] Büscher/Dittmer/Schiwy/*Lehmler*, § 4 Nr. 5 UWG Rn 6; BGH NJW 2005, 3716, 3717 „Telefonische Gewinnspielauskunft".

welches eine Gewinnspielankündigung enthielt, als Gewinnspiel mit werbendem Charakter eingestuft.[87]

Die Teilnahmebedingungen müssen dem Teilnehmer **einfach und verständlich** 48 vermittelt werden. In ihrer Formulierung und Ausgestaltung müssen diese klar und verständlich sowie problemlos auffindbar sein.[88]

Checkliste
Zu den Teilnahmebedingungen eines Gewinnspiels gehören die folgenden Angaben:
- Name und Kommunikationsdaten des Veranstalters,
- Voraussetzungen für die Teilnahme (Teilnahmeformular ausfüllen; Erwerb von Waren oder Dienstleistungen; Beantwortung einer Gewinnfrage;),
- Einsendeschluss bzw. Teilnahmeschluss,
- Art der Gewinnermittlung (Verlosung, Höchstpunktzahl, Eingang des Teilnahmeformulars),
- Benachrichtigung des Gewinners (schriftlich, telefonisch, per E-Mail),
- eventuelle Kosten der Teilnahme,
- Übergabe des Preises (Zustellung/Abholung) und Kosten der Übergabe.

Ein Hinweis über **Art, Wert, Anzahl oder Herkunft des Gewinns** ist nicht erforder- 49 lich.[89] Da ein Gewinnspiel in der Regel jedoch einem Werbezweck folgt, macht das Verschweigen des Gewinns kaum Sinn. Unabhängig davon, ob der Gewinn genannt wird oder nicht, hat der Gewinnspielveranstalter darauf zu achten, dass er die Teilnehmer nicht durch seine Angaben **in die Irre führt**. So könnte ein Teilnehmer aufgrund einer Gewinnspielwerbung, bei welcher ein neues Luxusauto gezeigt wird, davon ausgehen, dass dieser Wagen der Hauptgewinn sei. An diesem Auftritt des Gewinnspiels muss sich der Veranstalter dann auch messen lassen. Wird etwa ein Preis im Wert von 1.000 € versprochen, dann muss der dem Gewinner übergebene Preis auch einen objektiven Wert von 1.000 € haben.[90] Nicht erforderlich ist es, dem Teilnehmer mitzuteilen, welche Gewinnchancen bestehen.[91] Dass der versprochene Gewinn tatsächlich auch vergeben werden muss, sollte selbstverständlich sein.[92]

3. Zeitpunkt der Information

Eine gesetzliche Bestimmung, wann dem Teilnehmer die Teilnahmebedingungen mit- 50 geteilt werden müssen, gibt es nicht. Der für die Gewinnspiele einschlägige § 4 Nr. 5 UWG verfolgt jedoch den Zweck, dem Teilnehmer eine Entscheidung auf Grundlage

---

87 BGH, Urt. v. 10.1.2008 – I ZR 196/05 – GRUR 2008, 724, 725 „Urlaubsgewinnspiel".
88 *Köhler/Bornkamm*, § 4 UWG Rn 5.13; Büscher/Dittmer/Schiwy/*Lehmler*, § 4 UWG Nr. 5 Rn 2.
89 Harte-Bavendamm/Henning-Bodewig/*Bruhn*, § 4 Rn 19.
90 Heidrich/Forgó/Feldmann/*Jaschinski*, Kap. IV, Rn 94.
91 Harte-Bavendamm/Henning-Bodewig/*Bruhn*, § 4 Rn 8.
92 Heidrich/Forgó/Feldmann/*Jaschinski*, Kap. IV, Rn 97.

ausreichender **Informationen** zu gewährleisten, sodass ein durchschnittlich informierter, aufmerksamer und verständiger Teilnehmer die Informationen bei der Überlegung, ob er teilnehmen möchte, mit einbeziehen kann.[93] Eine umfassende Information über alle Teilnahmebedingungen muss demnach **spätestens im Moment der Vornahme der Teilnahmehandlung** erfolgen. Demnach liegt eine Verletzung der Informationspflichten vor, wenn der Teilnehmer z.B. erst nach der Gewinnbenachrichtigung erfährt, dass die Gewinnübergabe von einer Warenbestellung abhängt.[94] Während etwa bei der Werbung für ein Gewinnspiel im Hörfunk oder Fernsehen die Mitteilung oder Bereitstellung der Teilnahmebedingungen aufgrund der Gegebenheiten des Mediums oft nicht möglich ist,[95] lassen die sozialen Netzwerke hier viel Spielraum. So kann etwa ein einfacher, in die Gewinnspiel-Annonce eingebundener Link zu den Teilnahmebedingungen führen.

4. Kopplung der Teilnahme an einen Warenkauf

51 In § 4 Nr. 6 UWG ist es dem Wortlaut nach **untersagt**, als Teilnahmevoraussetzung zu fordern, dass der Teilnehmer eine Ware erwirbt oder eine Dienstleistung in Anspruch nimmt. Dadurch wird das Ziel verfolgt, einen Verbraucher davor zu schützen, dass er aufgrund seiner Spiellust die rationale Urteilsfähigkeit über Waren und Dienstleistungen verliert und gewisse Käufe nur tätigt, um an dem Gewinnspiel teilnehmen zu können.[96] Mit einem Urteil des EuGH aus dem Jahre 2010 wurde dieser § 4 Nr. 6 UWG jedoch für unvereinbar mit Art. 5 Abs. 2 der Richtlinie über unlautere Geschäftspraktiken[97] erklärt. Bei einer richtlinienkonformen Auslegung des § 4 Nr. 6 UWG dürfte dieser daher nicht mehr anwendbar sein.[98] So ist es also **zulässig**, die Teilnahme an einem Gewinnspiel von einem Warenerwerb abhängig zu machen.

5. Keinen psychischen Kaufzwang auslösen

52 Das Gewinnspiel sollte so aufgebaut sein, dass sich daraus kein psychischer Kaufzwang für die Teilnehmer ergibt. Ein psychischer Kaufzwang wird bei einem Teilnehmer ausgelöst, wenn auf dessen **Willensentschließung** derart eingewirkt wird, dass

---

[93] BGH NJW 2010, 616, 618 „FIFA-WM-Gewinnspiel"; *Köhler/Bornkamm*, § 4 UWG Rn 5.14.
[94] *Köhler/Bornkamm*, § 4 UWG Rn 5.14.
[95] Büscher/Dittmer/Schiwy/*Lehmler*, § 4 Nr. 5 UWG Rn 13.
[96] Büscher/Dittmer/Schiwy/*Lehmler*, § 4 Nr. 6 UWG Rn 1.
[97] EuGH, Urt. v. 14.1.2010 – C-304/08 –; Richtlinie über unlautere Geschäftspraktiken im binnenmarktinternen Geschäftsverkehr zwischen Unternehmen und Verbrauchern: http://eur-lex.europa.eu/LexUriServ/LexUriServ.do?uri=OJ:L:2005:149:0022:0039:de:PDF.
[98] *Piper/Ohly/Sonitza*, § 4 UWG Rn 6.2; Büscher/Dittmer/Schiwy/*Lehmler*, § 4 Nr. 6 UWG Rn 4.

er glaubt, sich zu einem Kauf entschließen zu müssen, um überhaupt Chancen auf einen Gewinn zu haben.[99]

Praxistipp
Ein ausdrücklicher Hinweis darauf, dass eine Teilnahme auch ohne Warenkauf oder -bestellung möglich ist, lässt den möglicherweise vermittelten Kaufzwang entfallen, sofern dieser Hinweis ausdrücklich und deutlich erfolgt und von einem durchschnittlichen Verbraucher verstanden wird.

6. Keine Werbung mit angeblicher Gewinnzusage

Die Werbung mit einer angeblichen Gewinnzusage kann den Tatbestand einer **irreführenden geschäftlichen Handlung** nach § 5 UWG erfüllen, was zu **Abmahnungen** durch die Mitbewerber führen kann. Rechtlich ist eine Gewinnzusage zwar dann nicht anspruchsbegründend, wenn ihr die **Verkörperung** fehlt. Für die Verkörperung gilt jedoch ein großzügiger Maßstab. So gilt etwa eine E-Mail als ausreichend verkörpert.[100] Einem Pop-Up-Werbebanner ist eine solche Verkörperung jedoch abzusprechen. Auch wenn ein Preisversprechen wegen einer nicht verkörperten Gewinnzusage dazu führt, dass sich der Gewinnspielveranstalter keinen Ansprüchen der vermeintlichen Gewinner gegenübersieht, ist diese Werbeform aufgrund der genannten Abmahngefahr nicht ganz risikofrei.

7. Nutzung der Teilnehmerdaten für andere Zwecke

Eine Verwendung der Teilnehmerdaten für außerhalb des Gewinnspiels liegende Zwecke erfordert eine **ausdrückliche Einwilligung** des Teilnehmers. Diese Einwilligung kann nur dann Wirksamkeit erlangen, wenn der Teilnehmer zuvor vollständig über Art und Umfang der Werbung informiert wurde.

8. Veröffentlichung der Gewinner

Die Veröffentlichung des **Klarnamens** des Gewinners erfordert ebenfalls die Erlaubnis des selbigen. Aus **datenschutzrechtlichen Gründen** ist es ratsam, den Namen des Gewinners bei der öffentlichen Gewinnbekanntgabe zu **anonymisieren** oder sich die Erlaubnis der Teilnehmer einzuholen.

Beispiel
Für die Gewinnbekanntgabe ist es ausreichend, wenn der Gewinner mit seinem Vornamen bezeichnet und sein Nachname sowie sein Wohnort abgekürzt werden: „Gewonnen hat Dieter D. aus R."

---

99 *Piper/Ohly/Sosnitza*, § 4 UWG Rn 6.9.
100 MüKo-BGB/*Seiler*, § 661a Rn 8.

9. Ausschluss des Rechtswegs

56 Ein **vertraglicher Ausschluss** ist nach der Rechtsprechung grundsätzlich möglich, wenn sich dieser ausdrücklich und verständlich aus den Teilnahmebedingungen ergibt und der Teilnehmer in diese Teilnahmebedingungen eingewilligt hat.[101] Einschränkend wird mit Blick auf § 128 BGB und § 242 BGB jedoch verlangt, dass dieser Ausschluss nur dann wirksam erfolgen kann, wenn er auf dem freien Willen der Parteien beruht und die Parteien sich gleichberechtigt gegenüberstehen.[102] Hätte ein Gewinnspielveranstalter nicht die Möglichkeit, den Rechtsweg auszuschließen, würde er sich aufgrund der weiten Verbreitung des Gewinnspiels einer **Vielzahl von Rechtsstreitigkeiten** aussetzen, die eine Durchführung derartiger Gewinnspiele praktisch unmöglich machen würden.[103] Es muss dem Veranstalter daher möglich sein, ein solches Risiko bereits im Vorfeld ausschließen zu können.

57 Der Ausschluss des Rechtswegs bezieht sich jedoch bloß auf Ansprüche, die aus dem Gewinnspiel selbst resultieren. **Abmahnungen** von Mitbewerbern oder **Schadensersatzansprüche** von Teilnehmern kann der Gewinnspielveranstalter nicht ausschließen.

10. Teilnahmeberechtigung

58 Der Gewinnspielveranstalter kann festlegen, wer an seinem Gewinnspiel teilnehmen darf. So kann etwa aus Gründen der **Betriebszugehörigkeit** oder des Berufs eine Teilnahme **ausgeschlossen** oder **aber gerade erst möglich sein**.[104]

59 Eine besondere Regelung bei öffentlichen Gewinnspielen erfährt der **Kinder- und Jugendschutz**. Nach § 6 Abs. 2 JuSchG dürfen Kinder und Jugendliche nur unter bestimmten Voraussetzungen an Gewinnspielen teilnehmen (z.B. auf einem Jahrmarkt) und dies auch nur dann, wenn es **Waren von geringem Wert** zu gewinnen gibt.[105] In der Gewinnspielsatzung der Länder wurde wiederrum bestimmt, dass Minderjährige an kostenlosen Gewinnspielen grundsätzlich teilnehmen dürfen.[106] Eine endgültige gerichtliche Entscheidung liegt in diesem Bereich noch nicht vor, sodass hier Vorsicht geboten ist.

Praxistipp
Grundsätzlich sollten Gewinnspiele immer nach der Zielgruppe ausgerichtet werden. Ist diese Zielgruppe überwiegend minderjährig, sollte das Gewinnspiel unentgeltlich sein.

---

101 LG Hannover, Urt. v. 30.3.2009 – 1 O 77/08 – NJOZ 2009, 3918.
102 Zöller/*Greger*, § 253 Rn 19.
103 LG Hannover, Urt. v. 30.3.2009 – 1 O 77/08 – NJOZ 2009, 3918.
104 OLG Köln, Urt. v. 14.10.2005 – 6 U 57/05 – GRUR-RR 2006, 196, 198.
105 Vgl. § 6 Abs. 2 JuSchG.
106 Vgl. § 3 Abs. 1 i.V.m. Abs. 4 der Gewinnspielsatzung NRW.

11. Die Folgen eines unzulässigen Gewinnspiels

Rechtlich unzulässige Gewinnspiele können für den Veranstalter teuer werden. Abmahnungen von Mitbewerbern oder Wettbewerbsvereinen verbunden mit einer Aufforderung zur **Abgabe einer Unterlassungserklärung** können die Folge sein. Ein bereits begonnenes, aber unzulässiges Gewinnspiel muss dann beendet werden. Folge der vorzeitigen Beendigung ist, dass kein Gewinn ausgegeben werden darf. Dies kann zu einem großen **Imageverlust** des Gewinnspielveranstalters führen.

60

Checkliste
Sofern ein Gewinnspiel für Marketingzwecke eingesetzt wird, ist es ratsam, die folgenden Punkte zu beachten:
- Unterschied Gewinnspiel – Glücksspiel;
- die Kopplung eines Gewinnspiels an einen Warenverkauf ist zulässig;
- die Schaffung eines psychischen Kaufzwangs ist unzulässig;
- Teilnahmebedingungen sollten klar formuliert und leicht verständlich sein;
- keine irreführenden Angaben über Gewinne oder Gewinnchancen machen;
- die weitere Nutzung von Teilnehmerdaten außerhalb des Gewinnspielzwecks erfordert eine gesonderte Einwilligung der Teilnehmer;
- keine ungefragte Veröffentlichung des Namens der Gewinner: Anonymisierung?;
- Regeln des Jugendschutzes beachten.

II. Vorgaben der Plattformbetreiber

1. Facebook

Facebook hat neben den gesetzlichen Vorgaben noch eigene Gewinnspielregeln festgelegt.[107] Diese Regeln wurden im August 2013 durch verschiedene Änderungen **gelockert**. Durften Unternehmen ihre Gewinnspiele vorher nur über dafür programmierte Applikationen anbieten, ist es nun auch gestattet, die Pinnwand als Gewinnspiel-Basis zu nutzen.

61

a) Besondere Anforderungen von Facebook

Das Netzwerk verlangt, dass die Gewinnspielveranstalter ausdrücklich darauf hinweisen, dass Facebook in keiner **Verbindung zu dem Gewinnspiel** steht. Außerdem soll der Teilnehmer auf die **ausschließliche Verantwortlichkeit** des Gewinnspielveranstalters für alle Belange des Gewinnspiels hingewiesen werden. Darüber hinaus verlangt Facebook eine vollständige Haftungsfreistellung.

62

---

107 Siehe https://www.facebook.com/page_guidelines.php.

aa) Gewinnspiele auf der Pinnwand

63 Gewinnspiele dürfen direkt auf der Facebook-Pinnwand des Unternehmens veranstaltet werden. Während sich die Facebook-Nutzer früher über eine speziell **programmierte Gewinnspiel-App** zur Teilnahme anmelden mussten, kann das Gewinnspiel nun so gestaltet werden, dass schon ein Klick für die Teilnahme genügt. Der in Aussicht gestellte Gewinn kann etwa unter allen Nutzern verlost werden, die **„Gefällt mir"** unter einem bestimmten Beitrag angeklickt haben. Als Teilnahmevoraussetzung kann auch gefordert werden, dass die Teilnehmer einen bestimmten Beitrag auf der Facebook-Fanpage kommentieren. So könnte der Gewinn unter allen Kommentatoren verlost werden. Alternativ könnte derjenige gewinnen, dessen Kommentar wiederrum den meisten Nutzern „gefällt".

> **Praxistipp**
> Durch diese Lockerung der Werbebestimmungen ist es möglich, Freunde des Unternehmens bei Facebook über ein bald erscheinendes Produkt zu informieren und sogar durch eine kleine Aktion deren Interesse daran wecken.

64 Bei Gewinnspielen auf Facebook müssen jedoch auch die **gesetzlichen Bestimmungen** für Gewinnspiele eingehalten werden. So sind etwa die Teilnahmebedingungen für das Gewinnspiel leicht zugänglich bereitzustellen. Aus praktischen Gründen spricht einiges dafür, weiterhin eine Gewinnspiel-App zu verwenden. Eine solche App erlaubt es, alle relevanten Informationen und Bedingungen in die App einzuarbeiten und dem Nutzer zugänglich zu machen. Selbstverständlich ist es möglich, die Teilnahmebedingungen und alle obligatorischen Informationen auch auf der Pinnwand im selben Beitrag wie das Gewinnspiel zu veröffentlichen oder auf diese über einen Link hinzuweisen. Eleganter und übersichtlicher wird jedoch die Lösung mit der App sein.

bb) Gewinnspiele via persönlicher Nachricht

65 Ein Gewinnspiel kann so gestaltet sein, dass eine Rätselfrage gestellt wird, welche dann in einer **persönlichen Nachricht** an den Gewinnspielveranstalter beantwortet werden muss. Diese Art von Gewinnspiel kennt man z.B. aus den abendlichen Sport- oder Showprogrammen im Fernsehen, wobei eine Gewinnfrage via SMS beantwortet werden muss.

b) Verbote von Facebook

66 Von einem Teilnehmer darf nicht verlangt werden, dass er einen bestimmten Beitrag vom Gewinnspielveranstalter in seine **Chronik** einbindet. Facebook verbietet dies, da die Chronik eines Nutzers lediglich **authentischen Publikationen** des Nutzers selbst vorbehalten ist. Ebenfalls unzulässig ist es, zu verlangen, dass der Teilnehmer sich oder andere Personen auf einem Foto oder in einem Beitrag **verlinkt**. So ist es nicht

gestattet, einen Preis unter allen Personen zu verlosen, die auf einem Bild verlinkt wurden, auf dem das Firmenlogo des Gewinnspielveranstalters zu sehen ist.

2. Google+

In den Werberichtlinien für Google+[108] ist festgelegt, dass keinerlei Wettbewerbe, Gewinnspiele oder ähnliche Werbeaktionen in Google+ selbst durchgeführt werden dürfen. Gestattet ist es jedoch, einen **Hyperlink** zu einer externen Seite zu setzen, auf welcher dann ein Gewinnspiel angeboten wird. Diesbezüglich verlangt Google+ jedoch eine Haftungsfreistellung. Der Gewinnspielveranstalter muss außerdem die Verantwortung dafür übernehmen, dass die gesetzlichen Regeln für Gewinnspiele eingehalten werden. Darüber hinaus darf die Durchführung der Gewinnspiele nicht gegen die Richtlinien für die +1-Schaltfläche, die Datenschutzerklärung oder die zusätzlichen Nutzungsbedingungen für Google+-Seiten verstoßen. 67

3. Twitter

Nach der Richtlinie für Wettbewerbe auf Twitter[109] ist es zulässig, einen **Hyperlink** zu einem Gewinnspiel auf einer anderen Homepage zu veröffentlichen. Auch für das Versenden bestimmter Tweets oder für das Folgen des Unternehmens-Accounts darf ein Preis ausgelobt werden. 68

Twitter verlangt von dem Gewinnspielveranstalter, dass dieser den Teilnehmern das Verbot einer **mehrfachen Teilnahme** am Gewinnspiel kommuniziert. Dies sollte zwar eine Selbstverständlichkeit bei Gewinnspielen sein, wird jedoch von Twitter nochmals ausdrücklich gefordert. Darüber hinaus darf der Gewinnspielveranstalter keine Anreize setzen, aufgrund derer die Gewinnspielteilnehmer dazu angespornt werden, **mehrfach dieselben Tweets** zu versenden. So würde die Aufforderung „Wer dies am häufigsten retweetet, gewinnt!" gegen die Twitter-Richtlinien verstoßen. 69

Neben den überschaubaren speziellen Gewinnspielregeln weist Twitter darauf hin, dass auch die **allgemeinen Nutzungsregeln** zu beachten sind. So kann eine zu häufige Einladung zu einem Gewinnspiel als Spam im Sinne der Twitter Nutzungsbedingungen klassifiziert werden. Dazu kommt es insbesondere, wenn der Gewinnspielveranstalter versucht, bestimmte Nutzer immer wieder mit demselben Werbetext zur Teilnahme an einem Gewinnspiel zu bewegen. 70

---

108 Siehe http://www.google.com/intl/de_de/+/policy/pagescontestpolicy.html.
109 Siehe https://support.twitter.com/groups/56-policies-violations/topics/237-guidelines/articles/490446-richtlinien-fur-wettbewerb-auf-twitter#.

F. Social Media Monitoring

I. Was ist Social Media Monitoring?

71 Unternehmen, Verbände und politische Parteien nutzen Social Media Monitoring, um **unmittelbar Meinungen, Kritik und Anregungen** aus den sozialen Netzwerken zu erhalten. Da nicht nur Unternehmen, sondern vor allem private Nutzer in den sozialen Netzwerken anzutreffen sind, sammeln sich dort unschätzbar viele Informationen. Diese **Informationen** können unter bestimmten Voraussetzungen beobachtet und analysiert werden. Das Ergebnis dieser **Beobachtungen und Analysen** ist ein Bild über den Meinungsstand in den sozialen Netzwerken. Den Prozess der Beobachtung und Auswertung nennt man **Social Media Monitoring**. Das Social Media Monitoring erlaubt es, ohne kostspielige und aufwendige Konsumentenbefragungen herauszufinden, wie die Zielgruppe auf ein Produkt, ein Angebot oder einen neuen Trend reagiert.

1. Funktionsweise

72 Beim Social Media Monitoring werden die sozialen Netzwerke nach **öffentlichen Beiträgen** durchsucht. Die gefundenen Nachrichten werden dann **gespeichert und ausgewertet**. Wenn diese Daten erst gesammelt und sortiert sind, ist es möglich, die dadurch entstandene **Datenbank** z.B. nach Schlüsselwörtern zu durchsuchen. Die Datengewinnung erfolgt dabei auf unterschiedlichste Weise. So kann bei einem Blog der RSS-Feed abonniert werden, während bei dem Durchsuchen von Facebook und Twitter auf eine bestimmte **Schnittstelle (API)**[110] **zurückgegriffen wird, um an die Inhalte zu gelangen**.

2. Wie kann man Social Media Monitoring betreiben?

73 Social Media Monitoring kann durch **kostenlose Programme** selbst betrieben werden. Dabei kann es sich aufgrund der Fülle an Monitoring-Tools als schwierig erweisen, das richtige Werkzeug ausfindig zu machen.[111] Eine andere Möglichkeit der Überwachung bietet die meist entgeltliche **Beauftragung eines professionellen Unternehmens**.[112] Das Monitoring von einem darauf spezialisierten Unternehmen

---

[110] Eine API-Schnittstelle ist eine Programmierschnittstelle („application programming interface", API; zu Deutsch: Schnittstelle zur Anwendungsprogrammierung), über die anderen Programmen die Anbindung an das System ermöglicht wird.
[111] Auf der folgenden Website finden Sie einen aktuellen Report über die SMM-Tools: http://t3n.de/magazin/social-media-monitoring-social-web-immer-blick-229561/2.
[112] Eine Auflistung verschiedener Dienstleister finden Sie über folgenden Link: http://t3n.de/magazin/social-media-monitoring-social-web-immer-blick-229561/3.

durchführen zu lassen, bietet dem Auftraggeber den Vorteil, dass er fertig aufbereitete Daten bekommt und sich nicht selbst um die Aufbereitung kümmern muss.

II. Rechtliche Einordnung

Das Monitoring umfasst **mehrere datenrelevante Arbeitsschritte**, wie die Datenerhebung, Datenspeicherung, Datenverarbeitung, Datenauswertung und die Datenweitergabe. Die Arbeit mit fremden Daten fällt in Deutschland unter die Regelungen des **Bundesdatenschutzgesetzes** (BDSG). § 4 Abs. 1 BDSG statuiert ein generelles Verbot mit einem Erlaubnisvorbehalt,[113] wonach personenbezogene Daten nur dann erhoben, verarbeitet oder genutzt werden dürfen, wenn der Betroffene darin eingewilligt hat oder ein Gesetz dies erlaubt.[114] 74

1. Personenbezogene Daten

Nach § 3 Abs. 1 BDSG sind **personenbezogene Daten** „*Einzelangaben über persönliche oder sachliche Verhältnisse einer bestimmten oder bestimmbaren natürlichen Person*".[115] Nach dieser Definition fallen **Beiträge** und **Kommentare** in den sozialen Netzwerken unter den Begriff der personenbezogenen Daten, sofern sie einen Rückschluss auf denjenigen zulassen, der diese Beiträge oder Kommentare verfasst hat. Mit Blick auf die Unterschiede der sozialen Netzwerke ist das Social Media Monitoring auch unterschiedlich zu beurteilen. Während die Beobachtung und Analyse von Facebook-Profilen, die überwiegend mit **Klarnamen** (bürgerlicher Name des Nutzers) genutzt werden und somit wohl zu nahezu 100 % personenbezogene Daten enthalten, muss dies bei einem Blog, in dem die Nutzer **Pseudonyme** verwenden, nicht der Fall sein. Die Personenbezogenheit muss sich aber nicht zwangsläufig durch den Nutzernamen ergeben, sondern kann auch aus anderen Angaben resultieren. Für die Personenbezogenheit genügt es, wenn die Person, um dessen Daten es geht, **ermittelbar** ist.[116] 75

2. Einwilligung oder gesetzliche Erlaubnis

Sollen personenbezogene Daten verarbeitet und ausgewertet werden, muss eine **Einwilligung des Datenberechtigten** (desjenigen, um dessen Daten es geht) oder aber eine gesetzliche Erlaubnis vorliegen. Die Einwilligung richtet sich nach § 4a BDSG 76

---

113 *Solmecke/Wahlers*, ZD 2012, 550, 551.
114 Vgl. § 4 Abs. 1 BDSG.
115 Vgl. § 3 Abs. 1 BDSG.
116 *Solmecke/Wahlers*, ZD 2012, 550, 552.

und verlangt, dass der Datenberechtigte weiß, wie mit seinen Daten im Weiteren verfahren wird. Eine **konkludente oder mutmaßliche Einwilligung** in die Nutzung seiner Daten kann nicht schon in der Veröffentlichung eines Beitrags liegen, da ein Social Media-Nutzer regelmäßig keine Ahnung davon haben wird, dass seine Beiträge von Monitoring-Anbietern gespeichert und ausgewertet werden.[117] Vielmehr ist eine ausdrückliche Einwilligung erforderlich.[118]

77 Eine Einwilligung ist dann nicht erforderlich, wenn sich eine **gesetzliche Erlaubnis** zur Datenerhebung, Datenspeicherung und Datenverarbeitung aus dem BDSG ergibt. Die §§ 28 ff. des BDSG regeln die gesetzlichen Ausnahmen, in denen keine Einwilligung erforderlich ist. Der durch Social Media Monitoring verfolgte Zweck liegt darin, die gewonnenen Daten für die Markt- und Meinungsforschung zu nutzen, sodass eine gesetzliche Erlaubnis nach § 30a BDSG infrage kommt. § 30a BDSG erlaubt den Datenumgang ohne Einwilligung in zwei Fällen:

78 Zum einen ist die Datennutzung erlaubt, wenn davon auszugehen ist, dass der Datenberechtigte **kein schutzwürdiges Interesse** an einem Verbot der Erhebung und Verarbeitung der Daten hat, § 30a Abs. 1 S. 1 Nr. 1 BDSG. Nutzer von sozialen Netzwerken haben aber in der Regel ein Interesse daran, dass ihre Daten nicht von unbekannten Dritten in irgendeiner Form ohne ihr Einverständnis genutzt werden. Dieses Interesse wird durch das Grundrecht des Datenberechtigten auf **informationelle Selbstbestimmung** (Art. 1 Abs. 1 GG i.V.m. Art. 2 Abs. 1 GG) verstärkt, wonach der Datenberechtigte allein über die Verwendung seiner Daten entscheiden darf.

79 Zum anderen ist die Datennutzung erlaubt, wenn die Daten aus einer **allgemein zugänglichen Quelle** stammen und **kein schutzwürdiges Interesse** des Datenberechtigten einer Datennutzung entgegensteht, § 30a Abs. 1 Nr. 2 BDSG. Eine Quelle ist dann allgemein zugänglich, wenn ein individuell nicht bestimmbarer Personenkreis darauf Zugriff hat.[119] Danach ist das Profil in einem sozialen Netzwerk grundsätzlich als allgemein zugängliche Quelle einzustufen, sofern ein Nutzer die Sicherheitseinstellungen nicht verändert hat, um den Zugang dadurch zu verhindern. Bei der überwiegenden Anzahl der Profile in den sozialen Netzwerken dürfte mangels entsprechender Sicherheitseinstellungen jedoch ein allgemeiner Zugang bestehen, sodass diese für das Monitoring offenstehen. Dass die Daten nicht über die Benutzeroberfläche des jeweiligen sozialen Netzwerks, sondern über die erwähnte API-Schnittstelle erhoben werden, ändert nichts an der allgemeinen Zugänglichkeit. Anders ist es bei Seiten, die durch ein **Passwort** geschützt sind, wie z.B. bei einem Online-Forum. Solche Seiten bleiben dem Monitoring selbst dann verschlossen, wenn man die Passwortsicherung umgehen könnte. Ist eine allgemeine Zugänglichkeit gegeben, muss eine **Interessenabwägung** zwischen dem Interesse des Datenberechtigten und dem

---

[117] *Solmecke/Wahlers*, ZD 2012, 550, 552.
[118] Spindler/Schuster/*Spindler/Nink*, 2. Teil, § 4a Rn 6.
[119] *Gola/Schomerus*, § 28 Rn 33a; Simitis/*Simitis*, § 28 Rn 151.

Interesse desjenigen, der das Monitoring betreibt, vorgenommen werden. Nur wenn das Interesse des Datenberechtigten, dass seine Daten nicht genutzt werden, offensichtlich ist und schwerer wiegt als das Interesse an der Datennutzung, ist diese unzulässig.[120] Bei der Abwägung im Rahmen der gesetzlichen Erlaubnis bezüglich der Markt- und Meinungsforschung wird angenommen, dass wegen der Schaffung des § 30a BDSG das schutzwürdige Interesse des Datenberechtigten regelmäßig nicht überwiegt.[121]

Ist die Datennutzung von der gesetzlichen Erlaubnis gedeckt, so verlangt § 30a Abs. 3 BDSG eine frühestmögliche **Anonymisierung** dieser Daten.[122] Dabei müssen alle Angaben gelöscht werden, die einen Rückschluss auf den Betroffenen zulassen.[123] Ab dem Zeitpunkt der Anonymisierung unterfallen die erhobenen Daten, mangels Personenbezogenheit, nicht mehr dem BDSG und können etwa an denjenigen weitergegeben werden, der das Monitoring in Auftrag gegeben hat.[124]

80

3. Urheberrecht

Bei der rechtlichen Einordnung des Social Media Monitoring darf nicht vergessen werden, dass die Datenerhebung auch urheberrechtliche Auswirkungen haben kann. So können sich beispielsweise in den erhobenen Beiträgen Sprachwerke befinden, die einem urheberrechtlichen Schutz unterfallen. Ein solcher Schutz entsteht bei einem Sprachwerk immer dann, wenn der Text eine gewisse Schöpfungshöhe erreicht. Diese Schöpfungshöhe richtet sich nach dem Grad der Individualität des Textes.[125] Besondere Texte, wie etwa ein Gedicht auf einer Facebook-Pinnwand, erreichen die vorausgesetzte Schöpfungshöhe und unterliegen einem urheberrechtlichen Schutz. Werden solche Inhalte im Wege des Monitorings erhoben, liegt ein Eingriff in das Vervielfältigungsrecht nach § 16 UrhG vor. In der Weitergabe der Daten an den Auftraggeber des Monitorings liegt wiederrum eine Verletzung des Rechts der öffentlichen Zugänglichmachung nach § 19a UrhG. Es ist denkbar, dass in diesem Fall die BGH-Entscheidung zu den Vorschaubildern bei Suchmaschinen[126] auf das Monitoring dahingehend angewendet wird, dass eine Urheberrechtsverletzung nur dann vorliegen kann, wenn die Inhalte durch einen besonderen Schutz vor einer Vervielfältigung (bzw. Datenerhebung) geschützt wurden. Gegen eine Adaptierung des Urteils vom BGH spricht jedoch, dass nicht bei allen Social Media-Plattformen die technische

81

---

120 Gola/Schomerus, § 29 Rn 19.
121 Simitis/Ehrmann, § 30a Rn 122.
122 Solmecke/Wahlers, ZD 2012, 550, 553.
123 Gola/Schomerus, § 30a Rn 6.
124 Simitis/Ehrmann, § 30 Rn 75.
125 Wandtke/Bullinger/Bullinger, § 2 UrhG Rn 23.
126 BGH, Urt. v. 29.4.2010 – I ZR 69/08 – MMR 2010, 475 m. Anm. Rössel „Vorschaubilder".

Möglichkeit besteht, die Datenerhebung zu verhindern.[127] Gerade auf das Bestehen einer Möglichkeit der Downloadverhinderung hat der BGH in seiner Entscheidung jedoch abgestellt. Eine gesicherte Rechtsprechung zu der Frage, ob eine Urheberrechtsverletzung durch das Social Media Monitoring begangen wird, ist noch nicht vorhanden, sodass diesbezüglich eine Rechtsunsicherheit besteht.

---

127 *Solmecke/Wahlers*, ZD 2012, 550, 554.

Kapitel 8
SEO-Recht – rechtliche Aspekte des Suchmaschinenmarketings

Neben der direkten Eingabe einer Domain gelangen Internetnutzer vor allem durch die Eingabe eines Suchbegriffs innerhalb einer Suchmaschine auf ein Internetangebot.[1] Die mit Abstand bekannteste Suchmaschine, die mittlerweile wohl auch jedes Kind kennt, ist Google. Es wundert daher nicht, dass das Verb „googeln" bereits 2004 in den Duden aufgenommen wurde und aus dem deutschen Sprachgebrauch als Synonym für Internetsuchen nicht mehr wegzudenken ist. Wer nicht unter den Suchergebnissen bei Google auftaucht, existiert für den Großteil der Nutzer schlichtweg nicht. Umso wichtiger ist es für Unternehmer, bei der Eingabe bestimmter Begriffe innerhalb der Google-Suche gefunden zu werden. Was anfangs stark unterschätzt wurde, ist heute fester Bestandteil des Marketingbudgets eines jeden Unternehmens: **Suchmaschinenoptimierung** oder Search Engine Optimization (kurz SEO) genannt. 1

Nicht weniger wichtig ist das Gebiet des **Suchmaschinenmarketings** (kurz SEM). Google zeigt Nutzern nach Eingabe eines Suchbegriffs nämlich nicht nur die Suchergebnisse an, über ihnen und rechts am Rand blendet Google zusätzlich Werbeanzeigen ein (sog. Google-Adwords-Anzeigen). Unternehmen können diese prominenten Werbeflächen direkt bei Google buchen und erreichen so durch gezielte Auswahl der Keywords sofort die richtige Zielgruppe. Aber darf ein Unternehmen seine Werbeanzeigen auf die eventuell kennzeichenrechtlich geschützten Begriffe der Konkurrenz optimieren?[2] 2

Gerade für Online-Shop-Betreiber ist neben der Präsenz bei Google die Platzierung in **Preissuchmaschinen** von großer Bedeutung. Dort können potenzielle Käufer ihr Wunschprodukt eingeben und erhalten eine, in aller Regel nach dem Preis sortierte, Liste der Online-Shops, die das gewünschte Produkt anbieten. Das Ziel der Preissuchmaschinen ist klar: Sie wollen dem Kunden den besten Preis bzw. das beste Angebot für ein Produkt aufzeigen und verlinken direkt zu der entsprechenden Angebotsseite des jeweiligen Online-Shops. Doch auch hier muss man verschiedenen rechtlichen Aspekten Beachtung schenken. 3

---

1 Ich danke meinem studentischen Mitarbeiter *Darius Torabian* für die wertvolle Unterstützung bei der Erstellung dieses Kapitels.
2 Vgl. dazu unter B. Rn 40 ff.

A. SEO – Suchmaschinenoptimierung

4   Ohne das Wissen über die Funktionsweise von Google wird die eigene Website nur selten unter den Top-Treffern bei den relevanten Suchbegriffen auftauchen. Um Google herum hat sich eine ganze Branche neu gebildet. Agenturen haben sich darauf spezialisiert, den streng geheimen Google-Algorithmus zu verstehen. In der Regel verwenden sie dabei eine Technik, die man in der IT-Fachsprache wohl am ehesten als „**Reverse Engineering**" bezeichnen kann. Suchmaschinenoptimierer schauen sich die Ergebnisse an und versuchen daraus, Rückschlüsse aus dem Ranking-Prozess zu ziehen. Anhand dieser Erkenntnisse werden dann Vorgaben für die Optimierung der Websites ausgesprochen. Nicht immer sind diese Vorgaben vom geltenden Recht gedeckt. So ist z.B. umstritten, ob die Namen der Wettbewerber eines Unternehmens oder fremde Marken in den Metadaten einer Website auftauchen dürfen. Die Zahl der denkbaren Rechtsverstöße, die im Rahmen der Suchmaschinenoptimierung auftauchen können, ist groß.

I. Grundlagen

5   Nach dem **Trennungsgebot** sind auch Suchmaschinen dazu verpflichtet, streng zwischen Suchergebnissen und bezahlten Anzeigen zu unterscheiden. Vielen Internetnutzern ist gar nicht bewusst, dass die farblich markierten und mit „Anzeige" gekennzeichneten oberen Ergebnisse sowie die rechts am Rand dargestellten Anzeigen nicht etwa aufgrund einer besonders hohen Relevanz zum Suchbegriff erscheinen. Sie tauchen alleine aus dem Grund auf, dass die hinter den Anzeigen stehenden Werber bereit sind, einen höheren Preis für die Einblendung zu bezahlen als andere.

6   Für die Platzierung innerhalb der **organischen Suchergebnisse** nimmt Google jedoch kein Geld entgegen. Google listet die Suchergebnisse zu den Anfragen der User nach bestimmten Algorithmen und einer Vielzahl von Kriterien. Dabei sind die obersten Linkplätze gerade bei Unternehmern natürlich die Begehrtesten. Die genauen Parameter, auf denen die Algorithmen und somit die Ergebnisauflistung beruhen, sind der „Außenwelt" jedoch unbekannt. Hier setzt das Geschäftsmodell der **Suchmaschinenoptimierer** (SEOs) an: Sie versuchen die Algorithmen rückwärts aufzuschlüsseln, indem sie u.a. gewisse Einstellungen auf den Seiten ihrer Auftraggeber verändern und daraufhin beobachten, wie sich diese Veränderungen auf das Suchergebnis bei Google auswirken. Aus dieser Praxis haben sich mehrere Techniken entwickelt, die die SEO ausmachen.

7   Zu unterscheiden ist bei diesen Vorgehensweisen zwischen der **„White Hat"-SEO** und der **„Black Hat"-SEO**, d.h. zwischen erlaubten und unerlaubten Optimierungen. Das Kriterium des Erlaubtseins muss sich dabei nicht zwangsläufig nach Gesetzesvorschriften richten – vielmehr geht es hier auch um die von Google ver-

öffentlichten Richtlinien für Webmaster.³ Daneben unterscheidet man **Onpage-SEO** (Maßnahmen auf der eigenen Seite des Unternehmers) von **Offpage-SEO** (Maßnahmen auf externen Seiten). Die folgende Auflistung von SEO-Techniken erhebt keinen Anspruch auf Vollständigkeit, zeigt aber einen Querschnitt der geläufigsten Vorgehensweisen.

1. White Hat-SEO

Die klassischen Maßnahmen des Offpage-SEO sind **Backlinks** (Rückverweise), die auf externen Seiten eingestellt werden und auf die Webpräsenz des Unternehmers führen. Typischerweise werden für diese Backlinks eigene Blogeinträge verfasst oder bei einer bestehenden Seite Links gekauft bzw. getauscht. In diesem Zusammenhang spielt Googles „**PageRank**" eine wichtige Rolle.⁴ Der PageRank ist der für die Suchergebnispriorität bisher wohl wichtigste Algorithmus von Google. Grundprinzip dieses Verfahrens ist Folgendes: Jede Seite im Web soll eine gewisse Priorität besitzen, die schließlich auch für die Gewichtung der Suchergebnisse maßgeblich ist. Diese Priorität bestimmt sich danach, wie viele externe Seiten auf die untersuchte Seite verlinken. Dabei ist der Einfluss der Externen höher, wenn sie selbst eine hohe Priorität genießen. Das Prioritätslevel wird dann als PageRank bezeichnet und auf einer Skala von 0 bis 10 bewertet. Google sucht im Internet also nach Links, die auf eine bestimmte Seite führen. Dabei ist natürlich anzumerken, dass nicht etwa die Mitarbeiter von Google das Web persönlich durchforsten und ihre Erkenntnisse dann händisch in eine Datenbank eingeben. Diese Arbeit erledigt ein Programm – ein sog. **Crawler** –, in Googles Fall der „Googlebot".⁵

8

> **Praxistipp**
> Wenn der Googlebot auf Unterseiten oder generell auf Barrieren stoßen soll, damit er bestimmte Seiteninhalte nicht erfassen kann, ist das Anlegen einer Datei „**robots.txt**" erforderlich. Diese wird – versehen mit den entsprechenden Anweisungen für den Googlebot – in das Stammverzeichnis der Website abgelegt (z.B. unter www.example.com/robots.txt).

Im Übrigen sollte dem Googlebot das Leben jedoch so einfach wie möglich gemacht werden, damit er die Webpräsenz des Unternehmers möglichst ungehindert und ohne überflüssige Barrieren durchsuchen (indizieren) kann. Voraussetzung hierfür ist zunächst ein **sauber strukturierter Seitencode**. Der Aufbau der Seite sollte im Innenleben klaren Linien folgen und keine unnötigen Verästelungen oder Codeschnipsel enthalten, die den Crawler verlangsamen oder gar stoppen könnten. Eine

9

---

3 Siehe https://support.google.com/webmasters/answer/35769.
4 Siehe http://pr.efactory.de/d-index.shtml.
5 Siehe https://support.google.com/webmasters/answer/182072?hl=de.

SEO-Agentur sollte also möglichst bereits bei der Seitenprogrammierung mit einbezogen werden, damit später keine aufwendige Anpassungsarbeit notwendig ist. [6]

10 Der Optimierung von Suchergebnissen selbst sind zunächst markante Überschriften und Seitenbeschreibungen zuträglich, die in dieser Form schließlich auch bei Google erscheinen. Die Seitenbeschreibung wird in Form von **Metadaten** in die Website eingepflegt. Dies sind Daten, die nur im Quellcode stehen, dem einfachen User bei Aufruf der Seite aber nicht ersichtlich sind. In eine ähnliche Richtung zielt die **URL- und Domainoptimierung**.

Praxistipp
Kurze, aber aussagekräftige Domains (www.example.com) sind sowohl für den Nutzer als auch für den Crawler besser als Domains, die möglichst alle Eigenschaften des Unternehmens in sich zusammenfassen wollen (www.das-ist-das-beste-unternehmen-weltweit.com).

---

11 Auch die einzelnen **Landesseiten** sollten – soweit möglich – von der SEO-Agentur in passende URLs verpackt werden, die möglichst den entsprechenden Inhalt (http://www.example.com/das-ist-der-inhalt), nicht aber kryptische Zeichenfolgen (http://store2.example.com/inhalt=?!09-01-2010) wiedergeben.[7]

12 Wohl eher veraltet, wenn auch noch nicht ganz vom SEO-Markt verschwunden, ist das Einfügen von Schlagwörtern (**Keywords**) in die Metadaten, also den Seitencode oder den Seitentext selbst. Früher war man der Ansicht, dass eine möglichst große Masse an Keywords (sog. Keyword-Dichte) ein besseres Ranking erzielen könne. Heute weiß man aber zum einen, dass Keywords nicht so ausschlaggebend sind wie angenommen, zum anderen, dass der Googlebot mittlerweile so intelligent ist, auch Synonyme oder ähnliche Begriffe zu gruppieren und den Suchergebnissen zugrunde zu legen.

13 Verwendet der Seitenbetreiber eine Vielzahl von Bildern auf seiner Seite, sind für die Suchmaschinenoptimierung **Alt(ernative) Tags** Pflicht. Diese enthalten Beschreibungen der Bilder, die in den Metadaten abgelegt werden. Die Vorteile liegen auf der Hand: Die klassische Websuche erfasst keine Bilder, wohl aber die passenden Alt-Tags. Außerdem bekommen User von Browsern, die keine Bilder darstellen, zumindest den Alt-Tag angezeigt.

14 Einfachster – wenn auch unter Umständen zeitintensivster – „Trafficbringer" ist und bleibt jedoch der **Content**, also der Inhalt einer Webpräsenz. Natürlich sollte der Seitenbetreiber darauf achten, dass dieser nicht nur Inhalt um des Inhalts willen darstellt, sondern der potenzielle Interessent sich durch diesen angesprochen fühlen könnte. In den meisten Fällen wird der Unternehmer nicht nur den einen Kunden mit der einen Nachfrage erreichen wollen, sondern einen möglichst breiten Adressa-

---

6 Siehe http://www.seo-united.de/onpage-optimierung/seitenaufbau-menu.html.
7 Siehe http://www.onlinemarketing-praxis.de/glossar/landing-page-landeseite.

tenkreis. Dies kann vor allem durch eine inhaltliche Erweiterung des Contents stattfinden. Zu beachten ist jedoch, dass hier die Quantität nicht zulasten der Qualität gehen sollte.

2. Black Hat-SEO

Den vorgenannten SEO-Maßnahmen, die allesamt White Hat sind, steht die **Black Hat-SEO** entgegen. Deren Inhalte sind die vermeintlich stärksten „Trafficgeneratoren", verstoßen aber (per Definition) gegen die Google-Richtlinien.[8] Zudem ist der Googlebot so intelligent, dass er einen Großteil dieser Tricks erkennen und als unzulässig bewerten kann. Ist ein derartiger Verstoß aufgeflogen, droht ein **Downranking** in den Suchergebnissen und – als Höchststrafe – die Löschung aus dem Google-Index. Auch hier ist die folgende Aufzählung nicht abschließend.

Als **Cloaking** bezeichnet man die „Verhüllung" von Websites. Dem Crawler bzw. der Suchmaschine wird bewusst etwas anderes vorgespiegelt (z.B. nur Text), als der eigentliche User auf der Seite zu sehen bekommt (etwa Flash oder Java).[9] Auf sog. **Doorway-Pages** kann der User hingegen tatsächlich landen.[10] Sie stellen jedoch nur eine Zwischenseite dar, die automatisch auf die eigentlich „gewollte" Seite weiterleitet. In den Code dieser Brückenseite sind Metadaten eingebunden, die wiederum für ein gutes Ranking sorgen sollen.

Auch die Verwendung von irreführenden Keywords verstößt gegen die Richtlinien von Google. Diese Verstöße treten in der Regel in Form des **Keyword-Stuffings** (exzessive Verwendung von Keywords) oder als **Hidden Content** (weiß auf weiß) auf. Ebenfalls unzulässig ist **Duplicate Content**, also derselbe Inhalt auf mehreren Unterseiten.

Neben diesen Onpage-Maßnahmen ist auf externer Seite das **Link-Farming** zu erwähnen.[11] Eine Linkfarm sind eine oder mehrere Seiten, die ausschließlich darauf ausgerichtet sind, Backlinks zu enthalten. Was im Sinne des Linkbuildings (s.o.) noch zulässig ist, verstößt hier – in dieser Masse – gegen die Richtlinien der Suchmaschinen. Zudem weisen solche Linkfarmen in der Regel keinen hohen PageRank auf – somit sind sie als Backlinkquelle ohnehin nicht viel wert.

---

8 Siehe Rn 19 f.
9 Siehe http://www.seosweet.de/blog/2013/11/14/ist-cloaking-seo-grundlagen.
10 Siehe https://support.google.com/webmasters/answer/2721311.
11 Siehe http://www.onlinemarketing-praxis.de/glossar/linkfarmen.

II. Google-Richtlinien

19 Google hat eine Reihe von Richtlinien für Webmaster aufgestellt, welche diese befolgen sollten, um Google das Finden, Crawlen und Indexieren der Website zu erleichtern. Die Richtlinien gliedern sich in Richtlinien zur Gestaltung und zum Content, technische Richtlinien und Qualitätsrichtlinien.[12] Bei Befolgen der Richtlinien werden Seitenbetreiber laut Google auf lange Sicht mit einem guten Ranking belohnt. Relevant sind vor allem die **Qualitätsrichtlinien**. Werden diese nicht eingehalten, droht eine Abstrafung durch Google in Form eines schlechteren Rankings oder als Höchststrafe gar der Rauswurf aus dem Google-Index. Innerhalb dieser Qualitätsrichtlinien geht Google auf die gängigsten irreführenden und manipulativen Verfahren ein, die seitens eines Website-Betreibers verwendet werden können. Google betont jedoch, dass die Aufzählung keine abschließende Liste darstellt und bei nicht aufgeführten Vorgehensweisen nicht der Rückschluss gezogen werden darf, dass Google diese toleriert und nicht bereits jetzt abstraft oder zukünftig abstrafen wird.

20 Innerhalb der Qualitätsrichtlinien geht Google u.a. auf folgende Punkte ein:
- „Erstellen Sie Seiten in erster Linie für Nutzer, nicht für Suchmaschinen."
- „Täuschen Sie ihre Nutzer nicht."
- „Vermeiden Sie Tricks, die das Suchmaschinen-Ranking verbessern."
- „Vermeiden Sie automatisch generierte Inhalte, kopierte Inhalte, Cloaking, verborgenen Text und verborgene Links (Hidden Content), irrelevante Keywords, irreführende Weiterleitungen oder „Brückenseiten" (Doorway-Pages)."
- „Vermeiden Sie nutzergenerierten Spam."
- „Nehmen Sie nicht an Partnerprogrammen ohne Mehrwert teil."
- „Nehmen Sie nicht an Linktauschprogrammen teil, insbesondere das Kaufen von Links ist verboten."
- „Überlegen Sie, was Ihre Website einzigartig, nützlich oder attraktiv macht. Heben Sie Ihre Website von anderen, ähnlichen Websites ab."

21 Sofern man der Meinung ist, dass andere Websites die Qualitätsrichtlinien von Google missachten, kann man diese in Form eines **Spam-Berichts** bei Google melden.[13] Dies kann zur Folge haben, dass die gemeldete Website durch Google abgestraft wird. Google weist jedoch darauf hin, dass nicht aufgrund jedes Berichts Maßnahmen ergriffen werden. Sollte die eigene Website von Google abgestraft worden sein, bietet Google die Möglichkeit, einen Antrag auf erneute Überprüfung der Website zu stellen.[14]

---

12 Siehe https://support.google.com/webmasters/answer/35769?hl=de.
13 Siehe https://support.google.com/webmasters/answer/35265?hl=de.
14 Zu finden unter: https://support.google.com/webmasters/answer/35843.

Ein Verstoß gegen die Qualitätsrichtlinien stellt nicht unmittelbar auch einen Rechtsverstoß dar. Ob tatsächlich gegen deutsche Gesetze, wie z.B. das Markengesetz oder das Gesetz gegen den unlauteren Wettbewerb, verstoßen wurde, ist unabhängig von den Richtlinien zu prüfen. Die Richtlinien stellen lediglich Verhaltensregeln dar, die ein Unternehmen an seine Nutzer stellt. Juristisch gelten diese Richtlinien als Allgemeine Geschäftsbedingungen, weshalb ihnen keine Rechtsnormqualität zukommt. Im Umkehrschluss ist durch das Befolgen der Richtlinien nicht automatisch Rechtssicherheit garantiert. Rechtsverletzungen können auch ohne Verstoß gegen die Richtlinien vorliegen, vor allem angesichts der Tatsache, dass die Richtlinien nicht abschließend sind.

III. Nennung fremder Kennzeichen

Das Nennen fremder Kennzeichen zur Verbesserung des Google-Rankings des eigenen Internetangebots kann eine Kennzeichenrechtsverletzung darstellen. Dabei muss zwischen der Nennung innerhalb der Metadaten bzw. dem Hidden Content, sowie innerhalb des sichtbaren Inhalts unterschieden werden. Gattungsbegriffe dürfen in der Regel als rein beschreibende Angaben benutzt werden.

1. Meta-Tags und Hidden Content

Die Verwendung fremder Markennamen in den **Metadaten** oder als **Hidden Content** stellt ein konkretes rechtliches Risiko dar, zumindest, sofern der Betreiber der Website nicht durch das Handeln mit Produkten der jeweiligen Marke zur Nennung dieser berechtigt ist. Die Versuchung für den SEO ist indes groß, denn durch solche Black Hat-Methoden können die Suchergebnisse des Kunden verbessert und erweitert werden. In diesem Bereich herrscht seit verschiedenen höchstrichterlichen Urteilen, insbesondere seit der „Impuls"-Entscheidung des BGH,[15] allerdings weitestgehend Rechtssicherheit – zum Nachteil der SEO. Im vorgenannten Urteil hatte der BGH in der Verwendung von fremden Markennamen in Metadaten mit dem Ziel, einen möglichst breiten Interessenkreis auf die Unternehmensseite zu locken, eine Markenrechtsverletzung erkannt. Gleiches gilt nach einer BGH-Entscheidung für die Verwendung fremder Markennamen im „Hidden Text".[16]

Auf europäischer Ebene hat sich jüngst der vom höchsten Gericht Belgiens angerufene EuGH mit der grundlegenden Frage befasst, ob die Nutzung von Metatags in den Metadaten dem Begriff der Werbung unterfällt. Es bestehe laut EuGH kein Zweifel daran, dass eine Nutzung von Metatags, welche auf Namen oder Produkten von Mit-

---
15 BGH, Urt. v. 18.5.2006 – I ZR 183/03 – „Impuls".
16 BGH, Urt. v. 8.2.2007 – I ZR 77/04 – „AIDOL".

bewerbern anspielen, insofern eine Werbestrategie darstellt, als sie den Internetnutzer dazu bewegen soll, die Website des Nutzers zu besuchen und sich für dessen Produkte oder Dienstleistungen zu interessieren. Die Tatsache, dass diese Metatags für den Internetnutzer unsichtbar bleiben und ihr unmittelbarer Empfänger nicht dieser Internetnutzer, sondern die Suchmaschine ist, sei nicht von Belang.[17] Das Urteil entspricht somit der deutschen Rechtsprechung und festigt die Ansicht, dass Metatags eine irreführende Werbung darstellen können.

2. Sichtbarer Inhalt

26 Die Verwendung fremder Marken **in einer für den User sichtbaren Form** kann ebenfalls eine Markenrechtsverletzung darstellen. Dies hat der BGH in einem Urteil jüngeren Datums festgestellt.[18] Im amtlichen Leitsatz heißt es:

> *„Gibt ein Unternehmen in einer bestimmten Zeile seiner Internetseite, von der es weiß, dass eine Internetsuchmaschine (hier: Google) auf die dort angegebenen Wörter zugreift, zusammen mit seiner Produktkennzeichnung eine Bezeichnung an (hier: power ball), die mit der Marke eines Dritten (hier: POWER BALL) verwechselbar ist, ist es dafür verantwortlich, dass die Internetsuchmaschine die Kennzeichen zusammen als Treffer anführt."*

27 In diesem Fall hat ein Online-Shop die fremde Marke innerhalb der **Kopfzeile** der Produktdetailseite genannt, obwohl das dargestellte Produkt nicht dem markenrechtlich geschützten Produkt entspricht, sondern einem Konkurrenzprodukt. Daraufhin war das Konkurrenzprodukt nach Eingabe des Markenbegriffs innerhalb einer Suchmaschine als zweiter Treffer aufgeführt. Dadurch wurde die Herkunftsfunktion der Marke, also die Funktion, auf die Herkunft des Produkts aus einem bestimmten Unternehmen hinzuweisen, beeinträchtigt. Das Unternehmen ist aufgrund der Kenntnis, dass Google den Inhalt der Seiten und insbesondere den Inhalt der Kopfzeilen für die Erstellung des Suchindex auswertet, für diese Beeinträchtigung verantwortlich. Der Betreiber des Online-Shops habe sicherzustellen, dass seine Produktseite nicht durch Eingabe eines Markenbegriffs innerhalb einer Suchmaschine gefunden wird, sofern das Markenprodukt nicht dort vertrieben wird.

3. Gattungsbegriffe

28 Unproblematisch ist die Nennung von **Gattungsbegriffen** innerhalb der Meta-Tags. So haben beispielsweise Anbieter von Luxusuhren aufgrund des sich überschnei-

---

[17] EuGH, Urt. v. 11.7.2013 – 6-657/11 –.
[18] BGH, Urt. v. 4.2.2010 – I ZR 51/08 – „Powerball".

denden Kundenkreises eventuell ein Interesse daran, auch in den Ergebnissen einer Suche nach Golfschlägern aufzutauchen. Daher ist es beliebt, sachfremde Gattungsbegriffe in die Meta-Tags aufzunehmen. Das OLG Düsseldorf sah in einem solchen Fall weder ein sittenwidriges „Abfangen von Kunden" noch ein wettbewerbswidriges Anlocken.[19] In seinem Leitsatz führt es aus, dass es im Internet keine **„Rubikenreinheit"** analog zu den Anzeigenrubriken von Zeitungen gebe und daher eine Verwendung sachfremder Gattungsbegriffe ohne Bezug zum Inhalt der Website innerhalb der Meta-Tags wettbewerbsrechtlich zulässig sei.

IV. Doorway-Pages und Cloaking

Black Hat-Methoden können auch, insbesondere bei einer bewussten Irreführung des Users, unlauter im Sinne des UWG sein (insbesondere nach § 5 UWG) und somit Abmahnungen von Wettbewerbern nach sich ziehen. Festzuhalten ist jedoch auch, dass die Google-Richtlinien keine gesetzliche Vorschrift (i.S.d. § 4 Nr. 11 UWG) darstellen.[20] Nicht jede Verletzung der Richtlinien stellt also automatisch auch einen Gesetzes- oder Wettbewerbsverstoß dar, vielmehr ist eine Einzelfallbewertung notwendig.

Das OLG Hamm hat in einem Urteil beispielsweise bei der Nennung von Wettbewerbern in Hidden Text, um deren Kunden auf die Seite des Antragsgegners zu leiten, einen Wettbewerbsverstoß bejaht.[21] Zur Begründung führt es aus:

„[...] es werden von der Antragsgegnerin nicht nur Allgemeinbegriffe benutzt, die mit ihrem Angebot nichts zu tun haben. Dies mag noch als zulässig angesehen werden [...] Vielmehr werden zum einen konkrete fremde Namen in den Seiten geführt, um so eine Umleitung von der fremden Seite auf die eigene Seite zu erreichen. Vor allem werden hierfür Techniken eingesetzt, die nicht mehr als Suchmaschinenoptimierung, sondern als eine nicht mehr tolerable Suchmaschinenmanipulation anzusehen sind [...] Das ist der Fall, weil zum einen die Namen von Konkurrenten und anderen Personen für die Suchmaschinenoptimierung eingesetzt werden, zum anderen vor allem auch, weil für den Nutzer nicht sichtbare Seiten, die nur für die Suchmaschine „sichtbar" sind, installiert werden, um in den Suchlisten ein höheres Ranking zu erzielen."

Die Frage der Irreführung der User stellt sich insbesondere bei **Doorway-Pages** und dem **Cloaking**. Beide Maßnahmen sind Black Hat und aus den vorgenannten

---

19 OLG Düsseldorf, Urt. v. 1.10.2002 – 20 U 93/02 – „Keywords in Metatags".
20 Siehe Rn 22.
21 OLG Hamm, Urt. v. 18.6.2009 – 1-4 U 53/09 – „Suchmaschinenmanipulation".

Gründen daher nicht zu empfehlen. Hat die SEO-Agentur sie dennoch in die Webpräsenz integriert, ist fraglich, ob diese Praktiken in rechtlicher Hinsicht auch einen Wettbewerbsverstoß darstellen. Da der Nutzer auf den Doorway-Pages landen kann, ist er zumindest direkt von deren Wirkung betroffen. Dies ist beim Cloaking nicht der Fall, da hier lediglich der Suchmaschine, nicht aber dem Nutzer eine de facto nicht bestehende Seite vorgespiegelt wird – womit eine Irreführung i.S.d. § 5 UWG ausscheidet. Bei den Doorway Pages ist indes zu hinterfragen, ob der durchschnittliche Nutzer bei Aufruf der Seite über das organische Suchergebnis bereits eine bestimmte Vorstellung der Landeseite hatte, oder nicht etwa – was wahrscheinlicher ist – davon ausging, dass er dem Suchergebnis bzw. der dahinter stehenden Seite nicht hundertprozentig vertrauen kann. Im Ergebnis ist daher wohl auch hier ein Wettbewerbsverstoß zu verneinen, im Einzelfall jedoch zumindest vorstellbar. Jederzeit sind jedoch die oben beschriebenen markenrechtlichen Probleme zu berücksichtigen.

V. Linkkauf

32 **Backlinks** spielen bei der Suchmaschinenoptimierung auch heute noch eine sehr wichtige Rolle. Je mehr Backlinks eine Seite hat, desto besser wird sie von Google bewertet und dementsprechend höher in den Suchergebnissen platziert. Dabei sind Links vonseiten, die ihrerseits einen guten Rang haben, mehr wert als Links von schlechtplatzierten Seiten. Viele nutzen daher die zahlreichen Angebote und kaufen Backlinks oder mieten diese für eine bestimmte Zeit. Gerade bei Firmenseiten oder Shops, die selten natürliche Backlinks bekommen, wird mit bezahlten Links nachgeholfen. Innerhalb der Richtlinien verbietet Google zwar den Linkkauf, jedoch stellt dies nicht automatisch auch eine Rechtsverletzung dar.

33 Website-Betreiber, die Backlinks kaufen, täuschen lediglich die Suchmaschine hinsichtlich der Relevanz der Seite. Eine nach dem UWG relevante Irreführung findet jedoch nicht statt, da kein Mensch in die Irre geführt wird, sondern nur eine (Such-)Maschine. Dem Nutzer einer Suchmaschine ist es durchaus bewusst, dass die Suchergebnisse nicht unbedingt etwas mit dem Suchbegriff zu tun haben, daher fehlt es an einer relevanten Irreführung eines Menschen.

34 Rechtlich relevant kann ein Linkkauf jedoch wegen Verstoßes gegen das **Trennungsgebot** sein. Nach § 6 TMG wird eine klare Trennung zwischen Inhalt und Werbung gefordert und Werbung muss zur Abhebung vom Inhalt ausdrücklich gekennzeichnet werden. Wenn dem Nutzer eine entgeltliche Anzeige als redaktioneller Beitrag präsentiert wird, liegt laut KG Berlin ein Verstoß gegen das Trennungsgebot vor, woraus eine wettbewerbsrechtlich relevante Täuschung resultiert.[22] Wer sich dazu entschließt, Backlinks zu verkaufen, sollte daher darauf achten, dass nicht

---

22 KG Berlin, Urt. v. 30.6.2006 – 5 U 127/05 – „Schleichwerbung durch Hyperlink".

gegen das Verbot der Schleichwerbung verstoßen wird und bezahlte Links durch das Wort „Anzeige" klar gekennzeichnet werden. Ansonsten kann eine wettbewerbsrechtliche Abmahnung drohen.

VI. Negative SEO

Das relativ neue Phänomen der „**Negative SEO**" zielt darauf ab, das Ranking der Konkurrenzseiten negativ zu beeinflussen, um so der eigenen Seite einen mittelbaren Vorteil zu verschaffen. Das dafür angewendete Prinzip ist simpel. Google stuft bestimmte Seiten als minderwertig ein, darunter z.B. solche aus der Erotik- oder Glücksspielbranche. Die Seiten, auf die innerhalb dieser von Google als minderwertig eingestuften Seiten verlinkt wird, werden von Google ebenfalls als minderwertig angesehen. Mittels Foren- oder Gästebucheinträgen lassen sich schnell und einfach Links platzieren. Durch die massenhafte, spamartige Platzierung von „schlechten" Backlinks stuft der Google-Algorithmus die verlinkte Seite ebenfalls negativ ein und bestraft sie mit einem schlechteren PageRank.

Beispiel
Die Betreiberin des Online-Shops Holzspielzeug-Discount.de wurde gar mit der Androhung von Negative-SEO erpresst. Sie sollte entweder 5.000 € zahlen oder es würden massenhaft „Badlinks" gesetzt. Sie verweigerte die Zahlung und erlitt aufgrund der folgenden Abstrafung durch Google massive Umsatzeinbußen: im Dezember 2011 60 % und im Januar 2012 gar 75 %. Ein beauftragter Sachverständiger und Experte für Suchmaschinenoptimierung analysierte die Backlinkstruktur der Domain und konnte eine massive Verlinkung der Seite mit Linktexten, die beispielsweise die Wörter Sex, Porno und Viagra enthielten, feststellen.[23]

Dass ein solches Verhalten rechtswidrig ist, liegt auf der Hand. Sofern der Verursacher ein Mitbewerber ist, kommt wettbewerbsrechtlich eine gezielte Behinderung bzw. eine gezielte Schädigung i.S.d. §§ 3, 4 Nr. 8 und Nr. 10 UWG in Betracht. Daneben kommen auch zivilrechtliche Ansprüche wegen unerlaubten Eingriffs in den eingerichteten und ausgeübten Gewerbebetrieb in Betracht. Das Hauptproblem hierbei ist jedoch, ob dem Schädiger sein Handeln nachgewiesen werden kann. Das wichtigste Ziel wird daher regelmäßig eher darin bestehen, die Wiederaufnahme in den Google-Index zu erreichen, statt den Verursacher zu verfolgen. Zur Wiederaufnahme in den Google-Index empfiehlt sich eine direkte Kommunikation mit Google bzw. deren Rechtsabteilung.

---

23 Stellungnahme zum Erpressungsfall: http://www.holzspielzeug-discount.de/stellungnahme.

B. SEA – Suchmaschinenwerbung

37 Neben der reinen Suchmaschinenoptimierung existieren für den Shop-Betreiber auch andere Möglichkeiten, sein Angebot in Suchmaschinen an prominenter Stelle zu platzieren. Eine solche Möglichkeit stellt auch die entgeltliche Buchung fremder Markennamen bei „Google Adwords" dar. Der Markeninhaber hat natürlich ein Interesse daran, dass Kunden, die über eine Suchmaschine auf seine Website gelangen wollen, nicht vorher von „Trittbrettfahrern" abgefangen werden. Andererseits kann auch der Markeninhaber nicht davor geschützt werden, dass neben seinem Angebot auch als solche gekennzeichnete Werbung eingeblendet wird. Schließlich hat der Internetnutzer die Wahl, welches Angebot er auswählt. Vor diesem Hintergrund wird über die markenrechtliche Zulässigkeit des sog. **Keyword-Advertising** bereits seit Jahren lebhaft gestritten.

I. Google Adwords

38 „Google Adwords" ist eine Form der Internetwerbung, bei der durch die entgeltliche Buchung von Schlüsselwörtern (sog. Keywords) Werbeanzeigen auf der Suchergebnisseite erscheinen. Wenn ein Internetnutzer einen oder mehrere Suchbegriffe in der Google-Suche eingibt, werden ihm neben den natürlichen Suchergebnissen unter der **Rubrik „Anzeigen"** die Werbeanzeigen der Adwords-Kunden angezeigt, die diesen Suchbegriff als Keyword gebucht haben. Diese Rubrik erscheint entweder oberhalb, unterhalb oder rechts neben den natürlichen Suchergebnissen des Internetnutzers, wobei die Anzeigen ober- und unterhalb durch farbliche Hervorhebung in hellrosa oder hellgelb von den natürlichen Suchergebnissen optisch abgetrennt werden. Die Werbeanzeige enthält neben dem Anzeigentitel und dem Anzeigentext einen Link, der auf die Internetseite des Werbenden führt. Die Textlänge der Anzeige ist auf zwei Zeilen mit jeweils maximal 35 Zeichen zzgl. 25 Zeichen im Anzeigentitel begrenzt.[24]

39 Es besteht die Möglichkeit, dass mehrere Werbetreibende dasselbe Keyword buchen. In diesem Fall ergibt sich die **Rangfolge** der Anzeigen sowohl aus dem Werbebudget als auch aus der von Google bewerteten Qualität der beworbenen Website.[25] Neben der Möglichkeit, ein bestimmtes Keyword zu buchen, kann der Werbetreibende auch die Option „weitgehend passende Keywords" auswählen. Dies hat zur Folge, dass auch diejenigen Schlüsselwörter gebucht werden, die dem von dem Werbenden

---

24 Siehe http://support.google.com/adwordspolicy/bin/answer.py?hl=de&answer=175910&rd=1.
25 Siehe https://support.google.com/adwords/answer/2497976?hl=de&ref_topic=2642398.

eingegebenen Wort ähnlich sind.²⁶ Darunter können auch Wortkombinationen fallen, die fremde Markennamen enthalten.²⁷

II. Markenrechtliche Bewertung

1. Rechtsprechung des EuGH

Der EuGH hat zur markenrechtlichen Zulässigkeit der Buchung fremder Markennamen als Keywords bereits mehrfach Stellung genommen.²⁸ Er stellte fest, dass der Markeninhaber der Benutzung der Marke als Keyword im Rahmen der Adwords-Werbung dann nicht widersprechen kann, wenn diese keine Funktion der Marke beeinträchtigen kann. Die Beeinträchtigung der herkunftshinweisenden Funktion hänge davon ab, wie die Anzeige gestaltet ist.

Eine Beeinträchtigung der **herkunftshinweisenden Funktion** liege dann vor,

> „wenn aus der Anzeige für einen normal informierten und angemessen aufmerksamen Internetnutzer nicht oder nur schwer zu erkennen ist, ob die in der Anzeige beworbenen Waren oder Dienstleistungen von dem Inhaber der Marke oder einem mit ihm wirtschaftlich verbundenen Unternehmen oder vielmehr von einem Dritten stammen."

Dies sei jedenfalls dann der Fall,

> „wenn die Anzeige des Dritten suggeriert, dass zwischen diesem Dritten und dem Markeninhaber eine wirtschaftliche Verbindung besteht."

Selbst dann, wenn eine wirtschaftliche Verbindung zwar nicht suggeriert wird, die Anzeige aber

> „hinsichtlich der Herkunft der fraglichen Waren oder Dienstleistungen **so vage gehalten** ist, dass ein normal informierter und angemessen aufmerksamer Internetnutzer auf Grund des Werbelinks und der ihn begleitenden Werbebotschaft nicht erkennen kann, ob der Werbende im Verhältnis zum Markeninhaber Dritter oder vielmehr mit diesem wirtschaftlich verbunden ist, auf eine Beeinträchtigung der herkunftshinweisenden Funktion zu schließen ist."²⁹

---

26 Siehe http://support.google.com/adwords/answer/2497828?hl=de.
27 Wie z.B. in BGH GRUR 2013, 290 „MOST-Pralinen".
28 Vgl. EuGH GRUR 2010, 445 „Google France"; EuGH GRUR 2010, 451 „Bergspechte II"; EuGH GRUR 2010, 641 „Eis.de"; EuGH GRUR 2011, 1124 „Interflora".
29 EuGH GRUR 2010, 841 Rn 34 f. „Portakabin".

44 Es sei Sache der nationalen Gerichte, unter Berücksichtigung dieser Umstände zu beurteilen, ob eine Beeinträchtigung oder eine Gefahr der Beeinträchtigung der herkunftshinweisenden Funktion vorliegt.

2. Auslegung durch die deutschen Gerichte
a) BGH „Bananabay II"

45 Der BGH kam in der Entscheidung „Bananabay II"[30] unter Berücksichtigung der Vorgaben des EuGH zu dem Ergebnis, dass die Herkunftsfunktion der Marke Bananabay nicht durch eine Google-Adwords-Anzeige beeinträchtigt werde. Dabei stellte er entscheidend auf die **inhaltliche Gestaltung** der Anzeige sowie auf ihre Platzierung und Kennzeichnung ab.[31]

46 In der Anzeige fehle jeder Anhaltspunkt, der den Internetnutzer zu der Annahme verleiten könnte, die Anzeige stamme von dem Markeninhaber oder der Werbende sei mit diesem wirtschaftlich verbunden.[32] Weder der Anzeigentext noch der Werbelink („www.eis.de/erotikshop") enthalten einen Hinweis auf das eingegebene Markenwort. Vielmehr sei der **Domainname** ausdrücklich mit einem anderen, als solchem auch erkennbaren Zeichen („eis") gekennzeichnet. Der Internetnutzer nehme auch deshalb nicht an, dass die in der Anzeige beworbenen Produkte von dem Markeninhaber stammen oder dass wirtschaftliche Verbindungen zwischen beiden Unternehmen bestünden, da beim Erscheinen der Anzeige der Suchbegriff in der Suchzeile sichtbar bleibe.

47 Maßgeblich sei außerdem die **Platzierung** der Werbung unter der Rubrik „Anzeigen". Da der Verkehr eine solche Trennung von Werbung und Inhalten auch aus den Bereichen Presse und Rundfunk kenne, erwarte er dort nicht ausschließlich Angebote des Markeninhabers. Dem Internetnutzer sei klar, dass die Anzeige nur deshalb erscheint, weil der Werbende dafür bezahlt hat.

48 Zur Beeinträchtigung der Werbefunktion führt der BGH entsprechend den Vorgaben des EuGH[33] aus, dass der Markeninhaber nun zwar mit anderen Verwendern des Keywords um die vordere Position der Werbeanzeige konkurrieren müsse, jedoch sei die **Sichtbarkeit** des Angebots des Markeninhabers dadurch gewährleistet, dass sein Internetauftritt meist in den natürlichen Suchergebnissen an einer der vorderen Stellen erscheine. Insgesamt könne zwar nicht völlig ausgeschlossen werden, dass die Werbekraft der Marke durch das Anzeigen der Adwords-Werbung geschwächt werde, dies reiche jedoch nicht aus, um eine rechtserhebliche Beeinträchtigung der

---

30 BGH GRUR 2011, 828 „Bananabay II".
31 BGH GRUR 2011, 828 Rn 25 ff. „Bananabay II".
32 BGH GRUR 2011, 828 Rn 26 „Bananabay II".
33 EuGH GRUR 2010, 445 Rn 91 ff. „Google France".

Werbefunktion anzunehmen.[34] Der Markeninhaberin stand demnach kein Anspruch auf Unterlassung der Verwendung des Begriffs „Bananabay" durch die Betreiberin der Seite „www.eis.de" im Rahmen der Adwords-Werbung zu.

b) BGH „MOST-Pralinen"

Ähnlich wie im „Bananabay II"-Urteil entschied der BGH auch im Fall „MOST-Pralinen".[35] Eine Beeinträchtigung der Herkunftsfunktion sei grundsätzlich ausgeschlossen, wenn die Werbeanzeige in einem von den natürlichen Suchergebnissen **getrennten Werbeblock** erscheine und weder einen Hinweis auf die Marke[36] noch auf den Markeninhaber und die von ihm angebotenen Produkte enthalte. Dies gelte auch dann, wenn die Anzeige **keinen ausdrücklichen Hinweis** auf das Fehlen einer wirtschaftlichen Verbindung zwischen Markeninhaber und Werbendem enthalte. Notwendige Bedingung für den Ausschluss der Beeinträchtigung der Herkunftsfunktion sei es außerdem nicht, dass der in der Anzeige angegebene Domainname[37] auf eine andere betriebliche Herkunft hinweise. Dieser Umstand könne jedoch als zusätzliches Argument gegen die Beeinträchtigung der Herkunftsfunktion berücksichtigt werden.

3. Praktische Hinweise

Die Buchung fremder Markennamen als Keywords im Rahmen der Adwords-Werbung ist somit nach Auffassung des BGH unter bestimmten Voraussetzungen zulässig. Diese Anforderungen sollten Shop-Betreiber, die dieses Marketingmittel nutzen wollen, berücksichtigen, um das rechtliche Risiko zu minimieren.

Checkliste Suchmaschinenmarketing mit fremden Markennamen

- Anzeige enthält keinen Hinweis auf die fremde Marke (weder in der Überschrift noch im Text oder im Link);
- Anzeige erscheint in getrenntem und entsprechend gekennzeichnetem Werbeblock;
- Link zu Domain des Werbenden verweist auf andere betriebliche Herkunft (nach BGH „MOST-Pralinen" keine notwendige Bedingung, spricht jedoch zusätzlich gegen eine Markenrechtsverletzung).

Doch auch wenn diese Anforderungen des BGH berücksichtigt werden, es verbleibt – gerade im Hinblick auf einen länderübergreifenden Handel – ein gewisses **Restrisiko**. Die österreichischen Gerichte beurteilen das Suchmaschinenmarketing mit

---

34 BGH GRUR 2011, 828 Rn 30 „Bananabay II".
35 BGH GRUR 2013, 290 „MOST-Pralinen".
36 Hier: Wort-/Bildmarke „MOST".
37 Hier: „www.feinkost-geschenke.de".

fremden Marken z.B. wesentlich strenger als der BGH.[38] So sei in den Fällen, in denen der Link nicht auf eine andere betriebliche Herkunft verweist (etwa weil es sich um einen generischen Domainnamen wie trekking.at handelt), ein ausdrücklicher Hinweis erforderlich, dass die Anzeige nicht von dem Markeninhaber stammt. Problematisch ist diese Rechtsprechung deshalb, weil selbst bei einer Adwords-Anzeige auf der deutschen Top-Level-Domain „www.google.de" die **internationale Zuständigkeit** der österreichischen Gerichte begründet sein kann, wenn die Marke, die als Keyword verwendet wird, dort registriert ist.[39] Insofern können sich Werbende auch in Deutschland nicht darauf verlassen, dass nur die Vorgaben des BGH zu beachten sind. Letztlich muss der Werbetreibende entscheiden, ob er zugunsten des Marketingeffekts das rechtliche Risiko in Kauf nehmen möchte.

III. Pflichtangaben in Adwords-Anzeigen

52 Bei der Gestaltung von Adwords-Anzeigen ist darüber hinaus zu berücksichtigen, dass ggf. erforderliche Pflichtangaben genannt werden müssen. Dies ist insbesondere bei der **Werbung für Arzneimittel** gegenüber Verbrauchern relevant. Hier sind die besonderen Vorschriften des Heilmittelwerbegesetzes (HWG) zu berücksichtigen. Danach muss bei jeder Werbung außerhalb medizinischer Fachkreise u.a. der Hinweis „Zu Risiken und Nebenwirkungen lesen Sie die Packungsbeilage und fragen Sie Ihren Arzt oder Apotheker" gut lesbar und von den übrigen Werbeaussagen deutlich abgesetzt und abgegrenzt angegeben werden (§ 4 Abs. 3 S. 1 HWG). Darüber hinaus sind nach § 4 Abs. 1 HWG u.a. Angaben zum Hersteller, den Anwendungsgebieten und Gegenanzeigen erforderlich. Dies ist bei einer Adwords-Anzeige jedoch schon aus Platzgründen nicht möglich.

53 Der BGH hat daher entschieden, dass allein die Tatsache, dass diese Pflichtangabe nicht in der Anzeige selbst zu finden ist, keinen Verstoß gegen § 4 HWG begründe.[40] Es reiche vielmehr aus, wenn die Anzeige einen Link enthält, der unmittelbar auf die Pflichtangaben verweist, wenn für den Nutzer eindeutig erkennbar ist, dass dieser **Link auf die Pflichtangaben** verweist. Somit dürfte die Gestaltung „Pflichtangaben: www.xyz.de" zulässig sein, wenn die URL als anklickbarer Link ausgestaltet ist und der Nutzer die Pflichtangaben dort unmittelbar ohne weitere Zwischenschritte (wie etwa Scrollen) wahrnehmen kann.[41]

---

38 Vgl. ÖstOGH GRUR Int. 2011, 173 „Bergspechte III".
39 Vgl. EuGH MMR 2012, 753 „Wintersteiger".
40 BGH, Urt. v. 6.6.2013 – I ZR 2/12 –.
41 Vgl. BGH, Urt. v. 6.6.2013 – I ZR 2/12 – Rn 18, 20.

C. Preissuchmaschinen

Viele Kunden verwenden Preissuchmaschinen, um auf komfortable Art und Weise den günstigsten Anbieter eines bestimmten Produkts zu finden. Neben der Auffindbarkeit zu bestimmten Begriffen in Suchmaschinen ist daher die Einbindung der eigenen Preise und Produkte in Preissuchmaschinen für Online-Shop-Betreiber von großer Bedeutung. In der Regel erschließt man sich auf diese Art und Weise ein vollkommen neues Kundenspektrum, welches sonst vielleicht nie auf den eigenen Online-Shop gestoßen wäre. Die Platzierung innerhalb von Preissuchmaschinen ist im Gegensatz zu normalen Suchmaschinen sehr simpel: Der günstigste Anbieter eines Produkts wird an erster Stelle genannt. Um keinen wettbewerbsrechtlichen Verstoß zu begehen, müssen Online-Shop-Betreiber aber einige Punkte beachten.

I. Angabe von Preisen

Nach § 2 der Preisangabenverordnung (PAngV) ist ein Händler bei bestimmten Produkten zu der **Angabe eines Grundpreises** verpflichtet. Neben dem Endpreis ist immer dann ein Grundpreis je Mengeneinheit anzugeben, wenn sich das Angebot an Verbraucher richtet und ein Produkt nach Gewicht, Volumen, Länge oder Fläche angeboten wird. Das ist etwa der Fall bei Flüssigkeiten, Bändern oder Schnüren, Auslegware oder anderen Produkten, die nach Gramm oder Kilogramm, Litern oder Millilitern, Zentimetern, Millimetern, Metern oder Quadratmetern angeboten werden. Dabei ist der Preis je Mengeneinheit anzugeben, die in unmittelbarer Nähe zum Endpreis liegt. Die Grundpreisangabe, die jeder aus dem Supermarkt kennt, gilt auch für Online-Shops. Laut BGH muss der Grundpreis im Internet in unmittelbarer Nähe zum Endpreis platziert werden, sodass beide Preise auf einen Blick wahrgenommen werden können.[42] Das Bewerben eines Produkts auf der Startseite seines Internetshops ohne Angabe eines Grundpreises ist auch dann unzulässig, wenn der Grundpreis durch einen Klick auf das Angebot auf der eigentlichen Produktseite aufzufinden ist.

Die Pflicht zur Angabe des Grundpreises gilt jedoch nicht nur innerhalb des eigenen Internetangebots. Sofern ein Shop-Betreiber seine Preise und Produkte in eine Preissuchmaschine einpflegt, muss er unbedingt darauf achten, dass auch dort der korrekte Grundpreis angezeigt wird. Auch wenn der Shop-Betreiber gar nicht selbst Einfluss auf die Darstellung des Grundpreises innerhalb der Preissuchmaschine nehmen kann, ist er trotzdem **für fehlerhafte Angaben verantwortlich** und kann wettbewerbsrechtlich dafür abgemahnt werden. Der BGH stützt diese Ansicht auf die Grundüberlegung, dass der Shop-Betreiber einen solchen Service freiwillig für

---

42 BGH, Urt. v. 26.2.2009 – I ZR 163/06 – „Dr. Clauder's Hufpflege".

seinen unternehmerischen Vorteil nutzt und daher auch das volle **unternehmerische Risiko** zu tragen hat.[43]

57 Gleiches gilt für die **Aktualität von Preisangaben** in Preissuchmaschinen. Laut Urteil des BGH kann ein Händler wegen Irreführung gem. § 5 Abs. 1 S. 1, 2 Nr. 2 UWG in Anspruch genommen werden, wenn eine Preiserhöhung nur verspätet innerhalb der Preissuchmaschine aktualisiert wird.[44] Dabei ist es unerheblich, ob die Preissuchmaschine im Rahmen eines Disclaimers, wie beispielsweise „Alle Angaben ohne Gewähr", darauf hinweist, dass eine Preisaktualität nicht gegeben bzw. technisch überhaupt nicht möglich ist. Dem Händler sei es laut Urteil des BGH zuzumuten, die Preise für Produkte, für die er in einer Preissuchmaschine wirbt, erst dann umzustellen, wenn die Änderung in der Preissuchmaschine angezeigt wird.[45] In dem verhandelten Fall hatte der Händler den neuen Preis sogar mitgeteilt, er war jedoch auch 20 Stunden später noch nicht von der Preissuchmaschine aktualisiert worden. Das Urteil führt zu einem erheblichen Mehraufwand für Händler, insbesondere wenn die Produkte im Rahmen mehrerer Preissuchmaschinen gelistet sind. Viele Preissuchmaschinen weisen aufgrund der Entscheidung nun bei der Preisangabe auf den Zeitpunkt hin, von dem die Preisangabe stammt, und fügen hinzu, dass der Preis inzwischen höher sein kann. Eine höchstrichterliche Entscheidung, ob durch diesen deutlichen Hinweis keine Irreführungsgefahr mehr besteht, fehlt noch.

II. Angabe von Versandkosten

58 Nach § 1 Abs. 1 S. 2 PAngV ist ein Händler bei Werbung unter Angabe von Preisen im Fernabsatzhandel dazu verpflichtet, zusätzliche **Liefer- und Versandkosten** anzugeben. Der BGH führte jedoch aus, dass es genüge, wenn sich die Versandkosten auf einer gesonderten Internetseite finden lasse, die noch vor Einleitung des Bestellvorgangs notwendig aufgerufen werden muss.[46] Verbrauchern sei allgemein bekannt, dass im Versandhandel neben dem Endpreis üblicherweise Liefer- und Versandkosten anfallen, weshalb dadurch keine unlautere geschäftliche Handlung nach §§ 3 und 4 Nr. 11 UWG i.V.m. § 1 Abs. 2 und Abs. 6 PAngV vorliege.

59 Daraus schlossen viele Unternehmen, dass die Angabe der Versandkosten auf Folgeseiten auch in anderen Zusammenhängen ausreiche. Anderes gilt jedoch, wenn die Preiswerbung auf einer Preissuchmaschine erfolgt. Hier sieht der BGH einen Unterschied, denn auf Preissuchmaschinen ist der **Gesamtpreis** inklusive der Ver-

---

43 Vgl. BGH, Urt. v. 11.3.2010 – I ZR 123/08 – „Espressomaschine"; BGH, Urt. v. 16.7.2009 – I ZR 140/07 – „Versandkosten bei Froogle"; BGH, Urt. v. 18.3.2010 – I ZR 16/08 – „Versandkosten bei Froogle II".
44 BGH, Urt. v. 11.3.2010 – I ZR 123/08 – „Espressomaschine".
45 BGH, Urt. v. 11.3.2010 – I ZR 123/08 – „idealo.de".
46 BGH, Urt. v. 4.10.2007 – I ZR 143/04 – „Versandkosten".

sandkosten **die für Nutzer wesentliche Information**.⁴⁷ Angesichts der Tatsache, dass die Versandkosten verschiedener Anbieter häufig nicht unerheblich voneinander abweichen, sei der Verbraucher laut BGH darauf angewiesen, dass in der Liste ein Preis genannt wird, der diese Kosten einschließt oder bei dem bereits darauf hingewiesen wird, in welcher Höhe zusätzliche Versandkosten anfallen. Shop-Betreibern ist daher zu raten, lediglich solche Preissuchmaschinen zu verwenden, welche die Angabe eines Gesamtpreises inklusive der Versandkosten ermöglichen. Anderenfalls ist eine unlautere Wettbewerbshandlung gem. §§ 3 und 4 Nr. 11 UWG i.V.m. § 1 Abs. 2 und Abs. 6 PAngV anzunehmen, für die der Händler einzustehen hat.⁴⁸

III. Angabe der Lieferzeit

Auch die Lieferzeit muss in Preissuchmaschinen korrekt angegeben werden, ansonsten droht eine Abmahnung wegen eines Wettbewerbsverstoßes i.S.d. § 3 Abs. 3 Anhang Ziff. 5 UWG. Durchschnittsverbraucher erwarten laut Urteil des BGH in der Regel, dass durch ein Internetversandhaus beworbene Ware unverzüglich versandt werden kann, wenn nicht auf das Bestehen einer abweichenden Lieferfrist unmissverständlich hingewiesen wird.⁴⁹ Dieser Auffassung folgt auch das OLG Hamm mit jüngster Rechtsprechung und führt aus, dass die Bewerbung von Waren im Internethandel ohne Hinweis darauf, dass diese tatsächlich nicht lieferbar sind, irreführend sei.⁵⁰ Angesichts der bisherigen Rechtsprechung zu Preissuchmaschinen ist davon auszugehen, dass eine Irreführung auch vorliegt, wenn ein tatsächlich nicht lieferbares Produkt im Rahmen einer Preissuchmaschine als lieferbar beworben wird. Daher ist Händlern auch hier nur zu empfehlen, die Angaben der eigenen Produkte auf Preissuchmaschinen immer im Auge zu behalten und aktuell zu halten, um Abmahnungen zu vermeiden.

60

---

47 BGH, Urt. v. 16.7.2009 – I ZR 140/07 – „Versandkosten bei Froogle".
48 BGH, Urt. v. 18.3.2010 – I ZR 16/08 – „Versandkosten bei Froogle II".
49 BGH, Urt. v. 7.4.2005 – I ZR 314/02 – „Internet-Versandhandel".
50 OLG Hamm, Urt. v. 22.4.2010 – I-4 U 205/09 –.

Kapitel 9
Datenschutzrecht

A. Einführung

In der Praxis hat das Datenschutzrecht einen schlechten Ruf. Manch geniale Geschäftsidee scheiterte bereits an den vielfältigen Datenschutzvorschriften, welche gerade im Internet zu beachten sind. Gerade im Bereich Online-Handel und E-Commerce sollte allerdings das Datenschutzrecht nicht auf die leichte Schulter genommen werden. Denn bei Datenschutzverstößen können die Aufsichtsbehörden gegen den Online-Unternehmer einschneidende Maßnahmen wie beispielsweise **Bußgelder** bis zu 50.000 € verhängen. Was allerdings zumeist viel schwerer wiegt, ist der mit dem Datenschutzverstoß einhergehende **Reputationsverlust** in der Öffentlichkeit. Gerade in Zeiten von Datenskandalen und Schnüffeleien durch Geheimdienste (Stichwort: PRISM) reagieren Verbraucher und Politiker empfindlich auf Missstände beim Schutz ihrer persönlichen Daten.

In diesem Kapitel lernen Sie die wichtigsten datenschutzrechtlichen **Grundlagen** für den Bereich Online-Handel kennen. Sie erfahren, wie der Umgang mit **Kundendaten** gesetzlich reguliert ist, welche Voraussetzungen Sie beim **Website-Tracking** beachten müssen und wie Sie **Social Media** rechtssicher in Ihr Online-Business einbauen. Darüber hinaus wird Ihnen gezeigt, welche Anforderungen an eine **Datenschutzerklärung** gestellt werden, wie Bezahlsysteme datenschutzkonform eingesetzt werden können und welche rechtlichen Folgen bei **Datenschutzverstößen** drohen.

B. Der Umgang mit Kundendaten

Wenn Sie Handel im Netz betreiben, werden Sie früher oder später **Kundendaten** erheben, speichern oder verarbeiten. Die Gründe für die Datenverarbeitung sind dabei vielfältig. Kundendaten sind natürlich wichtig, um den Vertrag schnell und effizient abzuwickeln, sei es bei der Versendung von Waren, sei es bei der Bezahlung. Daneben sind Kundendaten allerdings auch ein **wichtiges Marktforschungs- und Marketinginstrument**. Mit Kundendaten kann ein Online-Händler feststellen, welche Produkte und Dienstleistungen gerade „angesagt" sind, kann seinen Kunden individualisierte Empfehlungen im Online-Shop präsentieren oder auch Werbematerial per E-Mail oder Post versenden.

Um die vielen problematischen Aspekte des Datenschutzes im Zusammenhang mit dem Online-Handel besser zu verstehen, lohnt es sich, zunächst einen Blick auf die Grundlagen des Datenschutzrechts zu werfen.

I. Datenschutzrechtliche Grundlagen

5 *„Die freie Entfaltung der Persönlichkeit setzt unter den modernen Bedingungen der Datenverarbeitung den Schutz des Einzelnen gegen unbegrenzte Erhebung, Speicherung, Verwendung und Weitergabe seiner persönlichen Daten voraus. Dieser Schutz ist daher von dem Grundrecht des Art 2 Abs 1 in Verbindung mit Art 1 Abs 1 GG umfaßt. Das Grundrecht gewährleistet insoweit die Befugnis des Einzelnen, grundsätzlich selbst über die Preisgabe und Verwendung seiner persönlichen Daten zu bestimmen."*[1]

Dieses Zitat aus dem Volkszählungsurteil des BVerfG aus dem Jahre 1983 zeigt noch heute, welchen Zweck das Datenschutzrecht verfolgt: den Schutz der **„informationellen Selbstbestimmung"**, welche aus dem allgemeinen Persönlichkeitsrecht (Art. 1 Abs. 1 i.V.m. Art. 2 Abs. 2 GG) abgeleitet wird. Jede natürliche Person soll selbst darüber bestimmen können, welche Informationen zu ihr preisgegeben werden. Dieser Zweck findet sich auch in § 1 Abs. 1 des BDSG wieder:

„Zweck dieses Gesetzes ist es, den Einzelnen davor zu schützen, dass er durch den Umgang mit seinen personenbezogenen Daten in seinem Persönlichkeitsrecht beeinträchtigt wird."

6 Aus diesem Grund müssen Sie das Datenschutzrecht immer dann beachten, wenn Sie im Online-Handel sog. **personenbezogene Daten** verarbeiten.

1. Der Begriff der personenbezogenen Daten

7 Welche Daten unter den Begriff der personenbezogenen Daten fallen, ist in § 3 Abs. 1 BDSG geregelt. Danach sind personenbezogene Daten *„Einzelangaben über persönliche oder sachliche Verhältnisse einer bestimmten oder bestimmbaren natürlichen Person"*. Daraus folgt, dass nur solche Daten der gesetzlichen Regulierung unterfallen, bei denen die betroffene Person entweder aus den Daten **selbst** (z.B. wenn der Name der Person verarbeitet wird) oder **unter Zuhilfenahme anderer Informationen** identifiziert werden kann. Die zweite Alternative ist dabei nach herrschender Ansicht **relativ** gefasst, d.h. es kommt auf die Mittel und Möglichkeiten der datenverarbeitenden Stelle an.[2]

---

[1] BVerfG, Urt. v. 15.12.1983 – 1 BvR 209/83 – BVerfGE 65, 1 „Volkszählung".
[2] *Gola/Schomerus*, § 3 Rn 10; a.A. *Pahlen-Brandt*, DuD 2008, 34.

Beispiel
Folgende Daten können beispielsweise personenbezogen sein:
- Name,
- Geburtsdatum,
- Wohnanschrift,
- Geschlecht,
- Telefonnummer,
- E-Mail-Adresse (wenn darin der Name aufgeführt wird, z.B. max.mustermann@email.com),
- Kfz-Kennzeichen,
- IP-Adresse (strittig, s.u.).

Dies ist allerdings nicht unstreitig. Teile der juristischen Literatur vertreten auch den **absoluten** Begriff der Personenbeziehbarkeit. Darunter fallen alle Daten, die von irgendeiner Stelle auf eine Person zurückführbar sind. Relevant wird dieser juristische Streit aktuell bei **IP-Adressen**. Diese sind nach dem relativen Begriff grundsätzlich nur für wenige Datenverarbeiter (z.B. Internetprovider) personenbezogen, während sie nach dem absoluten Begriff generell als personenbezogen einzuordnen sind.[3] 8

Praxistipp
Angesichts der bestehenden Rechtsunsicherheit sollten Sie im Zweifel den sicheren Weg gehen und dem absoluten Verständnis der Personenbeziehbarkeit folgen. Insofern sind auch IP-Adressen als personenbezogen einzuordnen.

Im Umkehrschluss bedeutet die oben dargestellte Definition der personenbezogenen Daten für Sie: Ist es Ihnen (bzw. generell) nicht möglich, aus vorhandenen Daten einen Bezug zu einer konkreten Person herzustellen, so müssen Sie die Regelungen der Datenschutzgesetze nicht beachten und können diese Daten frei erheben, speichern, verarbeiten und übermitteln. 9

2. Datenschutzrechtliche Grundsätze
Das Datenschutzrecht kennt einige **Grundregeln**, die Sie beim Umgang mit den oben dargestellten personenbezogenen Daten immer beachten müssen. Diese Grundlagen werden im Folgenden dargestellt. 10

a) Verbot mit Erlaubnisvorbehalt
Das deutsche (und europäische) Datenschutzrecht geht von einer Grundannahme aus: Der Umgang mit personenbezogenen Daten ist **verboten**, außer ein **Gesetz** oder 11

---

3 *Redeker*, Rn 932 ff.

eine **persönliche Erlaubnis** (= Einwilligung) gestatten diesen. Diese Regelungssystematik nennt man Verbot mit Erlaubnisvorbehalt und ist in § 4 Abs. 1 BDSG verankert.[4]

12 Ein Erlaubnistatbestand muss dabei **für jede einzelne Phase** der Datenverarbeitung vorliegen und ist gesondert zu prüfen. So kann beispielsweise die Erhebung von Daten gesetzlich erlaubt sein, die Weitergabe an Dritte allerdings nicht.

13 Gesetzliche Erlaubnistatbestände ergeben sich in erster Linie aus dem BDSG, können aber auch in anderen Gesetzen und Rechtsvorschriften (z.B. Landesrecht, Betriebsvereinbarungen, kommunales Recht) geregelt sein.

b) Transparenz

14 Jeder Umgang mit personenbezogenen Informationen muss für den Betroffenen transparent gestaltet sein. Für Unternehmen ergeben sich daher **Informations- und Aufklärungspflichten** hinsichtlich des Ob und des Wie der Datenverarbeitung. Die datenverarbeitende Stelle muss beispielsweise im Rahmen der Einwilligungserklärung oder der allgemeinen Datenschutzerklärung darüber aufklären, wie und zu welchen Zwecken personenbezogene Daten verarbeitet werden.

15 Eine weitere Grundregel, die der Transparenz der Datenverarbeitung dient, ist die **Direkterhebung.** § 4 Abs. 2 S. 1 BDSG bestimmt, dass die Daten „beim Betroffenen zu erheben" und nicht bei Dritten zu beschaffen sind.[5] Nur so ist sichergestellt, dass der Betroffene überhaupt **Kenntnis** von der Datenverarbeitung hat und frei über die Preisgabe der Daten entscheiden kann.

Beispiel
Möchten Sie Daten, welche Sie im Rahmen eines Bestellvorgangs erhoben haben, auch dazu nutzen, den Kunden Werbematerial per E-Mail oder Post zukommen zu lassen, so müssen Sie ausdrücklich darauf hinweisen. Vergisst ein Kunde beim Bestellvorgang die Angabe seiner Adresse, so dürfen Sie diese grundsätzlich nicht über Drittquellen beziehen, sondern müssen den Betroffenen direkt danach fragen (Ausnahme siehe Rn 24).

c) Zweckbindung

16 Der Grundsatz der Zweckbindung besagt, dass bereits **vor der Erhebung** von personenbezogenen Daten festgelegt werden muss, zu welchem Zweck die Datenerhebung erfolgt. Dieser Zweck muss dem Betroffenen auch **mitgeteilt** werden, denn nur so kann er wirklich frei entscheiden, ob er seine Daten (für den mitgeteilten Zweck) preisgibt.[6] Daten dürfen demgemäß nicht „ins Blaue hinein" oder „auf Vorrat" gespeichert werden. Ohne (erneute) Einwilligung des Betroffenen oder eine gesetzliche

---

4 *Gola/Schomerus*, § 4 Rn 3 ff.
5 *Redeker*, Rn 932 ff.
6 Hoeren/Sieber/Holznagel/*Helfrich*, Teil 16.1 Rn 78 ff.

Grundlage darf der ursprüngliche Zweck der Datenverarbeitung auch **nicht geändert** werden, sondern muss bestehen bleiben.[7]

Praxistipp
In der Praxis sollten Sie nicht der Versuchung erliegen und die beabsichtigten Verwendungszwecke zu allgemein definieren (z.B. „für geschäftliche Zwecke"). Sie laufen dadurch Gefahr, dass eine etwaige Einwilligung des Betroffenen unwirksam ist. Unklarheiten bei der Zweckbestimmung werden immer zu Ihren Lasten gehen.

d) Erforderlichkeit und Datensparsamkeit

Eine weitere Grundregel beim Umgang mit personenbezogenen Daten ist der **Erforderlichkeitsgrundsatz**. Danach dürfen Sie nur solche und nur so viele Daten erheben und verwenden, wie dies für den jeweiligen Zweck unbedingt erforderlich ist. Es ist daher weder erlaubt, Daten der Nutzer ohne bestimmten Anlass „auf Vorrat" zu sammeln (s.o.), noch diese länger zu speichern, als der ursprüngliche Zweck dies erfordert.

Beispiel
Wenn Sie Daten im Rahmen eines Bestellvorgangs erheben und verarbeiten, ist die Abfrage von Name, Adresse, Geburtsdatum und Zahlungsdaten essentiell für die Abwicklung des Geschäfts. Nicht notwendig ist aber beispielsweise die Frage nach Familienstand, Beruf oder Anzahl der Kinder. Nach erfolgreicher Abwicklung des Geschäfts müssen Sie die Daten grundsätzlich löschen.

Praxistipp
In der Praxis im Online-Handel kann zumindest die letzte Anforderung (Löschung nach Abwicklung des Geschäfts) dadurch umgangen werden, dass für den Kunden ein „Kundenkonto" eingerichtet wird, in welchem er Zugriff auf seine bisherigen Bestellungen, eine Wunschliste oder andere Informationen hat. Die Einrichtung des Kundenkontos ist allerdings ein zur Vertragsabwicklung zusätzlicher Zweck und muss dem Kunden auch so mitgeteilt werden (siehe Abbildung).

Eröffnung eines Kundenkontos
Dieser Screenshot zeigt die Abfrage zur Eröffnung eines Kundenkontos bei der Online-Apotheke docmorris.de. Ohne Einrichtung eines Kundenkontos kann dort nicht bestellt werden.

---

[7] Hoeren/Sieber/Holznagel/*Helfrich*, Teil 16.1 Rn 89 ff.

e) Widerruflichkeit

18 Betroffene sind nach den deutschen Datenschutzvorschriften berechtigt, eine erteilte Einwilligung zum Umgang mit ihren Daten jederzeit zu **widerrufen**. Durch den Widerruf einer Einwilligung wird eine Datenverarbeitung **für die Zukunft** unzulässig. Besteht keine gesetzliche Erlaubnis zur Weiternutzung, müssen die Daten gelöscht werden. Über das Widerrufsrecht muss der Betroffene grundsätzlich aufgeklärt werden.

II. Datenverarbeitung ohne Einwilligung des Kunden

19 Wie bereits oben beschrieben, benötigen Sie für jeden Umgang mit personenbezogenen Daten eine **gesetzliche oder persönliche Erlaubnis**. In vielen Konstellationen kann die Einholung eines ausdrücklichen Einverständnisses schwierig oder unerwünscht sein. Die Konfrontation des Kunden mit ausführlichen Einwilligungserklärungen dürfte aus unternehmerischer Sicht zu vermeiden sein. Nachfolgend werden daher die **gesetzlichen Tatbestände** dargestellt, die eine Datenverarbeitung auch ohne ausdrückliche Einwilligung des Kunden erlauben. Die Auflistung ist dabei nicht abschließend, geht aber auf alle für den Bereich Online-Handel wichtigen Erlaubnisvorschriften ein.

1. Datenverarbeitung für eigene Geschäftszwecke, § 28 BDSG

20 Im Bereich des Online-Handels bildet § 28 BDSG eine wichtige Erlaubnisvorschrift. Danach ist das **Erheben, Speichern, Verändern oder Übermitteln** personenbezogener Daten oder ihre Nutzung als Mittel für die Erfüllung eigener Geschäftszwecke zulässig,
- wenn es für die **Begründung, Durchführung oder Beendigung** eines rechtsgeschäftlichen oder rechtsgeschäftsähnlichen **Schuldverhältnisses** mit dem Betroffenen erforderlich ist (§ 28 Abs. 1 S. 1 Nr. 1 BDSG),
- soweit es zur **Wahrung berechtigter Interessen** der verantwortlichen Stelle erforderlich ist und kein Grund zu der Annahme besteht, dass das schutzwürdige Interesse des Betroffenen an dem Ausschluss der Verarbeitung oder Nutzung überwiegt (§ 28 Abs. 1 S. 1 Nr. 2 BDSG) oder
- wenn die Daten **allgemein zugänglich** sind oder die verantwortliche Stelle sie veröffentlichen dürfte, es sei denn, dass das schutzwürdige Interesse des Betroffenen an dem Ausschluss der Verarbeitung oder Nutzung gegenüber dem berechtigten Interesse der verantwortlichen Stelle offensichtlich überwiegt (§ 28 Abs. 1 S. 1 Nr. 3 BDSG).

Die Regelung des § 28 BDSG ist nur dann anwendbar, wenn die Datenverarbei- 21
tung zu **eigenen Geschäftszwecken** erfolgt. Dieses Merkmal grenzt den Anwendungsbereich von § 29 BDSG ab, welcher das **geschäftsmäßige** Erheben, Speichern oder Verändern von Daten regelt. Nach § 28 BDSG ist es erforderlich, dass die Datenverarbeitung das Mittel zum Zweck der Erreichung eines dahinter stehenden Geschäftszwecks darstellt.[8] Genau diese Form der Datenverarbeitung ist der Regelfall im Online-Handel, denn der Händler will in der Regel die Daten vorwiegend dazu nutzen, den geschlossenen **Vertrag abzuwickeln**, also dem Kunden die bestellte Ware zu liefern und die Zahlung durchzuführen.

Beispiel
Ein Online-Händler für Autoreifen fragt bei der Bestellung bei seinen Kunden Name, Anschrift, Zahlungsinformationen und das Kfz-Modell ab. Diese Informationen sind als personenbezogene Daten grundsätzlich gesetzlich geschützt. Der Händler darf die Daten aber nach § 28 BDSG verarbeiten, wenn dies der Durchführung seines dahinterstehenden Geschäftszwecks dient, nämlich dem Verkauf seiner Reifen. Insofern darf der Händler die Daten verwenden, um dem Kunden die Reifen zuzusenden (inklusive der Übermittlung der Daten an den Transportdienstleister) und um die Zahlung abzuwickeln. Gesetzlich nicht erlaubt wäre es jedoch, diese Daten an eine Kfz-Werkstatt weiterzugeben, damit diese dem Kunden ein Angebot zur Montage der Reifen machen kann.

Neben der Datenverarbeitung im Rahmen der Abwicklung des Vertrags ist die Daten- 22
verarbeitung auch zur **Wahrnehmung berechtigter Interessen** zulässig. Berechtigte Interessen sind alle tatsächlichen (also wirtschaftliche und nichtkommerzielle) Interessen. Im Bereich des Online-Handels ist beispielsweise die Verwendung der Kundendaten im Rahmen eines **Bonusprogramms** zu eigenen **Werbemaßnahmen** oder **Marktanalysen** als berechtigtes Interesse anerkannt.[9] Dieses berechtigte Interesse muss dann abgewogen werden mit den schutzwürdigen Interessen des Betroffenen. Solche schutzwürdigen Interessen ergeben sich aus dem Recht auf informationelle Selbstbestimmung (Art. 2 Abs. 1 i.V.m. Art. 1 Abs. 1 GG). Die schutzwürdigen Interessen überwiegen in der Regel, wenn die **Privat- oder Intimsphäre** des Kunden betroffen ist.[10] Erlangt der Händler über das Bonusprogramm daher beispielsweise Daten über Krankheiten des Kunden (Intimsphäre), wäre die Verarbeitung von § 28 Abs. 1 S. 1 Nr. 2 BDSG nicht mehr gedeckt. Hierfür wäre eine gesonderte Einwilligung des Betroffenen notwendig.

Werden über das Bonusprogramm beispielsweise auch Daten über die Privat- 23
oder Intimsphäre des Kunden gesammelt, indem ein **Bewegungsprofil** erstellt wird, so berührt die Datenverarbeitung schutzwürdige Interessen des Betroffenen und ist

---

8 *Gola/Schomerus*, § 28 Rn 4.
9 *Simitis/Simitis*, § 28 Rn 137.
10 *Holznagel/Bonnekoh*, MMR 2006, 17, 20.

unzulässig. In diesem Fall wäre eine gesonderte Einwilligung des Kunden erforderlich.

24   Sofern kein Interesse des Betroffenen offensichtlich überwiegt, dürfen Sie auch solche Daten für Ihre Geschäftszwecke verarbeiten, die **aus allgemein zugänglichen Quellen** entnommen werden können (§ 28 Abs. 1 S. 1 Nr. 3 BDSG). So können Sie beispielsweise Daten von Websites ohne Zugangsbeschränkung oder Daten aus Telefon- und Adressbüchern verwenden, um ihre Geschäftszwecke zu verfolgen.

> **Beispiel**
> Sollte die vom Kunden angegebene Adresse nicht korrekt oder nicht vollständig sein, können Sie in allen allgemein zugänglichen Quellen nach der richtigen Adresse suchen und diese Daten dann verwenden.

> **Fettnapf**
> Beachten Sie, dass § 28 BDSG nur dann tauglche Erlaubnisnorm ist, wenn es um die Abwicklung des **eigentlichen Geschäfts** (also z.B. des Kaufvertrags oder des Dienstleistungsvertrags) geht. Für alle weiteren Datenverarbeitungsvorgänge im Rahmen der Händlerwebsite, z.B. die Einrichtung eines Kundenkontos im Online-Shop, das Vorhalten einer Bewertungsfunktion, das Angebot eines Kontaktformulars etc. gibt es spezielle Regelungen im TMG, die den Regelungen des BDSG vorgehen. Sie werden nachfolgend vorgestellt.

2. Die Verwendung von Bestandsdaten bei der Bereitstellung eines Online-Shops

25   Ein Online-Shop stellt klassischerweise ein Telemedium im Sinne des TMG dar.[11] Für die Datenverarbeitung im Zusammenhang mit der Erbringung von Telemediendiensten hält das TMG **spezielle Erlaubnistatbestände** bereit, die den allgemeinen Erlaubnisnormen des BDSG vorgehen. Dies führt dazu, dass Betreiber von Online-Shops in der Regel beim eigentlichen, über den Online-Shop geschlossenen Geschäft (z.B. des Kaufvertrags) den § 28 BDSG anwenden können, im Hinblick auf **zusätzliche Angebote** im Rahmen des Online-Shops, z.B. die Bereitstellung eines Kundenkontos, das Angebot eines Kontaktformulars oder das Vorhalten einer Bewertungsfunktion, aber die spezielleren Regelungen des TMG beachten müssen.[12]

26   Nach § 14 Abs. 1 TMG darf der Betreiber des Online-Shops personenbezogene Daten nur erheben und verwenden, soweit sie für die Begründung inhaltliche Ausgestaltung oder Änderung eines Vertragsverhältnisses zwischen dem Diensteanbieter und dem Nutzer über die Nutzung von Telemedien erforderlich sind. Diese zur Erbringung des Telemediums erforderlichen Daten werden im Gesetz auch als **Bestandsdaten**

---

11 *Müller-Broich*, § 1 Rn 6.
12 *Müller-Broich*, § 14 Rn 1.

definiert. Typisches Beispiel solcher Bestandsdaten sind die **Registrierungsdaten** für ein Kundenkonto in einem Online-Shop, wie z.B. Vor- und Zuname, Anschrift und E-Mail-Adresse. Die Verwendung der Bestandsdaten unterliegt dem **Erforderlichkeitsgrundsatz**, d.h. Sie können im Rahmen der Anmeldung zum Kundenkonto nicht ohne Weiteres das Geschlecht des Kunden abfragen. Dieses wird wohl kaum zur Erbringung Ihres Dienstes erforderlich sein. Darüber hinaus dürfen die Daten nur für die im Gesetz **genannten Zwecke** der Durchführung des Vertragsverhältnisses und nicht für andere Zwecke (z.B. Newsletter-Werbung) genutzt werden.

3. Die Verwendung von Nutzungsdaten bei der Bereitstellung eines Online-Shops
Neben den Bestandsdaten dürfen Sie als Betreiber eines Online-Shops gem. § 15 TMG auch sog. **Nutzungsdaten** verarbeiten. Nutzungsdaten sind solche Daten, die notwendig sind, damit der Besucher Ihren Online-Shop überhaupt nutzen kann oder erbrachte Dienste ggf. abgerechnet werden können. Zu den Nutzungsdaten zählen daher vor allem technische **Verbindungdaten** (z.B. Dauer des Aufenthalts auf der Website, eingesetzter Browser, verwendetes Betriebssystem etc.) und nach der hier bevorzugten Ansicht auch die **IP-Adresse**. Die Verwendung der Nutzungsdaten ist nur zum Zwecke der Erbringung des Dienstes, also der Bereitstellung des Online-Shops, zulässig. Sofern sie nicht für eine Abrechnung erforderlich sind, müssen Sie die Daten nach Ende des Nutzungsvorgangs wieder löschen.

Möchten Sie aus den Nutzungsdaten auch **Nutzerprofile** Ihrer Kunden erstellen, so erlaubt § 14 TMG dies unter bestimmten Voraussetzungen, welche in Rn 38 ff. dieses Kapitels genauer erläutert werden.

III. Datenverarbeitung mit Einwilligung des Kunden

Eine Alternative zu den oben beschriebenen Erlaubnistatbeständen stellt eine **Einwilligung** des Kunden in die Datenverarbeitung dar. Gerade weil im Datenschutzrecht ein Verbot mit Erlaubnisvorbehalt gilt, kommen Sie in der Praxis häufig nicht umher, eine solche Einwilligung Ihrer Kunden einzuholen und die Datenverarbeitung auf sichere Füße zu stellen. Das Recht stellt allerdings auch an eine Einwilligung **strenge Vorgaben** auf, die Sie unbedingt beachten müssen.

1. Schriftform und elektronische Form
Grundsätzlich ist eine Einwilligung gem. § 4a BDSG in schriftlicher Form einzuholen. Für den Online-Bereich hat der Gesetzgeber aber erkannt, dass die Schriftform bei der Einwilligungserklärung unzweckmäßig ist (Stichwort: Medienbruch) und erlaubt unter bestimmten Voraussetzungen auch die **elektronische Form**. Eine Einwilligung in elektronischer Form ist gem. § 13 Abs. 2 TMG möglich, wenn

- der Nutzer seine Einwilligung bewusst und eindeutig erteilt hat,
- die Einwilligung protokolliert wird,
- der Nutzer den Inhalt seiner Einwilligung jederzeit abrufen kann und
- der Nutzer die Einwilligung jederzeit mit Wirkung widerrufen kann.

31 Wenn Sie die oben genannten Punkte beachten, können Sie die Einwilligung auch durch anklickbare Schalflächen, Checkboxen, Formulare oder E-Mail einholen.

2. Freiwilligkeit der Einwilligung

32 Eine datenschutzrechtliche Einwilligung muss immer freiwillig erteilt werden. Es darf **kein Druck** auf den Einwilligenden ausgeübt werden. In diesem Zusammenhang sind insbesondere solche Einwilligungen unwirksam, die
- erzwungen werden,
- aufgrund einer arglistigen Täuschung abgegeben werden oder
- deren Zweck und Hintergrund nicht hinreichend erläutert werden.

33 Gerade der letzte Punkt ist immens wichtig in der Praxis. Damit eine Einwilligung tatsächlich freiwillig erteilt werden kann, müssen Sie Ihre Kunden darüber aufklären, dass eine datenschutzrechtliche Einwilligung erfolgt und welche Folgen eine Verweigerung für Ihre Kunden hat.[13]

34 Wird die Einwilligung nicht freiwillig oder ohne ausreichende Aufklärung erteilt, so ist sie **unwirksam**.

3. Eindeutige Erklärung

35 Um sicherzustellen, dass Ihre Kunden ausdrücklich in die Datenverarbeitung einwilligen, müssen diese eine **aktive Handlung** vornehmen. Praktisch umsetzen lässt sich dies mittels einer **Opt-In-Lösung**, bei der der Kunde aufgefordert wird, einen Button anzuklicken oder eine Checkbox zu aktivieren. Nicht ausreichend ist es dagegen, lediglich den Text einer Einwilligungserklärung im Bestellverlauf einzublenden.

> **Fettnapf**
> Rechtlich problematisch sind sog. Opt-Out-Lösungen, bei denen der Kunde ein bereits aktives Häkchen deaktivieren muss, um keine Einwilligung in die Datenverarbeitung zu erklären. Auch wenn eine Opt-In-Lösung umständlicher ist, ist sie aus Gründen der Rechtssicherheit zu empfehlen.

---

13 Simitis/*Spiros*, § 4a Rn 70 ff.

4. Protokollierung und Abrufbarkeit

Jede in elektronischer Form erklärte Einwilligung muss **protokolliert** werden (z.B. in Logfiles oder einer Datenbank). Außerdem muss ihr Inhalt jederzeit für Ihre Kunden abrufbar sein. Jederzeit abrufbar sind Informationen, wenn sie für den Nutzer ohne großen Suchaufwand ständig zur Nutzung bereitgehalten werden.[14]

36

> **Praxistipp**
> Sie können dieses Erfordernis erfüllen, indem sie die Informationen zur Einwilligungserklärung auf Ihrer Website innerhalb der Datenschutzerklärung bereithalten.

5. Hinweis auf Widerrufsmöglichkeit

Wenn Sie von Ihren Kunden eine Einwilligung in eine Datenverarbeitung verlangen, müssen Sie diese auch darauf hinweisen, dass sie ihre Einwilligung **jederzeit widerrufen** können (vgl. § 13 Abs. 2 Nr. 4 TMG). Damit dies auch tatsächlich möglich ist, müssen Sie auf Ihrer Website entsprechende **Kontaktmöglichkeiten**, wie beispielsweise Abmelde-Button oder eine E-Mail-Adresse, bereitstellen.

37

C. Website-Tracking

Kaum ein Online-Shop-Betreiber kann auf das Tracking seiner Kunden verzichten. Mittels **Website-Tracking** (auch Web-Tracking) ist es heutzutage ein Einfaches, die Wirkung der eigenen Online-Präsenz auf die Kunden zu verstehen und ggf. zu verbessern. Die verschiedenen Tracking-Werkzeuge ermöglichen den Website-Betreibern, mehr über die Website-Nutzung und das Besucherverhalten zu erfahren. Anhand der gewonnenen Erkenntnisse können die Betreiber dann ihr Angebot entsprechend anpassen. Gesammelt werden beim Tracking alle verfügbaren Daten, beispielsweise woher die Besucher kommen, welche Bereiche und Links sie anklicken, wie oft sie wiederkommen, wie lange Sie auf den einzelnen Seiten verweilen und welche anderen Interaktionen sie vornehmen.

38

Auf dem Markt für Website-Tracking sind zahlreiche Anbieter vertreten. Der mit Abstand Größte ist dabei Google mit seinem Dienst **Analytics**, der das Werkzeug komplett kostenlos anbietet.

39

Die Kehrseite des Website-Trackings liegt in der damit verbundenen Datenübermittlung an die Anbieter der Tracking-Werkzeuge. Da deren Werkzeuge auf zahlreichen Websites eingesetzt werden, wird das Bild des „gläsernen Internetnutzers" immer mehr Wirklichkeit. Die Anbieter können die **Nutzerprofile** mit personenbezogenen Daten zusammenführen und damit Interessen, Lebensgewohnheiten, Konsum-

40

---

14 Spindler/Schuster/*Spindler/Nink*, § 13 TMG Rn 5.

verhalten und Vorlieben einer ganz bestimmten Person offenlegen. Die Privatsphäre steht dabei nur noch auf dem Papier.

I. Datenschutzrechtliche Grundsätze beim Website-Tracking

41 Aufgrund der oben aufgezeigten Möglichkeit, durch Website-Tracking umfassende Nutzerprofile zu erstellen, sind strenge datenschutzrechtliche Anforderungen zu beachten. Je nachdem, ob personenbezogene oder anonyme Profile erstellt werden, sind unterschiedliche rechtliche Vorgaben zu beachten.

1. Personenbezogene Profile

42 Einige Tracking-Werkzeuge erlauben es Ihnen, personenbezogene Profile Ihrer Kunden zu erstellen. So bietet beispielsweise das Tool Woopra eine umfassende Auswertung der Besucher- und Kundenaktivitäten an.[15]

Woopra

---

15 Online abrufbar unter https://www.woopra.com.

Das Tracking-Werkzeug Woopra ermöglicht es Shop-Betreibern, eine detaillierte Analyse ihrer Kunden vorzunehmen. Wie auf dem Screenshot ersichtlich, können zahlreiche Daten ermittelt und mit einzelnen Kundenprofilen verknüpft werden. Für eine solch detailreiche und unproblematisch personenbezogene Auswertung Ihrer Besucher benötigen Sie unbedingt eine **Einwilligung Ihrer Kunden**. Eine solche können Sie beispielsweise im Rahmen der Anmeldung zu Ihrem Online-Shop (Stichwort Kundenkonto, s.o.) einholen.

Fettnapf
Auch das Analysetool Google Analytics fällt in seiner Grundeinstellung unter die Gruppe der personenbezogenen Profile, da es auch die IP-Adressen der Website-Besucher verarbeitet. Es gibt allerdings die Möglichkeit, Google Analytics auf ein pseudonymes Tracking umzustellen. Wie das möglich ist, wird in Rn 47 ff. erläutert.

2. Pseudonyme Profile

Sofern Sie nur pseudonyme Profile mittels Website-Tracking erstellen, gelten etwas weniger strenge rechtliche Anforderungen. Sie können solche Profile generieren, wenn Sie Ihren Nutzern und Kunden die **Möglichkeit zum Widerspruch** einräumen. Insofern ist es notwendig, die Nutzer über das Tracking zu informieren und ihn auf die Widerspruchsmöglichkeit hinzuweisen.

Außerdem ist es notwendig, dass Sie grundsätzlich das Tracking **selbst** vornehmen und nicht in fremde Hände (z.B. von Google) legen. Damit Sie einen Drittanbieter dennoch zulässigerweise ins Boot holen können, müssen Sie mit diesem einen Vertrag über eine **Auftragsdatenverarbeitung** (ADV, § 11 BDSG) schließen. Schließen Sie mit dem Anbieter des Tracking-Werkzeugs einen solchen Vertrag, so sind Sie gem. § 11 Abs. 1 BDSG weiterhin die „**verantwortliche Stelle**" für die Einhaltung der Datenschutzvorschriften. Aus diesem Grund müssen Sie sich in dem Vertrag umfassende Weisungs- und Kontrollrechte in Bezug auf die Datenverarbeitung einräumen lassen. Der Drittanbieter wird dann nur noch als „verlängerter Arm" tätig und ist datenschutzrechtlich nicht mehr „Dritter".

Praxistipp
Um den Abschluss eines Vertrags über die Auftragsdatenverarbeitung kommen Sie herum, wenn Sie das Website-Tracking durch eigene Werkzeuge auf dem **eigenen Server** durchführen. Diese Möglichkeit bietet beispielsweise die Open-Source-Software Piwik, welche unter http://de.piwik.org heruntergeladen werden kann.

3. Anonyme Profile

Ohne datenschutzrechtliche Bedenken ist das Erstellen von anonymen Nutzerprofilen. Hier greifen die gesetzlichen Datenschutzbestimmungen nicht ein.

II. Google Analytics datenschutzkonform einsetzen

47 Der mit Abstand beliebteste Dienst für das Website-Tracking ist Google Analytics. Dieses mächtige Werkzeug ermöglicht es Website-Betreibern, nahezu alle Daten über ihre Besucher in Erfahrung zu bringen. Aufgrund der großen Beliebtheit des Dienstes geriet Google Analytics im Jahr 2009 ins Visier der Datenschutzbehörden. Diese stuften das Angebot als **datenschutzwidrig** ein, da u.a. die **vollständigen IP-Adressen** der Website-Besucher an Google übertragen wurden. Google reagierte auf die Kritik und nahm mehrere Veränderungen seines Dienstes vor. Seither kann Google Analytics auch nach Ansicht der Behörden **datenschutzkonform** eingesetzt werden, wenn sämtliche der folgenden Punkte umgesetzt werden:

1. Verwendung verkürzter IP-Adressen

48 Da IP-Adressen aufgrund der behördlichen Auffassung als personenbezogen anzusehen sind (s.o.), müssen Sie zunächst die Code-Erweiterung „anonymizeIP" einsetzen. Diese löscht die letzten Stellen der IP-Adresse Ihrer Nutzer und **anonymisiert** daher die Adresse.

Praxistipp
Google stellt unter https://developers.google.com/analytics/devguides/collection/gajs/methods/gaJSApi_gat?#_gat._anonymizeIp eine Anleitung zur Verfügung, wie die Code-Erweiterung eingebaut wird.

2. Anpassung der Datenschutzerklärung

49 Sie sind rechtlich verpflichtet, in Ihrer Datenschutzerklärung über den Einsatz von Google Analytics und die damit verbundene Datenerfassung aufzuklären. Hierfür müssen Sie folgenden **Mustertext** verwenden:

Klauselmuster
„Diese Website benutzt Google Analytics, einen Webanalysedienst der Google Inc. 1600 Amphitheatre Parkway, Mountain View, CA 94043, United States („Google').
Google Analytics verwendet sog. ‚Cookies', Textdateien, die auf Ihrem Computer gespeichert werden und die eine Analyse der Benutzung der Website durch Sie ermöglichen. Die durch den Cookie erzeugten Informationen über Ihre Benutzung dieser Website werden in der Regel an einen Server von Google in den USA übertragen und dort gespeichert. Im Falle der Aktivierung der IP-Anonymisierung auf dieser Website wird Ihre IP-Adresse von Google jedoch innerhalb von Mitgliedstaaten der Europäischen Union oder in anderen Vertragsstaaten des Abkommens über den Europäischen Wirtschaftsraum zuvor gekürzt. Nur in Ausnahmefällen wird die volle IP-Adresse an einen Server von Google in den USA übertragen und dort gekürzt. Im Auftrag des Betreibers dieser Website wird Google diese Informationen benutzen, um Ihre Nutzung der Website auszuwerten, um Reports über die Websiteaktivitäten zusammenzustellen und um weitere mit der Website-Nutzung und der Internetnutzung verbundene Dienstleistungen gegenüber dem Websitebetreiber zu erbringen. Die im Rahmen von

Google Analytics von Ihrem Browser übermittelte IP-Adresse wird nicht mit anderen Daten von Google zusammengeführt. Sie können die Speicherung der Cookies durch eine entsprechende Einstellung Ihrer Browser-Software verhindern; wir weisen Sie jedoch darauf hin, dass Sie in diesem Fall ggf. nicht sämtliche Funktionen dieser Website vollumfänglich werden nutzen können. Sie können darüber hinaus die Erfassung der durch das Cookie erzeugten und auf Ihre Nutzung der Website bezogenen Daten (inklusive Ihrer IP-Adresse) an Google sowie die Verarbeitung dieser Daten durch Google verhindern, indem sie das unter dem folgenden Link verfügbare Browser-Plugin herunterladen und installieren: http://tools.google.com/dlpage/gaoptout?hl=de.

Wir möchten angesichts der Diskussion um den Einsatz von Analysetools mit vollständigen IP-Adressen darauf hinweisen, dass, um eine direkte Personenbeziehbarkeit auszuschließen, auf dieser Website IP-Adressen nur gekürzt weiterverarbeitet werden, da wir Google Analytics mit der Erweiterung „_anonymizeIp()" verwenden."

3. Widerspruchsmöglichkeit

Damit Ihre Besucher und Kunden die Möglichkeit haben, der Aufzeichnung ihrer Daten (wenn auch in pseudonymer Form) zu widersprechen, stellt Google ein **Add-On** für alle gängigen Browsertypen zur Verfügung. Nutzer können dieses Add-On installieren und damit das Tracking für die Zukunft deaktivieren.

Praxistipp
Das Browser-Add-On können Sie hier herunterladen: https://tools.google.com/dlpage/gaoptout?hl=de. In dem oben abgedruckten Klauselmuster wird auf dieses Add-On hingewiesen.

4. Vertrag über die Auftragsdatenverarbeitung mit Google

Wie oben beschrieben, müssen Sie mit dem externen Dienstleister Google einen Vertrag über die Auftragsdatenverarbeitung abschließen. Hierfür stellt Google Ihnen einen Mustertext bereit, den Sie unterschreiben und an die Google-Niederlassung in Irland senden müssen. In dem Vertrag verpflichtet sich Google zum datenschutzkonformen Umgang mit den Nutzerdaten.

Praxistipp
Den aktuellen Mustertext für den Vertrag über die Auftragsdatenverarbeitung können Sie unter http://www.google.com/analytics/terms/de.pdf herunterladen. Diesen müssen Sie unterschrieben an Google Ireland Ltd., Gordon House, Barrow Street, Dublin 4, Ireland senden.

5. Keine Verknüpfung mit anderen Nutzerdaten

Google verspricht, die über Analytics gewonnenen Nutzungsprofile nicht mit anderen personenbezogenen Daten (z.B. aus Google Mail oder Google+) zu **verknüpfen**. In diesem Punkt müssen Sie Google vertrauen, kontrollieren können Sie das freilich nicht.

6. Löschung von Altdaten

53 Sofern Sie Google Analytics schon vor den Änderungen 2009 eingesetzt haben, müssen Sie die **älteren Profile und Daten löschen**. Sie wurden rechtswidrig angefertigt.

D. Einbindung sozialer Netzwerke

54 Die Bedeutung sozialer Netzwerke, wie z.B. Facebook, Google+ oder Twitter, hat in den letzten Jahren enorm zugenommen. Auch im E-Commerce ist Social Media ein Trend, der nicht mehr zu stoppen ist. Kaum ein Online-Shop kommt noch ohne **Like-Button** oder **Sharing-Optionen** aus. Da die Einbindung sozialer Netzwerke häufig mit einer Datenübertragung an deren Betreiber einhergeht, sollten Sie vor dem Start Ihrer Social Media-Marketingmaßnahmen unbedingt auch die datenschutzrechtlichen Voraussetzungen prüfen.

I. Datenschutzrechtliche Probleme von Social-Plugins

55 Haben Sie **Drittinhalte** in Ihren Online-Shop eingebunden, benötigt der Anbieter dieser Drittinhalte die IP-Adresse Ihrer Kunden, um die entsprechenden Daten an Ihre Kunden zu übertragen. Integrieren Sie also beispielsweise ein Video von einer Videoplattform in Ihren Online-Shop, wird beim Aufruf des Shops die IP-Adresse Ihrer Kunden an den Betreiber der Plattform übertragen, der wiederum das Video dann an Ihre Kunden ausliefern kann.

56 Da die IP-Adresse möglicherweise personenbezogen ist, hat bereits diese Datenübermittlung datenschutzrechtliche Relevanz. Die Datenübermittlung kann allerdings in diesem Fall in der Regel auf die **Erlaubnistatbestände** des TMG gestützt werden, da ohne die Übermittlung der IP-Adresse der eingebundene Drittinhalt nicht dargestellt werden kann.

57 Deutlich problematischer ist es allerdings, wenn Sie **Social-Plugins**, wie beispielsweise den Like-Button von Facebook in Ihren Online-Shop einbinden. Grund hierfür ist, dass über Social-Plugins weit mehr Informationen als bloß die IP-Adresse an den Drittanbieter fließen, ohne dass der Nutzer hiervon erfährt.

58 Im Folgenden wird die Problematik anhand des **Like-Buttons** von Facebook dargestellt. Die Ausführungen lassen sich allerdings eins zu eins auch auf andere Social Plugins (z.B. Google +1-Button oder Tweet-Button von Twitter) übertragen.

59 Bei der Datenübertragung durch Social-Plugins hängen die Art und der Umfang der übermittelten Daten entscheidend von folgenden Faktoren ab:
– Ist der Website-Besucher Mitglied des sozialen Netzwerks?
– Ist der Website-Besucher in dem sozialen Netzwerk eingeloggt?

- Findet lediglich ein passiver Aufruf Ihrer Website oder ein aktives Klicken auf den Button statt?

Nachfolgendes Raster zeigt, welche Daten im Falle des Like-Buttons an Facebook übermittelt werden: 60

	Nicht eingeloggt bei Facebook	Eingeloggt bei Facebook
Bloßer Seitenaufruf	IP-Adresse; Informationen über Browser und Betriebssystem; URL der aufgerufenen Website	Eindeutige Benutzerkennung; IP-Adresse; Informationen über Browser und Betriebssystem; URL der aufgerufenen Website, sodass Surfverhalten eindeutig nachvollziehbar ist
Aktiver Klick auf „Gefällt mir"	Pseudonym, mit welchem das Surfverhalten nachvollziehbar ist	Information, dass das Element („Gefällt mir") geklickt wurde. Diese Information wird dann im jeweiligen Profil gespeichert.

Das Problem bei dieser Datenübermittlung an Facebook oder andere soziale Netzwerke ist, dass diese bereits **beim Aufruf Ihrer Website** beginnt und der Nutzer **vorher nicht widersprechen** kann. Das steht den datenschutzrechtlichen Grundsätzen der Transparenz und der Widerruflichkeit diametral entgegen. Daher haben die deutschen Datenschutzbehörden im sog. Düsseldorfer Kreis in einem Beschluss festgestellt, dass Social Plugins, die selbstständig Daten an Dritte übertragen, nach deutschem Datenschutzrecht grundsätzlich unzulässig sind.[16] 61

Um trotz dieser Problematik und der Aussage der obersten Datenschutzbehörden Social Plugins einsetzen zu können, bietet sich die sogenannte **2-Klick-Lösung** (auch Heise-Lösung genannt) an. Bei dieser Art der Einbindung wird beim Aufruf der Website zunächst eine nicht aktive Schaltfläche eingeblendet, die vom Besucher zunächst **aktiviert** werden muss. Der Nutzer hat es also selbst in der Hand, die Datenübertragung an das soziale Netzwerk zu starten und kann sich vorab über die Datenübertragung informieren. Erst nach der Aktivierung der Schaltfläche wird das Social Plugin **geladen** und der Besucher kann auf „Like" oder „Gefällt mir" klicken. 62

---

[16] Beschluss der obersten Aufsichtsbehörden für den Datenschutz im nicht-öffentlichen Bereich (Düsseldorfer Kreis am 8.12.2011), siehe http://www.bfdi.bund.de/SharedDocs/Publikationen/ Entschliessungssammlung/DuesseldorferKreis/08122011DSInSozialenNetzwerken.pdf;jsessionid=A5 C3570B13B4ABA171F0633ECF10FC0B.1_cid134?_blob=publicationFile.

Die 2-Klick-Lösung

63 Der Online-Händler Zalando setzt auf seiner Website die 2-Klick-Lösung zur Einbindung von Social Plugins ein. Dem Kunden wird beim Überfahren der Schaltflächen mitgeteilt, dass er Social Media zunächst aktivieren muss. Außerdem besteht die Möglichkeit, sich über die Details der Datenübertragung genauer zu informieren. Diese 2-Klick-Lösung mag zwar mit kleinen Einbußen bei der Benutzungsfreundlichkeit verbunden sein. Allerdings mindert sie die datenschutzrechtlichen Bedenken erheblich.

Praxistipp
Eine kostenlose Lösung, welche nach dem 2-Klick-Prinzip arbeitet, können Sie beim Heise-Verlag unter http://www.heise.de/extras/socialshareprivacy abrufen und in Ihr E-Commerce-Projekt einbinden.

II. Der Betrieb einer eigenen Social Media-Präsenz

64 Für viele Online-Händler ist es in der heutigen Zeit nahezu unverzichtbar, auch in den sozialen Netzwerken vertreten zu sein. Eine eigene **Social Media-Präsenz** bietet neben dem Marketingeffekt auch die Möglichkeit, mit den Kunden unkompliziert und direkt in Kontakt zu treten.

65 Allerdings begegnet auch der Betrieb eines Auftritts in den sozialen Netzwerken (z.B. einer Facebook-Seite) datenschutzrechtlichen Bedenken. Denn ähnlich wie bei den Social-Plugins werden auch innerhalb der sozialen Netzwerke zahlreiche Daten

an den jeweiligen Betreiber übertragen, ohne dass der Kunde hierüber ausreichend informiert wird.

Nach Auffassung vieler deutscher Datenschutzbehörden entsprechen die Datenschutzerklärungen z.B. von Google und Facebook nicht den gesetzlichen Anforderungen, weil die Datenverwendung dem Nutzer **nicht transparent** genug dargestellt wird. Das Unabhängige Landeszentrum für den Datenschutz in Schleswig-Holstein (ULD) hat daher in der Vergangenheit verschiedene Betreiber von Facebook-Seiten zur Löschung dieser Seiten aufgefordert. Zu Unrecht, wie das VG Schleswig am 9.10.2013 (Az. 8 A 218/11, 8 A 14/12 und 8 A 37/12) entschied: Die Betreiber der Facebook-Fanseiten seien nicht für die Datenverarbeitung auf Facebook verantwortlich, da sie keinerlei rechtliche oder tatsächliche Möglichkeit hätten, auf den Datenverarbeitungsvorgang Einfluss zu nehmen. Der Seitenbetreiber könne lediglich seine Inhalte einstellen, habe aber auf den Datenverkehr zwischen dem Nutzer und Facebook keinen Einfluss.[17]

Aufgrund dieser Entscheidung ist es derzeit **unproblematisch**, als Online-Händler auch eine Social Media-Präsenz einzurichten und zu betreiben.

E. Datenschutzerklärung

Aufgrund des datenschutzrechtlichen Transparenzgebots (s.o.) ist eine **Datenschutzerklärung** im Bereich des E-Commerce und des Online-Handels unumgänglich. Zweck der Datenschutzerklärung ist es, die von einer Datenverarbeitung betroffene Personen über die Datenverarbeitung zu informieren. Durch diese Unterrichtung wird die Datenverwendung für den Betroffenen transparent. Nur ein richtig aufgeklärter Betroffener kann dann frei entscheiden, ob er ein E-Commerce-Angebot nutzen möchte oder nicht.

I. Pflicht zur Datenschutzerklärung

Eine Datenschutzerklärung ist immer dann Pflicht, wenn ein E-Commerce-Angebot als **eigenständiges Telemedium** anzusehen ist, was in der Regel der Fall sein wird (s.o.).

---

17 VG Schleswig-Holstein, Urt. v. 9.10.2013 – 8 A 218/11 –, – 8 A 14/12 – u. – 8 A 37/12 –.

II. Platzierung der Datenschutzerklärung

70 Ähnlich wie bei der Anbieterkennzeichnung (Impressum, vgl. Kap. 6 Abschnitt B IV) stellt sich auch bei der Datenschutzerklärung die Frage nach der richtigen **Platzierung**. Nach den gesetzlichen Vorgaben des § 13 TMG muss der Anbieter eines Telemediums dafür Sorge tragen, dass die Datenschutzerklärung **jederzeit** und **ohne großen Suchaufwand** abgerufen werden kann.

71 Umsetzen lässt sich diese Vorgabe am besten dadurch, dass die Datenschutzerklärung im **Footer** eines Online-Angebots verlinkt wird und somit von jeder Unterseite aus mit einem Klick erreichbar ist.

Verlinkung der Datenschutzerklärung
Auf der Website des Online-Händlers Conrad Elektronik findet sich im Footer (am unteren Rand der Website) ein Link zur Datenschutzerklärung.

III. Inhalt der Datenschutzerklärung

72 Inhaltlich gibt § 13 TMG vor, dass über „Art, Umfang und Zwecke" der Datenverarbeitung umfassend informiert werden muss. Insofern müssen Sie Ihre (potenziellen) Kunden in der Datenschutzerklärung darüber **aufklären**, welche personenbezogenen Daten von Ihnen wie und wozu erhoben werden, was mit den erhobenen Daten geschieht und welche Rechte der Betroffene Ihnen gegenüber hat.

73 Im Bereich des Online-Handels sollten Sie in der Datenschutzerklärung zumindest folgende Punkte ansprechen:

- allgemeine Erläuterungen, was personenbezogene Daten sind;
- Informationen, welche personenbezogenen Daten bei der Nutzung Ihres Online-Angebots erhoben und verwendet werden;
- Informationen, für welche Zwecke die erhobenen Daten verwendet werden;
- Informationen, ob und, wenn ja, an wen eine Datenübertragung an Dritte stattfindet;
- Information, ob eine Datenübertragung ins Ausland (insbesondere nach außerhalb der EU) stattfindet;
- Information über eingesetzte Tracking-Werkzeuge (s.o.);
- Information, ob und wie Cookies auf der Website eingesetzt werden;
- Hinweis auf die Einbindung von Social Plugins (s.o.);
- Hinweis auf die Rechte der Betroffenen (Widerspruchsrecht, Auskunftsrecht);
- Kontaktmöglichkeiten für die Betroffenen bei Datenschutzangelegenheiten;
- Informationen darüber, welche Folgen eine verweigerte Einwilligung auf die Nutzung Ihrer Angebote hat.

Die Datenschutzerklärung muss in **allgemein verständlicher Sprache** abgefasst sein. Juristische und sonstige Fachbegriffe sowie fremdsprachige Ausdrücke sind hier fehl am Platz. Nachfolgend ein Beispiel einer korrekt abgefassten Datenschutzerklärung: 74

Vertragsmuster
„Die Wolke Handelsgesellschaft mbH (im Folgenden: WOLKE) beachtet alle einschlägigen gesetzlichen Datenschutzvorgaben (deutsche Datenschutzgesetze, europäische Datenschutzrichtlinien und jedes andere anwendbare Datenschutzrecht). Mit dieser Datenschutzerklärung informieren wir Sie als Kunden über Art, Umfang und Zweck der Erhebung und Verwendung personenbezogener Daten. Sie können diese Erklärung jederzeit auf der Website www.wolke.cc/datenschutz abrufen.

1. Verantwortliche Stelle/Kontakt
Verantwortliche Stelle im Sinne der Datenschutzgesetze (BDSG) ist die

WOLKE Handelsgesellschaft mbH
Sonnenstraße 22
12345 Wolkenkuckucksheim
www.wolke.cc

Sollten Sie Fragen oder Anregungen zum Datenschutz haben, können Sie sich gerne auch per E-Mail an uns unter info@wolke.cc wenden.

2. Erhebung und Verwendung von Daten
Wenn Sie uns mit der Erbringung einer Dienstleistung oder der Zusendung von Ware beauftragen, werden Ihre persönlichen Daten ohne Ihre gesonderte Einwilligung nur insoweit verwendet, wie es für die Erbringung der Dienstleistung oder die Durchführung des Vertrags notwendig ist.

Hierzu zählt insbesondere die Weitergabe Ihrer Daten an Transportunternehmen, Kreditunternehmen, Zahlungsdienstleister oder andere zur Erbringung der Dienstleistung oder Vertragsabwicklung eingesetzte Service-Dienste.

Mit vollständiger Vertragsabwicklung werden Ihre Daten für die weitere Verwendung gesperrt und nach Ablauf der steuer- und handelsrechtlichen Aufbewahrungsfristen gelöscht, sofern Sie nicht ausdrücklich in eine weitergehende Nutzung eingewilligt haben.

3. Zugriff auf die Website von WOLKE/Verwendung von Cookies

Beim Zugriff auf die Website von WOLKE übermittelt Ihr Browser aus technischen Gründen automatisch Daten. Folgende Daten werden bei WOLKE getrennt von anderen Daten, die Sie unter Umständen an WOLKE übermitteln, gespeichert:

- Datum und Uhrzeit des Zugriffs,
- Browsertyp/-version,
- verwendetes Betriebssystem,
- URL der zuvor besuchten Website,
- IP Adresse.

Diese Daten werden ausschließlich aus technischen Gründen gespeichert und werden zu keinem Zeitpunkt einer bestimmten Person zugeordnet.

Die Website www.wolke.cc verwendet Cookies. Dabei handelt es sich um kleine Textdateien, welche auf Ihrem Rechner abgelegt werden. Nach dem Ende der Browser-Sitzung werden die meisten der von uns verwendeten Cookies wieder von Ihrer Festplatte gelöscht („Sitzungs-Cookies"). Die sog. dauerhaften Cookies verbleiben dagegen auf Ihrem Rechner und ermöglichen es uns so, Sie bei Ihrem nächsten Besuch wiederzuerkennen.

Es ist unseren Partnerunternehmen nicht gestattet, über unsere Website personenbezogene Daten mittels Cookies zu erheben, zu verarbeiten oder zu nutzen.

Die Hilfe-Funktion der meisten Webbrowser erklärt Ihnen, wie Sie Ihren Browser davon abhalten, neue Cookies zu akzeptieren, wie Sie Ihren Browser darauf hinweisen lassen, wenn Sie einen neuen Cookie erhalten oder auch, wie Sie sämtliche erhaltenen Cookies ausschalten. Ähnliche Funktionen wie Flash Cookies, die durch Browser-Add-Ons genutzt werden, können Sie durch die Änderung der Einstellungen des Browser-Add-Ons oder auch über die Website des Herstellers des Browser Add-Ons ausschalten oder löschen.

4. Verwendung von Facebook Social Plugins

Diese Website www.wolke.cc verwendet sog. Social Plugins („Plugins") des sozialen Netzwerks Facebook, das von der Facebook Inc., 1601 S. California Ave, Palo Alto, CA 94304, USA (im Folgenden: Facebook) betrieben wird. Die Plugins erkennen Sie an einem Facebook-Logo oder dem Zusatz „Soziales Plugin von Facebook" bzw. „Facebook Social Plugin". Eine Übersicht über die Facebook Plugins und deren Aussehen finden Sie unter http://developers.facebook.com/plugins.

Wenn Sie eine Seite unseres Webauftritts von WOLKE aufrufen, die ein solches Plugin enthält, baut Ihr Browser eine direkte Verbindung mit den Servern von Facebook auf. Der Inhalt des Plugins wird von Facebook direkt an Ihren Browser übermittelt und von diesem in die Website eingebunden.

Durch die Einbindung der Plugins erhält Facebook die Information, dass Ihr Browser die entsprechende Seite eines Webauftritts von WOLKE aufgerufen hat, auch wenn Sie kein Facebook-Konto besitzen oder gerade nicht bei Facebook eingeloggt sind. Diese Information (einschließlich Ihrer IP-Adresse) wird von Ihrem Browser direkt und unmittelbar an einen Server von Facebook in den USA übermittelt und dort gespeichert.

Wahlers

Sofern Sie bei Facebook eingeloggt sind, kann Facebook den Besuch einer Website von WOLKE Ihrem Facebook-Konto unmittelbar zuordnen. Sofern Sie mit den Plugins interagieren, etwa den „Gefällt mir"-Button betätigen oder einen Kommentar abgeben, wird die entsprechende Information ebenfalls unmittelbar an einen Server von Facebook übermittelt und dort gespeichert. Die Informationen werden außerdem auf Facebook veröffentlicht und Ihren Facebook-Freunden angezeigt.

Wenn Sie nicht wünschen, dass Facebook die über dem Webauftritt von WOLKE gesammelten Daten Ihrem Facebook-Konto zuordnet, sollten Sie sich unbedingt vor Ihrem Besuch einer Website von WOLKE bei Facebook ausloggen.

Zweck und Umfang der Datenerhebung sowie die weitere Verarbeitung und Nutzung Ihrer Daten durch Facebook sowie Ihre diesbezüglichen Rechte und Einstellungsmöglichkeiten zum Schutz Ihrer Privatsphäre können Sie den Datenschutzhinweisen von Facebook unter http://www.facebook.com/policy.php entnehmen.

[**Hinweis**: Diesen Abschnitt benötigen Sie nur, wenn Sie Facebook Social Plugins verwenden.]

5. Google Analytics

[**Hinweis**: Den Mustertext beim Einsatz von Google Analytics finden Sie oben unter Rn 47 ff.]

6. Eingebettete Videos und Bilder von externen Internetseiten

Einige unserer Seiten enthalten eingebettete Inhalte von YouTube oder Instagram. Beim alleinigen Aufrufen einer Seite aus unserem Internetangebot mit eingebundenen Videos oder Bildern aus unserem YouTube- und/oder Instagram-Kanal werden keine personenbezogenen Daten, mit Ausnahme der IP-Adresse, übermittelt. Die IP-Adresse wird im Falle von YouTube an die Google Inc., im Falle von Instagram an die Instagram Inc.,181 SouthPark Street Suite 2 San Francisco, California 94107 („Instagram"), übermittelt.

7. Newsletter und E-Mail-Benachrichtigungen

WOLKE bietet Ihnen einen kostenlosen Newsletter-Service. Mit dem Newsletter informiert WOLKE Sie über Neuigkeiten zum Unternehmen und zu ihrem Angebot. Um den Newsletter zu erhalten, benötigen wir Ihre E-Mail-Adresse und Ihren Namen. Diese können Sie im Rahmen eines Registrierungsprozesses auf der Website www.wolke.cc angeben.

Sie können den Newsletter jederzeit abbestellen. Jeder Newsletter enthält die Information, wie der Newsletter durch Sie mit Wirkung für die Zukunft abbestellt werden kann sowie einen entsprechenden Link.

8. Kontaktformular

Sie haben die Möglichkeit, sich über unser Kontaktformular mit Ihren Fragen an uns zu wenden. Die Eingabe der Daten erfolgt ausdrücklich auf freiwilliger Basis. Die eingegebenen personenbezogenen Daten werden vertraulich behandelt und für den vorgesehenen Zweck gemäß den jeweils geltenden datenschutzrechtlichen Bestimmungen genutzt. Eine Weitergabe der Daten an Dritte außerhalb unseres Unternehmens erfolgt nicht.

9. Löschung Ihrer Daten
Soweit Ihre Daten für die vorgenannten Zwecke nicht mehr erforderlich sind, werden sie gelöscht. Soweit Daten aus gesetzlichen Gründen aufbewahrt werden müssen, werden diese gesperrt. Die Daten stehen einer weiteren Verwendung dann nicht mehr zur Verfügung.

10. Auskunfts- und Berichtigungsrecht
Selbstverständlich haben Sie das Recht, auf Antrag Auskunft über die von WOLKE zu Ihrer Person gespeicherten Daten zu erhalten. Ebenso haben Sie das Recht auf Berichtigung unrichtiger Daten, Sperrung und Löschung. Wenden Sie sich dazu bitte an info@wolke.cc oder postalisch an die eingangs angegebene Anschrift.

11. Sicherheit
WOLKE bedient sich technischer und organisatorischer Sicherheitsmaßnahmen, um die von Ihnen zur Verfügung gestellten Daten vor zufälligen oder vorsätzlichen Manipulationen, Verlust, Zerstörung oder dem Zugriff unberechtigter Personen zu schützen. Diese Sicherheitsmaßnahmen werden entsprechend der technologischen Entwicklung fortlaufend verbessert. Im Übrigen sind alle Mitarbeiter und Erfüllungsgehilfen auf das Datengeheimnis des Bundesdatenschutzgesetzes verpflichtet.

12. Änderungen dieser Datenschutzerklärung
WOLKE behält sich vor, diese Datenschutzerklärung zu ändern. Die aktuelle Fassung der Datenschutzerklärung ist stets auf der Website von WOLKE unter www.wolke.cc/datenschutz abrufbar."

F. Folgen von Datenschutzverstößen

75 Kein Datenverarbeitungsvorgang ist zu einhundert Prozent perfekt. Sei es aus Unachtsamkeit oder aus betriebswirtschaftlichem Kalkül: Verstöße gegen datenschutzrechtliche Vorschriften kommen in der Praxis häufig vor. Die Folgen der Verstöße fallen je nach Einzelfall sehr unterschiedlich aus. Neben **Bußgeldern** seitens der Datenschutzbehörden drohen möglicherweise **Abmahnungen** durch Mittbewerber oder **Klagen** der betroffenen Personen. Am schwersten wird häufig der mit einem Datenschutzverstoß einhergehende **Reputationsverlust** in der Öffentlichkeit wiegen.

I. Behördliche Bußgelder

76 Unmittelbare Sanktionen drohen vonseiten der Datenschutzbehörden. Missachten Sie typische datenschutzrechtliche Pflichten, wie die zur Bereitstellung einer korrekten Datenschutzerklärung, kann dies als **Ordnungswidrigkeit** gewertet und mit Bußgeldern in Höhe von bis zu 50.000 € pro Regelverletzung belegt/sanktioniert werden. In der Praxis allerdings führen Verstöße nicht immer sofort zu finanziellen Strafen. Nicht selten wählen Datenschutzbehörden nämlich ein stufenweises Vorgehen und

ordnen gegenüber dem verantwortlichen Unternehmen zunächst die **Beseitigung** des rechtsverletzenden Verhaltens an, bevor sie Bußgelder verhängen.

II. Wettbewerbsrechtliche Abmahnungen

Das Risiko, wegen eines Datenschutzverstoßes abgemahnt zu werden, ist relativ gering. Nach dem UWG dürfen Wettbewerber wegen Rechtsverstößen nämlich nur gegen ein anderes Unternehmen mit einer Abmahnung vorgehen, wenn dieses eine sog. **Marktverhaltensvorschrift**, die auch das Interesse aller Marktteilnehmer an einem unverfälschten Wettbewerb schützt, verletzt hat. Weil Datenschutzbestimmungen vorrangig die Privatsphäre des Einzelnen im Blick haben, **verneinen** die meisten Gerichte grundsätzlich ihren marktbezogenen Charakter.[18]

So hat mit dieser Begründung etwa das LG Berlin eine wettbewerbsrechtliche Unterlassungsverfügung eines Online-Händlers gegen ein Konkurrenzunternehmen wegen datenschutzwidriger Verwendung des Facebook Like-Buttons abgelehnt.[19]

Ausnahmsweise anders ist die Rechtslage, wenn Regeln **bewusst und zum eigenen Vorteil missachtet** werden. Weil hier der Markt/Wettbewerb tangiert wird, sollen Wettbewerber des verantwortlichen Unternehmens ausnahmsweise auch Datenschutzverstöße mit einer Abmahnung quittieren dürfen.

Fettnapf
Auch wenn eine wettbewerbsrechtliche Abmahnung aus den oben genannten Gründen zumeist unberechtigt sein wird, sollte auf eine solche fristgemäß reagiert werden. Eine gerichtliche Auseinandersetzung ist mit erheblichem Mehraufwand – auch auf der Kostenebene – verbunden.

III. Vorgehen der Betroffenen

Auch die von einer rechtswidrigen Datenverarbeitung Betroffenen können gegen Unternehmen mit datenschutzwidrigen Internetangeboten vorgehen. Sie sind beispielsweise berechtigt, die **Löschung** von unzulässig gesammelten Daten oder gar **Schadensersatz** zu verlangen – notfalls im **Klagewege**. In der Praxis haben diese Fälle aber Seltenheitswert, weil viele Betroffene angesichts der unsicheren Rechtslage und des Kostenrisikos die rechtliche Konfrontation oft scheuen oder Verstöße erst gar nicht erkennen oder nachweisen können. Aus Unternehmenssicht kommt

---

18 Harte-Bavendamm/Henning-Bodewig/*v. Jagow*, § 4 Nr. 11 Rn 34.
19 LG Berlin, Beschl. v. 14.3.2011 – 91 O 25/11 –.

erleichternd hinzu, dass die Streitwerte im Datenschutzrecht meist relativ gering sind und daher ein nur **unerhebliches wirtschaftliches Risiko** darstellen.

IV. Reputationsschäden

81 **Negative Publicity** oder Imageeinbußen wiegen oftmals schwerer als die finanziellen Schäden. Ansehensverluste sind dabei nicht nur in der Öffentlichkeit oder bei Geschäftspartnern, sondern auch bei einzelnen Nutzern möglich. Selbst weniger bedeutsame Fehler, wie beispielsweise eine unvollständige Datenschutzerklärung oder der unbedachte Einsatz von Empfehlungs-Schaltflächen oder Google Analytics wird von den heutzutage meist gut informierten Nutzern zumindest als **mangelnde Professionalität** wahrgenommen. Das gilt umso mehr, als es sich beim Online-Handel um einen sehr datenschutzsensiblen Bereich handelt, da hier auch mit sensiblen Zahlungsdaten hantiert wird.

Praxistipp
Durch die datenschutzkonforme Gestaltung Ihres Angebots können Sie nicht nur den oben beschriebenen Problemen aus dem Weg gehen, sondern gleichzeitig Vertrauen bei den Kunden gewinnen und sich so einen Wettbewerbsvorteil verschaffen.

G. Die kommende EU-Datenschutzgrundverordnung

82 Das deutsche (und europäische) Datenschutzrecht steht in den nächsten Jahren vor einem großen Wandel. Sorgen bisher nationale Gesetze und die dahinterstehende EU-Richtlinie für den Regelungsrahmen, so soll in Zukunft eine **EU-Verordnung** das Datenschutzrecht innerhalb der EU **vereinheitlichen**.

83 Wann diese Verordnung des Europäischen Parlaments und des Rates zum Schutz natürlicher Personen bei der Verarbeitung personenbezogener Daten und zum freien Datenverkehr – so der volle Name – in Kraft treten wird, steht noch in den Sternen. Auch der Inhalt steht noch nicht vollkommen fest, da zu dem vorgelegten Entwurf derzeit über 3.000 Änderungsanträge eingegangen sind.[20]

84 Die wichtigsten **Neuerungen**, welche auf deutsche Online-Händler durch die geplante Datenschutzverordnung zukommen, sind:[21]

---

[20] Siehe http://www.europarl.europa.eu/committees/de/libe/amendments.html?action=0#menuzone.
[21] Aktueller Entwurf der Datenschutzgrundverordnung abrufbar unter http://eur-lex.europa.eu/smartapi/cgi/sga_doc?smartapi!celexplus!prod!DocNumber&lg=EN&type_doc=COMfinal&an_doc=2012&nu_doc=11.

- Vereinheitlichung des Datenschutzes innerhalb der EU, in allen Mitgliedstaaten wird **gleiches Recht** gelten;
- Ein „**Recht auf Vergessenwerden**" soll in der Verordnung verankert werden. Jeder Betroffene hat nach der geplanten Regelung das Recht auf Löschung seiner personenbezogenen Daten;
- höhere **Sanktionen** bei Datenschutzverstößen: Statt bisher maximal 50.000 € soll das Bußgeld bei Datenschutzverstößen zukünftig bis zu 2 % des Jahresumsatzes eines Unternehmens betragen können;
- Recht auf **Datenportabilität**: Dadurch soll es Betroffenen ermöglicht werden, Daten problemlos zu anderen Anbietern „mitzunehmen";
- **Meldepflicht** bei Datenschutzverstößen: Betroffene und zuständige Behörden müssen in Zukunft von den Unternehmen innerhalb von 24 Stunden über bekannt gewordene Datenschutzverstöße informiert werden.

Kapitel 10
Durchsetzung und Abwehr von Ansprüchen

A. Rechtsfolgen von Verstößen

In Folge einer Rechtsverletzung im Rahmen eines Online-Shops können dem Verletzten **Unterlassungs-, Schadensersatz-, Aufwendungsersatz-, Auskunfts-** sowie **Beseitigungsansprüche** zustehen. In aller Regel werden diese Ansprüche im Zusammenhang mit dem Betrieb eines Online-Shops ihre Grundlage im Wettbewerbsrecht haben. Die vorstehenden Ansprüche können sich jedoch ebenso aus Verletzungen von Urheber-, Marken- oder (Unternehmens-)Persönlichkeitsrechten ergeben. Die folgenden Ausführungen betreffen zunächst das Wettbewerbsrecht, sind jedoch regelmäßig sinngemäß auf andere Rechtsbereiche zu übertragen.

I. Unterlassungsanspruch gem. § 8 UWG

> *„§ 8 Beseitigung und Unterlassung*
> *(1) Wer eine nach § 3 oder § 7 unzulässige geschäftliche Handlung vornimmt, kann auf Beseitigung und bei Wiederholungsgefahr auf **Unterlassung** in Anspruch genommen werden. Der Anspruch auf Unterlassung besteht bereits dann, wenn eine derartige Zuwiderhandlung gegen § 3 oder § 7 droht."*

Bei Vorliegen eines Wettbewerbsverstoßes kann der unlauter Handelnde nach § 8 Abs. 1 UWG auf Unterlassung in Anspruch genommen werden, d.h. es besteht ein Rechtsanspruch auf Unterlassung der unlauteren geschäftlichen Handlung. Der Unterlassungsanspruch ist mit Abstand der Anspruch mit der **größten praktischen Relevanz** im Wettbewerbsrecht.

Zu beachten ist, dass auch Verstöße nach § 4 Nr. 11 UWG („Vorsprung durch Rechtsbruch") zu einem Unterlassungsanspruch führen, selbst wenn die verletzte Vorschrift einen derartigen Anspruch gar nicht vorsieht.

Voraussetzung eines Unterlassungsanspruchs ist zum einen der objektiv rechtswidrige Verstoß gegen § 3 UWG. Die **Verletzungshandlung** kann in einem abgeschlossenen Tun oder Unterlassen liegen. Die **Rechtswidrigkeit** wird (zum Zeitpunkt der Beurteilung) vermutet (indiziert) und bedarf daher keiner besonderen Begründung. Der Unterlassungsanspruch besteht **verschuldensunabhängig**. Es kommt also nicht darauf an, ob ein Verstoß gewollt war oder anderweitig vom Verletzer zu verantworten ist. Die eigene Unkenntnis der Rechtslage vermag daher genauso wenig als Gegenargument zu dienen wie der Verweis auf eine unklare oder umstrittene Rechtslage.

Der Unterlassungsanspruch ist in die Zukunft gerichtet. Wie auch § 8 Abs. 1 S. 1 UWG ausdrücklich klarstellt, ist daher das Vorliegen einer **Wiederholungsgefahr** weitere Tatbestandsvoraussetzung. Die Wiederholungsgefahr ist dabei *„die ernsthafte und greifbare Möglichkeit, dass die konkrete Verletzungshandlung künftig in gleicher oder im Kern gleichartiger Form erneut begangen wird".*[1]

6   Aus dem Vorliegen eines objektiv rechtswidrigen Wettbewerbsverstoßes wird eine (widerlegbare) **Vermutung für das Vorliegen der Wiederholungsgefahr** abgeleitet.[2]

7   Die Wiederholungsgefahr kann grundsätzlich nur durch Abgabe einer **strafbewehrten Unterlassungserklärung** durch den Verletzer ausgeräumt werden. Irrigerweise wird der Geltendmachung des Unterlassungsanspruchs häufig lediglich dadurch begegnet, dass die **Verletzungshandlung eingestellt** wird, z.B. indem der Online-Shop (vorübergehend oder auch dauerhaft) deaktiviert oder der beanstandete Fehler (z.B. fehlerhafte Widerrufsbelehrung) behoben wird. Dies reicht jedoch zum **Ausräumen der Wiederholungsgefahr** gerade nicht aus. In diesen Fällen droht ein meist kostspieliger gerichtlicher Fortgang der Auseinandersetzung.

8   Unter gewissen Umständen kann es zur Begründung eines Unterlassungsanspruchs auch schon ausreichen, dass der Anspruchsgegner sich erst in naher Zukunft in einer konkret zu bezeichnenden Weise wettbewerbswidrig verhalten wird. So genügt es gem. § 8 Abs. 1 S. 2 UWG, dass *„eine Zuwiderhandlung droht"* (sog. **Erstbegehungsgefahr**). Denkbar wäre es z.B., ein in unlauterer Weise nachgeahmtes Produkt (§§ 3, 4 Nr. 9 UWG) bereits vor Einstellung in den Online-Shop untersagen zu lassen, sofern Umstände vorgetragen (und zumindest auch glaubhaft gemacht) werden können, die den Schluss auf eine derartige Rechtsverletzung zulassen. Es muss also sinnvollerweise nicht abgewartet werden, bis der Verstoß tatsächlich verwirklicht wurde, was mitunter zu nur schwer wiedergutzumachenden Schäden führen kann.

9   Zu beachten ist, dass sich der Unterlassungsanspruch stets auf einen konkreten Verstoß zu beziehen hat. Dies ist im Jahr 2012 im Rahmen des **Tagesschau-App-Urteils** des LG Köln deutlich geworden.[3] Hier wurde zunächst seitens mehrerer gemeinschaftlich klagender Zeitungsverlage versucht, einen **umfassenden Unterlassungsanspruch** gegen das Angebot der Tagesschau-App durch die ARD durchzusetzen. In dem Angebot der App sahen die Zeitungsverlage einen Wettbewerbsverstoß, da es sich bei der App um ein „nichtsendungsbezogenes presseähnliches Angebot" handeln würde, dass gem. § 11d Abs. 2 Nr. 3 letzter Hs. RStV nicht durch die ARD als Anstalt des öffentlichen Rechts angeboten werden dürfe. Die Klägerinnen bezogen sich in ihrer Klage auf die Darstellung der App zum Stichtag 15.6.2011. Das LG Köln bejahte hier zwar in der Folge einen Verstoß gegen den RStV und untersagte die Veröffentlichung der Tagesschau-App, beschränkte sich hierbei jedoch zum

---

[1] BGH, Urt. v. 16.1.1992 – I ZR 84/90 – GRUR 1992, 318 „Jubiläumsverkauf".
[2] Vgl. BGH, Urt. v. 16.11.1995 – I ZR 229/93 – GRUR 1997, 379 „Wegfall der Wiederholungsgefahr II".
[3] LG Köln, Urt. v. 27.9.2012 – 31 O 360/11 –, Volltext abrufbar unter http://www.justiz.nrw.de/nrwe/lgs/koeln/lg_koeln/j2012/31_O_360_11_Urteil_20120927.html.

Leidwesen der Klägerinnen auf die Darstellung der Tagesschau-App am 15.6.2011. Was hier zunächst weltfremd anmutet, ist bei genauerer Betrachtung nur konsequent: Zu unterlassen ist die **konkret bezeichnete Verletzungshandlung** – nicht mehr und nicht weniger. Diejenigen, die das Urteil des LG Köln in der Folge aufgrund der Einschränkung als bedeutungslos abgetan haben, verkennen gleichwohl, dass das zu unterlassende Verhalten neben identischen natürlich auch **kerngleiche Verstöße** umfasst. Es ist mithin keineswegs selbstverständlich, dass durch die weitere Veröffentlichung der Tagesschau-App nicht doch gegen den Unterlassungstenor des Urteils verstoßen wird und die App letztlich dann nicht mehr in der bisherigen Form angeboten werden dürfte. Die Entscheidung des LG Köln ist noch nicht in Rechtskraft erwachsen, nachdem die ARD eigenen Angaben zufolge Berufung gegen die erstinstanzliche Entscheidung eingelegt hat.[4]

II. Schadensersatzanspruch gem. § 9 UWG

> *„§ 9 Schadensersatz*
> *Wer vorsätzlich oder fahrlässig eine nach § 3 oder § 7 unzulässige geschäftliche Handlung vornimmt, ist den Mitbewerbern zum **Ersatz des daraus entstehenden Schadens** verpflichtet. Gegen verantwortliche Personen von periodischen Druckschriften kann der Anspruch auf Schadensersatz nur bei einer vorsätzlichen Zuwiderhandlung geltend gemacht werden."*

In § 9 UWG ist für Wettbewerbsverstöße umfassend das **Schadensersatzrecht** normiert. Nach ganz herrschender Ansicht stellt die Vorschrift **kein Schutzgesetz** i.S.d. § 823 Abs. 2 BGB dar, sodass nicht etwa Verbraucher auf diesem Umweg Schadensersatz wegen der Verletzung von Wettbewerbsrecht verlangen können.[5]

Gläubiger eines Schadensersatzanspruchs nach § 9 UWG können demnach ausschließlich **Mitbewerber** i.S.d. § 8 Abs. 3 Nr. 1 UWG sein.[6] Schuldner des Anspruchs ist der Verursacher des Schadens. Mithin kommen nach den – soweit das UWG keine Sondervorschriften enthält – auch hier anzuwendenden allgemeinen Vorschriften des BGB sowohl der **Täter**, der **Teilnehmer** als auch der **Anstifter oder Gehilfe** als Verpflichtete in Betracht. Allein gegen den bloßen **Störer**, der – ohne Täter oder Teilnehmer zu sein – lediglich willentlich und adäquat kausal zur Verletzung beigetragen hat, bestehen keine Schadensersatzansprüche, sondern ausschließlich Unterlassungs- und Beseitigungsansprüche.[7]

---

4 Siehe http://www.tagesschau.de/inland/tagesschauapp142.html.
5 Begr. RegE UWG zu § 8, BT-Drucks. 15/1487, S. 22 li. Sp.; *Köhler/Bornkamm*, § 9 Rn 1.10 m.w.N.
6 Vgl. Legaldefinition des Mitbewerbers in § 2 Abs. 1 Nr. 3 UWG.
7 BGH, Urt. v. 18.10.2001 – I ZR 22/99 – GRUR 2002, 618 „Meißner Dekor I".

12   Anders als etwa der Unterlassungsanspruch[8] setzt der Schadensersatzanspruch nach § 9 UWG stets ein **Verschulden** voraus. Es genügt mithin also nicht die bloße objektive Rechtsverletzung. In der Praxis wird jedoch die in jeglicher Form genügende **Fahrlässigkeit** fast immer ohne Weiteres zu bejahen sein. Der diesbezüglich anzuwendende Maßstab ist streng. So lassen z.B. die falsche Einschätzung der Rechtslage oder die fehlende Kenntnis des Gesetzes in aller Regel nicht die Annahme eines fahrlässigen Verhaltens entfallen.[9]

13   Der in wettbewerbsrechtlicher Hinsicht relevante Schaden besteht in jedem Nachteil, der nach allgemeiner Verkehrsanschauung dem Verletzten entstanden ist. Eine konkrete Bezifferung ist im Einzelfall jedoch mitunter recht schwierig. Dem Verletzten wird daher die Möglichkeit eingeräumt, den ihm entstandenen Schaden auf dreierlei Weise zu berechnen (sog. **dreifache Art der Schadensberechnung**):

1. Verletzergewinn

14   Eine Möglichkeit der Schadensberechnung besteht in der Geltendmachung dessen, was der Verletzer durch die Rechtsverletzung **in rechtswidriger Weise erlangt** hat. Der Nachweis einer Kausalität zwischen Verletzung, Schaden und Schadenshöhe wird hierbei nicht verlangt.

15   Gleichwohl gestaltet sich die Schadensliquidation auf der Grundlage des **Verletzergewinns** in der Praxis nach wie vor als schwierig: Zum einen sind hiervon ohnehin grundsätzlich nur Fälle betroffen, in denen es um die Verletzung von Immaterialgüterrechten (Patente, Gebrauchsmuster, Urheberrechte, Kennzeichenrechte etc.) geht. Der BGH zählt hierzu allerdings auch Fälle des ergänzenden Leistungsschutzes (§ 4 Nr. 9 sowie §§ 17, 18 UWG).[10] Zum anderen kann der geltend zu machende Verletzergewinn immer nur aus dem Anteil am Gewinn bestehen, der gerade auf der streitgegenständlichen Verletzung beruht.[11]

16   Dem Verletzer ist es zudem möglich, seinen Gewinn „klein zu rechnen", indem er seine **Aufwendungen in Abzug** bringt. Hierbei werden Abzüge jedoch nur noch insoweit zugelassen, wie es sich um Kosten handelt, die eindeutig dem Verletzungsgegenstand zugerechnet werden können.[12]

17   Für die Praxis ergibt sich somit eine ganze Reihe an Unwägbarkeiten, sowohl in Bezug auf die Höhe des bei der Schadensberechnung anzusetzenden Gewinns als auch in Bezug auf das anteilige „Beruhen" des Schadens auf der Verletzungshandlung.

---

8 Siehe Rn 4 ff.
9 BGH, Urt. v. 6.5.1999 – I ZR 199/96 – GRUR 1999, 923 „Tele-Info-CD".
10 BGH, Urt. v. 17.6.1992 – I ZR 107/90 – GRUR 1993, 55 „Tchibo/Rolex II".
11 BGH, Urt. v. 6.10.2005 – I ZR 322/02 – GRUR 2006, 419 „Noblesse".
12 BGH, Urt. v. 2.11.2000 – I ZR 246/98 – GRUR 2001, 329 „Gemeinkostenanteil".

2. Lizenzanalogie

Eine weitere Möglichkeit der Schadensberechnung besteht nach der sog. **Lizenzana-** 18
logie. Dieser Berechnungsart liegt folgende Annahme zugrunde: Für die Nutzung fremder Leistungen ist regelmäßig eine Vergütung (Lizenz) zu entrichten. Es wird daher bei der Schadensberechnung ein **fiktiver Lizenzvertrag** zwischen Verletzer und Verletztem angenommen. Hierbei wird nun darauf abgestellt, was ein vernünftiger Lizenzgeber für die entsprechende Lizenzerteilung verlangt und ein vernünftiger Lizenznehmer gezahlt hätte.

Unerheblich bleibt hierbei, ob es bei einem korrekten Verhalten des Verletzers 19
im konkreten Fall zu einer Lizenzvergabe gekommen wäre.[13] Ebenso wenig wird bei der Schadensberechnung ein **„Strafzuschlag"** für die unzulässige Lizenznutzung in Ansatz gebracht.[14]

Sofern der Verletzte also ein eigenes Lizenzmodell unterhält, kann auf diese 20
Gebührensätze abgestellt werden. Anderenfalls sind **branchenübliche Vergütungs-**
sätze und Tarife als Maßstab heranzuziehen, wobei es natürlich die jeweiligen Umstände des Einzelfalls zu berücksichtigen gilt. Bei Stücklizenzen liegt der Lizenzbetrag in der Praxis meist bei 1-5 % des Nettoverkaufspreises des Verletzers. Möglich ist jedoch auch eine Einmalzahlung zur Abgeltung aller Verletzungshandlungen (Pauschallizenz), sofern dies branchenüblich ist.[15]

Aufgrund der vereinfachten Schadensberechnung ist die Lizenzanalogie in der 21
Praxis am Verbreitetsten.

3. Konkreter Schaden

Letztlich ist es dem Verletzten natürlich auch möglich, den ihm durch die Verlet- 22
zungshandlung konkret entstandenen Schaden vom Verletzer ersetzt zu verlangen. Dieser wird regelmäßig in seinem **entgangenen Gewinn** bestehen. § 252 S. 2 BGB definiert den entgangenen Gewinn wie folgt:

> *„[...] Als entgangen gilt der Gewinn, welcher nach dem gewöhnlichen Lauf der Dinge oder nach den besonderen Umständen, insbesondere nach den getroffenen Anstalten und Vorkehrungen, mit Wahrscheinlichkeit erwartet werden konnte."*

Aus dem Gesetzeswortlaut ergibt sich bereits das – weniger in rechtlicher, als in tat- 23
sächlicher Hinsicht – bestehende Problem dieser Art der Schadensberechnung: Der Verletzte muss konkret dartun und im Bestreitensfall auch beweisen, dass die Verlet-

---

[13] *Köhler/Bornkamm*, § 9 Rn 1.42 m.w.N.
[14] BGH, Urt. v. 6.3.1980 – X ZR 49/78 – GRUR 1980, 841 „Tolbutamid".
[15] *Köhler/Bornkamm*, § 9 Rn 1.43 m.w.N.

zungshandlung **kausal zu einem Rückgang** seines eigenen Gewinns in bestimmter Höhe geführt hat.

24 Dies gestaltet sich in der Praxis als äußerst schwierig und führt daher eher selten zu den gewünschten Ergebnissen. Eine mögliche Alternative stellt die Erhebung einer **Schadensersatzfeststellungsklage** dar, deren Anforderungen geringer sind und die den Verletzer nach grundsätzlicher Feststellung einer Schadensersatzpflicht ebenso zu einer Schadensersatzzahlung bewegen kann.

III. Ersatz von Abmahnkosten gem. § 12 UWG

25 Neben der Abgabe einer strafbewehrten Unterlassungserklärung zur Erfüllung des Unterlassungsanspruchs wird im Rahmen einer **außergerichtlichen Abmahnung** regelmäßig auch der Ersatz der sog. **Abmahnkosten** verlangt werden. Hierbei handelt es sich um die Kosten, die dem Verletzten durch Inanspruchnahme von Rechtsanwälten zur Durchsetzung seiner Ansprüche entstanden sind.

26 Seit 2004 enthält das UWG in § 12 eine eigene **Anspruchsgrundlage** für den Ersatz der für eine Abmahnung erforderlichen Aufwendungen:

> „§ 12 Abs. 1 UWG
> (1) Die zur Geltendmachung eines Unterlassungsanspruchs Berechtigten sollen den Schuldner vor der Einleitung eines gerichtlichen Verfahrens abmahnen und ihm Gelegenheit geben, den Streit durch Abgabe einer mit einer angemessenen Vertragsstrafe bewehrten Unterlassungsverpflichtung beizulegen. Soweit die Abmahnung berechtigt ist, kann der Ersatz der **erforderlichen Aufwendungen** verlangt werden.[...]"

27 Die Konstruktion über das Rechtsinstitut der **Geschäftsführung ohne Auftrag** (GoA), wie sie bis dahin üblich war und auch heute noch in anderen Rechtsbereichen beim Kostenersatz für Abmahnungen angewandt wird, ist damit nicht mehr notwendig.

28 Nach dem Gesetzeswortlaut ist Voraussetzung des Kostenerstattungsanspruchs demnach stets, dass die Abmahnung **berechtigt** war. Berechtigt ist jede Abmahnung, die nicht entbehrlich ist, will der Gläubiger Kostennachteile im Falle des sofortigen Anerkenntnisses vermeiden.[16]

29 Dies bedeutet, die Abmahnung muss inhaltlich begründet sein, die geltend gemachte Wettbewerbsverletzung muss also tatsächlich und rechtlich vorliegen. Darüber hinaus muss die Abmahnung jedoch auch im objektiv zu verstehenden **Interesse des Verletzers** liegen. Dies wird grundsätzlich angenommen, da es im Interesse des Verletzers ist, über sein rechtswidriges Verhalten aufgeklärt zu werden und

---

[16] *Köhler/Bornkamm*, § 12 Rn 1.82.

die Möglichkeit zu bekommen, die Streitigkeit ohne die weitere Kosten auslösende Inanspruchnahme der Gerichte beizulegen.

Ein derartiges Interesse scheidet hingegen aus, sofern der Verletzer bereits von einem Dritten wegen des gleichen Verstoßes abgemahnt wurde. Dies gilt unabhängig davon, ob er sich zum Zeitpunkt der weiteren Abmahnung bereits dem Dritten unterworfen hat oder nicht.

Ebenso wenig vermögen **rechtsmissbräuchliche Abmahnungen** (§ 8 Abs. 4 UWG) oder Abmahnungen, die erst nach Erwirkung einer gerichtlichen einstweiligen Verfügung (sog. **Schubladenverfügung**) geltend gemacht werden, einen Kostenerstattungsanspruch nach § 12 Abs. 1 S. 2 UWG auszulösen.[17]

Wie sich ebenfalls aus dem Wortlaut von § 12 Abs. 1 UWG ergibt, werden ausschließlich **erforderliche Aufwendungen** ersetzt. Hierzu gehören die vom Verletzten für die Inanspruchnahme eines Rechtsanwalts entstandenen Kosten in Höhe der gesetzlichen Gebühren nach dem RVG. Der verletzte Mitbewerber darf also grundsätzlich einen Rechtsanwalt mit der Abmahnung beauftragen. Von ihm können keine eigenen vertieften Kenntnisse der Spezialmaterie des Wettbewerbsrechts verlangt werden. Dies gilt selbst für den Fall, dass das abmahnende Unternehmen über eine eigene Rechtsabteilung verfügt, die aber mit anderen Bereichen als dem Wettbewerbsrecht befasst ist.[18]

Sofern ein Unternehmen eine Abmahnung jedoch über die eigene Rechtsabteilung verfassen und versenden lässt, können hier lediglich die **konkreten Kosten**, z.B. für die Kommunikation, geltend gemacht werden. Anteilige Kosten für Personal oder gar eigener Arbeitsaufwand zu einem selbstbestimmten Stundensatz sind keine erforderlichen Aufwendungen i.S.d. § 12 UWG und können daher nicht ersetzt verlangt werden. Insoweit handelt es sich um die Verwirklichung des allgemeinen Geschäftsrisikos, die der Betrieb eines Unternehmens mit sich bringt. Erstattungsfähig erscheinen hingegen Kosten eines **Testkaufs** oder für die Einholung von Auskünften.

Wettbewerbsverbände i.S.d. § 8 Abs. 2 Nr. 2 und Nr. 3 UWG müssen grundsätzlich satzungsgemäß bereits dazu in der Lage sein, zumindest durchschnittliche Wettbewerbsverstöße ohne Inanspruchnahme externer Rechtsanwälte zu verfolgen. Anerkannt ist jedoch, dass diesen Verbänden eine **Kostenpauschale** zustehen soll. Diese beziffert sich vergleichsweise moderat zwischen 150 und 190 €.

Die zu ersetzenden **Rechtsanwaltsgebühren** berechnen sich nach dem RVG. Maßgeblich hierfür ist der der Streitigkeit zugrunde zu legende **Streitwert**. Dieser wird im Falle einer Abmahnung grundsätzlich aus dem Unterlassungsanspruch gebildet. Werden zudem Auskunfts- und/oder Schadensersatzansprüche geltend gemacht, ist der Streitwert entsprechend zu erhöhen.

---

17 *Köhler/Bornkamm*, § 12 Rn 1.82a ff.
18 BGH, Urt. v. 8.5.2008 – I ZR 83/06 – GRUR 2008, 928 „Abmahnkostenersatz".

36 Schon für **durchschnittliche Wettbewerbsstreitigkeiten** werden Streitwerte von 30.000 € regelmäßig als angemessen angesehen.[19] Bei Annahme einer 1,3-Gebühr nach §§ 13, 14 RVG, Nr. 2400 VV RVG zuzüglich Kommunikationskostenpauschale nach Nr. 7002 VV RVG ergeben sich somit Abmahnkosten in Höhe von netto 1.005,40 €.

37 Zu beachten ist, dass der Aufwendungsersatz nach § 12 UWG nur insoweit vom Verletzer geschuldet wird, wie die Abmahnung auch berechtigt war. Wurde beispielsweise ein zu weitgehender Anspruch geltend gemacht, bemisst sich der Aufwendungsersatz nach dem entsprechend niedrigeren Streitwert, und zwar anteilig nach dem Verhältnis des Streitwerts des berechtigten Teils der Abmahnung zum Streitwert der gesamten Abmahnung.[20] Es wird mithin keine volle Gebühr nach einem Streitwert geschuldet, der dem berechtigten Teil der Abmahnung entspricht.

IV. Auskunftsansprüche

38 Häufig ergibt sich für den Verletzten die Situation, dass zwar eine Wettbewerbsverletzung feststeht. Die genaueren Umstände zu Art, Umfang und Dauer der Verletzungshandlung sowie etwaige hierdurch vom Verletzer erzielte **Erlöse** sind ihm jedoch fast ebenso oft unbekannt. Vor diesem Hintergrund ergibt sich das klare Rechtsschutzbedürfnis, wonach es dem Verletzten möglich sein muss, den Verletzer – insbesondere zur Vorbereitung weitergehender Beseitigung-, Bereicherungs- und/oder Schadensersatzansprüche – zunächst auf Auskunft in Anspruch zu nehmen. Zwar erkennt das Gesetz einen derartigen **Auskunftsanspruch** nicht ausdrücklich an. Ein solcher wird jedoch gemeinhin aus dem durch den Wettbewerbsverstoß zwischen Verletzer und Verletztem begründeten **gesetzlichen Schuldverhältnis** in Verbindung mit dem Grundsatz von **Treu und Glauben** gem. § 242 BGB hergeleitet.

39 Gewohnheitsrechtlich gilt daher zusammenfassend mittlerweile folgender Satz:

*„Nach Treu und Glauben besteht eine **Auskunftspflicht**, wenn die zwischen den Parteien bestehenden Rechtsbeziehungen es mit sich bringen, dass der Berechtigte in entschuldbarer Weise über Bestehen und Umfang seines Rechts im Ungewissen ist, er sich die zur Vorbereitung und Durchsetzung seines Anspruchs notwendigen Auskünfte nicht auf zumutbare Weise selbst beschaffen kann und der Verpflichtete sie unschwerlich ohne unbillig belastet zu sein, zu geben vermag."*[21]

---

19 OLG Hamm, Beschl. v. 28.3.2007 – 4 W 19/07 – MMR 2007, 663.
20 Vgl. BGH, Urt. v. 10.12.2009 – I ZR 149/07 – GRUR 2010, 744 „Sondernewsletter".
21 *Köhler/Bornkamm*, § 9 Rn 4.5 m.w.N.

Es wird unterschieden zwischen **selbstständigen** und **unselbstständigen** Aus- 40
kunftsansprüchen, ohne dass hiermit besondere praktische Auswirkungen verbunden wären: Der selbstständige Auskunftsanspruch, auch **Drittauskunft** genannt, zielt darauf ab, einen Anspruch gegen einen Dritten durchzusetzen. Regelmäßig ist Gegenstand der Drittauskunft die Benennung von Namen und Adressen von Dritten, gegen die ebenfalls Ansprüche durchgesetzt werden sollen. Praktische Relevanz entfaltet diese Art der Auskunft insbesondere in Fällen des ergänzenden Leistungsschutzes nach § 4 Nr. 9 UWG, der Rufausbeutung/-beeinträchtigung sowie in Fällen geschäftsschädigender Äußerungen, in denen der auf Auskunftserteilung in Anspruch genommene nicht selbst Urheber der streitigen Äußerungen ist.[22] Der selbstständige Auskunftsanspruch dient demnach also dazu, die Quelle der Rechtsverletzung zu beseitigen bzw. zumindest eine Weiterverbreitung zu verhindern.

Der unselbstständige **(akzessorische)** Auskunftsanspruch dient demgegenüber 41
der Vorbereitung und/oder Durchsetzung von Ansprüchen gegen den auf Auskunft in Anspruch genommenen selbst. Voraussetzung für diese Art der Auskunft ist jedoch das Bestehen eines **Hauptanspruchs** – ist dieser (noch) nicht entstanden, besteht auch (noch) kein Anspruch auf Auskunft. Erforderlich ist also das Vorliegen einer Verletzungshandlung, die über die bloße Erstbegehungsgefahr und den hierdurch ausgelösten Unterlassungsanspruch hinausgeht.[23]

Auskunft wird stets nur über das geschuldet, was zur Vorbereitung und Durch- 42
setzung des Hauptanspruchs erforderlich und geeignet ist.[24] So kann beispielsweise eine allgemeine unlautere Irreführung oder auch ein nicht gezielt gegen einen Dritten gerichteter Verstoß gegen eine Marktverhaltensregel i.S.d. § 4 Nr. 11 UWG lediglich zu einer Auskunft über Art und Umfang der Handlung, nicht aber über den vom Verletzer erzielten Gewinn führen. Der Auskunftsanspruch besteht erst ab Kenntnis von der konkreten Verletzungshandlung und darf sich nicht in einer **bloßen Ausforschung** erschöpfen. So reicht der Nachweis bestimmter Verletzungshandlungen grundsätzlich nicht schon aus, um einen Anspruch auf Auskunft auch über alle möglichen anderen Verletzungshandlungen zu begründen.[25]

V. Beseitigungsanspruch

Aus § 8 Abs. 1 S. 1 UWG ergibt sich neben dem zuvor dargestellten Unterlassungs- 43
anspruch auch unmittelbar ein Anspruch auf Beseitigung. Auch dieser ist auf die Zukunft gerichtet und soll die **Beendigung des rechtswidrigen Störungszustands**

---

22 *Köhler/Bornkamm*, § 9 Rn 4.2 m.w.N.
23 BGH, Urt. v. 6.3.2001 – KZR 32/98 – GRUR 2001, 849, 851 „Remailing-Angebot".
24 *Teplitzky*, Kap. 38 Rn 9 ff.
25 BGH, Urt. v. 17.5.2001 – I ZR 291/98 – GRUR 2001, 841 „Entfernung der Herstellungsnummer II".

bewirken. Da der Verletzer jedoch bereits bei Geltendmachung des Unterlassungsanspruchs – will er seiner Unterlassungspflicht genügen – aus eigenem Interesse zu einem Tätigwerden verpflichtet ist, kommt dem Beseitigungsanspruch in der Praxis eher eine untergeordnete Rolle zu.

44 Eine eigenständige Bedeutung kann dem Anspruch z.B. bei der Geltendmachung eines Verzichts oder einer Löschung in Bezug auf eine Domainregistrierung zukommen, wenngleich in derartigen Fällen natürlich auch nicht aus dem Beseitigungsanspruch zugleich die Domainübertragung begehrt werden kann.[26]

B. Durchsetzung von Ansprüchen sowie Reaktionsmöglichkeiten hierauf in der Praxis

45 In der Praxis stehen dem Verletzten verschiedene Möglichkeiten der Geltendmachung seiner Ansprüche zur Verfügung. Insbesondere die in anderen Rechtsbereichen oftmals stiefmütterlich behandelten Instrumente des **einstweiligen Rechtsschutzes (einstweilige Verfügung)** sind hier äußerst effektive Mittel, um Rechtsverletzungen auf schnellem Wege zu begegnen. Demgegenüber steht natürlich auch der Anspruchsgegner nicht rechtlos da, unabhängig davon, ob die gegen ihn erhobenen Vorwürfe berechtigt erfolgen oder nicht. In der Folge soll ein Überblick über die beiden Seiten bereitstehenden Möglichkeiten gegeben werden, wobei die Wahl des konkreten Vorgehens stets einzelfallabhängig bleibt.

I. Abmahnung

46 Während in Rechtsgebieten wie dem Arbeits- oder dem Mietrecht eine sog. Abmahnung unter Umständen Voraussetzung für eine Kündigung ist, hat die **Abmahnung** im Wettbewerbsrecht die Funktion, Streitigkeiten auf direktem Wege kostengünstig und ohne Einschaltung eines Gerichts beizulegen. Mit der Abmahnung wird der Abmahnungsempfänger auf sein rechtswidriges Verhalten hingewiesen. Zugleich wird er aufgefordert, das beanstandete Verhalten nicht mehr zu wiederholen und diesbezüglich eine **Unterlassungserklärung** (auch: „**Unterlassungs- und Verpflichtungserklärung**") abzugeben. Die Abmahnung ist also eine außergerichtliche Aufforderung an den Verletzer, ein bestimmtes, näher zu beschreibendes Verhalten zu unterlassen, verbunden mit einer Fristsetzung und der Androhung gerichtlicher Schritte für den Fall, dass die Abgabe einer Unterlassungserklärung verweigert wird. Die weitaus meisten wettbewerbsrechtlichen Streitigkeiten werden auf diesem Wege gelöst. Häufig werden neben der Geltendmachung des Unterlassungsanspruchs

---

26 Vgl. BGH, Urt. v. 22.11.2001 – I ZR 138/99 – GRUR 2002, 622 „Shell.de".

weitere Ansprüche in die Abmahnung mit einbezogen, insbesondere solche zum Ersatz der Abmahnkosten sowie auf Auskunftserteilung und die Anerkennung der Verpflichtung zum Schadensersatz.

Eine besondere gesetzliche Regelung zur Abmahnung existiert trotz ihrer hohen praktischen Bedeutung nicht. Lediglich in § 12 Abs. 1 S. 1 UWG wird ihre Existenz wie folgt erwähnt: 47

> „§ 12 Abs. 1 S. 1 UWG
> Die zur Geltendmachung eines Unterlassungsanspruchs Berechtigten sollen den Schuldner vor der Einleitung eines gerichtlichen Verfahrens **abmahnen** und ihm Gelegenheit geben, den Streit durch Abgabe einer mit einer angemessenen Vertragsstrafe bewehrten Unterlassungsverpflichtung beizulegen. [...]"

Wie bereits der Gesetzeswortlaut („sollen") zeigt, stellt die Abmahnung keine zwangsweise Vorstufe zu einem Gerichtsverfahren und damit auch **keine echte Prozessvoraussetzung** dar. Vielmehr ist sowohl die **Erhebung einer Klage** als auch die **Beantragung einer einstweiligen Verfügung** jeweils ohne vorherige Abmahnung möglich. Allerdings läuft der Kläger bzw. Antragsteller in diesem Fall Gefahr, die Kosten des Verfahrens gem. § 93 ZPO auferlegt zu bekommen, sofern der von ihm verfolgte Anspruch vom Gegner anerkannt oder durch die Abgabe einer Unterlassungserklärung erledigt wird. 48

Praxistipp
Die Abmahnung sollte demnach folgende Elemente beinhalten:
- **genaue Benennung** des Anspruchsinhabers sowie des Anspruchsgegners;
- Schilderung des **Sachverhalts;**
- rechtliche Würdigung des Sachverhalts;
- klar formulierte **Unterlassungsaufforderung;**
- **Fristsetzung** zur Abgabe einer Erklärung;
- optional: Formulierung **weiterer Ansprüche** unter Fristsetzung (Aufwendungsersatz, Auskunft etc.);
- **Androhung** gerichtlicher Schritte für den Fall der nicht fristgerechten Anspruchserfüllung.

Für die Abmahnung existieren **keine besonderen Formerfordernisse**. Abgemahnt werden kann demnach grundsätzlich schriftlich, per E-Mail, Fax, telefonisch oder auch mündlich. Die Wahl der Form kann damit jeweils an die Besonderheiten des konkreten Einzelfalls angepasst werden und dürfte sich häufig nach der Eilbedürftigkeit richten. Üblicherweise wird man hier jedoch allein schon aus Beweisgründen zu einem schriftlichen Versand, im Idealfall per Einschreiben raten, dem eine Vorabversendung per E-Mail oder Fax vorausgehen kann. 49

In der Vergangenheit war es lange Zeit umstritten, ob der Abmahnung eine **Vollmacht** beigelegt werden muss. Grund für den Streit war die Anwendbarkeit der Vorschrift des § 174 S. 1 BGB auf Abmahnungen. Hiernach ist ein einseitiges Rechtsgeschäft unwirksam, sofern nicht das **Original** einer Vollmachtsurkunde vorgelegt und 50 das Rechtsgeschäft aus diesem Grund unverzüglich zurückgewiesen wird. Abmahnungen ohne Vollmachtsnachweis wurden demnach häufig unter Verweis auf § 174 BGB als unwirksam zurückgewiesen. Der Streit hat sich nunmehr jedoch endgültig zugunsten der ohnehin schon herrschenden Meinung erledigt, nachdem der BGH hierzu ein klärendes Urteil getroffen hat:[27] Die Vorschrift des § 174 S. 1 BGB ist nach Auffassung des BGH nicht auf wettbewerbsrechtliche Abmahnungen anwendbar, wenn die Abmahnung mit einem Angebot zum Abschluss eines **Unterwerfungsvertrags** verbunden wurde. Ein derartiges Angebot kann in der Vorlage einer vorformulierten Unterlassungserklärung, die der Abmahnung angefügt wird, gesehen werden.

> **Praxistipp**
> Der Abmahnung sollte eine **vorformulierte Unterlassungserklärung** beigefügt werden. Sofern die Abmahnung über einen Rechtsanwalt ausgesprochen wird, sollte dies zur Vermeidung der vorstehend beschriebenen Probleme unter Vollmachtsnachweis erfolgen.

51 Fraglich ist im Rahmen der Abmahnung, wer beim **Bestreiten des Zugangs** einer Abmahnung die diesbezügliche Darlegungs- und Beweislast zu tragen hat. Nach allgemeinen Regeln bedarf es des Beweises durch denjenigen, der sich auf den Zugang beruft, mithin also des Abmahnenden. Zu beweisen wäre demnach also, dass das Abmahnschreiben dem Abgemahnten auch tatsächlich zugegangen ist, wozu beispielsweise ein Fax-Sendebericht grundsätzlich nicht ausreichen würde. Da der Abmahnende mit der ihm obliegenden Abmahnpflicht (vgl. § 12 Abs. 1 S. 1 UWG) jedoch ohnehin schon beschwert ist, wird sowohl in der Rechtsprechung als auch in der Literatur herrschend die Meinung vertreten, dass für den **Zugangsnachweis** der Abmahnung aufgrund einer vorzunehmenden Interessensabwägung ein anderer Maßstab zu gelten habe.[28] Diese Auffassung ist inzwischen auch vom BGH für den Bereich des § 93 ZPO ausdrücklich bestätigt worden:

> „Den Beklagten, der im Wettbewerbsprozess auf die Klageerhebung hin eine strafbewehrte Unterlassungserklärung abgegeben hat und geltend macht, ihm sei die Abmahnung des Klägers nicht zugegangen, trifft grundsätzlich die Darlegungs- und Beweislast für die Voraussetzungen einer dem Kläger die Prozesskosten auferlegenden Entscheidung nach § 93 ZPO. Im Rahmen der sekundären Darlegungslast ist der Kläger lediglich gehalten, substantiiert darzulegen, dass das Abmahnschreiben abgesendet worden ist. Kann nicht festgestellt werden, ob das Abmahnschreiben dem Beklagten zugegangen ist oder nicht, ist für eine Kostenentscheidung nach § 93 ZPO kein Raum."[29]

---

27 BGH, Urt. v. 19.5.2010 – I ZR 140/08 – GRUR 2010, 1120 „Vollmachtsnachweis".
28 Vgl. zum aktuellen Meinungsstand: *Köhler/Bornkamm*, § 12 Rn 1.31 ff. m.w.N.
29 BGH, Beschl. v. 21.12.2006 – I ZB 17/06 – GRUR 2007, 629 „Zugang des Abmahnschreibens".

Demnach gilt es also für den Anspruchssteller, folgende Punkte darzulegen und entsprechend im Rahmen des Antrags auf Erlass einer einstweiligen Verfügung glaubhaft zu machen bzw. bei einer Klage zu beweisen: 52
- ordnungsgemäße, korrekte **Adressierung** des Abmahnschreibens – je nachdem, wie die Abmahnung ausgesprochen wurde, ist also die Adresse, Fax-/Telefonnummer oder E-Mail-Adresse zu bezeichnen.
- ordnungsgemäße **Absendung** der Abmahnung, z.B. durch den Fax-Sendebericht oder eidesstattliche Versicherung/Zeugenbeweis über den Postausgang.

II. Reaktionsmöglichkeiten auf eine Abmahnung

Im Falle einer Abmahnung stehen dem Abgemahnten verschiedene Reaktions- und 53 **Verteidigungsmöglichkeiten** zur Auswahl. Grundsätzlich ist hierbei natürlich zunächst festzustellen, ob und inwieweit die Abmahnung berechtigt erfolgt, man also tatsächlich von einem Wettbewerbsverstoß ausgehen muss. So macht es natürlich wenig Sinn, im Falle einer unberechtigten Abmahnung eine – wenn auch nur **modifizierte** – **Unterlassungserklärung** abzugeben, während bei einer offensichtlich unlauteren Handlung dem Abgemahnten die Hinterlegung einer **Schutzschrift** im Ergebnis nicht weiterhelfen wird. Problematisch in diesem Zusammenhang ist natürlich, dass es sich mitunter aber eben gerade nicht so eindeutig feststellen lässt, inwiefern eine Abmahnung berechtigterweise erfolgt. Dem weiteren Vorgehen nach einer Abmahnung liegen insoweit dann vor allem auch taktische Überlegungen zugrunde.

1. Abgabe einer (modifizierten) Unterlassungserklärung

Stellt sich der mit der Abmahnung verfolgte Unterlassungsanspruch dem Grunde 54 nach als berechtigt dar, ist es an dem Abgemahnten, sich zu entscheiden: Soll eine die Wiederholungsgefahr ausräumende **Unterlassungserklärung** abgegeben werden oder weist er die Abmahnung gleichwohl trotzdem zurück und stellt dem Abmahnenden dabei anheim, einen gerichtlichen Titel zu erwirken? Letzteres mag vor dem Hintergrund gerechtfertigt sein, im Falle eines weiteren (zumindest kerngleichen) Verstoßes lieber das hiernach festzusetzende **Ordnungsgeld** an die Staatskasse zu zahlen, anstatt im Falle einer Zuwiderhandlung gegen eine abgegebene Unterlassungserklärung die hiernach fällig werdende **Vertragsstrafe** an den Gläubiger/Gegner leisten zu müssen. Die oftmals mit einem derartigen Vorgehen verbundene Hoffnung, dass ein Ordnungsgeld im Zweifel geringer ausfällt als eine Vertragsstrafe sowie dass die Überwachung des Unterlassungsversprechens durch den Unterlassungsgläubiger weniger akribisch gerät, da mit einem abermaligen Verstoß kein direkter eigener monetärer Vorteil verbunden ist, bestätigt sich in der Praxis in aller Regel nicht. So wird in den weitaus meisten Fällen einer berechtigten Abmahnung die Abgabe einer

Unterlassungserklärung das zweckmäßigere und vor allem auch kostenschonendere Vorgehen darstellen.

55 Zu beachten ist jedoch, dass dem Abmahnenden bei einer berechtigten Abmahnung zwar ein Unterlassungsanspruch zusteht. Er hat jedoch keinen Anspruch darauf, die von ihm in der Regel vorformulierte **Unterlassungserklärung**[30] abgegeben zu bekommen. Vielmehr ist es am Abgemahnten selbst, eine entsprechende Erklärung zu formulieren bzw. die ihm zur Unterschrift vorgelegte Erklärung zu modifizieren, die dazu geeignet ist, die Wiederholungsgefahr für das konkret abgemahnte Verhalten auszuräumen (sog. **modifizierte Unterlassungserklärung**).

56 Dem Abgemahnten ist es dabei selbst überlassen, das künftig von ihm zu unterlassende Verhalten möglichst eng zu fassen und die Folgen, die an einen Verstoß geknüpft sind (Vertragsstrafe) möglichst gering zu halten. Ebenso liegt es in seinem originären Interesse, dass die Erklärung kein automatisches **Schuldanerkenntnis** darstellt. Dies ist insbesondere in Fällen von Relevanz, in denen die Rechtslage uneindeutig ist und der Abgemahnte lediglich zur Vermeidung einer kostspieligen gerichtlichen Auseinandersetzung eine Unterlassungserklärung abgeben will, zugleich aber die Übernahme von Abmahnkosten ablehnt. Der in der Regel den Streitwert einer Abmahnung ausmachende Unterlassungsanspruch wird auf diese Weise erfüllt. Streitig sind dann meist nur noch die Abmahnkosten, an deren isolierter gerichtlicher Durchsetzung der Abmahnende und dessen Rechtsanwalt häufig wenig Interesse haben.

57 In der Praxis hat sich die Formulierung nach sog. **Neuem Hamburger Brauch** etabliert, deren Zulässigkeit so auch bereits vom BGH bestätigt wurde.[31] Hiernach verpflichtet sich der abgemahnte Unterlassungsschuldner, das als unlauter beanstandete Verhalten zukünftig bei Vermeidung einer für jeden Fall der Zuwiderhandlung fälligen und vom Unterlassungsgläubiger zu bestimmenden Vertragsstrafe, deren Angemessenheit im Streitfalle vom zuständigen Gericht zu überprüfen ist, zu unterlassen. Es wird also die Bezifferung einer konkreten Höhe der Vertragsstrafe vermieden und gleichwohl trotzdem die Wiederholungsgefahr ausgeräumt. Eine **modifizierte Unterlassungserklärung** kann demnach beispielsweise wie folgt formuliert werden:

---

[30] Siehe hierzu Rn 50.
[31] BGH, Urt. v. 31.5.1990 – I ZR 285/88 – GRUR 1990, 1051 „Vertragsstrafe ohne Obergrenze".

Klauselmuster
„Herr Max Müller,
auch handelnd unter der Firma „123-Online-Shop",
Hauptstraße 1, 50825 Köln,
– nachfolgend Unterlassungsschuldner –

verpflichtet sich ohne Anerkennung einer Rechtspflicht, gleichwohl rechtsverbindlich gegenüber der
Fix-Abmahn GmbH,
vertreten durch den Geschäftsführer Moritz Meier,
Rheinweg 2, 40211 Düsseldorf,
– nachfolgend Unterlassungsgläubigerin –

es bei Vermeidung einer für jeden Fall der Zuwiderhandlung fälligen und von der Unterlassungsgläubigerin zu bestimmenden Vertragsstrafe, deren Angemessenheit im Streitfalle vom zuständigen Gericht zu überprüfen ist, zu unterlassen, im geschäftlichen Verkehr zu Zwecken des Wettbewerbs im Internet Angebote an Verbraucher zu richten, ohne diese über das gesetzliche Widerrufsrecht zu informieren.
Die Unterlassungserklärung wird, ohne damit ein Präjudiz über die Rechtmäßigkeit oder die Rechtswidrigkeit des zu unterlassenden Verhaltens abzugeben, unter der auflösenden Bedingung einer allgemein verbindlichen, d.h. auf Gesetz oder einer Entscheidung der höchstrichterlichen Rechtsprechung beruhenden, ausdrücklichen Klarstellung, abgegeben, dass das zu unterlassende Verhalten keine Rechtsverletzung beinhaltet."

2. Schutzschrift

Werden die mit einer Abmahnung geltend gemachten Ansprüche vom Abgemahnten zurückgewiesen, besteht in der Regel die Gefahr, dass der Abmahnende bei Gericht einen **Antrag auf Erlass einer einstweiligen Verfügung** stellt. Eine solche ergeht meist ohne vorherige **mündliche Verhandlung**. Um dem Erlass der Verfügung vorzubeugen bzw. um zumindest zu verhindern, dass eine solche ohne vorherige mündliche Verhandlung ergeht, kann im Rahmen einer sog. **Schutzschrift** bereits im Vorfeld bei Gericht die eigene Sicht der Dinge dargelegt werden. 58

Da das Gericht die rechtliche Bewertung des mit dem Verfügungsantrag geltend gemachten Anspruchs ohnehin in eigener Verantwortung vornimmt, erscheint eine Schutzschrift insbesondere in den Fällen zweckmäßig, in denen die Abmahnung von falschen oder unvollständigen Tatsachen ausgeht bzw. wenn zu befürchten ist, dass der Abmahner den Sachverhalt nur unzureichend darstellt. 59

Damit die Schutzschrift von dem mit einem Verfügungsantrag befassten Gericht berücksichtigt wird, sollte sie eine möglichst genaue Parteibezeichnung beinhalten. Der Antrag einer Schutzschrift geht üblicherweise dahin, den (befürchteten) Verfügungsantrag zurückzuweisen, hilfsweise diesen nicht ohne mündliche Verhandlung zu erlassen. Zu hinterlegen ist die Schutzschrift bei dem Gericht, bei dem der Gegner den Antrag auf Erlass einer einstweiligen Verfügung vermutlich einreichen wird. Oftmals liegt hier bereits ein erhebliches Problem, sofern zwischen verschiedenen Gerichtsständen gewählt werden kann. Insbesondere bei Verstößen, 60 die sich im Rahmen der App selbst und damit im Internet abspielen, greift der sog. **fliegende Gerichtsstand**. Danach ist in entsprechender Anwendung von § 32 ZPO neben dem allgemeinen Gerichtsstand auch das Gericht zuständig, in dessen Bezirk die (unerlaubte) Handlung begangen worden ist bzw. sich der Wettbewerbsverstoß bestimmungsgemäß auswirkt. Da das Internet und damit auch der Verstoß in sämtlichen Landesgerichtsbezirken Deutschlands abrufbar ist, hat der Antragsteller einer einstweiligen Verfügung damit die freie Wahl hinsichtlich des von ihm bevorzugten Gerichtsstands.

! Praxistipp
Um trotz Vorliegen des fliegenden Gerichtsstands die Chance zu wahren, mit einer Schutzschrift gehört zu werden, bietet es sich inzwischen an, die Schutzschrift (zusätzlich zur Einlegung beim mutmaßlich angerufenen Gericht) durch das sog. **Zentrale Schutzschriftenregister** (ZSR) in **elektronischer Form** hinterlegen zu lassen.[32] Dies ist mit verhältnismäßig geringen Kosten in Höhe von derzeit 45 € (netto) verbunden sowie schnell und einfach online durchzuführen. Zu beachten gilt jedoch, dass es sich bei diesem Register um eine private Initiative und nicht etwa um eine staatliche Einrichtung handelt. Von den bundesweit 115 Landgerichten der ordentlichen Gerichtsbarkeit hat sich inzwischen eine signifikante Anzahl an Gerichten dazu bekannt, das ZSR vor Erlass einer Verfügung auf eine dort hinterlegte Schutzschrift hin zu überprüfen. Allerdings ergeben sich aus der vom ZSR veröffentlichten Liste teilnehmender Gerichte noch immer viele „weiße Flecken", sodass die elektronische Hinterlegung vorerst noch als reine zusätzliche Maßnahme begriffen werden muss.[33]

---

61 Im Ergebnis muss ein Gericht eine ihm – ob nun in elektronischer oder körperlicher Form – vorliegende Schutzschrift bei seiner Entscheidung über den Erlass der begehrten Verfügung beachten, mehr allerdings auch nicht. Einer Begründung, warum trotz Vorliegen einer Schutzschrift einem Verfügungsantrag stattgegeben wird, bedarf es nicht. Insbesondere verhindert die Schutzschrift auch keine Entscheidung im Beschlusswege. Häufig verfahren Gerichte inzwischen so, dass sie die ihnen vorliegende Schutzschrift dem Antragsteller zur Stellungnahme zuleiten und hiernach dann entscheiden, ob die Verfügung ergeht, abgelehnt wird oder eine mündliche Verhandlung anzusetzen ist.[34]

III. Einstweiliger Rechtsschutz

62 Unter einer einstweiligen Verfügung ist die vorläufige Entscheidung des Gerichts im Rahmen eines **Eilverfahrens** zu verstehen, die der Sicherung eines nicht auf Geld gerichteten Anspruchs bis zur endgültigen Entscheidung dient. Im Gegensatz zu

---

32 Im Internet zu finden unter https://www.schutzschriftenregister.de.
33 So auch *Köhler/Bornkamm*, § 12 Rn 3.40.
34 *Köhler/Bornkamm*, § 12 Rn 3.40.

anderen Rechtsgebieten spielt die einstweilige Verfügung im Wettbewerbsrecht eine zentrale Rolle und macht in vielen Fällen ein **Hauptsacheverfahren** (Klageverfahren) entbehrlich. Auf diesem Wege kann oftmals bereits wenige Tage nach Einreichen des Antrags bei Gericht eine Entscheidung erwirkt werden, ohne dass hierbei zwangsweise überhaupt die gegnerische Partei gehört oder eine mündliche Verhandlung vor Gericht durchgeführt werden müsste. Anders als im Klageverfahren genügt die bloße **Glaubhaftmachung** der anspruchsbegründenden Tatsachen (kein Strengbeweis), was insbesondere durch die Vorlage **eidesstattlicher Versicherungen** erfolgt. Nach Zustellung der einstweiligen Verfügung ist der Antragsgegner zunächst bei Androhung eines Ordnungsgelds im Falle eines weiteren Verstoßes dazu verpflichtet, das beanstandete und zum Gegenstand der Verfügung gemachte Verhalten bis auf Weiteres einzustellen.

Das einstweilige Verfügungsverfahren bestimmt sich nach den allgemeinen Vorschriften der §§ 916 ff. ZPO. Grundvoraussetzung sind demnach ein Verfügungsanspruch sowie ein Verfügungsgrund. 63

Beachte: Die vorherige Abmahnung ist keine Voraussetzung für den Erlass einer einstweiligen Verfügung! Nach § 12 Abs. 1 S. 1 UWG soll (nicht muss) dem Schuldner vor der Einleitung gerichtlicher Schritte die Möglichkeit zur außergerichtlichen Streitbeilegung gegeben werden. Bei Beantragung der Verfügung ohne vorherige Abmahnung läuft der Antragsteller jedoch Gefahr, im Falle eines Anerkenntnisses mit den Verfahrenskosten belastet zu werden.[35] 64

Da die einstweilige Verfügung keine abschließende Regelung treffen darf, kommt als Verfügungsanspruch regelmäßig alleine der **Unterlassungsanspruch** in Betracht. Ansprüche auf Auskunft, Schadens- oder Aufwendungsersatz würden demgegenüber die Hauptsache vorwegnehmen und können daher nicht Gegenstand des Verfügungsverfahrens sein. Ein Verfügungsgrund besteht, wenn ohne die Verfügung die Durchsetzung des Anspruchs gefährdet wäre oder die Verfügung zur Erhaltung des Rechtsfriedens notwendig erscheint. Im Bereich des Wettbewerbsrechts wird hier von **Dringlichkeit** oder Eilbedürftigkeit gesprochen. Laut § 12 Abs. 2 UWG besteht für die Dringlichkeit eine (widerlegliche!) gesetzliche Vermutung. Entscheidend für die Bejahung der Dringlichkeit ist, dass der Anspruchsteller in zeitlicher Hinsicht alles getan hat, um die von ihm behaupteten Ansprüche durchzusetzen. Nach wohl noch herrschender Ansicht kommt es hierbei auf den Zeitpunkt der positiven Kenntnis des Anspruchsstellers von der Verletzungshandlung an.[36] Über die Dauer der nicht gesetzlich geregelten Dringlichkeitsfrist gibt es in den einzelnen Landgerichtsbezirken zuweilen sehr unterschiedliche Auffassungen. Etabliert haben dürfte sich aber wohl eine **Frist von vier Wochen** oder auch einem Monat, wobei viele Gerichte auf 65

---

[35] Siehe hierzu auch Rn 78.
[36] *Köhler/Bornkamm*, § 12 Rn 3.15a m.w.N.

die Umstände des jeweiligen Einzelfalls abstellen, wonach eine Frist auch kürzer oder länger anzusetzen sein kann.[37]

> **Praxistipp**
> Bereits im Rahmen der Abmahnung ist darauf zu achten, den **Kenntnisnahmezeitpunkt** – soweit dies denn möglich ist – zeitlich nach hinten zu verlagern und bei den zur Abgabe einer Unterlassungserklärung zu setzenden Fristen bereits den Ablauf der Dringlichkeitsfrist im Blick zu haben.

66 Wie bereits zuvor dargestellt, kann der Antragsteller bei der Auswahl des von ihm anzurufenden Gerichts je nach Art des Verstoßes den **fliegenden Gerichtsstand** für sich reklamieren.[38] Dies führt bisweilen dazu, dass ein Antragsteller einen von ihm bei Gericht A eingereichten Antrag nach (oft telefonischem) richterlichem Hinweis auf ein Problem beim Verfügungsantrag oder -grund zurücknimmt, um ihn sodann bei Gericht B erneut einzureichen (sog. **Forum-Shopping**). Sollte Gericht B dann einer anderen Auffassung sein, ergeht die Verfügung, ohne dass das Gericht oder der Antragsgegner je Kenntnis davon erlangt hätten, dass der Antrag bei Gericht A gescheitert ist. Dem Antragsteller stünde es hiernach also frei, es solange bei verschiedenen Gerichten zu probieren, bis er das von ihm gewünschte Ergebnis erzielt hat. An diesem Prinzip des Forum-Shoppings wird bereits seit einiger Zeit deutliche Kritik geübt, wonach ein derartiges Vorgehen das allgemeine Rechtsschutzbedürfnis und damit den Verfügungsgrund entfallen lässt.[39]

67 Durch Einreichung des Verfügungsantrags bei Gericht wird nach allgemeiner Meinung die Rechtshängigkeit begründet.[40] Hierfür ist also nicht wie sonst üblich die Zustellung an den Gegner erforderlich. Das Gericht wird regelmäßig einen Fall des § 937 Abs. 2 ZPO annehmen und über den Antrag durch Beschluss ohne mündliche Verhandlung entscheiden. Eine Anhörung des Antragsgegners kann jedoch auch ohne mündliche Verhandlung form- und fristlos erfolgen, sofern das Gericht dies für notwendig erachtet.[41] Sowohl der stattgebende als auch der ablehnende Beschluss wird ausschließlich dem Antragsteller zugestellt. Die **Zustellung** an den Antragsgegner hat sodann gem. §§ 922 Abs. 2, 936 ZPO innerhalb eines Monats im Parteibetrieb zu erfolgen, d.h. der Antragsteller beauftragt einen Gerichtsvollzieher mit der förmlichen Übermittlung der Verfügung. Ab dem Zeitpunkt der Zustellung ist die einstweilige Verfügung vom Antragsgegner zu beachten. Ordnet das Gericht hingegen eine mündliche Verhandlung über den Verfügungsantrag an, richtet sich das weitere Ver-

---

37 *Köhler/Bornkamm*, § 12 Rn 3.15b m.w.N.
38 Siehe hierzu Rn 60.
39 OLG Hamburg, Urt. v. 6.12.2006 – 5 U 67/06 – GRUR 2007, 614; OLG München, Beschl. v. 27.12.2010 – 6 U 4816/10 – WRP 2011, 364, 365 f.; *Teplitzky*, Kap. 54 Rn 24b m.w.N.
40 *Teplitzky*, Kap. 55 Rn 1 m.w.N.
41 *Köhler/Bornkamm*, § 12 Rn 3.23 m.w.N.; *Teplitzky*, Kap. 55 Rn 3.

Kost

fahren nach den allgemeinen Vorschriften der ZPO. Das Gericht entscheidet in diesem Fall durch Endurteil, das den Parteien entsprechend zugestellt wird. Das Urteil wird nach inzwischen wohl herrschender Meinung mit seiner Verkündung wirksam und ist bereits ab diesem Zeitpunkt vom Anspruchsgegner zu beachten (nicht erst ab Zustellung!).[42]

IV. Reaktionsmöglichkeiten auf eine einstweilige Verfügung

Im Regelfall wird der Gegner einer einstweiligen Verfügung von dieser erst nach der an ihn bewirkten Zustellung Kenntnis erlangen. Unabhängig vom weiteren Vorgehen hat er den Verfügungsinhalt, also das dort beschriebene zu unterlassende Verhalten, umgehend zu beachten. Danach hat er sich zwischen den nachstehend skizzierten Rechtsbehelfen bzw. Möglichkeiten einer kostenschonenden Verfahrensbeendigung zu entscheiden:

1. Widerspruch

Im Falle einer aus Sicht des Antragsgegners zu Unrecht ergangenen einstweiligen Verfügung stellt der **Widerspruch** den umfassendsten und sachdienlichsten Rechtsbehelf dar, um die Unterlassungsanordnung schnellstmöglich aus der Welt zu schaffen. Ziel des Widerspruchs ist die Durchführung der – bis dahin – unterbliebenen **mündlichen Verhandlung**, die die Aufhebung der Verfügung zum Ziel hat. Im Rahmen der Widerspruchsbegründung hat der Antragsgegner die umfassende Möglichkeit, seine Sicht der Dinge darzulegen und den bis dahin ggf. unvollständigen Sachvortrag des Antragstellers entscheidend zu ergänzen. Für die Einlegung des Widerspruchs besteht – wie stets vor dem Landgericht – ein **Anwaltszwang**. Nach durchgeführter mündlicher Verhandlung entscheidet das Gericht durch Endurteil, gegen das Berufung eingelegt werden kann.

Beachte: Die Einlegung des Widerspruchs hemmt nicht die Wirksamkeit der ergangenen einstweiligen Verfügung, die also bis zur endgültigen Entscheidung des Gerichts weiterhin zu beachten ist.

Die Einlegung des Widerspruchs ist grundsätzlich **nicht fristgebunden**. Allerdings wird ein allgemeines Rechtsschutzbedürfnis des Gläubigers dahingehend angenommen, dass er Klarheit darüber erlangt, ob die von ihm erwirkte vorläufige Regelung vom Gegner anerkannt wird oder ob es zur Sicherung seines Anspruchs noch der Durchführung eines Hauptsacheverfahrens bedarf. Der Schuldner einer einstweiligen Verfügung sollte sich daher unbedingt innerhalb einer **Frist von zwei Wochen**, die in

---

42 *Teplitzky*, Kap. 55 Rn 35 m.w.N.

Sonderfällen (z.B. umfangreiche Sachverhaltsermittlung) jedoch auch länger ausfallen kann, für oder wider einen Widerspruch entscheiden.

> **Praxistipp**
> Um ein **kostenpflichtiges Abschlussschreiben** zu vermeiden, sollte – sofern man sich für dieses Vorgehen entscheidet – innerhalb von zwei Wochen Widerspruch bei Gericht eingelegt und der Gegner hiervon in Kenntnis gesetzt werden. Eine Begründung des Widerspruchs kann dann nachgereicht werden.

2. Antrag auf Durchführung des Hauptsacheverfahrens

72 Laut § 926 Abs. 1 ZPO hat der Schuldner einer einstweiligen Verfügung das Recht, den Antragsteller zur Erhebung der Hauptsacheklage zu zwingen. Wird die Klage dann nicht innerhalb einer vom Rechtspfleger zu setzenden Frist (meist vier bis sechs Wochen) erhoben, kann der Schuldner gem. § 926 Abs. 2 ZPO die Aufhebung der Verfügung beantragen.[43] Dieser Rechtsbehelf kann geboten sein, sofern zu vermuten ist, dass der Gläubiger eine derartige Klageerhebung scheuen wird oder wenn die **Beweisführung** im Rahmen eines Klageverfahrens (z.B. durch Zeugen oder Sachverständigen) aussichtsreicher als im einstweiligen Verfügungsverfahren erscheint.

3. Abschlusserklärung

73 Wie zuvor dargestellt, bedarf es trotz Fehlens einer Widerspruchsfrist innerhalb einer angemessenen Frist, die in der Regel zwischen zwei und vier Wochen angenommen wird, einer Erklärung des Antragsgegners über den weiteren Fortgang des Verfahrens. Nach Ablauf dieser ebenfalls nicht gesetzlich fixierten Frist kann der Antragsteller eine solche Erklärung im Rahmen eines sog. **Abschlussschreibens** einfordern. Hierfür kann er wiederum Anwaltskosten geltend machen.

74 Sollte man sich als Schuldner einer einstweiligen Verfügung dazu entscheiden, keine rechtlichen Schritte hiergegen einzulegen, ist es zur Vermeidung der Kosten für ein Abschlussschreiben daher unbedingt erforderlich, unaufgefordert rechtzeitig eine sog. Abschlusserklärung abzugeben. Hierdurch soll der lediglich vorläufige Titel der einstweiligen Verfügung in den Rang eines Hauptsachetitels erhoben werden. Inhaltlich erklärt der Antragsgegner hierdurch, auf die ihm gesetzlich zustehenden Rechtsbehelfe zu verzichten und die in der Verfügung getroffene Regelung als endgültig anzuerkennen. Folgende Formulierung kann für eine Abschlusserklärung verwendet werden:

---

[43] *Köhler/Bornkamm*, § 12 Rn 3.44 ff.

Klauselmuster
„Die einstweilige Verfügung des LG ... vom ..., Az. ... wird unter Verzicht auf die Rechte aus den §§ 924, 926 und 927 ZPO als endgültige und zwischen den Parteien verbindliche Regelung anerkannt."

V. (Hauptsache-)Klage und Reaktionsmöglichkeiten

Ist dem Gläubiger eines Unterlassungsanspruchs die Einleitung von Maßnahmen des einstweiligen Rechtsschutzes, z.B. wegen fehlender Dringlichkeit, verwehrt oder möchte er gleichzeitig mit dem Unterlassungsanspruch auch Auskunfts-, Schadensersatz- und/oder Aufwendungsersatzansprüche geltend machen, steht es ihm selbstverständlich frei, eine sog. **Hauptsacheklage** zu erheben. Diese richtet sich nach den allgemeinen Vorschriften der ZPO und weist insofern keine Besonderheiten auf. 75

Häufig wird es dem Kläger vor Erfüllung des Auskunftsanspruchs noch nicht möglich sein, den von ihm geltend zu machenden Schaden konkret zu beziffern. Insoweit bietet es sich an, neben dem Antrag auf Unterlassung und Auskunft einen solchen auf Schadensfeststellung zu stellen.[44] Folgende Formulierung kann für den **Antrag auf Schadensfeststellung** gewählt werden: 76

Klauselmuster
„Es wird festgestellt, dass die Beklagte zum Ersatz desjenigen Schadens verpflichtet ist, der der Klägerin durch Handlungen gem. Ziff. 1 (Unterlassungsantrag) entstanden sind."

Zu beachten gilt, dass im Wettbewerbsrecht sämtliche Ansprüche gem. § 11 Abs. 1 UWG bereits nach lediglich **sechs Monaten verjähren**. Die Verjährungsfrist beginnt nach § 11 Abs. 2 UWG, wenn der Anspruch entstanden ist und der Gläubiger von den den Anspruch begründenden Umständen und der Person des Schuldners Kenntnis erlangt oder ohne grobe Fahrlässigkeit erlangen müsste. Die Erhebung einer Hauptsacheklage ist auch bereits vor Abschluss eines einstweiligen Verfügungsverfahrens möglich. 77

Soll sich gegen die Klage verteidigt werden, ist dies im Rahmen der **Klageerwiderung** sowie der sich in der Folge anschließenden mündlichen Verhandlung möglich. Insoweit gelten gegenüber sonstigen zivilrechtlichen Klagen keine Besonderheiten. Im Falle einer Klage ohne vorangegangene Abmahnung ist es möglich, den Klageanspruch durch Abgabe eines **sofortigen Anerkenntnisses** anzuerkennen und so die gem. § 93 ZPO für den Beklagten günstige Kostenentscheidung herbeizuführen. 78

---

[44] Vgl. *Teplitzky*, Kap. 44 Rn 2.

Kapitel 11
Umsatzsteuer beim Handel im Netz

A. Allgemeines

Aufgrund der Globalisierung und **Digitalisierung** ist der Markt stark im Umbruch. 1
Kaum ein Unternehmer ist in der virtuellen Welt des Internets nicht vertreten. Online-Shopping und Wissensbeschaffung/-vermittlung via Internet (eLearning, Datenbanken, Rechercheplattformen u.v.m.) gehören zum alltäglichen Konsumverhalten. Insofern ist es kaum verwunderlich, dass über ortsunabhängige und technisch hochkomplexe Smartphones, Laptops und Tablet-Computer Wissen, (Waren-)Auktionen, Wareneinkäufe, Informationen, Datenzugriffe und Vieles mehr vermittelt bzw. hergestellt werden.

Zu Unterscheiden ist stets, ob der Umsatz (Dienstleistung oder Warenlieferung) 2
über das Netz erbracht wird (sog. Online-Umsatz) oder ob lediglich die Anbahnung/Bestellung über das Netz erfolgt und der Umsatz nachfolgend nicht auf elektronischem Wege erbracht wird (sog. Offline-Umsatz).

Beim Handel im Netz ist zu beachten, dass einige **Dienstleistungen** (Fernwar- 3
tung, Download von Software etc.) auch auf **elektronischem Wege** erbracht werden können (Online-Umsatz) und damit das Netz als Transportmedium verwendet wird. Bei der Vielzahl der weiteren Nutzungen wiederum ist das Netz nur das Kommunikationsmedium. Beratungsleistungen, deren Ergebnisse (Gutachten, Schriftsätze o.ä.) per E-Mail oder Datenraum (Cloud) übertragen werden, werden nicht über das Internet und damit nicht elektronisch erbracht (Offline-Umsatz). Auch Lieferbeziehungen (Kaufverträge, Bestellungen, Zuschlag bei einer Auktion etc.) können per E-Mail oder Internetplattform angebahnt und abgeschlossen werden. Hier wird beispielsweise das „Online-Entrepreneur-Modell" bzw. das „Online-Vertriebs-Modell" unterschieden.[1] Die tatsächliche Abwicklung (Warenlieferung) wird aber jenseits der virtuellen Welt erbracht (Offline-Umsätze). Dabei ist für die zutreffende umsatzsteuerliche Abwicklung auf die **allgemeinen Grundsätze der Umsatzsteuer** zurückzugreifen. Diese müssen jedoch mit den technischen Besonderheiten in Einklang gebracht werden.

---

[1] Details und zu den Auswirkungen auf die Verrechnungspreise siehe *Slotty-Harms/van der Ham*, UVR 2012, 170.

B. Systematik des Umsatzsteuerrechts

4 Die **Umsatzsteuer** (unionsrechtlich **Mehrwertsteuer**) ist eine **Verbrauchsteuer**,[2] dessen Steuerdestinatar der Endverbraucher ist. Nach dem Willen des Gesetzgebers soll Träger der Umsatzsteuer nicht der Unternehmer, sondern der Endabnehmer sein, der Einkommen oder Vermögen für verbrauchbare Güter aufwendet.[3] Bei grundsätzlichen Überlegungen zur umsatzsteuerlichen Beurteilung beim Handel im Netz ist daher zu beachten, dass die Umsatzsteuer als **Allphasen-Netto-Umsatzsteuer**[4] (mit Vorsteuerabzug) konzipiert ist und es das Ziel der Normen ist, dass es keinen unversteuerten Endverbrauch geben soll. Zugleich muss der unionsrechtliche **Grundsatz der Neutralität** der Mehrwert-/Umsatzsteuer[5] gewahrt werden. Dieser beinhaltet die Gleichbehandlung wirtschaftlich gleichwertiger Vorgänge im Umsatzsteuerrecht trotz ggf. verschiedenen Rechtskleides und die grundsätzliche Entlastung des Unternehmers (unionsrechtlich Steuerpflichtigen) von der Umsatzsteuer. Im Hinblick auf das harmonisierte (unionsweite) Mehrwertsteuersystem ist aufgrund des **unionsrechtlichen Missbrauchsbegriffs**[6] kein Raum für realitätsferne und der wirtschaftlichen Transaktion nicht entsprechende Gestaltungen.[7]

5 Die Umsatzsteuer ist eine **Gemeinschaftssteuer** gem. Art. 106 Abs. 3 i.V.m. § 1 Abs. 1 Finanzausgleichsgesetz. Folglich steht das Aufkommen der Umsatzsteuer dem Bund, den Ländern und den Gemeinden zu.[8] In Art. 1 Abs. 2 MwStSystRL wird deutlich, dass die Mehrwertsteuer und somit auch die Umsatzsteuer eine **proportionale Verbrauchsteuer** ist. Der Streit, ob sie zugleich zu den Verkehrssteuern zählt, weil sie an Vorgänge des Rechtsverkehrs anknüpft, ist damit zumindest seitens des unionsrechtlichen Normengebers zugunsten der Einordnung als allgemeine Verbrauchsteuer entschieden.

6 Das Allphasen-Netto-Prinzip der Umsatzsteuer ist die **Überwälzung** der Umsatzsteuer auf den Abnehmer bei grundsätzlicher Gewährung eines Vorsteuerabzugs auf Eingangsleistungen für unternehmerische Abnehmer bzw. für deren besteuerte (den Vorsteuerabzug nicht ausschließende) Umsätze. Abnehmer, welche bezogene Eingangsleistungen für Umsätze, die nicht den Vorsteuerabzug ausschließen, verwenden, können die Umsatzsteuer auf die Eingangsleistung als Vorsteuer zum Abzug

---

[2] Art. 1 Abs. 2 MwStSystRL, siehe auch *Jakob*, § 1 Rn 1.
[3] Rau/Dürrwächter/*Stadie*, § 2 Rn 2.
[4] Zur Allphasen-Netto-Umsatzsteuer siehe Rau/Dürrwächter/*Stadie*, Vorb. Rn 8 f.; *Jakob*, § 2 Rn 23.
[5] Zum Grundsatz der Neutralität der Mehrwertsteuer statt Vieler: EuGH, Urt. v. 21.3.2000 – C-110/98 – bis – C-147/98 – DStRE 2000, 425 Rn 52 „Gabalfrisa u.a." und EuGH, Urt. v. 19.9.2000 – C-454/98 – BFH/NV 2001, 33 Rn 59 „Schmeink & Cofreth und Strobel".
[6] Zum unionsrechtlichen Missbrauchsbegriff: EuGH, Urt. v. 21.2.2006 – C-255/02 – DB 2003, 541 „Halifax".
[7] Vgl. *List*, DB 2007, 131; *Höink*, DB 2007, 52.
[8] Siehe dazu *Jakob*, § 1 Rn 11.

bringen. Jeder Unternehmer, gleich, ob Hersteller, Großhändler, Einzelhändler etc., überwälzt die von ihm geschuldete Umsatzsteuer auf seine Abnehmer und setzt – sofern er mit der bezogenen Eingangsleistung den Vorsteuerabzug nicht ausschließende Umsätze unter den Voraussetzungen des § 15 UStG getätigt hat – die auf ihn überwälzte Umsatzsteuer als **Vorsteuer** ab. Letztendlich hat der nichtunternehmerische **Endverbraucher** keine Möglichkeit des Vorsteuerabzugs und wird damit Träger der Steuer. Somit wird lediglich der Mehrwert auf jeder Handels- oder Produktionsstufe der Besteuerung unterworfen (Allphasen-Netto-Prinzip). Hieraus ergibt sich auch der gemeinhin verwendete und in den unionsrechtlichen Vorgaben des Umsatzsteuerrechts verwendete Begriff der **Mehrwertsteuer**. Die zutreffende Rechnungsstellung bzw. Belastung des Endverbrauchers mit der Umsatzsteuer erlangt daher besondere Bedeutung. Hat der Unternehmer die Umsatzsteuer nicht rechtsfehlerfrei gegenüber dem Endverbraucher abgerechnet, scheidet grundsätzlich eine nachträgliche Belastung an seinen Leistungsempfänger (aufgrund faktischer oder zivilrechtlicher Probleme) aus.[9]

Im nationalen Recht ist in den §§ 1, 1a UStG geregelt, ob eine Leistung im Anwendungsbereich des Umsatzsteuerrechts ist. Gegenstand der Besteuerung ist der **steuerbare Umsatz** (§ 1 Abs. 1 UStG bzw. § 1a UStG). Sofern ein Vorgang steuerbar ist, so unterliegt er der Umsatzsteuer, wenn er nicht aufgrund einer **Befreiungsnorm** (§§ 4–7, 8, 26 Abs. 5 UStG) von der Besteuerung ausgenommen ist. 7

Praxistipp
Aufgrund des Ziels der Umsatzsteuer, eine **Besteuerung des Endverbrauchs** herzustellen, ist darauf zu achten, dass unternehmerische Tätigkeiten über den Vorsteuerabzug entlastet werden. Gestaltungen, in denen eine Besteuerung des Endverbrauchs nicht gewährleistet ist, werden regelmäßig durch die Regelungen der **unentgeltlichen Wertabgabe** (§ 3 Abs. 1b oder § 3 Abs. 9a UStG) einer Lieferung oder sonstigen Leistung für Zwecke der Besteuerung gleichgestellt oder aus übergeordneten Grundsätzen der „missbräuchlichen Gestaltung" zur Besteuerung herangezogen. Daher ist auf die zutreffende Besteuerung zu achten, denn nur so kann die Überwälzung der Umsatzsteuer auf den Endverbraucher erfolgen. Spätere Korrekturen gegenüber Endverbrauchern sind praktisch kaum möglich.

C. Rechtsgrundlagen

Die **unionsrechtlichen Vorgaben** (MwStSystRL, zuvor sog. 6. EG-RL) bilden die Basis für das nationale Umsatzsteuerrecht. Abweichungen des nationalen Rechts sind regelmäßig im Wege der **richtlinienkonformen Auslegung**, d.h. Auslegung des nationalen Rechts im Lichte der unionsrechtlichen Vorgaben, des Anwendungsvorrangs der Richtlinie oder, sofern eine Umsetzung einer eindeutigen Regelung des 8

---

9 *Winter/Höink*, DB 2006, 968, 970.

Unionsrechts unterblieben ist, durch **unmittelbares Berufen** auf die unionsrechtlichen Normen zu lösen.[10]

9 Die Normenhierarchie des Umsatzsteuerrechts ist wie folgt:
- Sekundärrecht der EU und Grundfreiheiten,
- Mehrwertsteuer-System-Richtlinie (RL 2006/112/EG) – zuvor die sog. 6. EG-RL (RL 77/388/EWG),
- MwSt-DVO Nr. 282/2011 (Durchführungsverordnung zur MwStSystRL),
- Umsatzsteuergesetz,
- Umsatzsteuer-Durchführungsverordnung.

10 Zusätzlich werden in Verwaltungsanweisungen – insbesondere Umsatzsteuer-Anwendungserlass – Hinweise über die Anwendung des Umsatzsteuerrechts aus Sicht der Finanzverwaltung gegeben.

Praxistipp
Häufig enthalten die Verwaltungsanweisungen dienliche Hinweise zur Abwicklung. Eine kritische Prüfung ist gleichwohl regelmäßig notwendig.

D. Die Umsatzbesteuerung

I. Unternehmereigenschaft

11 Der **Unternehmerbegriff** bzw. die **Unternehmereigenschaft** ist nach § 2 Abs. 1 UStG der Schlüsselbegriff für die Umsatzsteuer. Nur Umsätze eines Unternehmers unterliegen nach § 1 UStG der Umsatzsteuer (Ausnahme: Ankauf neuer Fahrzeuge aus der EU i.S.d. § 1b UStG). Zudem ist der Unternehmer im Regelfall der Steuerschuldner (§ 13a Abs. 1 Nr. 1 UStG) mit Ausnahme der Umsatzsteuer, welche aufgrund der Steuerschuldverlagerung auf den unternehmerischen Kunden/Empfänger oder eine juristische Person nach § 13b UStG übergeht.

12 Nach § 2 Abs. 1 UStG ist Unternehmer, wer eine gewerbliche oder berufliche Tätigkeit selbstständig ausübt. Gewerblich oder beruflich ist jede Tätigkeit zur Erzielung von Einnahmen, auch wenn die Absicht, Gewinn zu erzielen, fehlt (§ 2 Abs. 1 S. 3 UStG). Gemäß der MwStSystRL wird der Unternehmer „**Steuerpflichtiger**" genannt. Steuerpflichtiger ist, wer eine wirtschaftliche Tätigkeit unabhängig von ihrem Ort, Zweck und Ergebnis selbstständig ausübt. Als „wirtschaftliche Tätigkeit" gelten alle Tätigkeiten eines Erzeugers, Händlers oder Dienstleistenden einschließlich der Tätigkeiten der Urproduzenten, der Landwirte sowie der freien Berufe und der diesen gleichgestellten Berufe. Insbesondere gilt als wirtschaftliche Tätigkeit die Nutzung

---

10 Zu Details siehe *Jakob*, § 1 Rn 13.

von körperlichen oder nichtkörperlichen Gegenständen zur nachhaltigen Erzielung von Einnahmen. Der Unternehmer ist berechtigt und bei steuerpflichtigen Umsätzen, welche an Unternehmer erbracht werden, auch **verpflichtet, Rechnungen** zu erstellen (§§ 14, 14a UStG).

Die **Händler im Netz** sind unter o.g. Voraussetzungen Unternehmer. Im Einzelfall kann die Regelung des § 19 UStG eingreifen und dienlich sein. § 19 Abs. 1 UStG regelt die **Kleinunternehmereigenschaft.** Sofern der (Gesamt-)Umsatz eines Unternehmers im vorangegangenen Kalenderjahr weniger als 17.500 € betrug und im laufenden Kalenderjahr 50.000 € voraussichtlich nicht überschreitet, wird die Umsatzsteuer nicht erhoben. Auf die Kleinunternehmereigenschaft kann mit Bindung für mindestens fünf Jahre verzichtet werden. Für **Händler**, welche keine oder nur geringe Umsätze mit dem Handel über Internet-(Auktions-)Plattformen generieren, kann diese Regelung interessant sein. 13

Der Status als Unternehmer oder als Nichtunternehmer ist für die Beurteilung, ob und wo eine Leistung der Umsatzsteuer unterliegt, und ob eine Steuerschuldverlagerung auf den Leistungsempfänger stattfindet, von erheblicher Bedeutung. 14

Private Verkäufer auf Internetplattformen (beispielsweise eBay, Kalaydo etc.) handeln im Rahmen ihres privaten Eigenlebens und sind keine Unternehmer. Ihre Verkäufe sind keine Lieferungen im Sinne des Umsatzsteuerrechts, welche der Besteuerung zu unterwerfen sind. Anders hingegen verhält es sich bei denjenigen, die nachhaltig (auch wenn nur nebenbei) wie ein Händler am Markt Gegenstände (auch Gebrauchtgegenstände) veräußern. Diese selbstständige, nachhaltige Tätigkeit mit Einnahmeerzielungsabsicht führt zur Unternehmereigenschaft. Ihre Verkäufe sind umsatzsteuerlich Lieferungen, welche der Umsatzbesteuerung unterliegen. Dabei ist es unerheblich, ob Neuwaren oder Gebrauchtgegenstände verkauft werden und ob die Verkäufe neben einer anderweitigen beruflichen Tätigkeit oder hauptberuflich ausgeführt werden. Vielfach hilft die o.g. Kleinunternehmerregelung (§ 19 UStG), unerwünschte Umsatzsteuerpflichten zu vermeiden. Dabei sind aber die Umsatzgrenzen (Umsatz, nicht Gewinn) von 17.500 € im Vorjahr und weniger als 50.000 € im laufenden Jahr zu beachten. Zudem muss ein Kleinunternehmer (mindestens) eine Umsatzsteuer-Jahreserklärung einmal im Jahr einreichen und das Unterschreiten dieser Grenzen dem örtlich zuständigen Finanzamt erklären. 15

II. Steuerschuldverlagerung/Reverse Charge System

Grundsätzlich schuldet der leistende Unternehmer die Umsatzsteuer. Diese wird er gesondert gegenüber seinen Kunden abrechnen und die Steuer an die Finanzverwaltung abführen. Besonderheiten gelten dann, wenn eine Steuerschuld sich auf den Leistungsempfänger verlagert. 16

Insbesondere bei elektronischen Dienstleistungen ist der Ansässigkeitsort des Leistenden praktisch irrelevant. Das bedeutet, der Dienstleistende kann seinen Sitz 17 irgendwo auf der Welt innehaben und weltweit über das Internet oder andere Netze seine Leistungen und Produkte vertreiben. Dies hat zur Konsequenz, dass der leistende Unternehmer mit vielen Umsatzsteuer-/Verbrauchsteuerrechtsordnungen in Berührung kommt. In der EU ist geregelt, dass, sofern er nicht in dem jeweiligen Mitgliedstaat ansässig ist und sein Leistungsempfänger ein Unternehmer (oder eine juristische Person) ist, der Empfänger der Leistung für die zutreffende Besteuerung verantwortlich ist und sich die Steuerschuld auf ihn verlagert. Maßgebend ist, dass der jeweilige Umsatz (Dienstleistung oder Lieferung) im Inland (§ 1 Abs. 2 UStG)[11] einen Leistungsort hat und nicht steuerbefreit ist. Dies gilt es aber jeweils genau zu untersuchen, wie nachfolgend näher dargestellt wird.

18   Für bestimmte in § 13b Abs. 2 UStG aufgezählte Umsätze (Werklieferungen, Mobilfunkgerätelieferungen, sonstige Leistungen von im Ausland ansässigen Dienstleistern) sowie die in § 13b Abs. 1 UStG genannten Umsätze der im übrigen Gemeinschaftsgebiet ansässigen Unternehmer, deren Leistungsort sich im Inland gem. § 1 Abs. 2 UStG befindet, **verlagert sich die Steuerschuld** auf den unternehmerischen Leistungsempfänger, § 13b Abs. 5 UStG. Das bedeutet, dass in diesen Fällen nicht der Leistungserbringer, sondern der **Leistungsempfänger Schuldner** der Umsatzsteuer ist. Dies gilt auch für Kleinunternehmer gem. § 19 UStG und Unternehmer, die ausschließlich steuerfreie Umsätze tätigen. Hierbei erstreckt sich die Steuerschuldnerschaft sowohl auf die Umsätze für den **unternehmerischen** als auch auf die Umsätze für den **nichtunternehmerischen** Bereich des **Leistungsempfängers**. Dies hat eine erhebliche Brisanz, denn der Leistungsempfänger schuldet die Umsatzsteuer auf die bezogenen Leistungen unabhängig davon, ob er vom leistenden Unternehmer eine Rechnung mit oder ohne Umsatzsteuerausweis erhalten hat. Unerheblich ist ebenfalls, ob der Leistende Umsatzsteuer an das Finanzamt deklariert und abführt oder nicht. Zudem schuldet der Leistungsempfänger i.S.d. § 13b Abs. 5 UStG die Steuer, sofern ein inländischer Leistungsort vorliegt, auch dann, wenn er den Leistungseinkauf für den **privaten Bereich** getätigt hat, aber in anderen Bereichen unternehmerisch tätig ist.[12]

19   Die Umsatzsteuerschuld von im Ausland ansässigen Unternehmern ohne inländische Betriebsstätte, welche steuerpflichtige Dienstleistungen an im Inland ansässige Unternehmer erbringen, verlagert sich demnach auf den Leistungsempfänger, § 13b Abs. 1 bzw. Abs. 2 Nr. 1, Abs. 5 UStG. In der Praxis wird häufig von den Anbietern bzw. Plattformbetreibern nicht berücksichtigt, dass eine Steuerschuldverlagerung

---

11 Inland im Sinne dieses UStG ist das Gebiet der Bundesrepublik Deutschland mit Ausnahme des Gebiets von Büsingen, der Insel Helgoland, der Freizonen des Kontrolltyps I nach § 1 Abs. 1 S. 1 des Zollverwaltungsgesetzes (Freihäfen), der Gewässer und Watten zwischen der Hoheitsgrenze und der jeweiligen Strandlinie sowie der deutschen Schiffe und der deutschen Luftfahrzeuge in Gebieten, die zu keinem Zollgebiet gehören. Ausland im Sinne dieses Gesetzes ist das Gebiet, das danach nicht Inland ist.
12 Abschn. 13b.1. Abs. 1 UStAE.

Anwendung finden kann. Teilweise wird – insbesondere bei elektronischen Dienstleistungen über das Netz – offen oder verdeckt mit ausländischer Umsatzsteuer abgerechnet. Dies ist dann zutreffend, wenn der Leistungsort[13] nicht im Inland ist. Sofern mit ausländischer Umsatzsteuer trotz Vorliegens eines inländischen Leistungsorts abgerechnet wird, ist für unternehmerische Kunden/Leistungsempfänger deren Erstattung im **Vorsteuer-Vergütungsverfahren** nach § 18 Abs. 9 UStG i.V.m. §§ 59 ff. UStDV grundsätzlich ausgeschlossen, da es sich nicht um eine gesetzlich geschuldete Umsatzsteuer handelt. Nach § 15 UStG ist als Vorsteuer nur die gesetzlich geschuldete Umsatzsteuer abzugsfähig. Leistungsempfänger (nach § 13b Abs. 5 UStG Unternehmer oder juristische Personen) sollten auf die zutreffende Abrechnung ohne Umsatzsteuer in einem derartigen Fall achten.

Praxistipp
Beim **kostenpflichtigen Download** von Internetplattformen (Apps oder Homepage etc.) müssen Unternehmer auch an die ggf. auf sie übergehende Steuerschuld nach § 13b UStG denken. § 13b UStG findet nur dann auf ihren Leistungsbezug Anwendung, wenn der leistende Unternehmer im **Ausland ansässig** ist und die Leistung **nicht** über eine **inländische Betriebsstätte** erbracht wird. Dies ist praktisch regelmäßig kaum nachvollziehbar. Im Falle der Steuerschuldverlagerung nach § 13b UStG, sollte der Leistungsempfänger auf die zutreffende Abrechnung ohne ausländische Umsatzsteuer achten. Die Umsatzsteuer ist von ihm zu deklarieren und abzuführen.

Beachte: Für elektronische Dienstleistungen findet eine Steuerschuldverlagerung nicht statt, wenn Dienstleister und Leistungsempfänger im gleichen Mitgliedstaat der EU ansässig sind oder über Betriebsstätten in diesem Mitgliedstaat den Umsatz ausführen oder beziehen.

20

III. Abgrenzung Dienstleistungen oder Lieferungen

Von besonderer Bedeutung für die zutreffende umsatzsteuerliche Abwicklung beim „Handel im bzw. übers Netz" ist die zutreffende Einordnung der jeweiligen Leistung als Dienstleistung (sonstige Leistung) nach § 3 Abs. 9 UStG oder Lieferung nach § 3 Abs. 1 UStG. Lieferung ist die Verschaffung der Verfügungsmacht über einen körperlichen Gegenstand (§ 3 Abs. 1 UStG). Dies ist in der Regel der Kauf. Eine Lieferung liegt zudem vor, wenn ein Gegenstand unter Eigentumsvorbehalt verkauft und übergeben wird. Anders ist dies bei einem Kauf auf Probe (§ 454 BGB). Dort wird die Verfügungsmacht erst nach Billigung des Angebots durch den Empfänger verschafft.[14] Dagegen

21

---

[13] Siehe dazu auch unter „Leistungsort" Rn 36 ff.
[14] BFH, Urt. v. 6.12.2007 – V R 24/05 – BStBl. II 2009 S. 490, Abschn. 13.1 Abs. 6 S. 1 u. 2 UStAE.

wird bei einem Kauf mit Rückgaberecht die Verfügungsmacht mit der Zusendung der Ware verschafft.[15]

22 Sonstige Leistungen (unionsrechtlich: Dienstleistungen) hingegen sind alle Leistungen, die nicht Lieferungen sind. Sie können in einem Tun, Dulden und Unterlassen bestehen.

23 Lieferungen können nicht über das Netz erbracht werden, da die körperlichen Waren vom Verkäufer/Unternehmer zum Kunden nicht via Internet oder Datenzugang gelangen können. Insbesondere handelt es sich umsatzsteuerlich nicht um sonstige Leistungen[16] bei
- Lieferungen von Gegenständen nach elektronischer Bestellung und Auftragsbearbeitung;
- Lieferungen von CD-ROMs, Disketten und ähnlichen körperlichen Datenträgern;
- Lieferungen von Druckerzeugnissen wie Büchern, Newsletter, Zeitungen und Zeitschriften;
- Lieferungen von CDs, Audiokassetten, Videokassetten und DVDs;
- Lieferungen von Spielen auf CD-ROM.

24 Dienstleistungen hingegen können, aber müssen nicht über das Netz erbracht werden. Diesbezüglich werden elektronische Dienstleistungen und sonstige Dienstleistungen unterschieden. Elektronische Dienstleistungen können über eine Datenübertragung/das Internet oder ein Intranet erbracht werden (sog. auf elektronischem Wege erbrachte Dienstleistungen).

25 Sonstige Leistungen sind nach der Negativabgrenzung des § 3 Abs. 9 UStG Leistungen, die keine Lieferungen sind. Sie können auch in einem Unterlassen, im Dulden einer Handlung oder eines Zustands bestehen (§ 3 Abs. 9 S. 1 und 2 UStG). Zu den sonstigen Leistungen zählen die typischen Dienstleistungen wie
- Beratungsleistungen,
- ärztliche Leistungen,
- Reinigungs- und Serviceleistungen,
- Transportleistungen,
- Telekommunikationsdienstleistungen,
- die Gebrauchs- und Nutzungsüberlassung (z.B. Vermietung und Verpachtung),
- die Überlassung von Darlehen,
- die Übertragung und Wahrnehmung von Patenten, Urheberrechten, Markenzeichenrechten,

---

15 Abschn. 13.1 Abs. 6 S. 3 UStAE.
16 Abschn. 3a.12. Abs. 5 UStAE.

- die Übertragung von immateriellen Wirtschaftsgütern wie z.B. Firmenwert, Kundenstamm oder Lebensrückversicherungsverträge und
- die Unterlassung von Wettbewerb.[17]

Die Abgrenzung zur Lieferung ist dabei nicht immer einfach. Die Finanzverwaltung hat im Umsatzsteuer-Anwendungserlass (Abschn. 3.5.) hierzu Grundsätze und eine Reihe von Fallbeispielen veröffentlicht. Erschwert wird die Abgrenzung dadurch, dass in einer Leistung sowohl Liefer- als auch Dienstleistungselemente enthalten sein können. Die Einordnung als Lieferung oder sonstige Leistung richtet sich danach, welche Leistungselemente aus der Sicht des Durchschnittsverbrauchers und unter Berücksichtigung des Willens der Vertragsparteien den wirtschaftlichen Gehalt der Leistung bestimmen. Dies führt zum Grundsatz der Einheitlichkeit der Leistung.

Von besonderer Bedeutung sind im „Grenzbereich" der Lieferungen und sonstigen Leistungen die Werklieferungen oder/und Werkleistungen.[18]

IV. Elektronische Dienstleistungen

Das Umsatzsteuergesetz definiert die auf **elektronischem Weg erbrachte sonstige Leistung** (§ 3 Abs. 9 UStG, Dienstleistung) nicht, aber knüpft für die Bestimmung des Leistungsortes in § 3a Abs. 4 Nr. 13 UStG daran an. In Art. 7 MwSt-DVO[19] wird die auf elektronischem Wege erbrachte Dienstleistung als solche Dienstleistung definiert,

> „die über das Internet oder ein ähnliches elektronisches Netz erbracht wird, deren Erbringung aufgrund ihrer Art im Wesentlichen automatisiert nur mit minimaler menschlicher Beteiligung erfolgt und ohne Informationstechnologie nicht möglich wäre."

Nach Abs. 2 des Art. 7 der **EU-DVO** fallen darunter insbesondere
- die Überlassung digitaler Produkte (**Software, Upgrades etc.**),
- die **Präsenzdienste** in elektronischen Netzen, welche **Websites** oder **Webpages** vermitteln oder unterstützen,

---

[17] Abschn. 3.1. Abs. 4 UStAE.
[18] Hinsichtlich Werklieferungen und Werkleistungen bietet die Verwaltungsansicht in Abschn. 3.8. UStAE eine umfangreiche Darstellung der Abgrenzungskriterien.
[19] VO (EG) Nr. 282/2011 v. 15.3.2011, ABl. EU 2001 Nr. L 77, 20 zur Durchführung der MwStSystRL (RL 2006/112/EG), welche unverändert die Definition der VO (EG) Nr. 1777/2005, ABl. EU Nr. L 288, 1, übernimmt. Die Verordnung ist unmittelbar in den Mitgliedstaaten anwendbares Recht und dient der einheitlichen Definition u.a. der autonomen Begriffe der MwStSystRL.

- Dienstleistungen, die über das Internet oder ein vergleichbares elektronisches Netz auf der Grundlage spezifischer Dateninputs des Dienstleistungsempfängers **automatisch (computer-)generiert** werden,
- die Einräumung des Rechts, gegen Entgelt eine Leistung auf einer Website, die als Online-Marktplatz fungiert, zum Kauf anzubieten, wobei die potenziellen Käufer ihr Gebot im Wege eines automatisierten Verfahrens abgeben und die Beteiligten durch eine automatische, computergenerierte E-Mail über das Zustandekommen des Verkaufs unterrichtet werden sowie
- Internet-Service-Pakete, in denen die Telekommunikationskomponente ein ergänzender oder untergeordneter Bestandteil ist (d.h. Pakete, die mehr ermöglichen, als nur die Gewährung des Zugangs zum Internet und weitere Elemente wie etwa Nachrichten, Wetterbericht, Reiseinformationen, Spielforen, Webhosting, Zugang zu Chatlines etc. umfassen).

30 In Abschn. 3a.12. UStAE **konkretisiert die Verwaltung** und ordnet den auf elektronischem Wege erbrachten sonstigen Leistungen u.a.
- Websites, Webhosting, Fernwartung, automatisierte Erbringung über das Internet und ähnlichen elektronischen Netzen in jeglicher Form,
- Bereitstellung von Bildern, Software, Musik, Spielen, Filmen und Texten (E-Books), auch die Gewährung des Zugangs hierzu bzw. das Herunterladen sowie
- die Bereitstellung von Datenbanken, Sendungen und Veranstaltungen aus den Bereichen Politik, Kultur, Kunst, Sport, Wissenschaft und Unterhaltung,
- den Web-Rundfunk,
- die Fernunterrichtsleistung und
- die Online-Versteigerung

zu.

Praxistipp

Grundsätzlich gilt als auf elektronischem Wege erbrachte Dienstleistung die im Internet oder einem ähnlichen elektronischen Netz zur Verfügung gestellte und regelmäßig automatisiert (**ohne menschliches Zutun**) erbrachte Leistung. Im Abschn. 3a.12. des UStAE oder der Anlage zu Art. 7 der EU-DVO ist ein umfangreicher Katalog enthalten. Nicht umfasst sind Dienstleistungen oder Lieferungen, auf welche lediglich über das Internet oder ein ähnliches elektronisches Netz aufmerksam gemacht wird, sowie welche darüber vermittelt oder bestellt werden. Beispielsweise ist die Ausführung einer Online-Versteigerung eine auf elektronischem Wege erbrachte Dienstleistung; die Lieferung der ersteigerten Ware hingegen nicht. Die Ware ist unter den Voraussetzungen einer „normalen" Warenlieferung zu versteuern. Einen Negativkatalog enthält auch Abschn. 3a.12. Abs. 6 UStAE. Die Lieferung von CD-ROMs, Disketten, USB-Sticks oder ähnlichen körperlichen Datenträgern, Druckerzeugnissen (Bücher, Zeitschriften), CDs, DVDs o.ä. sowie die Lieferung von Spielen auf derartigen Datenträgern werden somit nicht als im elektronischen Wege erbrachte Dienstleistungen eingeordnet, Abschn. 3a.12. Abs. 5 UStAE. Es liegt auch keine elektronische Dienstleistung vor, wenn Arbeitsergebnisse lediglich über ein elektronisches Netz/das Internet übertragen werden (z.B. das Gutachten eines Steuerberaters, welches per E-Mail übersandt wird).

Aus umsatzsteuerrechtlicher Sicht wird Standardsoftware serienmäßig hergestellt, ist von beliebigen Käufern erwerbbar bzw. von einer Vielzahl vorher nicht festgelegter Anwender nutzbar und schließt Dienstleistungen zur Weiterentwicklung mit ein.[20] Die Einordnung als Lieferung oder sonstige Leistung war lange Zeit stark umstritten und ist heute noch nicht im Gesetz geregelt.[21] 31

Die Standardsoftware wird in der Literatur als sonstige Leistung angesehen.[22] Anders ist dies beim Vertrieb von Standardsoftware und Updates (Lieferung).[23] Der Vertrieb von Individualsoftware wird als sonstige Leistung/Dienstleistung beurteilt. Zwar gibt es keine Stellungnahme des BFH zur Einordnung der Standardsoftware als Lieferung oder sonstige Leistung, allerdings stellt der BFH in Bezug auf § 12 Abs. 2 Nr. 7 lit. c) UStG aus urheberrechtlicher Sicht eine Vergleichbarkeit von Buchverkäufen mit dem Verkauf von auf Datenträgern gesicherter Standardsoftware fest.[24] Wie bereits dargestellt, existiert im Gesetzestext keine Definition von auf elektronischem Weg erbrachten sonstigen Leistungen. Lediglich Abschn. 3a.12. UStAE gibt in Anlehnung an Anhang II der MwStSystRL Definitionsmerkmale und Beispiele zur Identifizierung von auf elektronischem Weg erbrachten sonstigen Leistungen.[25] Demnach ist diese in Abhängigkeit von der Informationstechnologie durch eine Erbringung über das Internet oder ein anderes elektronisches Netz sowie durch eine weitestgehend automatisierte und mit minimaler menschlicher Beteiligung erfolgende Übermittlung gekennzeichnet.[26] Die in der MwStSystRL und im Anwendungserlass aufgezählten Beispiele bilden keine abschließende Liste, sondern sind durch Positivbeispiele zu erweitern.[27] Im Falle der **elektronischen Übermittlung wird die Standardsoftware wie Individualsoftware** behandelt und durch die Finanzverwaltung als **sonstige Leistung/Dienstleistung** anerkannt.[28] Des Weiteren erkennt der BFH in Computer- 32

---

[20] Vgl. Rau/Dürrwächter/*Nieskens*, § 3, Rn 590, 3521; Hartmann/Metzenmacher/*Neubert*, § 3 Abs. 1, Rn 66.
[21] Vgl. Rau/Dürrwächter/*Nieskens*, § 3, Rn 590; Hartmann/Metzenmacher/*Neubert*, § 3 Abs. 1, Rn 74.
[22] Vgl. Rau/Dürrwächter/*Nieskens*, § 3, Rn 590 m.w.N; Hartmann/Metzenmacher/*Neubert*, § 3 Abs. 1, Rn 78.
[23] Vgl. Rau/Dürrwächter/*Nieskens*, § 3, Rn 590 m.w.N.; Hartmann/Metzenmacher/*Neubert*, § 3 Abs. 1, Rn 77.
[24] Vgl. Rau/Dürrwächter/*Nieskens*, § 3, Rn 590; Hartmann/Metzenmacher/*Neubert*, § 3 Abs. 1, Rn 76; BFH, Urt. v. 13.3.1997 – V R 13/96 – BStBl. II 1997 S. 372.
[25] Vgl. auch Reiß/Kraeusel/Langer/*Fritsch*, § 3, Rn 210.22 f.; Offerhaus/Söhn/Lange/*Kossack*, UStG, § 3, Rn 111–113a; Vogel/Schwarz/*Kemper*, § 3a, Rn 487 ff.; Sölch/Ringleb/*Wäger*, UStG, § 3a, Rn 286 f.; Peter/Burhoff/Stöcker/*Hundt-Eßwein*, § 3a, Rn 209 ff.; Huschens, NWB 2011, 2365 f.
[26] Siehe Abschn. 3a.12. Abs. 1 UStAE; vgl. Birkenfeld/Wäger/*Birkenfeld, UStG, § 76, Rn 171*; Hartmann/Metzenmacher/Radeisen, § 3a, Rn 842; Sölch/Ringleb/*Wäger*, § 3a, Rn 287; Reiß/Kraeusl/Langer/*Fritsch*, § 3, Rn 210.21 ff.
[27] Vgl. *Blaufus/Freyer/Trinks*, DStR 2011, 2271.
[28] Vgl. Hartmann/Metzenmacher/*Neubert*, § 3 Abs. 1, Rn 77.

programmen aufgrund der mit dem Programm in Verbindung und im Vordergrund stehenden geistigen Leistung ein immaterielles Wirtschaftsgut.²⁹

V. Vorliegen eines Leistungsaustauschs

33 Ein Leistungsaustausch ist für die **Steuerbarkeit** gem. § 1 Abs. 1 Nr. 1 UStG erforderlich. Das bedeutet, dass von einem Unternehmer im Rahmen seines Unternehmens eine wirtschaftlich verbrauchbare Leistung im Austausch mit einer **Gegenleistung** erbracht wird.

34 Wenn durch den Kunden, der über eine App oder Internetpräsenz eine Datei/ein Programm oder einen Online-Dienst auf sein mobiles Gerät/Computer oder seinen Server herunterlädt oder Waren eingekauft werden und ein Entgelt bezahlt wird, ist ein **Leistungsaustausch (wirtschaftlich verknüpfte Leistung und Gegenleistung von mindestens zwei Beteiligten)** anzunehmen. Jedoch stellt sich bereits in dieser einfachen Konstellation des entgeltlichen Downloads oder Wareneinkaufs die Frage, zwischen wem und in welcher Reihenfolge der Leistungsaustausch stattgefunden hat. Insbesondere bei Umsätzen über bzw. mit Apps/Internetplattformen ist eine genaue Analyse für die zutreffende Abwicklung wichtig.³⁰

Praxistipp
Die Frage, über welche Leistungskette die Warenlieferung oder sonstige Leistung vertrieben wird bzw. wie und ob die Vertriebsplattform eingebunden ist, variiert von Anbieter zu Anbieter. Daher sind die **vertraglichen Vereinbarungen** und die **wirtschaftliche Leistungskette** genau zu untersuchen. Dies ist oft mühevoll und nur aus den **AGB** sind teilweise Hinweise zu entnehmen. Fehler in dieser Beurteilung können aber zu erheblichen umsatzsteuerlichen **Nachforderungen** führen, da Steuern falsch abgeführt und eventuell zu Unrecht in Rechnungsdokumenten gesondert ausgewiesen werden. Im letzteren Fall wird die ausgewiesene Umsatzsteuer allein aufgrund des Ausweises in der Rechnung nach § 14c UStG geschuldet. Regelmäßig wird bei später entdeckten Fehlern eine Nachbelastung der Umsatzsteuer oder eine Berichtigung nicht ohne definitiven wirtschaftlichen Aufwand möglich sein. Dies liegt u.a. auch an der sog. Vollverzinsung nach § 233a AO von nachzuerhebender Steuer oder zurückzuzahlender Vorsteuer. Ob eine Rechnungsberichtigung auf den Zeitpunkt der Rechnungsausstellung zurückwirkt, ist fraglich.³¹

Beachte: Ein Unternehmer, der über seine Internetseite den Nutzern die Möglichkeit verschafft, kostenpflichtige Bilder/Inhalte zu beziehen, ist nach Ansicht des BFH im

---

29 Vgl. Rau/Dürrwächter/*Nieskens*, § 3, Rn 590 m.w.N.
30 Details Solmecke/Taeger/Feldmann/*Höink*, Kap. 8 Rn 24 ff.
31 Bisher herrschende Ansicht in Rspr., Literatur und Verwaltung war, dass eine Rechnungsberichtigung nur mit ex nunc-Wirkung möglich ist. Angesichts des EuGH-Urteils v. 18.7.2010 – C-168/09 – DStR 2010, 1475 „Panon Gèp" und des BFH-Beschlusses v. 20.7.2012 – V B 82/11 – DStR 2012, 1702, wird darüber viel diskutiert. Eine Entscheidung steht derzeit noch aus.

Urteil v. 15.5.2012 – XI R 16/10[32] – dann umsatzsteuerlich Leistender, wenn der Nutzer hierzu auf Internetseiten anderer Unternehmer **weitergeleitet** wird.

VI. Sonstige Dienstleistungen

Bei der Vielzahl der nicht auf elektronischem Wege erbrachten Dienstleistungen wird das Internet lediglich zur Geschäftsanbahnung verwendet. Ob es sich nun um das Buchen von Reiseleistungen, Personenbeförderungstickets, einer Reinigungs- oder Reparaturdienstleistung oder eine andere Dienstleistung handelt – allen ist gemein, dass die jeweilige Leistung außerhalb des Netzes erbracht wird und den allgemeinen umsatzsteuerlichen Regelungen folgt.

35

Praxistipp
Vielfach wird eine Dienstleistung nur über das Netz angebahnt bzw. der Dienstleistungsvertrag kommt über das Netz zustande. Die eigentliche Leistung wird außerhalb des Netzes erbracht und folgt dann den allgemeinen umsatzsteuerlichen Regelungen. Abweichend hiervon sind die elektronischen Dienstleistungen zu betrachten, welche über das Netz ausgeführt werden. Hierfür existieren Besonderheiten in der Abwicklung und beim Besteuerungsort.

VII. Leistungsort für Dienstleistungen

Die zutreffende Leistungsortbestimmung ist wichtig, um die Frage der Anwendbarkeit des jeweiligen nationalen Umsatzsteuerrechts im Bereich der Dienstleistungen und insbesondere für elektronische Dienstleistungen, welche naturgemäß nicht an **Ländergrenzen** haltmachen, zu beantworten. Seit 2010 wird der Leistungsort – abgesehen von einer Vielzahl von Ausnahmen – grundsätzlich anhand des Status des Kunden[33] festgelegt. Hierbei können vier verschiedene Regelungen zur Anwendung kommen:[34]

36

Business-to-Customer: Nach § 3a Abs. 1 UStG liegt der Leistungsort am Ort des leistenden Unternehmers, wenn das leistende Unternehmen den Sitz oder die leistende Betriebsstätte im Gemeinschaftsgebiet hat und der Leistungsempfänger weder ein Unternehmer noch eine nicht unternehmerisch tätige juristische Person mit Umsatzsteuer-Identifikationsnummer ist.

37

---

32 DStR 2012, 2274.
33 Unternehmer oder juristische Person, welche nichtunternehmerisch ist, aber über eine USt-IdNr. verfügt oder sonstige Nichtunternehmer.
34 Vgl. Bunjes/*Korn*, § 3a, Rn 128; Peter/Burhoff/Stöcker/*Hundt-Eßwein*, § 3a, Rn 212; *Huschens*, NWB 2011, 2367.

38 **Business-to-Business:** Laut § 3a Abs. 2 UStG ist der Leistungsort am Ansässigkeitsort des Leistungsempfängers, in der Regel des empfangenden Unternehmers, sofern das leistende Unternehmen oder die leistende Betriebsstätte den Sitz im Gemeinschaftsgebiet hat und der Leistungsempfänger ein Unternehmer mit Sitz oder empfangender Betriebsstätte im Gemeinschaftsgebiet oder eine nicht unternehmerisch tätige juristische Person, der eine Umsatzsteuer-Identifikationsnummer erteilt wurde, mit Sitz im Gemeinschaftsgebiet ist.

39 Leistende Unternehmen sollten daher auf die zutreffende Abrechnung achten, **den Status der Kunden abfragen** und entsprechend ihre Abrechnungssysteme einstellen.

40 Für gewisse Dienstleistungen liegt der Leistungsort nach § 3a Abs. 4 UStG am Ansässigkeitsort der empfangenden privaten, nicht unternehmerisch tätigen Person mit Wohnsitz im Drittlandsgebiet. Dies betrifft entsprechende elektronische Leistungen, welche an außerhalb der EU ansässige Privatpersonen erbracht werden (Katalogdienstleistungen).

41 § 3a Abs. 5 UStG bestimmt hingegen den Ort der Leistung am Wohnsitz der privaten, nicht unternehmerisch tätigen Person mit Sitz im Gemeinschaftsgebiet, wenn der leistende Unternehmer seinen Sitz im Drittland oder die leistende Betriebsstätte ihren Sitz im Drittland hat. Dienstleister, welche nicht in der EU ansässig sind und auch nicht über Betriebsstätten in der EU **elektronische Dienstleistungen** erbringen, sind nicht von der Umsatzbesteuerung ausgenommen. Ihre Dienstleistungen erhalten – unter dem Blickwinkel der Gleichbehandlung mit in der EU ansässigen Dienstleistern – über § 3a Abs. 5 UStG einen Dienstleistungsort am Ansässigkeitsort ihres Kunden. Für derartige Unternehmen wird grundsätzlich die Registrierung in der EU[35] nach § 18 Abs. 4c UStG notwendig sein.

42 In dem letztgenannten Fall des § 3a Abs. 5 i.V.m. Abs. 4 Nr. 13 UStG gilt das vereinfachte Verfahren zur **Einortsregistrierung** gem. § 18 Abs. 4c UStG, da das Reverse-Charge-Verfahren nach § 13b UStG keine Anwendung findet.[36] Im Fall einer Leistungserbringung mit Leistungsort nach § 3a Abs. 5 UStG ist der leistende Unternehmer theoretisch verpflichtet, sich in jedem Mitgliedstaat, in dem einer seiner nichtunternehmerischen Kunden ansässig ist, zu registrieren. Stattdessen greift der **One-Stop-Shop**-Mechanismus,[37] sodass der Unternehmer sich nur in einem Mitgliedstaat der EU zwecks Erfüllung der Verpflichtungen, die aus dem Umsatzsteuerrecht entstehen, registrieren lassen kann, er aber weiterhin je Leistung die jeweiligen Umsatzsteuer-

---

35 Siehe unter „One-Stop-Shop" Rn 48.
36 Vgl. *Blaufus/Freyer/Trinks*, DStR 2011, 2270.
37 § 18 Abs. 4c UStG: Eine wirkliche One-Stop-Shop-Lösung existiert zum Redaktionsschluss nicht. In § 18 Abs. 4c UStG sind aber erhebliche Vereinfachungen aufgenommen, welche es nicht in der Gemeinschaft ansässigen Unternehmer erleichtert, ihre Umsatzsteuerpflichten zu erfüllen. Voraussetzung ist hierfür jedoch, dass der im Drittland ansässige Unternehmer ausschließlich Umsätze tätigt, deren Leistungsort sich nach § 3a Abs. 5 UStG bestimmt.

sätze der Mitgliedstaaten anwendet und abführt, § 18 Abs. 4c UStG. Diese Regelung gilt nur für im Drittland ansässige leistende Unternehmen und nur dann, wenn dieser ausschließlich Umsätze in der Union erbringt, deren Leistungsort sich nach § 3a Abs. 5 UStG bestimmt.[38]

Für Leistungen eines Anbieters (Download-Anbieter, App-Betreiber oder App Store), welcher im Gemeinschaftsgebiet ansässig ist oder über eine im Gemeinschaftsgebiet ansässige Betriebsstätte die Leistungen erbringt, gilt, dass für Leistungen an private Endabnehmer grundsätzlich mit der jeweiligen Umsatzsteuer des Mitgliedstaats der Ansässigkeit des Leistenden abzurechnen ist, § 3a Abs. 1 UStG. 43

Wird die Leistung an unternehmerische Kunden erbracht, verlagert sich der Leistungsort an den Ansässigkeitsort des Leistungsempfängers, sodass in grenzüberschreitenden Fällen (unternehmerischer Kunde und Leistender sind in verschiedenen Mitgliedstaaten ansässig) eine Netto-Abrechnung zu erfolgen hat und die Steuerschuld für die bezogene Leistung auf den Leistungsempfänger übergeht. 44

Aufgrund verschiedener Sichtweisen und Regelungen innerhalb der EU kann es vor einer genaueren europarechtlichen Regelung dieser Tatbestände zu **Doppelbesteuerungsproblemen** bei grenzüberschreitenden Sachverhalten kommen.[39] Eine Doppelbesteuerungsgefahr tritt insbesondere dann auf, wenn es sowohl zwischen Dienstleister und Endkunden als auch der Vertriebsplattform zu einer Leistungsbeziehung kommt. In Schweden hat man auf die Problematik der Doppelbesteuerung mit einem **Nichtanwendungserlass** in bestimmten Fällen reagiert.[40] 45

Praxistipp
Die Dienstleistungsorte sind in Abhängigkeit von o.g. Kriterien zu bestimmen. Sofern die Dienstleistung keinen inländischen Leistungsort hat, bedeutet dies nicht, dass keine Umsatzsteuer anfällt. Je nachdem, wo sich der Leistungsort befindet, ist die nationale Verbrauchsteuer/Mehrwertsteuer des dann betroffenen Landes/Staates einschlägig. Zudem kann es mit Staaten außerhalb der EU (Drittstaaten) zu einer Doppel- oder Nichtbesteuerung im Bereich einer Mehrwertsteuer kommen, da nur innerhalb der EU die Mehrwertsteuer/Umsatzsteuer (weitgehend) harmonisiert ist.

Die Leistungsortsbestimmung lässt sich in vier Grundaussagen zusammenfassen: 46
- Ist der Leistungsempfänger ein Unternehmer oder eine nichtunternehmerische juristische Person mit USt-IdNr., so ist der Leistungsort am Ansässigkeitsort seines Unternehmens **(Empfangsortprinzip).** Maßgeblich in der Praxis kann die Verwendung einer gültigen USt-IdNr. sein, da der Leistende dann auf die Unter-

---

38 Vgl. zu weiteren Voraussetzungen *Blaufus/Freyer/Trinks*, DStR 2011, 2270; Rau/Dürrwächter/*Stadie*, § 18, Rn 232–240; Hartmann/Metzenmacher/*Radeisen*, § 3a, Rn 929; Bunjes/*Leonard*, § 15, Rn 31–35; Sölch/Ringleb/*Treiber*, § 18, Rn 65–69; Lippross/Janzen/*Lippross*, § 18, Rn 110–115.
39 Vgl. *Blaufus/Freyer/Trinks*, DStR 2011, 2274.
40 Vgl. *Wunderlich*, IStR 2011, 115; *Wunderlich*, IStR 2012, 41.

nehmereigenschaft und den Bezug der Leistung für das Unternehmen vertrauen darf.
- Ist der Leistungsempfänger ein privater Endverbraucher, ist der Leistungsort am Ansässigkeitsort des Anbieters/Dienstleisters **(Sitzortprinzip)**.
- Sofern auf elektronischem Wege erbrachte Leistungen an private Endverbraucher mit Sitz oder Wohnsitz außerhalb des Gemeinschaftsgebiets (Drittland) erbracht werden, ist der Leistungsort an deren Sitz oder Wohnsitz.
- Umgekehrt ist der Leistungsort für derartige Leistungen an private Endverbraucher mit Sitz oder Wohnsitz im Gebiet der EU, welche von im Drittland ansässigen Dienstleistern oder über im Drittland befindlichen Betriebsstätten erbracht werden, am Sitz oder Wohnsitz des Endverbrauchers.

47 Durch die unionsrechtlichen Vorgaben in der MwStSystRL werden die o.g. Regelungen ständig angepasst. So ist auf eine Veränderung der **Rechtslage ab dem 1.1.2015** hinzuweisen.[41] Nach Änderung der MwStSystRL werden alle auf elektronischem Weg erbrachten sonstigen Leistungen an Nichtunternehmer unabhängig von deren Ansässigkeit **am Ort des Leistungsempfängers** erbracht. Dies macht – nach derzeitiger nationaler Rechtslage – für die Anbieter die Notwendigkeit der Registrierung und Erfüllung der Deklarationspflichten in vielen Mitgliedstaaten notwendig. Die **Gesetzgebungsüberlegungen** gehen daher auch von der Notwendigkeit eines sog. kleinen One-Stop-Shops auf EU-Ebene aus.[42]

VIII. One-Stop-Shop des § 18 Abs. 4c UStG

48 Als One-Stop-Shop wird die **Vereinfachungsregelung** in § 18 Abs. 4c UStG bezeichnet, welche für im Drittstaat ansässige Unternehmer, die ausschließlich auf **elektronischem Wege erbrachte Leistungen** gem. § 3a Abs. 5 i.V.m. Abs. 4 Nr. 13 UStG an Nichtunternehmer in der EU erbringen, die Möglichkeit der Abwicklung der in diesem Zusammenhang bestehenden umsatzsteuerlichen Pflichten in einem Mitgliedstaat eröffnet. Gemeint ist damit, dass es sich hinsichtlich seiner **deklarationspflichtigen Umsätze** nur um auf elektronischem Weg erbrachte Dienstleistungen gem. § 3a Abs. 4 Nr. 13 UStG an private Endverbraucher handelt. In einem derartigen Fall besteht **das Wahlrecht zur Einortregistrierung** in einem Mitgliedstaat. Die allgemeinen Deklarationspflichten werden durch eine Steuererklärung auf amtlich vorgeschriebenem Vordruck bis zum 20. Tag nach Ablauf eines jeden Besteuerungszeitraums ersetzt. In diesem Steuererklärungsvordruck muss der leistende Unternehmer für jeden Mit-

---

[41] Details siehe *Grambeck*, UR 2013, 241; vgl. auch Hartmann/Metzenmacher/*Radeisen*, § 3a, Rn 866, 904; Bunjes/*Korn*, § 3a, Rn 124; *Blaufus/Freyer/Trinks*, DStR 2011, 2270.
[42] Siehe auch Meeting Minutes, VAT Expert Group, VEG No. 014, taxud.c1(205771), n.v.

gliedstaat die Gesamtumsätze an Nichtunternehmer, den jeweiligen Steuersatz des Mitgliedstaats und den daraus resultierenden Steuerbetrag auflisten. Der Vorsteuerabzug kann nicht in der Steuererklärung, sondern ausschließlich im **Vorsteuer-Vergütungsverfahren** gem. § 18 Abs. 9 UStG i.V.m. §§ 59 ff. UStDV geltend gemacht werden. Dieses Verfahren besteht nur für in Drittstaaten ansässige Leistende, welche Dienstleistungen mit Leistungsort in der EU erbringen, und wenn es sich ausschließlich um auf elektronischem Wege erbrachte Dienstleistungen handelt.

Praxistipp
Besonders zu beachten ist, dass die Regelung des § 18 Abs. 4c UStG ein Wahlrecht ist, welches **vor der Ausführung** dieser Umsätze **ausgeübt** werden muss. Adressat des Antrags und zuständig für die spätere Bearbeitung der Erklärungen etc. ist das **Bundeszentralamt für Steuern**.[43]

IX. Kleine einzige Anlaufstelle für Mehrwertsteuer

Ab dem 1.1.2015 soll nun auch die kleine einzige Anlaufstelle in Kraft treten. Sie erlaubt es Unternehmern, die Nichtunternehmern (private Endverbraucher) in anderen EU-Mitgliedstaaten als deren Ansässigkeit Telekommunikations-, Rundfunk- und Fernsehdienstleistungen oder elektronische Dienstleistungen erbringen, die auf diese Umsätze geschuldete Umsatzsteuer/Mehrwertsteuer über ein Internetportal in den Mitgliedstaat abzurechnen, in dem sie steuerlich identifiziert sind.[44] Die Umsetzung ins nationale UStG muss noch bis zum 1.1.2015 erfolgen. Die Teilnahmemöglichkeit sei freiwillig, sodass auch die Registrierung in dem jeweiligen Mitgliedstaat eröffnet bleibt. Der Hintergrund für diese kleine einzige Anlaufstelle ist, dass zum 1.1.2015 auch die Dienstleistungsorte für Telekommunikations-, Rundfunk- und Fernseh- sowie elektronische Dienstleistungen am Ansässigkeitsort (Wohnsitz) des privaten Endkunden sind.[45] Die Neuregelung der Dienstleistungsorte erfordert mithin eine Vereinfachungsmöglichkeit der Abwicklung der zutreffenden Besteuerung. Die einzige kleine Anlaufstelle kann sowohl von in der EU ansässigen Unternehmern, als auch von im Drittstaatsgebiet ansässigen Unternehmern genutzt werden.

49

---

43 Näheres unter: www.bzst.de.
44 Leitfaden zur kleinen einzigen Anlaufstelle, EU-Kommission v. 23.10.2013.
45 Siehe auch EU-Verordnung Nr. 1042/2013 v. 26.10.2013 zur Änderung der Durchführungsverordnung Nr. 282/011 bezüglich des Orts der Dienstleistungen, ABl. EU L284/1, unter www.ec.europa.eu.

X. Lieferungen

50 (Waren-)Lieferungen sind nach § 3 Abs. 1 UStG Leistungen, durch die der Unternehmer oder in seinem Auftrag ein Dritter den Abnehmer oder in dessen Auftrag einen Dritten befähigt, im eigenen Namen über den Gegenstand zu verfügen (**Verschaffung der Verfügungsmacht**). **Gegenstand der Lieferung** sind **körperliche Gegenstände**. Dies sind **Sachen** nach § 90 BGB, Tiere nach § 90a BGB, Sachgesamtheiten und solche Wirtschaftsgüter, die im Wirtschaftsverkehr wie körperliche Sachen behandelt werden (z.B. Elektrizität, Wärme, Wasserkraft). **Rechte** sind dagegen keine Gegenstände, die im Rahmen einer Lieferung übertragen werden können; die Übertragung von Rechten stellt eine sonstige Leistung dar.[46]

51 Die **Verschaffung der Verfügungsmacht** im Umsatzsteuerrecht bedeutet den von den Beteiligten endgültig gewollten Übergang von wirtschaftlicher Substanz, Wert und Ertrag eines Gegenstands vom Leistenden auf den Leistungsempfänger. Sie ist ein Vorgang vorwiegend tatsächlicher Natur, der in der Regel mit dem bürgerlich-rechtlichen Eigentumsübergang verbunden ist, aber nicht notwendigerweise verbunden sein muss.[47]

52 Hierbei sind **folgende Besonderheiten zu beachten**:
- Eine Lieferung liegt auch vor, wenn der Gegenstand **unter Eigentumsvorbehalt** verkauft und übergeben wird.[48] Vielfach erfolgt im alltäglichen Geschäftsverkehr eine Lieferung unter Eigentumsvorbehalt. Insbesondere dann, wenn der Kunde nicht bekannt oder nicht persönlich präsent ist, wie beim Handel über Internetplattformen bzw. der Geschäftsanbahnung über Online-Präsenzen, ist der Eigentumsvorbehalt in den Verkaufsbedingungen, AGB für die Abwicklung der Warenlieferung vorgesehen und vereinbart.
- **Sicherungsübereignung** durch einen Unternehmer an einen anderen (z.B. Bank): Die Verfügungsmacht verbleibt beim Sicherungsgeber, solange nicht der Verwertungsfall/Sicherungsfall eingetreten ist. Der Sicherungsnehmer erlangt zu dem Zeitpunkt, in dem er von seinem Verwertungsrecht Gebrauch macht, die Verfügungsbefugnis über das Sicherungsgut. Die Verwertung (Veräußerung) des zur Sicherheit übereigneten Gegenstands durch den Sicherungsnehmer außerhalb des Insolvenzverfahrens führt zu zwei Umsätzen (sog. Doppelumsatz): zu einer Lieferung des Sicherungsnehmers an den Erwerber (Dritten) und zugleich zu einer Lieferung des Sicherungsgebers an den Sicherungsnehmer.[49] **Hinweis:** In diesen Fällen tritt bezüglich des Umsatzes Sicherungsgeber an Sicherungs-

---

[46] Abschn. 3.5. UStAE.
[47] BFH, Urt. v. 24.4.1969 – V 176/64 – BStBl. III S. 451.
[48] Abschn. 3.1. Abs. 3 UStAE.
[49] Siehe im Einzelnen Abschn. 1.2. UStAE.

nehmer eine Umkehrung der Steuerschuldnerschaft gem. § 13b Abs. 2 Nr. 2 i.V.m. Abs. 5 S. 1 UStG ein (Leistungsempfänger als Steuerschuldner).
- Bei einem **Kommissionsgeschäft** (§ 383 HGB) liegen gleichfalls zwei Lieferungen vor, so bei einer Verkaufskommission zwischen dem Kommittenten und dem Kommissionär sowie zwischen dem Kommissionär und dem Dritten. § 3 Abs. 3 UStG enthält insoweit eine umsatzsteuerliche Umqualifizierung der zivilrechtlichen Geschäftsbesorgung.[50] Allerdings liegt die Lieferung des Kommittenten an den Kommissionär erst im Zeitpunkt der Lieferung des Kommissionsguts an den Abnehmer vor.[51]

Auch Lieferungen müssen mit einem Leistungsort bestimmt werden, um festzustellen, ob die jeweiligen Warenlieferungen im Inland (§ 1 Abs. 2 UStG) stattgefunden haben.

Der Ort der Lieferung bestimmt sich nach § 3 Abs. 5a i.V.m. § 3 Abs. 6–8, §§ 3c, 3e, 3f und 3g UStG. Dabei wird unterschieden zwischen
- Ort der Lieferung mit Warenbewegung (§ 3 Abs. 6 UStG) – Beförderungs- und Versendungslieferung,
- Ort der Lieferung ohne Warenbewegung („ruhende Lieferung", § 3 Abs. 7 UStG) und
- Sonderfälle (§ 3 Abs. 8 UStG, §§ 3c, 3e, 3f und 3g UStG).

Lieferort bei einer Beförderungs- oder Versendungslieferung ist dort, wo die Beförderung oder Versendung an den Abnehmer beginnt (§ 3 Abs. 6 S. 1 UStG). Dabei wird unterschieden zwischen
- der Beförderungslieferung, wenn der Liefergegenstand durch den Lieferer oder den Abnehmer ohne Einschaltung eines selbstständigen Beauftragten befördert wird (also der Unternehmer selbst oder seine Mitarbeiter den Gegenstand transportieren) und
- der Versendungslieferung, wenn der Liefergegenstand durch einen selbstständigen Beauftragten des Lieferers oder des Abnehmers befördert wird. Beginn der Versendung ist die Übergabe des Liefergegenstands an den Beauftragten (§ 3 Abs. 6 S. 4 UStG). Selbstständiger Beauftragter einer Versendung kann sowohl ein Kurierdienst, Spediteur, Frachtführer, Postdienstleister oder sonstiger Selbstständiger sein, der den Gegenstand gegen Entgelt transportiert.

Besonderheiten gelten beim Reihengeschäft (§ 3 Abs. 6 S. 5 UStG). Dabei haben mehrere Unternehmer über den Liefergegenstand Umsatzgeschäfte geschlossen und

---
50 Vgl. BFH, Urt. v. 25.11.1986 – V R 102/78 – BStBl. II 1987 S. 278.
51 Abschn. 3.1. Abs. 7 UStAE.

der Liefergegenstand gelangt bei der Beförderung oder Versendung unmittelbar vom ersten Unternehmer an den letzten Abnehmer (§ 3 Abs. 6 S. 5 UStG).

57 Es gelten folgende Grundsätze:
- Es liegen so viele Lieferungen vor, wie Umsatzgeschäfte geschlossen wurden.
- Da nur ein Warenweg besteht, kann die Beförderung oder Versendung nur einer Lieferung in der Reihe zugerechnet werden; der Lieferort bestimmt sich insoweit nach § 3 Abs. 6 S. 1 UStG.
- Alle anderen Lieferungen sind ruhende Lieferungen; der Lieferort bestimmt sich nach § 3 Abs. 7 S. 2 UStG.

58 Problematisch ist in diesem Zusammenhang, dass das Reihengeschäft als solches unionsrechtlich nicht geregelt ist. Die MwStSystRL, die von den Mitgliedstaaten in nationales Recht umgesetzt werden muss, enthält keine Regelung zu Reihengeschäften. Gleichwohl ist das Reihengeschäft auf der Grundlage der Rechtsprechung des EuGH in der Rs. C-245/04 „EMAG"[52] aus dem Jahre 2006 in seiner Existenz anerkannt. Allgemein anerkannt ist auch die Tatsache, dass in einem Reihengeschäft die Warenbewegung nur einer der Lieferungen in der Reihe zuzuordnen ist, die als solche einer Steuerbefreiung im Rahmen einer innergemeinschaftlichen Lieferung (§ 4 Nr. 1 lit. b, § 6a UStG) oder Ausfuhrlieferung (§ 4 Nr. 1 lit. a, § 6 UStG) zugänglich ist. Schwierigkeiten bereitet allerdings die Zuordnung der Warenbewegung selbst zu einer der Lieferungen, da diese von den Mitgliedstaaten unterschiedlich beurteilt wird. Auch diesbezüglich hat der EuGH mit Urteil vom 14.12.2012 in der Rs. C-430/09 „Euro Tyre Holding BV"[53] klargestellt, dass es nur eine warenbewegte Lieferung geben kann und diese der Lieferung an den mittleren Unternehmer zugeordnet werden kann, sofern der Gegenstand aus dem Abgangsland verbracht wird und der mittlere Unternehmer mit einer ausländischen Umsatzsteuer-Identifikationsnummer gegenüber dem ersten Unternehmer auftritt.

59 Die Zuordnung der Beförderungs- oder Versendungslieferung soll nach dem Urteil des EuGH vom 14.12.2012 in der Rs. C-430/09 „Euro Tyre Holdings BV"[54] nach der umfassenden Würdigung des Einzelfalls festgestellt werden. In die umfassende Würdigung des Einzelfalls ist insbesondere die Überlegung einzubeziehen, ob der Ersterwerber dem ersten Lieferer bereits zu Beginn der Versendung mitgeteilt hat, dass die Ware an die im Drittland oder in der EU ansässigen Distributoren weiterveräußert wird. Die EuGH-Rechtsprechung ist allerdings von den deutschen Finanzbehörden noch nicht im Umsatzsteuer-Anwendungserlass (Verwaltungsanweisung) umgesetzt. Nach Auffassung des BFH, Urteil vom 3.8.2011 – V R 3/10 – kommt es für die Bestimmung der warenbewegten Lieferung bei Transport durch einen mittleren

---

[52] UR 2006, 342–347.
[53] DStR 2011, 23–27.
[54] DStR 2011, 23–27.

Unternehmer darauf an, welche Informationen dieser dem Lieferanten zum Endabnehmer gegeben hat. Sofern der erste Abnehmer gegenüber dem ersten Lieferer nicht erklärt, den Gegenstand an den letzten Abnehmer zu verkaufen, und der erste Abnehmer unter einer nicht vom Liefermitgliedstaat erteilten Umsatzsteuer-Identifikationsnummer auftritt, wird die warenbewegte Lieferung der Lieferung an den ersten Abnehmer zugeordnet. Sofern der erste Abnehmer aber dem ersten Lieferanten mitteilt, dass er die Ware bereits weiterverkauft hat, soll die zweite Lieferung die warenbewegte Lieferung sein. Dieses Urteil wird aktuell durch die Nachfolgeentscheidung in der Rs. C-587/10 – VStR –,[55] dem BFH-Urteil vom 28.5.2013 – XI R 11/09[56] –, verworfen. Das letztgenannte BFH-Urteil lässt aber noch viele Fragen offen, sodass die Finanzverwaltung gefordert ist, zu prüfen, ob eine Anpassung der Verwaltungsauffassung erfolgen muss. Diesbezüglich liegt noch keine Verlautbarung vor.

Ein besonderer Fall des Reihengeschäfts ist die unionsweit geltende Regelung des innergemeinschaftlichen Dreiecksgeschäfts (im UStG in § 25b UStG bzw. Art. 141 MwStSystRL). 60

Insbesondere im Versandhandel, aber auch generell bei Einfuhren aus dem Drittland ist § 3 Abs. 8 UStG zu beachten, welcher einen inländischen Lieferort fingiert. Nach § 3 Abs. 8 UStG ist der Ort der Lieferung im Inland, wenn 61
– der Liefergegenstand bei einer Beförderung oder Versendung vom Drittlandsgebiet in das Inland gelangt und
– der Lieferer oder sein Beauftragter Schuldner der Einfuhrumsatzsteuer (EUSt) ist.

Drittland ist das Ausland, das nicht Unionsgebiet (EU-Mitgliedstaaten) ist (vgl. § 1 Abs. 2a S. 3 UStG). Schuldner der EUSt ist derjenige, in dessen Namen die Einfuhranmeldung für die Abfertigung der Waren zum freien Verkehr bei der zuständigen Zolldienststelle abgegeben wird. Als Anmelder können auftreten: 62
– der Lieferer oder Erfüllungsgehilfe des Lieferers (Lieferkondition: „verzollt und versteuert"),
– der Abnehmer oder Erfüllungsgehilfe des Abnehmers (Lieferkondition: „unverzollt und nicht versteuert").

Bei Bestellungen von Lieferanten/Verkäufern mit Ansässigkeit bzw. Warenlagern außerhalb der EU (also im Drittland) ist daher darauf zu achten, wie die Abrechnung erfolgen soll. Bestellt ein im Inland ansässiger Kunde bei einem im Drittland ansässigen Lieferanten eine Ware, welche von außerhalb der EU in die EU transportiert wird (Nichtgemeinschaftsware) und wird diese nicht vom Lieferanten/Verkäufer zollrechtlich in den freien Verkehr der EU übergeführt (Zollabfertigung der Nichtgemeinschaftswaren – nachfolgender Status Gemeinschaftsware), so kann es geschehen, 63

---

55 EuGH, Urt. v. 27.9.2012 – C-587/10 – DStR 2012, 2014–2019.
56 BFH, Urt. v. 28.5.2013 – XI R 11/09 – BFHE 242, 84.

dass der inländische Kunde, gleich ob Unternehmer oder Privatperson, zur Entrichtung von Zoll und vor allem zur Entrichtung der Einfuhrumsatzsteuer (Umsatzsteuer auf die Einfuhr) herangezogen wird. Hierdurch wird eine Gleichstellung der Nichtgemeinschaftswaren mit Gemeinschaftswaren vollzogen.

64 Lediglich dann, wenn der Lieferant die Zollabfertigung und die Einfuhrumsatzsteuer übernimmt, gelangt § 3 Abs. 8 UStG zur Anwendung. Hierbei ist aber zu beachten, dass der Kunde dann die Waren mit inländischer/deutscher Umsatzsteuer erwirbt, da der Lieferant über § 3 Abs. 8 UStG einen inländischen Lieferort hat. Der Lieferant wird die Zollabwicklung durchführen und für umsatzsteuerliche Zwecke im Inland registriert sein müssen. Ist er nicht in der EU ansässig, benötigt er für Zollzwecke einen indirekten Vertreter.[57]

! **Praxistipp**

Insbesondere bei Internet-Auktionen oder Käufen von kleineren Händlern und Privatpersonen, deren Waren Nichtgemeinschaftswaren sind, welche sich also nicht in der EU oder einem zollrechtlichen Verfahren in der EU befinden, ist bereits beim Kaufabschluss bzw. der Geschäftsanbahnung darauf zu achten, wie die Waren zollrechtlich eingeführt werden sollen. Zoll und Einfuhrumsatzsteuer fallen auch bei Privatpersonen an, welche die Waren in das Gemeinschaftsgebiet überführen.[58] Für den nichtkommerziellen Reiseverkehr existieren Reisefreimengen.

---

65 Nicht in der EU ansässige Personen können grundsätzlich nicht Zollanmelder in der EU sein und benötigen dafür einen indirekten Stellvertreter. Dies kostet in der Regel weitere Gebühren, sodass der Lieferant die Verpflichtung zur Zollabwicklung gern auf den Kunden verlagert. Dies führt dazu, dass inländische Kunden beim Einkauf darauf zu achten haben, ob der Lieferant/Verkäufer die Waren zollrechtlich einführt oder der Kunde damit belastet werden soll. Kunden sollten sich bereits frühzeitig darüber informieren. Leider kommt es immer noch häufig vor, dass die Pakete vermeintlicher Schnäppchenkäufe beim Zoll erst nach Entrichtung von Einfuhrumsatzsteuer (und teilweise von Zöllen) freigegeben werden. Hier sind die Käufer regelmäßig von dieser Verpflichtung überrascht.

66 Aber auch bei einigen kommerziellen Großanbietern ist der Kunde von Überraschungen nicht befreit. So bietet beispielsweise eine Auktionsplattform unter der Versandoption „shipping globally" an, dass die Einfuhrabgaben (insbesondere Zoll- und Einfuhrumsatzsteuer) bereits Bestandteil der Zahlung werden. Dies wird von der Zollverwaltung – sofern kein Verzollungsnachweis erbracht wird – abweichend gehandhabt.[59]

---

57 Details sind nachzulesen u.a. unter: www.zoll.de.
58 Die Freimengen und Freigrenzen sind unter www.zoll.de im Detail nachzulesen.
59 Siehe Vfg. der Bundesfinanzdirektion Nord, Gz. Z2506-35/13-ZF1206, in welcher unter Bezug auf „shipping globally" von eBay darauf hingewiesen wird, dass in der Regel kein Verzollungsnachweis erbracht werden kann und dann davon auszugehen sei, dass die Abgaben nicht von den ausländi-

Lediglich in einigen Fällen kann über das Auftreten des Transportdienstleisters 67
in Vertretung des Empfängers über eine Auswechslungsstelle zollrechtlich die Ware
zum freien Verkehr angemeldet werden.[60]

Lieferanten von Waren aus dem Drittland, welche Nichtgemeinschaftswaren 68
sind, sollten ihre Abwicklung kundenfreundlich gestalten und frühzeitig darüber
informieren.

E. Besonderheiten bei Umsätzen im Netz

I. Abwicklung über eine Online-Vertriebsplattform

Als Leistungserbringer ist häufig nicht die Vertriebsplattform/Online-Präsenz (Online- 69
Shop/Online-Auktionshaus etc.) zu betrachten, die als Schnittstelle dient, sondern
der Dienstleister/Lieferant, mit dem über die Vertriebsplattform der Leistungsbezug
vereinbart wurde.[61] Gleichwohl können Dienstleister und/oder Plattformbetreiber
Unternehmer sein. Die Leistung der Vertriebsplattform steht im Austausch mit dem
Dienstleister/Lieferanten, der auf elektronischem Weg seine sonstigen Leistungen
oder Lieferungen über sie vertreibt bzw. anbietet. Entgelt ist die Vergütung, die die
Vertriebsplattform für ihre Leistung gegenüber dem Dienstleistungsanbieter/Lieferanten oder dem Kunden für die Darstellung und Vertriebsmöglichkeit fordert.

> **Praxistipp**
> Beim Vertrieb von Waren und Dienstleistungen über Vertriebsplattformen hat besondere Bedeutung,
> dass die höchstrichterliche Rechtsprechung erfordert, dass es **einwandfrei und leicht erkennbar sein
> muss**, mit wem man über das Internet das Rechtsgeschäft abschließt.[62] Es muss beim Weiterleiten/
> Abschluss des Geschäfts für den Durchschnittsverbraucher eindeutig erkennbar sein, wer sein Vertragspartner wird. Ansonsten gilt umsatzsteuerlich als Leistender der ihm gegenüber auftretende
> bzw. erkennbare App-Betreiber/Plattformbetreiber/Online-Shop/Internet-Auktionshaus, da dies die
> dem Kunden bekannte (Vertrags-)partei ist.

Der Vertrieb der Waren- und/oder Dienstleistungen hingegen ist separat zu beurtei- 70
len. Diesbezüglich gelten die **allgemeinen umsatzsteuerlichen Regelungen**. Ist die
Internet-Vertriebsplattform lediglich der „Verkaufsraum", sind die Lieferungen oder

---

schen Versendern an die Zollverwaltung abgeführt wurden. Die Ware sei dann weiterhin Nichtgemeinschaftsware und die Einfuhrabgaben seien vom Kunden zu erheben.
60 Siehe Vfg. der Bundesfinanzdirektion Nord, Gz. Z2506-35/13-ZF1206, mit Verweis auf ein „delivered duty paid"-Angebot der Deutschen Post AG.
61 Vgl. beispielsweise Apple-Nutzungsbedingungen, C. Nutzungsbedingungen des Mac App Stores, des App Stores und des iBookstores, Nutzung der Produkte in den Stores.
62 BFH, Urt. v. 15.5.2012 – XI R 16/10 – DStR 2012, 2274.

sonstigen Leistungen je nach Art und Empfänger der Umsatzbesteuerung zu unterwerfen. Diese separate Betrachtung ist für die praktische Abwicklung wesentlich.

II. Kauf auf Probe

71 Zu beachten ist, dass beim Kauf auf Probe (§ 454 BGB) im Versandhandel der Kaufvertrag noch nicht mit der Zusendung der Ware, sondern erst nach Ablauf der vom Verkäufer eingeräumten Billigungsfrist oder durch Überweisung des Kaufpreises zustande kommt. Erst zu diesem Zeitpunkt ist umsatzsteuerrechtlich die Lieferung ausgeführt.[63] Dagegen ist bei einem Kauf mit Rückgaberecht bereits mit der Zusendung der Ware der Kaufvertrag zustande gekommen und die Lieferung ausgeführt.

III. Rücktrittsrecht beim Versandhandel/Umtausch

72 Die Warenlieferungen sind umsatzsteuerlich – trotz eines ggf. bestehenden Rücktritts-/Rückgaberechts nach § 355 BGB bei Verbraucherverträgen oder eines Eigentumsvorbehalts – mit Beförderung oder Versand zum Kunden ausgeführt.

73 Bei einem Rücktritt/einer Rückgabe oder bei einer Minderung des Kaufpreises sind daher allgemeine Umsatzsteuervorschriften für die entsprechende Anpassung zu beachten. Hier gilt es zunächst, die Rückgängigmachung von der Rücklieferung zu unterscheiden.

74 Durch Rückgabe des Liefergegenstands (im Versandhandel bei Verbraucherverträgen durch Rücksendung der Waren) kann eine Lieferung rückgängig gemacht werden. Wird das der Lieferung zugrunde liegende Rechtsgeschäft rückabgewickelt, so liegt auch eine **Rückgängigmachung** der Lieferung vor.[64] Die Rückgängigmachung besteht in der Rückübertragung der Verfügungsmacht über den Liefergegenstand.

75 Aus Sicht der Finanzverwaltung ist eine Rückgängigmachung einer Lieferung nach § 17 Abs. 2 Nr. 3 UStG oder eine selbstständige Rücklieferung aus der Sicht des Empfängers und nicht aus der Sicht des ursprünglichen Lieferers zu beurteilen.[65] Eine Rückgängigmachung ist anzunehmen, wenn der Liefernde oder der Lieferungsempfänger das der Hinlieferung zugrunde liegende Umsatzgeschäft beseitigt oder sich auf dessen Unwirksamkeit beruft, die zuvor begründete Erwartung des Lieferers auf ein Entgelt dadurch entfällt und der Lieferungsempfänger den empfangenen Gegenstand in Rückabwicklung des Umsatzgeschäfts zurückgibt. Dagegen liegt eine einen selbstständigen Umsatz auslösende Rücklieferung vor, wenn die Beteiligten ein

---

63 BFH, Urt. v. 6.12.2007 – V R 24/05 – BStBl. II 2009 S. 490.
64 BFH, Urt. v. 27.6.1995 – V R 27/94 – BStBl. II 1995 S. 756.
65 Abschn. 17.1. Abs. 8 UStAE.

neues Umsatzgeschäft eingehen und der Empfänger der Hinlieferung dieses dadurch erfüllt, dass er dem ursprünglichen Lieferer die Verfügungsmacht an dem gelieferten Gegenstand in Erwartung einer Gegenleistung überträgt.[66]

Erfolgt die Rückgängigmachung der Lieferung noch im Besteuerungszeitraum (in der Regel Kalendermonat) der Ausführung der Lieferung, so ist der Umsatz nicht zu erfassen. Wird hingegen die Lieferung erst in einem späteren Besteuerungszeitraum rückgängig gemacht, so ist er zunächst – aufgrund der Soll-Versteuerung (§ 16 UStG) – der Umsatzsteuer zu unterwerfen und darf erst im Besteuerungszeitraum der Rückgängigmachung über § 17 Abs. 2 Nr. 3 UStG durch Korrektur der Bemessungsgrundlage für diesen Umsatz entsprechend (auf null) gemindert werden. Sofern der Kunde vorsteuerabzugsberechtigt ist (für den privaten Endverbrauch ist kein Vorsteuerabzug möglich) und einen Vorsteuerabzug geltend gemacht hat, hat er diesen entsprechend zu korrigieren. 76

Hat der Kunde aufgrund der zwischenzeitlichen Nutzung oder Beschädigung des Gegenstands ein Entgelt zu entrichten, so ist dieses in ein ggf. der Umsatzsteuer unterliegendes Nutzungsentgelt (für die Verwendung) und echten nichtsteuerbaren Schadensersatz aufzuteilen. 77

Anders verhält es sich bei der **Rücklieferung** von Gegenständen. In diesen Fällen macht der Kunde nicht von einem Rücktritts- bzw. Rückgaberecht Gebrauch, sondern liefert die zunächst empfangene Ware an den Verkäufer/Lieferanten aufgrund eines neuen Willensentschlusses zurück. In diesen Fällen liegen zwei Lieferungen vor, welche – sofern für jede der beiden Lieferungen die allgemeinen Voraussetzungen vorliegen (Unternehmereigenschaft, Entgelt etc.) – als zwei separate Lieferungen (Hin- und Rücklieferung) abzuwickeln sind. 78

Der gemeine **Umtausch** der Ware ist umsatzsteuerlich unbeachtlich. Wenn der Käufer eine mangelhafte Ware erhält und Nacherfüllung durch eine neue mangelfreie Ware ausgeführt wird, so wird lediglich der Liefergegenstand ausgetauscht – eine umsatzsteuerlich beachtliche Lieferung ist aber nicht erneut ausgeführt worden. 79

Wird hingegen der Liefergegenstand im Wege des **Umtauschs** durch einen anderen Gegenstand ersetzt, so liegt nach den zuvor genannten Kriterien eine Rückgängigmachung oder Rücklieferung vor. 80

Dienstleistungen können nur dann rückgängig gemacht werden, wenn der wirtschaftliche Effekt noch nicht eingetreten bzw. aufgebraucht ist. In diesen Fällen ist § 17 Abs. 2 Nr. 3 i.V.m. Abs. 1 UStG entsprechend anzuwenden und die steuerlichen Folgen sind im Besteuerungszeitraum der Rückgängigmachung zu ziehen. 81

---

66 BFH, Urt. v. 12.11.2008 – XI R 46/07 – BStBl. 2009 II S. 558.

IV. Versandhandelsregelung

82 Eine Besonderheit im grenzüberschreitenden Warenhandel mit Privatkunden ist die sog. Versandhandelsregelung nach § 3c UStG (Art. 33, 34 MwStSystStRL). § 3c UStG bzw. Art. 33, 34 MwStSystRL enthalten eine vom vorher Gesagten abweichende Lieferortbestimmung.

83 Bei einem Erwerb eines Gegenstands durch einen Unternehmer im Rahmen seines Unternehmens aus einem anderen EU-Mitgliedstaat wird grundsätzlich Erwerbsumsatzsteuer (innergemeinschaftlicher Erwerb nach § 1 Abs. 1 Nr. 5 i.V.m. § 1a UStG) erhoben. Es wird jedoch keine Erwerbsumsatzsteuer erhoben, wenn ein Privatmann einen Liefergegenstand aus einem anderen EU-Staat einführt (Ausnahme: Neufahrzeuge i.S.v. § 1b Abs. 2 UStG). Befördert oder versendet ein Unternehmer bei einer Lieferung den Liefergegenstand von einem EU-Mitgliedstaat ins Inland und ist der Erwerber eine Privatperson, wird ebenfalls keine Erwerbsumsatzsteuer erhoben. Die Besteuerung würde sich nach dem Ursprungslandprinzip und nicht nach dem Bestimmungslandprinzip richten. Das bedeutet, die Warenlieferung unterliegt in dem EU-Mitgliedstaat der Umsatzsteuer, in dem die Warenbewegung zum Kunden beginnt – also die Ware vor Versand zum Kunden lagert. Hier wären die Lieferanten bevorteilt, die in Mitgliedstaaten mit niedrigen Umsatzsteuer-/Mehrwertsteuersätzen ansässig sind bzw. ihre Waren dort lagern. So wäre beispielsweise eine Warenlieferung an einen Privatkunden, bei welcher der Liefergegenstand von einem Warenlager in Deutschland aus an den Kunden in Deutschland versandt wird, mit 19 % (oder beim ermäßigten Steuersatz mit 7 %) Umsatzsteuer zu besteuern, da der Ort der Lieferung nach § 3 Abs. 6 UStG im Inland ist. Die gleiche Warenlieferung von einem Warenlager aus Luxemburg hätte derzeit einen luxemburgischen Lieferort und wäre mit 15 % (bzw. beim ermäßigten Steuersatz mit 3 oder 6 oder 12 %) zu besteuern.

84 Zur Vermeidung von Wettbewerbsverzerrungen infolge der unterschiedlichen Steuersätze und zur Vermeidung von größeren Steuerausfällen im Bestimmungsland wird der Lieferort abweichend von § 3 Abs. 6 S. 1 UStG in das Bestimmungsland verlagert.

85 Voraussetzung für die Anwendung des § 3c UStG ist, dass die Lieferungen im Bestimmungsland (Land, in welches die Waren geliefert werden) für den Lieferer eine bestimmte Lieferschwelle überschreiten (im Inland 100.000 €; vgl. § 3c Abs. 3 UStG; bei Nichterreichen Option zur Anwendung des § 3c möglich).[67]

86 Die maßgebenden Lieferschwellen/Erwerbsschwellen können dem Umsatzsteuer-Anwendungserlass entnommen werden.[68] Daher ist der Ort der Umsatzbesteuerung dort, wo die Beförderung oder Versendung endet, wenn

---

67 Siehe auch Abschn. 3c.1. Abs. 3 UStAE.
68 Siehe Abschn. 3c UStAE.

- die Lieferung eines Gegenstands (ausgenommen neue Fahrzeuge) erfolgt;
- die Lieferung durch einen Unternehmer im Rahmen seines Unternehmens ausgeführt wird (also nicht Verkäufe durch Privatpersonen oder im Rahmen des privaten Eigenlebens über Auktionsplattformen oder Internetanzeigen o.ä.);
- der Transport (Beförderung oder Versendung) erfolgt durch den Lieferer
- von einem EU-Land in ein anderes EU-Land (hier ins Inland)
- an eine Privatperson, einen nichtunternehmerischen Personenzusammenschluss, eine juristische Person für den außerunternehmerischen Bereich und sog. Schwellenerwerber i.S.v. § 3c Abs. 2 UStG (Unternehmer, welche ausschließlich steuerfreie Umsätze ausführen, welche nicht zum Vorsteuerabzug berechtigen, Kleinunternehmer (§ 19 UStG) oder pauschalierende Land- und Forstwirte) und
- Überschreiten der Lieferschwelle des § 3c Abs. 3 UStG (Ausnahme: Lieferung verbrauchsteuerpflichtiger Waren, § 3c Abs. 5 S. 2 UStG).

Bei Anwendung der Versandhandelsregelung ist der Lieferort nach § 3c UStG dort, wo die Beförderung oder Versendung endet. Dies ist der Wohnsitz bzw. Ansässigkeitsort des Kunden bzw. der Ort, an welchen sich der Kunde die Ware hat liefern lassen. Dies führt aufgrund der Besteuerung in diesem EU-Mitgliedstaat zu einer Gleichstellung mit den jeweiligen Inlandslieferungen in dem EU-Land. Zugleich erfordert es aber auch für die Lieferanten, dass dieser sich in dem EU-Land für Umsatzsteuerzwecke registrieren lässt und dort die Umsatzsteuer abführt. Es gilt grundsätzlich das Umsatzsteuerrecht des jeweiligen Mitgliedslandes der EU.   87

In bestimmten Fällen kann es sogar sinnvoll sein, bereits vor Überschreiten der Lieferschwelle auf deren Anwendung zu verzichten (Option). Dies ist dann der Fall, wenn beispielsweise der Steuersatz in dem Bestimmungsland niedriger ist, als im Ursprungs-/Abgangsland.   88

Teilweise ist gewünscht, dass die Versandhandelsregelung nicht zur Anwendung gelangt, da in dem jeweiligen Mitgliedstaat nationale Steuerbefreiungen/Nullsteuersätze (beispielsweise Kindernahrung oder Kinderspielzeug in Großbritannien) oder niedrigere Steuersätze (beispielsweise 15 % in Luxemburg) gelten.   89

Hierbei macht sich der Lieferant zunutze, dass die Anwendung der Versandhandelsregelung den Transport durch den Lieferanten voraussetzt (§ 3c UStG).   90

Holt der Kunde die Waren beim Lieferanten ab, so ist nach dem jeweiligen nationalen Umsatzsteuerrecht zu verfahren. So sind Lieferungen, welche der Kunde aus Luxemburg abholt, mit 15 % im Regelsteuersatz der Umsatzsteuer zu unterwerfen.   91

Streitig ist, ob und inwieweit für die Abholung durch den Kunden auch der Lieferant in dessen Namen (als Vertreter) einen Kurierdienst, Postdienstleister oder Spediteur beauftragen darf. Der Lieferort steht grundsätzlich nicht zur Disposition des Unternehmers. Eine Verlagerung des Lieferorts allein durch Klauseln in AGB und eine formularmäßige Bevollmächtigung ist aus Sicht der finanzgerichtlichen Recht-   92 sprechung umstritten.[69] Die wesentlichen finanzgerichtlichen Entscheidungen lassen sich wie folgt zusammenfassen:

93   Der BFH hat mit Urteil vom 21.3.2007 – V R 32/05[70] – geurteilt, dass Schuldner der Einfuhrumsatzsteuer auch derjenige sein kann, dessen Umsätze zwar nach § 1 Abs. 1 Nr. 4 UStG steuerbar, aber nach § 5 UStG steuerfrei sind. Im Fall stand in den Lieferbedingungen der Kläger (aus der Schweiz): „Was Sie bestellt haben, liefern wir in Ihrem Namen und für Ihre Rechnung durch die Deutsche Post direkt zu Ihnen nach Hause." Der BFH urteilte, dass dem Kläger im Rahmen der Einfuhr die Vertretungsmacht gefehlt habe; die AGB halten aus Sicht des Gerichtes der AGB-Kontrolle nicht stand, da der Kunde nicht habe erkennen können, dass er mit etwaigen Abgaben (Zoll und Einfuhrumsatzsteuer) belastet wäre. Die Folge ist, dass der Lieferant über § 3 Abs. 8 UStG (s.o.) einen inländischen Lieferort für die Lieferung hat und mit deutscher Umsatzsteuer die Warenlieferung an den Kunden ausführt(e).

94   Das FG München hat mit Urteil vom 20.2.2013 – 3 K 2222/10 (3K 3347/10)[71] – entschieden, dass eine Klausel in AGBs, die „Wir können in Ihrem Namen alle für die Einfuhr aus der Schweiz nötigen Erklärungen abgeben" lautet, für den Kunden überraschend und damit unwirksam ist. Hier wurde in Folge der Entscheidung der Verkäufer zum Einfuhrumsatzsteuer-Schuldner und damit der Lieferort über § 3 Abs. 8 UStG ins Inland verlagert. Gegen das Urteil wurde Revision zum BFH erhoben – XI R 18/13 (17/13) –.

95   Unter dem 1.2.2008 hat das Bundesfinanzministerium ein Schreiben[72] veröffentlicht, in welchem es sich auf das BFH-Urteil aus März 2007[73] bezieht und das Urteil in offenen, vergleichbaren Fällen zur Anwendung bringen will. Dies gelte insbesondere dann, wenn der leistende Unternehmer die Lieferung unter Berufung auf die Steuerschuldnerschaft des Abnehmers für die Einfuhrumsatzsteuer als nicht im Inland steuerbar behandelt, und dies nicht mittels einer entsprechenden Klausel in den AGBs des liefernden Unternehmers begründet, sondern beispielsweise mit einem vorgedruckten Hinweis auf dem Bestellschein o.ä.

96   Aktuell ist folgendes Verfahren noch beim BFH anhängig: Das FG Düsseldorf hat entschieden, dass AGB bzw. Transportklauseln unwirksam seien. Das Urteil ist unter dem Az. XI R 2/13 (seit 2013) beim BFH anhängig. In dem Revisionsverfahren ist zu klären, ob und unter welchen Voraussetzungen bei einer Versandhandelsapotheke eine Beförderung durch den Lieferer oder auf dessen Rechnung erfolgt und ob ein

---

69 FG Düsseldorf, Beschl. v. 14.1.2010 – 1 V 3778/09 A(U) – juris.
70 BStBl. II 2008 S. 153.
71 UStB 2013, 194 f. (red. Leitsatz); MwStR 2013, 344 ff. (red. Leitsatz und Gründe) mit Anm. *Winter*; MwStR 2013, 348 f.
72 BStBl. I 2008 S. 295.
73 BFH, Urt. v. 21.3.2007 – V R 32/05 –.

indirektes Versenden durch den Lieferer, z.B. durch Organisieren des Transports, ebenfalls vom Sinn und Zweck der Versandhandelsregelung erfasst ist.[74]

Die Versandhandelsregelung ist daher im Abholfall durch den Kunden ausgeschlossen. Die Gesamtschau der Verhältnisse muss allerdings belegen, dass der Kunde aus eigenem Antrieb und nicht nur aus steuerlichen Gründen die Waren abholt bzw. abholen lässt. Die derzeitigen anhängigen finanzgerichtlichen Verfahren bleiben mit Spannung abzuwarten. 97

F. Steuersatz

Eine immer wieder diskutierte Frage ist die nach dem zutreffenden Steuersatz. Das nationale Steuerrecht kennt den **Regelsteuersatz** von derzeit 19 % gem. § 12 Abs. 1 UStG und einen ermäßigten Steuersatz von 7 % gem. § 12 Abs. 2 UStG. 98

Für Lieferungen und Dienstleistungen ist grundsätzlich der Regelsteuersatz anzuwenden. Lediglich dann, wenn eine Ausnahme des § 12 Abs. 2 UStG vorliegt, ist der ermäßigte Steuersatz anzuwenden. Von besonderer Bedeutung ist, dass sich Unternehmer zu ihren Gunsten auch auf unionsrechtliche Vorschriften (also die MwStSystRL) berufen können, wenn das nationale Umsatzsteuerrecht fehlerhaft umgesetzt ist oder Lücken enthält und das Unionsrecht hingegen eindeutige Aussagen trifft.[75] So hat der BFH im Jahre 2013 in einem Fall dem Kläger das unmittelbare Berufen auf den Regelsteuersatz und die dementsprechend ausgestellte Rechnung für seinen Vorsteuerabzug zugesprochen, obwohl das nationale Recht noch den ermäßigten Steuersatz vorsah.[76] 99

§ 12 Abs. 2 UStG enthält in den Ziffern 1–13 eine Vielzahl an – vielfach komplizierten – Ausnahmen vom Regelsteuersatz. § 12 Abs. 2 Nr. 1 und Nr. 2 UStG verweist zudem auf die Anlage 2 zum UStG. Dort werden in 54 Ziffern die gegenständlichen Ausnahmen vom Regelsteuersatz dargelegt. Zur weiteren Einordnung wird auf die Positionen der Kombinierten Nomenklatur[77] (Zolltarif) verwiesen. In Zweifelsfällen besteht die Möglichkeit, eine unverbindliche Zolltarifauskunft für die zutreffende Einreihung zu erlangen. 100

---

74 FG Düsseldorf, Entscheidung v. 23.11.2012 – 1 K 1808/09 U – n.v.
75 BFH, Urt. v. 24.10.2013 – V R 17/13 – DB 2014, 35 ff.
76 Im konkreten Sachverhalt hatte der Kläger ein Pferd erworben. Der nationale Steuersatz für Pferde war bis 30.6.2012 unionsrechtswidrig 7 %. Der Verkäufer hatte gleichwohl (unbedacht) eine Rechnung mit 19 % Umsatzsteuer ausgestellt. Als das Finanzamt dem Käufer den Vorsteuerabzug in Höhe der Differenz zwischen Regelsteuersatz und ermäßigtem Steuersatz streichen wollte, berief dieser sich erfolgreich auf das Unionsrecht, welches den Regelsteuersatz für derartige Lieferungen vorsieht.
77 Die Kombinierte Nomenklatur (KN) ist eine EG-einheitliche achtstellige Warennomenklatur für den Außenhandel im Rahmen der Gemeinsamen Handelspolitik, im Besonderen den Gemeinsamen Zolltarif sowie die Statistik seitens Eurostats und der nationalen statistischen Ämter.

101 Besonderheiten gelten wiederum für elektronische Dienstleistungen. Vielfach wird darum gestritten, ob elektronische Dienstleistungen aufgrund einer Vergleichbarkeit zu anderweitigen Dienstleistungen, welche dem ermäßigten Steuersatz unterliegen, ebenfalls mit einem Steuersatz von 7 % besteuert werden müssten.

102 Aktuell ist die Diskussion über den Steuersatz für auf elektronischem Wege erbrachte sonstige Leistungen – und somit auch über den **Steuersatz von E-Books** zu beachten.[78] E-Books sind nach der aktuellen, nationalen Rechtslage mit 19 % Umsatzsteuer zu belasten, wohingegen gedruckte Bücher gem. § 12 Anlage 2 Nr. 49 UStG unter den ermäßigten Steuersatz fallen. Frankreich und Luxemburg haben diesen ermäßigten Steuersatz auch für E-Books genehmigt. Eine EU-weite Gleichbehandlung wäre angezeigt und aus Wettbewerbsgründen notwendig. Die Kommission ist hingegen der Ansicht, dass E-Books als auf elektronischem Weg erbrachte sonstige Leistung nicht unter die in Anhang III der MwStSystRL genannte „Lieferung von Büchern" fällt und somit nicht mit dem ermäßigten Steuersatz zu belasten sind.[79] Daher hat die EU-Kommission ein Vertragsverletzungsverfahren aufgrund eventueller Wettbewerbsbeschränkungen gegen Frankreich und Luxemburg eröffnet.[80]

103 Mithin hat die EU-Kommission Überlegungen zur Angleichung des Steuersatzes zwischen E-Books und gedruckten Büchern angestellt,[81] das abschließende Ergebnis bleibt abzuwarten.

❗ Praxistipp
Der Steuersatz für Lieferungen und Dienstleistungen ist grundsätzlich der Regelsteuersatz von 19 %. Ob der ermäßigte Steuersatz Anwendung findet, hängt davon ab, ob die jeweilige Dienstleistung oder die Lieferung des jeweiligen Gegenstandes in § 12 Abs. 2 UStG von der Grundregel ausgenommen ist. In Zweifelsfällen kann eine unverbindliche Zolltarifauskunft eingeholt werden, um die Besteuerung der Höhe nach zutreffend abzuwickeln. Insbesondere dann, wenn eine Nachbelastung einer evtl. fehlerhaft zu niedrig erhobenen Umsatzsteuer rechtlich und/oder praktisch ausgeschlossen ist, da ein Überwälzen der Steuer auf den Kunden als privaten Endverbraucher ausscheidet, ist besonders auf die zutreffende Einordnung zu achten. Bei einigen elektronischen Dienstleistungen, wie E-Books, lohnt es sich eine genaue Betrachtung vorzunehmen, da aktuell die Frage des Steuersatzes streitig ist.

---

[78] Der BFH hatte bereits in seinem Urt. v. 13.3.1997 – V R 13/96 – eine Vergleichbarkeit zwischen Buch- und Softwareverkäufen in Bezug auf § 12 Abs. 2 Nr. 7 lit. c) UStG und im urheberrechtlichen Sinne festgestellt.
[79] *Blaufus/Freyer/Trinks*, DStR 2011, 2276.
[80] Vgl. Europäische Kommission, Pressemitteilung v. 3.7.2010: http://europa.eu/newsroom/press-releases/index_de.htm.
[81] Grünbuch über die Zukunft der Mehrwertsteuer – Wege zu einem einfacheren, robusteren und effizienteren MwSt-System v. 1.12.2010, KOM (2010) 695, 17.

Höink

G. Zusammenfassung

Der Handel im Netz ist häufig nur eine Geschäftsanbahnung oder eine Beauftragung im Netz. Der eigentliche Handel findet als Offline-Umsatz außerhalb des Internets statt, indem Dienstleistungen konkret vor Ort erbracht und Warenlieferungen per Kurier, Postdienstleister oder Spedition ausgeliefert werden. Daher wird die Rechtsanwendung sich auf o.g. **allgemeine umsatzsteuerliche Rechtsgrundsätze** stützen müssen. Eine genaue Untersuchung der Leistungsbeziehung ist gleichwohl notwendig, da die Umsatzsteuer, insbesondere im globalen und grenzüberschreitenden Markt eine Vielzahl an Stolperfallen bereithält. Zudem ist darauf zu achten, dass für auf elektronischem Wege erbrachte Dienstleistungen (Softwaredownload, Internet-Fernwartung, etc.) besondere Regelungen für die Umsatzbesteuerung gelten. 104

Von besonderer Bedeutung ist auch die zutreffende Einordnung von auf elektronischem Wege erbrachten Dienstleistungen. 105

Für elektronische Dienstleistungen an Privatpersonen wird zum 1.1.2015 der Dienstleistungsort neu geregelt.[82] Für Betreiberplattformen, Online-Auktionshäuser, Software- oder Spieleanbieter, etc. wird sich daraus Handlungsbedarf ergeben. Ab 2015 hat die EU die Änderungen des Leistungsorts in Gestalt einer fortgesetzten Umstellung auf das Bestimmungslandprinzip (Leistungsort am Ansässigkeitsort auch der nichtunternehmerischen Kunden) auch innerhalb der EU beschlossen. Parallel dazu wird die kleine einzige Anlaufstelle für die Abwicklung der umsatzsteuerlichen Erklärungs- und Entrichtungspflichten eingerichtet. Mithin ist der stetige Wandel im Umsatzsteuerrecht für die zutreffende steuerliche Abwicklung zu beachten. 106

---

[82] Details siehe *Grambeck*, UR 2013, 241.

Stichwortverzeichnis

Die Zahlen und Buchstaben in Fettdruck beziehen sich auf die Kapitel des Werkes, die Ziffern beziehen sich auf die Randnummern innerhalb der Kapitel.

Zahlen
2-Klick-Lösung **Kap. 9** 62 f.
40 €-Klausel **Kap. 4** 290, **Kap. 5** 55

A
Abgabe der Willenserklärung **Kap. 4** 25
Abmahngründe, häufige **Kap. 6** 110 ff.
- AGB **Kap. 6** 111 ff.
- Echtheitsgarantie **Kap. 6** 130
- Einschränkung von Gewährleistungsrechten **Kap. 6** 113
- Garantie **Kap. 6** 132
- Gerichtsstandsvereinbarung **Kap. 6** 112
- Jugendschutz **Kap. 6** 128
- Marken- und Urheberrechte **Kap. 6** 120 ff.
- Newsletterversand **Kap. 6** 123 ff.
- Regelung des Vertragsschlusses, unklare **Kap. 6** 115
- Tell-a-Friend **Kap. 6** 126 f.
- Testergebnisse **Kap. 6** 129
- Versand, versicherter **Kap. 6** 131
- Versanddauer, Angaben zu **Kap. 6** 114
- Widerrufsbelehrung **Kap. 6** 116 ff.
Abmahnkosten, Ersatz von **Kap. 10** 25 ff.
Abmahnung **Kap. 4** 139
- berechtigte Abmahnung **Kap. 10** 28
- Erforderlichkeit der Aufwendungen **Kap. 10** 32
- Formerfordernisse **Kap. 10** 49
- Hamburger Brauch **Kap. 10** 57
- Inhalt **Kap. 10** 48
- Interesse des Verletzers **Kap. 10** 29
- Kenntnisnahmezeitpunkt **Kap. 10** 65
- Kostenersatzanspruch **Kap. 10** 25 ff.
- Kostenpauschale **Kap. 10** 34
- Muster einer modifizierten Unterlassungserklärung **Kap. 10** 57
- Reaktionsmöglichkeiten **Kap. 10** 53 ff.
- Rechtsanwaltsgebühren **Kap. 10** 35
- Rechtsmissbrauch **Kap. 10** 31
- Schuldanerkenntnis **Kap. 10** 56
- Schutzschrift **Kap. 10** 53 ff.
- Streitwerte im Wettbewerbsrecht **Kap. 10** 35 f.
- Testkauf **Kap. 10** 33
- Unterlassungserklärung **Kap. 10** 46
- Unterlassungserklärung, modifizierte **Kap. 10** 53 ff.
- Unterlassungserklärung, vorformulierte **Kap. 10** 50
- Vertragsstrafe **Kap. 10** 54
- Vollmacht **Kap. 10** 50
- Vorteile **Kap. 10** 48
- Zugang der Abmahnung **Kap. 10** 51 f.
- Zugangsnachweis **Kap. 10** 51 f.
Abnahme **Kap. 4** 192
Abo-Commerce **Kap. 1** 30 ff., 47
Abschlusserklärung **Kap. 10** 73 f.
Account-Grabbing **Kap. 7** 5
Admin-C **Kap. 2** 17, 79, 89
AGB **Kap. 4** 2
- Abmahnung **Kap. 4** 139
- Abweichung vom Grundgedanken der gesetzlichen Regelung **Kap. 4** 134 f.
- Anwendungsbereich **Kap. 4** 113
- Begriff **Kap. 4** 114 ff.
- Beweislast für Zugang **Kap. 4** 141
- Einbeziehung **Kap. 4** 117 ff.
- geltungserhaltende Reduktion **Kap. 4** 138
- Gestaltung **Kap. 4** 112 ff.
- Gewährleistungsausschluss **Kap. 4** 126
- Individualabrede **Kap. 4** 121
- Inhaltskontrolle **Kap. 4** 122 ff.
- Klauselverbote mit Wertungsmöglichkeit (§ 308 BGB) **Kap. 4** 128 ff.
- Klauselverbote ohne Wertungsmöglichkeit (§ 309 BGB) **Kap. 4** 123 ff.
- Muster-AGB **Kap. 3** 19
- Pauschalierung von Schadensersatz **Kap. 4** 127
- Pflicht **Kap. 4** 110
- Rechtsfolgen der Unwirksamkeit **Kap. 4** 136 ff.
- Risiken **Kap. 4** 109
- Rücktrittsvorbehalt **Kap. 4** 130
- Übermittlung **Kap. 4** 140 ff.
- überraschende Klausel **Kap. 4** 119
- Überrumpelung **Kap. 4** 120

- unangemessene Benachteiligung **Kap. 4** 131 ff.
- Vertragsstrafe **Kap. 4** 125

Agenturvertrag **Kap. 3** 30 ff.
Aliud-Lieferung **Kap. 4** 201
Alleinstellungsbehauptung **Kap. 2** 76
Allphasen-Netto-Umsatzsteuer **Kap. 11** 4, 6
Altersverifikationssystem **Kap. 6** 128
Anfechtung **Kap. 4** 261 f., 271 ff.
Angebot **Kap. 4** 22, 34, 49, **Kap. 5** 68
Angebotsbefristung **Kap. 6** 56
Annahme **Kap. 4** 22, 29, 50 ff.
Annahme, antizipierte **Kap. 4** 62
Annahmeverzug **Kap. 4** 192
Astroturfing **Kap. 7** 42
Auftragsbestätigung **Kap. 4** 166 f.
Auftragsdatenverarbeitung **Kap. 9** 45, 51
Aufwendungsersatz **Kap. 4** 237
Ausbaukosten **Kap. 4** 217
Auskunftsanspruch
- Ausforschung **Kap. 10** 42
- Drittauskunft **Kap. 10** 40
- Herleitung **Kap. 10** 38
- selbstständiger Auskunftsanspruch **Kap. 10** 40
- unselbstständiger Auskunftsanspruch **Kap. 10** 40 f.

Auslegung **Kap. 4** 24

B

Bedienungsanleitung **Kap. 4** 175
Behinderungswettbewerb **Kap. 6** 7
Berufshaftpflichtversicherung **Kap. 4** 255
Beschränkte Geschäftsfähigkeit **Kap. 4** 11
Beseitigungsanspruch **Kap. 10** 43
Bestellbestätigung **Kap. 4** 52, 151 f., 165, **Kap. 5** 74
Bestellformular **Kap. 4** 159
Bestell-Hotline **Kap. 5** 28
Bestellsituation **Kap. 4** 157 ff.
Bestellvorgang **Kap. 4** 144 ff.
- Abruf- und Speichermöglichkeit der Vertragsbestimmungen **Kap. 4** 153 f., **Kap. 6** 94
- Bestellbestätigung **Kap. 4** 151 f., 165 ff., **Kap. 6** 93
- Bestellbutton **Kap. 6** 97 f.
- Bestellseite **Kap. 6** 89 f.
- Button-Lösung **Kap. 4** 160, 163
- Informationspflichten **Kap. 4** 155 f.
- Informationspflichten, weitergehende **Kap. 6** 101 f.
- Korrekturmöglichkeit **Kap. 4** 147 f., **Kap. 5** 67
- Muster-Bestellseite **Kap. 6** 100
- Pflichten gegenüber Verbrauchern, besondere **Kap. 6** 95 ff.
- Pflichten im elektronischen Geschäftsverkehr, allgemeine **Kap. 6** 91 ff.
- Vertragsschluss **Kap. 5** 68
- wesentliche Merkmale der Ware oder Dienstleistung **Kap. 6** 96

Beweislastumkehr **Kap. 4** 240 f.
Bewertungsplattformen **Kap. 7** 38 ff.
Black Hat-SEO **Kap. 8** 15 ff.
Build-to-Order **Kap. 5** 33
business-to-business(B2B)-Geschäft **Kap. 1** 25, **Kap. 4** 19
business-to-consumer(B2C)-Geschäft **Kap. 4** 16
Button-Lösung **Kap. 4** 160, 163, **Kap. 5** 77 ff., **Kap. 6** 44, 90, 98 f.
B-Ware **Kap. 4** 73

C

Cloaking **Kap. 8** 16
Closed-Shop-Prinzip **Kap. 1** 42
Community **Kap. 1** 134 ff.
Cross-Selling **Kap. 1** 66 f.
Curated Shopping **Kap. 1** 45 ff.

D

Datenschutz
- Gewinnspiele **Kap. 7** 54 f.
- Social Media **Kap. 7** 9 f.
- Social Media Monitoring **Kap. 7** 74 f.

Datenschutzerklärung **Kap. 9** 36, **Kap. 9** 49, **Kap. 9** 68 ff.
Datenschutzrecht
- 2-Klick-Lösung **Kap. 9** 62 f.
- Abrufbarkeit der Einwilligung **Kap. 9** 36
- allgemein zugängliche Quellen **Kap. 9** 24
- anonyme Nutzerprofile **Kap. 9** 46
- Anonymisierung der IP-Adresse **Kap. 9** 48
- Auftragsdatenverarbeitung **Kap. 9** 45, 51
- Bestandsdaten **Kap. 9** 25 f.
- Bewegungsprofil **Kap. 9** 23
- Bonusprogramm **Kap. 9** 22
- Bußgelder **Kap. 9** 1, **Kap. 9** 76
- Datenschutzerklärung **Kap. 9** 36, 49, 68 ff.

- Datenverarbeitung für eigene Geschäftszwecke **Kap. 9** 20 ff.
- Direkterhebung **Kap. 9** 15
- Düsseldorfer Kreis **Kap. 9** 61
- Eindeutigkeit der Einwilligung **Kap. 9** 35
- Einwilligung **Kap. 9** 29 ff., 43
- Einwilligung in elektronischer Form **Kap. 9** 30
- Erforderlichkeitsgrundsatz **Kap. 9** 17, 26
- EU-Datenschutzgrundverordnung **Kap. 9** 82 ff.
- Footer **Kap. 9** 71
- Form der Einwilligung **Kap. 9** 30
- Freiwilligkeit der Einwilligung **Kap. 9** 32 ff.
- Gesetzliche Erlaubnistatbestände **Kap. 9** 19 ff.
- Google Analytics **Kap. 9** 43, 47 ff.
- Grundsätze **Kap. 9** 10 ff.
- Hinweis auf Widerrufsmöglichkeit **Kap. 9** 37
- Hinweis auf Widerspruchsmöglichkeit **Kap. 9** 50
- informationelle Selbstbestimmung **Kap. 9** 5, 22
- Informationspflichten **Kap. 9** 14, 72 ff.
- IP-Adresse **Kap. 9** 8, 27, 47, 56
- Kontaktmöglichkeiten **Kap. 9** 37
- Kundendaten **Kap. 9** 3 ff.
- Like-Button **Kap. 9** 58, 78
- Marktanalysen **Kap. 9** 22
- Marktverhaltensvorschrift **Kap. 9** 77
- Nutzerprofile **Kap. 9** 28, **Kap. 9** 40
- Nutzungsdaten **Kap. 9** 27
- Opt-In-Lösung **Kap. 9** 35
- Ordnungswidrigkeit **Kap. 9** 76
- personenbezogene Daten **Kap. 9** 7 ff.
- personenbezogene Nutzerprofile **Kap. 9** 42
- Protokollierung der Einwilligung **Kap. 9** 36
- pseudonyme Nutzerprofile **Kap. 9** 44 f.
- Rechte der Betroffenen **Kap. 9** 80
- Rechtsfolgen **Kap. 9** 75
- Reputationsschäden **Kap. 9** 81
- Social Media **Kap. 9** 54 ff., 64 ff.
- Social-Plugins **Kap. 9** 55 ff.
- Telemediengesetz **Kap. 9** 25 ff.
- Transparenz **Kap. 9** 14 f.
- ULD **Kap. 9** 66
- verantwortliche Stelle **Kap. 9** 45
- Verbindungsdaten **Kap. 9** 27
- Verbot mit Erlaubnisvorbehalt **Kap. 9** 11 ff.
- Verknüpfung von Nutzerdaten **Kap. 9** 52
- Website-Tracking **Kap. 9** 38 ff.
- Werbemaßnahmen **Kap. 9** 22
- wettbewerbsrechtliche Abmahnung **Kap. 9** 77 ff.
- Widerruf der Einwilligung **Kap. 9** 18
- Woopra **Kap. 9** 42
- Zweckbindungsgrundsatz **Kap. 9** 16

Deep-Links **Kap. 3** 24
Denic **Kap. 2** 5, 9
- Dispute-Eintrag **Kap. 2** 91 ff.
- Gebühren **Kap. 2** 18
- Haftung **Kap. 2** 90
- Prüfungspflichten **Kap. 2** 10
- Rechtsbeziehung zum Antragsteller **Kap. 2** 16

Digitale Inhalte
- Informationspflichten **Kap. 5** 24 f.
- Widerrufsrecht **Kap. 5** 31

Direktmarketing **Kap. 7** 19 ff.
- Ausnahmen vom Einwilligungserfordernis **Kap. 7** 23
- Beweislast **Kap. 7** 21
- Double-Opt-In-Verfahren **Kap. 7** 22
- Einwilligung **Kap. 7** 20 f.
- Erlöschen der Einwilligung durch Zeitablauf **Kap. 7** 26
- Erlöschen der Einwilligung **Kap. 7** 25 f.
- Facebook **Kap. 7** 28 ff.
- Generaleinwilligung **Kap. 7** 20
- Google+ **Kap. 7** 31 f.
- Twitter **Kap. 7** 33 ff.
- Vorgaben der Sozialen Netzwerke **Kap. 7** 27 ff.
- Werbung für ähnliche Waren **Kap. 7** 23
- Werbung für Ersatz- oder Zubehörteile **Kap. 7** 24
- Widerruf der Einwilligung **Kap. 7** 25

Dispute-Eintrag **Kap. 2** 84, 91 ff.
DNS **Kap. 2** 6
Domaingrabbing **Kap. 2** 71 ff., 99
Domainname **Kap. 2** 2, 4 ff.
- absolutes Recht **Kap. 2** 20
- Alleinstellungsbehauptung **Kap. 2** 76
- freihaltebedürftig **Kap. 2** 74
- generischer Domainname **Kap. 2** 74
- Kennzeichen **Kap. 2** 30
- Kennzeichenschutz **Kap. 2** 22 ff.
- Markenrecht **Kap. 3** 51

- Nutzungsrecht **Kap. 2** 20
- Rechtsnatur **Kap. 2** 19 ff.
- Registrierung **Kap. 2** 13
- Vergabeverfahren **Kap. 2** 10

Domain-Name-System **Kap. 2** 6
Domain-Service-Vertrag **Kap. 2** 18
Domainrecht **Kap. 2** 1 ff.
Domainregistrierung **Kap. 2** 13 f.
Domainreservierung **Kap. 2** 10
Domainstreitigkeiten
- Abmahnung **Kap. 2** 85
- Ähnlichkeit **Kap. 2** 65
- Alleinstellungsbehauptung **Kap. 2** 76
- älteres Kennzeichenrecht **Kap. 2** 55
- Anmeldung eines Domainnamens als Marke **Kap. 2** 58
- Anspruchsgegner **Kap. 2** 88 ff.
- anwendbares Gesetz **Kap. 2** 50
- Benutzung im geschäftlichen Verkehr **Kap. 2** 61 ff.
- beschreibende Verwendung des Domainnamens **Kap. 2** 60
- Dispute-Eintrag **Kap. 2** 84, 91 ff.
- Domaingrabbing **Kap. 2** 71 ff., 99
- Doppelidentität **Kap. 2** 64
- Durchsetzbarkeit von Ansprüchen **Kap. 2** 79 ff.
- Einwilligung in die Löschung **Kap. 2** 82
- Erstbegehungsgefahr **Kap. 2** 81
- Gattungsbegriffe **Kap. 2** 69, 71, 74 f.
- Interessenverletzung **Kap. 2** 68
- kennzeichenmäßige Benutzung **Kap. 2** 58 ff.
- Löschungsanspruch **Kap. 2** 82 f.
- Namensrecht **Kap. 2** 66 ff.
- namensrechtliches Rücksichtsnahmegebot **Kap. 2** 70
- private Webseite **Kap. 2** 61
- Registrierung ohne Benutzung **Kap. 2** 68
- Schadensersatzanspruch **Kap. 2** 85 ff.
- Schadenshöhe **Kap. 2** 86
- Tippfehlerdomains **Kap. 2** 71, 77 f.
- überragende Bekanntheit **Kap. 2** 70
- Übertragungsanspruch **Kap. 2** 84
- Uniform Domainname Dispute Resolution Policy **Kap. 2** 95
- Unterlassungsanspruch **Kap. 2** 81
- Verschulden **Kap. 2** 85
- Verwechselungsgefahr **Kap. 2** 51 ff., 64 f., 83
- Verwechselungsgefahr außerhalb des geschäftlichen Verkehrs **Kap. 2** 66 ff.
- wettbewerbswidrige Behinderung **Kap. 2** 75
- Wiederholungsgefahr **Kap. 2** 81
- World Intellectual Property Organisation **Kap. 2** 95
- Zeitrang des Kennzeichens **Kap. 2** 55 ff.
- Zuordnungsverwirrung **Kap. 2** 68

Domainvertrag **Kap. 2** 15 ff.
Doorway-Pages **Kap. 8** 16
Doppelbesteuerungsprobleme **Kap. 11** 45
Doppelidentität **Kap. 2** 41
Double-Opt-In **Kap. 6** 125
Drittauskunftsanspruch **Kap. 10** 40
Durchschnittsverbraucher **Kap. 6** 13 ff.

E

E-Reverse Auctions **Kap. 4** 65 ff.
E-Commerce-Agentur **Kap. 1** 129 ff.
eBay **Kap. 4** 57
Eigentumsvorbehalt **Kap. 4** 171
Eingabefehler **Kap. 5** 67
Eingeschränkte Vernehmungstheorie **Kap. 4** 27
Einigung **Kap. 4** 23
Einortregistrierung **Kap. 11** 42, **Kap. 11** 48
Einstweiliger Rechtsschutz **Kap. 10** 62 ff.
- Abmahnung **Kap. 10** 64
- Abschlusserklärung **Kap. 10** 73 f.
- Abschlussschreiben **Kap. 10** 71
- Antrag auf Durchführung der Hauptsache **Kap. 10** 72
- Dringlichkeit **Kap. 10** 65
- Frist **Kap. 10** 65
- Glaubhaftmachung **Kap. 10** 62
- mündliche Verhandlung **Kap. 10** 67, 69
- Unterlassungsanspruch **Kap. 10** 65
- Widerspruch **Kap. 10** 69, 71
- Zustellung der einstweiligen Verfügung **Kap. 10** 67

E-Mail **Kap. 4** 47
Erklärungsirrtum **Kap. 4** 263
essentialia negotii **Kap. 4** 69
EU-Datenschutzgrundverordnung **Kap. 9** 82 ff.
EU-Länder **Kap. 4** 300

F

Fernabsatzrecht
- Abo-Verträge **Kap. 5** 22 f.

- Ausübung des Widerrufsrechts **Kap. 5** 49 f.
- Beginn der Widerrufsfrist **Kap. 5** 38 ff.
- Belehrung über Nichtbestehen des Widerrufsrechts **Kap. 5** 37
- Bereichsausnahmen **Kap. 5** 3
- Beschwerdeverfahren **Kap. 5** 18 f.
- Fernabsatzvertrag **Kap. 5** 2 ff.
- Garantien **Kap. 5** 18 f.
- Gesamtpreis und Versandkosten **Kap. 5** 11 ff.
- Identität des Unternehmers **Kap. 5** 8 ff.
- Information über Gewährleistungsrechte **Kap. 5** 17
- Informationspflichten **Kap. 5** 6 ff.
- Kosten der Zahlungsart **Kap. 5** 20 f.
- Kundendienst **Kap. 5** 18 f,
- Lieferbedingungen **Kap. 5** 16
- Liefertermin **Kap. 5** 14 ff.
- Merkmale der Ware oder Dienstleistung **Kap. 5** 6 f.
- Verbraucherbegriff **Kap. 5** 4
- Vertragsparteien **Kap. 5** 4
- Vollharmonisierung **Kap. 5** 4
- Widerrufsbelehrung **Kap. 5** 42 ff.
- Widerrufsfrist, verlängerte **Kap. 5** 46
- Widerrufsrecht **Kap. 5** 29 ff.
- Zeitpunkt der Erfüllung der Informationspflichten **Kap. 5** 47 f.

Fernabsatzvertrag **Kap. 5** 2 ff.
first come-first serve-Prinzip **Kap. 2** 49
Fliegender Gerichtsstand **Kap. 10** 60, 66
Forum-Shopping **Kap. 10** 66
Framing **Kap. 3** 25 f.

G

Garantiebedingungen **Kap. 5** 18
Garantieerklärung **Kap. 4** 176
Gefahrtragung **Kap. 4** 185 ff.
Gefahrtragung bei Rücksendung **Kap. 4** 297 f.
Gefahrübergang **Kap. 4** 205 f.
Geltungserhaltende Reduktion **Kap. 4** 138, 258
Generische Top-Level-Domain **Kap. 2** 8
Geografische Top-Level-Domain **Kap. 2** 8
Gerichtsstandswahl **Kap. 4** 303
Gerichtsstandvereinbarung **Kap. 6** 112
Gesamtpreis **Kap. 5** 11 ff.
Geschäftsfähigkeit **Kap. 4** 9
Geschäftsmodell **Kap. 1** 28 ff.
- Abo-Commerce **Kap. 1** 30 ff.
- Baukastensystem **Kap. 1** 43

- Closed-Shop-Prinzip **Kap. 1** 42
- Community **Kap. 1** 134 ff.
- Cross-Selling **Kap. 1** 34
- Curated Shopping **Kap. 1** 45 ff.
- klassisches Abo-Modell **Kap. 1** 32
- Live-Shopping **Kap. 1** 36 ff.
- Mass Customization **Kap. 1** 43 f.
- Ökosystem **Kap. 1** 124 ff.
- Shopping-Club **Kap. 1** 40 ff.
- Soft-Subscription-Modell **Kap. 1** 31

Gewährleistungsausschluss **Kap. 4** 126
Gewährleistungsrecht **Kap. 4** 193 ff.
- Abgrenzung zum Widerrufsrecht **Kap. 4** 195 ff.
- anfängliche Unmöglichkeit **Kap. 4** 235
- Arglist **Kap. 4** 210
- Aufwendungsersatz **Kap. 4** 237
- Ausschluss bei Kenntnis **Kap. 4** 212
- Ausschluss **Kap. 4** 207 ff.
- Beschaffenheitsgarantie **Kap. 4** 210
- Beweislast **Kap. 4** 239
- Beweislastumkehr **Kap. 4** 240 f.
- Einschränkung gegenüber Verbrauchern **Kap. 6** 113
- Informationspflicht **Kap. 5** 17
- Kosten der Nacherfüllung **Kap. 4** 217
- Mahnung **Kap. 4** 236
- Mangelbegriff **Kap. 4** 198 ff.
- Minderung **Kap. 4** 227 f.
- Nacherfüllung **Kap. 4** 214 ff.
- nachträgliche Unmöglichkeit **Kap. 4** 235
- Nutzungsersatz **Kap. 4** 225
- Rückgewährschuldverhältnis **Kap. 4** 224
- Rücktritt **Kap. 4** 219 ff.
- Rügepflicht unter Kaufleuten **Kap. 4** 213
- Schadensersatz neben der Leistung **Kap. 4** 236
- Schadensersatz **Kap. 4** 231 ff.
- Verbrauchsgüterkauf **Kap. 4** 209
- Verjährung **Kap. 4** 238
- Verzögerungsschaden **Kap. 4** 236
- Wertersatz **Kap. 4** 218, 224

Gewinnspiele
- Abgrenzung zum Glücksspiel **Kap. 7** 44 f.
- Angaben zum Gewinn **Kap. 7** 49
- Ankündigung **Kap. 7** 47
- Ausschluss des Rechtswegs **Kap. 7** 56 f.
- Facebook **Kap. 7** 61 ff.
- Facebook Gewinnspiel-App **Kap. 7** 63

- Facebook-Chronik **Kap. 7** 66
- Gewinnspielsatzung **Kap. 7** 46
- Gewinnzusage **Kap. 7** 53
- Google+ **Kap. 7** 67
- Jugendschutz **Kap. 7** 59
- Koppelung an Warenerwerb **Kap. 7** 51
- Like-Button **Kap. 7** 63
- Lizenz **Kap. 7** 45
- Nutzung der Teilnehmerdaten **Kap. 7** 54
- persönliche Nachricht **Kap. 7** 65
- Preisausschreiben **Kap. 7** 45
- psychischer Kaufzwang **Kap. 7** 52
- Rechtsfolgen eines unzulässigen Gewinnspiels **Kap. 7** 60
- Rundfunkstaatsvertrag **Kap. 7** 46
- Teilnahmebedingungen **Kap. 7** 48
- Teilnahmeberechtigung **Kap. 7** 58
- Telemedien **Kap. 7** 46
- Transparenz **Kap. 7** 47
- Twitter **Kap. 7** 68 ff.
- Veröffentlichung der Gewinner **Kap. 7** 55
- Zeitpunkt der Informationspflichten **Kap. 7** 50

Google Adwords **Kap. 8** 38 ff.
Google Analytics **Kap. 9** 39, 43, 47 ff.
Google PageRank **Kap. 8** 8
Google Qualitätsrichtlinien **Kap. 8** 19
Grenzüberschreitender Online-Handel **Kap. 4** 299 ff.
Grundpreisangabe **Kap. 6** 76 f.

H

Haftung des Verkäufers **Kap. 4** 242 ff.
Haftungsbeschränkung **Kap. 4** 244 ff.
- AGB **Kap. 4** 246 ff.
- Folgen bei Unwirksamkeit **Kap. 4** 256 ff.
- genereller Ausschluss **Kap. 4** 250
- Grenze **Kap. 4** 245
- Höhe der Haftung **Kap. 4** 252 ff.
- Individualvertrag **Kap. 4** 245
- Kardinalpflichten **Kap. 4** 251

Haftungsketten **Kap. 4** 242
Hamburger Brauch **Kap. 10** 57
Handelsregistereintragung **Kap. 5** 8
Hinsendekosten **Kap. 5** 54

I

ICANN **Kap. 2** 9, 95
Identitätsschutz **Kap. 2** 41
Impressum **Kap. 4** 307, **Kap. 6** 103 ff.
- Anforderungen **Kap. 6** 104 ff.
- Muster **Kap. 6** 106
- Rechtsfolgen eines fehlerhaften Impressums **Kap. 6** 107 ff.
- Social Media **Kap. 7** 6 ff.

Individualabrede **Kap. 4** 121
Individuell angefertigte Waren **Kap. 5** 32 f.
Informationspflicht **Kap. 4** 148
Inhaltskontrolle **Kap. 4** 122 ff.
Internetauktion **Kap. 4** 3, 57 ff., 266
Interoperabilität digitaler Inhalte **Kap. 5** 25
invitatio ad offerendum **Kap. 4** 38, 60, **Kap. 5** 18, 68
IP-Adresse **Kap. 2** 4

J

Jugendschutz **Kap. 6** 128

K

Kardinalpflichten **Kap. 4** 251
Kaufvertrag **Kap. 4** 5
Kennzeichenrechte
- geschäftliche Bezeichnung **Kap. 2** 26 ff.
- Keyword-Advertising **Kap. 8** 37 ff.
- Kollision **Kap. 2** 34
- Marke **Kap. 2** 25
- Namensrecht **Kap. 2** 29
- Suchmaschinenoptimierung **Kap. 8** 23 ff.
- Unternehmenskennzeichen **Kap. 2** 27 f.
- Verkehrsgeltung **Kap. 2** 35
- Werktitel **Kap. 2** 28
- Zeitrang **Kap. 2** 34

Kennzeichenschutz
- Benutzungsaufnahme **Kap. 2** 36
- Entstehung **Kap. 2** 33 ff.
- geschäftliche Bezeichnungen **Kap. 2** 36
- Markenschutz **Kap. 2** 34 f.
- Namensschutz **Kap. 2** 37 f.
- Schutzfähigkeit **Kap. 2** 32
- Unterscheidungskraft **Kap. 2** 32

Keyword Advertising
- Bananabay II **Kap. 8** 45
- BGH-Rechtsprechung **Kap. 8** 45 ff.
- EuGH-Rechtsprechung **Kap. 8** 40 ff.
- internationale Zuständigkeit **Kap. 8** 51
- MOST-Pralinen **Kap. 8** 49
- Pflichtangaben **Kap. 8** 52 f.
- praktische Hinweise **Kap. 8** 50 f.

Klauselverbote **Kap. 4** 211

Kleinunternehmerregelung **Kap. 11** 13, 15
Kompatibilität digitaler Inhalte **Kap. 5** 25
Konversionsrate **Kap. 1** 24, 62
Korrekturmöglichkeit **Kap. 5** 67
Kosten der Hinsendung **Kap. 4** 291
Kosten der Rücksendung **Kap. 4** 287 ff.
Kundenbindungsysteme
– Bonussysteme **Kap. 1** 87
– Gutscheinsysteme **Kap. 1** 84 ff.
– Newsletter **Kap. 1** 88
Kundenhotline **Kap. 5** 26 ff.

L
Ladenpreis **Kap. 6** 86
Lauterkeitsrecht **Kap. 6** 2 ff.
Lieferbedingungen **Kap. 6** 57 ff.
Lieferstatus **Kap. 4** 179
Liefertermin **Kap. 5** 14 ff.
Lieferumfang **Kap. 4** 173 ff.
Liefervereinbarungen **Kap. 4** 104 ff.
Lieferverzögerungen **Kap. 4** 105
Lieferzeit **Kap. 4** 106, 179, **Kap. 6** 60, 114
Link-Farming **Kap. 8** 18
Linkhaftung **Kap. 7** 16 ff.
Linkkauf **Kap. 8** 32 ff.
Links **Kap. 3** 24
Live-Shopping **Kap. 1** 36 ff.
Lizenzanalogie **Kap. 10** 18 ff.
Lizenziertes Verpackungsmaterial **Kap. 4** 183
Lizenzvertrag, urheberrechtlicher **Kap. 3** 27 ff.
Look and Feel **Kap. 3** 1

M
Mangel **Kap. 4** 198 ff.
Markenpiraterie **Kap. 4** 204
Markenrecht
– Ausnutzung der Unterscheidungskraft **Kap. 2** 48
– Ausnutzung der Wertschätzung **Kap. 2** 47
– Ausschließlichkeitsrecht **Kap. 2** 39
– Beeinträchtigung der Unterscheidungskraft **Kap. 2** 45
– Beeinträchtigung der Wertschätzung **Kap. 2** 46
– Bekanntheitsschutz **Kap. 2** 43 ff.
– Doppelidentität **Kap. 2** 41
– Identitätsschutz **Kap. 2** 41
– Kommunikationsvorsprung **Kap. 2** 48
– Schutzinhalt **Kap. 2** 39 ff.

– Verwechslungsgefahr **Kap. 2** 42
Markenschutz **Kap. 2** 34 f.
Mass Customization **Kap. 1** 43 f.
Mehrwertdienste **Kap. 5** 27
Mietshop-Systeme **Kap. 1** 103 ff.
Minderung **Kap. 4** 227 ff.
Mindestbestellmengen **Kap. 4** 108
Mischbestellungen **Kap. 5** 60 f.
Mitbewerberbegriff **Kap. 6** 7 ff.
Mobile Shopping **Kap. 1** 79 ff.
Montage **Kap. 4** 200
Montageanleitung **Kap. 4** 200
Multishop-System **Kap. 1** 70 f.
Muster-AGB **Kap. 3** 19
Muster-Datenschutzerklärung **Kap. 9** 74
Muster-Widerrufsformular **Kap. 5** 51
myhammer **Kap. 4** 66

N
Nachbarschaftszustellung **Kap. 5** 39
Nachbesserung **Kap. 4** 214
Nachbesserungsversuche **Kap. 4** 216
Nacherfüllung **Kap. 4** 214 ff.
Nachfragewettbewerb **Kap. 6** 9
Nachlieferung **Kap. 4** 214
Namensrecht **Kap. 2** 66 ff.
Newsletter **Kap. 1** 88, **Kap. 6** 123 ff.
Nicht-EU-Länder **Kap. 4** 300
Nutzungsersatz **Kap. 4** 225

O
One-Stop-Shop-Mechanismus **Kap. 11** 42, 48
Online-Handel, grenzüberschreitender **Kap. 4** 299 ff.
Open-Source **Kap. 1** 117 ff.

P
Pauschalierung von Schadensersatz **Kap. 4** 127
PayPal **Kap. 4** 96 ff.
Personenbezogene Daten **Kap. 9** 7 ff.
Pflichten im elektronischen Geschäftsverkehr
– Annahmefrist **Kap. 5** 70
– Bestellbestätigung **Kap. 5** 74
– Button-Lösung **Kap. 5** 77 ff.
– Korrekturmöglichkeit **Kap. 5** 67 ff.
– Lieferbeschränkungen **Kap. 5** 76
– Speicherung der Vertragsbestimmungen **Kap. 5** 75
– Verhaltenskodizes **Kap. 5** 73

– Vertragssprache Kap. 5 72
– Vertragstextspeicherung Kap. 5 71
– Zahlungsmittel Kap. 5 76
Preisangabe Kap. 6 62 ff.
– Endpreis Kap. 6 65
– Fantasiepreis Kap. 6 80, Kap. 6 87
– Grundpreisangabe Kap. 6 76 f.
– Ladenpreis Kap. 6 86
– Nettopreis Kap. 6 63
– Preisbestandteile Kap. 6 66
– Preissuchmaschinen Kap. 6 67, Kap. 8 54 ff.
– Preiswerbung Kap. 6 78 ff.
– Statt-Preis Kap. 6 81 ff.
– Transparenzgebot Kap. 6 85
– Umsatzsteuerhinweis bei Kleinunternehmern Kap. 6 65
– unverbindliche Preisempfehlung Kap. 6 79 f.
– Versandkosten Kap. 6 69 ff.
– Wettbewerbsverstoß Kap. 6 68
Preisangabenverordnung Kap. 6 62 ff.
Preisauszeichnung, fehlerhafte Kap. 4 262 ff.
Preis-Leistungs-Verhältnis Kap. 4 227
Preissuchmaschinen Kap. 6 67, Kap. 8 3
– Aktualität von Preisangaben Kap. 8 57
– Gesamtpreis Kap. 8 59
– Grundpreis Kap. 8 55
– Haftung für fehlerhafte Angaben Kap. 8 56
– Lieferzeit Kap. 8 60
– Preisangabe Kap. 8 55 ff.
– Versandkosten Kap. 8 58 f.
Prioritätsprinzip Kap. 2 10, Kap. 2 49
Produkt-Bundles Kap. 1 69
Produktbeschreibung Kap. 4 71 ff.
Produktbeschreibungen, Schutz von Kap. 3 6 ff.
Produktbilder Kap. 5 7
Produktfotos, Schutz von Kap. 3 9 ff.
Produktpreis Kap. 4 76 ff.

Q
Quelle-Urteil Kap. 4 218

R
Rechnung Kap. 4 178
Rechnungsstellungspflicht Kap. 11 12
Recht am eigenen Bild Kap. 3 11
Rechtsbindungswille Kap. 4 34
Rechtsfolgen von Verstößen Kap. 10 1 ff.
Rechtsformzusatz Kap. 5 8
Rechtsmängel Kap. 4 202

Rechtswahl Kap. 4 302
Reverse Auctions Kap. 4 3
Reverse Charge System Kap. 11 16 ff.
Reverse Engineering Kap. 8 4
Rückabwicklung des Vertrags
– 40 €-Klausel Kap. 4 290
– Anfechtung Kap. 4 261 ff., 271 ff.
– Gefahrtragung bei Rücksendung Kap. 4 297 f.
– Hinsendekosten Kap. 4 291
– Lösungsrechte des Käufers Kap. 4 270 ff.
– Lösungsrechte des Verkäufers Kap. 4 261 ff.
– Praxis Kap. 4 283 f., Kap. 4 286
– Rückgaberecht Kap. 4 282
– Rücksendekosten Kap. 4 287 ff.
– Rücksendung mangelhafter Ware Kap. 4 293 ff.
– Rücktritt Kap. 4 274, 296
– Stornierung Kap. 4 267 ff.
– Versandkosten nach Rücktritt Kap. 4 292
– Widerruf Kap. 4 275 ff., 294 f.
Rückgaberecht Kap. 4 282
Rückgewährschuldverhältnis Kap. 4 224, Kap. 5 52 f.
Rücksendekosten Kap. 5 55 f.
Rücktritt Kap. 4 219 ff., 274
Rücktrittserklärung Kap. 4 224
Rücktrittsvorbehalt Kap. 4 130

S
Sachmangel Kap. 4 199
Schadensersatz Kap. 4 231 ff.
Schadensersatz neben der Leistung Kap. 4 236
Schadensersatz statt der Leistung Kap. 4 233
Schadensersatzanspruch
– entgangener Gewinn Kap. 10 22
– konkreter Schaden Kap. 10 22 ff.
– Lizenzanalogie Kap. 10 18 ff.
– Schadensberechnung Kap. 10 13 ff.
– Schadensersatzfeststellungsklage Kap. 10 24
– Strafzuschlag Kap. 10 19
– Verletzergewinn Kap. 10 14 ff.
– Verschulden Kap. 10 12
– Wettbewerbsrecht Kap. 10 10 ff.
Schubladenverfügung Kap. 10 31
Schutzschrift Kap. 10 53, 58 ff.
Schutzschriftenregister Kap. 10 60
Schwarze Liste Kap. 6 36 ff.

Schwellenerwerber **Kap. 11** 86
Search Engine Optimization (SEO)
– s. Suchmaschinenoptimierung **Kap. 8** 1
Second-Level-Domain **Kap. 2** 7
SEM
– s. Suchmaschinenmarketing **Kap. 8** 2
SEO
– s. Suchmaschinenoptimierung **Kap. 8** 1
SEO-Recht **Kap. 8** 1 ff
Shop-Name Kap. 2 1 ff.
Shopping-Club **Kap. 1** 40 ff.
Shopsystem
– Anforderungsanalyse **Kap. 1** 2 ff.
– Auswahl **Kap. 1** 1 ff.
– Backup **Kap. 1** 107
– Bewertungsfunktion **Kap. 1** 62
– Bundle-Produkte **Kap. 1** 18
– business-to-business(B2B)-Geschäft
    Kap. 1 25
– Cross-Selling **Kap. 1** 66 f.
– Demo-Version **Kap. 1** 59
– digitale Güter **Kap. 1** 17
– Empfehlungsfunktion **Kap. 1** 61
– Exportmöglichkeiten **Kap. 1** 111
– Filter **Kap. 1** 60
– Funktionen **Kap. 1** 57 ff.
– Garantie und Gewährleistung **Kap. 1** 116
– Geschäftsmodell **Kap. 1** 28 ff.
– Hosting **Kap. 1** 90
– Individualentwicklung **Kap. 1** 97 ff.
– intelligente Suche **Kap. 1** 63 ff.
– internationale Kunden **Kap. 1** 25
– Internationalisierung **Kap. 1** 26
– Kauflösungen **Kap. 1** 112 ff.
– Kernsortiment **Kap. 1** 21
– Konversionsrate **Kap. 1** 24
– Kosten **Kap. 1** 48 ff.
– Kosten, initiale **Kap. 1** 51 ff.
– Kosten, laufende **Kap. 1** 54
– Kostenfaktoren **Kap. 1** 53, 55
– Kundenbindungssysteme **Kap. 1** 83 ff.
– mehrdimensionale Varianten **Kap. 1** 18
– Mietshop-Systeme **Kap. 1** 103 ff.
– Mobile Shopping **Kap. 1** 79 ff.
– Multishop-System **Kap. 1** 70 f.
– Open-Source-Systeme **Kap. 1** 117 ff.
– Payment-Module **Kap. 1** 73
– Performance **Kap. 1** 89 ff.
– Produkt-Bundles **Kap. 1** 69

– Produkte mit Altersbeschränkungen
    Kap. 1 18
– Produktkonfiguratoren **Kap. 1** 18
– rechtliche Anforderungen **Kap. 1** 18
– Skalierbarkeit **Kap. 1** 89 ff.
– Standardlösungen **Kap. 1** 112 ff.
– Sub-Shops **Kap. 1** 70
– Support **Kap. 1** 116, 139 ff.
– Tracking-ID **Kap. 1** 77 f.
– Typen **Kap. 1** 93 ff.
– Warensortiment **Kap. 1** 15 f.
– Zahlungsmöglichkeiten **Kap. 1** 72 ff.
– Zielgruppendefinition **Kap. 1** 22 ff.
Skonto **Kap. 4** 102
Social Media
– abonnierbare Profile **Kap. 7** 8
– Account-Grabbing **Kap. 7** 5
– Account-Name **Kap. 7** 5
– Bewertungsplattformen **Kap. 7** 38 ff.
– Datenschutz **Kap. 7** 9 f., **Kap. 9** 54 ff.
– Datenschutzerklärung **Kap. 7** 9
– Direktmarketing **Kap. 7** 19 ff.
– eigene Inhalte **Kap. 7** 12 ff.
– Facebook **Kap. 7** 28 ff.
– first come-first served-Prinzip **Kap. 7** 5
– fremde Inhalte **Kap. 7** 15
– gewerblich genutztes Profil **Kap. 7** 6
– Gewinnspiel **Kap. 7** 9
– Google+ **Kap. 7** 31 f.
– Haftung für Profilinhalte **Kap. 7** 11 ff.
– Impressum **Kap. 7** 6 ff.
– Linkhaftung **Kap. 7** 16 ff.
– Marketing **Kap. 7** 1 ff.
– Monitoring **Kap. 7** 71 ff.
– rechtssicheres Profil **Kap. 7** 4 ff.
– Social Media Guideline **Kap. 7** 7
– SPAM **Kap. 7** 37
– Störerhaftung **Kap. 7** 15
– Telemedium, eigenständiges **Kap. 7** 12
– Twitter **Kap. 7** 33 ff.
– zu eigen machen fremder Inhalte **Kap. 7** 14
Social Media Monitoring
– Anonymisierung **Kap. 7** 80
– Begriff **Kap. 7** 71 ff.
– Datenschutz **Kap. 7** 74 ff.
– Einwilligung **Kap. 7** 76 ff.
– personenbezogene Daten **Kap. 7** 75
– Schnittstelle **Kap. 7** 72
– Urheberrecht **Kap. 7** 81

Social-Plugins **Kap. 9** 55 ff.
Sofortkauf **Kap. 4** 64
Sofortvergabe **Kap. 4** 67
Soft-Subscription-Modell **Kap. 1** 31
SPAM **Kap. 7** 37
Speditionsware **Kap. 5** 57
Statt-Preis **Kap. 6** 81 ff.
Steuerschuldverlagerung **Kap. 11** 16 ff.
Stockfoto-Lizenzen **Kap. 3** 35 f.
Störerhaftung **Kap. 7** 15
Stornierung **Kap. 4** 267 ff.
Sub-Domains **Kap. 2** 7
Sub-Shops **Kap. 1** 70
Substitutionswettbewerb **Kap. 6** 7
Suchmaschinenmarketing **Kap. 8** 1 ff.
Suchmaschinenoptimierung
– Alt Tags **Kap. 8** 13
– Backlinks **Kap. 8** 8, 32 ff.
– Behinderung, wettbewerbswidrige **Kap. 8** 36
– Black-Hat **Kap. 8** 15 ff.
– Cloaking **Kap. 8** 16, 29 ff.
– Content **Kap. 8** 14
– Crawler **Kap. 8** 8
– Domainoptimierung **Kap. 8** 10
– Doorway-Pages **Kap. 8** 16, **Kap. 8** 29 ff.
– Downranking **Kap. 8** 15
– Duplicate Content **Kap. 8** 17
– Gattungsbegriffe **Kap. 8** 28
– Google PageRank **Kap. 8** 8
– Google Qualitätsrichtlinien **Kap. 8** 19
– Google-Richtlinien **Kap. 8** 19 ff., 29
– Googlebot **Kap. 8** 8 f.
– Hidden Content **Kap. 8** 17, 24
– Irreführung **Kap. 8** 29
– Kennzeichenrecht **Kap. 8** 23 ff.
– Keyword-Advertising **Kap. 8** 37 ff.
– Keyword-Stuffing **Kap. 8** 17
– Keywords **Kap. 8** 12
– Landeseiten **Kap. 8** 11
– Link-Farming **Kap. 8** 18
– Linkkauf **Kap. 8** 32 ff.
– Markenrecht **Kap. 8** 23 ff.
– Metadaten **Kap. 8** 10, 24
– negative SEO **Kap. 8** 35 f.
– organische Suchergebnisse **Kap. 8** 6
– Rubrikenreinheit **Kap. 8** 28
– SEO-Agentur **Kap. 8** 9
– sichtbarer Inhalt **Kap. 8** 26
– Spam-Bericht **Kap. 8** 21

– Struktur des Seitencodes **Kap. 8** 9
– Suchmaschinenwerbung **Kap. 8** 37 ff.
– Trennungsgebot **Kap. 8** 5, 34
– White-Hat **Kap. 8** 8 ff.
Suchmaschinenwerbung **Kap. 8** 37 ff.

T
Tagesschau-App-Urteil **Kap. 10** 9
Tell-a-Friend **Kap. 6** 126 f.
Third-Level-Domain **Kap. 2** 7
Tippfehlerdomains **Kap. 2** 71, 77 f.
Top-Level-Domain **Kap. 2** 7
– generische **Kap. 2** 8
– geografische **Kap. 2** 8
Tracking-ID **Kap. 1** 77 f.
Transportperson **Kap. 4** 186
Transportrisiko **Kap. 6** 74

U
Übergabe **Kap. 4** 172
Überraschende Klausel **Kap. 4** 119
UDRP
– Antrag **Kap. 2** 97
– Anwaltszwang **Kap. 2** 97
– Dauer **Kap. 2** 100
– Entscheidung **Kap. 2** 102
– Entscheidungsgrundlagen **Kap. 2** 99
– Kosten **Kap. 2** 100
– Sprache **Kap. 2** 101
– Verfahrensablauf **Kap. 2** 97 f.
– Zuständigkeit **Kap. 2** 96
UGP-Richtlinie **Kap. 6** 30 ff.
Umgekehrte Onlineauktionen **Kap. 4** 65
Umsatzsteuerrecht
– Allphasen-Netto-Umsatzsteuer **Kap. 11** 4, 6
– Anlaufstelle, kleine einzige **Kap. 11** 49
– ausländische Unternehmen **Kap. 11** 19
– Ausnahmen vom Regelsteuersatz **Kap. 11** 100
– Befreiungsnorm **Kap. 11** 7
– Dienstleistung **Kap. 11** 21 ff.
– Dienstleistungen, sonstige **Kap. 11** 35
– Doppelbesteuerungsprobleme **Kap. 11** 45
– Dreiecksgeschäft, innergemeinschaftliches **Kap. 11** 60
– E-Books **Kap. 11** 102
– Eigentumsvorbehalt **Kap. 11** 52
– Einfuhranmeldung **Kap. 11** 62
– Einfuhrumsatzsteuer **Kap. 11** 64
– Einortregistrierung **Kap. 11** 42, 48

- Elektronische Dienstleistungen **Kap. 11** 20, 28 ff., 41, 46, 48, 101, 105 f.
- Empfangsortprinzip **Kap. 11** 46
- Endverbraucher, Besteuerung des **Kap. 11** 7
- Erwerbsumsatzsteuer **Kap. 11** 83
- Gegenleistung **Kap. 11** 33
- Gemeinschaftssteuer **Kap. 11** 5
- Kauf auf Probe **Kap. 11** 71
- Kleinunternehmer **Kap. 11** 13, 15
- Kommissionsgeschäft **Kap. 11** 52
- Korrektur der Bemessungsgrundlage **Kap. 11** 76
- Leistungen, sonstige **Kap. 11** 25
- Leistungsaustausch **Kap. 11** 33 f.
- Leistungsort für Dienstleistungen **Kap. 11** 36 ff.
- Lieferort, Verlagerung des **Kap. 11** 92
- Lieferort **Kap. 11** 54 f., 87
- Lieferschwelle **Kap. 11** 85, 88
- Lieferung **Kap. 11** 21 ff.
- Lieferungen **Kap. 11** 50 ff.
- Mehrwertsteuer **Kap. 11** 6
- Neutralitätsgrundsatz **Kap. 11** 4
- Nichtgemeinschaftsware **Kap. 11** 63 f., 68
- Nullsteuersätze **Kap. 11** 89
- Nutzungsentgelt **Kap. 11** 77
- Offline-Umsatz **Kap. 11** 3
- One-Stop-Shop-Mechanismus **Kap. 11** 42, 48
- Online-Umsatz **Kap. 11** 2 f.
- Online-Vetriebsplattform **Kap. 11** 69 ff.
- Privatverkäufe **Kap. 11** 15
- Rechnungstellungspflicht **Kap. 11** 12
- Rechtsgrundlagen **Kap. 11** 8 ff.
- Regelsteuersatz **Kap. 11** 98 ff.
- Reihengeschäft **Kap. 11** 56 ff.
- Rückgängigmachung der Lieferung **Kap. 11** 74 f.
- Rücklieferung **Kap. 11** 78
- Schwellenerwerber **Kap. 11** 86
- Sicherungsübereignung **Kap. 11** 52
- Sitzortprinzip **Kap. 11** 46
- Standardsoftware **Kap. 11** 31 f.
- Steuersatz von E-Books **Kap. 11** 102
- Steuersatz, ermäßigter **Kap. 11** 98
- Steuerschuldverlagerung **Kap. 11** 16 ff.
- Systematik **Kap. 11** 4 ff.
- Umsatz, steuerbarer **Kap. 11** 7
- Umsatzsteuer-Anwendungserlass **Kap. 11** 26, 86
- Umtausch **Kap. 11** 79 f.
- unentgeltliche Wertabgabe **Kap. 11** 7
- unionsrechtlicher Missbrauchsbegriff **Kap. 11** 4
- Unternehmereigenschaft **Kap. 11** 11 f.
- Verbrauchsteuer **Kap. 11** 4
- Verbrauchsteuer, proportionale **Kap. 11** 5
- Versandhandelsregelung **Kap. 11** 82 ff.
- Versendungslieferung **Kap. 11** 59
- Vorsteuerabzug **Kap. 11** 6
- Vorsteuer-Vergütungsverfahren **Kap. 11** 19, 48
- Widerruf **Kap. 11** 72 ff.

Uniform Domainname Dispute Resolution Policy **Kap. 2** 79, 95
Unmöglichkeit **Kap. 4** 235
Untergang **Kap. 4** 185
Unterlassungsanspruch
- Erstbegehungsgefahr **Kap. 10** 8
- kerngleicher Verstoß **Kap. 10** 9
- konkrete Verletzungshandlung **Kap. 10** 9
- praktische Relevanz **Kap. 10** 2
- Rechtswidrigkeit **Kap. 10** 4
- Unterlassungserklärung, strafbewehrte **Kap. 10** 7
- Vermutung der Wiederholungsgefahr **Kap. 10** 6
- Verschulden **Kap. 10** 4
- Wiederholungsgefahr **Kap. 10** 5

Unternehmenskennzeichen **Kap. 2** 27
Unternehmer **Kap. 4** 14
Unterscheidungskraft, abstrakte **Kap. 2** 25
Urheberrecht
- AGB **Kap. 3** 19
- Agenturvertrag **Kap. 3** 30 ff.
- Anbieten körperlicher Waren **Kap. 3** 53
- Anbieten unkörperlicher Waren **Kap. 3** 53
- Auskunftsanspruch **Kap. 3** 64
- Ausschließlichkeitsrecht **Kap. 3** 20
- Bearbeitungsrecht **Kap. 3** 31
- Benutzeroberfläche **Kap. 3** 40
- Beseitigungsanspruch **Kap. 3** 61
- Bewerbung des Produkts **Kap. 3** 55
- Buchhändlerprivileg **Kap. 3** 73
- Content-Provider **Kap. 3** 65
- Copyright-Hinweis **Kap. 3** 33 f.
- Datenbank **Kap. 3** 45 ff.
- Datenbankwerk **Kap. 3** 44
- Datenschutzerklärung **Kap. 3** 19
- Deep-Links **Kap. 3** 24

- Download **Kap. 3** 23
- E-Books **Kap. 3** 72
- Embedded-Links **Kap. 3** 25 f.
- Erschöpfung des Verbreitungsrechts **Kap. 3** 54 ff.
- Erschöpfungsgrundsatz, Reichweite des **Kap. 3** 55 f.
- Facebook **Kap. 3** 37 f.
- Filmwerk **Kap. 3** 12
- Framing **Kap. 3** 25 f.
- Grundlagen **Kap. 3** 3 ff.
- Haftung im Vertrieb **Kap. 3** 70 ff.
- Haftung **Kap. 3** 65 ff.
- Haftungsprivilegierung **Kap. 3** 67
- Hörprobe **Kap. 3** 55
- Host-Provider **Kap. 3** 66
- HTML **Kap. 3** 42
- Hyperlinks **Kap. 3** 24
- Idee **Kap. 3** 5
- Java **Kap. 3** 43
- kleine Münze **Kap. 3** 4
- Laufbild **Kap. 3** 13
- Leseprobe **Kap. 3** 55
- Lichtbild **Kap. 3** 10
- Lichtbildwerk **Kap. 3** 9
- Links **Kap. 3** 24
- Lizenzvertrag **Kap. 3** 27 ff.
- Namensnennung **Kap. 3** 32
- Nutzung urheberrechtlich geschützter Inhalte **Kap. 3** 2 ff.
- Nutzungsrechte **Kap. 3** 27 ff.
- öffentliche Zugänglichmachung **Kap. 3** 22
- PHP **Kap. 3** 43
- Produktbeschreibungen **Kap. 3** 6 ff.
- Produktfotos **Kap. 3** 9 ff.
- Programmierung **Kap. 3** 41
- Schadensberechnung **Kap. 3** 62 f.
- Schadensersatzanspruch **Kap. 3** 62 f.
- Schöpfung **Kap. 3** 4
- Schutzfähigkeit der Webseite **Kap. 3** 39 ff.
- Social Media Monitoring **Kap. 7** 81
- Stockfoto-Lizenzen **Kap. 3** 35 f.
- Störerhaftung **Kap. 3** 68
- Suchmaschinenoptimierung **Kap. 3** 8
- Unterlassungsanspruch **Kap. 3** 60
- Upload **Kap. 3** 21 f.
- Urheberrechtsverletzung **Kap. 3** 59 ff.
- user-generated-content **Kap. 3** 66

- Vertrieb urheberrechtlich geschützter Werke **Kap. 3** 52 ff.
- Vertriebslizenz **Kap. 3** 57 f.
- Vervielfältigung **Kap. 3** 21, 23
- Verwertungsrechte **Kap. 3** 20
- Videos **Kap. 3** 12 ff.
- Webdesign **Kap. 3** 40
- Werbeidee **Kap. 3** 17
- Werbeslogans **Kap. 3** 15 ff.
- Werkarten, neue **Kap. 3** 3
- Zu-eigen-machen fremder Inhalte **Kap. 3** 69
- Zweckübertragungslehre **Kap. 3** 29

UWG **Kap. 6** 27 ff.

V

Verbraucher **Kap. 4** 14
Verbraucherbegriff **Kap. 5** 4, **Kap. 6** 10 ff.
Verbraucherrechterichtlinie **Kap. 5** 1, **Kap. 6** 45
Verbraucherschutz **Kap. 4** 18, **Kap. 5** 1 ff.
Verbraucherschutzvorschriften **Kap. 4** 15, 135
Verbrauchsgüterkauf **Kap. 4** 17, 209
Vergabe von Domainnamen
- Domainregistrierung **Kap. 2** 13 f.
- Domainreservierung **Kap. 2** 10
- Domainvertrag **Kap. 2** 15 ff.
- Prioritätsprinzip **Kap. 2** 10
- Prüfungspflichten der Denic **Kap. 2** 10
- Recherche **Kap. 2** 11 f.
- Verfahren **Kap. 2** 10
- Zuständigkeit **Kap. 2** 9

Verhaltenskodizes **Kap. 5** 73
Verpackungsverordnung **Kap. 4** 180 ff.
Versandhandelsregelung **Kap. 11** 82 ff.
Versandkosten **Kap. 5** 11 ff., **Kap. 6** 69 ff.
- Angabepflicht **Kap. 4** 79 ff., **Kap. 6** 69 ff.
- Ausland **Kap. 4** 83, **Kap. 6** 72 f.
- Gewicht **Kap. 4** 85
- Preissuchmaschinen **Kap. 6** 75, **Kap. 8** 58 f.
- Staffelung anhand des Warenwerts **Kap. 4** 86
- Tabelle **Kap. 4** 84, **Kap. 6** 71
- Verlinkung **Kap. 4** 82
- Verpackungskosten **Kap. 4** 80
- Versandbezeichnung **Kap. 6** 74
- Versicherung **Kap. 4** 87, **Kap. 6** 74
- Zeitpunkt der Angabepflicht **Kap. 4** 81

Versandkosten ins Ausland **Kap. 4** 305
Versandkostenübersicht **Kap. 5** 12
Verschlechterung **Kap. 4** 185

Vertragsgestaltung **Kap. 4** 1 ff
Vertragsrecht
- Abnahme **Kap. 4** 192
- AGB **Kap. 4** 2
- Eigentumsübertragung **Kap. 4** 170 f.
- Erfüllung der vertraglichen Pflichten **Kap. 4** 168 ff.
- Gefahrtragung **Kap. 4** 2
- grenzüberschreitender Online-Handel **Kap. 4** 4
- Pflichten des Käufers **Kap. 4** 189 ff.
- Pflichten des Verkäufers **Kap. 4** 169 ff.
- Übergabe und Übereignung **Kap. 4** 172 ff.
- Vertragsschluss im Internet **Kap. 5** 68
Vertragsschluss **Kap. 4** 4, 21 ff.
Vertragsschluss im Internet **Kap. 4** 31 ff.
Vertragsschlussmechanismus **Kap. 4** 32 ff.
Vertragssprache **Kap. 5** 72
Vertragsstrafe **Kap. 4** 125
Vertragstextspeicherung **Kap. 5** 71
Verwechslungsschutz **Kap. 2** 42
Verzögerungsschaden **Kap. 4** 236
Video-Beratungsgespräch **Kap. 1** 24
Vorsteuerabzug **Kap. 11** 6

W
Webdesign **Kap. 3** 40
- Website-Tracking **Kap. 9** 38 ff.
Werbeslogans, Schutz von **Kap. 3** 15 ff.
Werktitel **Kap. 2** 28
Wertersatz **Kap. 4** 218, 224, **Kap. 5** 63 ff.
Wettbewerbsrecht
- Abmahngründe, häufige **Kap. 6** 110 ff.
- Abmahnkosten, Ersatz von **Kap. 10** 25 ff.
- Abmahnung **Kap. 10** 46 ff.
- Abmahnung, berechtigte **Kap. 10** 28
- Anforderungen an einen Online-Shop **Kap. 6** 42 ff.
- Angebotsbefristung **Kap. 6** 56
- Angebotsdarstellung **Kap. 6** 43 ff.
- Antrag auf Schadensfeststellung **Kap. 10** 76
- Astroturfing **Kap. 7** 42
- Auskunftsanspruch **Kap. 10** 38 ff.
- Bagatellklausel **Kap. 6** 23 f., 107
- Behinderungswettbewerb **Kap. 6** 7
- Beseitigungsanspruch **Kap. 10** 43 f.
- Blacklist **Kap. 6** 36 ff.
- Branchengleichheit **Kap. 6** 8
- Button-Lösung **Kap. 6** 44
- Darstellung des Warenangebots **Kap. 6** 51 ff.
- Datenschutzverstoß **Kap. 9** 77 ff.
- Double-Opt-In **Kap. 6** 125
- Durchschnittsverbraucher **Kap. 6** 13 ff.
- Durchsetzung von Ansprüchen **Kap. 10** 45 ff.
- eBay **Kap. 6** 9
- Einführung **Kap. 6** 2 ff.
- eingeschränkte Informationspflichten **Kap. 6** 48 ff.
- einstweiliger Rechtsschutz **Kap. 10** 62 ff.
- E-Mail Marketing **Kap. 6** 123 ff.
- Erstbegehungsgefahr **Kap. 10** 8
- fliegender Gerichtsstand **Kap. 10** 60
- gefälschte Bewertungen **Kap. 7** 42 f.
- gekaufte Bewertungen **Kap. 7** 39 ff.
- geschäftliche Handlung **Kap. 6** 18 ff.
- Gliederung des UWG **Kap. 6** 34 f.
- Grundlagen **Kap. 6** 4 ff.
- Hauptsacheklage **Kap. 10** 75 ff.
- Heilmittelwerbegesetz **Kap. 6** 40
- Impressum **Kap. 6** 103 ff.
- Informationspflichten **Kap. 6** 46 ff.
- kerngleicher Verstoß **Kap. 10** 9
- Klageerwiderung **Kap. 10** 78
- konkreter Schaden **Kap. 10** 22 ff.
- konkretes Wettbewerbsverhältnis **Kap. 6** 7
- Lieferbedingungen **Kap. 6** 57 ff.
- Lieferzeit **Kap. 6** 60
- Lizenzanalogie **Kap. 10** 18 ff.
- Marktbezug **Kap. 6** 21
- Marktteilnehmer, sonstige **Kap. 6** 16
- Merkmale der Ware oder Dienstleistung, wesentliche **Kap. 6** 52
- Mitbewerberbegriff **Kap. 6** 7 ff.
- Nachfragewettbewerb **Kap. 6** 9
- Newsletter **Kap. 6** 123 f.
- per se-Verbote **Kap. 6** 37
- Preisangabe **Kap. 6** 61 ff.
- Preisangabenverordnung **Kap. 6** 40, 62 ff.
- Preissuchmaschinen **Kap. 8** 55 ff.
- Produktbilder **Kap. 6** 54
- qualifizierte Einrichtung **Kap. 6** 17
- Rechtsfolgen **Kap. 10** 1 ff.
- Rechtsquellen **Kap. 6** 26 ff.
- Rechtssubjekte **Kap. 6** 6 ff.
- richtlinienkonforme Auslegung **Kap. 6** 33
- Schadensberechnung **Kap. 10** 13 ff.
- Schadensersatzanspruch **Kap. 10** 10 ff.
- Schutzschrift **Kap. 10** 58 ff.

- Schutzschriftenregister **Kap. 10** 60
- schwarze Liste **Kap. 6** 36 ff.
- sofortiges Anerkenntnis **Kap. 10** 78
- Spezialgesetze und Verordnungen **Kap. 6** 39 ff.
- Spürbarkeit **Kap. 6** 23 f.
- Streitwert **Kap. 10** 35 f.
- Substitutionswettbewerb **Kap. 6** 7
- Suchmaschinenoptimierung **Kap. 8** 29 ff.
- Telemediengesetz **Kap. 6** 41
- Tell-a-Friend **Kap. 6** 126 f.
- UGP-Richtlinie **Kap. 6** 30 ff.
- Unterlassungsanspruch **Kap. 10** 2 ff.
- Unterlassungserklärung, strafbewehrte **Kap. 10** 7
- Unternehmensbezug **Kap. 6** 20
- UWG **Kap. 6** 27 ff.
- Verbraucherbegriff **Kap. 6** 10 ff.
- Verbraucherleitbild **Kap. 6** 12 ff., 29
- Verbraucherrechterichtlinie **Kap. 6** 45
- Verjährungsfrist **Kap. 10** 77
- Verletzergewinn **Kap. 10** 14 ff.
- Versandkosten **Kap. 6** 69 ff.
- Verschulden **Kap. 10** 12
- Vollharmonisierung **Kap. 6** 30
- Werbung für Kinder und Jugendliche **Kap. 6** 15
- wettbewerbliche Eigenart **Kap. 3** 49
- wettbewerbsrechter Leistungsschutz, ergänzender **Kap. 3** 48 ff.
- Wettbewerbsverband **Kap. 6** 17
- Wiederholungsgefahr **Kap. 10** 5

White Hat-SEO **Kap. 8** 8 ff.
Whois-Abfrage **Kap. 2** 11, 88
Widerruf **Kap. 4** 275 ff.
Widerrufserklärung **Kap. 5** 49
Widerrufsrecht
- 40-€-Klausel **Kap. 5** 55
- Annahmeverweigerung **Kap. 5** 50
- Ausnahmen **Kap. 5** 32 ff.
- Ausübung **Kap. 5** 49 f.
- Beginn der Widerrufsfrist **Kap. 5** 38 ff.
- Belehrung über Nichtbestehen **Kap. 5** 37
- Dienstleistungen **Kap. 5** 30
- digitale Inhalten **Kap. 5** 31
- Empfangsberechtigter **Kap. 5** 39
- Erlöschen **Kap. 5** 30 f.
- Form des Widerrufserklärung **Kap. 5** 49
- Hinsendekosten **Kap. 5** 54
- Hygieneartikel **Kap. 5** 34 ff.
- individuell angefertigte Waren **Kap. 5** 32 f.

- Information über Kosten der Rücksendung **Kap. 5** 55 ff.
- medizinische Produkte **Kap. 5** 35
- Muster-Widerrufsformular **Kap. 5** 51
- Nachbarschaftszustellung **Kap. 5** 39
- Originalverpackung **Kap. 6** 117
- Prüfung der Ware **Kap. 5** 66
- regelmäßige Warenlieferung **Kap. 5** 41
- Rückabwicklung **Kap. 5** 52 f.
- Rücksendekosten bei Mischbestellungen **Kap. 5** 60 f.
- Rücksendekosten **Kap. 5** 55 f.
- Rücksendung der Ware **Kap. 5** 50
- Speditionsware **Kap. 5** 57
- Standardlieferung **Kap. 5** 54
- Teillieferung **Kap. 5** 40, 44
- unfreie Rücksendungen **Kap. 5** 62, **Kap. 6** 118
- Versiegelung **Kap. 5** 34, 36
- Wertersatz **Kap. 5** 63 ff.
- Widerrufsbelehrung **Kap. 5** 42 ff.
- Widerrufsfrist **Kap. 6** 119
- Widerrufsfrist, verlängerte **Kap. 5** 46
- Zurückbehaltungsrecht **Kap. 5** 53

Wiedereinbaukosten **Kap. 4** 217
Willenserklärungen **Kap. 4** 22
Willenserklärungen im Internet **Kap. 4** 42 ff.
Woopra **Kap. 9** 42

Z

Zahlungsabwicklung **Kap. 4** 88 ff.
Zahlungsbedingungen **Kap. 4** 99 ff.
Zahlungsmöglichkeiten
- Giro-Pay **Kap. 4** 94
- Information über Gebühren **Kap. 5** 20 f.
- Informationspflicht **Kap. 5** 76
- Kreditkarte **Kap. 4** 92 f.
- Lastschrift **Kap. 4** 92
- Nachnahme **Kap. 4** 91
- Payment-Module **Kap. 1** 73
- PayPal **Kap. 4** 96 ff.
- Rechnung **Kap. 4** 89
- Shopsystem **Kap. 1** 72 ff.
- Vorkasse **Kap. 4** 90

Zielgruppendefinition **Kap. 1** 22 ff.
Zölle **Kap. 4** 306
Zubehörteile **Kap. 4** 174
Zugang der Willenserklärung **Kap. 4** 26
Zuordnungsverwirrung **Kap. 2** 68
Zweite Wahl **Kap. 4** 73